南京大学中央高校基本科研业务费专项资助

田 雁 主编

汉译日文图书
总书目 1719-2011

第三卷（2000－2006）

〔日〕樋口谦一郎 姜仁杰 李 斌 吕 彬 袁琳艳／参编

社会科学文献出版社
SOCIAL SCIENCES ACADEMIC PRESS(CHINA)

目　录

2000

0001　阿尔卑斯的猛犬/
〔日〕椋鸠十著；安伟邦，王建英译．—南昌：二十一世纪出版社；2000.02.—191页；20cm.—（椋鸠十动物小说全集）
ISBN 7－5391－1654－4；8.80元

0002　矮猴兄弟/
〔日〕椋鸠十著；安伟邦，刘安风译．—南昌：二十一世纪出版社；2000.02.—111页；20cm.—（椋鸠十动物小说全集）
ISBN 7－5391－1647－1；5.00元

0003　白领工作圣经/
〔日〕白井澄著；陈秋伶译．—成都：西南财经大学出版社；2000.05.—156页；20cm.—（人生智慧经营系列丛书）
ISBN 7－81055－619－3；115.80元

0004　办公室心理学：建立同事间平和共处的人际关系/
〔日〕齐藤茂太著；吉英梅译．—成都：西南财经大学出版社；2000.01.—146页；20cm.—（人生智慧经营系列丛书）
ISBN 7－81055－587－1；13.80元

0005　绑票陷阱/
〔日〕泽木冬吾著；龚志明，刘宗和译．—珠海：珠海出版社；2000.08.—474页；20cm.—（日本优秀侦探小说丛书）
ISBN 7－8060－7670－0；24.00元

0006　宾馆饭店日语教程：初级/
王瑞林，〔日〕小池晴子著．—北京：世界图书出版公司北京公司，2000.05.—264页；19cm
ISBN 7－5062－4334－2；15.00元

0007　不道德的手术刀/
〔日〕黑岩重吾著；何乃英译．—北京：群众出版社；2000.01.—265页；18×11cm.—（日本推理小说文库）
ISBN 7－5014－2134－X；12.00元

0008　布局的思考/
〔日〕藤泽秀行著；孔祥明译．—成都：蜀蓉棋艺出版社；2000.10.—208页；19cm.—（秀行的感觉）
ISBN 7－80548－667－0；10.00元

0009　残酷之美/
〔日〕三岛由纪夫著；唐月梅译．—北京：中国文联出版公司，2000.04.—465页；20cm.—（三岛由纪夫作品集）
ISBN 7－5059－3591－7；25.80元

0010　畅销店经营40法则/
〔日〕永岛幸夫著；代红译．—成都：西南财经大学出版社；2000.01.—214页；20cm.—（中小企业经营管理丛书）
ISBN 7－81055－573－1；18.80元

0011　成熟男人的气质/
〔日〕弘兼宪史著；杜海清译．—北京：国际文化出版公司，2000.01.—240页；19cm.—（新生活提案丛书）
ISBN 7－80105－782－1；14.00元

0012　痴人之爱/
〔日〕谷崎润一郎著；郑民钦译．—北京：中国文联出版社，2000.08.—335页；20cm.—（谷崎润一郎作品集/叶渭渠主编）
ISBN 7－5059－3669－7；20.00元

0013　川端康成·三岛由纪夫往来书简集/
〔日〕川端康成著；许金龙译．—北京：昆仑出版社；2000.01.—218页；20cm
ISBN 7－80040－424－2；16.00元

0014　川端康成十卷集/
〔日〕川端康成著；高慧勤主编．—石家庄：河北教育出版社；2000.12.—10册；20cm.—（世界文豪书系）
ISBN 7－5434－3777－5（精装）；380.00元

0015　大江东流：川田一子与解放军一起走过的青春道路/
〔日〕川田一子著；马黎明译．—天津：天津社会科学院出版社；2000.07.—194页；20cm
ISBN 7－80563－822－5；12.00元

0016　代号12/
〔日〕福井晴敏著；宋再新译．—济南：山东文艺出版社；2000.07.—335页；15×11cm.—（日本最新获奖推理小说系列）
ISBN 7－5329－1800－9；10.80元

0017　带电人M/
〔日〕江户川乱步著；叶荣鼎译．—上海：少年儿童出版社；2000.12.—154页；19cm.—（少年大侦

探/郑春华主编）
ISBN 7－5324－4301－9；7.30 元

0018　担保物权法/
〔日〕近江幸治著；祝娅等译．—北京：法律出版
社；2000.01．—322 页；20cm．—（早稻田大学日本
法学丛书）
ISBN 7－5036－2820－0；20.00 元

0019　道家思想与佛教/
〔日〕蜂屋邦夫著；隽雪艳等译．—沈阳：辽宁
教育出版社；2000.10．—394 页；20cm．—（当
代汉学家论著译丛/李学勤，葛兆兴主编）
ISBN 7－5382－5873－6；20.00 元

0020　W 的悲剧/
〔日〕夏树静子著；杨军译．—北京：中国国际
广播出版社；2000.06．—249 页；19cm．—（日
本名家推理小说悲剧系列）
ISBN 7－5078－1865－9；16.00 元

0021　M 的悲剧/
〔日〕夏树静子著；杨军译．—北京：中国国际
广播出版社；2000.06．—310 页；19cm．—（日
本名家推理小说悲剧系列）
ISBN 7－5078－1866－7；16.00 元

0022　C 的悲剧/
〔日〕夏树静子著；杨军译．—北京：中国国际
广播出版社；2000.06．—247 页；19cm．—（日
本名家推理小说悲剧系列）
ISBN 7－5078－1867－5；16.00 元

0023　读听新闻日语：中级~高级/
〔日〕片山朝雄著；刘晓丹译．—大连：大连理
工大学出版社；2000.02．—136 页；26cm
ISBN 7－5611－1710－8；15.00 元

0024　多媒体时代与大众传播/
〔日〕桂敬一主编；刘雪雁译．—北京：新华出
版社；2000.01．—309 页；20cm．—（新闻传播
学译丛）
ISBN 7－5011－4551－2；19.00 元

0025　夺取/
〔日〕真保裕一著；姚晓燕译．—济南：山东文
艺出版社；2000.07．—2 册；15×11cm．—（日
本最新获奖推理小说）
ISBN 7－5329－1801－7；23.00 元

0026　恶魔木偶/
〔日〕江户川乱步著；叶荣鼎译．—上海：少年
儿童出版社；2000.12．—149 页；19cm．—（少
年大侦探/郑春华主编）
ISBN 7－5324－4299－3；7.30 元

0027　恶魔/
〔日〕谷崎润一郎著；于雷等译．—北京：中国
文联出版社；2000.08．—397 页；20cm．—（谷
崎润一郎作品集/叶渭渠主编）
ISBN 7－5059－3667－0；23.00 元

0028　仿真珍珠谋杀案/
〔日〕山村美纱著；孙明德，周黎薇译．—北京：
群众出版社；2000.01．—231 页；19×11cm．—
（日本推理小说文库）
ISBN 7－5014－2072－6；11.00 元

0029　疯癫老人日记/
〔日〕谷崎润一郎著；竺家荣译．—北京：中国
文联出版社；2000.08．—367 页；20cm．—（谷
崎润一郎作品集/叶渭渠主编）
ISBN 7－5059－3666－2；21.50 元

0030　父亲从孩子 0 岁就要登场了/
〔日〕繁多进著；林芸译．—天津：天津科技翻
译出版公司，2000.03．—135 页；20cm
ISBN 7－5433－1183－6；10.00 元

0031　孤岛的野狗/
〔日〕椋鸠十著；吕方，安伟邦译．—南昌：二十
一世纪出版社；2000.02．—121 页；20cm．—（椋鸠
十动物小说全集）
ISBN 7－5391－1648－X；5.20 元

0032　管教孩子的技巧/
〔日〕多湖辉著；祝大鸣译．—北京：商务印书馆
国际有限公司，2000.01．—165 页；17×9cm．—
（儿童心理教育系列）
ISBN 7－80103－181－4；9.00 元

0033　管理人员要做的 50 件事/
〔日〕中谷彰宏著；王平译．—上海：三联书店
上海分店，2000.01．—136 页；19×12cm
ISBN 7－5426－1325－1；10.00 元

0034　管理学与现代社会/
〔日〕三户公著；李爱文译．—北京：经济科学出
版社；2000.09．—182 页；20cm．—（日本工商管理
系列）

ISBN 7 - 5058 - 2289 - 6；10.00 元

0035　广告精要 I：原理与方法/
〔日〕LEC·东京法思株式会社编著.—上海：复旦大学出版社；2000.03.—603 页；20cm.—（经营管理精要丛书/反町滕夫主编）
ISBN 7 - 309 - 02299 - 8；27.00 元

0036　广告精要 II：计划与管理/
〔日〕LEC·东京法思株式会社编著.—上海：复旦大学出版社；2000.05.—460 页；20cm.—（经营管理精要丛书/反町滕夫主编）
ISBN 7 - 309 - 02301 - 3；20.00 元

0037　孩子的心理规律/
〔日〕多湖辉著；张义素译.—北京：商务印书馆国际有限公司，2000.01.—247 页；17 × 9cm.—（儿童心理教育系列）
ISBN 7 - 80103 - 184 - 9；12.00 元

0038　黑玫瑰的七个魔法/
〔日〕末吉晓子著；韩小龙译.——北京：作家出版社；2000.02.—407 页；20cm.—（日本童话新作丛书/彭懿主编）
ISBN 7 - 5063 - 1695 - 1；15.00 元

0039　黑色环状线/
〔日〕山村美纱著；金中译.——北京：群众出版社；2000.01.—256 页；19 × 11cm.—（日本推理小说文库）
ISBN 7 - 5014 - 2133 - 1；12.00 元

0040　黄鼠狼的城镇/
〔日〕椋鸠十著；安伟邦，刘安风译.——南昌：二十一世纪出版社；2000.02.—151 页；20cm.—（椋鸠十动物小说全集）
ISBN 7 - 5391 - 1642 - 0；6.50 元

0041　灰色巨人/
〔日〕江户川乱步著；叶荣鼎译.——上海：少年儿童出版社；2000.12.—148 页；19cm.—（少年大侦探/郑春华主编）
ISBN 7 - 5324 - 4303 - 5；7.30 元

0042　货运来的女人/
〔日〕夏树静子著；杨军，李重民译.——北京：中国国际广播出版社；2000.10.—238 页；20cm.—（日本名家推理小说短篇精萃）
ISBN 7 - 5078 - 1898 - 5；15.00 元

0043　记忆与大脑：如何增强记忆力/
〔日〕千叶康则著；张宝旭译.——北京：科学出版社；2000.04.—146 页；19cm.—（生活与科学文库）
ISBN 7 - 03 - 007829 - 2；8.00 元

0044　假面具背后的恐怖王/
〔日〕江户川乱步著；叶荣鼎译.——上海：少年儿童出版社；2000.12.—154 页；19cm.—（少年大侦探/郑春华主编）
ISBN 7 - 5324 - 4304 - 3；7.30 元

0045　简简单单管理：经理成功管理手册/
〔日〕宫藤健一著；李惠鸿译.——成都：西南财经大学出版社；2000.08.—145 页；20cm.—（中小企业经营管理系列）
ISBN 7 - 81055 - 616 - 9；15.00 元

0046　金融战败：发自经济大国受挫后的诤言/
〔日〕吉川元忠著；孙晓燕译.——北京：中国青年出版社；2000.01.—313 页；20cm
ISBN 7 - 5006 - 3716 - 0；14.40 元

0047　决战时机/
〔日〕藤泽秀行著；孔祥明译.——成都：蜀蓉棋艺出版社；2000.01.—208 页；19cm—（秀行的世界）
ISBN 7 - 80548 - 659 - X；10.00 元

0048　考虑平衡/
〔日〕藤泽秀行著；孔祥明译.——成都：蜀蓉棋艺出版社；2000.02.—208 页；19cm.—（秀行的世界）
ISBN 7 - 80548 - 646 - 8；10.00 元

0049　恐怖桥/
〔日〕西村京太郎著；杨军，李重民译.——北京：中国国际广播出版社；2000.10.—246 页；20cm.—（日本名家推理小说短篇精萃）
ISBN 7 - 5078 - 1899 - 3；15.00 元

0050　苦闷的象征/
〔日〕厨川白村著；鲁迅译.——天津：百花文艺出版社；2000.01.—268 页；20cm.—（世界散文名著丛书）
ISBN 7 - 5306 - 29816；14.00 元

0051　快乐家庭游戏：简单的小制作/
〔日〕多田千寻著；《快乐家庭游戏》编译组译.——北京：中国轻工业出版社；2000.06.—60 页；21 ×

18cm.
ISBN 7 - 5019 - 2871 - 1；10.00 元

0052　快乐家庭游戏：快乐的小比赛/
〔日〕多田千寻著；《快乐家庭游戏》编译组译 . —北京：中国轻工业出版社；2000.06. —60 页；21×18cm.
ISBN 7 - 5019 - 28711；10.00 元

0053　快乐家庭游戏：神奇的小魔术/
〔日〕玩具美术馆编；《快乐家庭游戏》编译组译 . —北京：中国轻工业出版社；2000.06. —59 页；21×18cm.
ISBN 7 - 5019 - 28711；10.00 元

0054　快乐家庭游戏：温馨的小游戏/
〔日〕玩具美术馆编；《快乐家庭游戏》编译组译 . —北京：中国轻工业出版社；2000.06. —60 页；21×18cm.
ISBN 7 - 5019 - 2871 - 1；10.00 元

0055　快乐家庭游戏：有趣的小纺织/
〔日〕玩具美术馆编；《快乐家庭游戏》编译组译 . —北京：中国轻工业出版社；2000.06. —60 页；21×18cm.
ISBN 7 - 5019 - 2871 - 1；10.00 元

0056　老年生活企划书/
〔日〕南博著；韩小龙译 . ——北京：国际文化出版公司，2000.01. —204 页；19cm. —（新生活提案丛书）
ISBN 7 - 80105 - 807 - 0；12.00 元

0057　老鼠岛的故事/
〔日〕椋鸠十著；叶宗敏译 . ——南昌：二十一世纪出版社；2000.02. —147 页；20cm. —（椋鸠十动物小说全集）
ISBN 7 - 5391 - 1636 - 6；6.20 元

0058　两性的圣坛：现代男女婚恋心理/
〔日〕国分康孝著；吉沅洪译 . ——南昌：江西人民出版社；2000.08. —216 页；20cm
ISBN 7 - 210 - 02252 - X；12.00 元

0059　两只大雕/
〔日〕椋鸠十著；安伟邦译 . ——南昌：二十一世纪出版社；2000.02. —132 页；20cm. —（椋鸠十动物小说全集）
ISBN 7 - 5391 - 1637 - 4；5.60 元

0060　流通革命：产品、路径及消费者/
〔日〕林周二著；史民安，杨元敏译 . ——北京：华夏出版社；2000.03. —260 页；19cm. —（华夏迷你文库）
ISBN 7 - 5080 - 2058 - 8；10.00 元

0061　马戏团里的怪人/
〔日〕江户川乱步著；叶荣鼎译 . ——上海：少年儿童出版社；2000.12. —149 页；19cm. —（少年大侦探/郑春华主编）
ISBN 7 - 5324 - 4305 - 1；7.30 元

0062　美发城杀人案/
〔日〕山村美纱著；金中译 . ——北京：群众出版社；2000.01. —201 页；18 × 11cm. —（日本推理小说文库）
ISBN 7 - 5014 - 2132 - 3；9.00 元

0063　美国经济为什么持续强劲：从美国经济强劲看日美之间的差距/
〔日〕水野隆德著；杨延梓译 . ——北京：华夏出版社；2000.05. —201 页；20cm
ISBN 7 - 5080 - 2128 - 2（精装）；13.80 元

0064　秒营业术：快速吸引顾客的推销技法/
〔日〕村田保次著；彭宏译 . ——成都：西南财经大学出版社；2000.08. —222 页；20cm. —（店铺经营系列）
ISBN 7 - 81055 - 621 - 5；16.80 元

0065　魔人铜锣/
〔日〕江户川乱步著；叶荣鼎译 . ——上海：少年儿童出版社；2000.12. —147 页；19cm. —（少年大侦探/郑春华主编）
ISBN 7 - 5324 - 4302 - 7；7.30 元

0066　男孩子的身体/
〔日〕北泽杏子著；〔日〕井上正治绘；李京编译 . ——西安：陕西人民教育出版社；2000.01. —54 页；20cm. —（成长教育丛书）
ISBN 7 - 5419 - 7684 - 9；5.50 元

0067　你的动物角色：人际关系攻略/
〔日〕Big Spirits 编辑部编著；丁玉燕译 . ——北京：华夏出版社；2000.01. —161 页；14cm
ISBN 7 - 5080 - 2302 - 1；12.00 元

0068　你的动物角色：性格放大镜/
〔日〕Big Spirits 编辑部编著；丁玉芝译 . ——北京：华夏出版社；2000.01. —165 页；14cm

ISBN 7 – 5080 – 2303 – X；12.80 元

0069　农业发展的国际分析：修订扩充版/
〔日〕速水佑次郎，〔美〕拉坦著；郭熙保等译.——北京：中国社会科学出版社；2000.06.—614 页；20cm.——（国外经济学名著译丛）
ISBN 7 – 5004 – 2728 – X；30.00 元

0070　女孩子的身体/
〔日〕北泽杏子著；〔日〕今井弓子绘；李京编译.——西安：陕西人民教育出版社；2000.01.—49 页；20cm.——（成长教育丛书）
ISBN 7 – 5419 – 7685 – 7；4.90 元

0071　女人阶梯/
〔日〕松本清张著；朱书民译.——珠海：珠海出版社；2000.08.—477 页；20cm.——（日本优秀侦探小说丛书）
ISBN 7 – 80607 – 673 – 5；42.00 元

0072　泡沫经济的经济对策：复合萧条论/
〔日〕宫崎义一著；陆华生译.——北京：中国人民大学出版社；2000.06.—212 页；20cm.——（现代日本社会科学名著选译/朱绍文主编）
ISBN 7 – 300 – 03492 – 6；15.00 元

0073　品牌赢家/
〔日〕山本一郎著；吴一斌译.——成都：西南财经大学出版社；2000.08.—197 页；20cm.——（中小企业经营管理系列）
ISBN 7 – 81055 – 658 – 4；16.80 元

0074　企划书实用手册/
〔日〕小泉俊一著；于大德译.——成都：西南财经大学出版社；2000.08.—307 页；20cm.——（中小企业经营管理系列）
ISBN 7 – 81055 – 659 – 2；19.80 元

0075　企业的有序发展：经营企划的六大要素/
〔日〕今村富士雄著；肖坤华译.——成都：西南财经大学出版社；2000.01.—233 页；20cm.——（中小企业经营管理系列）
ISBN 7 – 81055 – 551 – 0；18.80 元

0076　轻松培养受欢迎的个性/
〔日〕山田俊雄著；李先明译.——北京：中华工商联合出版社；2000.06.—225 页；20cm.——（轻松立智丛书/高滨主编）
ISBN 7 – 80100 – 676 – 3；18.00 元

0077　轻松拥有好口才/
〔日〕荻原正树著；李慈茵译.——北京：中华工商联合出版社；2000.06.—275 页；20cm.——（轻松立智丛书/高滨主编）
ISBN 7 – 80100 – 676 – 3；18.00 元

0078　轻松拥有好人缘/
〔日〕谷川须佐雄著；胡先译.——北京：中华工商联合出版社；2000.06.—269 页；20cm.——（轻松立智丛书/高滨主编）
ISBN 7 – 80100 – 676 – 3；18.00 元

0079　全球政治学：全球化进程中的变动、冲突、治理和和平/
〔日〕星野昭吉著；刘小林，张胜军译.——北京：新华出版社；2000.10.—305 页；20cm.——（国际问题参考译丛）
ISBN 7 – 5011 – 5008 – 7；19.00 元

0080　让孩子赢在起跑点/
〔日〕松原达哉编著；王寅译.——广州：广东人民出版社；2000.10.—167 页；20cm.——（儿童情商与素质系列）
ISBN 7 – 218 – 03476 – 4；16.00 元

0081　饶舌录/
〔日〕谷崎润一郎著；汪正球译.——北京：中国文联出版社；2000.08.—470 页；20cm.——（谷崎润一郎作品集/叶渭渠主编）
ISBN 7 – 5059 – 3668 – 9；26.00 元

0082　人生问答/
〔日〕池田大作，〔日〕松下幸之助著；卞立强译.—北京：中国文联出版社；2000.11.—496 页；20cm
ISBN 7 – 5059 – 3731 – 6；32.80 元

0083　人生学初探/
〔日〕河合隼雄著；何玮，李重民译.——北京：国际文化出版公司，2000.01.—191 页；19cm.——（新生活提案丛书）
ISBN 7 – 80105 – 817 – 8；12.00 元

0084　日本的国土利用及土地征用法律精选/
姜贵善编译.——北京：地质出版社；2000.11.—128 页；20cm
ISBN 7 – 116 – 03263 – 0；15.00 元

0085　日本国商法/
付黎旭译.——北京：法律出版社；2000.10.—315

页；19cm. —（外国公司法译丛）
ISBN 7 - 5036 - 3192 - 9；20.00 元

0086 日本会计实务指南/
〔日〕公认会计士协会会计制度委员会发布；李玉
环译 . ——北京：中国财政经济出版社；2000.
11. —523 页；20cm. —（会计准则丛书）
ISBN 7 - 5005 - 4851 - 6；28.00 元

0087 日本民法典/
王书江译 . ——北京：中国法制出版社；2000.
04. —446 页；20cm. —（民商法典译丛）
ISBN 7 - 80083 - 689 - 4；26.00 元

0088 日本破产法/
〔日〕石川明著；何勤华，周桂秋译 . ——北京：
中国法制出版社；2000.03. —309 页；20cm. —
（外国法学教科书选粹）
ISBN 7 - 80083 - 665 - 7；18.00 元

0089 日本文化论/
〔日〕加藤周一著；叶渭渠等译 . ——北京：光
明日报出版社；2000.12. —448 页；20cm. —
（东方文化集成）
ISBN 7 - 80145 - 351 - 4；36.00 元

0090 日本新民事诉讼法/
白绿铉编译 . ——北京：中国法制出版社；
2000.05. —374 页；20cm. —（民商法典译丛）
ISBN 7 - 80083 - 648 - 7；20.00 元

0091 日本刑事法的重要问题 第 2 卷/
〔日〕西原春夫主编；金克旭等译 . ——北京：法
律出版社；2000.11. —202 页；21cm. —（日本法丛
书）
ISBN 7 - 5036 - 3253 - 4；15.00 元

0092 日本 MBA 研修读本/
〔日〕Globis 株式会社编著；周君铨译 . ——北京：
法律出版社；2000.06. —319 页；20cm
ISBN 7 - 5036 - 2762 - X；36.00 元

**0093 日本语能力测试考前题库：文字、词汇：
3 级/**
〔日〕铃川佳世子主编 . —广州：广东世界图书出
版有限公司，2000.11. —205 页；20cm
ISBN 7 - 5062 - 4873 - 5；10.00 元

**0094 日本语能力测试考前题库：文字、词汇：
4 级/**
〔日〕铃川佳世子主编 . —广州：广东世界图书出

版有限公司，2000.11. —169 页；20cm
ISBN 7 - 5062 - 4874 - 3；10.00 元

0095 日本语能力测试考前题库：语法：3 级/
〔日〕铃川佳世子，〔日〕比田井牧子主编 . —
广州：广东世界图书出版有限公司，2000.11. —
221 页；20cm
ISBN 7 - 5062 - 4875 - 1；10.00 元

0096 日本语能力测试考前题库：语法：4 级/
〔日〕铃川佳世子主编 . —广州：广东世界图书
出版有限公司，2000.11. —188 页；20cm
ISBN 7 - 5062 - 4876 - X；10.00 元

0097 日本政治思想史研究/
〔日〕丸山真男著；王中江译 . —北京：三联书
店，2000.01. —324 页；20cm. —（学术前沿）
ISBN 7 - 108 - 01328 - 2；19.00 元

0098 日本中国语教学书志/
〔日〕六角恒广著；王顺洪译 . —北京：北京语
言文化大学出版社；2000.03. —253 页；20cm
ISBN 7 - 5619 - 0787 - 7；13.50 元

0099 日汉·汉日社会福利简明词典/
〔日〕油谷惠子，张真编著 . —上海：中国纺织
大学出版社；2000.09. —226 页；20cm
ISBN 7 - 81038 - 274 - 8；15.00 元

0100 日汉例解图示辞典/
〔日〕今井干夫著；乔传经译；〔日〕森田拳次绘 .
—北京：外语教学与研究出版社；2000.06. —374
页；18cm
ISBN 7 - 5600 - 1689 - 8（精装）；12.90 元

**0101 日美营销创新：流通革命与企业发展战略
案例分析/**
〔日〕近藤文男，〔日〕中野安编著；宋华译 . —北
京：经济管理出版社；2000.06. —215 页；20cm. —
（21 世纪市场营销新知识与案例丛书）
ISBN 7 - 80118 - 944 - 2；15.00 元

0102 日语能力考试四级函授教程/
〔日〕中森昌昭编著；蒋清编译 . —上海：上海
大学出版社；2000.11. —2 册；26cm + 附 6 盒
磁带
ISBN 7 - 81058 - 250 - X；89.00 元

0103 日语新干线（9）/
〔日〕ALC 出版社著；潘郁红等译 . —北京：外语

教学与研究出版社；2000.09.—81 页；26cm.—
（日语新干线丛书）
ISBN 7－5600－1895－5；8.90 元

0104 日语新干线（10）/
〔日〕ALC 出版社著；潘郁红等译.—北京：外语
教学与研究出版社；2000.09.—80 页；26cm.—
（日语新干线丛书）
ISBN 7－5600－1896－3；8.90 元

0105 日语新干线（11）/
〔日〕ALC 出版社著；李燕等译.—北京：外语
教学与研究出版社；2000.09.—81 页；26cm.—
（日语新干线丛书）
ISBN 7－5600－1947－1；8.90 元

0106 日语新干线（12）/
〔日〕ALC 出版社著；潘郁红等译.—北京：外语
教学与研究出版社；2000.09.—81 页；26cm.—
（日语新干线丛书）
ISBN 7－5600－1985－4；8.90 元

0107 日语新干线（13）/
〔日〕ALC 出版社著；黄文明等译.—北京：外语
教学与研究出版社；2000.09.—81 页；26cm.—
（日语新干线丛书）
ISBN 7－5600－2048－8；8.90 元

0108 日语新干线（14）/
〔日〕ALC 出版社著；李燕等译.—北京：外语
教学与研究山版社；2000.12. 81 页；26cm
ISBN 7－5600－2101－8；8.90 元

0109 如何防止烟酒毒品的诱惑/
〔日〕大泽清二主编；刘晓燕等译.—南宁：广
西科学技术出版社；2000.06.—93 页；26cm
ISBN 7－80619－954－3；10.00 元

**0110 如何培养温柔与体谅的孩子：致全天下的
父母亲/**
〔日〕平井信义著；陈苑瑜译.—成都：四川辞
书出版社；2000.02.—149 页；20cm.—（生活
频道，4）
ISBN 7－80543－841－2；15.00 元

0111 三十六把擒拿/
〔日〕佐藤金兵卫，〔日〕佐藤千鹤子编著.—北
京：人民体育出版社；2000.06.—142 页；19cm.—
（中华传统武术大观/裴锡荣主编）
ISBN 7－5009－1946－8；9.00 元

0112 三手胜五子棋题解/
〔日〕坂田吾朗著；张书译.—北京：人民体育出
版社；2000.06.—429 页；408 幅；19cm.—（日本
五子棋入门丛书/徐家亮主编）
ISBN 7－5009－1951－4；20.00 元

0113 三支箭/
〔日〕榊东行著；雷慧英译.—南京：译林出版
社；2000.08.—591 页；20cm.—（当代外国流
行小说名篇丛书）
ISBN 7－80657－095－0；24.20 元

0114 森林妖怪/
〔日〕椋鸠十著；胡耀天译.—南昌：二十一世
纪出版社；2000.02.—165 页；20cm.—（椋鸠
十动物小说全集）
ISBN 7－5391－1640－4；6.80 元

0115 山大王/
〔日〕椋鸠十著；安伟邦等译.—南昌：二十一
世纪出版社；2000.02.—146 页；20cm.—（椋
鸠十动物小说全集）
ISBN 7－5391－1639－0；5.50 元

0116 上海东亚同文书院大旅行记录/
〔日〕沪友会编；杨华等译.—北京：商务印书
馆，2000.01.—472 页；20cm.—（近代日本人
禹域踏查书系/冯天瑜主编）
ISBN 7－100－02969－4；26.00 元

0117 深谷里的羚羊/
〔日〕椋鸠十著；陆奕译.—南昌：二十一世纪
出版社；2000.02.—139 页；20cm.—（椋鸠十
动物小说全集）
ISBN 7－5391－1635－8；6.00 元

0118 生存与爱/
〔日〕北泽杏子著；〔日〕今井弓子绘；李京编
译.—西安：陕西人民教育出版社；2000.01.—
57 页；20cm.—（成长教育丛书）
ISBN 7－5419－7683－0；7.50 元

0119 实用汉日词典/
〔日〕杉本达夫，〔日〕牧田英二，〔日〕古屋
昭弘主编.—北京：外语教学与研究出版社；
2000.12.—824 页；16×9cm
ISBN 7－5600－2021－6（精装）；21.90 元

0120 世家迷雾：连环凶杀案/
〔日〕西村京太郎著；龚志明译.—珠海：珠海

出版社；2000.08.—269 页；20cm.—（日本优秀侦探小说丛书）
ISBN 7 - 80607 - 672 - 7；30.00 元

0121 世界少年文学精选：银河铁道之夜／
〔日〕宫泽贤治著；周姚萍译写.—长春：北方妇女儿童出版社；2000.08.—197 页；20cm
ISBN 7 - 5385 - 1768 - 5；8.50 元

0122 水獭的海洋／
〔日〕椋鸠十著；王奕红译.—南昌：二十一世纪出版社；2000.02.—165 页；20cm.—（椋鸠十动物小说全集）
ISBN 7 - 5391 - 1641 - 2；6.80 元

0123 司法制度的历史与未来／
〔日〕小岛武司等著；汪祖兴译.—北京：法律出版社；2000.05.—230 页；20cm.—（民事诉讼法译丛）
ISBN 7 - 5036 - 0485 - 9；16.00 元

0124 松鼠的眼泪／
〔日〕角野荣子编文；〔日〕佐佐木洋子绘；张慧荣译.—南昌：二十一世纪出版社；2000.02.—24 页；18×19cm.—（淘气宝宝系列；7）
ISBN 7 - 5391 - 1593 - 9；5.50 元

0125 太阳与铁／
〔日〕三岛由纪夫著；唐月梅译.—北京：中国文联出版公司，2000.04.—406 页；20cm.—（三岛由纪夫作品集）
ISBN 7 - 5059 - 3093 - 1；23.60 元

0126 唐大和上东征传·日本考／
〔日〕真人元开著；汪向荣校注；（明）李言恭，郝杰编撰；汪向荣校注.—北京：中华书局，2000.04.—266 页；20cm.—（中外交通史籍丛刊；14）
ISBN 7 - 101 - 02060 - 7；20.00 元

0127 提升自我：实现个人的市场价值／
〔日〕千代鹤直爱著；代红译.—成都：西南财经大学出版社；2000.11.—204 页；20cm
ISBN 7 - 81055 - 711 - 4；12.00 元

0128 天棚里的猫／
〔日〕椋鸠十著；奚燕风，王晶晶译.—南昌：二十一世纪出版社；2000.02.—147 页；20cm.—（椋鸠十动物小说全集）
ISBN 7 - 5391 - 1646 - 3；6.20 元

0129 铁人 Q／
〔日〕江户川乱步著；叶荣鼎译.—上海：少年儿童出版社；2000.12.—154 页；19cm.—（少年大侦探／郑春华主编）
ISBN 7 - 5324 - 4300 - 0；7.30 元

0130 图话餐饮业待客技法：麦当劳成功待客铁则／
〔日〕山口广太著；洪圣哲译.—成都：西南财经大学出版社；2000.01.—179 页；20cm.—（长颈鹿智慧商务图画系列）
ISBN 7 - 81055 - 549 - 9；19.80 元

0131 图话商店销售技法：中小店铺成功销售81 问／
〔日〕中村卯一郎著；胡先译.—成都：西南财经大学出版社；2000.10.—185 页；20cm.—（长颈鹿智慧商务图画系列）
ISBN 7 - 81055 - 728 - 9；19.80 元

0132 图话推销技法／
〔日〕清水龙雄著.—成都：西南财经大学出版社；2000.01.—189 页；20cm.—（长颈鹿智慧商务图画系列）
ISBN 7 - 81055 - 550 - 2；19.80 元

0133 图解企业目标管理／
〔日〕串田武则著；张秀梅译.—成都：西南财经大学出版社；2000.08.—263 页；20cm.—（中小企业经营管理系列）
ISBN 7 - 81055 - 618 - 5；19.80 元

0134 图话商店待客技法／
〔日〕马渊哲，〔日〕南条惠著；雷吉甫译.—成都：西南财经大学出版社；2000.01.—201 页；20cm.—（长颈鹿智慧商务图画系列）
ISBN 7 - 81055 - 548 - 0；19.80 元

0135 网上商务：美国英特网上商务实例／
〔日〕有元美津世著；郑坚译.—上海：上海三联书店，2000.10.—175 页；20cm.—（新人类视野丛书）
ISBN 7 - 5426 - 1388 - X；15.00 元

0136 为什么卖不出去：如何对销售不畅进行诊断／
〔日〕岩下礼郎著；赵振铣等译.—成都：西南财经大学出版社；2000.08.—194 页；20cm.—（中小企业经营管理系列）
ISBN 7 - 81055 - 629 - 0；15.80 元

0137 瘟神义友/

〔日〕黑川博行著；于晓野，于长敏译．—南京：译林出版社；2000.03.—327页；20cm.—（当代外国流行小说名篇丛书）

ISBN 7 - 80657 - 045 - 4；14.80元

0138 我是猫：日汉对照/

〔日〕夏目漱石著；许昌福译．—长春：吉林大学出版社；2000.05.—544页；20cm.—（日汉对照世界名著丛书）

ISBN 7 - 5601 - 2370 - 8；23.00元

0139 我是猫/

〔日〕夏目漱石著；胡雪，由其译；奇华改写．—北京：中国少年儿童出版社；2000.11.—213页；20cm.—（世界文学名著经典宝库）

ISBN 7 - 5007 - 1522 - 6；10.00元

0140 我是猫/

〔日〕夏目漱石著；梅园缩编．—北京：中国少年儿童出版社；2000.12.—111页；19cm.—（青少年文学修养速读本·中外文学作品赏析丛书）

ISBN 7 - 5007 - 5488 - 4；4.80元

0141 无底深渊/

〔日〕池井户润著；吴晓玲译．—济南：山东文艺出版社；2000.07.—321页；15 × 11cm.—（日本最新获奖推理小说系列）

ISBN 7 - 5329 - 1799 - 1；10.20元

0142 现场改善——低成本管理方法/

〔日〕今井正明著；华经译．—北京：机械工业出版社；2000.01.—313页；20cm

ISBN 7 - 111 - 07663 - X；14.40元

0143 宪法的历史：比较宪法学新论/

〔日〕杉原泰雄著；吕昶，渠涛译．—北京：社会科学文献出版社；2000.01.—200页；20cm.—（日本法学著作译丛）

ISBN 7 - 80149 - 194 - 7；12.80元

0144 陷阱/

〔日〕山村美纱著；章吾一译．—北京：群众出版社；2000.01.—268页；18 × 11cm.—（日本推理小说文库）

ISBN 7 - 5014 - 2071 - 8；12.00元

0145 朴素的着想/

〔日〕藤泽秀行著；孔祥明译．—成都：蜀蓉棋艺出版社；2000.02.—208页；19cm.—（秀行

的世界）

ISBN 7 - 80548 - 662 - X；10.00元

0146 消灭目击者/

〔日〕西村京太郎著；杨军译．—北京：中国国际广播出版社；2000.10.—254页；20cm.—（日本名家推理小说短篇精萃）

ISBN 7 - 5078 - 1900 - 0；15.00元

0147 小猫的嗝/

〔日〕角野荣子编文；〔日〕佐佐木洋子绘；张慧荣译．—南京：二十一世纪出版社；2000.02.—24页；18 × 19cm.—（淘气宝宝系列；7）

ISBN 7 - 5391 - 1589 - 0；5.50元

0148 小象的大便/

〔日〕角野荣子编文；〔日〕佐佐木洋子绘；张慧荣译．—南京：二十一世纪出版社；2000.02.—24页；18 × 19cm.—（淘气宝宝系列；2）

ISBN 7 - 5391 - 1588 - 2；5.50元

0149 小熊的肚脐/

〔日〕角野荣子编文；〔日〕佐佐木洋子绘；张慧荣译．—南京：二十一世纪出版社；2000.02.—24页；18 × 19cm.—（淘气宝宝系列；11）

ISBN 7 - 5391 - 1597 - 1；5.50元

0150 小熊的哈欠/

〔日〕角野荣子编文；〔日〕佐佐木洋子绘；张慧荣译．—南京：二十一世纪出版社；2000.02.—24页；18 × 19cm. （淘气宝宝系列；1）

ISBN 7 - 5391 - 1587 - 4；5.50元

0151 小熊的喷嚏/

〔日〕角野荣子编文；〔日〕佐佐木洋子绘；张慧荣译．—南京：二十一世纪出版社；2000.02.—24页；18 × 19cm.—（淘气宝宝系列；5）

ISBN 7 - 5391 - 1591 - 2；5.50元

0152 小熊的尾巴/

〔日〕角野荣子编文；〔日〕佐佐木洋子绘；张慧荣译．—南京：二十一世纪出版社；2000.02.—24页；18 × 19cm.—（淘气宝宝系列；9）

ISBN 7 - 5391 - 1595 - 5；5.50元

0153 小熊散步/

〔日〕角野荣子编文；〔日〕佐佐木洋子绘；张慧荣译．—南京：二十一世纪出版社；2000.02.—24页；18 × 19cm.—（淘气宝宝系列；12）

ISBN 7 - 5391 - 1598 - X；5.50元

0154 小鼹鼠尿床/
〔日〕角野荣子编文；〔日〕佐佐木洋子绘；张慧荣译．—南京：二十一世纪出版社；2000.02.—24页；18×19cm．—（淘气宝宝系列；6）
ISBN 7-5391-1592-0；5.50 元

0155 鼹鼠爸爸的鼾声/
〔日〕角野荣子编文；〔日〕佐佐木洋子绘；张慧荣译．—南京：二十一世纪出版社；2000.02.—24页；18×19cm．—（淘气宝宝系列；4）
ISBN 7-5391-1590-4；5.50 元

0156 猪爸爸的屁/
〔日〕角野荣子编文；〔日〕佐佐木洋子绘；张慧荣译．—南京：二十一世纪出版社；2000.02.—24页；18×19cm．—（淘气宝宝系列；8）
ISBN 7-5391-1594-7；5.50 元

0157 谢米尔与潜水艇/
〔日〕齐藤洋著；韩小龙译．—北京：作家出版社；2000.02.—169页；20cm．—（日本童话新作丛书/彭懿主编）
ISBN 7-5063-1700-1；19.00 元

0158 心的高度：自我暗示的潜能开发/
〔日〕关英男著；苏惠龄译．—成都：西南财经大学出版社；2000.01.—183.页；20cm．—（人生智慧经营系列丛书）
ISBN 7-81055-588-X；17.80 元

0159 新干线劫持案/
〔日〕山村美纱著；张婉茹译．—北京：中国国际广播出版社；2000.10.—254页；20cm．—（日本名家推理小说短篇精萃）
ISBN 7-5078-1897-7；15.00 元

0160 刑事诉讼法/
〔日〕田口守一著；刘迪等译．—北京：法律出版社；2000.01.—342页；20cm．—（早稻田大学·日本法学丛书）
ISBN 7-5036-2891-X；20.00 元

0161 学习指导法/
〔日〕多湖辉著；赵大为，孙国君译．—北京：商务印书馆国际有限公司，2000.01.—153页；17×9cm．—（儿童心理教育系列）
ISBN 7-80103-185-7；8.00 元

0162 雪国/
〔日〕川端康成著；艾莲译．—北京：人民日报

出版社；2000.08.—140页；20cm．—（外国名家名著文丛）
ISBN 7-80153-302-X；9.20 元

0163 雪国/
〔日〕川端康成著；叶渭渠编写．—上海：上海文艺出版社；2000.01.—48页；14×11cm．—（世界文学精粹随身读丛书·第三辑/江曾培等主编）
ISBN 7-5321-1979-3；2.00 元

0164 寻找企业发展的良方：如何使您的企划更有效力/
〔日〕石井胜利著；陈秋伶译．—成都：西南财经大学出版社；2000.01.—158页；20cm．—（人生智慧经营系列丛书）
ISBN 7-81055-586-3；15.80 元

0165 演变中的食物消费：中国典型地区分析：汉英对照/
中国农业科学院农业自然资源和农业区划研究所，日本国际农林水产业研究中心编著．—北京：气象出版社；2000.08.—181页；26cm
ISBN 7-5029-2924-X；30.00 元

0166 野兽岛/
〔日〕椋鸠十著；安伟邦，顾倩译．—南昌：二十一世纪出版社；2000.02.—154页；20cm．—（椋鸠十动物小说全集）
ISBN 7-5391-1645-5；6.50 元

0167 野外游玩/
〔日〕大自然俱乐部编；冯作洲，沈华译．—成都：西南财经大学出版社；2000.11.—216页；20cm．—（健康时尚系列）
ISBN 7-81055-660-6；15.00 元

0168 野性的呼唤/
〔日〕椋鸠十著；吴方，安伟邦译．—南昌：二十一世纪出版社；2000.02.—153页；20cm．—（椋鸠十动物小说全集）
ISBN 7-5391-1644-7；6.50 元

0169 野鸭的友情/
〔日〕椋鸠十著；安伟邦译．—南昌：二十一世纪出版社；2000.02.—131页；20cm．—（椋鸠十动物小说全集）
ISBN 7-5391-1649-8；5.60 元

0170 野猪精/
〔日〕椋鸠十著；王晓丹译．—南昌：二十一世

纪出版社；2000.02.—146 页；20cm. —（椋鸠
十动物小说全集）
ISBN 7 - 5391 - 1643 - 9；6.00 元

0171　夜光人/
〔日〕江户川乱步著；叶荣鼎译 . —上海：少年
儿童出版社；2000.12.—176 页；19cm. —（少
年大侦探/郑春华主编）
ISBN 7 - 5324 - 4298 - 5；7.30 元

0172　一只耳朵的大鹿/
〔日〕椋鸠十著；安伟邦，陈慈译 . —南昌：二
十一世纪出版社；2000.02.—133 页；20cm. —
（椋鸠十动物小说全集）
ISBN 7 - 5391 - 1638 - 2；5.80 元

0173　英文魔法师 2000 词/
〔日〕齐藤长子，〔英〕苏维拉·兰德雷根著；官
淑媛译 . —北京：中国对外翻译出版公司，2000.
10.—292 页；20cm
ISBN 7 - 5001 - 0803 - 6；25.00 元

0174　英文魔法师 3000 词/
〔日〕齐藤长子，〔英〕苏维拉·兰德雷根著；庄
丽玲译 . —北京：中国对外翻译出版公司，2000.
10.—319 页；20cm
ISBN 7 - 5001 - 0804 - 4；25.00 元

0175　英文魔法师 1000 词/
〔日〕齐藤长子，〔英〕苏维拉·兰德雷根著；高
詹炯译 . —北京：中国对外翻译出版公司，2000.
10.—267 页；20cm
ISBN 7 - 5001 - 0802 - 8；25.00 元

0176　浴室迷雾/
〔日〕赤川次郎著；朱书民译 . —珠海：珠海出
版社；2000.08.—180 页；20cm. —（日本优秀
侦探小说丛书）
ISBN 7 - 80607 - 671 - 9；10.00 元

0177　越界/
〔日〕桐野夏生著；于进江等译 . —济南：山东
文艺出版社；2000.07.—2 册；15 × 11cm. —
（日本最新获奖推理小说）
ISBN 7 - 5329 - 1805 - X；19.20 元

0178　怎样养成良好的饮食习惯/
〔日〕大泽清二主编；刘晓燕等译 . —南宁：广
西科学技术出版社；2000.06.—93 页；26cm
ISBN 7 - 80619 - 953 - 5；10.00 元

0179　丈夫的怀疑：日本推理小说精选/
〔日〕森村诚一等著；朱书民译 . —石家庄：花
山文艺出版社；2000.06.—285 页；20cm
ISBN 7 - 80611 - 915 - 9；15.00 元

0180　指导孩子数学的简单方法/
〔日〕野田一郎著；朱茵译 . —天津：天津科技
翻译出版公司，2000.03.—120 页；20cm
ISBN 7 - 5433 - 1189 - 5；6.00 元

0181　致命的三分钟/
〔日〕夏树静子著；杨军，李重民译 . —北京：中
国国际广播出版社；2000.10.—254 页；20cm. —
（日本名家推理小说短篇精萃）
ISBN 7 - 5078 - 1901 - 9；15.00 元

0182　中国的工业改革：过去成绩和未来的前景/
〔日〕大冢启二郎，刘德强，〔日〕村上直树著 .
—上海：上海人民出版社；2000.03.—344 页；
20cm. —（当代经济学系列丛书/陈昕主编）
ISBN 7 - 208 - 03344 - 7；25.00 元

0183　中日文化论丛/
浙江大学日本文化研究所，神奈川大学人文学研究
所编 . —杭州：浙江大学出版社；2000.02.—228
页；20cm
ISBN 7 - 30802 - 258 - 7；10.00 元

0184　中原主动权/
〔日〕藤泽秀行著；孔祥明译 . —成都：蜀蓉棋
艺出版社；2000.02.—208 页；19cm. —（秀行
的世界）
ISBN 7 - 80548 - 647 - 6；10.00 元

0185　抓住机遇/
〔日〕藤泽秀行著；孔祥明译 . —成都：蜀蓉棋艺
出版社；2000.01.—208 页；19cm. —（秀行的世
界）
ISBN 7 - 80548 - 660 - 3；10.00 元

0186　走进自己：趣味心理测验/
〔日〕浅野八郎著；袁辛译 . —成都：西南财经大
学出版社；2000.11.—166 页；20cm. —（健康时尚
系列）
ISBN 7 - 81055 - 733 - 5；15.00 元

0187　组织的盛衰：从历史看企业再生/
〔日〕堺屋太一著；吕美女，吴国祯译 . —上海：
上海人民出版社；2000.10.—200 页；20cm
ISBN 7 - 208 - 03549 - 0；14.00 元

0188　最新版日语能力测验出题倾向对策：1 级/
〔日〕松冈龙美编著 . —北京：外语教学与研究
出版社；2000.01. —219 页；20cm
ISBN 7 – 5600 – 1565 – 4；9.90 元

0189　最新日语能力考试二级模拟题/
〔日〕濑户口彩，〔日〕山本京子，〔日〕浅仓美波
编 . —上海：上海外语教育出版社；2000.04. —103
页；26cm
ISBN 7 – 81046 – 800 – 6；12.00 元

0190　作战的思考/
〔日〕藤泽秀行著；孔祥明译 . —成都：蜀蓉棋
艺出版社；2000.10. —208 页；20cm. —（秀行
的世界）
ISBN 7 – 80548 – 669 – 7；10.00 元

0191　做个成功的男人/
〔日〕弘兼宪史著；杜海清译 . —北京：国际文
化出版公司，2000.01. —247 页；19cm. —（新
生活提案丛书）
ISBN 7 – 80105 – 821 – 6；15.00 元

0192　做个成熟的女人/
〔日〕石井苗子著；焦毓芳译 . —北京：国际文
化出版公司，2000.01. —197 页；19cm. —（新
生活提案丛书）
ISBN 7 – 80105 – 773 – 2；12.00 元

**0193　0 岁！妈妈必读手册：如何预防"母原
病"/**
〔日〕久德重盛著；蒋立蕙译 . —天津：天津科
技翻译出版公司，2000.03. —141 页；20cm
ISBN 7 – 5433 – 1182 – 8；7.00 元

0194　3 倍销售术：产品宣传单的制作与策划/
〔日〕齐藤幸之著；谢祖德译 . —成都：西南财经
大学出版社；2000.08. —145 页；20cm. —（中小企
业经营管理系列）
ISBN 7 – 81055 – 617 – 7；15.80 元

0195　坂田荣男 64 冠的历程/
〔日〕坂田荣男著；孔祥明译 . —成都：蜀蓉棋
艺出版社；2000.02. —350 页；20cm
ISBN 7 – 80548 – 644 – 1；17.00 元

0196　藏/
〔日〕宫尾登美子著；芳子，静子译 . —北京：
文化艺术出版社；2000.12. —473 页；20cm
ISBN 7 – 5039 – 1953 – 1；22.50 元

0197　禅僧的生涯/
〔日〕有马赖底著；刘建译 . —北京：中国社会
科学出版社；2000.05. —172 页；20cm
ISBN 7 – 5004 – 2741 – 7；12.00 元

0198　成功的按钮：着眼力/
〔日〕伊吹卓著；郭振乾译 . —海口：海南出版
社；2000.03. —221 页；20cm
ISBN 7 – 80564 – 941 – 3；15.00 元

0199　成功的加速器：向上的活力/
〔日〕伊吹卓著；郭振乾译 . —海口：海南出版
社；2000.03. —197 页；20cm
ISBN 7 – 80564 – 940 – 5；15.00 元

0200　成功的秘密通道：傻或曰愚不可及/
〔日〕伊吹卓著；郭振乾译 . —海口：海南出版
社；2000.03. —240 页；20cm
ISBN 7 – 80564 – 942 – 1；15.00 元

0201　成功管理学/
〔日〕野田武辉著；南南译 . —北京：时事出版
社；2000.01. —157 页；20cm
ISBN 7 – 8000 – 9550 – 9；9.60 元

0202　船舶国籍与方便旗船籍/
〔日〕水上千之著；全贤淑译 . —大连：大连海
事大学出版社；2000.07. —248 页；19cm
ISBN 7 – 5632 – 1380 – 5；24.00 元

0203　创造性心理学/
〔日〕恩田彰等著；陆祖昆编译 . —2 版 . —石家
庄：河北人民出版社；2000.01. —193 页；20cm
ISBN 7 – 202 – 02635 – X；8.80 元

0204　大江健三郎自选随笔集/
〔日〕大江健三郎著；王新新等译 . —北京：光
明日报出版社；2000.09. —436 页；20cm
ISBN 7 – 80145 – 324 – 7；25.00 元

0205　大嘴狼和恐龙/
〔日〕木村泰子编绘 . —南昌：二十一世纪出版
社；2000.01. —33 页；24×21cm
ISBN 7 – 5391 – 1571 – 8；9.80 元

0206　大嘴狼和贪吃鬼/
〔日〕木村泰子编绘 . —南昌：二十一世纪出版
社；2000.01. —33 页；24×21cm
ISBN 7 – 5391 – 1572 – 6；9.80 元

0207 东亚地区的经营管理/
〔日〕原口俊道著 . —上海：上海人民出版社；
2000.02. —373 页；20cm
ISBN 7 - 208 - 0 - 3366 - 8；22.00 元

0208 攻逼的法则/
〔日〕小林觉著；刘文龙译 . —北京：人民体育
出版社；2000.05. —227 页；19cm
ISBN 7 - 5009 - 1936 - 0；11.00 元

0209 国际关系理论导论/
〔日〕浦野起央著；刘甦朝译 . —北京：中国社
会科学出版社；2000.11. —331 页；20cm
ISBN 7 - 5004 - 2739 - 5；25.00 元

0210 汉语与中国文化：汉日对照/
鲁宝元著；〔日〕神里常雄译 . —北京：华语教
学出版社；2000.01. —473 页；20cm
ISBN 7 - 80052 - 723 - 9；36.00 元

0211 花的故事：春/
〔日〕立原绘里香著；孙日明译 . —南宁：广西
科学技术出版社；2000.03. —151 页；19cm
ISBN 7 - 8061 - 9877 - 6；9.80 元

0212 花的故事：夏/
〔日〕立原绘里香著；张建林译 . —南宁：广西
科学技术出版社；2000.03. —162 页；19cm
ISBN 7 - 8061 - 9883 - 0；9.80 元

0213 花的故事：秋/
〔日〕立原绘里香著；唐承红译 . —南宁：广西
科学技术出版社；2000.03. —154 页；19cm
ISBN 7 - 80619 - 896 - 2；9.80 元

0214 花的故事：冬/
〔日〕立原绘里香著；唐承红译 . —南宁：广西
科学技术出版社；2000.03. —151 页；19cm
ISBN 7 - 80619 - 880 - 6；9.80 元

0215 花的故事：花语/
〔日〕立原绘里香著；张建林译 . —南宁：广西
科学技术出版社；2000.03. —163 页；19cm
ISBN 7 - 80619 - 886 - 5；9.80 元

0216 话说日本语/
〔日〕小池清治著；续三义译 . —北京：外语教
学与研究出版社；2000.03. —160 页；20cm
ISBN 7 - 5600 - 1600 - 6；6.90 元

0217 婚姻经营学：爱是周游券/
〔日〕新田义治著；杨廷樟译 . —北京：群众出
版社；2000.05. —273 页；20cm
ISBN 7 - 5014 - 2208 - 7；15.00 元

0218 活下去/
〔日〕大平光代著；宋再新译 . —济南：山东文
艺出版社；2000.07. —204 页；20cm
ISBN 7 - 5329 - 1810 - 6；12.00 元

0219 可持续经济发展的道路/
〔日〕大屿茂男著；张京萍译 . —北京：中国农
业出版社；2000.02. —265 页；20cm
ISBN 7 - 109 - 06214 - 7；20.00 元

0220 恋爱的女人最动人/
〔日〕秋元康著；郭淑娟译 . —海口：三环出版
社；2000.04. —236 页；20cm
ISBN 7 - 80564 - 9367；14.80 元

0221 恋/
〔日〕小池真理子著；芳子译 . —北京：文化艺
术出版社；2000.12. —334 页；20cm
ISBN 7 - 5039 - 1954 - X；16.80 元

0222 猎头：跳槽风云录/
〔日〕藤井义彦著；杨柳松译 . —北京：中信出
版社；2000.05. —187 页；20cm
ISBN 7 - 80073 - 274 - 6；15.00 元

0223 流畅日语会话/
〔日〕富阪容子著；宋锦绣译 . —大连：大连理
工大学出版社；2000.01. —153 页；26cm
ISBN 7 - 5611 - 1706 - X；16.00 元

0224 流畅书写日本语/
〔日〕田口雅子著；双土译 . —大连：大连理工
大学出版社；2000.01. —124 页；26cm
ISBN 7 - 5611 - 1707 - 8；14.00 元

0225 曼特莱斯情人/
〔日〕渡边淳一著；祝子平译 . —上海：上海文
艺出版社；2000.10. —322 页；20cm
ISBN 7 - 5321 - 2145 - 3；19.00 元

0226 强化听说日本语：初级/
〔日〕黑羽荣司著 . —天津：南开大学出版社；
2000.04. —313 页；26cm
ISBN 7 - 310 - 01362 - X；32.00 元

0227　强化听说日本语：中级/
〔日〕黑羽荣司著 . —天津：南开大学出版社；
2000. 04. —312 页；26cm
ISBN 7 – 310 – 01363 – 8；32. 00 元

0228　强化听说日本语：高级/
〔日〕黑羽荣司著 . —天津：南开大学出版社；
2000. 04. —339 页；26cm
ISBN 7 – 310 – 01364 – 6；34. 00 元

0229　青春对话：与 21 世纪的主人翁倾谈/
〔日〕池田大作著 . —北京：中国友谊出版公司，
2000. 05. —295 页；20cm
ISBN 7 – 5057 – 1634 – 4（精装）；30. 00 元

0230　日本产业组织/
〔日〕植草益等著；锁箭译 . —北京：经济管理
出版社；2000. 08. —479 页；20cm
ISBN 7 – 80118 – 972 – 8；30. 00 元

0231　日本商法典/
王书江，殷建平译 . —北京：中国法制出版社；
2000. 03. —600 页；20cm. —（民商法典译丛）
ISBN 7 – 80083 – 680 – 0；30. 00 元

0232　日本填词史话/
〔日〕神田喜一郎著；程郁缀，高野雪译 . —北
京：北京大学出版社；2000. 10. —744 页；20cm
ISBN 7 – 301 – 04651 – 0；40. 00 元

0233　日本刑事诉讼法/
宋英辉译 . —北京：中国政法大学出版社；
2000. 01. —226 页；20cm
ISBN 7 – 5620 – 1912 – 6；16. 00 元

0234　日本政界的"台湾帮"/
〔日〕本泽二郎著；吴寄南译 . —上海：上海译
文出版社；2000. 05. —239 页；20cm
ISBN 7 – 5327 – 2420 – 4；10. 90 元

0235　日汉多功能辞典/
〔日〕阪田雪子主编；张录贤等译 . —北京：北
京出版社；2000. 01. —1802 页；20cm
ISBN 7 – 200 – 03576 – 9（精装）；98. 00 元

0236　日语能力考试一级关键词汇手册/
〔日〕松本隆等编 . —上海：上海外语教育出版
社；2000. 04. —273 页；19cm
ISBN 7 – 81046 – 798 – 0；14. 60 元

0237　如此这般"玩"股票/
〔日〕石井胜利著；云珊译 . —北京：中国国际
广播出版社；2000. 04. —181 页；19cm
ISBN 7 – 5078 – 1857 – 8；12. 00 元

0238　如何回答孩子的问题/
〔日〕松原达哉著；林芸译 . —天津：天津科技
翻译出版公司，2000. 03. —138 页；20cm
ISBN 7 – 5433 – 1188 – 7；7. 00 元

0239　洒脱的关系/
〔日〕石川达三著；金中译 . —济南：山东文艺
出版社；2000. 09. —406 页；20cm
ISBN 7 – 5329 – 1828 – 9；17. 80 元

0240　三岁之前的教养妙方/
〔日〕二木武著；蒋立蕙译 . —天津：天津科技
翻译出版公司，2000. 03. —152 页；20cm
ISBN 7 – 5433 – 1184 – 4；7. 50 元

0241　少儿篮球图解/
〔日〕白杨出版社编；李鸿江译 . —北京：人民
体育出版社；2000. 01. —55 页；26cm
ISBN 7 – 5009 – 1879 – 8；25. 00 元

0242　少儿足球图解/
〔日〕白杨出版社编；李鸿江译 . —北京：人民
体育出版社；2000. 01. —55 页；26cm
ISBN 7 – 5009 – 1900 – X；25. 00 元

0243　手工制作会动的玩具/
〔日〕多田千寻著；张振龙译 . —北京：人民邮
电出版社；2000. 06. —316 页；20cm
ISBN 7 – 115 – 08328 – 2；19. 80 元

0244　手工制作巧妙的小机关玩具/
〔日〕多田千寻著；惠玲译 . —北京：人民邮电
出版社；2000. 06. —316 页；20cm
ISBN 7 – 115 – 08481 – 5；19. 80 元

0245　手工制作戏法玩具/
〔日〕多田千寻著；惠玲译 . —北京：人民邮电
出版社；2000. 06. —316 页；20cm
ISBN 7 – 115 – 08556 – 0；19. 80 元

0246　图说市场营销学/
〔日〕三家英治著；何为，石羽译 . —北京：中
国标准出版社；2000. 02. —173 页；26cm
ISBN 7 – 5066 – 2098 – 7；30. 00 元

0247　玩具手工制作全书/

〔日〕多田信作著；惠玲译 . —北京：人民邮电出版社；2000.06. —316 页；20cm

ISBN 7 – 115 – 08535 – 8；19.80 元

0248　王阳明与明末儒学/

〔日〕冈田武彦著；吴光等译 . —上海：上海古籍出版社；2000.05. —418 页；20cm

ISBN 7 – 5325 – 2694 – 1；17.50 元

0249　五项主义：现场管理者心得/

〔日〕古畑友三著；陆从容译 . —上海：上海人民出版社；2000.12. —218 页；20cm

ISBN 7 – 208 – 0 – 3622 – 5；15.00 元

0250　现代日本公司法/

〔日〕末永敏和著；金洪玉译 . —北京：人民法院出版社；2000.09. —323 页；20cm

ISBN 7 – 80161 – 051 – 2；16.00 元

0251　现代日语交际语/

徐宝妹编译 . —上海：立信会计出版社；2000.09. —211 页；20cm

ISBN 7 – 81046 – 913 – 4；10.20 元

0252　心/

〔日〕夏目漱石著；林少华译 . —广州：花城出版社；2000.04. —274 页；26cm

ISBN 7 – 5360 – 3053 – 3；14.80 元

0253　刑事政策学/

〔日〕大谷实著；黎宏译 . —北京：法律出版社；2000.11. —406 页；20cm

ISBN 7 – 5036 – 3212 – 7；26.00 元

0254　性爱论/

〔日〕桥爪大三郎著；马黎明译 . —天津：百花文艺出版社；2000.04. —146 页；20cm

ISBN 7 – 5306 – 2258 – 7；10.00 元

0255　秀行的感觉：定式的思考/

〔日〕藤泽秀行著；孔祥明译 . —成都：蜀蓉棋艺出版社；2000.07. —208 页；19cm

ISBN 7 – 80548 – 663 – 8；10.00 元

0256　银座的"天使"/

〔日〕林惠子著 . —济南：山东友谊出版社；2000.07. —366 页；20cm

ISBN 7 – 80642 – 322 – 2；17.00 元

0257　有趣的心理实验/

〔日〕涩谷昌三著；迟岩父编译 . —北京：中国书籍出版社；2000.06. —210 页；19 × 10cm

ISBN 7 – 5068 – 0602 – 9；10.00 元

0258　有效的读书方法/

〔日〕小林良彰著；陈丽蕙译 . —北京：九洲图书出版社；2000.04. —119 页；20cm

ISBN 7 – 80114 – 502 – X；8.00 元

0259　玉米地里的作家：赵树理评传/

〔日〕釜屋修著；梅娘译 . —太原：北岳文艺出版社；2000.11. —122 页；19cm

ISBN 7 – 5378 – 2120 – 8；6.80 元

0260　育儿盲点 50 题/

〔日〕藤永保主编；林芸译 . —天津：天津科技翻译出版公司，2000.03. —147 页；20cm

ISBN 7 – 5433 – 1186 – 0；7.50 元

0261　中国的文字改革/

〔日〕藤井明，姜焕柱著 . —保定：河北大学出版社；2000.03. —73 页；20cm

ISBN 7 – 81028 – 629 – 3；5.00 元

0262　最新日语能力教育一级模拟题/

〔日〕石崎晶子等编 . —上海：上海外语教育出版社；2000.04. —129 页；26cm

ISBN 7 – 81046 – 799 – 9；14.50 元

0263　日本侨民在上海：1820～1945/

〔日〕高纲博文，陈祖恩著 . —上海：上海辞书出版社；2000.07. —89 页；200 幅；26 × 28cm

ISBN 7 – 5326 – 0621 – X（精装）；98.00 元

2001

0264　21 世纪 0 岁教育方案：0 岁教育秘密创造奇迹的七田式 0 岁教育/

〔日〕七田真等著；《21 世纪 0 岁教育方案》翻译组译 . —北京：中国轻工业出版社；2001.03. —211 页；20cm

ISBN 7 – 5019 – 3040 – 6；12.00 元

0265　21 世纪 0 岁教育方案：0 岁教育入门献给初学 0 岁教育的朋友/

〔日〕七田真等著；《21 世纪 0 岁教育方案》翻译组译 . —北京：中国轻工业出版社；2001.03. —201 页；20cm

ISBN 7 – 5019 – 3040 – 6；12.00 元

0266 21 世纪 0 岁教育方案：21 世纪最佳育儿法/

〔日〕七田真等著；《21 世纪 0 岁教育方案》翻译组译 . —北京：中国轻工业出版社；2001.03. —204 页；20cm

ISBN 7 - 5019 - 3040 - 6；12.00 元

0267 21 世纪 0 岁教育方案：从胎儿开始的巧妙育儿法/

〔日〕七田真等著；《21 世纪 0 岁教育方案》翻译组译 . —北京：中国轻工业出版社；2001.03. —196 页；20cm

ISBN 7 - 5019 - 3040 - 6；12.00 元

0268 21 世纪 0 岁教育方案：幼儿才能教育/

〔日〕铃木镇一著；《21 世纪 0 岁教育方案》翻译组译 . —北京：中国轻工业出版社；2001.03. —201 页；20cm

ISBN 7 - 5019 - 3040 - 6；12.00 元

0269 CD 分类手册：细胞膜分化抗原的国际分类/

〔日〕新保敏和，〔日〕石黑精著；矫燕译 . —天津：天津科技翻译出版公司，2001.06. —680 页；26cm

ISBN 7 - 5433 - 1256 - 5；55.00 元

0270 CORBA 企业解决方案/

〔日〕Slama，D. 等著；李师贤等译 . —北京：机械工业出版社；2001.01. —273 页；26cm

ISBN 7 - 111 - 07565 - X；35.00 元

0271 Excel 2000 得意通/

〔日〕小馆由典著；黄明姬译 . —北京：中国青年出版社；2001.05. —232 页；23cm.（电脑得意通系列）

ISBN 7 - 5006 - 42873；35.00 元

0272 e 时代如何做素质的公司职员/

〔日〕古谷治子著；向阳译 . —成都：西南财经大学出版社；2001.08. —178 页；20cm

ISBN 7 - 81055 - 786 - 6；12.00 元

0273 IT 革命一看即知/

〔日〕松原聪编著；郭景春，冯宇译 . —成都：西南财经大学出版社；2001.03. —245 页；20cm

ISBN 7 - 81055 - 769 - 6；15.00 元

0274 Windows Me 得意通/

〔日〕田中亘著；健莲工作室译 . —北京：中国青年出版社；2001.05. —178 页；23cm. —（电脑得意通系列）

ISBN 7 - 5006 - 4290 - 3；32.00 元

0275 Word 2000 得意通/

〔日〕田中亘著；健莲工作室译 . —北京：中国青年出版社；2001.05. —187 页；23cm. —（电脑得意通系列）

ISBN 7 - 5006 - 4288 - 1；32.00 元

0276 阿尔卑斯的猛犬/

〔日〕椋鸠十著；安伟邦等译 . —南昌：二十一世纪出版社；2001.03. —255 页；20cm. —（椋鸠十动物小说全集）

ISBN 7 - 5391 - 1792 - 3；12.00 元

0277 阿里巴巴与四十大盗/

〔日〕平田昭吾编著；〔日〕高桥信也等绘；王大恒译 . —长春：吉林文史出版社；2001.10. —90 页；19×20cm. —（彩图世界童话名著）

ISBN 7 - 80626 - 665 - 8；12.00 元

0278 癌症的新免疫疗法/

〔日〕八木田旭邦著；张宝旭译 . —北京：中国纺织出版社；2001.01. —224 页；20cm. —（健康新概念；4）

ISBN 7 - 5064 - 1942 - 4；13.50 元

0279 癌症患者术后的饮食/

〔日〕西满正等著；徐梅译 . —天津：天津科技翻译出版公司，2001.09. —143 页；20cm. —（现代疾病的营养资讯丛书）

ISBN 7 - 5433 - 1348 - 0；18.00 元

0280 癌症远离/

〔日〕河内卓主编；李素华译 . —北京：中国轻工业出版社；2001.01. —64 页；20cm. —（轻松健康指南）

ISBN 7 - 5019 - 3021 - X；10.00 元

0281 奥地利纪行/

〔日〕东山魁夷著；许秋寒译 . —石家庄：花山文艺出版社；2001.11. —178 页；20cm. —（东山魁夷的世界丛书；11）

ISBN 7 - 80673 - 044 - 3；28.00 元

0282 奥特曼大神功.1/

〔日〕圆谷制作株式会社著 . —北京：海豚出版社；2001.07. —22 页；16×16cm

ISBN 7 - 80138 - 234 - X；8.00 元

0283 奥特曼大神功.2/
〔日〕圆谷制作株式会社著.—北京：海豚出版社；2001.07.—22页；16×16cm
ISBN 7-80138-234-X；8.00元

0284 奥特曼大神功.3/
〔日〕圆谷制作株式会社著.—北京：海豚出版社；2001.07.—22页；16×16cm
ISBN 7-80138-234-X；8.00元

0285 奥特曼大神功.4/
〔日〕圆谷制作株式会社著.—北京：海豚出版社；2001.07.—22页；16×16cm
ISBN 7-80138-234-X；8.00元

0286 奥特曼大神功.5/
〔日〕圆谷制作株式会社著.—北京：海豚出版社；2001.07.—22页；16×16cm
ISBN 7-80138-234-X；8.00元

0287 奥特曼大神功.6/
〔日〕圆谷制作株式会社著.—北京：海豚出版社；2001.07.—22页；16×16cm
ISBN 7-80138-234-X；8.00元

0288 奥特曼大神功.7/
〔日〕圆谷制作株式会社著.—北京：海豚出版社；2001.07.—22页；16×16cm
ISBN 7-80138-234-X；8.00元

0289 白发鬼复仇记/
〔日〕江户川乱步著；曹浩宇译.—北京：时事出版社；2001.03.—184页；20cm.—（小五郎侦探惊险系列）
ISBN 7-80009-637-8；8.00元

0290 白雪公主/
〔日〕平田昭吾编著；〔日〕高桥信也等绘；王大恒译.—长春：吉林文史出版社；2001.10.—90页；19×20cm.—（彩图世界童话名著）
ISBN 7-80626-665-8；12.00元

0291 半导体工程学/
〔日〕中屿坚志郎编著；熊缨译.—北京：科学出版社；2001.01.—126页；20cm.—（21世纪大学新型参考教材系列）
ISBN 7-03-009322-4；12.00元

0292 半导体器件/
〔日〕春木弘编著；邵志标译.—北京：科学出版社；2001.11.—178页；20cm.—（21世纪电子电气工程师系列/〔日〕正田英介主编）
ISBN 7-03-009728-9；17.50元

0293 宝宝断奶期食谱/
〔日〕水野清子等著；刘承慧译.—郑州：河南科学技术出版社；2001.10.—155页；23×19cm
ISBN 7-5349-2635-1；35.00元

0294 宝宝如厕训练方法：让孩子学会自己上厕所/
〔日〕帆足英一主编；《育儿金典》编译组译.—北京：中国轻工业出版社；2001.01.—138页；19cm
ISBN 7-5019-2971-8；8.00元

0295 北欧纪行/
〔日〕东山魁夷著；罗兴典译.—石家庄：花山文艺出版社；2001.11.—178页；20cm.—（东山魁夷的世界丛书；11）
ISBN 7-80673-044-3；28.00元

0296 本色女人/
〔日〕松浦理英子著；秦岚，刘晓峰译.—北京：中国文联出版社；2001.09.—358页；20cm.—（中日妇女作家新作大系.日本方阵/许金龙主编）
ISBN 7-5059-3907-6；20.00元

0297 便秘、腹泻、痔疮患者的饮食/
〔日〕内田雄三等编著；王淑兰，胡玉琴译.—天津：天津科技翻译出版公司，2001.09.143页；20cm.—（现代疾病的营养资讯丛书）
ISBN 7-5433-1368-5；18.00元

0298 变废为宝/
〔日〕BOUTIQUE出版社编；沙子芳译.—杭州：浙江科学技术出版社；2001.09.—98页；20cm.—（创意手工）
ISBN 7-5341-1595-7；23.00元

0299 别再说时间不够用/
〔日〕下保进著；陈南君译.—上海：世界图书出版公司，2001.05.—203页；20cm.—（解度人生成功密码；4）
ISBN 7-5062-5084-5；14.00元

0300 不死鸟：八佰伴集团前总裁和田一夫自叙过去和现在/
〔日〕和田一夫著；徐静波译.—上海：百家出版社；2001.08.—179页；20cm

ISBN 7 - 80656 - 408 - X；18.00 元

0301 布局基本问题集/
〔日〕诚文堂新光社围棋编辑部编；瘳渝生译. —
成都：蜀蓉棋艺出版社；2001.03. —206 页；17cm.
—（迈向初段）
ISBN 7 - 80548 - 714 - 6；10.00 元

0302 部分活动义齿技术/
〔日〕平沼谦二编著；陈吉华等译. —西安：陕
西科学技术出版社；2001.03. —190 页；26cm
ISBN 7 - 5369 - 3292 - 8（精装）；70.00 元

0303 部位皮肤病学图谱：诊断与治疗/
〔日〕西山重雄等著；刘辅仁译. —西安：世界
图书出版西安公司，2001.05. —245 页；26cm
ISBN 7 - 5062 - 4746 - 1（精装）；160.00 元

0304 材料评价的分析电子显微方法/
〔日〕进藤大辅，〔日〕及川哲夫著；刘安生译. —
北京：冶金工业出版社；2001.10. —181 页；26cm
ISBN 7 - 5024 - 2735 - X；38.00 元

0305 餐饮业店铺设计与装修/
〔日〕竹谷稔宏著；孙逸增，俞浪琼译. —沈阳：
辽宁科学技术出版社；2001.04. —112 页；29 ×
21cm
ISBN 7 - 5381 - 3393 - 3；28.00 元

0306 苍穹之昴/
〔日〕浅田次郎著；林青华，肖书文译. —武汉：
长江文艺出版社；2001.08. —2 册（839 页）；20cm
ISBN 7 - 5354 - 2216 - 0；37.00 元

0307 肠胃 OK/
〔日〕竹内正主编；唐德权译. —北京：中国轻
工业出版社；2001.01. —64 页；20cm. —（轻松
健康指南）
ISBN 7 - 5019 - 3021 - X；10.00 元

0308 常用商务英语会话入门/
〔日〕饭泰珠编著；彭应忠译. —上海：世界图
书出版公司，2001.05. —224 页；20cm
ISBN 7 - 5062 - 5130 - 2；14.00 元

0309 常用英语会话/
〔日〕蒔田芙著；裘峥一译. —上海：世界图书
出版公司，2001.05. —195 页；20cm
ISBN 7 - 5062 - 5131 - 0；14.00 元

0310 畅游日本：最新旅游指南/
〔日〕株式会社媒体新日中编著. —上海：复旦
大学出版社；2001.01. —139 页；20cm
ISBN 7 - 309 - 02753 - 1；28.00 元

0311 超长迷宫图/
〔日〕木乃美光绘；于晓野，张岩峰译. —长春：
吉林美术出版社；2001.05. —1 册；32 × 25cm. —
（LL 超级游戏）
ISBN 7 - 5386 - 0959 - 8；15.00 元

0312 超长游乐场/
〔日〕木乃美光绘；于晓野，张岩峰译. —长春：
吉林美术出版社；2001.05. —1 册；32 × 25cm. —
（LL 超级游戏）
ISBN 7 - 5386 - 0959 - 8；15.00 元

0313 沉默的杀意/
〔日〕小池真理子著；曹姮译. —北京：文化艺
术出版社；2001.08. —275 页；20cm
ISBN 7 - 5039 - 2056 - 4；15.00 元

0314 沉溺/
〔日〕川上弘美著；吴之桐，王建新译. —北京：
中国文联出版社；2001.09. —353 页；20cm. —（中
日妇女作家新作大系. 日本方阵/许金龙主编）
ISBN 7 - 5059 - 3912 - 2；19.00 元

0315 撑竿跳高/
〔日〕广田哲夫著；李鸿江等译审. —北京：人民
体育出版社；2001.11. —139 页；113 幅；20cm. —
（青少年田径技术训练丛书/〔日〕帖佐宽章，
〔日〕佐佐木秀幸主编）
ISBN 7 - 5009 - 2129 - 2；10.00 元

0316 吃出健康/
〔日〕西山隆造，〔日〕三宅纪子，〔日〕鹤水昭夫
著；孙晖，王述生译. —北京：科学出版社；2001.
05. —196 页；19cm. —（生活与科学文库）
ISBN 7 - 03 - 009321 - 6；10.00 元

0317 吃在中国/
〔日〕端木翰卿著；潘建强等译. —上海：复旦
大学出版社；2001.03. —311 页；18 × 20cm
ISBN 7 - 309 - 02730 - 2；28.00 元

0318 迟到的青年/
〔日〕大江健三郎著；王新新等译. —石家庄：
河北教育出版社；2001.01. —404 页；20cm. —

（大江健三郎自选集）
ISBN 7－5434－3981－6；16.90 元

0319　宠物喂养与训练．观赏鸟/
〔日〕宇田川龙男主编；王玲，娅菲译．—北京：
中国轻工业出版社；2001.01.—192 页；20cm
ISBN 7－5019－2992－0；29.80 元

0320　宠物喂养与训练．猫/
〔日〕小岛正记主编；〔日〕山崎哲摄；刘文丽
等译．—北京：中国轻工业出版社；2001.01.—
175 页；20cm
ISBN 7－5019－2992－0；26.00 元

0321　宠物喂养与训练．室内犬/
〔日〕中泽秀章主编；〔日〕中岛真理摄；刘文丽
等译．—北京：中国轻工业出版社；2001.01.—192
页；20cm
ISBN 7－5019－2992－0；29.80 元

0322　宠物喂养与训练．兔/
〔日〕高岭一司著；刘文丽，林子京译．—北京：
中国轻工业出版社；2001.01.—128 页；20cm
ISBN 7－5019－2992－0；26.00 元

0323　宠物喂养与训练．小动物/
〔日〕野村润一郎主编．—北京：中国轻工业出
版社；2001.01.—158 页；20cm
ISBN 7－5019－2992－0；28.00 元

**0324　宠物小精灵：愉快的粘贴学习．4，数字
游戏绘本/**
〔日〕和田琴美著．—长春：吉林美术出版社；
2001.05.—111 页；26×21cm
ISBN 7－5386－1172－X；17.00 元

0325　宠物小精灵猜谜绘本．它是谁？/
〔日〕和田琴美著；碧日译．—长春：吉林美术
出版社；2001.05.—335 页；10×10cm
ISBN 7－5386－1166－5；9.80 元

0326　宠物小精灵故事系列．1/
〔口〕Shoro 等著．南昌：二十一世纪出版社；
2001.08.—17 页；26cm
ISBN 7－5391－1827－X；8.00 元

0327　宠物小精灵故事系列．2/
〔日〕Shoro 等著．—南昌：二十一世纪出版社；
2001.08.—17 页；26cm
ISBN 7－5391－1842－3；8.00 元

0328　宠物小精灵故事系列．3/
〔日〕Shoro 等著．—南昌：二十一世纪出版社；
2001.08.—17 页；26cm
ISBN 7－5391－1843－1；8.00 元

0329　宠物小精灵故事系列．4/
〔日〕Shoro 等著．—南昌：二十一世纪出版社；
2001.08.—17 页；26cm
ISBN 7－5391－1844－X；8.00 元

0330　宠物小精灵绝招大图鉴/
〔日〕小学馆编著；上海碧日咨询事业有限公司
译．—南宁：接力出版社；2001.03.—384 页；13cm
ISBN 7－80631－806－2；8.50 元

0331　宠物小精灵快乐智力游戏/
〔日〕嵩濑广著；碧日译．—长春：吉林美术出
版社；2001.08.—60 页；19cm
ISBN 7－5386－1199－1；7.80 元

0332　宠物小精灵迷路游戏．1/
〔日〕木村光雄绘．—南昌：二十一世纪出版社；
2001.03.—18 页；26cm
ISBN 7－5391－1800－8；8.00 元

0333　宠物小精灵明信片画册/
〔日〕相原和典绘．—长春：吉林美术出版社；
2001.06.—1 册；21cm
明信片
ISBN 7－5386－1165－7；12.80 元

0334　宠物小精灵圣战图鉴．1/
碧日制作．—南昌：二十一世纪出版社；2001.03.
—54 页；26cm
ISBN 7－5391－1776－1；18.00 元

0335　宠物小精灵圣战图鉴．2/
碧日制作．—南昌：二十一世纪出版社；2001.03.
—54 页；26cm
ISBN 7－5391－1776－1；18.00 元

0336　宠物小精灵手工游戏绘本/
〔日〕和田琴美著；碧日译．—长春：吉林美术
出版社；2001.05.—63 页；26cm．—（宠物小精
灵游戏学习系列丛书）
ISBN 7－5386－1171－1；14.00 元

0337　宠物小精灵数字游戏绘本/
〔日〕和田琴美著；碧日译．—长春：吉林美术
出版社；2001.05.—111 页；26cm．—（宠物小

精灵游戏学习系列丛书）
ISBN 7 – 5386 – 1172 – X；17.00 元

0338　宠物小精灵图画游戏.1/
〔日〕木村光雄绘.—南昌：二十一世纪出版社；
2001.03.—18 页；26cm
ISBN 7 – 5391 – 1800 – 8；8.00 元

0339　宠物小精灵智力游戏.1/
〔日〕木村光雄绘.—南昌：二十一世纪出版社；
2001.03.—18 页；26cm
ISBN 7 – 5391 – 1800 – 8；8.00 元

0340　丑小鸭/
〔日〕平田昭吾编著；〔日〕高桥信也等绘；王
大恒译.—长春：吉林文史出版社；2001.10.—
90 页；19×20cm.—（彩图世界童话名著）
ISBN 7 – 80626 – 665 – 8；12.00 元

0341　初次妊娠与分娩/
〔日〕高山忠夫编；梅卓等译.—北京：中国轻
工业出版社；2001.01.—210 页；19cm.—（育
儿金典；3）
ISBN 7 – 5019 – 3425 – 8；15.00 元

0342　传感工程/
〔日〕井口征士编；刘志刚译.—北京：科学出
版社；2001.01.—120 页；26cm.—（21 世纪工
程技术新型教程系列/〔日〕樱井良文主编）
ISBN 7 – 03 – 008862 – X；17.00 元

0343　串起美丽的珠饰/
〔日〕贵夫人社编；冯晓佳译.—北京：中国轻
工业出版社；2001.10.—102 页；26cm.—（美
少女扮靓丛书）
ISBN 7 – 5019 – 3395 – 2；22.00 元

0344　串珠.高贵典雅篇/
〔日〕贵夫人社编；《串珠》编译组编译.—北京：
中国轻工业出版社；2001.10.—159 页；15×11cm.
—（瑞丽袖珍丛书）
ISBN 7 – 5019 – 3362 – 6；12.80 元

0345　串珠.少女流行篇/
〔日〕贵夫人社编；《串珠》编译组编译.—北京：
中国轻工业出版社；2001.10.—160 页；15×11cm.
—（瑞丽袖珍丛书）
ISBN 7 – 5019 – 3363 – 4；12.80 元

0346　串珠.淑女时尚篇/
〔日〕贵夫人社编；《串珠》编译组编译.—北京：

中国轻工业出版社；2001.10.—161 页；15×11cm.
—（瑞丽袖珍丛书）
ISBN 7 – 5019 – 3361 – 8；12.80 元

0347　床上的眼睛/
〔日〕山田咏美著；杨伟译.—北京：中国文联
出版社；2001.09.—378 页；20cm.—（中日女
作家新作大系.日本方阵/许金龙主编）
ISBN 7 – 5059 – 3908 – 4；20.00 元

0348　创意手机吊饰/
〔日〕大高辉美编著；王亚琴译.—杭州：浙江
科学技术出版社；2001.10.—71 页；26cm.—
（时尚作坊丛书）
ISBN 7 – 5341 – 1565 – 5；16.00 元

0349　春天的马车曲/
〔日〕横光利一著；唐月梅，许秋寒译.—北京：
作家出版社；2001.01.—356 页；20cm.—（横
光利一文集/叶渭渠主编）
ISBN 7 – 5063 – 1820 – 2；19.00 元

0350　从天而降的妈妈/
〔日〕藤真知子著；〔日〕由地美枝子绘；臧馨
译.—北京：国际文化出版公司，2001.09.—117
页；19cm.—（魔女妈妈魔幻系列）
ISBN 7 – 80105 – 978 – 6；10.00 元

0351　聪明的一休/
〔日〕平田昭吾编著；〔日〕高桥信也等绘；王
大恒译.—长春：吉林文史出版社；2001.10.—
90 页；19×20cm.—（彩图世界童话名著）
ISBN 7 – 80626 – 665 – 8；12.00 元

0352　催眠/
〔日〕松冈圭祐著；王成，李明妍译.—北京：
中央编译出版社；2001.04.—348 页；20cm
ISBN 7 – 8010 – 9418 – 2；19.80 元

0353　打鼾的治疗/
〔日〕高山千子著；甘文杰译.—郑州：河南科
学技术出版社；2001.05.—139 页；19cm
ISBN 7 – 5349 – 2636 – X；10.00 元

0354　大门324例/
〔日〕新住宅出版株式会社编；章俊华，任莅棣
译.—北京：中国建筑工业出版社；2001.03.—
145 页；28×22cm.—（高职高专建筑装饰技术
专业系列教材）
ISBN 7 – 112 – 04467 – 7；80.00 元

0355 胆石症、胆囊炎、胰腺炎患者的饮食/
〔日〕藤泽洌等编著；杜武媛，杜武勋，宫书成等译．—天津：天津科技翻译出版公司，2001.09.—143 页；20cm．—（现代疾病的营养资讯丛书）
ISBN 7 – 5433 – 1340 – 5；18.00 元

0356 到夏威夷去/
〔日〕那须正干著；王超伟译．—南宁：广西教育出版社；2001.01.—180 页；62 幅；19cm．—（小小同龄鸟，滑稽三人行）
ISBN 7 – 5435 – 3133 – X；6.00 元

0357 德国纪行：马车啊，慢些走/
〔日〕东山魁夷著；朱春育译．—石家庄：花山文艺出版社；2001.11.—251 页；20cm．—（东山魁夷的世界丛书；9）
ISBN 7 – 80673 – 051 – 6；20.00 元

0358 地底大魔王之迹：关于地震、火山、资源、环境的游戏/
〔日〕藤子·F·不二雄编著；〔日〕高谷健二绘；王永全译．—长春：吉林美术出版社；2001.01.—79 页；20cm．—（机器猫哆啦 A 梦学习游戏丛书；2）
ISBN 7 – 5386 – 1054 – 5；6.50 元

0359 地狱的滑稽大师/
〔日〕江户川乱步著；陈爱义译．—北京：时事出版社；2001.03.—184 页；20cm．—（小五郎侦探惊险系列）
ISBN 7 – 80009 – 637 – 8；8.00 元

0360 电磁学/
〔日〕高木正藏编著；赵立竹，董玉琦译．—北京：科学出版社；2001.01.—186 页；20cm．—（21 世纪电子电气工程师系列/〔日〕正田英介主编）
ISBN 7 – 03 – 009346 – 1；19.00 元

0361 电工电路/
〔日〕正田英介主编；〔日〕吉冈芳夫编著；刘冬梅译．—北京：科学出版社；2001.08.—200 页；20cm．—（21 世纪电子电气工程师系列/〔日〕正田英介主编）
ISBN 7 – 03 – 009559 – 6；19.50 元

0362 电话咨询所/
〔日〕前川和夫绘；郝玉珍译．—南宁：广西教育出版社；2001.01.—168 页；18cm．—（小小同龄鸟，滑稽三人行）
ISBN 7 – 5435 – 3067 – 8；6.00 元

0363 电机电器/
〔日〕吉永淳编著；冯浩译．—北京：科学出版社；2001.01.—198 页；20cm．—（21 世纪电子电气工程师系列/〔日〕正田英介主编）
ISBN 7 – 03 – 009301 – 1；19.00 元

0364 电力传输工程/
〔日〕松浦虔士编著；曹广益，钱允琪译．—北京：科学出版社；2001.01.—173 页；26cm．—（21 世纪工程技术新型教程系列/〔日〕樱井良文主编）
ISBN 7 – 03 – 009002 – 0；23.00 元

0365 电力电子学/
〔日〕楠本一幸编；耿连发，耿晓兰译．—北京：科学出版社；2001.06.—201 页；20cm．—（21 世纪电子电气工程师系列/〔日〕正田英介主编）
ISBN 7 – 03 – 009263 – 5；19.00 元

0366 电力电子学/
〔日〕堀孝正编著；李世兴，程君实译．—北京：科学出版社；2001.08.—132 页；20cm．—（21 世纪大学新型参考教材系列）
ISBN 7 – 03 – 009574 – X；12.00 元

0367 电力系统/
〔日〕刃羽信昭编，金晶立译．—北京：科学出版社；2001.01.—165 页；20cm．—（21 世纪电子电气工程师系列/〔日〕正田英介主编）
ISBN 7 – 03 – 009367 – 4；16.00 元

0368 电力系统工程学/
〔日〕大久保仁编著；提兆旭译．—北京：科学出版社；2001.08.—137 页；20cm．—（21 世纪大学新型参考教材系列）
ISBN 7 – 03 – 009193 – 0；12.00 元

0369 电路基础习题集/
〔日〕饭高成男著；何希才译．—北京：科学出版社；2001.01.—223 页；20cm．—（图解电子电路习题集系列；1）
ISBN 7 – 03 – 008850 – 6；15.00 元

0370 电能基础/
〔日〕神原建树编著；邹俊忠，王淑兰，颜萍译．—北京：科学出版社；2001.01.—142 页；20cm.

— （21 世纪大学新型参考教材系列）
ISBN 7 – 03 – 009834 – X；12.00 元

0371　电气电路.A/
〔日〕佐治学编著；王友功译.—北京：科学出版社；2001.08.—176 页；20cm.—（21 世纪大学新型参考教材系列）
ISBN 7 – 03 – 009409 – 3；12.00 元

0372　电气电路.B/
〔日〕日比野伦夫编著；刘晓萱译.—北京：科学出版社；2001.08.—175 页；20cm.—（21 世纪大学新型参考教材系列）
ISBN 7 – 03 – 009409 – 3；12.00 元

0373　电气电子材料/
〔日〕水谷照吉编著；王力衡译.—北京：科学出版社；2001.08.—116 页；20cm.—（21 世纪大学新型参考教材系列）
ISBN 7 – 03 – 009552 – 7；12.00 元

0374　电气数学/
〔日〕齐藤制海编著；崔东印译.—北京：科学出版社；2001.01.—177 页；20cm.—（21 世纪大学新型参考教材系列）
ISBN 7 – 03 – 009523 – 5；12.00 元

0375　电子器件/
〔日〕梅野正义编著；邵春林，王钢译.—北京：科学出版社；2001.03.—126 页；20cm.—（21 世纪大学新型参考教材系列）
ISBN 7 – 03 – 008988 – X；12.00 元

0376　电子实用手册/
〔日〕藤井信生主编；王力衡等译.—北京：科学出版社；2001.08.—526 页；20cm.—（OHM 电子电气实用手册系列）
ISBN 7 – 03 – 009375 – 5；39.80 元

0377　电子先锋：富士通发展史/
〔日〕富士通株式会社编著；陆华生，黄文明译.—北京：华夏出版社；2001.01.—380 页；20cm.—（世界 500 强企业发展丛书）
ISBN 7 – 5080 – 2324 – 2；20.00 元

0378　钓鱼的科学/
〔日〕森秀人著；王传民译.—北京：科学出版社；2001.01.—213 页；19cm.—（生活与科学文库）
ISBN 7 – 03 – 009015 – 2；10.80 元

0379　定式基本问题集/
〔日〕诚文堂新光社围棋编辑部编；邱季生译.—成都：蜀蓉棋艺出版社；2001.01.—206 页；17cm.—（迈向初段）
ISBN 7 – 80548 – 696 – 4；10.00 元

0380　东京/
〔日〕田岛德幸著；黄居正，袁逸倩译.—北京：中国建筑工业出版社；2001.08.—302 页；11 × 11cm.—（世界新建筑口袋丛书）
ISBN 7 – 112 – 04381 – 6；16.00 元

0381　动脉硬化患者的饮食/
〔日〕中野赳等编著；朱晓东译.—天津：天津科技翻译出版公司，2001.09.—143 页；20cm.—（现代疾病的营养资讯丛书）
ISBN 7 – 5433 – 1347 – 2；18.00 元

0382　都市景观照明/
〔日〕安达志编著；章蓓蓓译.—大连：大连理工大学出版社；2001.03.—113 页；29cm
ISBN 7 – 5611 – 1873 – 2（精装）；88.00 元

0383　短跑/
〔日〕宫川千秋著；李鸿江等译审.—北京：人民体育出版社；2001.11.—119 页；20cm.—（青少年田径技术训练丛书/〔日〕帖佐宽章，〔日〕佐佐木秀幸主编）
ISBN 7 – 5009 – 2132 – 2；8.00 元

0384　多层集合住宅/
〔日〕石氏克彦著；张丽丽译.—北京：中国建筑工业出版社；2001.04.—142 页；30 × 21cm.—（建筑规划·设计译丛）
ISBN 7 – 112 – 04482 – 0；28.00 元

0385　哆啦 A 梦大雄地球拯救记/
〔日〕三谷幸广著；碧日译.—长春：吉林美术出版社；2001.05.—85 页；19cm
ISBN 7 – 5386 – 1128 – 2；5.00 元

0386　哆啦 A 梦科学宝库/
〔日〕藤子·F·不二雄编著；碧日译.—长春：吉林美术出版社；2001.01.—255 页；19cm
ISBN 7 – 5386 – 1065 – 0；9.50 元

0387　哆啦 A 梦科学大探索/
〔日〕藤子·F·不二雄编著；碧日等译.—长春：吉林美术出版社；2001.01.—258 页；19cm
ISBN 7 – 5386 – 1064 – 2；9.50 元

0388　哆啦 A 梦恐龙世界/
〔日〕藤子·F·不二雄编著；碧日等译.—长春：吉林美术出版社；2001.01.—258 页；19cm
ISBN 7 – 5386 – 1081 – 2；9.50 元

0389　哆啦 A 梦口袋科学馆/
〔日〕田中道明原著；碧日译.—长春：吉林美术出版社；2001.05.—185 页；18cm
ISBN 7 – 5386 – 1161 – 4；7.00 元

0390　哆啦 A 梦智力游戏绘本/
〔日〕藤子·F·不二雄著；碧日译.—南宁：接力出版社；2001.01.—2 册（56，56 页）；19cm
ISBN 7 – 80631 – 743 – 0；6.50 元

0391　哆啦 A 梦.快乐大迷宫/
〔日〕藤子·F·不二雄著；碧日译.—南京：江苏少年儿童出版社；2001.08.—36；26cm
ISBN 7 – 5346 – 2522 – X；9.80 元

0392　哆啦 A 梦.游戏大迷宫/
〔日〕藤子·F·不二雄著；碧日译.—南京：江苏少年儿童出版社；2001.08.—36 页；26cm
ISBN 7 – 5346 – 2521 – 1；9.80 元

0393　哆啦 A 梦.智力大迷宫/
〔日〕藤子·F·不二雄著；碧日译.—南京：江苏少年儿童出版社；2001.08.—36 页；26cm
ISBN 7 – 5346 – 2520 – 3；9.80 元

0394　俄岁斯·乌克兰·白俄罗斯·高加索诸国/
〔日〕大宝石出版社编；韩惠等译.—北京：中国旅游出版社；2001.04.—499 页；20cm.—（走遍全球）
ISBN 7 – 5032 – 1823 – 1；55.00 元

0395　恶魔/
〔日〕江户川乱步著；杨国荣译.—北京：时事出版社；2001.03.—200 页；20cm.—（小五郎侦探惊险系列）
ISBN 7 – 80009 – 637 – 8；9.00 元

0396　儿童毛衣/
〔日〕BOUTIQUE 出版社编著；余静译.—杭州：浙江科学技术出版社；2001.11.—97 页；26cm
ISBN 7 – 5341 – 1661 – 9；22.00 元

0397　儿童折纸/
〔日〕BOUTIQUE 出版社编；余静译.—杭州：浙江科学技术出版社；2001.09.—98 页；26 ×

21cm.—（创意手工）
ISBN 7 – 5341 – 1594 – 9；25.00 元

0398　二十世纪华北农村社会经济研究/
〔日〕内山雅生著；李思民，邢丽荃译.—北京：中国社会科学出版社；2001.01.—335 页；20cm
ISBN 7 – 5004 – 2794 – 8；25.00 元

0399　发明狂时代/
〔日〕那须正干著；〔日〕前川和夫，〔日〕高桥信也绘；郝玉珍译.—南宁：广西教育出版社；2001.01.—182 页；74 幅；19cm.—（小小同龄鸟，滑稽三人行）
ISBN 7 – 5435 – 3133 – X；6.00 元

0400　反常识讲座/
〔日〕渡边淳一著；陈多友译.—北京：文化艺术出版社；2001.01.—204 页；20cm
ISBN 7 – 5039 – 1955 – 8；10.00 元

0401　反调：驳《日本可以说"不"》/
〔日〕古馆真著；王安勤译.—北京：经济日报出版社；2001.01.—348 页；20cm
ISBN 7 – 80127 – 752 – X；20.00 元

0402　防老皮筋操/
〔日〕古藤高良，〔日〕池田充宏著；孙基亮译.—北京：中国纺织出版社；2001.01.—196 页；20cm.—（健康新概念；2）
ISBN 7 – 5064 – 1940 – 8；12.00 元

0403　非洲/
〔日〕大宝石出版社编；刘东妮译.—北京：中国旅游出版社；2001.01.—413 页；20cm.—（走遍全球）
ISBN 7 – 5032 – 1782 – 0；56.00 元

0404　肥胖由生活习惯来改善/
〔日〕大野诚著；江雅铃译.—沈阳：辽宁科学技术出版社；2001.01.—181 页；20cm
ISBN 7 – 5381 – 3272 – 4；12.00 元

0405　浮世理发馆/
〔日〕式亭三马著；周作人译.—北京：中国对外翻译出版公司，2001.01.—226 页；20cm.—（苦雨斋译丛）
ISBN 7 – 5001 – 0795 – 1；15.30 元

0406　浮世澡堂/
〔日〕式亭三马著；周作人译.—北京：中国对

外翻译出版公司，2001.01.—217 页；20cm.—
（苦雨斋译丛）
ISBN 7 - 5001 - 0796 - X；15.50 元

0407　肝炎、肝硬化患者的饮食/
〔日〕金龙正泰等著；于桂芳译.—天津：天津科
技翻译出版公司，2001.09.—143 页；20cm.—
（现代疾病的营养资讯丛书）
ISBN 7 - 5433 - 1346 - 4；18.00 元

0408　感受大海的时候/
〔日〕中泽惠著；李云云等译.—北京：中国文
联出版社；2001.09.—329 页；20cm.—（中日
女作家新作大系.日本方阵/许金龙主编）
ISBN 7 - 5059 - 3911 - 4；18.00 元

0409　钢铁人生：我的钢铁昭和史/
〔日〕稻山嘉宽著；韦平和译.—北京：华夏出
版社；2001.01.—380 页；20cm.—（世界 500
强企业发展丛书）
ISBN 7 - 5080 - 2280 - 7；18.00 元

0410　钢铁冶炼/
〔日〕万谷志郎著；李宏译.—北京：冶金工业
出版社；2001.11.—279 页；20cm.—（金属化
学入门丛书）
ISBN 7 - 5024 - 2867 - 4；26.00 元

0411　高层·超高层集合住宅/
〔日〕森保详之著；覃力等译.—北京：中国建筑
工业出版社；2001.04.—149 页；29cm.—（建筑规
划·设计译丛）
ISBN 7 - 112 - 04481 - 2；28.00 元

0412　高电压与绝缘技术/
〔日〕小崎正光编著；李福寿，金之俭译.—北京：
科学出版社；2001.07.—130 页；20cm.—（21 世纪
新型参考教材系列）
ISBN 7 - 03 - 009391 - 7；12.00 元

0413　高桥善丸设计世界.第 1 卷/
〔日〕高桥善丸著.—南宁：广西美术出版社；
2001.12.—61 页；13cm.—（视觉语言丛书/朱锷主
编）
ISBN 7 - 80674 - 074 - 0；10.00 元

0414　高桥善丸设计世界.第 2 卷/
〔日〕高桥善丸著.—南宁：广西美术出版社；
2001.12.—61 页；13cm.—（视觉语言丛书/朱
锷主编）

ISBN 7 - 80674 - 073 - 2；10.00 元

0415　高桥善丸设计世界.第 3 卷/
〔日〕高桥善丸著.—南宁：广西美术出版社；
2001.12.—64 页；13cm.—（视觉语言丛书/朱
锷主编）
ISBN 7 - 80674 - 075 - 9；10.00 元

0416　高血压病患者的饮食/
〔日〕池田正男等编著；何俊霞译.—天津：天津
科技翻译出版公司，2001.09.—143 页；20cm.—
（现代疾病的营养资讯丛书）
ISBN 7 - 5433 - 1338 - 3；18.00 元

0417　高脂血症患者的饮食/
〔日〕焉场茂明等编著；史馥译.—天津：天津科
技翻译出版公司，2001.09.—143 页；20cm.—（现
代疾病的营养资讯丛书）
ISBN 7 - 5433 - 1343 - X；18.00 元

0418　给手机穿件漂亮衣裳/
〔日〕佐藤全弘著；王静编译.—北京：中国轻
工业出版社；2001.10.—63 页；29cm.—（美少
女扮靓丛书）
ISBN 7 - 5019 - 3396 - 0；18.00 元

0419　攻防的手筋/
〔日〕武宫正树著；刘月如，郭继煜译.—北京：
人民体育出版社；2001.09.—244 页；19cm
ISBN 7 - 5009 - 2020 - 2；13.00 元

0420　供应链管理/
〔日〕研究所供应链研究部著；李建华译.—北
京：中信出版社；2001.02.—214 页；20cm.—
（2 小时通图解丛书）
ISBN 7 - 80073 - 322 - X；19.00 元

0421　古事记/
〔日〕安万侣编；周作人译.—北京：中国对外
翻译出版公司，2001.01.—188 页；20cm.—
（苦雨斋译丛）
ISBN 7 - 5001 - 0794 - 3；13.80 元

0422　怪指纹/
〔日〕江户川乱步著；伍心明译.—北京：时事
出版社；2001.03.—184 页；20cm.—（小五郎
侦探惊险系列）
ISBN 7 - 80009 - 637 - 8；8.00 元

0423　观赏树木栽培图解/
〔日〕青木司光编著；高东昌译.—沈阳：辽宁

科学技术出版社；2001.01. —225 页；20cm
ISBN 7 - 5381 - 3192 - 2；30.00 元

0424　观赏树木整形修剪图解/
〔日〕青木司光编著；高东昌译 . —沈阳：辽宁
科学技术出版社；2001.01. —239 页；20cm
ISBN 7 - 5381 - 3194 - 9；30.00 元

0425　观叶植物成功的栽培方法/
〔日〕米村浩次著；胡淑英译 . —天津：天津科
学技术出版社；2001.05. —247 页；20cm
ISBN 7 - 5308 - 3039 - 2；13.00 元

0426　观叶植物栽培图解/
〔日〕青木司光编著；高东昌译 . —沈阳：辽宁
科学技术出版社；2001.01. —234 页；20cm
ISBN 7 - 5381 - 3195 - 7；30.00 元

0427　管理层收购/
〔日〕片庭浩久编著；张碧清译 . —北京：中信
出版社；2001.04. —232 页；20cm. — （2 小时通
图解丛书）
ISBN 7 - 80073 - 306 - 8；19.00 元

0428　光电子学/
〔日〕神保孝志编；邵春林，邵颖志译 . —北京：
科学出版社；2001.08. —162 页；20cm. — （21
世纪新型参考教材系列）
ISBN 7 - 03 - 009575 - 8；12.00 元

0429　国际谈判的思考模式：英汉对照/
〔日〕岩崎洋一郎，〔日〕仲谷荣一郎著；王沁玫
译 . —北京：中华工商联合出版社；2001.04. —228
页；20cm. — （谈判英语）
ISBN 7 - 80100 - 797 - 2；20.00 元

0430　国境之南太阳之西/
〔日〕村上春树著；林少华译 . —上海：上海译
文出版社；2001.08. —190 页；20cm. — （村
上春树文集）
ISBN 7 - 5327 - 2674 - 6；13.50 元

0431　果实药酒/
〔日〕小谷英三著；柯维钦译 . —广州：广东科
技出版社；2001.04. —181 页；照片；19cm
ISBN 7 - 5359 - 2682 - 7；12.00 元

0432　果树栽培新技术/
〔日〕永田荣一编著；尹林等编译 . —北京：中
国农业科技出版社；2001.06. —197 页；20cm

ISBN 7 - 80167 - 117 - 1；18.80 元

0433　过敏症患者的饮食/
〔日〕永田良隆等编著；陈龙译 . —天津：天津科
技翻译出版公司，2001.09. —143 页；20cm. — （现
代疾病的营养资讯丛书）
ISBN 7 - 5433 - 1339 - 1；18.00 元

0434　海的女儿/
〔日〕平田昭吾编著；〔日〕高桥信也等绘；王大
恒译 . —长春：吉林文史出版社；2001.10. —90 页；
19×20cm. — （彩图世界童话名著）
ISBN 7 - 80626 - 665 - 8；12.00 元

0435　海底大陆的奥秘/
〔日〕那须正干著；〔日〕前川和夫，〔日〕高桥
信也绘；高增杰，高玲译 . —南宁：广西教育出
版社；2001.01. —178 页；19cm. — （小小同龄
鸟，滑稽三人行）
ISBN 7 - 5435 - 3133 - X；6.00 元

0436　海洋百科辞典/
〔日〕和达清夫主编；于夫，吕彩霞译 . —北京：
海洋出版社；2001.04. —586 页；21×15cm
ISBN 7 - 5027 - 4509 - 2（精装）；65.00 元

0437　海藻之王——裙带菜/
〔日〕西泽一俊著；大连市裙带菜协会译 . —大
连：大连出版社；2001.07. —100 页；20cm
ISBN 7 - 80612 - 842 - 5；15.00 元

0438　和哆啦 A 梦做游戏/
〔日〕藤子·F·不二雄著；碧日译 . —南宁：接
力出版社；2001.01. —2 册（56，56 页）；19cm
ISBN 7 - 80631 - 744 - 9；6.50 元

0439　和汉药百科图鉴 . 1/
〔日〕难波恒雄著；钟国跃译 . —北京：中国医
药科技出版社；2001.02. —434 页；照片；26cm
ISBN 7 - 5067 - 2251 - 8（精装）；100.00 元

0440　和汉药百科图鉴 . 2/
〔日〕难波恒雄著；钟国跃译 . —北京：中国医
药科技出版社；2001.02. —416 页；照片；26cm
ISBN 7 - 5067 - 2252 - 6（精装）；100.00 元

0441　和妈妈一起做玩具/
〔日〕BOUTIQUE 出版社编著；余静译 . —杭州：
浙江科学技术出版社；2001.11. —90 页；26cm.
— （创意手工）

ISBN 7 – 5341 – 1660 – 0；22.00 元

0442　荷兰·比利时·卢森堡/
〔日〕大宝石出版社编；刘琳琳，孙晓艳，韩惠译．—北京：中国旅游出版社；2001.05.—472页；20cm.—（走遍全球）
ISBN 7 – 5032 – 1824 – X；53.00 元

0443　黑谷奇遇记/
〔日〕那须正干著；〔日〕前川和夫绘；王超伟译．—南宁：广西教育出版社；2001.01.—172页；66幅；19cm.—（小小同龄鸟，滑稽三人行）
ISBN 7 – 5435 – 3133 – X；6.00 元

0444　花道.1/
〔日〕六耀社编；金久建译．—北京：中国建筑工业出版社；2001.10.—127页；26cm.—（花道译丛）
ISBN 7 – 112 – 04569 – X；66.00 元

0445　花道.2/
〔日〕六耀社编；金久建译．—北京：中国建筑工业出版社；2001.10.—127页；26cm.—（花道译丛）
ISBN 7 – 112 – 04570 – 3；66.00 元

0446　花道.3/
〔日〕六耀社编；金久建译．—北京：中国建筑工业出版社；2001.10.—127页；26cm.—（花道译丛）
ISBN 7 – 112 – 04571 – 1；66.00 元

0447　花道.4/
〔日〕六耀社编；金久建译．—北京：中国建筑工业出版社；2001.10.—128页；26cm.—（花道译丛）
ISBN 7 – 112 – 04572 – X；66.00 元

0448　滑稽"超级"侦探/
〔日〕那须正干著；〔日〕前川和夫绘；高增杰译．—南宁：广西教育出版社；2001.01.—188页；64幅；19cm.—（小小同龄鸟，滑稽三人行）
ISBN 7 – 5435 – 3133 – X；6.00 元

0449　滑稽的采访/
〔日〕那须正干著；〔日〕前川和夫绘；杨艳艳译．—南宁：广西教育出版社；2001.01.—178页；18cm.—（小小同龄鸟，滑稽三人行）
ISBN 7 – 5435 – 3062 – 7；6.00 元

0450　滑稽的选举/
〔日〕那须正干著；陈月娥译．—南宁：广西教育出版社；2001.01.—166页；18cm.—（小小同龄鸟，滑稽三人行）
ISBN 7 – 5435 – 3133 – X；6.00 元

0451　滑稽电视正在播放/
〔日〕那须正干著；〔日〕前川和夫绘；刘莘译．—南宁：广西教育出版社；2001.01.—157页；18 × 12cm.—（小小同龄鸟，滑稽三人行）
ISBN 7 – 5435 – 3133 – X；6.00 元

0452　滑稽股份公司/
〔日〕那须正干著；〔日〕前川和夫绘；王超伟译．—南宁：广西教育出版社；2001.01.—163页；63幅；19cm.—（小小同龄鸟，滑稽三人行）
ISBN 7 – 5435 – 3063 – 5；6.00 元

0453　滑稽秘密战/
〔日〕那须正干著；〔日〕前川和夫绘；郝玉珍译．—南宁：广西教育出版社；2001.01.—154页；18cm.—（小小同龄鸟，滑稽三人行）
ISBN 7 – 5435 – 3069 – 4；6.00 元

0454　滑稽探宝队/
〔日〕那须正干著；〔日〕前川和夫绘；高令译．—南宁：广西教育出版社；2001.01.—159页；18cm.—（小小同龄鸟，滑稽三人行）
ISBN 7 – 5435 – 3068 – 6；6.00 元

0455　滑稽宇宙大旅行/
〔日〕那须正干著；〔日〕前川和夫绘；王超伟，韩铎译．—南宁：广西教育出版社；2001.01.—170页；18cm.—（小小同龄鸟，滑稽三人行）
ISBN 7 – 5435 – 3061 – 9；6.00 元

0456　滑稽运动会/
〔日〕那须正干著；〔日〕前川和夫，〔日〕高桥信也绘；张义素译．—南宁：广西教育出版社；2001.01.—166页；58幅；18cm.—（小小同龄鸟，滑稽三人行）
ISBN 7 – 5435 – 3133 – X；6.00 元

0457　滑稽侦探事务所/
〔日〕那须正干著；〔日〕前川和夫绘；冯彤译．—南宁：广西教育出版社；2001.01.—148页；62幅；19cm.—（小小同龄鸟，滑稽三人行）
ISBN 7 – 5435 – 3133 – X；6.00 元

0458　滑稽侦探组/
〔日〕那须正干著；〔日〕前川和夫绘；刘莘，张炳升译．—南宁：广西教育出版社；2001.01.—145页；18cm．—（小小同龄鸟，滑稽三人行）
ISBN 7 – 5435 – 3066 – X；6.00 元

0459　化身/
〔日〕渡边淳一著；金中译．—南京：译林出版社；2001.11.—340 页；20cm
ISBN 7 – 80657 – 243 – 0；23.50 元

0460　"化学"的快乐读本/
〔日〕藤丸卓哉著；刘雪卿译．—杭州：浙江文艺出版社；2001.09.—131 页；20cm．—（快乐新思维丛书）
ISBN 7 – 5339 – 1489 – 9；7.20 元

0461　环保玩具制作．上册/
〔日〕黑须和清著．—广州：广东科技出版社；2001.02.—97 页；19cm
ISBN 7 – 5359 – 2693 – 2；10.00 元

0462　环保玩具制作．下册/
〔日〕黑须和清著．—广州：广东科技出版社；2001.02.—101 页；19cm
ISBN 7 – 5359 – 2694 – 0；10.00 元

0463　黄金豹/
〔日〕江户川乱步著；叶荣鼎译．—上海：少年儿童出版社；2001.12.—163 页；19cm．—（少年大侦探系列）
ISBN 7 – 5324 – 4735 – 9；7.00 元

0464　黄金怪兽/
〔日〕江户川乱步著；叶荣鼎译．—上海：少年儿童出版社；2001.12.—163 页；18 × 12cm．—（少年大侦探系列）
ISBN 7 – 5324 – 4734 – 0；7.00 元

0465　黄金假面人/
〔日〕江户川乱步著；伍心明译．—北京：时事出版社；2001.03.—323 页；20cm．—（小五郎侦探惊险系列）
ISBN 7 – 80009 – 637 – 8；10.00 元

0466　灰姑娘/
〔日〕平田昭吾编著；〔日〕高桥信也等绘；王大恒译．—长春：吉林文史出版社；2001.10.—90页；19×20cm．—（彩图世界童话名著）
ISBN 7 – 80626 – 665 – 8；12.00 元

0467　会话教室．1/
〔日〕向井京子著；谢翠钰译．—北京：中国对外翻译出版公司，2001.03.—202 页；20cm．—（EZTALK 系列）
ISBN 7 – 5001 – 0877 – X；20.00 元

0468　会话教室．2/
〔日〕向井京子著；李宗禾译．—北京：中国对外翻译出版公司，2001.03.—202 页；20cm．—（EZTALK 系列）
ISBN 7 – 5001 – 0877 – X；20.00 元

0469　会心一笑育儿漫画/
〔日〕以子为乐俱乐部著；蔡宜达译．—广州：广东科技出版社；2001.06.—163 页；19cm．—（未来妈妈丛书）
ISBN 7 – 5359 – 2681 – 9；11.00 元

0470　婚纱与花束/
〔日〕六耀社编；《插花技艺》编译组译．—北京：中国轻工业出版社；2001.01.—81 页；26cm．—（插花技艺）
ISBN 7 – 5019 – 2956 – 4；30.00 元

0471　货币金融政治经济学/
〔日〕伊藤诚，〔希〕拉帕维查斯著；孙刚，戴淑艳译．—北京：经济科学出版社；2001.12.—270页；20cm．—（当代西方政治经济学译丛）
ISBN 7 – 5058 – 2758 – 8；22.00 元

0472　机电一体化/
〔日〕高森年编著；赵文珍译．—北京：科学出版社；2001.01.—134 页；26cm．—（21 世纪工程技术新型教程系列）
ISBN 7 – 03 – 008923 – 5；18.00 元

0473　机电一体化实用手册/
〔日〕三浦宏文主编；赵文珍等译．—北京：科学出版社；2001.08.—479 页；20cm．—（OHM电子电气实用手册系列）
ISBN 7 – 03 – 009366 – 6；38.00 元

0474　机器人工程/
〔日〕樱井良文编著；王棣棠译．—北京：科学出版社；2001.02.—152 页；26cm．—（21 世纪工程技术新型教程系列）
ISBN 7 – 03 – 008943 – X；20.00 元

0475 积木之家：日本建筑家相田武文建筑创作录／

〔日〕相田武文著；路秉杰，路海君译．—上海：同济大学出版社；2001.05.—189页；22cm

ISBN 7－5608－2100－6；48.00元

0476 集合住宅实用设计指南／

〔日〕彰国社编；刘东卫等译．—北京：中国建筑工业出版社；2001.06.—210页；29cm

ISBN 7－112－04559－2；36.00元

0477 集合住宅小区／

〔日〕小泉信一著；王宝刚译．—北京：中国建筑工业出版社；2001.09.—155页；29cm.—（建筑规划设计译丛）

ISBN 7－112－04483－9；28.00元

0478 记忆力的科学／

〔日〕小田晋著；陈苏译．—北京：华夏出版社；2001.01.—156页；20cm

ISBN 7－5080－2281－5；10.00元

0479 技术立国：日立的小平浪平传／

〔日〕加藤胜美著；陆华生，黄文明译．—北京：华夏出版社；2001.09.—251页；20cm.—（世界500强企业发展丛书）

ISBN 7－5080－2517－2；18.00元

0480 家徽／

〔日〕横光利一著；朱春育，马文香译．—北京：作家出版社；2001.01.—275页；20cm.—（横光利一文集／叶渭渠主编）

ISBN 7－5063－1818－0；15.00元

0481 家庭·交友的烦恼／

〔日〕上出弘之主编；韩慧，张建林译．—南宁：广西人民出版社；2001.01.—155页；21×18cm.—（不愿向父母诉说的烦恼；4）

ISBN 7－219－04274－5；13.50元

0482 家庭按摩治疗百科／

〔日〕芹泽胜助著；瑞升译．—北京：中央编译出版社；2001.09.—227页；26cm

ISBN 7－8010－9481－6；39.00元

0483 家庭急救一家一册！／

〔日〕高桥有二主编；李素华译．—北京：中国轻工业出版社；2001.01.—63页；20cm.—（轻松健康指南）

ISBN 7－5019－3021－X；10.00元

0484 家庭饰物创意与制作．巧手钩出古典浪漫的回忆／

〔日〕文化出版局编；本书编译组编译．—北京：中国轻工业出版社；2001.01.—79页；27cm

ISBN 7－5019－3050－3；22.00元

0485 家庭饰物创意与制作．情调布艺温馨小屋／

〔日〕藤田久美子编；本书编译组编译．—北京：中国轻工业出版社；2001.01.—79页；27cm

ISBN 7－5019－3050－3；22.00元

0486 家庭饰物创意与制作．天然植物营造另类家居／

〔日〕佐佐木丽子著；石蓉英译．—北京：中国轻工业出版社；2001.01.—79页；27cm

ISBN 7－5019－3050－3；22.00元

0487 家园四旁的鲜花装饰：没有庭院也能赏花／

〔日〕薮正秀著；张伟译．—北京：中国林业出版社；2001.09.—111页；26cm.—（温馨家园花卉装饰）

ISBN 7－5038－2831－5；26.00元

0488 "价值创造"的经营／

〔日〕北尾吉孝著；王金译．—北京：商务印书馆，2001.01.—156页；20cm.—（网络经济译丛）

ISBN 7－100－03157－5；12.00元

0489 减肥计划／

〔日〕那须正干著；高增杰译．—南宁：广西教育出版社；2001.01.—214页；19cm.—（小小同龄鸟，滑稽三人行）

ISBN 7－5435－3133－X；6.00元

0490 简易脊椎健康法／

〔日〕甲田光雄著；萧志强译．—天津：天津科技翻译出版公司，2001.01.—220页；20cm

ISBN 7－5433－1290－5；11.00元

0491 讲谈社的经营神话：野间清治传／

〔日〕野间清治著；高文汉等译．—南宁：接力出版社；2001.09.—522页；20cm

ISBN 7－80631－699－X；28.00元

0492 角θ的奥秘：角、图形及函数的性质研究／

〔日〕堀场芳数著；罗亮生，罗丽生译．—北京：科学出版社；2001.—270页；19cm.—（生活与科学文库）

ISBN 7 - 03 - 009006 - 3；12.00 元

0493　教你有个好睡眠/
〔日〕井上昌次郎著；姜晓颖译 . —上海：上海人民出版社；2001.09. —141 页；20cm. — （实用保健译丛）
ISBN 7 - 208 - 03866 - X；12.00 元

0494　教学原理/
〔日〕佐藤正夫著；钟启泉译 . —北京：教育科学出版社；2001.06. —486 页；26cm. — （世界课程与教学新理论文库/钟启泉，张华主编）
ISBN 7 - 5041 - 2127 - 4；45.00 元

0495　教育、培训：企业成功的钥匙/
〔英〕劳瑞曼，〔日〕见诚尚志著；薛凌译 . —北京：科学出版社；2001.10. —244 页；20cm
ISBN 7 - 03 - 003879 - 7；20.00 元

0496　接地技术与接地系统/
〔日〕川濑太郎著；冯允平译 . —北京：科学出版社；2001.01. —114 页；20cm. — （21 世纪电子电气工程师系列/〔日〕正田英介主编）
ISBN 7 - 03 - 009532 - 4；11.00 元

0497　捷克・波兰・斯洛伐克/
〔日〕大宝石出版社编；刘丽梅译 . —北京：中国旅游出版社；2001.06. —382 页；20cm. — （走遍全球）
ISBN 7 - 5032 - 1817 - 7；42.00 元

0498　今天，父亲对孩子应该说什么/
〔日〕涛川荣太著；高湘蓉译 . —北京：商务印书馆国际有限公司，2001.01. —235 页；13cm. — （儿童心理教育系列）
ISBN 7 - 80103 - 218 - 7；10.50 元

0499　今天，母亲对孩子应该说什么/
〔日〕涛川荣太著；苏历铭，苏丽薇，苏丽波译 . —北京：商务印书馆国际有限公司，2001.01. —208 页；13cm. — （儿童心理教育系列）
ISBN 7 - 80103 - 215 - 2；9.00 元

0500　京洛四季/
〔日〕东山魁夷著；竺家荣译 . —石家庄：花山文艺出版社；2001.11. —225 页；20cm. — （东山魁夷的世界丛书；5）
ISBN 7 - 80673 - 040 - 0；28.00 元

0501　景观标志/
〔日〕太田幸夫，〔日〕坂野长美编著；刘云俊译 . —大连：大连理工大学出版社；2001.03. —163 页；30×23cm
ISBN 7 - 5611 - 1879 - 1 （精装）；140.00 元

0502　景观小品/
〔日〕标识景观编委会编著；刘云俊译 . —大连：大连理工大学出版社；2001.03. —208 页；30×23cm
ISBN 7 - 5611 - 1878 - 3 （精装）；180.00 元

0503　竞走/
〔日〕黑羽义治著；李鸿江等译审 . —北京：人民体育出版社；2001.11. —115 页；20cm. — （青少年田径技术训练丛书/〔日〕帖佐宽章，〔日〕佐佐木秀幸主编）
ISBN 7 - 5009 - 2131 - 4；8.00 元

0504　绝妙的吊篮：庭院四季装饰实例与做法/
〔日〕柳濑泉著；徐惠凤等译 . —北京：中国林业出版社；2001.09. —103 页；21×15cm. — （温馨家园花卉装饰）
ISBN 7 - 5038 - 2829 - 3；26.00 元

0505　卡通漫画技法 . 1. 造型篇/
〔日〕尾泽直志编著 . —北京：中国青年出版社；2001.10. —153 页；26cm
ISBN 7 - 5006 - 4516 - 3；29.00 元

0506　卡通漫画技法 . 2. 表情篇/
〔日〕尾泽直志编著 . —北京：中国青年出版社；2001.10. —153 页；26cm
ISBN 7 - 5006 - 4578 - 3；29.00 元

0507　卡通漫画技法 . 3. 动态篇/
〔日〕尾泽直志编著 . —北京：中国青年出版社；2001.10. —155 页；26cm
ISBN 7 - 5006 - 4577 - 5；29.00 元

0508　卡通漫画技法 . 4. 动作篇/
〔日〕尾泽直志编著 . —北京：中国青年出版社；2001.10. —167 页；26cm
ISBN 7 - 5006 - 4579 - 1；29.00 元

0509　开发婴幼儿的智力和才能/
〔日〕七田真著；陆浣译 . —南京：江苏少年儿童出版社；2001.02. —155 页；20cm
ISBN 7 - 5346 - 2425 - 8；7.00 元

0510　看，我们滑稽三人组/
〔日〕那须正干著；〔日〕前川和夫绘；高增杰

译 . —南宁：广西教育出版社；2001.01. —143
页；18cm. —（小小同龄鸟，滑稽三人行）
ISBN 7 – 5435 – 3070 – 8；6.00 元

0511 考古纪游／
〔日〕井上靖著；乔炳南译注 . —北京：新世界
出版社；2001.06. —430 页；20cm
ISBN 7 – 80005 – 596 – 5；10.00 元

0512 考验你的生存能力／
〔日〕成田式部等主编；萧晓苹译 . —成都：西
南财经大学出版社；2001.01. —326 页；20cm
ISBN 7 – 81055 – 657 – 6；19.80 元

**0513 科学常识的盲点：从生活中的物理现象谈
起／**
〔日〕桥本尚著；周尚文译 . —北京：科学出版社；
2001. —165 页；19cm. —（生活与科学文库）
ISBN 7 – 03 – 009281 – 3；8.50 元

**0514 科学创新的启示：从冬眠基因到超导浮起
大楼的故事／**
〔日〕马场炼成编；张宝旭等译 . —北京：科学
出版社；2001.03. —189 页；19cm. —（生活与
科学文库）
ISBN 7 – 03 – 008613 – 9；12.00 元

0515 可爱的动物／
〔日〕那须正干著；何英译 . —南宁：广西教育出
版社；2001.01. —164 页；61 幅；19cm. —（小小同
龄鸟，滑稽三人行）
ISBN 7 – 5435 – 3133 – X；6.00 元

**0516 克服癌症的智慧：1％的希望，100％的决
意／**
〔日〕内藤康弘著；林芸译 . —天津：天津科技
翻译出版公司，2001.05. —171 页；20cm
ISBN 7 – 5433 – 1321 – 9；8.80 元

0517 空翻／
〔日〕大江健三郎著；杨伟译 . —南京：译林出
版社；2001.09, —780 页；20cm. —（译林世界
文学名著）
ISBN 7 – 80657 – 253 – 8（精装）；34.00 元

0518 恐怖的大地震／
〔日〕那须正干著；屈亚娟译 . —南宁：广西教
育出版社；2001.01. —172 页；72 幅；19cm. —
（小小同龄鸟，滑稽三人行）
ISBN 7 – 5435 – 3133 – X；6.00 元

0519 恐怖的铁塔王国／
〔日〕江户川乱步著；叶荣鼎译 . —上海：少年
儿童出版社；2001.12. —150 页；18 × 12cm. —
（少年大侦探系列）
ISBN 7 – 5324 – 4738 – 3；7.00 元

0520 恐龙档案／
〔日〕平泽茂太郎绘；王金梅译 . —南昌：二十
一世纪出版社；2001.03. —43 页；26cm
ISBN 7 – 5391 – 1802 – 4；16.00 元

**0521 恐龙岛大决战：恐龙的诞生、全盛、灭绝
的游戏／**
〔日〕藤子·F·不二雄编著；〔日〕斋藤晴夫绘；
王永全译 . —长春：吉林美术出版社；2001.01. —
79 页；20cm. —（机器猫哆啦 A 梦学习游戏丛
书；1）
ISBN 7 – 5386 – 1053 – 7；6.50 元

0522 控股公司／
〔日〕森田松太郎编著；高巍译 . —北京：中信
出版社；2001.02. —233 页；20cm. —（2 小时通
图解丛书）
ISBN 7 – 80073 – 320 – 3；19.00 元

0523 跨栏／
〔日〕宫下宪著；李鸿江等译审 . —北京：人民体
育出版社；2001.11. —162 页；34 幅；20cm. —
（青少年田径技术训练丛书／〔日〕帖佐宽章，
〔日〕佐佐木秀幸主编）
ISBN 7 – 5009 – 2125 – X；10.00 元

0524 快乐育儿第一年／
〔日〕小泷周曹著；陈程译 . —北京：中国轻工
业出版社；2001.01. —183 页；19cm. —（育儿
金典；Ⅲ）
ISBN 7 – 5019 – 2993 – 9；15.00 元

0525 快乐育儿第一年／
〔日〕小泷周曹著；陈程译 . —北京：中国轻工
业出版社；2001.01. —210 页；19cm. —（育儿
金典；Ⅲ）
ISBN 7 – 5019 – 2993 – 9；15.00 元

0526 狂月／
〔日〕小池真理子著；冯芳译 . —北京：文化艺
术出版社；2001.10. —369 页；20cm. —（小池
文集）
ISBN 7 – 5039 – 2112 – 9；18.00 元

0527　昆虫王国大探险：世界的昆虫游戏/
〔日〕藤子·F·不二雄编著；〔日〕三谷幸绘；王永全译.—长春：吉林美术出版社；2001.01.—79页；20cm.—（机器猫哆啦A梦学习游戏丛书；3）
ISBN 7－5386－1055－3；6.50元

0528　昆虫知识百科/
〔日〕石井诚著；李利珍，赵梅君译.—杭州：浙江少年儿童出版社；2001.01.—127页；20cm.—（21世纪少年儿童科学教室）
ISBN 7－5342－2254－0；14.00元

0529　老幼共生：天伦之乐/
〔日〕碇浩一著；罗晓虎，孙沈清译.—北京：中国社会科学出版社；2001.08.—185页；20cm
ISBN 7－5004－3107－4；14.00元

0530　泪壶/
〔日〕渡边淳一著；祝子平译.—上海：上海文艺出版社；2001.09.—140页；20cm
ISBN 7－5321－2312－X；12.00元

0531　立业贸易：三菱社长岩崎小弥太传/
〔日〕宫川隆泰著；陆雪琴译.—北京：华夏出版社；2001.09.—192页；20cm.—（世界500强企业发展丛书）
ISBN 7－5080－2273－4；15.00元

0532　恋爱魔法师/
〔日〕藤真知子著；〔日〕由地美枝子绘；臧馨译.—北京：国际文化出版公司，2001.09.—102页；19cm.—（魔女妈妈魔幻系列）
ISBN 7－80105－979－4；10.00元

0533　恋爱中毒/
〔日〕山本文绪著；中原鸣子译.—上海：上海译文出版社；2001.10.—262页；20cm.—（日本女作家都市小说系列）
ISBN 7－5327－2493－X；17.00元

0534　链球/
〔日〕室伏重信著；李鸿江等译审.—北京：人民体育出版社；2001.11.—156页；20cm.—（青少年田径技术训练丛书/〔日〕帖佐宽章，〔日〕佐佐木秀幸主编）
ISBN 7－5009－2128－4；10.00元

0535　梁山伯与祝英台/
〔日〕皇明月绘；彭华英等译.—天津：天津人民美术出版社；2001.01.—1册；18cm
ISBN 7－5305－1680－9；13.00元

0536　两只大雕/
〔日〕椋鸠十著；安伟邦等译.—南昌：二十一世纪出版社；2001.03.—282页；20cm.—（椋鸠十动物小说全集）
ISBN 7－5391－1792－3；14.00元

0537　零岁教育/
〔日〕井深大著；欧文东译.—北京：商务印书馆国际有限公司，2001.01.—201页；13cm.—（儿童心理教育系列）
ISBN 7－80103－217－9；9.00元

0538　六朝道教史研究/
〔日〕小林正美著；李庆译.—成都：四川人民出版社；2001.03.—537页；20cm
ISBN 7－2200－5083－6；25.00元

0539　六十岁的决断/
〔日〕多湖辉著；李佩译.—北京：商务印书馆，2001.09.—141页；20cm
ISBN 7－100－03160－5；9.00元

0540　六十岁后的生活/
〔日〕多湖辉著；李佩译.—北京：商务印书馆，2001.09.—137页；20cm
ISBN 7－100－03161－3；11.00元

0541　六十岁正当年/
〔日〕多湖辉著；工木译.　北京：商务印书馆，2001.09.—129页；20cm
ISBN 7－100－03233－4；9.00元

0542　六支彩笔/
〔日〕东山魁夷著；唐先容译.—石家庄：花山文艺出版社；2001.11.—211页；20cm.—（东山魁夷的世界丛书；7）
ISBN 7－80673－049－4；28.00元

0543　旅顺大屠杀/
〔日〕井上晴树著；朴龙根译.—大连：大连出版社；2001.01.—249页；20cm
ISBN 7－80612－805－0；18.00元

0544　旅之环/
〔日〕东山魁夷著；于长敏，陈云哲译.—石家庄：花山文艺出版社；2001.11.—197页；21cm.—（东山魁夷的世界丛书；14）
ISBN 7－80673－042－7；20.00元

0545　乱步惊险侦探小说集/
〔日〕江户川乱步著；朱书民，龚志明译．—珠海：珠海出版社；2001.09.—5册；20cm
ISBN 7 – 80607 – 810 – X；100.00 元

0546　乱步惊险侦探小说集．4/
〔日〕江户川乱步著；朱书民，龚志明译．—珠海：珠海出版社；2001.04.—4册；20cm
ISBN 7 – 80607 – 769 – 3；80.00 元

0547　论职业公务员/
〔日〕片冈宽光著；熊达云，郑希宏译．—上海：上海科学普及出版社；2001.02.—239页；20cm
ISBN 7 – 5427 – 1886 – X；18.00 元

0548　妈妈和绅士怪盗/
〔日〕藤真知子著；〔日〕由地美枝子绘；臧馨译．—北京：国际文化出版公司，2001.09.—115页；20cm．—（魔女妈妈魔幻系列）
ISBN 7 – 80105 – 981 – 6；10.00 元

0549　蚂蚁的世界/
〔日〕栗林惠著；凌凌译．—上海：上海译文出版社；2001.08.—5458页；19×17cm．—（科学画谱丛书）
ISBN 7 – 5327 – 2450 – 6（精装）；12.00 元

0550　卖火柴的小女孩/
〔日〕平田昭吾编著；〔日〕高桥信也等绘；王大恒译．—长春：吉林文史出版社；2001.10.—90页；19×20cm．—（彩图世界童话名著）
ISBN 7 – 80626 – 665 – 8；12.00 元

0551　脉冲电路习题集/
〔日〕菅谷光雄，〔日〕中村征寿著；何希才译．—北京：科学出版社；2001.01.—204页；20cm．—（图解电子电路习题集系列；4）
ISBN 7 – 03 – 008849 – 2；14.00 元

0552　漫画电脑网络：轻松学习快速入门/
〔日〕荻窪圭，〔日〕永野法子著；李康佐，马小莉译．—北京：科学出版社；2001.04.—237页；19cm．—（生活与科学文库）
ISBN 7 – 03 – 008551 – 5；12.00 元

0553　漫画高手教室/
〔日〕川西千生著；苏东霞译．—南宁：接力出版社；2001.10.—146页；26cm
ISBN 7 – 80631 – 906 – 9；25.00 元

0554　漫画格斗的画法/
〔日〕林晃著；苏东霞译．—南宁：接力出版社；2001.10.—126页；26cm．—（漫画绘画精研系列）
ISBN 7 – 80631 – 905 – 0；24.00 元

0555　漫画少女/
〔日〕千叶尚子著；桑凤平译．—北京：中国青年出版社；2001.07.—267页；20cm
ISBN 7 – 5006 – 4353 – 5；15.00 元

0556　梅舒适爪痕/
〔日〕梅舒适著．—上海：上海书画出版社；2001.01.—114页；25cm
ISBN 7 – 80635 – 996 – 6；38.00 元

0557　美家．6，沐浴自然/
〔日〕成美堂出版社供稿；《美家》编译组编译．—北京：中国轻工业出版社；2001.01.—88页；26cm
ISBN 7 – 5019 – 2990 – 4；26.00 元

0558　美丽妈妈育儿百科．0～1岁/
〔日〕阿部知子主编；臧佩红译．—北京：中国轻工业出版社；2001.03.—161页；26cm．—（家庭育儿教室）
ISBN 7 – 5019 – 3039 – 2；42.00 元

0559　美丽妈妈育儿百科．1～3岁/
〔日〕金子保，〔日〕二木武主编；华桂萍，张耀武译．—北京：中国轻工业出版社；2001.03.—137页；26cm．—（家庭育儿教室）
ISBN 7 – 5019 – 3120 – 8；38.00 元

0560　美丽妈妈孕期百科/
〔日〕崛口贞夫主编；乌兰图雅译．—北京：中国轻工业出版社；2001.03.—135页；20cm．—（家庭育儿教育）
ISBN 7 – 501931216；38.00 元

0561　美利坚游记/
〔日〕藤真知子著；〔日〕由地美枝子绘；臧馨译．—北京：国际文化出版公司，2001.09.—118页；20cm．—（魔女妈妈魔幻系列）
ISBN 7 – 80105 – 983 – 2；10.00 元

0562　美少女的画法/
〔日〕林晃著；华基斯译．—南宁：接力出版社；2001.10.—125页；26cm．—（漫画绘画精研系列）

ISBN 7 - 80631 - 910 - 7；24.00 元

0563　美味面包/
〔日〕旭屋出版社书籍编辑部编；王昭恺译．—上海：上海译文出版社；2001.09.—73 页；19×21cm
ISBN 7 - 5327 - 2707 - 6；18.00 元

0564　美味奶酪/
〔日〕旭屋出版社书籍编辑部编；毛利剑文译．—上海：上海译文出版社；2001.09.—77 页；19×21cm.—（饮食丛书）
ISBN 7 - 5327 - 2635 - 5；18.00 元

0565　美与游历/
〔日〕东山魁夷著；诸葛蔚东译．—石家庄：花山文艺出版社；2001.11.—199 页；21cm.—（东山魁夷的世界丛书；12）
ISBN 7 - 80673 - 052 - 4；20.00 元

0566　魅力部屋/
〔日〕主妇与生活社编；《魅力部屋》编译组译．—北京：中国轻工业出版社；2001.05.—112 页；29cm
ISBN 7 - 5019 - 3211 - 5；19.80 元

0567　魅力部屋/
〔日〕主妇与生活社编．—北京：中国轻工业出版社；2001.07.—105 页；26cm
ISBN 7 - 5019 - 3300 - 6；19.80 元

0568　梦中未来/
〔日〕那须正干著；王茵译．—南宁：广西教育出版社；2001.01.—154 页；19cm.—（小小同龄鸟，滑稽三人行）
ISBN 7 - 5435 - 3133 - X；6.00 元

0569　迷人花色/
〔日〕六耀社编；《插花技艺》编译组译．—北京：中国轻工业出版社；2001.01.—80 页；26cm.—（插花技艺）
ISBN 7 - 5019 - 2956 - 4；30.00 元

0570　蜜蜂的秘密/
〔日〕守矢登著；江兴华译．—上海：上海译文出版社；2001.08.—54 页；14cm.—（科学画谱丛书）
ISBN 7 - 5327 - 2681 - 9；12.00 元

0571　面部表情的绘画方法：汉日英对照/
〔日〕熊谷小次郎著；彭华英译．—天津：天津人民美术出版社；2001.01.—141 页；29cm
ISBN 7 - 5305 - 1308 - 7；56.00 元

0572　名词．日语初、中级/
〔日〕芦川明子，〔日〕伊藤郁子，〔日〕冈崎英子著；张作义译．—北京：北京大学出版社；2001.09.—143 页；20cm.—（实践日本语丛书）
ISBN 7 - 301 - 05176 - X；10.00 元

0573　模拟电路/
〔日〕吉永淳著；黄永宣等译．—北京：科学出版社；2001.08.—183 页；20cm.—（21 世纪电子电气工程师系列）〔日〕正田英介主编）
ISBN 7 - 03 - 009533 - 2；19.00 元

0574　模拟电路 I 习题集/
〔日〕高木宣昭等著；吕砚山译．—北京：科学出版社；2001.01.—269 页；20cm.—（图解电子电路习题集系列；2）
ISBN 7 - 03 - 008944 - 8；17.50 元

0575　模拟电路 II 习题集/
〔日〕柄本治利，〔日〕真真田胜久著；吕砚山译．—北京：科学出版社；2001.01.—192 页；20cm.—（图解电子电路习题集系列；3）
ISBN 7 - 03 - 008927 - 8；12.50 元

0576　魔法变形记/
〔日〕藤真知子著；〔日〕由地美枝子绘；臧馨译．—北京：国际文化出版公司，2001.09.—120 页；19cm.—（魔女妈妈魔幻系列）
ISBN 7 - 80105 - 982 - 4；10.00 元

0577　魔法历险记/
〔日〕藤真知子著；〔日〕由地美枝子绘；臧馨译．—北京：国际文化出版公司，2001.09.—118 页；19cm.—（魔女妈妈魔幻系列）
ISBN 7 - 80105 - 980 - 8；10.00 元

0578　母亲性格如何影响孩子/
〔日〕小泷周曹著；陈程译．—北京：中国轻工业出版社；2001.01.—122 页；19cm.—（育儿金典；III）
ISBN 7 - 5019 - 2993 - 9；7.00 元

0579　拇指姑娘/
〔日〕平田昭吾编著；〔日〕高桥信也等绘；王大恒译．—长春：吉林文史出版社；2001.10.—90 页；19×20cm.—（彩图世界童话名著）
ISBN 7 - 80626 - 665 - 8；12.00 元

0580　男女的优生/
〔日〕原利夫著；李毅男，迟继铭译 . —哈尔滨：哈尔滨出版社；2001.02. —239 页；20cm. —（给想要孩子的人看的书）
ISBN 7 - 80639 - 452 - 4；15.00 元

0581　男子的画法/
〔日〕林晃著；苏东霞，刘毅译 . —南宁：接力出版社；2001.10. —125 页；200 幅；26cm. —（漫画绘画精研系列）
ISBN 7 - 80631 - 904 - 2；24.00 元

0582　南京大屠杀大疑问/
〔日〕松村俊夫著；赵博源等译 . —北京：新华出版社；2001.02. —300 页；20cm
ISBN 7 - 5011 - 5149 - 0；18.50 元

0583　南京大屠杀始末采访录/
〔日〕本多胜一著；刘春明等译 . —太原：北岳文艺出版社；2001.09. —445 页；20cm
ISBN 7 - 5378 - 2248 - 1；25.00 元

0584　脑电图判读 Step by Step：病例篇/
〔日〕大熊辉雄著；周锦华译 . —北京：科学出版社；2001.04. —358 页；26cm
ISBN 7 - 03 - 008565 - 5；98.00 元（全套 2 册）

0585　脑电图判读 Step by Step：入门篇/
〔日〕大熊辉雄著；周锦华译 . —北京：科学出版社；2001.04. —425 页；26cm
ISBN 7 - 03 - 008565 - 5；98.00 元（全套 2 册）

0586　脑血管疾病患者的饮食/
〔日〕田中一男著；杨锦译 . —天津：天津科技翻译出版公司，2001.09. —143 页；20cm. —（现代疾病的营养资讯丛书）
ISBN 7 - 5433 - 1345 - 6；18.00 元

0587　拟声语·拟态语.高级/
〔日〕增田阿雅子编著；陈崇君译 . —北京：北京大学出版社；2001.09. —209 页；20cm. —（实践日本语丛书）
ISBN 7 - 301 - 05167 - 0；13.00 元

0588　尿床并不可怕/
〔日〕帆足英一主编；《育儿百宝箱》编译组译 . —北京：中国轻工业出版社；2001.01. —152 页；19cm
ISBN 7 - 5019 - 2971 - 8；8.00 元

0589　浓浓花情/
〔日〕六耀社编；《插花技艺》编译组译 . —北京：中国轻工业出版社；2001.01. —79 页；26cm. —（插花技艺）
ISBN 7 - 5019 - 2956 - 4；30.00 元

0590　女儿致父亲的 30 封信/
〔日〕竹内博编；洪瑶楹译 . —哈尔滨：黑龙江人民出版社；2001.01. —143 页；20cm
ISBN 7 - 2070 - 4947 - 1；9.00 元

0591　女人 33 种美/
〔日〕宇佐美惠子著；刘东妮，孟琳译 . —北京：中国旅游出版社；2001.10. —185 页；20cm
ISBN 7 - 5032 - 1905 - X；20.00 元

0592　"女王"行动/
〔日〕高村薰著；孟海霞译 . —南京：译林出版社；2001.09. —664 页；20cm. —（当代外国流行小说名篇丛书）
ISBN 7 - 80657 - 183 - 3（精装）；28.80 元

0593　女性如何预防低密度骨质疏松症/
〔日〕江泽郁子主编；胡玉琴译 . —天津：天津科技翻译出版公司，2001.06. —127 页；20cm. —（吃与健康丛书）
ISBN 7 - 5433 - 1281 - 6；15.00 元

0594　女学生之友/
〔日〕柳美里著；李华武，许金龙译 . —北京：中国文联出版社；2001.09. —416 页；20cm. —（中日女作家新作大系 . 日本方阵/许金龙主编）
ISBN 7 - 5059 - 3898 - 3；22.00 元

0595　女妖/
〔日〕江户川乱步著；陈爱义译 . —北京：时事出版社；2001.03. —199 页；20cm. —（小五郎侦探惊险系列）
ISBN 7 - 80009 - 637 - 8；9.00 元

0596　挪威的森林/
〔日〕村上春树著；林少华译 . —上海：上海译文出版社；2001.02. —350 页；20cm
ISBN 7 - 5327 - 2569 - 3；18.80 元

0597　欧美小庭园/
〔日〕小出兼久著；何原，杜奈美译 . —北京：中国工人出版社；2001.10. —220 页；26cm
ISBN 7 - 5008 - 2599 - 4（精装）；168.00 元

0598 培养良好习惯 100 问／
〔日〕内田伸子著；陈颐译．—北京：中国轻工业出版社；2001.01.—217 页；19cm.—（育儿金典；2）
ISBN 7－5019－3014－7；13.60 元

0599 培育花卉的方法：简明扼要的基础和技巧／
〔日〕主妇之友社编；徐惠凤译．—北京：中国林业出版社；2001.09.—101 页；21×15cm.—（温馨家园花卉装饰）
ISBN 7－5038－2835－8；26.00 元

0600 盆花栽培 12 月：一年四季观赏花卉／
〔日〕主妇之友社编；陈林译．—北京：中国林业出版社；2001.09.—111 页；21×15cm.—（温馨家园花卉装饰）
ISBN 7－5038－2832－3；26.00 元

0601 披肩·围巾·帽子／
〔日〕内藤朗编；龚晓琳译．—广州：广东科技出版社；2001.10.—56 页；17×18cm.—（时尚配饰丛书）
ISBN 7－5359－2918－4；10.00 元

0602 贫血 SOS！／
〔日〕海源纯子主编；刘颖译．—北京：中国轻工业出版社；2001.01.—60 页；21×14cm.—（轻松健康指南）
ISBN 7－5019－3021－X；10.00 元

0603 贫血病人的饮食／
〔日〕细田四郎编著；杨辉中译．—天津：天津科技翻译出版公司，2001.09.—143 页；20cm.—（现代疾病的营养资讯丛书）
ISBN 7－5433－1371－5；18.00 元

0604 平家物语／
周作人译．—北京：中国对外翻译出版公司，2001.01.—390 页；20cm.—（苦雨斋译丛）
ISBN 7－5001－0791－9；24.80 元

0605 齐藤诚的设计／
〔日〕齐藤诚著；祖乃生编．—武汉：湖北美术出版社；2001.08.—115 页；19cm.—（设计人丛书）
ISBN 7－5394－1100－7；30.00 元

0606 奇面城的秘密／
〔日〕江户川乱步著；叶荣鼎译．—上海：少年儿童出版社；2001.12.—158 页；19cm.—（少年大侦探系列）
ISBN 7－5324－4736－7；7.00 元

0607 奇石收藏百科／
〔日〕关根秀树著；潘海松译．—杭州：浙江少年儿童出版社；2001.04.—111 页；20cm.—（21 世纪少年儿童科学教室）
ISBN 7－5342－2258－3；13.00 元

0608 奇异的大时震／
〔日〕那须正干著；王炜译．—南宁：广西教育出版社；2001.01.—192 页；46 幅；19cm.—（小小同龄鸟，滑稽三人行）
ISBN 7－5435－3133－X；6.00 元

0609 企业兼并／
〔日〕小岛郁夫编著；陈昱译．—北京：中信出版社；2001.02.—233 页；20cm.—（2 小时通图解丛书）
ISBN 7－80073－324－6；19.00 元

0610 起居室 294 例／
〔日〕新住宅出版株式会社编；白林译．—北京：中国建筑工业出版社；2001.10.—139 页；29cm.—（住宅装修丛书）
ISBN 7－112－04468－5；72.00 元

0611 且听风吟／
〔日〕村上春树著；林少华译．—上海：上海译文山版社；2001.02.—350 页；20cm.—（村上春树文集）
ISBN 7－5327－2617－7；11.80 元

0612 寝园／
〔日〕横光利一著；卞铁坚译．—北京：作家出版社；2001.01.—300 页；20cm.—（横光利一文集／叶渭渠主编）
ISBN 7－5063－1817－2；16.00 元

0613 青春的蹉跌／
〔日〕石川达三著；金中译．—天津：百花文艺出版社；2001.01.—401 页；20cm.—（石川达三作品系列）
ISBN 7－5306－3099－7；19.50 元

0614 轻松种植球根花卉：四季盛开、赏心乐事／
〔日〕主妇之友社编；陈林译．—北京：中国林业出版社；2001.09.—111 页；21×15cm.—

（温馨家园花卉装饰）
ISBN 7 – 5038 – 2873 – 0；26.00 元

0615　趣味数学入门/
〔日〕藤村幸三郎，〔日〕田村三郎著；周尚文译.—北京：科学出版社；2001.—206 页；19cm.—（生活与科学文库）
ISBN 7 – 03 – 009591 – X；11.00 元

0616　趣味折纸/
〔日〕仲田安津子编；张文静译.—郑州：河南科学技术出版社；2001.06.—127 页；19cm
ISBN 7 – 5349 – 2628 – 9；11.80 元

0617　全能运动/
〔日〕关冈康雄，〔日〕尾县贡著；李鸿江等译审.—北京：人民体育出版社；2001.11.—114 页；84 幅；20cm.—（青少年田径技术训练丛书/〔日〕帖佐宽章，〔日〕佐佐木秀幸主编）
ISBN 7 – 5009 – 2133 – 0；8.00 元

0618　燃烧的绿树/
〔日〕大江健三郎著；郑民钦译.—石家庄：河北教育出版社；2001.01.—2 册（755 页）；20cm.—（大江健三郎自选集）
ISBN 7 – 5434 – 3982 – 4；31.20 元

0619　燃烧生成物的发生与抑制技术/
〔日〕新井纪男主编；赵黛青等译.—北京：科学出版社；2001.12.—584 页；26cm
ISBN 7 – 03 – 008474 – 8（精装）；95.00 元

0620　热爱明天：生命与死亡的札记/
〔日〕三浦绫子著；周黎薇，孙明德译.—武汉：长江文艺出版社；2001.05.—197 页；20cm
ISBN 7 – 5354 – 2190 – 3；10.00 元

0621　热带鱼与水草养殖/
〔日〕木村义志主编；李成书译.—北京：中国轻工业出版社；2001.01.—195 页；19cm.—（宠物驯养教室）
ISBN 7 – 5019 – 2942 – 4；16.00 元

0622　人才开发论：人才开发的实践性、体系化研究/
〔日〕梶原丰著；袁娟等译.—北京：中央编译出版社；2001.03.—342 页；20cm
ISBN 7 – 8010 – 9442 – 5；29.00 元

0623　人生计划的制定方法/
〔日〕多湖辉著；朱浩东译.—北京：商务印书馆，2001.09.—144 页；20cm
ISBN 7 – 100 – 03159 – 1；12.00 元

0624　人为什么笑：笑的精神生理学/
〔日〕志水彰；〔日〕角辻丰，〔日〕中村真著；霍纪文，戴显声译.—北京：科学出版社；2001.04.—137 页；19cm.—（生活与科学文库）
ISBN 7 – 03 – 009083 – 7；8.00 元

0625　人物姿态的绘画方法：汉日英对照/
〔日〕熊谷小次郎著；彭华英译.—天津：天津人民美术出版社；2001.01.—141 页；29cm
ISBN 7 – 5305 – 1305 – 2；56.00 元

0626　妊娠日历/
〔日〕小川洋子著；李强，潘钧译.—北京：中国文联出版社；2001.09.—370 页；20cm.—（中日女作家新作大系．日本方阵/许金龙主编）
ISBN 7 – 5059 – 3910 – 6；20.00 元

0627　日本/
〔美〕安葛，〔日〕村上健编著；严立楷译.—广州：广东旅游出版社；2001.06.—150 页；18cm.—（世界商务旅游丛书/方美铃主编）
ISBN 7 – 80653 – 152 – 1；15.00 元

0628　日本包装百例/
〔日〕内藤久干主编；马卫星译.—武汉：湖北美术出版社；2001.02.—132 页；20×23cm
ISBN 7 – 5394 – 1029 – 9；58.00 元

0629　日本包装设计精粹/
日本包装设计协会编；刘晓芳，杨轶译.—北京：中国轻工业出版社；2001.06.—349 页；30×21cm
ISBN 7 – 5019 – 3197 – 6；220.00 元

0630　日本当代商业空间设计选/
〔日〕山内陆平主编.—北京：中国建筑工业出版社；2001.07.—235 页；25cm
ISBN 7 – 112 – 04533 – 9（精装）；168.00 元

0631　日本当代少儿教育/
〔日〕大泽成美等著；王克非，周敏西主编.—海口：海南出版社；2001.08.—309 页；20cm
ISBN 7 – 5443 – 0147 – 8；20.00 元

0632　日本的传统药袋．第 2 卷/
〔日〕高桥善丸著.—南宁：广西美术出版社；2001.12.—63 页；13cm
ISBN 7 – 80674 – 071 – 6；10.00 元

0633　日本的高中生/
〔日〕千石保著；胡霞译．—北京：海豚出版社；
2001.07. —266 页；20cm
ISBN 7 - 80138 - 224 - 2；18.00 元

0634　日本古代歌谣集/
〔日〕岩波书店编；金伟等译．—沈阳：春风文
艺出版社；2001.06. —279 页；20cm
ISBN 7 - 5313 - 2326 - 2；15.00 元

0635　日本广告百例/
〔日〕内藤久干编．—北京：民族出版社；2001.02.
—141 页；19×23cm
ISBN 7 - 5439 - 1030 - 2；60.00 元

0636　日本惊险推理小说集/
〔日〕小泉喜美子等著；李重民等译．—珠海：珠
海出版社；2001.04. —4 册；20cm
ISBN 7 - 80607 - 771 - 5；60.00 元

0637　日本景观精华集/
〔日〕稻田纯一编著；于可怀译．—大连：大连
理工大学出版社；2001.03. —145 页；29cm
ISBN 7 - 5611 - 1872 - 4（精装）；118.00 元

0638　日本美人画/
〔日〕今野由惠编绘．—天津：天津人民美术出
版社；2001.01. —119 页；30cm
ISBN 7 - 5305 - 1453 - 9；70.00 元

**0639　日本企业档案：亚洲金融危机的历史背
景/**
〔日〕小林英夫著；李洪金，刘金才译．—北京：
北京大学出版社；2001.09. —284 页；20cm
ISBN 7 - 301 - 05148 - 4；19.00 元

0640　日本式生产方式的国际转移/
〔日〕保安哲夫等著；苑志佳等译．—北京：中
国人民大学出版社；2001.03. —304 页；20cm
ISBN 7 - 300 - 03699 - 6；16.00 元

0641　日本野外自然博览/
〔日〕菅原光二著；窦金兰译．—天津：天津人
民美术出版社；2001.07. —171 页；29cm
ISBN 7 - 5305 - 1500 - 4；97.50 元

**0642　日本语能力测试考前题库总复习．1～2
级/**
〔日〕佐佐木仁子，〔日〕松本纪子编著．—广州：
广东世界图书出版有限公司，2001.04. —120 页；

26cm
ISBN 7 - 5062 - 5027 - 6；10.00 元

**0643　日本语能力测试考前题库．文字、词汇、
读解．1～2 级/**
〔日〕佐佐木仁子，〔日〕松本纪子编著；梁卫译．
—广州：广东世界图书出版有限公司，2001.04. —
195 页；26cm
ISBN 7 - 5062 - 5030 - 6；16.00 元

**0644　日本语能力测试考前题库．语法整理．1、
2 级/**
〔日〕佐佐木仁子，〔日〕松本纪子编著．—上海：
上海世界图书出版公司，2001.04. —182 页；26cm
ISBN 7 - 5062 - 5029 - 2；15.00 元

0645　日本战后电影史/
〔日〕小笠原隆夫著；苗棣，刘凤梅，周月亮
译．—北京：北京广播学院出版社；2001.06. —253
页；24×17cm
ISBN 7 - 810 - 04915 - 1；30.00 元

0646　日本最新景观设计．1/
〔日〕Landscape Design 杂志社编著；刘云俊译．—
大连：大连理工大学出版社；2001.03. —218 页；
30cm
ISBN 7 - 5611 - 1871 - 6（精装）；180.00 元

0647　日本最新景观设计．2/
〔日〕Landscape Design 杂志社编著；刘云俊译．—
大连：大连理工大学出版社；2001.03. —216 页；
30cm
ISBN 7 - 5611 - 1871 - 6（精装）；180.00 元

0648　日本最新景观设计．3/
〔日〕Landscape Design 杂志社编著；刘云俊译．—
大连：大连理工大学出版社；2001.03. —218 页；
30cm
ISBN 7 - 5611 - 1871 - 6（精装）；180.00 元

0649　日汉实用业务用语集/
〔日〕国政一男编．—北京：中国社会出版社；
2001.09. —321 页；18×26cm
ISBN 7 - 80146 - 510 - 5；30.00 元

0650　日英汉漫画例解会话辞典/
〔日〕今井干夫著．—北京：高等教育出版社；
2001.05. —450 页；19cm
ISBN 7 - 04 - 009750 - 8（精装）；23.00 元

0651　日语常用连接词/
〔日〕庄司香久子著；李合春译．—北京：外文出版社；2001.02.—166 页；18cm.—（迷你日语）
ISBN 7 - 119 - 02794 - 8；12.00 元

0652　日语常用商务短语/
〔日〕三省堂编修所著；王昶，晋朝华译．—北京：外文出版社；2001.01.—131 页；18cm.—（迷你日语）
ISBN 7 - 119 - 02797 - 2；11.00 元

0653　日语常用生活短语/
〔日〕三省堂编修所著；徐正源译．—北京：外文出版社；2001.01.—123 页；18cm.—（迷你日语）
ISBN 7 - 119 - 02799 - 9；11.00 元

0654　日语的拟音词和拟态词/
〔日〕福田浩子著；杨立宪，槐凌云译．—北京：外文出版社；2001.01.—123 页；18cm.—（迷你日语）
ISBN 7 - 119 - 02798 - 0；10.00 元

0655　日语动词/
〔日〕茅野直子著；蔡安薇译．—北京：外文出版社；2001.01.—185 页；18cm.—（迷你日语）
ISBN 7 - 119 - 02802 - 2；12.00 元

0656　日语动词．初、中级/
〔日〕深谷久美子，〔日〕野间珠江，〔日〕小林公巳子编著；范菲译．—北京：北京大学出版社；2001.09.—185 页；20cm.—（实践日本语丛书）
ISBN 7 - 301 - 05170 - 0；10.00 元

0657　日语动词．高级/
〔日〕深谷久美子，〔日〕野间珠江，〔日〕小林公巳子编著；范菲译．—北京：北京大学出版社；2001.09.—250 页；20cm.—（实践日本语丛书）
ISBN 7 - 301 - 05171 - 9；14.00 元

0658　日语副词．初、中级/
〔日〕小山惠美子，〔日〕吉田则子，〔日〕渡边摄编著；陈崇君译．—北京：北京大学出版社；2001.09.—179 页；20cm.—（实践日本语丛书）
ISBN 7 - 301 - 05168 - 9；10.00 元

0659　日语副词．高级/
〔日〕小山惠美子，〔日〕吉田则子，〔日〕渡边摄编著；周星译．—北京：北京大学出版社；2001.09.—169 页；20cm.—（实践日本语丛书）
ISBN 7 - 301 - 05169 - 7；10.00 元

0660　日语高级阅读/
〔日〕柿仓侑子等编著．—上海：上海外语教育出版社；2001.03.—158 页；26cm
ISBN 7 - 81080 - 074 - 4；15.30 元

0661　日语惯用句．初、中级/
〔日〕田仲正江，〔日〕间柄奈保子编著；徐德译．—北京：北京大学出版社；2001.09.—207 页；20cm.—（实践日本语丛书）
ISBN 7 - 301 - 05172 - 7；13.00 元

0662　日语惯用句．高级/
〔日〕田仲正江，〔日〕间柄奈保子编著；徐德译．—北京：北京大学出版社；2001.09.—232 页；20cm.—（实践日本语丛书）
ISBN 7 - 301 - 05173 - 5；14.00 元

0663　日语核心词及其短语/
〔日〕庄司香久子著；石颖译．—北京：外文出版社；2001.02.—122 页；18cm.—（迷你日语）
ISBN 7 - 119 - 02801 - 4；10.00 元

0664　日语接续词．初、中、高级/
〔日〕木村尅巳，〔日〕山田信一著；张作义译．—北京：北京大学出版社；2001.09.—190 页；20cm.—（实践日本语丛书）
ISBN 7 - 301 - 05178 - 6；11.00 元

0665　日语名词．高级/
〔日〕芦川明子，〔日〕伊藤郁子，〔日〕冈崎英子著；张作义译．—北京：北京大学出版社；2001.09.—218 页；20cm.—（实践日本语丛书）
ISBN 7 - 301 - 05177 - 8；13.00 元

0666　日语能力考试三级函授教程/
〔日〕中森昌昭编著；蒋清编译．—上海：上海大学出版社；2001.07.—4 册；26cm.—（朝日日语能力考试函授系列）
ISBN 7 - 81058 - 373 - 5；120.00 元

0667　日语拟声词·拟态词．初、中级/
〔日〕山本弘子编著；周星译．—北京：北京大学出版社；2001.09.—149 页；20cm.—（实践日本语丛书）
ISBN 7 - 301 - 05166 - 2；10.00 元

0668　日语新干线 . 15/
〔日〕ALC 出版社著 . —北京：外语教学与研究
出版社；2001.01.—119 页；26cm
ISBN 7 - 5600 - 2102 - 6；11.90 元

0669　日语新干线 . 2/
〔日〕ALC 出版社著；李燕等译 . —北京：外语
教学与研究出版社；2001.08.—146 页；26cm.—
（日语新干线丛书）
ISBN 7 - 5600 - 2321 - 5；13.90 元

0670　日语新干线 . 3/
〔日〕ALC 出版社著；李燕等译 . —北京：外语教
学与研究出版社；2001.08.—142 页；26cm.—（日
语新干线丛书）
ISBN 7 - 5600 - 2322 - 3；13.90 元

0671　日语中的情感表达/
〔日〕村上真美子著；杨廷轩译 . —北京：外文出
版社；2001.02.—185 页；18cm.—（迷你日语）
ISBN 7 - 119 - 02800 - 6；12.00 元

0672　日语中级阅读/
〔日〕富冈纯子，〔日〕高冈编著 . —上海：上海
外语教育出版社；2001.03.—178 页；26cm
ISBN 7 - 81080 - 073 - 6；17.00 元

0673　日语中级阅读入门/
〔日〕富冈纯子，〔日〕岛恭子编著 . —上海：上
海外语教育出版社；2001.03.—249 页；26cm
ISBN 7 - 8108 - 0072 - 8；22.80 元

0674　日语助词/
〔日〕茅野直子著；杨立宪，槐凌云译 . —北京：
外文出版社；2001.01.—118 页；18cm.—（迷
你日语）
ISBN 7 - 119 - 02795 - 6；10.00 元

0675　日语助词 . 初、中级/
〔日〕三吉礼子，〔日〕吉木彻，〔日〕米泽文彦
编著；陈崇君译 . —北京：北京大学出版社；
2001.09.—219 页；20cm.—（实践日本语丛书）
ISBN 7 - 301 - 05174 - 3；13.00 元

0676　日语助词 . 高级/
〔日〕三吉礼子，〔日〕吉木彻，〔日〕米泽文彦
编著；陈崇君译 . —北京：北京大学出版社；
2001.09.—164 页；20cm.—（实践日本语丛书）
ISBN 7 - 301 - 05175 - 1；10.00 元

0677　日语助动词 . 初、中级/
〔日〕三吉礼子，〔日〕吉木彻，〔日〕米泽文彦
编著；范菲译 . —北京：北京大学出版社；2001.
09.—184 页；20cm.—（实践日本语丛书）
ISBN 7 - 301 - 05179 - 4；10.00 元

0678　如何克服焦虑症、恐怖症/
〔日〕贝谷久宣著；曾鹏译 . —北京：中国纺织
出版社；2001.01.—187 页；20cm.—（健康新
概念；6）
ISBN 7 - 5064 - 1944 - 0；13.50 元

0679　如何预防高脂血症/
〔日〕板仓弘重主编；刘学忠，杨维平译 . —天
津：天津科技翻译出版公司，2001.06.—143 页；
20cm.—（吃与健康丛书）
ISBN 7 - 5433 - 1280 - 8；15.00 元

0680　乳房整形外科/
〔日〕藤野丰美著；陶宏伟译 . —上海：上海科
学技术文献出版社；2001.01.—237 页；26cm
ISBN 7 - 5439 - 1349 - 6（精装）；48.00 元

0681　瑞丽家居 . 10/
〔日〕主妇与生活社编；《瑞丽家居》编译组编
译 . —北京：中国轻工业出版社；2001.08.—127
页；29cm
ISBN 7 - 5019 - 3169 - 0；19.80 元

0682　瑞丽家居 . 8/
〔日〕主妇与生活社编，李元淑等译 . —北京：
中国轻工业出版社；2001.04.—112 页；26cm
ISBN 7 - 5019 - 3167 - 4；19.80 元

0683　瑞丽家居 . 9/
〔日〕主妇与生活社编；《瑞丽家居》编译组编
译 . —北京：中国轻工业出版社；2001.06.—128
页；29cm
ISBN 7 - 5019 - 3168 - 2；19.80 元

0684　瑞丽家居 . 暖冬专辑/
〔日〕主妇与生活社编；《瑞丽家居》编译组编
译 . —北京：中国轻工业出版社；2001.10.—128
页；28×21cm
ISBN 7 - 5019 - 3283 - 2；19.80 元

0685　瑞士/
〔日〕大宝石出版社编；赵海东译 . —北京：中国
旅游出版社；2001.05.—500 页；20cm.—（走遍全
球）

ISBN 7 – 5032 – 1788 – X；60.00 元

0686 三人关系/
〔日〕多和田叶子著；于荣胜，翁家慧译．—北京：中国文联出版社；2001.09.—363 页；20cm.—（中日女作家新作大系．日本方阵/许金龙主编）
ISBN 7 – 5059 – 3897 – 5；20.00 元

0687 山大王/
〔日〕椋鸠十著；安伟邦等译．—南昌：二十一世纪出版社；2001.03.—275 页；20cm.—（椋鸠十动物小说全集）
ISBN 7 – 5391 – 1792 – 3；13.50 元

0688 山岳救助队/
〔日〕那须正干著；李文译．—南宁：广西教育出版社；2001.01.—156 页；42 幅；18cm.—（小小同龄鸟，滑稽三人行）
ISBN 7 – 5435 – 3133 – X；6.00 元

0689 商界家族/
〔日〕横光利一著；邱雅芬译．—北京：作家出版社；2001.01.—234 页；20cm.—（横光利一文集/叶渭渠主编）
ISBN 7 – 5063 – 1819 – 9；13.00 元

0690 上班族健康智典/
〔日〕松木康夫著；林国彰译．—天津：天津科技翻译出版公司，2001.01.—209 页；20cm
ISBN 7 – 5433 – 1292 – 1；10.00 元

0691 少年侦探阿武破案故事/
〔日〕砂田弘著；杜勤，钱静怡译．—上海：上海人民出版社；2001.05.—139 页；20cm
ISBN 7 – 208 – 03726 – 4；12.00 元

0692 身边的科学：宇宙垃圾问题/
〔日〕八坂哲雄著；王逸译．—北京：煤炭工业出版社；2001.12.—112 页；19cm
ISBN 7 – 5020 – 2088 – 8；7.50 元

0693 深谷里的羚羊/
〔日〕椋鸠十著；安伟邦等译．—南昌：二十一世纪出版社；2001.03.—253 页；20cm.—（椋鸠十动物小说全集）
ISBN 7 – 5391 – 1792 – 3；11.50 元

0694 神怪的画法/
〔日〕林晃著；苏东霞，刘毅译．—南宁：接力出版社；2001.10.—124 页；200 幅；26cm.—

（漫画绘画精研系列）
ISBN 7 – 80631 – 907 – 7；24.00 元

0695 神秘的旅行/
〔日〕那须正干著；刘琛琛译．—南宁：广西教育出版社；2001.03.—179 页；18cm.—（小小同龄鸟，滑稽三人行）
ISBN 7 – 5435 – 3133 – X；6.00 元

0696 神奇迷路图/
〔日〕木乃美光绘；于晓野，张岩峰译．—长春：吉林美术出版社；2001.05.—1 册；32 × 25cm.—（LL 超级游戏）
ISBN 7 – 5386 – 0959 – 8；15.00 元

0697 肾病病人的饮食/
〔日〕山本龙夫等著；马绍娜译．—天津：天津科技翻译出版公司，2001.09.—143 页；20cm.—（现代疾病的营养资讯丛书）
ISBN 7 – 5433 – 1344 – 8；18.00 元

0698 生存权论/
〔日〕天须贺明著；朴浩译．—北京：法律出版社；2001.03.—312 页；20cm.—（早稻田大学日本法学丛书）
ISBN 7 – 5036 – 3161 – 9；22.00 元

0699 生活趣味百科/
〔日〕关登，〔日〕山村绅一郎著；李利珍，赵梅君译．—杭州：浙江少年儿童出版社；2001.01.—111 页；20cm.—（21 世纪少年儿童科学教室）
ISBN 7 – 5342 – 2256 – 7；13.00 元

0700 生理·心理的烦恼/
〔日〕上出弘之主编；黄萍，杨政华译．—南宁：广西人民出版社；2001.01.—155 页；21 × 18cm.—（不愿向父母诉说的烦恼；3）
ISBN 7 – 219 – 04273 – 6；13.50 元

0701 生命伦理学/
〔日〕五十岚靖彦著；张长安译．—西安：西北大学出版社；2001.08.—191 页；20cm
ISBN 7 – 5604 – 1578 – 4；16.00 元

0702 生日快乐/
〔日〕青木和雄著；彭懿译．—南京：译林出版社；2001.06.—158 页；20cm.—（译林少儿文库）
ISBN 7 – 80657 – 242 – 2；8.50 元

0703 "生物"的快乐读本/
〔日〕藤丸卓哉著；江小薇译．—杭州：浙江文

艺出版社；2001.09. —148 页；20cm. —（快乐新思维丛书）

ISBN 7 - 5339 - 1488 - 0；7.90 元

0704 失眠治疗与预防/

〔日〕井上昌次郎，〔日〕大川匡子著；付义译. —济南：山东科学技术出版社；2001.10. —104 页；26cm. —（今日健康丛书）

ISBN 7 - 5331 - 2963 - 6；29.00 元

0705 什么是元素：打开核化学的世界/

〔日〕吉泽康和著；迟毅译. —北京：科学出版社；2001.04. —186 页；19cm. —（生活与科学文库）

ISBN 7 - 03 - 008692 - 9；8.00 元

0706 时尚花礼.1/

〔日〕深野俊幸等著；李赛飞等译. —北京：中国轻工业出版社；2001.01. —113 页；26cm

ISBN 7 - 5019 - 3301 - 4；38.00 元

0707 时尚花礼.2/

〔日〕六耀社编；《花世界》编译组译. —北京：中国轻工业出版社；2001.01. —113 页；29×21cm

ISBN 7 - 5019 - 2957 - 2；38.00 元

0708 实用大肠镜诊断及治疗学/

〔日〕宇野良治，韩英等编著. —北京：科学出版社；2001.08. —259 页；26cm

ISBN 7 - 03 - 009213 - 9（精装）；129.00 元

0709 实用妊娠百科/

〔日〕株式会社小学馆编；王先进，李建平译. —郑州：河南科学技术出版社；2001.09. —197 页；26cm

ISBN 7 - 5349 - 2626 - 2；48.00 元

0710 实用日本语会话/

〔日〕高野岳人等著；黄文明译. —北京：外语教学与研究出版社；2001.04. —278 页；20cm

ISBN 7 - 5600 - 1913 - 7；11.90 元

0711 矢岛功人像画技法：汉英对照/

〔日〕矢岛功著；许旭兵译. —南昌：江西美术出版社；2001.07. —103 页；21cm. —（矢岛功时装画技法系列丛书；3）

ISBN 7 - 80580 - 798 - 1；29.00 元

0712 矢岛功人像画技法：汉英对照/

〔日〕矢岛功著；许旭兵译. —南昌：江西美术

出版社；2001.07. —107 页；21cm. —（矢岛功时装画技法系列丛书；4）

ISBN 7 - 80580 - 799 - X；29.00 元

0713 矢岛功人像画技法：汉英对照/

〔日〕矢岛功著；许旭兵译. —南昌：江西美术出版社；2001.07. —91 页；21cm. —（矢岛功时装画技法系列丛书；2）

ISBN 7 - 80580 - 797 - 3；29.00 元

0714 矢岛功时装画技法：汉英对照/

〔日〕矢岛功著；许旭兵译. —南昌：江西美术出版社；2001.07. —87 页；21cm. —（矢岛功时装画技法系列丛书；1）

ISBN 7 - 80580 - 682 - 9；29.00 元

0715 矢岛功时装画作品集.1/

〔日〕矢岛功著；许旭兵译. —南昌：江西美术出版社；2001.07. —110 页；29cm

ISBN 7 - 80580 - 752 - 3；60.00 元

0716 矢岛功时装画作品集.2/

〔日〕矢岛功著；许旭兵译. —南昌：江西美术出版社；2001.07. —117 页；29cm

ISBN 7 - 80580 - 753 - 1；60.00 元

0717 世纪宇宙大冒险：探索月亮、行星、银河、黑洞之迹/

〔日〕藤子·F·不二雄编著；〔日〕三谷幸绘；王永全译. —长春：吉林美术出版社；2001.01. —79 页；20cm —（机器猫哆啦 Λ 梦学习游戏丛书；4）

ISBN 7 - 5386 - 1056 - 1；6.50 元

0718 世界美少女漫画画法/

〔日〕林晃著；苏东霞，刘毅译. —南宁：接力出版社；2001.10. —124 页；200 幅；26cm. —（漫画绘画精研系列）

ISBN 7 - 80631 - 908 - 5；24.00 元

0719 世界民俗衣装：探寻人类着装方法的智慧/

〔日〕田中千代著；李当岐译. —北京：中国纺织出版社；2001.04. —140 页；26cm

ISBN 7 - 5064 - 1955 - 6（精装）；48.00 元

0720 世界遗产图鉴/

〔日〕城户一夫等编；金建华，霍青满，高福进译. —上海：上海人民出版社；2001.12. —329 页；300 幅；29cm

ISBN 7 - 208 - 03821 - X（精装）；280.00 元

0721 世界优秀动画片画册荟萃．艾丽丝漫游奇境记/

〔日〕照沼真理惠改编；〔日〕神户光绘；崔维燕译．—北京：农村读物出版社；2001.01.—48页；12×12cm

ISBN 7 – 5048 – 3349 – 5；3.00 元

0722 世界优秀动画片画册荟萃．奥兹的魔法师/

〔日〕照沼真理惠改编；〔日〕四分一节子绘；崔维燕译．—北京：农村读物出版社；2001.01.—48页；12×12cm

ISBN 7 – 5048 – 3362 – 2（精装）；8.00 元

0723 世界优秀动画片画册荟萃．奥兹的魔法师/

〔日〕照沼真理惠改编；〔日〕四分一节子绘；崔维燕译．—北京：农村读物出版社；2001.01.—48页；12×12cm

ISBN 7 – 5048 – 3350 – 9；3.00 元

0724 世界优秀动画片画册荟萃．白玫瑰与红玫瑰/

〔日〕照沼真理惠改编；〔日〕神户光绘；崔维燕译．—北京：农村读物出版社；2001.01.—48页；12×12cm

ISBN 7 – 5048 – 3353 – 3；3.00 元

0725 世界优秀动画片画册荟萃．冰雪女王/

〔日〕照沼真理惠改编；〔日〕四分一节子绘；崔维燕译．—北京：农村读物出版社；2001.01.—48页；12×12cm

ISBN 7 – 5048 – 3348 – 7；3.00 元

0726 世界优秀动画片画册荟萃．聪明的一休/

〔日〕照沼真理惠改编；〔日〕四分一节子绘；崔维燕译．—北京：农村读物出版社；2001.01.—48页；12×12cm

ISBN 7 – 5048 – 3356 – 8（精装）；8.00 元

0727 世界优秀动画片画册荟萃．聪明的一休/

〔日〕照沼真理惠改编；〔日〕福岛宏之绘；崔维燕译．—北京：农村读物出版社；2001.01.—48 页；12×12cm

ISBN 7 – 5048 – 3333 – 9；3.00 元

0728 世界优秀动画片画册荟萃．当过新娘的猫/

〔日〕照沼真理惠改编；〔日〕四分一节子绘；崔维燕译．—北京：农村读物出版社；2001.01.—48

页；12×12cm

ISBN 7 – 5048 – 3336 – 3；3.00 元

0729 世界优秀动画片画册荟萃．恶魔与三姐妹/

〔日〕照沼真理惠改编；〔日〕四分一节子绘；崔维燕译．—北京：农村读物出版社；2001.01.—48页；12×12cm

ISBN 7 – 5048 – 3360 – 6（精装）；8.00 元

0730 世界优秀动画片画册荟萃．恶魔与三姐妹/

〔日〕照沼真理惠改编；〔日〕四分一节子绘；崔维燕译．—北京：农村读物出版社；2001.01.—48页；12×12cm

ISBN 7 – 5048 – 3342 – 8；3.00 元

0731 世界优秀动画片画册荟萃．饭团子咕噜噜转/

〔日〕照沼真理惠改编；〔日〕四分一节子绘；崔维燕译．—北京：农村读物出版社；2001.01.—48页；12×12cm

ISBN 7 – 5048 – 3332 – 0；3.00 元

0732 世界优秀动画片画册荟萃．狐狸妈妈/

〔日〕照沼真理惠改编；〔日〕小林由香里绘；崔维燕译．—北京：农村读物出版社；2001.01.—48页；12×12cm

ISBN 7 – 5048 – 3361 – 4（精装）；8.00 元

0733 世界优秀动画片画册荟萃．狐狸妈妈/

〔日〕照沼真理惠改编；〔日〕小林由香里绘；崔维燕译．—北京：农村读物出版社；2001.01.—48页；12×12cm

ISBN 7 – 5048 – 3337 – 1；3.00 元

0734 世界优秀动画片画册荟萃．金线/

〔日〕照沼真理惠改编；〔日〕星光一绘；崔维燕译．—北京：农村读物出版社；2001.01.—48页；12×12cm

ISBN 7 – 5048 – 3354 – 1（精装）；8.00 元

0735 世界优秀动画片画册荟萃．金线/

〔日〕照沼真理惠改编；〔日〕星光一绘；崔维燕译．—北京：农村读物出版社；2001.01.—48页；12×12cm

ISBN 7 – 5048 – 3339 – 8；3.00 元

0736 世界优秀动画片画册荟萃．老鼠嫁女/

〔日〕照沼真理惠改编；〔日〕四分一节子绘；崔维燕译．—北京：农村读物出版社；2001.01.—48页；12×12cm

ISBN 7 – 5048 – 3358 – 4（精装）；8.00 元

0737　世界优秀动画片画册荟萃．老鼠嫁女/
〔日〕照沼真理惠改编；〔日〕四分一节子绘；崔维燕译．—北京：农村读物出版社；2001.01.—48页；12×12cm
ISBN 7 – 5048 – 3344 – 4；3.00 元

0738　世界优秀动画片画册荟萃．玛丽亚与狮子王子/
〔日〕照沼真理惠改编；〔日〕铃木广美绘；崔维燕译．—北京：农村读物出版社；2001.01.—48页；12×12cm
ISBN 7 – 5048 – 3364 – 9（精装）；8.00 元

0739　世界优秀动画片画册荟萃．玛丽亚与狮子王子/
〔日〕照沼真理惠改编；〔日〕铃木广美绘；崔维燕译．—北京：农村读物出版社；2001.01.—48页；12×12cm
ISBN 7 – 5048 – 3340 – 1；3.00 元

0740　世界优秀动画片画册荟萃．卖火柴的小女孩/
〔日〕照沼真理惠改编；〔日〕四分一节子绘；崔维燕译．—北京：农村读物出版社；2001.01.—48页；12×12cm
ISBN 7 – 5048 – 3355 – X（精装）；8.00 元

0741　世界优秀动画片画册荟萃．卖火柴的小女孩/
〔日〕照沼真理惠改编；〔日〕四分一节子绘；崔维燕译．—北京：农村读物出版社；2001.01.—48页；12×12cm
ISBN 7 – 5048 – 3352 – 5；3.00 元

0742　世界优秀动画片画册荟萃．魔女与年青人/
〔日〕照沼真理惠改编；〔日〕四分一节子绘；崔维燕译．—北京：农村读物出版社；2001.01.—48页；12×12cm
ISBN 7 – 5048 – 3334 – 7；3.00 元

0743　世界优秀动画片画册荟萃．三只熊/
〔日〕照沼真理惠改编；〔日〕四分一节子绘；崔维燕译．—北京：农村读物出版社；2001.01.—48页；12×12cm
ISBN 7 – 5048 – 3343 – 6；3.00 元

0744　世界优秀动画片画册荟萃．睡美人/
〔日〕照沼真理惠改编；〔日〕中岛裕子绘；崔

维燕译．—北京：农村读物出版社；2001.01.—48页；12×12cm
ISBN 7 – 5048 – 3363 – 0（精装）；8.00 元

0745　世界优秀动画片画册荟萃．睡美人/
〔日〕照沼真理惠改编；〔日〕中岛裕子绘；崔维燕译．—北京：农村读物出版社；2001.01.—48页；12×12cm
ISBN 7 – 5048 – 3351 – 7；3.00 元

0746　世界优秀动画片画册荟萃．桃太郎/
〔日〕照沼真理惠改编；〔日〕四分一节子绘；崔维燕译．—北京：农村读物出版社；2001.01.—48页；12×12cm
ISBN 7 – 5048 – 3357 – 6（精装）；8.00 元

0747　世界优秀动画片画册荟萃．桃太郎/
〔日〕照沼真理惠改编；〔日〕四分一节子绘；崔维燕译．—北京：农村读物出版社；2001.01.—48页；12×12cm
ISBN 7 – 5048 – 3330 – 4；3.00 元

0748　世界优秀动画片画册荟萃．淘气的小狐狸/
〔日〕照沼真理惠改编；〔日〕星光一绘；崔维燕译．—北京：农村读物出版社；2001.01.—48页；12×12cm
ISBN 7 – 5048 – 3338 – X；3.00 元

0749　世界优秀动画片画册荟萃．小锡兵/
〔日〕照沼真理惠改编；〔日〕四分一节子绘；崔维燕译．—北京：农村读物出版社；2001.01.—48页；12×12cm
ISBN 7 – 5048 – 3359 – 2（精装）；8.00 元

0750　世界优秀动画片画册荟萃．小锡兵/
〔日〕照沼真理惠改编；〔日〕四分一节子绘；崔维燕译．—北京：农村读物出版社；2001.01.—48页；12×12cm
ISBN 7 – 5048 – 3345 – 2；3.00 元

0751　世界优秀动画片画册荟萃．野天鹅/
〔日〕照沼真理惠改编；〔日〕四分一节子绘；崔维燕译．—北京：农村读物出版社；2001.01.—48页；12×12cm
ISBN 7 – 5048 – 3347 – 9；3.00 元

0752　世界优秀动画片画册荟萃．夜幕中的公主/
〔日〕照沼真理惠改编；〔日〕四分一节子绘；崔

维燕译．—北京：农村读物出版社；2001.01.—48
页；12×12cm
ISBN 7－5048－3346－0；3.00 元

0753　世界优秀动画片画册荟萃．一寸法师/
〔日〕照沼真理惠改编；〔日〕四分一节子绘；崔
维燕译．—北京：农村读物出版社；2001.01.—48
页；12×12cm
ISBN 7－5048－3331－2；3.00 元

0754　世界优秀动画片画册荟萃．幽灵公主/
〔日〕照沼真理惠改编；〔日〕四分一节子绘；崔
维燕译．—北京：农村读物出版社；2001.01.—48
页；12×12cm
ISBN 7－5048－3335－5；3.00 元

**0755　世界优秀动画片画册荟萃．月芽王与任性
的公主/**
〔日〕照沼真理惠改编；〔日〕四分一节子绘；崔
维燕译．—北京：农村读物出版社；2001.01.—48
页；12×12cm
ISBN 7－5048－3341－X；3.00 元

0756　室内犬/
〔日〕中泽秀章主编；刘文丽等译．—北京：中国
轻工业出版社；2001.01.—192 页；20cm.—（宠物
喂养与训练）
ISBN 7－5019－3631－5；28.00 元

0757　室内园艺/
〔日〕BOUTIQUE 出版社编；余静译．—杭州：浙
江科学技术出版社；2001.09.—94 页；26cm
ISBN 7－5341－1598－1；39.00 元

0758　释迦牟尼传/
〔日〕武者小路实笃著；董学昌译．—北京：作
家出版社；2001.11.—264 页；20cm
ISBN 7－5063－2199－8；18.00 元

0759　手工制作娃娃/
〔日〕大高辉美编；庄佩瑾译．—上海：上海科
学普及出版社；2001.03.—98 页；29cm
ISBN 7－5427－1879－7；26.00 元

0760　手筋基本问题集/
〔日〕诚文堂新光社围棋编辑部编；洪艳译．—成
都：蜀蓉棋艺出版社；2001.03.—206 页；17cm.—
（迈向初段）
ISBN 7－80548－697－2；10.00 元

0761　瘦身好心情！/
〔日〕井上修二主编；刘颖译．—北京：中国轻工
业出版社；2001.01.—60 页；21×14cm.—（轻松
健康指南）
ISBN 7－5019－3021－X；10.00 元

0762　梳起美丽的麻花辫/
〔日〕佐藤全弘著；王静编译．—北京：中国轻
工业出版社；2001.10.—93 页；26cm.—（美少
女扮靓丛书）
ISBN 7－5019－3394－4；22.00 元

0763　数学天才 100.1/
〔日〕中村义作著；刘雪卿译．—杭州：浙江文
艺出版社；2001.10.—196 页；20cm.—（快乐
新思维丛书）
ISBN 7－5339－1515－1；10.00 元

0764　数学天才 100.2/
〔日〕中村义作著；刘雪卿译．—杭州：浙江文艺
出版社；2001.10.—194 页；20cm.—（快乐新思维
丛书）
ISBN 7－5339－1516－X；10.00 元

0765　数字电路/
〔日〕常深信彦编著；白玉林译．—北京：科学
出版社；2001.06.—153 页；20cm.—（21 世纪
电子电气工程师系列/〔日〕正田英介主编）
ISBN 7－03－009270－8；15.00 元

0766　水稻/
〔日〕守矢登著；开建伟译．—上海：上海译文出
版社；2001.07.—52 页；19×18cm.—（科学画谱
丛书）
ISBN 7－5327－2680－0；12.00 元

0767　水的秘密/
〔日〕冢本治泓著；开建伟译．—上海：上海译
文出版社；2001.08.—58 页；19×17cm.—（科
学画谱丛书）
ISBN 7－5327－2506－5；12.00 元

0768　水景艺术/
〔日〕中泽秀之编著；房磊译．—大连：大连理
工大学出版社；2001.03.—128 页；29cm
ISBN 7－5611－1870－8（精装）；98.00 元

0769　水獭的海洋/
〔日〕椋鸠十著；安伟邦等译．—南昌：二十一
世纪出版社；2001.03.—317 页；20cm.—（椋

鸠十动物小说全集）

ISBN 7 – 5391 – 1792 – 3；15.00 元

0770 说服对方的技巧：英汉对照/

〔日〕岩崎洋一郎，〔日〕仲谷荣一郎著；王沁玫译．—北京：中华工商联合出版社；2001.04.—219页；20cm.—（谈判英语）

ISBN 7 – 80100 – 797 – 2；20.00 元

0771 说一口时尚日语：日语中的俚词和口语/

〔日〕米川明彦著；苑崇利译．—北京：外文出版社；2001.02.—227 页；18cm.—（迷你日语）

ISBN 7 – 119 – 02796 – 4；12.00 元

0772 丝巾（围巾）结 60 款/

〔日〕内藤朗编；许伟智译．—广州：广东科技出版社；2001.09.—48 页；17 × 18cm.—（时尚配饰丛书）

ISBN 7 – 5359 – 2916 – 8；10.00 元

0773 丝路探险记/

〔日〕大谷光瑞等著；章莹译．—乌鲁木齐：新疆人民出版社；2001.06.—314 页；20cm.—（亚洲探险之旅）

ISBN 7 – 228 – 04842 – 3；18.80 元

0774 斯普特尼克的恋人/

〔日〕村上春树著；林少华译．—上海：上海译文出版社；2001.08.—206 页；20cm.—（村上春树文集）

ISBN 7 – 5327 – 2627 – 4；14.10 元

0775 死神木偶/

〔日〕那须正干著；韩娜译．—南宁：广西教育出版社；2001.01.—187 页；60 幅；18cm.—（小小同龄鸟，滑稽三人行）

ISBN 7 – 5435 – 3133 – X；6.00 元

0776 四季花艺/

〔日〕六耀社；《花世界》编译组译．—北京：中国轻工业出版社；2001.01.—93 页；29 × 21cm

ISBN 7 – 5019 – 2957 – 2；38.00 元

0777 四季宿根草花：让庭院年年鲜花盛开/

〔日〕主妇之友社编；王力超译．—北京：中国林业出版社；2001.09.—111 页；21 × 15cm.—（温馨家园花卉装饰）

ISBN 7 – 5038 – 2833 – 1；26.00 元

0778 宋代江南经济史研究/

〔日〕斯波义信著；方建译．—南京：江苏人民出版社；2001.01.—646 页；20cm.—（海外中国研究丛书/刘东主编）

ISBN 7 – 214 – 02809 – 3；31.00 元

0779 诉讼制度改革的法理与实证/

〔日〕小岛武司著；陈刚等译．—北京：法律出版社；2001.04.—258 页；20cm.—（民事诉讼法学译丛）

ISBN 7 – 5036 – 3353 – 0；18.00 元

0780 速解日语高级句型/

〔日〕薄开广美等著；肖爽译．—大连：大连理工大学出版社；2001.11.—99 页；20cm.—（大学日语．日语表达手册系列）

ISBN 7 – 5611 – 1952 – 6；8.00 元

0781 速用日语高级动词/

〔日〕升冈香代子等著；肖爽译．—大连：大连理工大学出版社；2001.11.—117 页；20cm.—（大学日语．日语表达手册系列）

ISBN 7 – 5611 – 1954 – 2；8.00 元

0782 孙悟空/

〔日〕平田昭吾编著；〔日〕高桥信也等绘；王大恒译．—长春：吉林文史出版社；2001.10.—90 页；19 × 20cm.—（彩图世界童话名著）

ISBN 7 – 80626 – 665 – 8；12.00 元

0783 孙子兵法/

〔日〕是本信义编著；秋同译．—北京：中信出版社；2001.02.—242 页；20cm.（2 小时通图解丛书）

ISBN 7 – 80073 – 326 – 2；19.00 元

0784 塔上奇术师/

〔日〕江户川乱步著；叶荣鼎译．—上海：少年儿童出版社；2001.12.—168 页；18 × 12cm.—（少年大侦探系列）

ISBN 7 – 5324 – 4737 – 5；7.00 元

0785 太阳王·汉武帝/

〔日〕伴野朗著；张哲译．—武汉：长江文艺出版社；2001.09.—236 页；20cm

ISBN 7 – 5354 – 2242 – X；12.00 元

0786 太阳之迹/

〔日〕藤井旭著；开建伟译．—上海：上海译文出版社；2001.06.—40 页；21cm.—（科学画谱丛书）

ISBN 7 – 5327 – 2667 – 3；9.00 元

0787　探宝大追踪／
〔日〕木乃美光绘；于晓野，张岩峰译．—长春：
吉林美术出版社；2001.05.—1 册；32×25cm.—
（LL 超级游戏）
ISBN 7-5386-0959-8；15.00 元

0788　探索日本之美／
〔日〕东山魁夷著；唐月梅译．—石家庄：花山
文艺出版社；2001.11.—237 页；21cm.—（东
山魁夷的世界丛书；1）
ISBN 7-80673-048-6；28.00 元

0789　糖尿病的饮食疗法／
〔日〕荒牧麻子，〔日〕武井泉著；李泓苇译．—
沈阳：辽宁科学技术出版社；2001.01.—148
页；20cm
ISBN 7-5381-3296-1；10.00 元

0790　糖尿病患者的饮食／
〔日〕若林孝雄著；何俊霞译．—天津：天津科
技翻译出版公司，2001.09.—143 页；20cm.—
（现代疾病的营养资讯丛书）
ISBN 7-5433-1369-3；18.00 元

0791　藤田和子老师的漫画学苑：新漫画技法／
〔日〕藤田和子著；俞芳译．—长春：吉林美术
出版社；2001.09.—182 页；19cm
ISBN 7-5386-1201-7；12.80 元

0792　体验中国：在中国经商形成的感触／
〔日〕田中则明著；徐静波译．—上海：上海画
报出版社；2001.05.—165 页；19cm
ISBN 7-80530-741-5；13.80 元

0793　天才歌手／
〔日〕藤真知子著；〔日〕由地美枝子绘；臧馨
译．—北京：国际文化出版公司，2001.09.—116
页；20cm.—（魔女妈妈魔幻系列）
ISBN 7-80105-984-0；10.00 元

0794　天棚里的猫／
〔日〕椋鸠十著；安伟邦等译．—南昌：二十一
世纪出版社；2001.03.—232 页；20cm.—（椋
鸠十动物小说全集）
ISBN 7-5391-1792-3；10.50 元

0795　天时／
〔日〕小池真理子著；王禹译．—北京：文化艺
术出版社；2001.08.—242 页；20cm.—（小池
文集）

ISBN 7-5039-2086-6；13.00 元

0796　挑战！哈佛 AMP 留学／
〔日〕藤井义彦著；杨柳松，杨柳竹译．—北京：
中国发展出版社；2001.08.—270 页；20cm
ISBN 7-8008-7468-0；16.00 元

0797　挑战性格的弱点／
〔日〕悬田克躬著；杜金行，翟双庆译．—北京：
华夏出版社；2001.08.—150 页；19cm
ISBN 7-5080-2524-5；11.00 元

0798　跳高／
〔日〕阪本孝男著；李鸿江等译审．—北京：人
民体育出版社；2001.11.—98 页；20cm.—（青
少年田径技术训练丛书／〔日〕帖佐宽章，〔日〕
佐佐木秀幸主编）
ISBN 7-5009-2127-6；8.00 元

0799　跳远·三级跳远／
〔日〕冈野进著；李鸿江等译审．—北京：人民
体育出版社；2001.11.—168 页；113 幅；20cm.
—（青少年田径技术训练丛书／〔日〕帖佐宽
章，〔日〕佐佐木秀幸主编）
ISBN 7-5009-2124-1；10.00 元

0800　铁饼投掷／
〔日〕山崎祐司著；李鸿江等译审．—北京：人民
体育出版社；2001.11.—157 页；20cm.—（青少年
田径技术训练丛书／〔日〕帖佐宽章，〔日〕佐佐
木秀幸主编）
ISBN 7-5009-2134-9；10.00 元

0801　听泉／
〔日〕东山魁夷著；王中忱译．—石家庄：花山
文艺出版社；2001.11.—177 页；21cm.—（东
山魁夷的世界丛书；2）
ISBN 7-80673-041-9；20.00 元

0802　听新闻记忆外来语 350／
〔日〕堺典子，〔日〕西平熏著；肖爽译．—大连：
大连理工大学出版社；2001.01.—176 页；26cm
ISBN 7-5611-1859-7；19.80 元

**0803　庭院四季花卉配置：小庭院设计与花卉种
植／**
〔日〕中山正范著；王力超译．—北京：中国林业
出版社；2001.09.—111 页；21×15cm.—（温馨家
园花卉装饰）
ISBN 7-5038-2872-2；26.00 元

0804　通往唐招提寺之路/

〔日〕东山魁夷著；许金龙译．—石家庄：花山文艺出版社；2001.11.—201页；21cm.—（东山魁夷的世界丛书；8）

ISBN 7 - 80673 - 039 - 7；20.00元

0805　通信工程学概论/

〔日〕木村磐根编著；李树广，王玲玲译．—北京：科学出版社；2001.04.—144页；26cm.—（21世纪工程技术新型教程系列/〔日〕樱井良文主编）

ISBN 7 - 03 - 009195 - 7；20.00元

0806　通信技术/

〔日〕吉永淳编著；徐国鼎，薛培蕭译．—北京：科学出版社；2001.06.—189页；20cm.—（21世纪电子电气工程师系列/〔日〕正田英介主编）

ISBN 7 - 03 - 009371 - 2；18.00元

0807　通用电气之道/

〔日〕佐佐木裕颜著；陈文译．—北京：中信出版社；2001.02.—186页；20cm.—（2小时通图解丛书）

ISBN 7 - 80073 - 321 - 1；15.00元

0808　头痛治疗与预防/

〔日〕坂井文彦著；魏陵博，袁成民译．—济南：山东科学技术出版社；2001.10.—110页；26cm.—（今日健康丛书）

ISBN 7 - 5331 - 2962 - 8；29.00元

0809　透光的树/

〔日〕高树信子著；陈喜儒译．—北京：中国文联出版社；2001.09.—372页；20cm.—（中日女作家新作大系．日本方阵/许金龙主编）

ISBN 7 - 5059 - 3906 - 8；20.00元

0810　突破600分托福语法/

〔日〕村川久子著；闻佳译．—北京：中国大百科全书出版社；2001.06.—240页；20cm

ISBN 7 - 5000 - 6462 - 4；15.00元

0811　突破600分托福阅读/

〔日〕田中真纪子著；曲哲译．—北京：中国大百科全书出版社；2001.06.—282页；20cm

ISBN 7 - 5000 - 6460 - 8；17.00元

0812　突破难点的要领：英汉对照/

〔日〕岩崎洋一郎，〔日〕仲谷荣一郎著；王沁玫译．—北京：中华工商联合出版社；2001.04.—210页；20cm.—（谈判英语）

ISBN 7 - 80100 - 797 - 2；20.00元

0813　图话经济学/

〔日〕西村和雄著；白雪洁译．—成都：西南财经大学出版社；2001.02.—237页；20cm

ISBN 7 - 81055 - 750 - 5；19.80元

0814　图解电路/

〔日〕栗原丰等著；颜萍，唐厚君译．—北京：科学出版社；2001.05.—214页；20cm.—（OHM电子电气入门丛书）

ISBN 7 - 03 - 009172 - 8；19.00元

0815　图解电路计算/

〔日〕浅川毅著；邹俊忠等译．—北京：科学出版社；2001.04.—181页；20cm.—（OHM电子电气实用手册系列）

ISBN 7 - 03 - 009167 - 1；17.00元

0816　图解电气电路/

〔日〕岩孝治，〔日〕中村征寿著；李福寿译．—北京：科学出版社；2001.03.—289页；20cm.—（OHM电子电气入门丛书）

ISBN 7 - 03 - 008982 - 0；20.50元

0817　图解电气理论/

〔日〕福田务，〔日〕栗原丰，〔日〕向坂荣夫著；程君实译．—北京：科学出版社；2001.02.—278页；20cm.—（OHM电子电气实用手册系列）

ISBN 7 - 03 - 009003 - 9；24.00元

0818　图解电子学入门/

〔日〕OHM社编；薛培鼎等译．—北京：科学出版社；2001.02.—314页；20cm.—（OHM电子电气入门丛书．电子电气读本系列；2）

ISBN 7 - 03 - 008911 - 1；25.00元

0819　图解数学小百科/

〔日〕冈部恒治著；周尚文译．—北京：科学出版社；2001.04.—219页；19cm.—（生活与科学文库）

ISBN 7 - 03 - 009358 - 5；12.00元

0820　图解洗手间的设计与维护/

〔日〕坂本菜子著；乔春生，张培军译．—北京：科学出版社；2001.01.—109页；26cm

ISBN 7 - 03 - 004179 - 8；48.00元

0821　图解写字楼设备设计指南/
〔日〕空调卫生工程学会编；杨明君，叶湘译．—北京：科学出版社；2001.01.—132 页；26cm
ISBN 7 – 03 – 008922 – 7；23.00 元

0822　图解新时尚：多种材料分类绘画法/
〔日〕熊谷小次郎著；张红兵译．—天津：天津人民美术出版社；2001.07.—144 页；26cm
ISBN 7 – 5305 – 1527 – 6；54.00 元

0823　图解住宅装饰步骤/
〔日〕山本佐代子著；高翔译．—北京：科学出版社；2001.01.—114 页；19cm.—（生活与科学文库）
ISBN 7 – 03 – 002438 – 9；7.00 元

0824　土力学/
〔日〕松冈元著；罗汀，姚仰平编译．—北京：中国水利水电出版社；2001.05.—243 页；20cm
ISBN 7 – 5084 – 0609 – 5；25.00 元

0825　推理预测听读解/
〔日〕佐佐木瑞枝等著；宋锦绣译．—大连：大连理工大学出版社；2001.11.—129 页；20cm.—（大学日语．日语表达手册系列）
ISBN 7 – 5611 – 1955 – 0；8.00 元

0826　托福必备短语 Smart 学习法/
〔日〕岛屿美登里著；简妮译．—北京：中国大百科全书出版社；2001.06.—183 页；20cm
ISBN 7 – 5000 – 6420 – 9；9.00 元

0827　拓扑空间论/
〔日〕儿玉之宏；〔日〕永见启应著；方嘉琳译．—北京：科学出版社；2001.07.—412 页；20cm.—（数学名著译丛）
ISBN 7 – 03 – 009079 – 9；30.00 元

0828　微生物与健康/
〔日〕井上真由美著；成怀畅，卢日峰，玄明奎译．—北京：科学出版社；2001.01.—120 页；19cm.—（生活与科学文库）
ISBN 7 – 03 – 008942 – 1；7.00 元

0829　微笑的狼/
〔日〕津岛佑子著；竺家荣译．—北京：中国文联出版社；2001.09.—355 页；20cm.—（中日女作家新作大系．日本方阵/许金龙主编）
ISBN 7 – 5059 – 3913 – 0；19.00 元

0830　维也纳和奥地利/
〔日〕大宝石出版社编；接培柱译．—北京：中国旅游出版社；2001.05.—347 页；20cm.—（走遍全球）
ISBN 7 – 5032 – 1815 – 0；40.00 元

0831　未开的脸和文明的脸/
〔日〕中根千枝著；麻国庆，张辉黎译．—济南：山东画报出版社；2001.07.—272 页；20cm
ISBN 7 – 80603 – 541 – 9；17.00 元

0832　胃肠手术后患者的饮食/
〔日〕河村一太等编著；叶欣，孔健译．—天津：天津科技翻译出版公司，2001.09.—143 页；20cm.—（现代疾病的营养资讯丛书）
ISBN 7 – 5433 – 1370 – 7；18.00 元

0833　胃溃疡、肠炎患者的饮食/
〔日〕太田康幸等编著；朱晓东译．—天津：天津科技翻译出版公司，2001.09.—143 页；20cm.—（现代疾病的营养资讯丛书）
ISBN 7 – 5433 – 1341 – 3；18.00 元

0834　文化服装讲座．7，服装设计篇/
〔日〕文化服装学院编；冯旭敏，马存义译．—北京：中国轻工业出版社；2001.01.—276 页；26cm.—（高等职业技术教育服装专业使用教材）
ISBN 7 – 5019 – 2929 – 7（精装）；43.00 元

0835　文化节事件/
〔日〕那须正干著；边红彪译．—南宁：广西教育出版社；2001.01.—169 页；41 幅；19cm.—（小小同龄鸟，滑稽三人行）
ISBN 7 – 5435 – 3133 – X；6.00 元

0836　文明与植物进化/
〔日〕岩槻邦男著；林苏娟译．—昆明：云南科技出版社；2001.09.—161 页；20cm
ISBN 7 – 5416 – 1544 – 7；20.00 元

0837　我的，伤感的人生旅程/
〔日〕渡边淳一著；祝子平译．—上海：上海文艺出版社；2001.06.—241 页；20cm
ISBN 7 – 5321 – 2250 – 6；18.00 元

0838　我的窗/
〔日〕东山魁夷著；于荣胜译．—石家庄：花山文艺出版社；2001.11.—183 页；21cm.—（东山魁夷的世界丛书；8）
ISBN 7 – 80673 – 047 – 8；20.00 元

0839 我的佛教观／
〔日〕池田大作著；桂明，业露华译．—2 版．—成都：四川人民出版社；2001.02.—242 页；20cm.—（池田大作佛教对话丛书）
ISBN 7 - 220 - 05326 - 6；70.00 元（全套 4 册）

0840 我的佛教观．续集／
〔日〕池田大作著；卞立强等译．—2 版．—成都：四川人民出版社；2001.02.—272 页；20cm.—（池田大作佛教对话丛书）
ISBN 7 - 220 - 05326 - 6；70.00 元（全套 4 册）

0841 我的留学时代／
〔日〕东山魁夷著；邱雅芬译．—石家庄：花山文艺出版社；2001.11.—213 页；21cm.—（东山魁夷的世界丛书；13）
ISBN 7 - 80673 - 038 - 9；20.00 元

0842 我的释尊观／
〔日〕池田大作著；潘桂明译．—2 版．—成都：四川人民出版社；2001.02.—268 页；20cm.—（池田大作佛教对话丛书）
ISBN 7 - 220 - 05326 - 6；70.00 元（全套 4 册）

0843 我的天台观／
〔日〕池田大作著；卞立强译．—2 版．—成都：四川人民出版社；2001.02.—282 页；20cm.—（池田大作佛教对话丛书）
ISBN 7 - 220 - 05326 - 6；70.00 元（全套 4 册）

0844 我的中国商旅日记／
〔日〕增田英树著；李惠春译．—北京：朝华出版社；2001.05.—205 页；21×15cm
ISBN 7 - 5054 - 07120；18.00 元

0845 我是猫／
〔日〕夏目漱石著；罗明辉译．—海口：南方出版社；2001.01.—437 页；20cm.—（外国文学名著大系）
ISBN 7 - 80660 - 212 - 7（精装）；27.80 元

0846 我是总经理／
〔日〕元谷芙美子编著；白钢译．—广州：广东经济出版社；2001.09.—152 页；20cm
ISBN 7 - 80632 - 948 - X；10.00 元

0847 无尽的噩梦／
〔日〕笙野赖子著；竺家荣，王建新译．—北京：中国文联出版社；2001.09.—415 页；20cm.—（中日女作家新作大系．日本方阵／许金龙主编）

ISBN 7 - 5059 - 3909 - 2；22.00 元

0848 无穷的奥秘及其演变／
〔日〕仲田纪夫著；丁树深译．—北京：科学出版社；2001.04.—189；19cm.—（生活与科学文库）
ISBN 7 - 03 - 009150 - 7；10.00 元

0849 "无人岛"探险／
〔日〕那须正干著；〔日〕前川和夫绘；高岚，刘宁译．—南宁：广西教育出版社；2001.01.—177 页；18cm.—（小小同龄鸟，滑稽三人行）
ISBN 7 - 5435 - 3064 - 3；6.00 元

0850 "物理"的快乐读本／
〔日〕藤丸卓哉著；刘雪卿译．—杭州：浙江文艺出版社；2001.09.—154 页；20cm.—（快乐新思维丛书）
ISBN 7 - 5339 - 1487 - 2；7.90 元

0851 物流·配送／
〔日〕中田信哉著；陶庭义译．—深圳：海天出版社；2001.07.—191 页；20cm.—（现代物流操作丛书）
ISBN 7 - 80654 - 495 - X；18.00 元

0852 物流入门／
〔日〕中田信哉著；陶庭义译．—深圳：海天出版社；2001.07.—177 页；80 幅；20cm.—（现代物流操作丛书）
ISBN 7 - 80654 - 379 - 1；15.00 元

0853 物权法：增订本／
〔日〕田山辉明著；陆庆胜译．—北京：法律出版社；2001.03.—213 页；20cm.—（早稻田大学日本法学丛书）
ISBN 7 - 5036 - 3073 - 6；16.00 元

0854 西班牙／
〔日〕大宝石出版社编著；桂桐译．—北京：中国旅游出版社；2001.06.—545 页；20cm.—（走遍全球）
ISBN 7 - 5032 - 1839 - 8；58.00 元

0855 西村胜一回忆录／
〔日〕西村胜一著；孙凤翔译．—太原：山西教育出版社；2001.09.—257 页；20cm
ISBN 7 - 5440 - 2263 - 3（精装）；16.00 元

0856 西方染织纹样史／
〔日〕城一夫著；孙基亮译．—北京：中国纺织

出版社；2001.03. —153 页；26cm
ISBN 7 – 5064 – 1961 – 0；30.00 元

0857　希腊 塞浦路斯/
〔日〕大宝石出版社编；陈东等译.—北京：中国旅游出版社；2001.11. —423 页；20cm. —（走遍全球）
ISBN 7 – 5032 – 1816 – 9；50.00 元

0858　系统工程/
〔日〕田村坦之编著；李平译.—北京：科学出版社；2001.01. —110 页；26cm. —（21 世纪工程技术新型教程系列/〔日〕樱井良文主编）
ISBN 7 – 03 – 008863 – 8；16.00 元

0859　系统与控制/
〔日〕细江繁幸编著；白玉林等译.—北京：科学出版社；2001.06. —180 页；20cm. —（21 世纪新型参考教材系列）
ISBN 7 – 03 – 009313 – 5；12.00 元

0860　下个富翁就是你/
〔日〕高田清史，〔日〕小野贵史著；贾怡译.—上海：上海世界图书出版公司，2001.05. —226 页；20cm. —（解度人生成功密码；1）
ISBN 7 – 5062 – 5084 – 5；14.00 元

0861　夏威夷/
〔日〕大宝石出版社编；韩亚弟译.—北京：中国旅游出版社；2001.07. —466 页；20cm. —（走遍全球）
ISBN 7 – 5032 – 1814 – 2；51.00 元

0862　现代美国经济论/
〔日〕盐田长英著；齐彤译.—北京：中国经济出版社；2001.12. —215 页；20cm
ISBN 7 – 5017 – 5279 – 6；26.00 元

0863　现代日语短语妙用：铃木一家的日记/
〔日〕秋元美晴，〔日〕有贺千佳子著；王之英，张建华译.—天津：南开大学出版社；2001.12. —379 页；20cm
ISBN 7 – 310 – 01555 – X；18.00 元

0864　现代日语副词用法辞典/
〔日〕飞田良文，〔日〕浅田秀子著；李奇术译.—北京：外语教学与研究出版社；2001.02. —488 页；20cm
ISBN 7 – 5600 – 1915 – 3（精装）；21.90 元

0865　现金流量/
〔日〕泽昭人，〔日〕滨本明著；冯芳译.—北京：中信出版社；2001.01. —199 页；20cm. —（2 小时通图解丛书）
ISBN 7 – 80073 – 327 – 0；16.00 元

0866　现物出资研究/
〔日〕志村治美著；于敏译.—北京：法律出版社；2001.01. —307 页；20cm. —（商事法专题研究文库）
ISBN 7 – 5036 – 3070 – 1；22.00 元

0867　香水事典/
〔日〕平田幸子著；台湾成美堂出版社译.—沈阳：辽宁科学技术出版社；2001.09. —150 页；20cm
ISBN 7 – 5381 – 3458 – 1；35.00 元

0868　想生就有/
〔日〕原利夫著；李毅男，迟继铭译.—哈尔滨：哈尔滨出版社；2001.02. —239 页；20cm. —（给想要孩子人看的书）
ISBN 7 – 80639 – 501 – 6；15.00 元

0869　向智商 150 挑战/
〔日〕笹山朝生著；江小薇译.—杭州：浙江文艺出版社；2001.09. —188 页；20cm. —（快乐新思维丛书）
ISBN 7 – 5339 – 1501 – 1；9.50 元

0870　消除育儿的烦恼/
〔日〕帆足英一主编；《育儿百宝箱》编译组译.—北京：中国轻工业出版社；2001.01. —184 页；19cm
ISBN 7 – 5019 – 2971 – 8；10.00 元

0871　小儿哮喘的最新疗法：积极的零水平作战/
〔日〕西川清，〔日〕山本淳著；裴军，张勒译.—北京：中国纺织出版社；2001.01. —220 页；20cm.—（健康新概念；7）
ISBN 7 – 5064 – 1945 – 9；13.80 元

0872　小公司求生术/
〔日〕荒和雄著；曾毓娓译.—石家庄：河北人民出版社；2001.10. —162 页；20cm
ISBN 7 – 202 – 02936 – 7；10.00 元

0873　小红帽/
〔日〕平田昭吾编著；〔日〕高桥信也等绘；王

大恒译 . —长春：吉林文史出版社；2001.10. —
90 页；19×20cm. —（彩图世界童话名著）
ISBN 7 - 80626 - 665 - 8；12.00 元

0874 心理学趣谈/
〔日〕渡边芳之等著；高益民译 . —北京：中信
出版社；2001.03. —263 页；20cm. —（2 小时通
图解系列）
ISBN 7 - 80073 - 319 - X；20.00 元

0875 心脏病患者的饮食/
〔日〕杉浦昌世等编著；史馥，陈龙译 . —天津：
天津科技翻译出版公司，2001.09. —143 页；20cm.
—（现代疾病的营养资讯丛书）
ISBN 7 - 5433 - 1376 - 6；18.00 元

0876 新丰田生产方式/
〔日〕门田安弘著；王瑞珠译 . —保定：河北大
学出版社；2001.09. —503 页；20cm. —（中外
著名科技公司传记丛书）
ISBN 7 - 81028 - 777 - X；36.00 元

0877 新加坡华人企业集团/
〔日〕岩崎育夫著；刘晓民译 . —厦门：厦门大
学出版社；2001.09. —183 页；20cm. —（华侨
华人研究丛书 . 东南亚华人企业集团研究；2）
ISBN 7 - 5615 - 1791 - 2；12.00 元

0878 新民事诉讼法讲义/
〔日〕国村英郎著；陈刚，林剑锋，郭美松译 . —
北京：法律出版社；2001.04. —312 页；20cm. —
（早稻田大学日本法学丛书）
ISBN 7 - 5036 - 3386 - 7；22.00 元

0879 新奇好玩的纸童玩/
〔日〕BOUTIQUE 出版社编；沙子芳译 . —杭州：
浙江科学技术出版社；2001.09. —66 页；26 ×
21cm. —（创意手工）
ISBN 7 - 5341 - 1593 - 0；16.00 元

**0880 新时装插图：绘画工具和素材的表现方
法/**
〔日〕熊谷小次郎著；窦金兰译 . —天津：天津
人民美术出版社；2001.01. —141 页；29cm
ISBN 7 - 5305 - 1307 - 9；70.00 元

0881 新西兰/
〔日〕大宝石出版社编；周莉译 . —北京：中国
旅游出版社；2001.01. —500 页；19cm. —（走
遍全球）

ISBN 7 - 5032 - 1783 - 9；58.00 元

0882 信号处理/
〔日〕酒井英昭编著；白玉林译 . —北京：科学
出版社；2001.01. —138 页；26cm. —（21 世纪
工程技术新型教程系列/〔日〕樱井良文主编）
ISBN 7 - 03 - 008762 - 3；20.00 元

0883 信号分析/
〔日〕臼井支朗编著；何希才译 . —北京：科学
出版社；2001.06. —184 页；20cm. —（21 世纪
新型参考教材系列）
ISBN 7 - 03 - 009262 - 7；12.00 元

0884 信息处理/
〔日〕常深信彦编著；冯杰译 . —北京：科学出
版社；2001.06. —176 页；20cm. —（21 世纪电
子电气工程师系列/〔日〕正田英介主编）
ISBN 7 - 03 - 009251 - 1；16.50 元

0885 信息媒体工程/
〔日〕美浓导彦，西田正吾编；白玉林等译 . —北
京：科学出版社；2001.02. —169 页；26cm. —
（21 世纪工程技术新型教程系列/〔日〕樱井良
文主编）
ISBN 7 - 03 - 008933 - 2；23.00 元

0886 星的威力/
〔日〕武宫正树著；邢印达译 . —北京：人民体
育出版社；2001.08. —243 页；20cm
ISBN 7 - 5009 - 2065 - 2；13.00 元

0887 刑法总论/
〔日〕野村稔著；全理其，何力译 . —北京：法
律出版社；2001.03. —565 页；20cm. —（早稻
田大学日本法学丛书）
ISBN 7 - 5036 - 3064 - 7；32.00 元

0888 幸运的人/
〔日〕佐藤猛夫著；王德迅等译 . —北京：社会
科学文献出版社；2001.07. —200 页；20cm. —
（中日历史研究中心文库）
ISBN 7 - 80149 - 553 - 5；15.00 元

0889 性格·情感的烦恼/
〔日〕上出弘之主编；乔莹洁译 . —南宁：广西
人民出版社；2001.01. —155 页；21 × 18cm. —
（不愿向父母诉说的烦恼；2）
ISBN 7 - 219 - 04272 - 8；13.50 元

0890　序盘的大局观/

〔日〕小林觉著；刘骆生，刘月如译．—北京：人民体育出版社；2001.06.—222 页；19cm

ISBN 7 - 5009 - 2076 - 8；11.00 元

0891　选车指南/

〔日〕影山凤著；徐雅珍，姚灯镇译．—北京：科学出版社；2001.04.—164 页；19cm．—（生活与科学文库）

ISBN 7 - 03 - 009274 - 0；8.50 元

0892　学校·学习的烦恼/

〔日〕上出弘之著；唐承红，朱洁译．—南宁：广西人民出版社；2001.01.—155 页；21×18cm．—（不愿向父母诉说的烦恼；1）

ISBN 7 - 219 - 04271 - X；13.50 元

0893　血型、性格与人际关系.AB 型血人的性格与处世方法：维吾尔文/

〔日〕方正令木著；阿不都瓦依提·卡斯莫译．—乌鲁木齐：新疆科技卫生出版社（W），2001.06.—123 页；20cm

ISBN 7 - 5372 - 2811 - 6；5.50 元

0894　血型、性格与人际关系.A 型血人的性格与处世方法：维吾尔文/

〔日〕方正令木著；阿不都瓦依提·卡斯莫译．—乌鲁木齐：新疆科技卫生出版社（W），2001.06.—120 页；20cm

ISBN 7 - 5372 - 2811 - 6；5.50 元

0895　血型、性格与人际关系.B 型血人的性格与处世方法：维吾尔文/

〔日〕方正令木著；阿不都瓦依提·卡斯莫译．—乌鲁木齐：新疆科技卫生出版社（W），2001.06.—118 页；20cm

ISBN 7 - 5372 - 2811 - 6；5.50 元

0896　血型、性格与人际关系.O 型血人的性格与处世方法：维吾尔文/

〔日〕方正令木著；阿不都瓦依提·卡斯莫译．—乌鲁木齐：新疆科技卫生出版社（W），2001.06.—130 页；20cm

ISBN 7 - 5372 - 2811 - 6；5.50 元

0897　血型、性格与人际关系.血型与夫妻关系：维吾尔文/

〔日〕方正令木著；阿不都瓦依提·卡斯莫译．—乌鲁木齐：新疆科技卫生出版社（W），2001.06.—131 页；20cm

ISBN 7 - 5372 - 2811 - 6；5.50 元

0898　血型、性格与人际关系.血型与男女交往：维吾尔文/

〔日〕方正令木著；阿不都瓦依提·卡斯莫译．—乌鲁木齐：新疆科技卫生出版社（W），2001.06.—130 页；20cm

ISBN 7 - 5372 - 2811 - 6；5.50 元

0899　血液净化患者的饮食/

〔日〕酒井纠著；杨辉中译．—天津：天津科技翻译出版公司，2001.09.—143 页；20cm．—（现代疾病的营养资讯丛书）

ISBN 7 - 5433 - 1342 - 1；18.00 元

0900　寻宝大搜索/

〔日〕木乃美光绘；于晓野，张岩峰译．—长春：吉林美术出版社；2001.05.—1 册；32×25cm．—（LL 超级游戏）

ISBN 7 - 5386 - 0959 - 8；15.00 元

0901　寻羊冒险记/

〔日〕村上春树著；林少华译．—上海：上海译文出版社；2001.08.—333 页；20cm．—（村上春树文集）

ISBN 7 - 5327 - 2614 - 2；18.80 元

0902　牙齿全面呵护/

〔日〕石川烈主编；刘颖译．—北京：中国轻工业出版社；2001.01.—59 页；21×14cm．—（轻松健康指南）

ISBN 7 - 5019 - 3021 - X；10.00 元

0903　亚洲太平洋经济论：21 世纪 APEC 行动计划建议/

〔日〕山泽逸平著；范建亭，施华强，姜涛译．—上海：上海人民出版社；2001.04.—215 页；20cm

ISBN 7 - 208 - 03742 - 6；14.00 元

0904　炎都/

〔日〕加贺乙彦著；包容译．—北京：北京出版社；2001.01.—3 册；20cm

ISBN 7 - 200 - 03845 - 8；75.00 元

0905　盐/

〔日〕片平孝等著；开建伟译．—上海：上海译文出版社；2001.08.—58 页；19×17cm．—（科学画谱丛书）

ISBN 7 - 5327 - 2547 - 2；12.00 元

0906 阳台花园：阳台园艺入门/
〔日〕山田朋重著；洪蓉译.—北京：中国林业
出版社；2001.09.—111页；21×15cm.—（温
馨家园花卉装饰）
ISBN 7-5038-2871-4；26.00元

0907 洋兰家庭栽培：家庭无温室栽培月历/
〔日〕松泽正二著；赵梁军，李志兰译.—北京：
中国林业出版社；2001.09.—111页；21×15cm.
—（温馨家园花卉装饰）
ISBN 7-5038-2834-X；26.00元

0908 腰痛 Bye-bye！/
〔日〕石田肇主编；唐德权译.—北京：中国轻
工业出版社；2001.01.—59页；21×14cm.—
（轻松健康指南）
ISBN 7-5019-3021-X；10.00元

0909 腰痛的正确疗法/
〔日〕平林洌著；乔芳，李晓瑛译.—北京：中国
纺织出版社；2001.01.—176页；20cm.—（健康
新概念；3）
ISBN 7-5064-1941-6；12.00元

0910 野兽岛/
〔日〕椋鸠十著；安伟邦等译.南昌：二十一世
纪出版社；2001.03.—256页；20cm.—（椋鸠
十动物小说全集）
ISBN 7-5391-1792-3；12.00元

0911 野性的呼唤/
〔日〕椋鸠十著；安伟邦等译.南昌：二十一世
纪出版社；2001.03.—252页；20cm.—（椋鸠
十动物小说全集）
ISBN 7-5391-1792-3；11.50元

0912 一个日本人眼中的中国.续集/
〔日〕池上正治著；陈刚，王文译；王保余编.—
武汉：武汉出版社；2001.09.—285页；19cm
ISBN 7-5430-2478-0；16.00元

0913 一九七三年的弹子球/
〔日〕村上春树著；林少华译.—上海：上海译
文出版社；2001.08.—160页；20cm.—（村上
春树文集）
ISBN 7-5327-2628-2；12.50元

0914 一天一分钟躺着享瘦/
〔日〕芦原纪昭著；陈惠莉译.—北京：中华工
商联合出版社；2001.01.—167页；20cm

ISBN 7-80100-748-4；20.00元

0915 衣服的画法/
〔日〕林晃著；华基斯译.—南宁：接力出版社；
2001.10.—173页；26cm.—（漫画绘画精研系
列）
ISBN 7-80631-909-3；28.00元

0916 乙武报告/
〔日〕乙武洋匡著；王启元，王又佳译.—济南：
山东文艺出版社；2001.08.—213页；20cm
ISBN 7-5329-1853-X；13.50元

0917 阴式手术的基础及操作/
〔日〕工藤隆一著；唐政平译.—天津：天津科
学技术出版社；2001.10.—174页；26cm
ISBN 7-5308-3114-3；22.00元

0918 饮食防癌/
〔日〕广田富雄著；张应祥译.—天津：天津科
技翻译出版公司，2001.06.—127页；20cm
ISBN 7-5433-1282-4；20.00元

0919 英语速读理解技巧/
〔日〕笠岛准一著；丛易译.—北京：中国大百科
全书出版社；2001.06.—240页；19cm.—（英文
得分高手）
ISBN 7-5000-6421-7；13.00元

0920 英语重要句型400/
〔日〕永田达二著，刘莉译.—北京：北京科学
技术出版社；2001.06.—276页；19cm
ISBN 7-5304-2546-3；19.00元

0921 婴幼儿常见病症及其护理/
〔日〕帆足英一主编；《育儿百宝箱》编译组
译.—北京：中国轻工业出版社；2001.01.—230
页；19cm
ISBN 7-5019-2971-8；10.00元

0922 婴幼儿疾病百宝箱/
〔日〕园部友良著；诠国翻译社译.—深圳：海
天出版社；2001.01.—235页；20cm.—（小康
之家丛书）
ISBN 7-8065-4236-1；15.00元

0923 婴幼儿健康百科/
〔日〕猪野雅孝主编；李跃静，客力洪译.—北京：
中国轻工业出版社；2001.03.—182页；26cm.—
（家庭育儿教室）

ISBN 7 – 5019 – 3122 – 4；42.00 元

0924　婴幼儿医护 100 问／

〔日〕薗部友良著；韦平和译．—北京：中国轻工业出版社；2001.01.—223 页；19cm.—（育儿金典；2）

ISBN 7 – 5019 – 3014 – 7；13.60 元

0925　永远的祈祷：两个从死亡边缘上生还的日军老兵的真诚告白／

〔日〕北冈信夫著；包容译．—北京：人民文学出版社；2001.10.—270 页；20cm

ISBN 7 – 02 – 003546 – 9；13.80 元

0926　有狼的风景：读八十年代中国文学／

〔日〕近藤直子著；廖金球译．—北京：人民文学出版社；2001.05.—267 页；20cm.—（猫头鹰学术文丛）

ISBN 7 – 02 – 003384 – 9；13.80 元

0927　幼儿园教育晚矣／

〔日〕井深大著；戴松林译．—北京：商务印书馆国际有限公司，2001.01.—309 页；13cm.—（儿童心理教育系列）

ISBN 7 – 80103 – 216 – 0；13.50 元

0928　愉快的修学旅行／

〔日〕那须正干著；何英译．—南宁：广西教育出版社；2001.01.—164 页；68 幅；18cm.—（小小同龄鸟，滑稽三人行）

ISBN 7 – 5435 – 3133 – X；6.00 元

0929　与风景对话／

〔日〕东山魁夷著；郑民钦译．—石家庄：花山文艺出版社；2001.11.—269 页；21cm.—（东山魁夷的世界丛书；1）

ISBN 7 – 80673 – 046 – X；38.00 元

0930　羽毛球技术百答：入门良师提高捷径／

〔日〕长谷川博幸著；王卫东，西方延芳译．—北京：人民体育出版社；2001.10.—178 页；150 幅；20cm

ISBN 7 – 5009 – 2139 – X；11.00 元

0931　育儿疑难 100 问／

〔日〕细谷亮太著；宋淑云译．—北京：中国轻工业出版社；2001.01.—150 页；19cm.—（育儿金典；2）

ISBN 7 – 5019 – 3014 – 7；8.00 元

0932　园艺容器栽培图解／

〔日〕青木司光编著；高东昌译．—沈阳：辽宁科学技术出版社；2001.01.—237 页；20cm

ISBN 7 – 5381 – 3193 – 0；30.00 元

0933　原子弹下的广岛／

〔日〕广岩近广著；南敬铭，南芳译．—呼和浩特：远方出版社；2001.09.—227 页；20cm

ISBN 7 – 80595 – 723 – 1；16.80 元

0934　源氏物语／

〔日〕紫式部著；朱杏芳改编．—合肥：安徽少年儿童出版社；2001.08.—126 页；19cm.—（外国文学名著少年读本．石榴花卷）

ISBN 7 – 5397 – 1953 – 2；6.00 元

0935　源氏物语与白乐天／

〔日〕中西进著；马兴国，孙浩译．—北京：中央编译出版社；2001.12.—348 页；20cm

ISBN 7 – 80109 – 529 – 4；19.80 元

0936　运动损伤和功能恢复／

〔日〕鱼住广信，郑宏伟著．—北京：人民体育出版社；2001.05.—165 页；20cm

ISBN 7 – 5009 – 2043 – 1；11.00 元

0937　再斗怪盗／

〔日〕那须正干著；王超伟译．—南宁：广西教育出版社；2001.01.—190 页；71 幅；18cm.—（小小同龄鸟，滑稽三人行）

ISBN 7 – 5435 – 3133 – X；6.00 元

0938　再袭面包店／

〔日〕村上春树著；林少华译．—上海：上海译文出版社；2001.08.—153 页；20cm.—（村上春树文集）

ISBN 7 – 5327 – 2632 – 0；12.40 元

0939　早期教育和天才／

〔日〕木村久一著；河北大学日本研究所译．—石家庄：河北人民出版社；2001.06.—217 页；20cm

ISBN 7 – 202 – 02957 – X；12.00 元

0940　责备孩子的 EQ 术／

〔日〕帆足英一主编；《育儿百宝箱》编译组译．—北京：中国轻工业出版社；2001.01.—132 页；19cm

ISBN 7 – 5019 – 2971 – 8；8.00 元

0941　怎样让孩子长得更高／

〔日〕额田成著；方颖轶译．—上海：上海科学普及出版社；2001.05. —157 页；80 幅；19cm. —
（专家方案）
ISBN 7 - 5427 - 1937 - 8；9.80 元

0942 怎样提高您的日语能力/
〔日〕大野纯子，王岚编著. —上海：百家出版
社；2001.07. —125 页；20cm
ISBN 7 - 80656 - 392 - X；12.00 元

0943 怎样写英文 Email/
〔日〕染谷泰正著；高嘉莲译. —北京：中国大
百科全书出版社；2001.06. —310 页；20cm
ISBN 7 - 5000 - 6465 - 9；19.00 元

0944 折纸游戏/
〔日〕BOUTIQUE 出版社编；台湾日贩编辑部译
. —杭州：浙江科学技术出版社；2001.09. —98
页；26×21cm. —（创意手工）
ISBN 7 - 5341 - 1597 - 3；23.00 元

0945 折纸游戏集粹. 第 1 辑/
〔日〕朝日勇著；王亚曼译. —福州：福建科学
技术出版社；2001.04. —79 页；26cm
ISBN 7 - 5335 - 1777 - 6；25.00 元

0946 折纸游戏集粹. 第 2 辑/
〔日〕朝日勇著；王亚曼译. —福州：福建科学
技术出版社；2001.04. —79 页；26cm
ISBN 7 - 5335 - 1777 - 6；25.00 元

0947 哲学趣谈/
〔日〕浜田正编著；逮家乡，吴锡俊译. —北京：
中信出版社；2001.04. —228 页；20cm. —（2 小
时通图解系列）
ISBN 7 - 80073 - 318 - 1；19.00 元

0948 这个字英文你会说吗?：学校学不到的实用英语/
〔日〕讲谈社国际编；如何出版社译. —北京：中
国对外翻译出版公司，2001.01. —205 页；19cm
ISBN 7 - 5001 - 0854 - 0；18.00 元

0949 枕草子/
〔日〕清少纳言著；周作人译. —北京：中国对
外翻译出版公司，2001.01. —460 页；20cm. —
（苦雨斋译丛）
ISBN 7 - 5001 - 0793 - 5；28.00 元

0950 拯救动物王国：野生动物的奥秘大探险/
〔日〕藤子·F·不二雄编著；〔日〕三谷幸绘；

王永全译. —长春：吉林美术出版社；2001.01.
—79 页；20cm. —（机器猫哆啦 A 梦学习游戏丛
书；5）
ISBN 7 - 5386 - 1057 - X；6.50 元

0951 证券交易法概论：第 4 版/
〔日〕河本一郎，〔日〕大武泰南著；侯水平
译. —北京：法律出版社；2001.03. —400 页；
20cm. —（早稻田大学日本法学丛书）
ISBN 7 - 5036 - 3347 - 6；28.00 元

0952 治孤的真髓/
〔日〕赵治勋著；范孙操译. —北京：人民体育
出版社；2001.06. —231 页；20cm
ISBN 7 - 5009 - 2073 - 3；11.00 元

0953 掷标枪/
〔日〕吉田雅美著；李鸿江等译审. —北京：人民
体育出版社；2001.11. —164 页；40 幅；20cm. —
（青少年田径技术训练丛书/〔日〕帖佐宽章，
〔日〕佐佐木秀幸主编）
ISBN 7 - 5009 - 2126 - 8；10.00 元

0954 痔疮的最佳诊治与护理/
〔日〕岩垂纯一著；张军译. —北京：中国纺织
出版社；2001.01. —175 页；20cm. —（健康新
概念；5）
ISBN 7 - 5064 - 1943 - 2；12.00 元

0955 智斗怪盗 X/
〔日〕那须正干著；王超伟译. —南宁：广西教
育出版社；2001.01. —177 页；56 幅；19cm. —
（小小同龄鸟，滑稽三人行）
ISBN 7 - 5435 - 3133 - X；6.00 元

0956 中长跑·障碍跑/
〔日〕永井纯著；李鸿江等译审. —北京：人民
体育出版社；2001.11. —132 页；20cm. —（青
少年田径技术训练丛书/〔日〕帖佐宽章，〔日〕
佐佐木秀幸主编）
ISBN 7 - 5009 - 2130 - 6；10.00 元

0957 中国古代史论稿/
〔日〕五井直弘著；姜镇庆，李德龙译. —北京：
北京大学出版社；2001.03. —272 页；20cm
ISBN 7 - 301 - 04754 - 1；18.00 元

0958 中国黄土高原治山技术研究/
朱金兆，〔日〕松冈广雄主编. —北京：中国林
业出版社；2001.03. —326 页；26cm

ISBN 7 - 5038 - 2756 - 4；32.00 元

0959　中国纪行：水墨画的世界/
〔日〕东山魁夷著；叶渭渠译 . —石家庄：花山文艺出版社；2001.11. —173 页；21cm. —（东山魁夷的世界丛书；13）
ISBN 7 - 80673 - 050 - 8；20.00 元

0960　中老年如何预防糖尿病/
〔日〕河津捷二主编；朱金华译 . —天津：天津科技翻译出版公司，2001.06. —143 页；20cm. —（吃与健康丛书）
ISBN 7 - 5433 - 1279 - 4；15.00 元

0961　中青年如何预防痛风病/
〔日〕藤森新主编；王淑兰译 . —天津：天津科技翻译出版公司，2001.06. —134 页；20cm. —（吃与健康丛书）
ISBN 7 - 5433 - 1278 - 6；15.00 元

0962　种创造力/
〔日〕中川昌彦著；〔日〕木内俊彦绘 . —成都：西南财经大学出版社；2001.01. —149 页；20cm
ISBN 7 - 81055 - 765 - 3；12.00 元

0963　住宅 .1/
〔日〕白滨谦一著；滕征本等译 . —北京：中国建筑工业出版社；2001.04. —111 页；30 × 12cm. —（建筑规划·设计译丛）
ISBN 7 - 112 - 04484 - 7；28.00 元

0964　住宅 .2/
〔日〕白滨谦一著；滕征本等译 . —北京：中国建筑工业出版社；2001.04. —115 页；29cm. —（建筑规划·设计译丛）
ISBN 7 - 112 - 04485 - 5；28.00 元

0965　注意力不能集中的孩子：ADHD 有关"多云"的问与答/
〔日〕榊原洋一著；方颖轶译 . —上海：上海科普及出版社；2001.08. —142 页；19cm. —（专家方案）
ISBN 7 - 5427 - 1956 - 4；9.80 元

0966　准妈妈饮食指南/
〔日〕妊娠·出产·育儿研究会编；李宝原等译 . —北京：中国轻工业出版社；2001.08. —115 页；20cm
ISBN 7 - 5019 - 3238 - 7；12.00 元

0967　自动控制/
〔日〕春木弘著；卢伯英译 . —北京：科学出版社；2001.06. —162 页；20cm. —（21 世纪电子电气工程师系列/〔日〕正田英介主编）
ISBN 7 - 03 - 009268 - 6；15.00 元

0968　走出教育改革的误区/
〔日〕藤田英典著；许敏，张琼华译 . —北京：人民教育出版社；2001.07. —220 页；20cm. —（比较教育译丛/顾明远主编）
ISBN 7 - 107 - 13950 - 9；16.00 元

0969　走进孩子的涂鸦世界/
〔日〕帆足英一主编；《育儿百宝箱》编译组译 . —北京：中国轻工业出版社；2001.01. —154 页；19cm
ISBN 7 - 5019 - 2971 - 8；8.00 元

0970　走向明天/
〔日〕塙昭彦著；五月译 . —北京：中国对外经济贸易出版社；2001.09. —235 页；20cm
ISBN 7 - 8004 - 917 - 5；15.00 元

0971　组装与维修得意通/
〔日〕Impress 株式会社编著；健莲工作室译 . —北京：中国青年出版社；2001.05. —236 页；23cm.（电脑得意通系列）
ISBN 7 - 5006 - 4291 - 1；32.00 元

0972　最后的尊严/
〔日〕山崎章郎著；林真美译 . —上海：上海文化出版社；2001.01. —253 页；20cm
ISBN 7 - 80646 - 263 - 5；18.00 元

0973　最新商务日语教程/
罗萃萃，〔日〕阿部诚编 . —南京：南京师范大学出版社；2001.01. —515 页；21cm
ISBN 7 - 81047 - 461 - 8；25.00 元

0974　最新时装广告画技法：汉日英对照/
〔日〕熊谷小次郎著；闫瑜译 . —天津：天津人民美术出版社；2001.01. —141 页；29cm
ISBN 7 - 5305 - 1306 - 0；70.00 元

0975　最新图解户外急救手册：急救指南/
〔日〕小滨启次主编；朱桂荣译 . —北京：中国轻工业出版社；2001.06. —147 页；19cm
ISBN 7 - 5019 - 3136 - 4；10.00 元

2002

0976 0～3 岁孩子，父母必备锦囊/
〔日〕过山夕子著；张文芳译 . —北京：中国工
人出版社；2002.11. —184 页；21cm. —（新手
父母）
ISBN 7 - 5008 - 2916 - 7；36.00 元（全套 2 册）

0977 10 分钟健身法/
〔日〕森永运动及健康研究中心编著；钱贺之
译 . —上海：学林出版社；2002.06. —179 页；20cm
ISBN 7 - 80668 - 335 - 6；19.80 元
本书介绍了可在自己家里、工作单位和室外进
行的简单易行的健身锻炼方法。

0978 2001 日语新干线 . 4/
〔日〕ALC 出版社编著；黄文明等译 . —北京：外
语教学与研究出版社；2002.01. —143 页；26cm. —
（日语新干线丛书）
ISBN 7 - 5600 - 2483 - 1；13.90 元
本书是根据畅销世界的《日本语ジヤーナル》
翻译而成，是其大陆版。

0979 2001 日语新干线 . 5/
〔日〕ALC 出版社编著；黄文明等译 . —北京：外
语教学与研究出版社；2002.03. —145 页；26cm. —
（日语新干线丛书）
ISBN 7 - 5600 - 2567 - 6；13.90 元
本书是根据畅销世界的《日本语ジヤーナル》
翻译而成，是其大陆版。

0980 2001 日语新干线 . 6/
〔日〕ALC 出版社编著；潘郁红等译 . —北京：
外语教学与研究出版社；2002.03. —145 页；
26cm. —（日语新干线丛书）
ISBN 7 - 5600 - 2646 - X；13.90 元
本书是根据畅销世界的《日本语ジヤーナル》
翻译而成，是其大陆版。

0981 2002FIFA 世界杯足球赛观战指南/
〔日〕讲谈社编 . —上海：上海文艺出版社；
2002.03. —197 页；30×24cm
ISBN 7 - 5321 - 2365 - 0；38.00 元
本书分析、评点 2002 世界杯参赛各队的主力阵
容、战术特点、进攻及防守能力等。

0982 2002FIFA 世界杯足球赛决赛集锦/
〔日〕讲谈社编 . —上海：上海文艺出版社；
2002.07. —174 页；29cm

ISBN 7 - 5321 - 2431 - 2；38.00 元

0983 2002 日语新干线 . 3/
〔日〕ALC 出版社编著；潘郁红等译 . —北京：
外语教学与研究出版社；2002.09. —136 页；
26cm. —（日语新干线丛书）
ISBN 7 - 5600 - 2946 - 9；27.90 元
本书是根据畅销世界的《日本语ジヤーナル》
翻译而成，是其大陆版。

0984 21 世纪的企业形态/
〔日〕奥村宏著；王键译 . —北京：中国计划出
版社；2002.08. —174 页；20cm
ISBN 7 - 80177 - 104 - 4；15.00 元
本书对股份公司和大企业集团体制提出了批评，
并从全新的角度探讨了 21 世纪企业体制的发展
趋势和组织形态。

0985 Excel 2002 得意通/
〔日〕小馆由典著；〔日〕得意通编辑部编著 . —北
京：中国青年出版社；2002.01. —210 页；24cm
ISBN 7 - 5006 - 4610 - 0；29.00 元
本书系统地解说了 Excel 的实用功能。

0986 IT 物流/
〔日〕汤浅和夫编著；门峰译 . —上海：文汇出
版社；2002.07. —232 页；20cm. —（图解现代
物流）
ISBN 7 - 80676 - 192 - 6；17.00 元
本书结合具体实例分析 IT 革命给物流带来的影
响，并预测不久的将来物流将会产生的变化。

0987 MINI 四驱超级大图解 . 1/
〔日〕朝仓秀之，〔日〕田宫模型著 . —长春：吉
林美术出版社；2002.07. —48 页；21×18cm. —
（四驱车系列）
ISBN 7 - 5386 - 1302 - 1；12.00 元

0988 MINI 四驱超级大图解 . 2/
〔日〕朝仓秀之，〔日〕田宫模型著 . —长春：吉
林美术出版社；2002.07. —48 页；21×18cm. —
（四驱车系列）
ISBN 7 - 5386 - 1302 - 1；12.00 元

0989 MINI 四驱超级大图解 . 3/
〔日〕朝仓秀之，〔日〕田宫模型著 . —长春：吉
林美术出版社；2002.07. —48 页；21×18cm. —
（四驱车系列）
ISBN 7 - 5386 - 1302 - 1；12.00 元

0990 MINI 四驱超级大图解 . 4/

〔日〕朝仓秀之，〔日〕田宫模型著 . —长春：吉林美术出版社；2002.07. —48 页；21 × 18cm. —（四驱车系列）

ISBN 7 – 5386 – 1302 – 1；12.00 元

0991 Out look 2002 得意通/

〔日〕山田祥平著；〔日〕得意通编辑部编著 . —北京：中国青年出版社；2002.01. —215 页；24cm

ISBN 7 – 5006 – 4618 – 6；29.00 元

本书介绍了 Out look 2002 软件的使用方法。

0992 Poser & Photoshop 7 人体彩绘艺术/

〔日〕叶精作编著；张静贤译 . —北京：中国青年出版社；2002.10. —181 页；26cm

ISBN 7 – 5006 – 4880 – 4；88.00 元

本书详细讲解了用 Poser 和 Photoshop 软件进行人物创作的方法和步骤。

0993 PowerPoint 2002 得意通/

〔日〕得意通编辑部编著 . —北京：中国青年出版社；2002.01. —212 页；24cm

ISBN 7 – 5006 – 4612 – 7；29.00 元

本书以图解的方式，介绍了 PowerPoint 2002 软件的使用方法。

0994 阿多诺：非同一性哲学/

〔日〕细见和之著；李浩原，谢海静译 . —石家庄：河北教育出版社；2002.01. —276 页；20cm. —（现代思想的冒险家们/卞崇道主编）

ISBN 7 – 5434 – 4551 – 4（精装）；12.60 元

本书追述德国社会哲学家阿多诺的生平履历及思想。

0995 阿伦特：公共性的复权/

〔日〕川崎修著；斯日译 . —石家庄：河北教育出版社；2002.01. —366 页；20cm. —（现代思想的冒险家们/卞崇道主编）

ISBN 7 – 5434 – 4553 – 0；16.20 元

本书追述美国政治思想家阿伦特的生平履历及思想。

0996 癌细胞消失了/

〔日〕八木田旭邦著；沈宝红译 . —2 版 . —郑州：河南科学技术出版社；2002.04. —275 页；19cm

ISBN 7 – 5349 – 2567 – 3；18.00 元

本书通过大量病例，介绍了免疫疗法的三大支柱：杀伤 T 细胞的活性化、NKT 细胞的活性化和新生血管抑制剂取得的瞩目成绩。

0997 癌症/

〔日〕河野正贤著；刘倩，马表君译 . —沈阳：辽宁科学技术出版社；2002.05. —194 页；19cm. —（家庭自助医疗百科丛书）

ISBN 7 – 5381 – 3625 – 8；10.00 元

本书讲述了各种常见癌症的原理、诊断、治疗的知识。

0998 艾斯·奥特曼/

〔日〕圆谷制作株式会社授权 . —北京：海豚出版社；2002.10. —35 页；14 × 14cm. —（奥特曼大全；8）

科学幻想电视连续剧

ISBN 7 – 80138 – 2770 – 3；28.00 元（全套）

0999 爱迪·奥特曼/

〔日〕圆谷制作株式会社授权 . —北京：海豚出版社；2002.10. —35 页；14 × 14cm. —（奥特曼大全；3）

科学幻想电视连续剧

ISBN 7 – 80138 – 277 – 3；28.00 元（全套）

1000 爱犬保健/

〔日〕佐草一优，〔日〕田中仪范著；林子京，郭伟译 . —北京：中国轻工业出版社；2002.01. —166 页；20cm. —（PET 宠物系列）

ISBN 7 – 5019 – 3515 – 7；24.00 元

本书介绍了犬的家庭护理和训练方法，各类常见病的症状及防病常识，护理常识。

1001 奥州小道/

〔日〕松尾芭蕉著；郑民钦译 . —石家庄：河北教育出版社；2002.06. —223 页；19cm. —（东瀛美文之旅/叶渭渠主编）

ISBN 7 – 5434 – 4635 – 9；28.00 元

本书为日本散文家松尾芭蕉的散文集。

1002 巴赫金：对话与狂欢/

〔日〕北冈诚司著；魏炫译 . —石家庄：河北教育出版社；2002.01. —410 页；20cm. —（现代思想的冒险家们/卞崇道主编）

ISBN 7 – 5434 – 4556 – 5（精装）；17.80 元

本书追述苏联文学理论家巴赫金的生平履历及思想。

1003 巴塞罗那的环境艺术：英汉对照/

〔日〕樋口正一郎著；苍峰译 . —大连：大连理工大学出版社；2002.05. —208 页；29cm

ISBN 7 – 5611 – 1923 – 2（精装）；180.00 元

本书为图集，介绍巴塞罗那的城市雕塑、城市建筑、城市广场、城市公园等建筑设计。

1004 巴什拉：科学与诗／
〔日〕金森修著；武青艳，包国光译．—石家庄：河北教育出版社；2002.01.—313 页；20cm.—（现代思想的冒险家们／卞崇道主编）
ISBN 7 - 5434 - 4546 - 8（精装）；14.10 元
本书追述法国哲学家巴什拉的生平履历及思想。

1005 把时光染成蓝色／
〔日〕高树信子著；徐静波译．—上海：上海译文出版社；2002.06.—194 页；20cm.—（日本女作家都市小说系列）
ISBN 7 - 5327 - 2892 - 7；12.00 元
本书为长篇小说。

1006 爸爸妈妈与幼儿游戏手册．0～2 岁／
〔日〕高田直子编著；陈惠莉译．—北京：农村读物出版社；2002.11.—155 页；20cm.—（快乐育儿圣经）
ISBN 7 - 5048 - 3966 - 3；10.00 元
本书是爸爸妈妈与幼儿的游戏手册。

1007 搬家机器人／
〔日〕矢玉四郎绘；彭懿译．—南昌：二十一世纪出版社；2002.09.—95 页：40 幅；21×18cm.—（晴天有时下猪系列）
ISBN 7 - 5391 - 2154 - 8；14.80 元
本书为儿童图画故事。

1008 坂仓建筑研究所东就事务所设计实例／
〔日〕坂仓建筑研究所东就事务所编著；滕征本等译．—北京：中国建筑工业出版社；2002.05.—219 页；29cm.—（国外建筑设计详图图集；7）
ISBN 7 - 112 - 04915 - 6；43.00 元
本书为日本坂仓建筑研究所的设计图集。

1009 板带连续轧制：追求世界一流技术的记录／
〔日〕镰田正诚；李伏桃等译．—北京：冶金工业出版社；2002.06.—290 页；20cm.—（钢铁技术发展趋势丛书）
ISBN 7 - 5024 - 3010 - 5；28.00 元
本书详细介绍了日本板带连续轧制技术的发展历史。

1010 办公楼／
〔日〕藤江澄夫著；王军译．—北京：中国建筑工业出版社；2002.07.—123 页；29cm.—（建筑规划·设计译丛）

ISBN 7 - 112 - 04974 - 1；28.00 元
本书介绍了办公楼建筑的规划与设计。

1011 办公室日语／
〔日〕高见泽孟著；曹星，沈咏梅译．—北京：外语教学与研究出版社；2002.11.—148 页；26cm
ISBN 7 - 5600 - 2769 - 5；12.90 元
本书主要介绍如何用日语顺利且得体地接听电话、接待来访人员及在会议上发言。

1012 半导体激光器基础／
〔日〕栖原敏明著；周南生译．—北京：科学出版社；2002.07.—244 页；20cm.—（先进光电子技术系列）
ISBN 7 - 03 - 010187 - 1；23.00 元
本书重点介绍半导体激光器件的物理基础及各种类型半导体激光器的特性、原理及结构。

1013 半导体器件／
〔日〕滨川圭弘编著；彭军译．—北京：科学出版社；2002.03.—127 页；26cm.—（21 世纪工程技术新型教程系列）
ISBN 7 - 03 - 010104 - 9；17.50 元
本书主要介绍半导体器件的基本物理原理及基本工作特性。

1014 帮你了解初中生：解答初中生生理和心理问题／
〔日〕波多野勤子著；辛莉译．—北京：中国轻工业出版社；2002.07.—228 页；20cm.—（新向导丛书．成功教养系列）
ISBN 7 - 5019 - 3604 - 8；14.00 元
本书主要是针对处于青春期的初中生而写的，着重介绍了初中生的生理和心理问题。

1015 宝宝断奶期饮食营养手册／
〔日〕冈本晓主编；刘承慧译．—郑州：河南科学技术出版社；2002.08.—221 页；26cm
ISBN 7 - 5349 - 2758 - 7；68.00 元
本书以精美的图片，简明易懂的语言介绍了宝宝断奶期的饮食制作方法及营养调配方案。

1016 宝宝越玩越聪明／
〔日〕仲田安津子著；李道道译；林光惠绘．—北京：九州出版社；2002.05.—154 页；20×19cm
ISBN 7 - 80114 - 771 - 5；22.80 元
本书为亲子游戏书，提供了最能逗宝宝的 200 个创意游戏。

1017 北斗七星．春．3 月星空／
〔日〕藤井旭著；孙伟珍译．—北京：中国轻工

业出版社；2002.01.—47 页；28cm.—（奇诺的星空日历）
ISBN 7-5019-3544-0；16.00 元
本书为天文学普及读物。

1018　北越雪谱/
〔日〕铃木牧之著；邱岭，吴芳龄译.—石家庄：河北教育出版社；2002.06.—252 页；19cm.—（东瀛美文之旅/叶渭渠主编）
ISBN 7-5434-4636-7；15.90 元
本书为日本散文家铃木牧之的散文集。

1019　被钱喜爱的人和被钱讨厌的人/
〔日〕多湖辉著；王洁译.—北京：商务印书馆国际有限公司，2002.01.—194 页；17×19cm.—（心理透视丛书）
ISBN 7-80103-230-6；10.00 元
本书分 5 个章节运用心理学原理深刻分析和论述了怎样与钱打交道的 84 个问题。

1020　本草经考注：付枳园丛考/
〔日〕森立之著；中国长春中医学院医古文教研室，日本北里研究所东洋医学综合研究所医史学研究部编.—北京：学苑出版社；2002.11.—2 册（1160 页）；20cm.—（中医药典籍与学术流派研究丛书）
ISBN 7-5077-2010-1；100.00 元

1021　编织小饰物/
〔日〕内藤朗编；任小宁译.—广州：广东科技出版社；2002.01.—56 页；17×18cm.—（时尚配饰丛书）
ISBN 7-5359-2923-0；10.00 元
书中介绍了使用毛线等材料制作的各种青春气息的编织类小饰物的基本方法和制作实例等。

1022　便秘/
〔日〕土屋明著；王育良，谈勇译.—北京：中国中医药出版社；2002.08.—113 页；20cm.—（图解指压丛书）
ISBN 7-80156-339-5；8.00 元
本书以图解的方式介绍穴位按压疗法治疗便秘。

1023　标准日语初级教程．上/
〔日〕东京外国语大学附属日本语学校编；于琰新，崔勇，许罗莎编译.—北京：北京大学出版社；2002.11.—2 册；26cm＋附练习册
ISBN 7-301-05830-6；28.00 元
本书为高校日语专业一年级上半年用教材。

1024　别勉强自己/
〔日〕富田隆著；林青华译.—济南：山东文艺出版社；2002.06.—167 页；19cm.—（生活新概念丛书）
ISBN 7-5329-1837-8；9.80 元
别勉强自己做好人，是争取心灵自由和解放的第一步。

1025　宾馆·旅馆/
〔日〕高木干朗著；马俊等译.—北京：中国建筑工业出版社；2002.08.—135 页；29cm.—（建筑规划·设计译丛）
ISBN 7-112-04975-X；29.00 元
本书介绍了宾馆、旅馆的策划与设计。

1026　宾馆饭店日语教程．第 2 册/
王瑞林，〔日〕小池晴子编著.—北京：世界图书出版公司北京公司，2002.04.—566 页；19cm
ISBN 7-5062-5218-X；29.00 元
本书是宾馆饭店的日语教程。

1027　宾馆交通保健科技会话：日汉对照/
计钢，〔日〕曾野桐子编.—2 版.—武汉：华中理工大学出版社；2002.08.—300 页；20cm.—（日汉对照实用会话集锦）
ISBN 7-5609-2728-9；13.00 元

1028　滨水景观设计/
日本土木学会编；孙逸增译.—大连：大连理工大学出版社；2002.11.—228 页；26cm
ISBN 7-5611-2123-7；58.00 元
本书是以河畔为研究对象，把河流的实际规划、设计、施工都包括在内的一部有实际参考价值的景观设计著作。

1029　冰点/
〔日〕三浦绫子著；朱佩兰译.—北京：新华出版社；2002.04.—396 页；21cm
ISBN 7-5011-5674-3；22.00 元
本书为长篇小说，讲述战后日本一个普通家庭遭遇的悲剧，反思人应该如何活着这一问题。

1030　波臣画派/
〔日〕近藤秀实著.—长春：吉林美术出版社；2002.11.—148 页；20cm.—（中国画派研究丛书）
ISBN 7-5386-1347-1；23.00 元
本书论述中国画波臣画派形成的历史原因、美学思想、绘画风格、师承关系及对后世的影响。

1031　玻璃恋人/
〔日〕森村诚一著；徐旻译.—昆明：云南人民

出版社；2002.01. —283 页；20cm
ISBN 7 - 222 - 03348 - 3；19.00 元
本书为长篇小说。

1032 布花制作／
〔日〕木村孝编；张湘南，罗钊译．—郑州：河
南科学技术出版社；2002.06. —64 页；26cm
ISBN 7 - 5349 - 2749 - 8；29.00 元
本书介绍各种布花的制作工艺。

1033 步入围棋殿堂．入门篇／
〔日〕藤泽秀行著；秦琪译．—北京：北京体育大
学出版社；2002.08. —183 页；20cm. — （藤泽秀
行围棋教室；1）
ISBN 7 - 81051 - 776 - 7；15.00 元
本书讲述围棋入门知识。

1034 仓石武四郎中国留学记／
〔日〕仓石武四郎著；荣新江，朱玉麒辑注．—
北京：中华书局，2002.04. —331 页；20cm
ISBN 7 - 101 - 03284 - 2；19.00 元
本书为日本著名中国学家、语言学家仓石武四
郎在 20 世纪 20 年代留学中国的日记与回忆录
辑注。

1035 苍狼／
〔日〕井上靖著；冯潮阳，赖育芳译．—北京：人
民文学出版社；2002.10. —422 页；21cm. — （井
上靖中国古代历史小说选）
ISBN 7 - 02 - 003754 - 2；19.60 元
本书收录了井上靖两部长篇历史小说。

1036 蝉的一生／
〔日〕佐藤有恒，〔日〕桥本治二著；连小燕译．
—上海：上海译文出版社；2002.03. —54 页；
19×18cm. — （科学画谱丛书）
ISBN 7 - 5327 - 2778 - 5；12.00 元
本书以照片和图画的形式介绍蝉的生长过程。

1037 常用日语外来语精解／
〔日〕小田知子等著；刁鹏鹏译．—大连：大连理
工大学出版社；2002.02. —112 页；20cm. — （标
准日语表达之五）
ISBN 7 - 5611 - 1957 - 7；8.00 元
本书对日常生活及日语教科书中出现频率较高
的外来语词汇进行解释说明。

1038 超高速光器件／
〔日〕斋藤富士郎著；崔承甲译．—北京：科学
出版社；2002.07. —183 页；20cm. — （先进光
电子技术系列）
ISBN 7 - 03 - 010179 - 0；19.00 元
本书介绍超高速光器件（光电器件）的基础
知识。

1039 超级搞笑游戏／
〔日〕麻田登撰；方江英译．—南昌：二十一世
纪出版社；2002.09. —159 页；19cm. — （不能
告诉大人的秘密．第 2 辑）
ISBN 7 - 5391 - 2146 - 7；45.00 元（全套 5 册）
本书包括：心理游戏、灵感小发明等内容。

1040 超级健康法：下蹲运动／
〔日〕野泽秀雄著；张玉来等译．—北京：中国轻
工业出版社；2002.01. —147 页；19cm. — （家庭
保健百科）
ISBN 7 - 5019 - 3509 - 2；10.00 元
本书介绍了下蹲运动强身健体、减肥的作用，并
用漫画的形式介绍了各种下蹲运动的锻炼方法。

1041 超级人气指南／
〔日〕山本健翔撰；姜艳斐译．—南昌：二十一世
纪出版社；2002.09. —155 页；19cm. — （不能告
诉大人的秘密．第 2 辑）
ISBN 7 - 5391 - 2146 - 7；45.00 元（全套 5 册）
本书包括：心理游戏、灵感小发明等内容。

1042 超快速学习法／
〔日〕矢矧晴一郎著；代红译．—上海：上海科
学普及出版社；2002.07. —162 页；20cm
ISBN 7 - 5427 - 2141 - 0；10.00 元
本书具体介绍了如何充分利用各种工具，如何快
速收集信息情报，如何快速阅读，快速写作，快
速工作的诀窍。

1043 成熟发型 116 款／
〔日〕主妇之友社供稿；余静译．—杭州：浙江科
学技术出版社；2002.08. —75 页；26cm. — （美发
秀）
ISBN 7 - 5341 - 1981 - 2；28.00 元
全书以图文并茂的形式介绍各种发型的剪、烫
技巧。

1044 痴呆：为了预防和更好的看护／
〔日〕井上胜也著；齐宏业译．—沈阳：辽宁科学
技术出版社；2002.01. —161 页；19cm. — （家庭
医学丛书）
ISBN 7 - 5381 - 3434 - 4；8.00 元
本书就人们普遍关心的"什么是痴呆"、"老年
痴呆的表现与经过"等问题做了详细的介绍。

1045　橱窗——街头剧场/
刘欣欣编著．—上海：上海教育出版社；2002.11.
—143 页；20cm.—（刘欣欣说日本）
ISBN 7 - 5320 - 8524 - 4；15.00 元
本书以大量的第一手资料，精美的画面，直观地
向读者介绍日本优秀的橱窗设计作品。

1046　川胜教授的物理教案/
〔日〕川胜博著；吴宗汉，彭双潮译．—南京：
东南大学出版社；2002.08.—2 册；20cm
ISBN 7 - 81050 - 710 - 9；32.00 元
本书原为日本香川大学川胜博教授的物理教
科书。

1047　创意发型 222 款/
〔日〕主妇之友社供稿；张惠芳译．—杭州：浙
江科学技术出版社；2002.08.—81 页；26cm.—
（美发秀）
ISBN 7 - 5341 - 1982 - 0；32.00 元
全书以图文并茂的形式介绍各种发型的剪、烫
技巧。

1048　创造性思维/
〔日〕多湖辉著；王彤译．—北京：中国青年出
版社；2002.10.—155 页；20cm.—（多湖辉聪
慧书系）
ISBN 7 - 5006 - 4870 - 7；10.00 元
本书循序渐进地介绍了 15 种思维模式。

1049　透明怪人/
〔日〕江户川乱步著；叶荣鼎译．—上海：少年
儿童出版社；2002.09.—171 页；18cm.—（少
年大侦探）
ISBN 7 - 5324 - 4988 - 2；8.00 元
本书为儿童文学侦探小说。

1050　村上春树 Recipe/
〔日〕村上春树美食书友会编；〔日〕猿渡静子
译．—海口：南海出版公司，2002.07.—118
页；20cm
ISBN 7 - 5442 - 2103 - 2；20.00 元
本书以村上春树小说中所涉及的美食为蓝本，
详尽地介绍了它们的制作方法。

1051　大仓饭店接待艺术/
〔日〕桥本保雄著；何世钝，陈晶译．—北京：中
国旅游出版社；2002.01.—170 页；20cm
ISBN 7 - 5032 - 1939 - 4；18.00 元
本书通过 50 个具体、生动的案例介绍了大仓饭
店服务员应具备的 8 种能力。

1052　大家的日语.1/
〔日〕3A 出版社编著．—北京：外语教学与研究
出版社；2002.08.—244 页；26cm
ISBN 7 - 5600 - 2974 - 4；19.90 元
本教材适用于普通的日语初学者。

1053　戴拿·奥特曼/
〔日〕圆谷制作株式会社授权．—北京：海豚出
版社；2002.10.—35 页；14×14cm.—（奥特曼
大全；1）
科学幻想电视连续剧
ISBN 7 - 80138 - 277 - 3；28.00 元（全套）

1054　戴拿·奥特曼大全/
〔日〕圆谷制作株式会社著．—北京：海豚出版
社；2002.05.—57 页；26cm
ISBN 7 - 80138 - 262 - 5；18.00 元

1055　导演流行/
〔日〕渡边鹤主编．—南宁：广西美术出版社；
32002.06.—1 册；14×11cm
ISBN 7 - 80674 - 181 - X；35.00 元

1056　到山上挣钱：投资铁律 11 条/
〔日〕村上龙著；舜子，王超伟译．—青岛：青
岛出版社；2002.05.—191 页；20cm
ISBN 7 - 5436 - 2617 - 9；23.80 元
本书介绍投资基本知识。

1057　道路和广场的地面铺装/
〔日〕金井格等著；章俊华，乌恩译．—北京：
中国建筑工业出版社；2002.02.—183 页；26cm
ISBN 7 - 112 - 04874 - 5；48.00 元
本书介绍了各种地面的设计理论、铺砌材料和施
工方法等。

1058　迪迦·奥特曼/
〔日〕圆谷制作株式会社授权．—北京：海豚出
版社；2002.10.—35 页；14×14cm.—（奥特曼
大全；4）
科学幻想电视连续剧
ISBN 7 - 80138 - 277 - 3；28.00 元（全套）

1059　迪迦·奥特曼大全/
〔日〕圆谷制作株式会社著．—北京：海豚出版
社；2002.05.—57 页；26cm
ISBN 7 - 80138 - 260 - 9；18.00 元

1060 第六届中日工业管理国际会议论文集：英文/

夏国平，〔日〕大崎纮一编．—北京：航空工业出版社；2002.09.—704 页；29cm

ISBN 7-80183-018-0（精装）；100.00 元

本书收录第六届中日工业管理国际会议论文共计 110 余篇。

1061 第三种课堂教学：培养会学习的学生/

〔日〕稻川三郎著；太阳舜译．—上海：上海人民出版社；2002.08.—195 页；19cm

ISBN 7-208-04157-1；12.00 元

本书介绍第三教学的意义和方法，培养学生自己学习的能力。

1062 点击睡眠/

〔日〕酒井和夫著；刘昌汉译．—北京：中国轻工业出版社；2002.05.—172 页；20cm.—（点击健康系列）

ISBN 7-5019-3682-X；12.00 元

本书详细介绍了最新的失眠症预防及治疗方法。

1063 点子工作室/

〔日〕多湖辉著；宋金明，滕伟译．—北京：中国青年出版社；2002.10.—156 页；20cm.—（多湖辉聪慧书系）

ISBN 7-5006-4873-1；10.00 元

本书提出了一种能为今后的企业人和工作人提供很多借鉴的"知识生产方法"——点子工作室。

1064 电化学/

〔日〕小久见善八编著；郭成言译．—北京：科学出版社；2002.02.—172 页；26cm.—（21 世纪工程技术新型教程系列）

ISBN 7-03-010064-6；23.00 元

1065 电路习题详解/

〔日〕大下真二朗著；陈国呈译．—北京：机械工业出版社；2002.06.—2 册；20cm

ISBN 7-1111-0116-2；48.00 元

本书为有关电路的解题用书。

1066 电脑综合征/

〔日〕关公史著；陈丁生，高彦彬译．—北京：中国中医药出版社；2002.08.—87 页；19cm.—（图解指压丛书）

ISBN 7-80156-339-5；8.00 元

本书以图解的方式介绍穴位按压疗法治疗电脑综合征。

1067 电视人/

〔日〕村上春树著；林少华译．—上海：上海译文出版社；2002.12.—134 页；20cm.—（村上春树文集）

ISBN 7-5327-2995-8；12.00 元

本书包含 6 个短篇小说，是村上春树展示其神奇想象力的作品。

1068 电子电路．A/

〔日〕藤原修编著；吕砚山译．—北京：科学出版社；2002.05.—183 页；20cm.—（21 世纪大学新型参考教材系列）

ISBN 7-03-010040-9；12.00 元

本书主要介绍模拟电路。

1069 电子电路．B/

〔日〕藤原修编著；吕砚山译．—北京：科学出版社；2002.05.—162 页；20cm.—（21 世纪大学新型参考教材系列）

ISBN 7-03-010040-9；12.00 元

本书主要介绍模拟电路。

1070 雕塑——现场传真/

刘欣欣编著．—上海：上海教育出版社；2002.11.—173 页；20cm.—（刘欣欣说日本）

ISBN 7-5320-8341-1；18.00 元

作者以大量第一手资料介绍日本雕塑在生活中的巨大影响。

1071 东西方纹样比较/

〔日〕城一夫著；孙基亮译．—北京：中国纺织出版社；2002.01.—229 页；19cm

ISBN 7-5064-2119-4；18.00 元

本书作者从比较文学的角度出发，对东西方纹样进行了比较探讨。

1072 东亚近代史理论的再探讨/

〔日〕中村哲著；陈应年，王炎，〔日〕多男正子译．—北京：商务印书馆，2002.08.—197 页；20cm

ISBN 7-100-03478-7（精装）；18.00 元

本书纵论东亚百年历史，以批判的视角看待欧美中心的经济理论。

1073 冻僵的獠牙/

〔日〕乃南亚沙著；杨文瑜，邹波译．—上海：上海译文出版社；2002.03.—327 页；20cm

ISBN 7-5327-2853-6；16.80 元

本书为侦探小说。

1074 独影自命/

〔日〕川端康成著；金海曙等译．—桂林：广西师

范大学出版社；2002.02.—216 页；20cm. —（川端康成文集/叶渭渠主编）

ISBN 7 - 5633 - 3440 - 8；15.80 元

本书是川端康成对自己各个时期各类文学作品的写作背景，写作情况说明及时人评论等的汇编。

1075　断肠亭记/

〔日〕永井荷风著；汪正球译.—石家庄：河北教育出版社；2002.06.—258 页；19cm. —（东瀛美文之旅/叶渭渠主编）

ISBN 7 - 5434 - 4640 - 5；15.80 元

本书为日本现代散文家永井荷风的散文集。

1076　敦煌/

〔日〕井上靖著；董学昌等译.—北京：人民文学出版社；2002.10.—560 页；20cm. —（井上靖中国古代历史小说选）

ISBN 7 - 02 - 003755 - 0；23.80 元

本书收录了井上靖有关中国古代历史的中短篇小说十余篇。

1077　哆啦 A 梦：彩色版.1/

〔日〕藤子·F·不二雄绘；董新萍译.—南昌：二十一世纪出版社；2002.10.—159 页；19cm

ISBN 7 - 5391 - 2155 - 6；14.80 元

本书为卡通连环画，哆啦 A 梦是一只活泼可爱、善良热情的机器猫。

1078　哆啦 A 梦：彩色版.2/

〔日〕藤子·F·不二雄绘；董新萍译.—南昌：二十一世纪出版社；2002.10.—159 页；19cm

ISBN 7 - 5391 - 2156 - 4；14.80 元

本书为卡通连环画，哆啦 A 梦是一只活泼可爱、善良热情的机器猫。

1079　哆啦 A 梦：彩色版.3/

〔日〕藤子·F·不二雄绘；董新萍译.—南昌：二十一世纪出版社；2002.10.—159 页；19cm

ISBN 7 - 5391 - 2157 - 2；14.80 元

哆啦 A 梦是一只活泼可爱、善良热情的机器猫。

1080　哆啦 A 梦：彩色版.4/

〔日〕藤子·F·不二雄绘；董新萍译.—南昌：二十一世纪出版社；2002.10.—159 页；19cm

ISBN 7 - 5391 - 2158 - 0；14.80 元

哆啦 A 梦是一只活泼可爱、善良热情的机器猫。

1081　哆啦 A 梦大事典/

〔日〕藤子·F·不二雄著；碧日译.—长春：吉林美术出版社；2002.09.—318 页；19cm

ISBN 7 - 5386 - 1314 - 5；14.00 元 .

1082　哆啦 A 梦漫画智力问答.1，哆啦 A 梦登场/

〔日〕藤子普罗编；碧日译.—长春：吉林美术出版社；2002.01.—290 页；15cm

ISBN 7 - 5386 - 1233 - 5；12.00 元

本书从《哆啦 A 梦》全45卷中出题。

1083　哆啦 A 梦漫画智力问答.2，哆啦 A 梦和伙伴们/

〔日〕藤子普罗编；碧日译.—长春：吉林美术出版社；2002.01.—290 页；15cm

ISBN 7 - 5386 - 1233 - 5；12.00 元

本书从《哆啦 A 梦》全45卷中出题。

1084　哆啦 A 梦漫画智力问答.3，哆啦 A 梦的过去与未来/

〔日〕藤子普罗编；碧日译.—长春：吉林美术出版社；2002.01.—290 页；15cm

ISBN 7 - 5386 - 1233 - 5；12.00 元

本书从《哆啦 A 梦》全45卷中出题。

1085　哆啦 A 梦漫画智力问答.4，哆啦 A 梦大活跃/

〔日〕藤子普罗编；碧日译.—长春：吉林美术出版社；2002.01.—290 页；15cm

ISBN 7 - 5386 - 1233 - 5；12.00 元

本书从《哆啦 A 梦》全45卷中出题。

1086　哆啦 A 梦秘密道具完全大事典/

〔日〕藤子·F·不二雄著；碧日译.—长春：吉林美术出版社；2002.09.—383 页；19cm

ISBN 7 - 5386 - 1313 - 7；16.00 元

1087　哆啦 A 梦智力游戏乐团/

碧日译并制作.—南昌：二十一世纪出版社；2002.09.—5 册；26cm

ISBN 7 - 5391 - 2140 - 8；40.00 元（全套）

1088　儿童益智体能训练大全.0～6岁/

〔日〕富永典子主编；彭晓琪等译著.—长沙：湖南科学技术出版社；2002.05.—179 页；20cm

ISBN 7 - 5357 - 3458 - 8；29.00 元

1089　儿童饮食教育卡通图典.3，饮食参考篇/

〔日〕山崎文雄著；曾繁丰等译.—南宁：广西科学技术出版社；2002.03.—177 页；20cm

ISBN 7 - 80666 - 222 - 7；16.00 元

本书介绍各种适合少年儿童健康成长的饮食方法。

1090 发现适合自己的色彩：根据色彩专家的指点，使你更靓、更酷、更前卫/
〔日〕义太美智子著；肖坤华，庆珂译 . —成都：西南财经大学出版社；2002.04. —134 页；20cm
ISBN 7 - 81055 - 961 - 3；30.00 元

1091 法国/
〔日〕大宝石出版社编著；接培柱，黄金山译 . —北京：中国旅游出版社；2002.11. —569 页；21cm. —（走遍全球）
ISBN 7 - 5032 - 2038 - 4；75.00 元
本书介绍了法国食、住、行、游、购、娱的全新信息，方便实用。

1092 方丈记·徒然草/
〔日〕鸭长明，〔日〕吉田兼好著；李均洋译 . —石家庄：河北教育出版社；2002.06. —205 页；19cm. —（东瀛美文之旅/叶渭渠主编）
ISBN 7 - 5434 - 4633 - 2；13.50 元
本书为日本古典散文家鸭长明、吉田兼好的散文集。

1093 房产——广告揭秘/
刘欣欣编著 . —上海：上海教育出版社；2002.11. —239 页；20cm. —（刘欣欣说日本）
ISBN 7 - 5320 - 8522 - 8；23.00 元
作者用大量的第一手资料为读者揭开日本房产广告成功的秘密。

1094 飞人怪盗/
〔日〕江户川乱步著；叶荣鼎译 . —上海：少年儿童出版社；2002.09. —186 页；18cm. —（少年大侦探）
ISBN 7 - 5324 - 4984 - X；8.00 元
本书是侦探小说。

1095 佛像的系谱：从犍陀罗到日本：相貌表现与华丽的悬裳座的历史/
〔日〕村田靖子著；金申译 . —上海：上海辞书出版社；2002.08. —215 页；20cm
ISBN 7 - 5326 - 0897 - 2；36.00 元
本书探索从犍陀罗、印度、阿富汗、中亚、中国汉族地区、朝鲜半岛到日本的佛像造型艺术的师承、演变及不同特点和内在联系等。

1096 夫妻和睦术/
〔日〕多湖辉著；张克云，赵伟译 . —北京：中国青年出版社；2002.10. —167 页；20cm. —（多湖辉聪慧书系）
ISBN 7 - 5006 - 4872 - 3；10.00 元

本书具体介绍了夫妻和睦所应该讲究的感谢术、对话术、理解术、演出术、吵架术和分工术。

1097 服装设计论/
〔日〕饭冢弘子，〔日〕万江八重子，〔日〕香川辛子著；李祖旺译 . —北京：中国轻工业出版社；2002.01. —151 页；26cm. —（国外服装基础理论技术丛书；1）
ISBN 7 - 5019 - 3439 - 8；28.00 元
本书包括设计过程中的服装美的原理和实践，服装点、线、色彩、服饰配件的设计及应用。

1098 伽达默尔：视野融合/
〔日〕丸山高司著；刘文柱等译 . —石家庄：河北教育出版社；2002.01. —216 页；20cm. —（现代思想的冒险家们/卞崇道主编）
ISBN 7 - 5434 - 4554 - 9；10.00 元
本书追述德国哲学家伽达默尔的生平履历及思想。

1099 改变人心的技巧/
〔日〕多湖辉著；张克云，赵伟译 . —北京：中国青年出版社；2002.10. —178 页；20cm. —（多湖辉聪慧书系）
ISBN 7 - 5006 - 4871 - 5；11.00 元
本书介绍了许多实用的改变对方心理的技巧。

1100 盖亚·奥特曼/
〔日〕圆谷制作株式会社授权 . —北京：海豚出版社；2002.10. —35 页；14 × 14cm. —（奥特曼大全；2）
科学幻想电视连续剧
ISBN 7 - 80138 - 277 - 3；28.00 元（全套）

1101 盖亚·奥特曼大全/
〔日〕圆谷制作株式会社著 . —北京：海豚出版社；2002.05. —57 页；26cm
ISBN 7 - 80138 - 261 - 7；18.00 元

1102 干法分离科学与技术：首届国际干法选煤、洁净煤技术学术研讨会论文集/
陈清如，〔日〕田中善之助主编 . —徐州：中国矿业大学出版社；2002.06. —351 页；20cm
ISBN 7 - 81070 - 541 - 5（精装）；20.00 元
本书共收录经过专家评审的论文43篇。

1103 干花制作/
〔日〕下田登志江著；陈彩玲，尚英照译 . —郑州：河南科学技术出版社；2002.06. —80 页；26 × 21cm

ISBN 7 - 5349 - 2730 - 7；28.00 元

本书介绍如何将常见的各种鲜花制成干花，附有详细的步骤图。

1104　肝脏病/

〔日〕吉次通泰著；舒波，刘宁，韩峰译 . —沈阳：辽宁科学技术出版社；2002.05. —264 页；19cm. —（家庭自助医疗百科）

ISBN 7 - 5381 - 3631 - 2；12.00 元

本书介绍了肝脏的结构和功能，肝脏病的种类、症状、诱因、早期发现与诊断方法、各种防治手段与日常生活注意事项。

1105　柑岭曾文百鸟画谱/

〔日〕柑岭曾文绘；刘奇俊编 . —天津：天津人民美术出版社；2002.01. —100 页；29cm

ISBN 7 - 5305 - 1678 - 7；48.00 元

本书所介绍的柑岭曾文是日本明治时代著名的花鸟画家，其作品在日本有很大影响。

1106　感性与智慧/

〔日〕荻野浩基著；崔保国，郭常义译 . —北京：清华大学出版社；2002.05. —1 册；20cm

ISBN 7 - 302 - 05520 - 3；22.00 元

本书从文化比较的角度对现代社会出现的种种问题做了文化上的反思。

1107　冈村繁全集 . 第 1 卷，周汉文学史考/

〔日〕冈村繁著；陆晓光译 . —上海：上海古籍出版社；2002.08. —326 页；20cm

ISBN 7 - 5325 - 2993 - 2（精装）；40.00 元

此书论述西周至汉建安年间中国古典文学代表作品、作家及有关文学史现象。

1108　冈村繁全集 . 第 2 卷，文选之研究/

〔日〕冈村繁著；陆晓光译 . —上海：上海古籍出版社；2002.08. —422 页；20cm

ISBN 7 - 5325 - 2925 - 8（精装）；46.00 元

本书对《文选》产生的文化背景、文学理念及编纂过程、版本流传等，进行系统深入的研究。

1109　冈村繁全集 . 第 3 卷，汉魏六朝的思想和文学/

〔日〕冈村繁著；陆晓光译 . —上海：上海古籍出版社；2002.08. —600 页；20cm

ISBN 7 - 5325 - 3104 - X（精装）；60.00 元

此书收录了作者在该领域内的论文十六篇，对《列女传》、《世说新语》、《文心雕龙》等重要典籍都有论述。

1110　冈村繁全集 . 第 4 卷，陶渊明、李白新论/

〔日〕冈村繁著；陆晓光译 . —上海：上海古籍出版社；2002.10. —432 页；20cm

ISBN 7 - 5325 - 3187 - 2（精装）；47.00 元

1111　冈村繁全集 . 第 5 卷，唐代文艺论/

〔日〕冈村繁著；俞慰刚译 . —上海：上海古籍出版社；2002.10. —368 页；20cm

ISBN 7 - 5325 - 3263 - 1（精装）；42.00 元

本书是作者对唐代的经学文学、艺术等领域中特别感兴趣的一些问题的研究成果。

1112　冈村繁全集 . 第 6 卷，历代名画记译注/

〔日〕冈村繁著；俞慰刚译 . —上海：上海古籍出版社；2002.10. —493 页；20cm

ISBN 7 - 5325 - 3142 - 2（精装）；52.00 元

1113　高级日语 . 1/

吴侃，〔日〕村木新次郎主编 . —上海：上海外语教育出版社；2002.10. —226 页；23cm

ISBN 7 - 81080 - 532 - 0；17.00 元

本书是供大学本科日语专业三、四年级使用的精读教材。

1114　高考冲刺的学习策略/

〔日〕多湖辉著；欧文东译 . —北京：商务印书馆国际有限公司，2002.01. —258 页；19cm. —（心理透视丛书）

ISBN 7 - 80103 - 231 - 4；14.00 元

本书详细阐述了在高考冲刺阶段的临阵磨枪技巧和制订短时间内取得最佳学习效果的学习计划的秘诀。

1115　高血压/

〔日〕太田怜著；宋丽丽，石蕴玉译 . —沈阳：辽宁科学技术出版社；2002.01. —267 页；19cm. —（家庭自助医疗百科）

ISBN 7 - 5381 - 3520 - 0；13.00 元

本书以通俗易懂的语言讲述了什么是高血压、高血压与动脉硬化、高血压的治疗方法以及日常生活注意事项等。

1116　高血压/

〔日〕伊藤薰著；徐蒙，李石良译 . —北京：中国中医药出版社；2002.08. —111 页；19cm. —（图解指压丛书）

ISBN 7 - 80156 - 339 - 5；8.00 元

本书以图解的方式介绍穴位按压疗法治疗高血压。

1117 高血压的非药物疗法/
〔日〕渡边尚彦著；雷鸣等译．—北京：中国轻工业出版社；2002.01.—154页；18×12cm.—（家庭保健百科）
ISBN 7-5019-3479-7；10.00元
本书介绍了高血压的有关常识以及通过饮食、运动等降血压的方法。

1118 高血压患者每日食谱/
〔日〕女子营养大学出版部编；张文静，王铁桥译．—郑州：河南科学技术出版社；2002.10.—112页；20cm.—（养生食疗书系）
ISBN 7-5349-2849-4；16.80元
本书介绍了高血压患者每日营养食谱数种。

1119 高血脂·动脉硬化/
〔日〕寺本民生编；于占武，具英花译．—沈阳：辽宁科学技术出版社；2002.04.—227页；19cm.—（家庭自助医疗百科）
ISBN 7-5381-3613-4；11.00元
本书讲述了高血脂与动脉硬化的基础知识和具体治疗方法、有效预防方式等。

1120 高脂血病症患者每日食谱/
〔日〕女子营养大学出版部编；郑文全译．—郑州：河南科学技术出版社；2002.10.—112页；20cm.—（养生食疗书系）
ISBN 7-5349-2851-6；16.80元
本书介绍了高血脂患者每日营养食谱数种。

1121 高脂血症无忧法/
〔日〕渡边清明编著；王营通译．—北京：华夏出版社；2002.10.—177页；21cm
ISBN 7-5080-2816-3；12.00元
本书深入浅出地介绍了高脂血症的发生原因，对健康的危害、预防及治疗方法。

1122 告别腋臭/
〔日〕小野一郎主编；刘刚译．—北京：中国轻工业出版社；2002.04.—70页；19cm.—（家庭保健百科）
ISBN 7-5019-3621-8；8.00元
本书介绍了腋臭的检查、原因及特征，腋臭症的治疗方法。

1123 歌剧院谜案/
〔日〕天树征丸著；李丽彬译．—深圳：海天出版社；2002.05.—256页；18cm.—（少年侦探金田一系列；1）
ISBN 7-80654-708-8；15.00元

金田一在参加孤岛歌剧院酒店开张之际，经历了连环凶杀案，并侦破了这起案件，查明真相。

1124 葛雷·奥特曼/
〔日〕圆谷制作株式会社授权．—北京：海豚出版社；2002.10.—35页；14×14cm.—（奥特曼大全；5）
科学幻想电视连续剧
ISBN 7-80138-277-3；28.00元（全套）

1125 给水/
〔日〕空气调和卫生工学会编著；李军，张克峰，刘冬梅译．—北京：科学出版社；2002.02.—138页；26cm.—（图解现代住宅设施系列）
ISBN 7-03-009861-7；48.00元（全套3册）
本书主要介绍8层住宅小区给水设施的设计、施工以及维修管理。

1126 跟我说爱我/
〔日〕北川悦吏子著；孙力平译．—上海：上海译文出版社；2002.06.—256页；20cm.—（日本女作家都市小说系列）
ISBN 7-5327-2844-7；14.00元
本书为长篇小说，描述剧团女研习生与英俊失聪画家相识，努力不懈地慢慢打开画家的心扉的故事。

1127 更年期无忧法：怎样平安度过：新的治疗方式和生活指导/
〔日〕堀口雅子著；林石译．—北京：华夏出版社；2002.06.—277页；20cm
ISBN 7-5080-2761-2；16.00元
本书以通俗的语言讲述女性更年期的各种症状和治疗及心理调适。

1128 更年期综合征/
〔日〕影山邦子著；柴丽娜译．—北京：中国中医药出版社；2002.08.—117页；19cm.—（图解指压丛书）
ISBN 7-80156-339-5；8.00元
本书以图解的方式介绍穴位按压疗法治疗更年期综合征。

1129 工程数学解析：数学在力学中的应用/
〔日〕关谷壮著；陈和，王斌耀，蒋福民译．—上海：同济大学出版社；2002.10.—225页；24cm
ISBN 7-5608-2499-4；23.00元

1130 工艺饰物制作/
〔日〕内藤朗主编；尚英照，陈彩玲译．—郑州：

河南科学技术出版社；2002.06.—97 页；26×21cm
ISBN 7－5349－2729－3；25.00 元
本书介绍了 200 余款项链等饰物的制作方法。

1131　供暖与供冷/
〔日〕空气调和卫生工程学会编；谢大吉译．—北京：科学出版社；2002.01.—106 页；26cm.—（图解现代住宅设施系列）
ISBN 7－03－009565－0；32.00 元
本书主要讲解室温调节系统。

1132　供热水/
〔日〕空气调和卫生工程学会编；李军，张克峰，刘冬梅译．—北京：科学出版社；2002.02.—110 页；26cm.—（图解现代住宅设施系列）
ISBN 7－03－009861－7；48.00 元（全套 3 册）
本书主要介绍 8 层住宅小区给水设施的设计、施工以及维修管理。

1133　供应链下的物流管理/
〔日〕汤浅和夫著；孙玉生译．—深圳：海天出版社；2002.06.—191 页；20cm
ISBN 7－8065－4703－7；18.00 元

1134　股份公司发展史论/
〔日〕大冢久雄著；胡企林等译．—北京：中国人民大学出版社；2002.03.—481 页；20cm.—（现代日本社会科学名著译丛）
ISBN 7－300－03992－8；29.00 元
本书研究了企业形态的发展史，即从合股公司发展到合资公司，进而发展到股份公司的过程。

1135　骨质疏松症/
〔日〕藤原奈佳子，〔日〕宗像申子著；冷重光，于颖译．—沈阳：辽宁科学技术出版社；2002.01.—212 页；19cm.—（家庭自助医疗百科）
ISBN 7－5381－3522－7；10.00 元
本书介绍了骨质疏松症的定义、病因以及治疗的有关知识。

1136　故乡稚语：原一郎诗画集/
〔日〕原一郎著；林漪轩译．—济南：山东画报出版社；2002.01.—45 页；23×19cm
ISBN 7－80603－615－6；19.80 元
本书是日本作家、画家原一郎先生有关童年故乡的画作和诗歌。

1137　观四季学日语/
〔日〕石冢京子等著；肖爽译．—大连：大连理工大学出版社；2002.02.—123 页；26cm
ISBN 7－5611－1953－4；18.00 元
本书为日常生活和大学生活中使用频率最高的 500 个动词。

1138　观叶植物 150 种/
〔日〕坂梨一郎著；向卿，蒋莉译．—长沙：湖南科学技术出版社；2002.03.—139 页；19cm
ISBN 7－5357－3393－X；16.00 元

1139　光波工程/
〔日〕国分泰雄著；王友功译．—北京：科学出版社；2002.08.—302 页：200 幅；20cm.—（21 世纪先进光电子技术系列；6/〔日〕伊贺健一等主编）
ISBN 7－03－010186－3；28.00 元
本书主要介绍光电子技术。

1140　光电子技术与产业/
〔日〕池上彻彦，〔日〕松仓浩司著；夏书强译．—北京：科学出版社；2002.07.—144 页；20cm.—（先进光电子技术系列）
ISBN 7－03－010080－8；14.00 元
本书以日本为例讲解了光电子技术与产业之间的关系。

1141　光电子学/
〔日〕滨川圭弘，〔日〕西野种夫编；于广涛译．—北京：科学出版社；2002.02.—126 页；26cm.—（21 世纪工程技术新型教程系列）
ISBN 7－03－010031－X；18.00 元

1142　光集成器件/
〔日〕小林功郎著；崔凤林译．—北京：科学出版社；2002.08.—196 页；20cm.—（21 世纪先进光电子技术系列；8/〔日〕伊贺健一等主编）
ISBN 7－03－010355－6；20.00 元
本书介绍各种光集成器件的基本机理、所用材料及工艺，以及应用与发展展望。

1143　光开关与光互联/
〔日〕行松健一著；崔敦杰译．—北京：科学出版社；2002.08.—190 页；20cm.—（21 世纪先进光电子技术系列；3/〔日〕伊贺健一等主编）
ISBN 7－03－010331－9；19.00 元
本书反映当今日本最先进的光电子技术。

1144　光微机械电子学/
〔日〕板生清，〔日〕保坂宽，〔日〕片桐祥雅著；崔东印译．—北京：科学出版社；2002.07.—192

页；20cm. —（先进光电子技术系列）

ISBN 7 – 03 – 010262 – 2；20.00 元

本书汇总介绍了到目前为止光微机械电子技术的进展及基础知识。

1145 光与影的设计/

〔日〕考鲁·门德著；关忠慧译. —沈阳：辽宁科学技术出版社；2002.10. —184 页；31cm

ISBN 7 – 5381 – 3516 – 2（精装）；160.00 元

本书介绍了建筑灯光、环境灯光和商业灯光的设计方法及工程案例。

1146 广岛·冲绳札记/

〔日〕大江健三郎著；王新新译. —石家庄：河北教育出版社；2002.06. —287 页；19cm. —（东瀛美文之旅/叶渭渠主编）

ISBN 7 – 5434 – 4646 – 4；17.00 元

本书为日本现代作家大江健三郎的散文集。

1147 鬼火岛之谜/

〔日〕天树征丸著；刘鑫详，王宝全译. —深圳：海天出版社；2002.05. —235 页；18cm. —（少年侦探金田一系列；3）

ISBN 7 – 80654 – 709 – 6；15.00 元

少年金田一与美雪利用暑假打工来到了鬼火岛，遇上医学院预科考生训练班学员的被杀案。

1148 贵宾室的怪客/

〔日〕内田康夫著；杨爽，姚继中译. —成都：四川文艺出版社；2002.10. —345 页；17×12cm. —（浅见光彦探案杰作丛书）

ISBN 7 – 5411 – 2147 – 9；14.00 元

本书为侦探小说。

1149 国际旅游振兴论：亚洲及太平洋地区的未来/

〔日〕铃木胜著；李胜娟译. —北京：中国旅游出版社；2002.06. —137 页；20cm

ISBN 7 – 5032 – 1991 – 2；10.00 元

本书对亚洲及太平洋地区的旅游业现状及旅游振兴进行了论述。

1150 国际商业名片设计精品集/

〔日〕P.I.E 编辑部编著；夏晞译. —北京：中国青年出版社；2002.10. —221 页；30cm. —（中青/P·I·E 平面设计系列）

ISBN 7 – 5006 – 4881 – 2；120.00 元

本书汇集了上千张世界各国的商业名片。

1151 国际商业型录设计精品集/

〔日〕P.I.E 编辑部编著；夏晞译. —北京：中国

青年出版社；2002.10. —221 页；30cm. —（中青/P·I·E 平面设计系列）

ISBN 7 – 5006 – 48820；120.00 元

本书集中了上百种商品宣传册设计。

1152 国际书籍装帧设计精品集/

〔日〕P.I.E 编辑部编著；夏晞译. —北京：中国青年出版社；2002.10. —232 页；30cm. —（中青/P·I·E 平面设计系列）

ISBN 7 – 5006 – 4883 – 9；120.00 元

本书是图书装帧设计方面的精品集。

1153 孩子的世界/

〔日〕池田大作，〔俄〕里哈诺夫著；卞立强，李力译. —北京：中国文联出版社；2002.10. —226 页；20cm

ISBN 7 – 5059 – 4117 – 8；20.00 元

本书为青少年心理学读物。

1154 海格拉斯历险记.夏.6月星空/

〔日〕藤井旭著；王晓静译. —北京：中国轻工业出版社；2002.01. —47 页；28cm. —（奇诺的星空日历）

ISBN 7 – 5019 – 3547 – 5；16.00 元

奇诺是一个活泼、可爱、喜欢观测天空的小狗，它是奇诺天文台的台长。

1155 海外旅行英语/

〔日〕实松克义著. —北京：外语教学与研究出版社；2002.12. —150 页；13×14cm. —（朗文英语会话系列）

ISBN 7 – 5600 – 3079 – 3；6.90 元

本书针对经常碰到的语言情景设计，全部都是实用的英语会话。

1156 好好睡个觉/

〔日〕井上昌次郎著；林裕芳译. —北京：人民军医出版社；2002.04. —143 页；123cm

ISBN 7 – 80157 – 458 – 3；10.00 元

本书较为全面系统地介绍了睡眠对人的影响，睡眠对人体究竟有何益处。

1157 何谓日本/

〔日〕梅棹忠夫著；杨芳玲译. —天津：百花文艺出版社；2002.01. —178 页；20cm

ISBN 7 – 5306 – 3108 – X；12.00 元

本书从一个全新角度研究日本发展的根源，有战后杰出的"日本论"之美誉。

1158 呼吸：丢掉不要的东西/

〔日〕铃木喜代春，〔日〕铃木隆著；韩小龙译. —

上海：上海教育出版社；2002.05.—1 册；26cm.—
（身体的秘密）

ISBN 7 – 5320 – 8025 – 0；24.00 元

1159 护理科研与护理统计入门/
〔日〕绪方昭著；贺雪梅等译.—北京：科学出
版社；2002.02.—204 页；26cm

ISBN 7 – 03 – 009648 – 7；28.00 元

1160 花的物语/
〔日〕主妇与生活社编；《花的物语》编译组
译.—北京：中国轻工业出版社；2002.01.—88
页；29cm.—（花艺世界丛书）

ISBN 7 – 5019 – 3429 – 0；38.00 元
本书主要介绍了居室设计方案，送礼花束的使
用，花形设计和插花入门知识。

1161 花粉症、过敏性鼻炎/
〔日〕横山德三著；陈丁生，高彦彬译.—北京：
中国中医药出版社；2002.08.—79 页；19cm.—
（图解指压丛书）

ISBN 7 – 80156 – 339 – 5；8.00 元
本书以图解的方式介绍穴位按压疗法治疗花粉
症、过敏性鼻炎。

1162 花情曲/
〔日〕皇明月著；陈俊杰译.—天津：天津人民
美术出版社；2002.01.—183 页；18cm

ISBN 7 – 5305 – 1681 – 7；13.00 元
本书是引进日本卡通故事书。

1163 花未眠——散文选编/
〔日〕川端康成著；叶渭渠译.—桂林：广西师
范大学出版社；2002.02.—226 页；20cm.—
（川端康成文集/叶渭渠主编）

ISBN 7 – 5633 – 3439 – 4；15.80 元
本书所收文章主要为游记性散文及用散文形式
对日本画家东山魁夷进行了评论。

**1164 花园别墅造园实例图册.1，门·围墙·
通道·车库/**
〔日〕三桥一夫著；〔日〕菊竹嘉美摄；张丽丽
译.—北京：中国建筑工业出版社；2002.11.—
159 页；29cm

ISBN 7 – 112 – 05239 – 4；68.00 元
本书是日本著名造园家三桥一夫关于花园别墅
造园过程中门、围墙、通道设计的专著。

1165 花园别墅造园实例图册.2，石·水·小品/
〔日〕三桥一夫著；〔日〕三桥一夫摄；王宝刚
译.—北京：中国建筑工业出版社；2002.11.—
159 页；29cm

ISBN 7 – 112 – 05240 – 8；68.00 元
本书分别结合石、水、点缀小品三个造园要素展
开介绍。

1166 花园别墅造园实例图册.3，小庭园/
〔日〕三桥一夫著；〔日〕三桥一夫摄；苏利英
译.—北京：中国建筑工业出版社；2002.11.—
159 页；29cm

ISBN 7 – 112 – 05241 – 6；68.00 元
本书将庭园设计的种种手法结合具体详尽的案
例进行分析。

1167 化妆/
〔日〕渡边淳一著；谭玲译.—北京：文化艺术
出版社；2002.01.—510 页；20cm

ISBN 7 – 5039 – 2128 – 5；23.00 元
本书为渡边淳一又一演绎爱情的力作。

1168 画大自然·画建筑/
〔日〕古市宪一；〔日〕福井江太郎著；张怡，张
慧译.—北京：中国轻工业出版社；2002.01.—59
页；26cm.—（小花脸学画画）

ISBN 7 – 5019 – 3554 – 8；18.00 元
本书为儿童读物，讲述了如何培养孩子们学画的
兴趣，让他们快乐地绘画。

1169 画静物·画梦想/
〔日〕川岛真纪雄，〔日〕小林贵史著；《画静物·
画梦想》编译组译.—北京：中国轻工业出版社；
2002.01.—59 页；26cm.—（小花脸学画画）

ISBN 7 – 5019 – 3556 – 4；18.00 元
本书作者以 6～9 岁孩子们的绘画为主，讲述了
如何培养孩子们的绘画兴趣，让他们快乐地
绘画。

1170 画人物·画动物/
〔日〕滨田浩，〔日〕福井江太郎著；裴军译.—
北京：中国轻工业出版社；2002.01.—59 页；
26cm.—（小花脸学画画）

ISBN 7 – 5019 – 3557 – 2；18.00 元
本书指导孩子们画人物先从身边的亲人开始。

1171 画树与花·画风景/
〔日〕降簾孝，〔日〕藏西东黄著；张怡，张慧
译.—北京：中国轻工业出版社；2002.01.—59
页；26cm.—（小花脸学画画）

ISBN 7 – 5019 – 3555 – 6；18.00 元
画树与花卉并不是要求孩子们画得多么像，而是指

导他们把自己的心情表达出来，画风景就是让孩子们学会画出只属于自己的风景画。

1172 黄土的旗帜下/
〔日〕皇明月编绘；阎瑜译．—天津：天津人民美术出版社；2002.01．—199 页；19cm
ISBN 7 - 5305 - 1683 - 3；13.00 元
本书为动画连环画。

1173 回忆与思考/
〔日〕竹内实著；程麻译．—北京：中国文联出版社；2002.01．—461 页；20cm．—（竹内实文集．第 1 卷）
ISBN 7 - 5059 - 3933 - 5；25.00 元
本书是日本著名中国学研究者竹内实文集的第 1 卷，主要是回忆自己经历的文字。

1174 会话记忆·日语形式名词精解/
〔日〕渡边晴世等著．—大连：大连理工大学出版社；2002.06．—109 页；20cm．—（标准日语表达；6）
ISBN 7 - 5611 - 2041 - 9；8.00 元
本书通过一段段会话讲解日语中的形式名词。

1175 活性炭的应用技术：其维持管理及存在问题/
〔日〕立本英机，〔日〕安部郁夫主编；高尚愚译编．—南京：东南大学出版社；2002.07．—663 页；26cm
ISBN 7 - 81050 - 869 - 5（精装）；120.00 元
本书分为基础篇、应用篇和资料篇三部分。

1176 机器人 C 语言的机电一体化接口/
〔日〕西原主计，〔日〕山藤和男著；牛连强，赵文珍译．—北京：科学出版社；2002.03．—216 页；26cm．—（机器人竞技系列）
ISBN 7 - 03 - 010107 - 3；30.00 元

1177 机器人竞赛指南/
〔日〕铃木泰博著；杨晓辉译．—北京：科学出版社；2002.03．—158 页；26cm．—（机器人竞技系列）
ISBN 7 - 03 - 010105 - 7；22.00 元
本书主要介绍有线控制机器人的基本知识、制作机器人以及组织机器人竞赛的方法、技巧等。

1178 机器人控制/
〔日〕大熊繁编著；卢伯英译．—北京：科学出版社；2002.03．—134 页；20cm．—（21 世纪大学新型参考教材系列）

ISBN 7 - 03 - 010029 - 8；12.00 元
本书从控制的角度，系统介绍机器人控制的机理及实现。

1179 机器人制作宝典/
〔日〕清弘智昭，〔日〕铃木升著；刘本伟译．—北京：科学出版社；2002.03．—125 页；26cm．—（机器人竞技系列）
ISBN 7 - 03 - 010042 - 5；16.80 元
本书介绍了参加机器人大赛的机器人的基本结构、加工方法及制作中所需的基本材料。

1180 机器人组装大全/
〔日〕城井田胜仁编著；金日立译．—北京：科学出版社；2002.03．—167 页；26cm．—（机器人竞技系列）
ISBN 7 - 03 - 010108 - 1；23.00 元
本书详细介绍了机器人各种组件的名称、使用方法及其特征。也进一步说明了机器人的程序控制方法及功能改进。

1181 机械设计禁忌手册/
〔日〕小栗富士雄，〔日〕小栗达男著；陈祝同，刘惠臣译．—北京：机械工业出版社；2002.10．—319 页；20cm
ISBN 7 - 111 - 10900 - 7；26.00 元
本书介绍了机械设计中的禁忌事项。

1182 机械实用手册/
〔日〕土屋喜一主编；赵文珍等译．—北京：科学出版社；2002.07．—649 页；20cm．—（OHM-handbook；4）
ISBN 7 - 03 - 010326 - 2；48.80 元
本书主要介绍机械工程学、机械设计、制图及加工技术。

1183 鸡尾酒精选 100 例/
〔日〕后藤新一编著；唐德权，陈越译．—北京：中国轻工业出版社；2002.04．—150 页；20cm
ISBN 7 - 5019 - 3618 - 8；25.00 元
本书主要介绍了 100 种鸡尾酒的配方和调制方法，并对其来历做了说明。

1184 激光工程学/
〔日〕中井贞雄编著；熊缨译．—北京：科学出版社；2002.02．—169 页；26cm．—（21 世纪工程技术新型教程系列）
ISBN 7 - 03 - 010039 - 5；22.00 元

1185 即学即用英语会话辞典/
〔日〕巽一朗，〔日〕赫特著；李凌燕译．—北京：

外语教学与研究出版社；2002.01.—506 页；
15×11cm
ISBN 7-5600-2251-0；21.90 元
本书为当今美国人使用的相互交谈的实用性英语词典。

1186　疾病自我诊疗手册/
〔日〕服部光南，〔日〕冈岛重孝著；张春玲，赵志刚译.—郑州：河南科学技术出版社；2002.08.—272 页；20cm
ISBN 7-5349-2639-4（精装）；30.00 元
本书以简明易懂的语言介绍了人体各系统的结构、功能以及易得疾病的诊疗方法。

1187　脊柱体操健康法/
〔日〕渡边新一郎编；张晓燕译.—北京：中国轻工业出版社；2002.01.—169 页；19×13cm.—（图解健康法）
ISBN 7-5019-3451-7；12.00 元
本书介绍了可纠正脊柱歪斜的脊柱保健体操健康法。

1188　计算机图形学/
〔日〕前川佳德编著；乔双译.—北京：科学出版社；2002.02.—143 页；26cm.—（21 世纪工程技术新型教程系列）
ISBN 7-03-010063-8；19.80 元

1189　加拿大/
〔日〕大宝石出版社编著；周莉译.—北京：中国旅游出版社；2002.10.—660 页；21cm.—（走遍全球）
ISBN 7-5032-2037-6；80.00 元
本书提供加拿大食、住、行、游、购、娱的全新资料。

1190　家犬的驯养/
〔日〕内藤朗著；王夕刚等译.—济南：山东科学技术出版社；2002.03.—115 页；23×17cm
ISBN 7-5331-3071-5；29.00 元
本书系统介绍了家庭爱犬的饲养、训练技巧、洗澡、运动、健康护理、常见病预防与治疗等内容。

1191　家庭社会学入门/
〔日〕望月嵩著；牛黎涛译.—北京：中国大百科全书出版社；2002.07.—2 册；20cm
ISBN 7-5000-6618-X；28.00 元
本书为大正大学的社会学教材，主要围绕家庭与婚姻的热点问题进行探讨与研究。

1192　甲状腺疾病防治 100 问/
〔日〕赤须文人著；程永明等译.—北京：中国轻工业出版社；2002.01.—184 页；18×12cm.—（家庭保健百科）
ISBN 7-5019-3510-6；10.00 元
本书介绍了甲状腺疾病的基本概念、症状、检查及治疗方法，以及与其他疾病的关系等。

1193　架桥：童年阅读的回忆：汉英对照/
〔日〕美智子著；唐亚明译.—上海：少年儿童出版社；2002.10.—71 页；20cm
ISBN 7-5324-5281-6（精装）；40.00 元
本书为日本皇后美智子在 IBBY（国际儿童读物联盟）第 26 届世界大会上的发言稿，中心思想为儿童读物带来和平。

1194　肩酸痛/
〔日〕新村胜资著；谈勇，王育良译.—北京：中国中医药出版社；2002.08.—119 页；19cm
ISBN 7-80156-339-5；8.00 元
本书以图解的方式介绍穴位按压疗法治疗肩酸痛。

1195　减肥/
〔日〕金子朝彦著；杨钢，刘宜欣译.—北京：中国中医药出版社；2002.08.—119 页；20cm.—（图解指压丛书）
ISBN 7-80156-339-5；8.00 元
本书以图解的方式介绍了穴位按压疗法减肥。

1196　减轻剧烈疼痛/
〔日〕宫崎东洋主编；刘刚译.—北京：中国轻工业出版社；2002.04.—75 页；19cm.—（家庭保健百科）
ISBN 7-5019-3623-4；8.00 元
本书介绍了神经阻滞疗法及治疗实例。

1197　减震建筑设计与细部/
〔日〕免震构造协会编；慕春暖译.—北京：中国建筑工业出版社；2002.05.—205 页；29cm.—（国外建筑设计详图图集；8）
ISBN 7-112-04916-4；40.00 元
本书介绍了日本的抗震建筑的规划和设计图。

1198　简明财务管理手册/
〔日〕阵川公平著；侯庆轩，施强译.—北京：科学出版社；2002.06.—290 页；20cm.—（WTO 企业家入门文库）
ISBN 7-03-010332-7；24.00 元

本书主要内容有财务管理的基础与经费，现金出纳，销售与进货等。

1199 简明经营管理手册/
〔日〕饭野启二，〔日〕盐入肇著；赵儒煜，刘淑梅译．—北京：科学出版社；2002.08.—288 页；20cm.—（WTO 企业家入门文库）
ISBN 7 - 03 - 010429 - 3；24.00 元
本书主要讲解企业经营管理的有关问题，是一种实用手册型的工具书。

1200 简明生产管理手册/
〔日〕菅又忠美，〔日〕田中一成编著；侯庆轩，侯晋译．—北京：科学出版社；2002.06.—290 页；20cm.—（实业企业管理丛书）
ISBN 7 - 03 - 010264 - 9；24.00 元
本书主要讲解生产管理的有关问题。

1201 简明市场营销手册/
〔日〕棚部得博著；尹小平译．—北京：科学出版社；2002.09.—263 页；20cm.—（WTO 企业家入门文库）
ISBN 7 - 03 - 010428 - 5；24.00 元
本书主要讲解市场营销方面的有关知识，是实用性很强的参考工具书。

1202 简明质量管理手册/
〔日〕松田龟松著；赵儒煜译．—北京：科学出版社；2002.05.—287 页；21cm.—（WTO 企业家入门文库）
ISBN 7 - 03 - 010154 - 5；19.80 元
本书主要讲解质量管理问题。

1203 简易串珠饰品 DIY/
〔日〕鲛岛高子编著；台湾培琳出版社译．—沈阳：辽宁科学技术出版社；2002.01.—83 页；26cm
ISBN 7 - 5381 - 3566 - 9；28.00 元
本书是一本指导人们做出自己喜爱的串珠的图书。

1204 建筑企划实务/
〔日〕日本建筑学会编著；黄志瑞等译．—沈阳：辽宁科学技术出版社；2002.04.—278 页；26cm
ISBN 7 - 5381 - 3622 - 3；38.00 元
本书介绍建筑企划的内容及方法以及大量案例。

1205 建筑外部空间/
〔日〕志水英树著；张丽丽等译．—北京：中国建筑工业出版社；2002.03.—135 页；29cm.—（建筑规划·设计译丛）
ISBN 7 - 112 - 04972 - 5；28.00 元

本书介绍建筑外部空间的构成要素及设计实例等。

1206 健康鸡汤.1，如何改造自己的身体/
〔日〕窥田登编著；智慧大学组织编译．—天津：天津科技翻译出版公司，2002.03.—181 页；20cm
ISBN 7 - 5433 - 1431 - 2；8.80 元
本书介绍了科学的体能锻炼方法。

1207 健康鸡汤.2，让您健康活到一百岁/
〔日〕尾谷良行编著；天津科技翻译出版公司编译．—天津：天津科技翻译出版公司，2002.03.—156 页；20cm
ISBN 7 - 5433 - 1432 - 0；8.00 元
本书重点讲述了日常生活中体力与精力的维持及锻炼。

1208 健康满点，从脚做起/
〔日〕桥口英俊著；刘玉萍译．—北京：人民军医出版社；2002.04.—188 页；20cm.—（新时尚生活保健丛书）
ISBN 7 - 80157 - 454 - 0；13.00 元
本书特别精选出随时随地都可进行的自我脚部按摩方法。

1209 降低成本新利器/
〔日〕佐藤嘉彦著；陈青译．—厦门：厦门大学出版社；2002.03.—246 页；20cm
ISBN 7 - 5615 - 1861 - 7；56.00 元
Tear Down 是一种在日本企业界广为运用的降低成本的方法。本书介绍 Tear Down 法的定义、缘起、推行方法、实施要领等。

1210 降低血糖 100 法/
〔日〕主妇之友社编；葛庆祯译．—北京：中国轻工业出版社；2002.01.—168 页；19cm.—（家庭保健百科）
ISBN 7 - 5019 - 3428 - 2；10.00 元
本书介绍了各种行之有效的降血糖方法。

1211 蛟龙的儿子：蒙古文/
〔日〕松谷みょ子，〔日〕丰岛与志雄著；额斯尔门都，萨仁其其格编译．—呼和浩特：内蒙古人民出版社；2002.06.—120 页；19cm
ISBN 7 - 204 - 06404 - 6；5.60 元
本书为童话集，歌颂了母爱、亲情、友谊，鞭挞了假恶丑。

1212 教孩子学会学习：对孩子自立学习的指导/
〔日〕野濑宽显著；史艳玲，张如意译．—上海：上海人民出版社；2002.08.—235 页；19cm

ISBN 7 – 208 – 04181 – 4；15.00 元

本书探讨教育与学习方法的关系，指出教授知识的主旨是教给孩子一种正确有效的学习方法。

1213 教与学的艺术：发掘孩子自主学习的潜能/

〔日〕石川勤著；刘孟州，陈俊英译．—上海：上海人民出版社；2002.02.—207 页；19cm

ISBN 7 – 208 – 04045 – 1；12.20 元

本书介绍教师和学生怎样掌握自主学习方法，教师怎样发掘孩子自主学习的潜能。

1214 杰克·奥特曼/

〔日〕圆谷制作株式会社授权．—北京：海豚出版社；2002.10.—35 页；14×14cm.—（奥特曼大全；10）

科学幻想电视连续剧

ISBN 7 – 80138 – 277 – 3；28.00 元（全套）

1215 结构形态与建筑设计/

〔日〕增田一真著；任莅棣译．—北京：中国建筑工业出版社；2002.11.—138 页；29cm

ISBN 7 – 112 – 05243 – 2；30.00 元

本书从结构的角度探讨建筑设计。

1216 金融全球化十大热点问题/

〔日〕高田太久吉著；孙仲涛，宋颖译．—北京：中共中央党校出版社；2002.12.—210 页；20cm

ISBN 7 – 5035 – 2606 – 8；12.00 元

本书从三个大部分、十个方面论述了在经济全球化过程中的金融全球化问题。

1217 经济全球化与市场战略：市场原理主义的批判/

〔日〕金子胜著；胡靖译．—北京：中国人民大学出版社；2002.10.—187 页；20cm.—（现代日本社会科学名著译丛）

ISBN 7 – 300 – 04427 – 1；13.00 元

本书通过阐述日本实行经济全球化的过程，分析其正负面影响，并提出其市场对策。

1218 经济刑法/

〔日〕芝原邦尔著；金光旭译．—北京：法律出版社；2002.09.—168 页；20cm

ISBN 7 – 5036 – 3863 – X；14.00 元

本书以最近日本发生的企业犯罪为素材，结合相关法律具体阐述。

1219 惊世妖魔/

〔日〕江户川乱步著；叶荣鼎译．—上海：少年儿童出版社；2002.09.—211 页；18cm.—（少年大侦探）

ISBN 7 – 5324 – 4985 – 8；9.00 元

本书为儿童文学侦探小说。

1220 精编汉译日教程/

〔日〕山本哲也，陈岩，于敬河编著．—大连：大连理工大学出版社；2002.08.—447 页；20cm

ISBN 7 – 5611 – 2122 – 9；22.00 元

汉译日教材，从语法及实用的角度讲解汉译日中的不同方法与技巧。

1221 景观设计/

〔日〕《景观设计》杂志社编；于黎特译．—大连：大连理工大学出版社；2002.12.—132 页；30cm

ISBN 7 – 5611 – 2150 – 4；48.00 元

本书为日本《景观设计》杂志（季刊）。

1222 景观设计.1，屋顶绿化和社区花园/

〔日〕《景观设计》杂志社编；吴梅等译．—北京：中国轻工业出版社；2002.01.—126 页；30×23cm

ISBN 7 – 5019 – 3577 – 7（精装）；49.00 元

本书包含两个专题，一个是屋顶绿化的设计走向，另一个是社区花园与街道建设。

1223 警惕心律不齐/

〔日〕饭沼宏之主编；赖育芳译．—北京：中国轻工业出版社；2002.04.—81 页；19cm.—（家庭保健百科）

ISBN 7 – 5019 – 3624 – 2；8.00 元

本书介绍了心脏的功能和收缩的机理，有代表性的心律不齐的种类、症状和发病的途径，心律不齐的检查和诊断。

1224 靓丽发型 110 款/

〔日〕主妇之友社供稿；杨晓红译．—杭州：浙江科学技术出版社；2002.08.—80 页；26cm.—（美发秀）

ISBN 7 – 5341 – 1983 – 9；32.00 元

全书以图文并茂的形式介绍各种发型的剪、烫技巧。

1225 靓女孩美肤手册/

〔日〕吉江定子著；曾淑君译．—北京：人民军医出版社；2002.04.—105 页；20cm

ISBN 7 – 80157 – 452 – 4；8.00 元

本书的专家依据医疗及全身美容的调和，确立了划时代的皮肤美容法。

1226 旧中国素描：1928~1929/
〔日〕望月睦幸主编；伍金贵编译．—昆明：云南美术出版社；2002.12.—166 页；20cm
ISBN 7-80586-924-3；28.00 元

1227 鹫与龙：跨国公司战略与华人创新网络/
〔日〕蔡林海著；李旭光等译．—青岛：青岛出版社；2002.11.—254 页；20cm
ISBN 7-5436-2737-X；15.00 元
本书介绍世界经济全球化背景下，中国知识分子的情况及在全球范围内华人知识分子的情况。

1228 菊花 12 个月/
〔日〕冈谷干雄著；张春艳译．—长沙：湖南科学技术出版社；2002.04.—136 页；19cm
ISBN 7-5357-3389-1；16.00 元

1229 爵士乐群英谱/
〔日〕村上春树著；林少华译．—上海：上海译文出版社；2002.09.—132 页；20cm
ISBN 7-5327-2937-0；20.00 元
本书是超短篇彩色插图小说集。

1230 卡夫卡：身体的位相/
〔日〕平野嘉彦著；刘文柱译．—石家庄：河北教育出版社；2002.01.—245 页；20cm．—（现代思想的冒险家们/卞崇道主编）
ISBN 7-5434-4548-4；11.30 元
本书追述奥地利作家卡夫卡的生平履历及思想。

1231 卡通漫画技法．角色篇/
〔日〕尾泽直志著；顾莉超译．—北京：中国青年出版社；2002.05.—158 页；26cm
ISBN 7-5006-4744-1；29.00 元
本书用大量插图配合详细的讲解，讲述了如何画卡通片的美少女形象。

1232 开动脑筋/
〔日〕多湖辉著；孟海霞译．—北京：中国青年出版社；2002.10.—154 页；20cm．—（多湖辉聪慧书系）
ISBN 7-5006-4869-3；9.80 元
本书着重介绍人们怎样注意头脑的使用，转换思维，以适应日趋复杂的社会，适应急遽变革的时代潮流。

1233 看听闻：创造新生命/
〔日〕铃木喜代春，〔日〕铃木隆著；韩小龙译．—上海：上海教育出版社；2002.05.—1 册；26cm．—（身体的秘密）

ISBN 7-5320-8194-X；24.00 元

1234 看图辨别真假/
〔日〕大上和博，〔日〕伊东顺子著；柯克雷译．—南昌：二十一世纪出版社；2002.09.—159 页；19cm．—（不能告诉大人的秘密．第 1 辑）
ISBN 7-5391-2145-9；45.00 元（全套 5 册）
本书是以少年及准青年学生读者为主要对象的，以益智游戏为主要内容的休闲娱乐读物。

1235 抗癌食品事典/
〔日〕永川祐三编；唐德权译．—北京：中国轻工业出版社；2002.01.—208 页；20cm
ISBN 7-5019-3469-X；15.00 元
本书列举了 55 种具有防癌作用的食品，并说明了其因果关系及有效的摄取方法。

1236 科技最前沿：电脑进化论、揭开脑之谜/
〔日〕立花隆著；戚戈平等译．—北京：世界知识出版社；2002.06.—459 页；20cm
ISBN 7-5012-1755-6；23.00 元
本书是作者深入采访日本的电脑应用、人脑研究的第一线后所写的两篇报道结集。

1237 可撕式配色手册：色卡 1368/
〔日〕视觉设计研究所编；沙秀程译．—上海：上海世界图书出版公司，2002.01.—240 页；26×12cm
ISBN 7-5062-4929-4；150.00 元
本书主要介绍了 1300 余种颜色的数据。

1238 可摘局部义齿学/
〔日〕奥野善彦，〔日〕大番敏行著；赵军，张宁宁，钟伟译．—上海：上海教育出版社；2002.11.—150 页；26cm．—（口腔修复技术工艺学教学丛书）
ISBN 7-5320-8568-6（精装）；115.00 元
本书是日本口腔医学的技术教育教材。

1239 克里斯托娃：多元逻辑/
〔日〕西川直子著；王青，陈虎译．—石家庄：河北教育出版社；2002.01.—392 页；20cm．—（现代思想的冒险家们/卞崇道主编）
ISBN 7-5434-4550-6；17.20 元
本书追述了法国精神分析家克里斯托娃的生平履历及思想。

1240 孔子/
〔日〕井上靖著；包容，林怀秋译．—北京：人民文学出版社；2002.10.—447 页；21cm．—（井上

靖中国古代历史小说选）

ISBN 7 - 02 - 003756 - 9；19.90 元

本书收录了井上靖两部长篇历史小说。一部是《孔子》，一部是《杨贵妃》。

1241　恐怖的鱼人传说/

〔日〕天树征丸著；李丽彬译 . —深圳：海天出版社；2002.05. —265 页；18cm. —（少年侦探金田一系列；4）

ISBN 7 - 80654 - 713 - 4；15.00 元

小说叙述了少年金田一破获上海一民间杂技团连环凶杀案的过程。

1242　恐龙大搜索 . 3/

〔日〕高士与市著；〔日〕伊东章夫绘；刘安彭译 . —北京：中国轻工业出版社；2002.01. —1 册；20cm

ISBN 7 - 5019 - 3467 - 3；9.90 元

本书为介绍恐龙知识的系列科普读物。

1243　恐龙大搜索 . 4/

〔日〕高士与市著；〔日〕伊东章夫绘；刘安彭译 . —北京：中国轻工业出版社；2002.01. —200 页；20cm

ISBN 7 - 5019 - 3468 - 1；9.90 元

本书为介绍恐龙知识的系列科普读物。

1244　控制轧制、控制冷却：改善材质的轧制技术发展/

〔日〕小指军夫著；李伏桃等译 . —北京：冶金工业出版社；2002.05. —212 页；20cm. —（钢铁技术发展趋势丛书）

ISBN 7 - 5024 - 3011 - 3；22.00 元

本书介绍了控制轧制、控制冷却技术的原理、工艺及特点，展望了控制轧制、控制冷却技术的发展趋势等。

1245　哭泣的遗骨/

〔日〕内田康夫著；王蜀豫，李旭译 . —成都：四川文艺出版社；2002.10. —311 页；17 × 12cm. —（浅见光彦探案杰作系列丛书）

ISBN 7 - 5411 - 2145 - 2；12.00 元

本书是侦探小说。

1246　库恩：范式/

〔日〕野家启一著；毕小辉译 . —石家庄：河北教育出版社；2002.01. —299 页；20cm. —（现代思想的冒险家们/卞崇道主编）

ISBN 7 - 5434 - 4547 - 6（精装）；13.50 元

本书追述匈牙利思想家库恩的生平履历及思想。

1247　快乐的打工仔/

〔日〕冢本裕美子著；锐奇译 . —石家庄：花山文艺出版社；2002.08. —207 页；14 × 11cm. —（山田太郎的故事）

ISBN 7 - 80673 - 174 - 1；7.00 元

主人公山田太郎和弟妹们以乐观态度战胜贫穷的故事。

1248　快乐断奶成长手册/

〔日〕巷野悟郎编著；林凤容译 . —北京：人民军医出版社；2002.04. —165 页；20cm

ISBN 7 - 80157 - 456 - 7；12.00 元

本书从多方面探讨了有关断奶期的饮食问题。

1249　快乐性脑学/

〔日〕大岛清著；苗胡译 . —济南：山东文艺出版社；2002.06. —201 页；19cm. —（生活新概念丛书）

ISBN 7 - 5329 - 1834 - 3；11.50 元

本书是享受性、锻炼脑，理性生活方式的建议。

1250　快乐种花/

〔日〕内藤朗编；龙江，姜先变译 . —广州：广东科技出版社；2002.01. —46 页；17 × 18cm. —（家庭观赏花卉丛书 . 时尚系列；1）

ISBN 7 - 5359 - 2866 - 8；10.00 元

本书介绍了种花常识，按照季节的不同，逐一介绍相关花卉的特点和种植要点。

1251　拉康：镜像阶段/

〔日〕福原泰平著；王小峰，李濯凡译 . —石家庄：河北教育出版社；2002.01. —326 页；20cm. —（现代思想的冒险家们/卞崇道主编）

ISBN 7 - 5434 - 4552 - 2（精装）；14.50 元

本书追述法国思想家拉康的生平履历及思想。

1252　蜡笔小新/

〔日〕濑田濑尾著；麦子黄译 . —2 版 . —北京：京华出版社；2002.05. —306 页；21cm

ISBN 7 - 80600 - 673 - 7；20.00 元

本书集蜡笔小新的童话与趣事为一体，从儿童的视野反映了日本教育的无奈与成人生活的困惑。

1253　蜡笔小新 . 第 32 册/

〔日〕臼井仪人著；段薇译 . —西安：陕西师范大学出版社；2002.03. —118 页；20cm

ISBN 7 - 5613 - 2357 - 3；8.80 元

本书是根据日本同名动画片改编而成的。

1254　来我家吧/

〔日〕原秀则著；可米制作译 . —北京：当代世界

出版社；2002.09. —145 页；21cm + 光盘 1 张

ISBN 7 - 80115 - 556 - 4；22.00 元

本书为长篇小说，描写了一对青年男女的青春恋情。

1255 老年发型梳剪/

〔日〕ブティック社编；王先进，关煜平译．—郑州：河南科学技术出版社；2002.05. —90 页；26cm

ISBN 7 - 5349 - 2809 - 5；25.00 元

本书主要介绍老年男女发型的梳剪知识。

1256 老年人康复训练 100 问/

〔日〕冈本五十雄著；郭金梅，徐建华等译．—北京：中国轻工业出版社；2002.01. —162 页；19cm. —（家庭保健百科）

ISBN 7 - 5019 - 3505 - X；10.00 元

本书介绍了老年人因脑卒中、骨折等原因卧床时的康复训练方法及老年痴呆症的护理、康复训练方法。

1257 雷欧·奥特曼/

〔日〕圆谷制作株式会社授权．—北京：海豚出版社；2002.10. —35 页；14 × 14cm. —（奥特曼大全；9）

ISBN 7 - 80138 - 277 - 3；28.00 元（全套）

1258 等离子体电子学/

〔日〕菅井秀郎编著；张海波，张丹译．—北京：科学出版社；2002.01. —159 页；20cm

ISBN 7 - 03 - 009986 - 9；12.00 元

1259 李朝暗行记/

〔日〕皇明月绘；赵红芳，赵飞红译．—天津：天津人民美术出版社；2002.01. —178 页；19cm

ISBN 7 - 5305 - 1684 - 1；13.00 元

本书以漫画连环画的形式叙述了四个民间故事《鸳鸯恨》、《北边疾风》、《身世打令》、《贡院之鬼》。

1260 恋爱的猎户星座．冬．2 月星空/

〔日〕藤井旭著；阎美芳译．—北京：中国轻工业出版社；2002.01. —47 页；28cm. —（奇诺的星空日历）

ISBN 7 - 5019 - 3543 - 2；16.00 元

奇诺是一个活泼、可爱、喜欢观测天空的小狗，它是奇诺天文台的台长。

1261 恋泉：花情曲余话/

〔日〕皇明月绘；冀美玲，米莱译．—天津：天津人民美术出版社；2002.01. —186 页；19cm

ISBN 7 - 5305 - 1685 - X；13.00 元

本书以漫画形式叙述了几个民间故事：天网之疏、花香之日、恋泉、花情曲附。

1262 列克星敦的幽灵/

〔日〕村上春树著；林少华译．—上海：上海译文出版社；2002.09. —134 页；20cm. —（村上春树文集）

ISBN 7 - 5327 - 2960 - 5；11.50 元

本书是日本当代作家村上春树的 1991 ~ 1996 年创作的短篇小说集，共 7 篇。

1263 列维·斯特劳斯：结构/

〔日〕渡边公三著；周维宏等译．—石家庄：河北教育出版社；2002.01. —301 页；20cm. —（现代思想的冒险家们/卞崇道主编）

ISBN 7 - 5434 - 4555 - 7（精装）；13.60 元

本书追述法国人类学家列维·斯特劳斯的生平履历及思想。

1264 列维纳斯：法外的思想/

〔日〕港道隆著；张杰，李勇华译．—石家庄：河北教育出版社；2002.01. —353 页；20cm. —（现代思想的冒险家们/卞崇道主编）

ISBN 7 - 5434 - 4545 - X（精装）；15.50 元

本书追述法国哲学思想家列维纳斯的生平履历及思想。

1265 临床运动学/

〔日〕丸山仁司主编；霍明等译．—北京：中国中医药出版社；2002.09. —252 页；29 × 21cm

ISBN 7 - 80156 - 413 - 8；30.00 元

本书主要论述产生生理学的变化，产生运动的肌肉和神经机制等。

1266 灵感小发明/

〔日〕伊东顺子著；柯克雷译．—南昌：二十一世纪出版社；2002.09. —157 页；19cm. —（不能告诉大人的秘密．第 1 辑）

ISBN 7 - 5391 - 2145 - 9；45.00 元（全套 5 册）

本书是以少年及准青年学生读者为主要对象的，以益智游戏为主要内容的休闲娱乐读物。

1267 另类宠物/

〔日〕饴屋则水主编；杜冰译．—北京：中国轻工业出版社；2002.01. —237 页；20cm. —（PET 宠物系列丛书）

ISBN 7 – 5019 – 3586 – 6；26.00 元

本书介绍了很多其他类宠物，如蜘蛛、鱼、小乌龟等的饲养方法。

1268　流行的串珠饰物/

〔日〕内藤朗编；沈雪侠译 . —广州：广东科技出版社；2002.01. —48 页；16×16cm. —（流行小装饰物制作丛书）

ISBN 7 – 5359 – 2908 – 7；10.00 元

本书介绍了串珠饰物的制作方法及制作实例等。

1269　六连星 . 冬 . 1 月星空/

〔日〕藤井旭著；曹彦琳译 . —北京：中国轻工业出版社；2002.01. —47 页；28cm. —（奇诺的星空日历）

ISBN 7 – 5019 – 3542 – 4；16.00 元

本书为天文学普及读物。奇诺是一个活泼、可爱、喜欢观测天空的小狗，它是奇诺天文台的台长。

1270　龙岛/

〔日〕太田大八著；悉欣华译 . —深圳：海天出版社；2002.02. —322 页；30 幅；20cm

ISBN 7 – 8065 – 4628 – 6；16.00 元

本书是儿童长篇侦探小说。

1271　炉外精炼：向多品种、高质量钢大生产的挑战/

〔日〕冈博幸著；李宏译 . —北京：冶金工业出版社；2002.06. —256 页；20cm. —（钢铁技术发展趋势丛书）

ISBN 7 – 5024 – 3004 – 0；26.00 元

本书介绍了炉外精炼技术的原理、工艺与设备，比较了各种炉外精炼方法的特点及其使用钢种。

1272　鲁迅《故乡》阅读史：近代中国的文学空间/

〔日〕藤井省三著；董炳月译 . —北京：新世界出版社；2002.06. —255 页；20cm

ISBN 7 – 80005 – 745 – 3；18.00 元

本书是日本学者对鲁迅著作的研究专著。

1273　陆地工程深层搅拌施工方法设计施工手册/

〔日〕财团法人土木研究中心著；钱敏等译 . —北京：中国科学技术出版社；2002.11. —208 页；26cm

ISBN 7 – 5046 – 3376 – 3；55.00 元

本书为陆地工程深层地基处理技术人员用书。

1274　旅游导游会话：日汉对照/

计钢，〔日〕曾野桐子编 . —2 版 . —武汉：华中理工大学出版社；2002.08. —422 页；20cm. —（日汉对照实用会话集锦）

ISBN 7 – 5609 – 2730 – 0；18.00 元

1275　妈妈育儿必备：日本内藤博士谈育儿/

〔日〕内藤寿七郎著；顾振申译 . —3 版 . —北京：中国少年儿童出版社；2002.10. —254 页；20cm

ISBN 7 – 5007 – 3295 – 3；18.00 元

本书是作者集 60 年之久的实践经验，概括总结的育儿经典。

1276　漫画论语/

〔日〕森哲朗绘；张洁译 . —北京：九州出版社；2002.01. —445 页；20cm

ISBN 7 – 80114 – 704 – 9；26.00 元

本书以漫画形式解析中国《论语》故事。

1277　毛毛羔的故事：蒙古文/

〔日〕松谷みょ子，〔日〕宫贤治著；额斯尔门都，萨仁其其格编译 . —呼和浩特：内蒙古人民出版社；2002.06. —139 页；19cm

ISBN 7 – 204 – 06404 – 6；6.40 元

本书为童话集，歌颂了母爱、亲情、友谊，鞭挞了假恶丑。

1278　毛诗品物图考/

〔日〕冈元凤纂辑；王承略点校解说 . —济南：山东画报出版社；2002.08. —257 页；26×15cm

ISBN 7 – 80603 – 658 – X；30.00 元

本书为日本人冈元凤于"天明四年"（相当于我国乾隆四十九年）绘画纂辑。

1279　毛泽东传记三种/

〔日〕竹内实著；韩凤琴，张会才译 . —北京：中国文联出版社；2002.01. —318 页；20cm. —（竹内实文集 . 第 4 卷）

ISBN 7 – 5059 – 3936 – X；18.80 元

本书是有关毛泽东传记的三部文字的合集。

1280　毛泽东的诗与人生/

〔日〕竹内实著；程麻译 . —北京：中国文联出版社；2002.01. —335 页；20cm. —（竹内实文集 . 第 3 卷）

ISBN 7 – 5059 – 3935 – 1；19.60 元

本书主要探讨毛泽东的诗词创作。

1281　贸易洽谈艺术娱乐会：日汉对照/

计钢，〔日〕曾野桐子编 . —2 版 . —武汉：华中理工大学出版社；2002.08. —330 页；20cm. —（日汉对照实用会话集锦）

ISBN 7 – 5609 – 2729 – 7；15.00 元

1282 玫瑰栽培/
〔日〕内藤朗编；龙江，姚江译 . —广州：广东科
技出版社；2002.01. —45 页；17×18cm. —（家
庭观赏花卉丛书 . 时尚系列；1）
ISBN 7 – 5359 – 2862 – 5；10.00 元
本书介绍了玫瑰的栽培方法和技术、病虫害防
治等。

1283 美的情愫/
〔日〕东山魁夷著；唐月梅译 . —桂林：广西师范
大学出版社；2002.02. —198 页；20cm. —（雅典
娜小小经典）
ISBN 7 – 5633 – 3449 – 1；11.80 元
本书是日本著名画家东山魁夷的散文选集。

1284 美甲/
〔日〕Boutique 社编；高进译 . —福州：福建科
学技术出版社；2002.10. —78 页；29cm. —（青
春靓女系列）
ISBN 7 – 5335 – 2034 – 3；26.00 元

1285 美丽人生/
〔日〕北川悦吏子著；苏庆宁，刘琼译 . —武汉：
长江文艺出版社；2002.07. —243 页；20cm
ISBN 7 – 5354 – 2351 – 5；14.00 元
本书为长篇小说，讲述了一段正常人与残疾人
之间震撼人心的爱情故事。

1286 美丽与悲哀；蒲公英/
〔日〕川端康成著；孔宪科，朱春育译 . —桂林：
广西师范大学出版社；2002.02. —254 页；20cm.
—（川端康成文集/叶渭渠主编）
ISBN 7 – 5633 – 3444 – 0；17.80 元
本书收集了川端康成的两个中篇小说。

1287 美女是怎样炼成的/
〔日〕斋藤薰著；陆求实译 . —上海：文汇出版
社；2002.06. —176 页；20cm
ISBN 7 – 8067 – 6142 – X；10.00 元
本书向广大白领读者介绍了有益于身心的美容
奥秘。

1288 美容天才：365 日/
〔日〕斋藤薰著；陆求实译 . —上海：文汇出版
社；2002.06. —427 页；20cm
ISBN 7 – 8067 – 6143 – 8；24.00 元
本书向读者介绍了如何做好生活中的细微小事，
从而使自己变得优雅、美丽。

1289 蒙面人/
〔日〕江户川乱步著；叶荣鼎译 . —上海：少年
儿童出版社；2002.09. —163 页；18cm. —（少
年大侦探）
ISBN 7 – 5324 – 4987 – 4；7.00 元
本书为儿童文学侦探小说。

1290 梦里来的梦孩子/
〔日〕矢玉四郎著；彭懿译 . —南昌：二十一世纪
出版社；2002.09. —95 页；40 幅；21×18cm. —
（晴天有时下猪系列）
ISBN 7 – 5391 – 2153 – X；14.80 元

1291 迷雾中的幽灵客船/
〔日〕天树征丸著；李丽彬译 . —深圳：海天出
版社；2002.05. —240 页；18cm. —（少年侦探
金田一系列；2）
ISBN 7 – 80654 – 714 – 2；15.00 元
少年金田一在一次航行中侦破了连环凶杀案的
故事。

1292 秘密结社与中国革命/
〔日〕三谷孝著；李恩民等译 . —北京：中国社
会科学出版社；2002.09. —392 页；20cm
ISBN 7 – 5004 – 3404 – 9；29.00 元
本书研究 20 世纪 20 年代至 40 年代背景下的红
枪会、小刀会等秘密结社与当时各种政治势力之
间的关系。

1293 绵绵糖富子 . 1/
〔日〕三桥敬子绘；王蜀豫译 . —北京：知识出
版社；2002.02. —154 页；19cm
ISBN 7 – 5015 – 3320 – 2；7.00 元
本书以日本小学生富子的生活为蓝本，创作绘制
的幽默连环画。

1294 绵绵糖富子 . 2/
〔日〕三桥敬子绘；王蜀豫译 . —北京：知识出
版社；2002.02. —156 页；19cm
ISBN 7 – 5015 – 3321 – 0；7.00 元
本书是以日本小学生富子的生活为蓝本，创作绘
制的简笔幽默连环画。

1295 绵绵糖富子 . 3/
〔日〕三桥敬子绘；王蜀豫译 . —北京：知识出
版社；2002.02. —156 页；19cm
ISBN 7 – 5015 – 3322 – 9；7.00 元
本书以日本小学生富子的生活为蓝本，创作绘制
的幽默连环画。

1296 绵绵糖富子．4/
〔日〕三桥敬子绘；张贵芳译．—北京：知识出
版社；2002.02.—156 页；19cm
ISBN 7 - 5015 - 3323 - 7；7.00 元
本书以日本小学生富子的生活为蓝本，创作绘
制的幽默连环画。

1297 绵绵糖富子．5/
〔日〕三桥敬子绘；王蜀豫译．—北京：知识出
版社；2002.02.—156 页；19cm
ISBN 7 - 5015 - 3324 - 5；7.00 元
本书是以日本小学生富子的生活为蓝本而创作
绘制的幽默连环画。

1298 绵绵糖富子．6/
〔日〕三桥敬子绘；王蜀豫译．—北京：知识出
版社；2002.02.—156 页；19cm
ISBN 7 - 5015 - 3325 - 3；7.00 元
本书是以日本小学生富子的生活为蓝本，创作
绘制的简笔幽默连环画。

1299 面发射激光器基础与应用/
〔日〕伊贺健一，〔日〕小山二三夫编著；郑军译．
—北京：科学出版社；2002.07.—221 页；20cm.—
（先进光电子技术系列）
ISBN 7 - 03 - 010439 - 0；20.00 元
本书主要介绍面发射激光器的基础与应用。

1300 民艺论/
〔日〕柳宗悦著；孙建君，黄豫武，石建中译．—
南昌：江西美术出版社；2002.03.—396 页；20cm
ISBN 7 - 8058 - 0871 - 6；40.00 元
本书选编了日本著名学者柳宗悦有关日本民间
工艺的论文。

1301 名曲胜名医/
〔日〕石黑捷一编；袁雅琼译．—上海：上海人
民出版社；2002.01.—360 页；20cm.—（实用
保健译丛）
ISBN 7 - 208 - 03991 - 7；22.00 元
本书介绍音乐疗法的原理、功效，详列各种场
合、各种需求下的合适的音乐曲目。

1302 名人；舞姬/
〔日〕川端康成著；叶渭渠，唐月梅译．—桂林：
广西师范大学出版社；2002.02.—257 页；20cm.
—（川端康成文集/叶渭渠主编）
ISBN 7 - 5633 - 3446 - 7；17.80 元
本书为两篇长篇小说。

1303 魔法经营：大企业家小松昭夫/
〔日〕早川和宏著；孔健译．—青岛：青岛出版
社；2002.07.—220 页；20cm
ISBN 7 - 5436 - 2712 - 4；13.50 元
本书详尽阐说日本著名企业家小松昭夫的经营
之道。

1304 魔法拉面的发明传奇/
〔日〕安藤百福著；日清译．—上海：上海人民
出版社；2002.05.—143 页；19cm
ISBN 7 - 208 - 04143 - 1；15.00 元
本书为日清公司创办者、方便面的发明及推广者
安藤百福的自传。

1305 魔法拉面的发明传奇/
〔日〕安藤百福著；日清译．—上海：上海人民
出版社；2002.05.—143 页；19cm
ISBN 7 - 208 - 04144 - X（精装）；25.00 元
本书为日清公司创办者、方便面的发明及推广者
安藤百福的传记。

1306 魔术高手/
〔日〕稻村八大撰；方江英译．—南昌：二十一
世纪出版社；2002.09.—155 页；19cm.—（不
能告诉大人的秘密．第 2 辑）
ISBN 7 - 5391 - 2146 - 7；45.00 元（全套 5 册）
本书是以少年及青年学生读者为主要对象的，以
益智游戏为主要内容的休闲娱乐读物。

1307 魔术入门/
〔日〕前田智裕著；姜艳斐译．—南昌：二十一
世纪出版社；2002.09.—157 页；19cm.—（不
能告诉大人的秘密．第 2 辑）
ISBN 7 - 5391 - 2146 - 7；45.00 元（全套 5 册）
本书是以少年及青年学生读者为主要对象的，以
益智游戏为主要内容的休闲娱乐读物。

1308 魔术刷帚/
〔日〕内藤朗编；龙江，甘露译．—广州：广东
科技出版社；2002.04.—64 页；17 × 19cm.—
（流行小饰物制作丛书）
ISBN 7 - 5359 - 2914 - 1；12.00 元
本书介绍了使用毛线等材料制作，并运用指编和
钩针编织等手段制作各种家庭清洁刷帚的基本
方法和制作实例等。

1309 男女心理法则/
〔日〕小田晋著；王澄译．—北京：华夏出版社；
2002.09.—230 页；20cm
ISBN 7 - 5080 - 2818 - X；12.00 元

本书为日本心理学家撰写的分析男女关系的通俗读物。

1310　男人的内心世界：写给不懂男人心的你/
〔日〕秋元康著；高晓钢译．—济南：山东文艺出版社；2002.06.—190页；20cm.—（生活新概念丛书）
ISBN 7 – 5329 – 1833 – 5；10.80元
作者以自己的经历和周围男性的例子，提示了男人的内心活动轨迹。

1311　南瓜里的鼓声：蒙古文/
〔日〕松享子，〔日〕宫贤治著；额斯尔门都，萨仁其其格编译．—呼和浩特：内蒙古人民出版社；2002.06.—116页；19cm
ISBN 7 – 2040 – 6404 – 6；6.00元
本书为童话集，歌颂了母爱、亲情、友谊，鞭挞了假恶丑。

1312　脑康复训练100问/
〔日〕武田克彦著；连会新等译．—北京：中国轻工业出版社；2002.01.—141页；18 × 12cm.—（家庭保健百科）
ISBN 7 – 5019 – 3503 – 3；10.00元
本书以问答的形式介绍了由疾病引发的脑部障碍的各种表现症状及康复训练的方法。

1313　脑力激荡/
〔日〕杉山亮著；柯克雷译．—南昌：二十一世纪出版社；2002.09.—147页；19cm.—（不能告诉大人的秘密．第1辑）
ISBN 7 – 5391 – 2145 – 9；45.00元（全套5册）
本书是以少年及准青年学生读者为主要对象的，以益智游戏为主要内容的休闲娱乐读物。

1314　宁静的庭园/
〔日〕川口洋子编著；梁瑞清，赵君译．—北京：北京科学技术出版社；2002.01.—135页；26 × 26cm
ISBN 7 – 5304 – 2623 – 0；128.00元
本书讲述了如何在西式花园中创建一个优雅宁静的日式庭园。

1315　女人的内心世界：写给不懂女人的你/
〔日〕冈部麻里著；张平译．—济南：山东文艺出版社；2002.06.—193页；19cm.—（现代生活书屋）
ISBN 7 – 5329 – 1851 – 3；11.30元
本书是日本当代著名节目主持人、演员冈部麻里的谈话记录。

1316　女人的圣战/
〔日〕筱田节子著；中原鸣子译．—上海：上海译文出版社；2002.06.—359页；20cm.—（日本女作家都市小说系列）
ISBN 7 – 5327 – 2860 – 9；18.00元
小说讲述泡沫经济崩溃后，5个保险公司女职员在男人优先的社会中奋力开拓自己人生的故事。

1317　女性病/
〔日〕雨森良彦编；董玉贞译．—沈阳：辽宁科学技术出版社；2002.04.—279页；19cm.—（家庭自助医疗百科丛书）
ISBN 7 – 5381 – 3624 – X；13.00元
本书详细述了女性特有的疾病表现、诊断、治疗及预防知识。

1318　排水/
〔日〕空气调和卫生工学会编著；王炳麟译．—北京：科学出版社；2002.03.—111页；26cm.—（图解现代住宅设施系列）
ISBN 7 – 03 – 009861 – 7；48.00元（全套3册）
本书主要介绍8层住宅小区给水设施的设计、施工以及维修管理。

1319　配色印象图典/
〔日〕南云治嘉著；王建英译．—上海：上海世界图书出版公司，2002.01.—175页；20cm.—（色彩与配色印象图典；2）
ISBN 7 – 5062 – 5132 – 9；150.00元
本书是按照颜色收录了多种具有代表性的配色例。

1320　皮肤病/
〔日〕向井秀树编；张欣，毕桂娇，王合译．—沈阳：辽宁科学技术出版社；2002.08.—230页；19cm.—（家庭自助医疗百科）
ISBN 7 – 5381 – 3667 – 3；11.00元
本书讲述了皮肤病的结构和功能，常见皮肤病的各种表现与防治方法，以及皮肤疑难病。

1321　疲劳门诊/
〔日〕野村总一郎著；徐怡秋等译．—北京：中国轻工业出版社；2002.01.—171页；18 × 12cm.—（家庭保健百科）
ISBN 7 – 5019 – 3464 – 9；10.00元
本书从精神压力、工作环境、社会环境、生理疾病及生活习惯等方面系统地介绍了疲劳产生的原因及防治方法。

1322　偏头痛防治100问/
〔日〕寺本纯著；刘轩译．—北京：中国轻工业

出版社；2002.01.—220 页；18×12cm.—（家庭保健百科）

ISBN 7－5019－3446－0；10.00 元

本书阐述了偏头痛的发病原因、典型症状、药物治疗和日常对策以及偏头痛的类型等。

1323　漂亮马尾辫/

〔日〕Boutique 社编；姚婕译.—杭州：浙江科学技术出版社；2002.11.—78 页；26cm.—（美发秀）

ISBN 7－5341－1997－9；28.00 元

本书以图文并茂的形式介绍了各种风格的发型。

1324　贫穷中的快乐/

〔日〕冢本裕美子著；锐奇译.—石家庄：花山文艺出版社；2002.08.—199 页；14×11cm.—（山田太郎的故事）

ISBN 7－80673－172－5；7.00 元

主人公山田太郎和弟妹们以乐观态度战胜贫穷的故事。

1325　贫血患者每日食谱/

〔日〕女子营养大学出版部编；王先进译.—郑州：河南科学技术出版社；2002.10.—112 页；20cm.—（养生食疗书系）

ISBN 7－5349－2850－8；16.80 元

本书介绍了贫血患者每日营养食谱数种。

1326　平凡与财富的连锁：松下专卖店女店主的自述/

〔日〕高畑千春著；陈中伟译.—北京：电子工业出版社；2002.09.—127 页；20cm.—（海尔大学引进图书）

ISBN 7－5053－7985－2；10.00 元

本书是松下专卖店中经营最成功的电器店女主人高畑千春的奋斗记。

1327　平家物语/

〔日〕无名氏著；王玉华译.—昆明：云南人民出版社；2002.03.—487 页；21cm.—（日本物语文学系列）

ISBN 7－222－03423－4；26.00 元

本书是一部波澜壮阔的古代日本传记文学。

1328　平山郁夫全集/

〔日〕平山郁夫著；叶渭渠等译.—石家庄：河北教育出版社；2002.09.—7 册；36×26cm

ISBN 7－5434－4808－4（精装）；2600.00 元

本书是日本当代著名画家平山郁夫的作品全集，并附有作品介绍及评论。

1329　七夕的星座节日．夏．7 月星空/

〔日〕藤井旭著；陆凌虹译.—北京：中国轻工业出版社；2002.01.—47 页；28cm.—（奇诺的星空日历）

ISBN 7－5019－3548－3；16.00 元

奇诺是一个活泼、可爱、喜欢观测天空的小狗，它是奇诺天文台的台长。

1330　齐美尔：生存形式/

〔日〕北川东子著；赵玉婷译.—石家庄：河北教育出版社；2002.01.—242 页；20cm.—（现代思想的冒险家们/卞崇道主编）

ISBN 7－5434－4549－2；11.30 元

本书追述德国哲学家、社会学家齐美尔的生平履历及思想。

1331　奇鸟行状录/

〔日〕村上春树著；林少华译.—上海：上海译文出版社；2002.11.—682 页；20cm.—（村上春树文集）

ISBN 7－5327－2953－2；30.00 元

本书是作者篇幅最大的小说三部曲之一。主题是揭露当代日本社会的黑暗、空虚、扭曲变形。

1332　千里眼/

〔日〕松冈圭右著；王成，郭颖，赵永梅译.—北京：中央编译出版社；2002.01.—402 页；21cm

ISBN 7－80109－528－6；20.00 元

本书为日本现代悬念推理小说。

1333　千曲川速写/

〔日〕岛崎藤村著；陈喜儒，梅瑞华译.—石家庄：河北教育出版社；2002.06.—362 页；19cm.—（东瀛美文之旅/叶渭渠主编）

ISBN 7－5434－4637－5；20.50 元

本书是日本散文家岛崎藤村的散文集。

1334　千只鹤；睡美人/

〔日〕川端康成著；叶渭渠译.—桂林：广西师范大学出版社；2002.02.—171 页；20cm.—（川端康成文集/叶渭渠主编）

ISBN 7－5633－3445－9；12.80 元

本书为两篇中篇小说。

1335　浅利庆太随笔集：艺术、人生、社会/

〔日〕浅利庆太著；帅松生译.—北京：中国文联出版社；2002.09.—281 页；20cm

ISBN 7－5059－4149－6（精装）；28.00 元

本书为日本当代随笔集。

1336 巧手做头饰/
〔日〕内藤朗编；龙江，郭史贤译．—广州：广东科技出版社；2002.01.—48 页；16×16cm.——（时尚配饰丛书）
ISBN 7-5359-2917-6；10.00 元
本书介绍了 73 款时尚头饰的制作方法。

1337 亲手泡壶好红茶/
〔日〕高野健次著；詹龙骧译．—北京：中国建材工业出版社；2002.04.—179 页；20cm
ISBN 7-80159-266-2；25.80 元
本书讲述红茶的起源、品位等知识。

1338 青春期美术教育/
〔日〕大胜惠一郎著；欧阳启名，杨景芝译．—石家庄：河北美术出版社；2002.01.—161 页；29×21cm
ISBN 7-5310-1588-9；38.00 元
本书为作者关于青春期美术教育方法的论著。

1339 情侣小织物/
〔日〕内藤朗编；龙江，向洁译．—广州：广东科技出版社；2002.01.—56 页；17×18cm.——（时尚配饰丛书）
ISBN 7-5359-2920-6；10.00 元
本书介绍了流行情侣小织物如帽子、围巾等的编织方法。

1340 情人关系/
〔日〕森村诚一著；林顺隆译．—昆明：云南人民出版社；2002.01.—310 页；20cm
ISBN 7-222-03347-5；19.80 元
本书为长篇小说，描写了一位中年作家与一位女大学生柏拉图式的爱情故事。

1341 晴天是猪日/
〔日〕矢玉四郎著绘；彭懿译．—南昌：二十一世纪出版社；2002.09.—79 页；40 幅；21×18cm.——（晴天有时下猪系列）
ISBN 7-5391-2150-5；12.80 元
本书为儿童文学图画故事。

1342 晴天下猪/
〔日〕矢玉四郎著绘；彭懿译．—南昌：二十一世纪出版社；2002.09.—79 页；40 幅；21×18cm.——（晴天有时下猪系列）
ISBN 7-5391-2149-1；12.80 元

1343 穷，也要站在富人堆里/
〔日〕手岛佑郎著；李雪梅，胡瑞译．—北京：

中央编译出版社；2002.10.—221 页；19×21cm
ISBN 7-80109-614-2；20.00 元
本书选编了古老的《犹太法典》中的一些条文，以启发现代商业经营的智慧，并选取了大量现代经营事例。

1344 球墨铸铁的强度评价/
〔日〕原田昭治，〔日〕小林俊郎编著；于春田，王磊，刘春明译．—沈阳：东北大学出版社；2002.01.—351 页；20cm
ISBN 7-81054-692-9；20.00 元
本书从力学角度介绍对球墨铸铁强度的评价、球墨铸铁概率、静态拉伸性能等。

1345 去中国的小船/
〔日〕村上春树著；林少华译．—上海：上海译文出版社；2002.06.—186 页；20cm.——（村上春树文集）
ISBN 7-5327-2888-9；14.00 元
本书是村上春树的一部短篇小说集，共 7 篇。

1346 趣味玩具手工制作/
〔日〕古岛孟著；王先进译．—郑州：河南科学技术出版社；2002.01.—90 页；26×21cm
ISBN 7-5349-2748-X；26.00 元
本书主要介绍家长如何带领自己的孩子利用废旧物品制作各种有趣的玩具方法。

1347 全景贴纸游戏书.1，哆啦 A 梦游戏套餐/
碧日译并制作．—南昌：二十一世纪出版社；2002.06.—1 册；26cm
ISBN 7-5391-2086-X；9.80 元

1348 全景贴纸游戏书.2，哆啦 A 梦时间机器迷路/
碧日译并制作．—南昌：二十一世纪出版社；2002.06.—1 册；26cm
ISBN 7-5391-2085-1；9.80 元

1349 全景贴纸游戏书.3，名侦探柯南：挑战八大谜语的迷路游戏/
碧日译并制作．—南昌：二十一世纪出版社；2002.06.—1 册；26cm
ISBN 7-5391-2106-8；9.00 元

1350 全口义齿/
〔日〕权田悦通，〔日〕杉上圭三著；赵军，张宁宁译．—上海：上海教育出版社；2002.03.—144 页；26cm.——（口腔修复技术工艺学教学丛书）

ISBN 7 - 5320 - 8182 - 6（精装）；108.00 元
本书是一本全口义齿技工工艺学的教材。

1351　全民英语.1，基础篇/
〔日〕财团法人日本英语教育协会编；黄怡筠
译.—上海：上海世界图书出版公司，2002.05.—
197 页；20cm. —（EZ 系列）
ISBN 7 - 5062 - 5297 - X；15.00 元
本书有 42 个单元、四大篇，分列为日常生活
（上）篇、（下）篇、办公室篇、电话用篇。

1352　全民英语.10，听力篇/
〔日〕财团法人日本英语教育协会编；黄怡筠
译.—上海：上海世界图书出版公司，2002.05.—
388 页；20cm. —（EZ 系列）
ISBN 7 - 5062 - 5306 - 2；25.00 元
本书分辨音、断句、主题三大学习重点。

1353　全民英语.2，日常篇/
〔日〕财团法人日本英语教育协会编；黄怡筠
译.—上海：上海世界图书出版公司，2002.05.—
221 页；20cm. —（EZ 系列）
ISBN 7 - 5062 - 5298 - 8；15.00 元
本书将现代人的社交生活分为“居住、饮食、
同勤、工作、学习、资讯”六个主题，详细列
出各种情景下实用的英语。

1354　全民英语.3，社交篇/
〔日〕财团法人日本英语教育协会编；黄怡筠
译.—上海：上海世界图书出版公司，2002.05.—
221 页；20cm. —（EZ 系列）
ISBN 7 - 5062 - 5299 - 6；15.00 元
本书将现代人的社交生活分为“会面、电话、
休闲、购物、旅游、困扰”六个主题详细列出
各种情景下实用的英语。

1355　全民英语.4，旅游篇/
〔日〕财团法人日本英语教育协会编；黄怡筠
译.—上海：上海世界图书出版公司，2002.05.—
273 页；20cm. —（EZ 系列）
ISBN 7 - 5062 - 5300 - 3；17.00 元
本书介绍国人出国旅游时寄宿家庭必备的英语，
并提供实用的旅游资讯与差异的解读。

1356　全民英语.5，商业篇/
〔日〕财团法人日本英语教育协会编；黄怡筠
译.—上海：上海世界图书出版公司，2002.05.—
239 页；20cm. —（EZ 系列）
ISBN 7 - 5062 - 5301 - 1；17.00 元
本书选录职场上行政、业务人员接待外国客户

必备的会话、句型及实用的商务书信知识、科技
文章等。

1357　全民英语.6，办公室篇/
〔日〕财团法人日本英语教育协会编；黄怡筠
译.—上海：上海世界图书出版公司，2002.05.—
376 页；20cm. —（EZ 系列）
ISBN 7 - 5062 - 5302 - X；25.00 元
本书选录企业上班族、职场专业人员必备的会话
句型及实用的商业书信范例、相关常识等。

1358　全民英语.7，基础句型篇/
〔日〕财团法人日本英语教育协会编；黄怡筠
译.—上海：上海世界图书出版公司，2002.05.—
243 页；20cm. —（EZ 系列）
ISBN 7 - 5062 - 5303 - 8；17.00 元
本书介绍英语学习中最基础实用的 36 个句型。

1359　全民英语.8，应用句型篇/
〔日〕财团法人日本英语教育协会编；黄怡筠
译.—上海：上海世界图书出版公司，2002.05.—
250 页；20cm. —（EZ 系列）
ISBN 7 - 5062 - 5305 - 4；17.00 元
本书分休闲旅游、消费购物、哈拉闲聊和交际应
酬四大主题。

1360　全民英语.9，语法篇/
〔日〕财团法人日本英语教育协会编；黄怡筠
译.—上海：上海世界图书出版公司，2002.05.—
393 页；20cm. —（EZ 系列）
ISBN 7 - 5062 - 5304 - 6；25.00 元
本书涵盖 60 个最常用的实用语法。

1361　全球热点话题英语选读/
〔日〕木村哲也编著.—北京：外文出版社；2002.
06.—212 页；20cm
ISBN 7 - 119 - 01325 - 4；14.00 元
本书是一本介绍最新时事英语的书。

1362　犬夜叉.11 ~ 15/
〔日〕高桥留美子著；叶风译.—天津：天津人
民美术出版社；2002.09.—5 册；19cm. —（高
桥留美子作品集）
ISBN 7 - 5305 - 1908 - 5；33.00 元（全套）
本书为长篇漫画。

1363　犬夜叉.16 ~ 20/
〔日〕高桥留美子著；叶风译.—天津：天津人
民美术出版社；2002.09.—5 册；17 × 11cm. —
（高桥留美子作品集）

ISBN 7 - 5305 - 1909 - 3；33.00 元（全套）
本书为长篇漫画。

1364 犬夜叉．21～26/
〔日〕高桥留美子著；叶风译 . —天津：天津人
民美术出版社；2002.09. —6 册；19cm. —（高
桥留美子作品集）
ISBN 7 - 5305 - 1910 - 7；39.60（全套）
本书为长篇漫画。

1365 犬夜叉．27～30 册/
〔日〕高桥留美子著；邹宁译 . —天津：天津人
民美术出版社；2002.09. —4 册；17cm
ISBN 7 - 5305 - 2075 - X；26.40 元
本书为卡通连环画。

1366 犬夜叉．3/
〔日〕高桥留美子著；叶风译 . —天津：天津人民
美术出版社；2002.09. —177 页；17 × 12cm. —
（高桥留美子作品集）
ISBN 7 - 5305 - 1895 - X；33.00 元（全套 5 册）
本书为长篇漫画。

1367 让智慧跳出来/
〔日〕多湖辉著；宋杨，钱海澎译 . —北京：中国
青年出版社；2002.10. —174 页；20cm. —（多湖
辉聪慧书系）
ISBN 7 - 5006 - 4868 - 5；10.00 元
本书围绕“让智慧跳出来”的主题，告诉读者
如何绕开思维障碍、发现问题的实质。

1368 热带鱼·水草的欣赏/
〔日〕佐佐木浩之编著；刘文利，刘文江译 . —北
京：中国轻工业出版社；2002.01. —173 页；20cm.
—（PET 宠物系列）
ISBN 7 - 5019 - 3526 - 2；26.00 元
本书介绍了世界各地上百种热带鱼的习性及饲
养时要注意的问题。

1369 人的脚步声：掌小说全集/
〔日〕川端康成著；叶渭渠译 . —桂林：广西师范
大学出版社；2002.02. —461 页；20cm. —（川端
康成文集/叶渭渠主编）
ISBN 7 - 5633 - 3447 - 5；27.80 元
这是川端康成的短篇小说集，收罗了他的全部
短篇小说，是一个最全的权威版本。

1370 人生的坐标/
〔日〕池田大作著；卞立强译 . —上海：上海外
语教育出版社；2002.10. —160 页；20cm

ISBN 7 - 81080 - 501 - 0（精装）；15.00 元
本书是日本著名作家池田大作先生用自己一生
的经历写下的名言名句，富含人生哲理。

1371 妊娠～产后的爱情生活全书/
〔日〕井上惠子等著；郭成秀译 . —天津：天津
科学技术出版社；2002.01. —141 页；20cm
ISBN 7 - 5308 - 3156 - 9；12.00 元
本书着重介绍了如何愉快地度过孕期及产后的
夫妻生活。

1372 日本 P. O. P. 广告设计精粹．上/
〔日〕AG 公司编著 . —北京：中国轻工业出版
社；2002.01. —227 页；30 × 22cm
ISBN 7 - 5019 - 3506 - 8；168.00 元
本书为当今日本市场的 P. O. P. 作品实例图集，
均为大品牌、名牌店的促销方式。

1373 日本 P. O. P. 广告设计精粹．下/
〔日〕AG 公司编著 . —北京：中国轻工业出版
社；2002.01. —227 页；30 × 22cm
ISBN 7 - 5019 - 3507 - 6；168.00 元
本书是当今日本市场的 P. O. P. 作品实例图集，
均为大品牌、名牌店的促销方式。

1374 日本包装设计获奖作品集/
〔日〕广川启智主编 . —沈阳：辽宁科学技术出
版社；2002.01. —207 页；30 × 23cm
ISBN 7 - 5381 - 3511 - 1（精装）；200.00 元
本书从日本优秀包装设计数千件作品中精选出
330 件获奖作品。

**1375 日本的技术变革：从十七世纪到二十一世
纪/**
〔日〕莫里斯铃木著；马春文等译 . —北京：中国
经济出版社；2002.01. —395 页；20cm. —（他山
石经济史译丛；5/樊元主编）
ISBN 7 - 5017 - 4889 - 6；30.00 元
本书记述和分析日本成为技术强国的原因过程。

1376 日本的祭祀与艺能：取自亚洲的角度/
〔日〕诹访春雄著；凌云凤译 . —长沙：湖南美
术出版社；2002.09. —231 页；20cm
ISBN 7 - 5356 - 1727 - 1；21.00 元
本书在追溯日本本土的传统祭祀活动与艺能的
同时，阐明了日本民族起源论的崭新文化观点。

1377 日本的建设产业/
〔日〕金本良嗣编；关柯等译 . —北京：中国建
筑工业出版社；2002.05. —210 页；19cm

ISBN 7 - 112 - 04941 - 5；12.00 元
本书讲述了日本的建设产业的发展、状况、问题及解决方法。

1378 日本帝国主义史研究：以侵华战争为中心/
〔日〕江口圭一著；周启乾，刘锦明译．—北京：世界知识出版社；2002.06. —387 页；20cm
ISBN 7 - 5012 - 1724 - 6；21.00 元
本书从外交政策和日本国内舆论导向等方面对日本帝国主义史进行了深入剖析。

1379 日本浮世绘欣赏．第 1 辑，美人风俗画/
〔日〕喜多川歌磨绘；吴贵玉编译．—石家庄：河北教育出版社；2002.10. —10 册；240 幅；16cm
ISBN 7 - 5434 - 4800 - 9；98.00 元
日本浮世绘是东方绘画艺术的重要组成部分，曾对西方近现代绘画产生巨大的影响。

1380 日本浮世绘欣赏．第 2 辑，虫草花鸟画/
〔日〕北尾政美等绘；吴贵玉编译．—石家庄：河北教育出版社；2002.10. —1 册；240 幅；13cm
ISBN 7 - 5434 - 4801 - 7；9.80 元
日本浮世绘是东方绘画艺术的重要组成部分，曾对西方近现代绘画产生巨大的影响。

1381 日本浮世绘欣赏．第 2 辑，儿童画/
〔日〕胜川春山等绘；吴贵玉编译．—石家庄：河北教育出版社；2002.10. —1 册；240 幅；13cm
ISBN 7 - 5434 - 4801 - 7；9.80 元
日本浮世绘是东方绘画艺术的重要组成部分，曾对西方近现代绘画产生巨大的影响。

1382 日本浮世绘欣赏．第 2 辑，风景花鸟动植物画/
〔日〕葛饰北斋等绘；吴贵玉编译．—石家庄：河北教育出版社；2002.10. —1 册；240 幅；13cm
ISBN 7 - 5434 - 4801 - 7；9.80 元
日本浮世绘是东方绘画艺术的重要组成部分，曾对西方近现代绘画产生巨大的影响。

1383 日本浮世绘欣赏．第 2 辑，风俗画/
〔日〕杉村治兵卫绘；吴贵玉编译．—石家庄：河北教育出版社；2002.10. —1 册；240 幅；13cm
ISBN 7 - 5434 - 4801 - 7；9.80 元
日本浮世绘是东方绘画艺术的重要组成部分，曾对西方近现代绘画产生巨大的影响。

1384 日本浮世绘欣赏．第 2 辑，浮绘/
〔日〕歌川丰春绘；吴贵玉编译．—石家庄：河

北教育出版社；2002.10. —1 册；240 幅；13cm
ISBN 7 - 5434 - 4801 - 7；9.80 元
日本浮世绘是东方绘画艺术的重要组成部分，曾对西方近现代绘画产生巨大的影响。

1385 日本浮世绘欣赏．第 2 辑，狂歌画/
〔日〕歌川广重绘；吴贵玉编译．—石家庄：河北教育出版社；2002.10. —1 册；240 幅；13cm
ISBN 7 - 5434 - 4801 - 7；9.80 元
日本浮世绘是东方绘画艺术的重要组成部分，曾对西方近现代绘画产生巨大的影响。

1386 日本浮世绘欣赏．第 2 辑，团扇画/
〔日〕歌川广重绘；吴贵玉编译．—石家庄：河北教育出版社；2002.10. —1 册；240 幅；13cm
ISBN 7 - 5434 - 4801 - 7；9.80 元
日本浮世绘是东方绘画艺术的重要组成部分，曾对西方近现代绘画产生巨大的影响。

1387 日本浮世绘欣赏．第 2 辑，艺人画．1/
〔日〕歌川丰国绘；吴贵玉编译．—石家庄：河北教育出版社；2002.10. —1 册；240 幅；13cm
ISBN 7 - 5434 - 4801 - 7；9.80 元
日本浮世绘是东方绘画艺术的重要组成部分，曾对西方近现代绘画产生巨大的影响。

1388 日本浮世绘欣赏．第 2 辑，艺人画．2/
〔日〕歌川丰国绘；吴贵玉编译．—石家庄：河北教育出版社；2002.10. —1 册；240 幅；13cm
ISBN 7 - 5434 - 4801 - 7；9.80 元
日本浮世绘是东方绘画艺术的重要组成部分，曾对西方近现代绘画产生巨大的影响。

1389 日本浮世绘欣赏．第 2 辑，艺人画．3/
〔日〕歌川丰国绘；吴贵玉编译．—石家庄：河北教育出版社；2002.10. —1 册；240 幅；13cm
ISBN 7 - 5434 - 4801 - 7；9.80 元
日本浮世绘是东方绘画艺术的重要组成部分，曾对西方近现代绘画产生巨大的影响。

1390 日本广告作品集锦．1/
〔日〕广川启智主编；艾国强译．—北京：机械工业出版社；2002.09. —205 页；30×12cm
ISBN 7 - 111 - 10626 - 1；180.00 元
本书介绍了各主要公司的优秀作品。

1391 日本广告作品集锦．2/
〔日〕广川启智主编；艾国强译．—北京：机械工业出版社；2002.09. —201 页；30cm
ISBN 7 - 111 - 10657 - 1；180.00 元

本书收集了日本广告界各主要广告公司的优秀作品。

1392　日本家电企业的市场营销创新/
胡左浩等著．—北京：清华大学出版社；2002.01.
—215 页；25cm
ISBN 7－3020－4972－6；28.00 元

1393　日本建筑及空间设计获奖作品集．大型国际商展及橱窗陈列设计篇/
〔日〕广川启智主编；何波译．—沈阳：辽宁科学技术出版社；2002.01.—499 页；29×21cm
ISBN 7－5381－3504－9（精装）；230.00 元
本书是大型国际商展及橱窗展示设计篇，含展览、橱窗与百货商店陈列等各类实例。

1394　日本建筑及空间设计获奖作品集．建筑·百货及商店设计篇/
〔日〕广川启智主编；孙逸增译．—沈阳：辽宁科学技术出版社；2002.01.—251 页；29×21cm
ISBN 7－5381－3502－2（精装）；230.00 元
本书是建筑·百货及商店设计篇，含展示空间、店铺、饭店和服务设施，综合商店设施等各类实例。

1395　日本近代汉语名师传/
〔日〕六角恒广著；王顺洪译．—北京：北京大学出版社；2002.12.—186 页；20cm
ISBN 7－301－06034－3；10.00 元
本书介绍了 19 世纪中期到 20 世纪中期的日本七名汉语教师的活动。

1396　日本旅游白皮书．2000 版/
〔日〕总理府编；郑堡垒译．—北京：中国旅游出版社；2002.01.—352 页；20cm
ISBN 7－5032－1949－1；25.00 元
本书总结了 1999 年度日本旅游业的状况、介绍了日本旅游娱乐业的动向以及 2000 年度政府旅游政策。

1397　日本全国水资源综合规划/
〔日〕国土厅编；吴浓娣译．—北京：中国水利水电出版社；2002.08.—83 页；20cm
ISBN 7－5084－1081－5；38.00 元

1398　日本神学史/
〔日〕古屋安雄等著；陆若水，刘国鹏译．—上海：上海三联书店，2002.06.—166 页；21cm.—（当代基督宗教研究译丛/卓新平主编）
ISBN 7－5426－1691－9；12.00 元
本书介绍基督教在日本发展的历史。

1399　日本文化·社会·风土：日文/
〔日〕佐岛群已，〔日〕岩户荣，〔日〕须田坦男主编．—成都：四川大学出版社；2002.05.—250页；200 幅；26cm
ISBN 7－5614－2291－1；32.00 元
本书全面介绍日本的地理、历史、自然、社会及文化与风俗。

1400　日本舞蹈的基础/
〔日〕花柳千代著；郭连友等译．—北京：文化艺术出版社；2002.12.—320 页；1800 幅；26cm
ISBN 7－5039－2293－1；90.00 元
本书作者花柳千代是日本著名的古典舞蹈家。本书是她 40 多年来潜心钻研和实践日本传统舞蹈的成果和结晶。

1401　日本演剧史概论/
〔日〕河竹繁俊著；郭连友等译．—北京：文化艺术出版社；2002.03.—431 页；20cm
ISBN 7－5039－2171－4；24.50 元
本书论述了日本戏剧的产生及发展脉络，介绍了各个流派的著名剧作家、著名演员及代表作品。

1402　日本语初步/
〔日〕国际交流基金日语国际中心编；黄文明译．—北京：外语教学与研究出版社；2002.08.—434 页；20cm
ISBN 7－5600－2237－5；19.90 元
本书通过日常生活对话的形式，让读者在浓厚的语言环境中自然地掌握单词和语法。

1403　日本语句型词典/
〔日〕佳码析疑研究小组编著；徐一平等译．—北京：外语教学与研究出版社；2002.12.—891页；21cm
ISBN 7－5600－3205－2（精装）；37.90 元
本词典收录了 3000 个日语句型。

1404　日本语能力试验．2 级/
〔日〕松本节子，〔日〕星野惠子编著．—北京：北京语言文化大学出版社；2002.05.—320 页；20cm
ISBN 7－5619－1053－3；23.00 元
本书为日本语能力试验考试用书。

1405　日本著名包装设计师佳作集/
〔日〕广川启智主编．—沈阳：辽宁科学技术出版社；2002.01.—348 页；31cm
ISBN 7－5381－3512－X（精装）；320.00 元
本书是日本包装设计协会会员设计的各种包装作品专集。

1406 日常生活英语/

〔日〕德山洋一著. —北京：外语教学与研究出版社；2002.12. —150 页；13×14cm. —（朗文英语会话系列）

ISBN 7-5600-3078-5；6.90 元

本书针对经常碰到的语言情景设计，全部都是实用的英语会话。

1407 日常心理趣味小百科/

〔日〕涩谷昌三著；唐海霞译. —北京：中国轻工业出版社；2002.01. —263 页；19cm. —（新向导丛书. 大众心理系列）

ISBN 7-5019-3492-4；16.00 元

本书是一本心理学的通俗读物，作者着眼于人们在日常生活中的各种行为，深入剖析其背后隐藏的心理动机。

1408 日汉词典/

〔日〕杉本达夫，〔日〕牧田英二，〔日〕古屋昭弘编. —北京：外文出版社；2002. —624 页；16×9cm

ISBN 7-119-03047-7；18.00 元

本书精选日汉对照词汇约 3 万，包括 2 万以上的短例句。

1409 日汉双解学习辞典/

〔日〕旺文社编著；王萍等译. —北京：外语教学与研究出版社；2002.12. —1942 页；21cm

ISBN 7-5600-2268-5（精装）；85.90 元

本辞典针对学生学习的实际需要，编录 6 万多词条。

1410 日建设计公司设计实例/

〔日〕日建设计公司编著；滕征本等译. —北京：中国建筑工业出版社；2002.04. —235 页；29cm. —（国外建筑设计详图图集；6）

ISBN 7-112-04914-8；46.00 元

本书介绍日本日建设计公司最近设计的作品和详图。

1411 日兮月兮；浅草红团/

〔日〕川端康成著；陈薇等译. —桂林：广西师范大学出版社；2002.02. —285 页；20cm. —（川端康成文集/叶渭渠主编）

ISBN 7-5633-3443-2；20.80 元

本书为两篇中篇小说。

1412 日英汉水泥混凝土词典/

王家治，〔日〕大西利夫主编. —北京：中国建筑工业出版社；2002.03. —892 页；20cm

ISBN 7-112-03868-5（精装）；75.00 元

1413 日语概说/

〔日〕金田一春彦著；潘钧译. —北京：北京大学出版社；2002.12. —485 页；21cm

ISBN 7-301-06029-7；28.00 元

本书从普通语言学的角度出发，通过将日语与世界诸语言比较，准确、客观地勾画出日语的面貌。

1414 日语句型地道表达 200 例. 初、中级/

〔日〕友松悦子，〔日〕宫本淳，〔日〕和栗雅子编著. —大连：大连理工大学出版社；2002.06. —236 页；26cm

ISBN 7-5611-1988-7；20.00 元

本书对日语的句型进行举例说明。

1415 日语句型地道表达 500 例. 中、上级/

〔日〕友松悦子，〔日〕宫本淳，〔日〕和栗雅子编著. —大连：大连理工大学出版社；2002.06. —232 页；26cm

ISBN 7-5611-1989-5；20.00 元

本书对中上级和日语能力测试 1、2 级中出现的句型进行举例说明。

1416 日语能力考试二级教程/

〔日〕中森昌昭编著；蒋清编译. —上海：上海财经大学出版社；2002.08. —4 册；26cm

ISBN 7-81049-756-1；95.00 元

本书是"日语能力考试"系列书中的第二级函授教程。

1417 日语新辞林/

〔日〕松村明，〔日〕佐和隆光，〔日〕养老孟司主编. —北京：北京出版社；2002.09. —2053 页；21cm

ISBN 7-200-04667-1（精装）；150.00 元

本书是迄今为止我国已出版的同类辞书中最大的一部辞典。收词有 15 万条之多。

1418 日元国际化：进程与展望/

〔日〕菊地悠二著；陈建译. —北京：中国人民大学出版社；2002.10. —292 页；20cm. —（现代日本社会科学名著译丛）

ISBN 7-300-04426-3；19.00 元

本书通过对日元国际化发展进程的追溯和探索说明了要实现日本经济复苏，日元全面国际化是一个不可或缺的重要课题。

1419 日中诗歌比较丛稿：从《万叶集》的书名谈起/

〔日〕松浦友久,〔日〕加藤阿幸著；陆庆和译.
—北京：民族出版社；2002.12.—183 页；20cm
ISBN 7 - 105 - 05254 - 6；12.00 元
本书对中日诗歌做了细致入微的比较论说。

1420 绒绒毛公仔/

〔日〕内藤朗编著；龙江,日露译.—广州：广东
科学技术出版社；2002.05.—56 页；17×19cm.—
（流行小饰物制作丛书）
ISBN 7 - 5359 - 2912 - 5；10.00 元
本书介绍了使用毛线等材料制作各种时髦、可
爱的小公仔和饰物的基本方法和制作实例等。

1421 如果世界是 100 个人的村庄/

〔日〕池田香代子著；吴佩俞译.—乌鲁木齐：新
疆人民出版社；2002.08.—83 页；19cm.—（世界
是乐园）
ISBN 7 - 228 - 07431 - 9（精装）；27.60 元（全
套 2 册）
本书将世界比作 100 个人的村庄，介绍了这个世
界的组成情况。

1422 如何表现自己/

〔日〕多湖辉著；苏历铭译.—北京：商务印书馆
国际有限公司,2002.01.—235 页；17×10cm.—
（心理透视丛书）
ISBN 7 - 80103 - 256 - X；13.00 元
本书详尽论述了在当今竞争的时代如何更好地
推荐自己，让别人了解自己优点的同时，把自己
潜在的能力表现出来。

1423 弱点的解读/

〔日〕多湖辉著；欧文东,苏丽波译.—北京：
商务印书馆国际有限公司,2002.01.—235 页；
19cm.—（心理透视丛书）
ISBN 7 - 80103 - 255 - 1；13.00 元
本书根据人的弱点的本质及与弱点有关的心理
纠葛、心理机制等阐述了人的弱点的解读方法。

1424 赛文·奥特曼/

〔日〕圆谷制作株式会社授权.—北京：海豚出版
社；2002.10.—35 页；14×14cm.—（奥特曼大全；
7）
ISBN 7 - 80138 - 277 - 3；28.00 元（全套）

1425 色彩印象图典/

〔日〕南云治嘉著；王建英译.—上海：上海世
界图书出版公司,2002.01.—175 页；20cm.—

（色彩与配色印象图典；1）
ISBN 7 - 5062 - 5133 - 7；150.00 元
本书主要为从事色彩艺术的人士提供 160 余种色
彩印象。

1426 涩泽卿画集/

〔日〕涩泽卿绘.—上海：上海人民美术出版社；
2002.01.—93 页；24×25cm
ISBN 7 - 5322 - 3029 - 5；108.00 元
本书收录日本现代画家涩泽卿的日本风景画代
表作品。

1427 森林：日本文化之母/

〔日〕安田喜宪著；蔡敦达,邬利明译.—上海：
上海科学技术出版社；2002.04.—177 页；19cm.
—（和风文库）
ISBN 7 - 5323 - 6450 - X；18.00 元
本书比较详细地介绍了日本历史上各个时期的
森林文化以及这种文化对日本历史的影响。

1428 山居之神/

〔日〕皇明月绘；米林雨译.—天津：天津人民
美术出版社；2002.01.—186 页；19cm
ISBN 7 - 5305 - 1686 - 8；13.00 元
本书是漫画连环画作品，包括《桃花扇》等五
个故事。

1429 山音；湖/

〔日〕川端康成著；叶渭渠,唐月梅译.—桂林：
广西师范大学出版社；2002.02.—307 页；20cm.
—（川端康成文集/叶渭渠主编）
ISBN 7 - 5633 - 3441 - 6；21.80 元
本书收集了川端康成两个中篇小说。

1430 商界获胜/

〔日〕多湖辉著；吕晓东译.—北京：中国青年
出版社；2002.10.—247 页；20cm.—（多湖辉
聪慧书系）
ISBN 7 - 5006 - 4865 - 0；13.80 元
作者举了许多实例向人们解释在商界交往中的
心态分析和把握，通过心理学的原则帮你把握商
务交往中的规律。

1431 商务英语/

〔日〕长野晃著.—北京：外语教学与研究出版
社；2002.12.—150 页；13×14cm.—（朗文英
语会话系列）
ISBN 7 - 5600 - 3080 - 7；6.90 元
本书针对经常碰到的语言情景设计，全部都是实
用的英语会话。

1432 商业设施/

〔日〕藤江澄夫著；黎雪梅译.—北京：中国建筑工业出版社；2002.08.—137页；29cm.—（建筑规划·设计译丛）

ISBN 7-112-04973-3；30.00元

本书介绍了购物中心、百货店、专卖店、超级市场等的规划与设计。

1433 上司若不变成"鬼"，属下怎么会成才：培养优秀员工的金科玉律/

〔日〕染谷和巳著；康平，杨淑容译.—北京：中国友谊出版公司，2002.01.—214页；20cm

ISBN 7-5057-1731-6；14.00元

1434 少年神探金田一/

〔日〕天树征丸著；魏微，张兵译.—深圳：海天出版社；2002.05.—2册（225，260页）；20cm

ISBN 7-80654-712-6；30.00元

深蓝集团酒店开张之际被恐怖集团集体劫持。在金田一和警方的努力下，查明真凶，破获此案。

1435 社会学原理/

〔日〕青井和夫著；刘振英译.—北京：华夏出版社；2002.01.—242页；24cm.—（高校经典教材译丛.社会学）

ISBN 7-5080-2613-6；28.00元

本书比较全面而系统地阐述了社会学基本理论和社会学方法论，同时阐述了作者本人独特的社会学理论观点。

1436 社会主义发展论/

〔日〕大西广著；阎庆悦译.—西安：陕西人民出版社；2002.06.—170页；20cm

ISBN 7-2240-6225-1；10.00元

本书是日本经济学家大西广先生研究从资本主义到社会主义发展的专著。

1437 身心处方笺/

〔日〕永井明著；曹亚辉，王华伟译.—济南：山东文艺出版社；2002.06.—229页；19cm.—（生活新概念丛书）

ISBN 7-5329-1840-8；13.00元

本书着重讲述了人从早上起床到晚上睡眠会遇到的种种精神方面的不安以及应对方法。

1438 神的孩子全跳舞/

〔日〕村上春树著；林少华译.—上海：上海译文出版社；2002.06.—152页；20cm.—（村上春树文集）

ISBN 7-5327-2887-0；13.50元

本书是村上春树最新的一部短篇小说集，共6篇。

1439 神话、祭祀与长江文明/

〔日〕安田喜宪主编；蔡敦达等译.—北京：文物出版社；2002.03.—284页；240幅；26cm

ISBN 7-5010-1326-8（精装）；28.00元

本书将考古新发现与古代文献相结合，从全新的角度探索了长江流域古文化中龙蛇崇拜的起源等重大课题。

1440 神奇宝贝岛上的伙伴们/

〔日〕福山庆子绘.—南昌：二十一世纪出版社；2002.01.—68页；20cm.—（神奇宝贝）

ISBN 7-5391-1970-5；12.00元

1441 神奇宝贝金银版卡通全百科.1/

〔日〕佐口贤作著；碧日译.—长春：吉林美术出版社；2002.03.—190页；15×11cm

ISBN 7-5386-1270-X；14.00元

1442 神奇宝贝金银版卡通全百科.2/

〔日〕佐口贤作著；碧日译.—长春：吉林美术出版社；2002.03.—190页；15×11cm

ISBN 7-5386-1270-X；14.00元

1443 神奇宝贝金银版卡通全百科.3/

〔日〕佐口贤作著；碧日译.—长春：吉林美术出版社；2002.03.—190页；15×11cm

ISBN 7-5386-1270-X；14.00元

1444 神奇宝贝金银版卡通全百科.4/

〔日〕佐口贤作著；碧日译.—长春：吉林美术出版社；2002.03.—190页；15×11cm

ISBN 7-5386-1270-X；14.00元

1445 神奇宝贝金银文字数字游戏绘本/

〔日〕和田琴美著.—长春：吉林美术出版社；2002.03.—76页；26cm

ISBN 7-5386-1273-4；17.00元

1446 神奇宝贝全景手册/

碧日译并制作.—南昌：二十一世纪出版社；2002.06.—1册；26cm

ISBN 7-5391-2084-3；16.00元

1447 神奇宝贝.1/

〔日〕田尻智著；碧日译.—南昌：二十一世纪出版社；2002.04.—141页；19cm

ISBN 7-5391-2018-5；12.80元

本书是根据日本同名动画片改编而成的卡通连环画。

1448　神奇宝贝 . 10/

〔日〕田尻智著；碧日译 . 一南昌：二十一世纪出版社；2002. 04. —175 页；19cm

ISBN 7 - 5391 - 2027 - 4；12.80 元

本书是根据日本同名动画片改编而成的卡通连环画。

1449　神奇宝贝 . 11/

〔日〕田尻智著；碧日译 . 一南昌：二十一世纪出版社；2002. 04. —175 页；19cm

ISBN 7 - 5391 - 2045 - 2；12.80 元

本书是根据日本同名动画片改编而成的卡通连环画。

1450　神奇宝贝 . 12/

〔日〕田尻智著；碧日译 . 一南昌：二十一世纪出版社；2002. 04. —174 页；19cm

ISBN 7 - 5391 - 2046 - 0；12.80 元

本书是根据日本同名动画片改编而成的卡通连环画。

1451　神奇宝贝 . 13/

〔日〕田尻智著；碧日译 . 一南昌：二十一世纪出版社；2002. 04. —175 页；19cm

ISBN 7 - 5391 - 2047 - 9；12.80 元

本书是根据日本同名动画片改编而成的卡通连环画。

1452　神奇宝贝 . 14/

〔日〕田尻智著；碧日译 . 一南昌：二十一世纪出版社；2002. 04. —175 页；19cm

ISBN 7 - 5391 - 2048 - 7；12.80 元

本书是根据日本同名动画片改编而成的卡通连环画。

1453　神奇宝贝 . 15/

〔日〕田尻智著；碧日译 . 一南昌：二十一世纪出版社；2002. 04. —175 页；19cm

ISBN 7 - 5391 - 2049 - 5；12.80 元

本书是根据日本同名动画片改编而成的卡通连环画。

1454　神奇宝贝 . 16/

〔日〕田尻智著；碧日译 . 一南昌：二十一世纪出版社；2002. 04. —175 页；19cm

ISBN 7 - 5391 - 2050 - 9；12.80 元

本书是根据日本同名动画片改编而成的卡通连环画。

1455　神奇宝贝 . 17/

〔日〕田尻智著；碧日译 . 一南昌：二十一世纪出版社；2002. 04. —173 页；19cm

ISBN 7 - 5391 - 2052 - 5；12.80 元

本书是根据日本同名动画片改编而成的卡通连环画。

1456　神奇宝贝 . 18/

〔日〕田尻智著；碧日译 . 一南昌：二十一世纪出版社；2002. 04. —173 页；19cm

ISBN 7 - 5391 - 2051 - 7；12.80 元

本书是据日本同名动画片改编而成的卡通连环画。

1457　神奇宝贝 . 19/

〔日〕田尻智著；碧日译 . 一南昌：二十一世纪出版社；2002. 04. —223 页；19cm

ISBN 7 - 5391 - 2053 - 3；14.80 元

本书是根据日本同名动画片改编而成的卡通连环画。

1458　神奇宝贝 . 2/

〔日〕田尻智著；碧日译 . 一南昌：二十一世纪出版社；2002. 04. —174 页；19cm

ISBN 7 - 5391 - 2019 - 3；12.80 元

本书是根据日本同名动画片改编而成的卡通连环画。

1459　神奇宝贝 . 20/

〔日〕田尻智著；碧日译 . 一南昌：二十一世纪出版社；2002. 04. —220 页；19cm

ISBN 7 - 5391 - 2054 - 1；14.80 元

本书是根据日本同名动画片改编而成的卡通连环画。

1460　神奇宝贝 . 3/

〔日〕田尻智著；碧日译 . 一南昌：二十一世纪出版社；2002. 04. —175 页；19cm

ISBN 7 - 5391 - 2020 - 7；12.80 元

本书是根据日本同名动画片改编而成的卡通连环画。

1461　神奇宝贝 . 4/

〔日〕田尻智著；碧日译 . 一南昌：二十一世纪出版社；2002. 04. —174 页；19cm

ISBN 7 - 5391 - 2021 - 5；12.80 元

本书是根据日本同名动画片改编而成的卡通连环画。

1462　神奇宝贝 . 5/

〔日〕田尻智著；碧日译 . 一南昌：二十一世纪出版社；2002. 04. —173 页；19cm

ISBN 7 - 5391 - 2022 - 3；12.80 元

本书是根据日本同名动画片改编而成的卡通连环画。

1463 神奇宝贝 . 6/

〔日〕田尻智著；碧日译 . 一南昌：二十一世纪出版社；2002.04. —173 页；19cm

ISBN 7 – 5391 – 2023 – 1；12.80 元

本书是根据日本同名动画片改编而成的卡通连环画。

1464 神奇宝贝 . 7/

〔日〕田尻智著；碧日译 . 一南昌：二十一世纪出版社；2002.04. —174 页；19cm

ISBN 7 – 5391 – 2024 – X；12.80 元

本书是根据日本同名动画片改编而成的卡通连环画。

1465 神奇宝贝 . 8/

〔日〕田尻智著；碧日译 . 一南昌：二十一世纪出版社；2002.04. —175 页；19cm

ISBN 7 – 5391 – 2025 – 8；12.80 元

本书是根据日本同名动画片改编而成的卡通连环画。

1466 神奇宝贝 . 9/

〔日〕田尻智著；碧日译 . 一南昌：二十一世纪出版社；2002.04. —174 页；19cm

ISBN 7 – 5391 – 2026 – 6；12.80 元

本书是根据日本同名动画片改编而成的卡通连环画。

1467 肾脏病/

〔日〕加藤英一著；赵长林译 . 一沈阳：辽宁科学技术出版社；2002.01. —259 页；19cm. —（家庭医学丛书）

ISBN 7 – 5381 – 3456 – 5；13.00 元

本书以肾脏病人自我管理为中心，详细介绍了饮食管理、日常生活注意事项、最新治疗方法。

1468 肾脏病患者每日食谱/

〔日〕女子营养大学出版部编；王先进译 . 一郑州：河南科学技术出版社；2002.10. —112 页；20cm. —（养生食疗书系）

ISBN 7 – 5349 – 2848 – 6；16.80 元

本书介绍了肾脏病患者每日营养食谱多种。

1469 生产现场基本心得 20 条/

〔日〕原崎郁平著；余幼龙等译 . 一深圳：海天出版社；2002.02. —301 页；20cm. —（工厂管理实战丛书）

ISBN 7 – 80654 – 627 – 8；23.00 元

本书全面总结了工厂生产管理心得 20 条。

1470 生产现场问题 110/

〔日〕原崎郁平著；余幼龙等译 . 一深圳：海天出版社；2002.02. —289；20cm. —（工厂管理实战丛书）

ISBN 7 – 80654 – 629 – 4；23.00 元

本书全面提出并解决生产现场中出现的各类问题。

1471 生活习惯病及其防治/

〔日〕田上干树著；姜晓颖译 . 一上海：上海人民出版社；2002.05. —299 页；20cm. —（实用保健译丛）

ISBN 7 – 208 – 04150 – 4；20.00 元

本书针对现代生活中常见的生活习惯病，如糖尿病、高血压肥胖等，提出了这些病症的原因、状况对健康的影响及防治要诀。

1472 生活中的心理过招/

〔日〕多湖辉著；吴崇译 . 一北京：中国青年出版社；2002.10. —221 页；20cm. —（多湖辉聪慧书系）

ISBN 7 – 5006 – 4874 – X；12.00 元

本书以图配文的形式列举了一个个实用的心理谋略，帮助读者了解和躲过生活中的种种陷阱和圈套。

1473 圣诞夜晚的星星 . 冬 . 12 月星空/

〔日〕藤井旭著；王玲译 . 一北京：中国轻工业出版社；2002.01. —47 页；29cm. —（奇诺的星空日历）

ISBN 7 – 5019 – 3553 – X；16.00 元

本书是天文学普及读物。

1474 失败学/

〔日〕田村洋太郎著；高倩艺译 . 一上海：上海科学技术出版社；2002.11. —160 页；20cm. —（View·新视角 TM 书系）

ISBN 7 – 5323 – 6662 – 6；11.00 元

本书总结出了一套如何与失败正确相处，如何积极、系统地利用失败知识的方法。

1475 失眠症/

〔日〕武田昌幸著；李石良译 . 一北京：中国中医药出版社；2002.08. —111 页；19cm. —（图解指压丛书）

ISBN 7 – 80156 – 339 – 5；8.00 元

本书以图解的方式介绍穴位按压疗法治疗失眠症。

1476　诗性的哲学散步/
〔日〕萩原朔太郎著；于君译．—北京：群言出版社；2002.10.—257页；20cm
ISBN 7-80080-329-5；18.00元
本书是日本萩原朔太郎先生的哲学文集。

1477　十五晚上的月亮仙子．秋．9月星空/
〔日〕藤井旭著；刘琳译．—北京：中国轻工业出版社；2002.01.—47页；29cm.—（奇诺的星空日历）
ISBN 7-5019-3550-5；16.00元
本书是天文学普及读物。

1478　时尚发型115款/
〔日〕主妇之友社供稿；余静译．—杭州：浙江科学技术出版社；2002.08.—80页；26cm.—（美发秀）
ISBN 7-5341-1980-4；32.00元
全书以图文并茂的形式介绍各种发型的剪、烫技巧。

1479　实践日语会话．日本篇/
陈崇君，黄建香，〔日〕中山爱编著．—北京：北京大学出版社；2002.12.—416页；20cm.—（日语教育丛书）
ISBN 7-301-05535-8；26.00元
本书以日本现实社会生活中经常接触的事物为话题，从不同角度展开对话。

1480　实践宪法学/
〔日〕三浦隆著；李力，白云海译．—北京：中国人民公安大学出版社；2002.07.—442页；20cm
ISBN 7-81087-031-9；28.00元
本书既是宪法解释之书，又是宪法政治学的启蒙书，是实践性的宪法书。

1481　实用折纸110例/
〔日〕ブテイック社编；郑文全，张文静译．—郑州：河南科学技术出版社；2002.05.—98页；26cm
ISBN 7-5349-2810-9；19.80元
本书主要介绍常用的生活用具：点心盒、纸盒、纸拖鞋、防热垫、垃圾袋等的折叠方法。

1482　食虫植物/
〔日〕清水清著；连小燕译．—上海：上海译文出版社；2002.03.—50页；19×18cm.—（科学画谱丛书）
ISBN 7-5327-2777-7；12.00元
本书专门介绍食虫植物的种类及它们的生长过程。

1483　世界公共厕所集锦/
〔日〕坂本菜子著；赵丽译．—北京：科学出版社；2002.07.—112页；26cm.—（科学丛书）
ISBN 7-03-010373-4；49.00元
本书主要集中展现了世界各国洗手间样式、功能等。

1484　世界尽头与冷酷仙境/
〔日〕村上春树著；林少华译．—上海：上海译文出版社；2002.12.—450页；21cm.—（村上春树文集）
ISBN 7-5327-3000-X；23.00元

1485　世界两栖爬行动物原色图鉴/
〔日〕松坂实原编；公凯赛，岳春编译．—北京：中国农业出版社；2002.05.—536页；29cm
ISBN 7-1090-7169-3（精装）；258.00元
本书是世界各地区主要的两栖动物与爬行动物的珍贵彩图1280余幅。

1486　世界漫游记/
〔日〕加藤周一著；王建新译．—石家庄：河北教育出版社；2002.06.—303页；19cm.—（东瀛美文之旅/叶渭渠主编）
ISBN 7-5434-4644-8；17.90元

1487　世界曾经是乐园/
〔日〕古川千胜著；李毓昭译．—乌鲁木齐：新疆人民出版社；2002.08.—83页；19cm.—（世界是乐园）
ISBN 7-228-07431-9（精装）；27.60元（全套2册）
本书是关于人类、社会发展哲学的通俗读物。

1488　市场的作用，国家的作用/
〔日〕青木昌彦，〔日〕奥野正宽，〔日〕冈崎哲二编著；林家彬等译．—北京：中国发展出版社；2002.01.—354页；20cm.—（发展译丛）
ISBN 7-80087-511-3；24.50元
本书以发展中国家与市场的作用为主题，对众多经济学热点问题进行了深入的探讨。

1489　室内设计构图技法/
〔日〕长谷川矩祥著；刘力译．—沈阳：辽宁科学技术出版社；2002.08.—149页；280幅；26cm
ISBN 7-5381-3591-X；85.00元
本书介绍各种设计图的提案、整理方法及归纳方法。

1490　室内设计色彩技法/
〔日〕长谷川矩祥著；刘力译．—沈阳：辽宁科学技术出版社；2002.08.—159页；300幅；26cm

ISBN 7 – 5381 – 3592 – 8；85.00 元

本书通过图片介绍传达生活形象的室内设计色彩表现技法，介绍以透视图来表达生活空间构想的窍门。

1491 室内设计素描技法：住宅空间透视图的素描/

〔日〕长谷川矩祥著；刘力译 . —沈阳：辽宁科学技术出版社；2002.08. —159 页；300 幅；26cm

ISBN 7 – 5381 – 3593 – 6；85.00 元

本书从简单的素描透视图开始，到最后着上漂亮色彩设计完成图，按步骤一一作图解释说明。

1492 室内园艺/

〔日〕BOUTIQUE 出版社编；余静译 . —杭州：浙江科学技术出版社；2002.05. —92 页；29cm

ISBN 7 – 5341 – 1662 – 7；23.00 元

本书是一本介绍用鲜花和绿色植物来装扮生活的园艺书。

1493 手织小礼物/

〔日〕内藤朗编；梁少军译 . —广州：广东科技出版社；2002.01. —48 页；16×16cm. — （时尚配饰）

ISBN 7 – 5359 – 2915 – X；10.00 元

本书介绍了手织帽子、围巾、手套的编织方法。

1494 疏远恐慌症/

〔日〕竹内龙雄主编；胡杨译 . —北京：中国轻工业出版社；2002.04. —89 页；19cm. — （家庭保健百科）

ISBN 7 – 5019 – 3622 – 6；8.00 元

本书介绍了恐慌症的自我检查、诊断，发病机理及治疗方法。

1495 蜀山女神/

〔日〕大川健三摄影 . —成都：四川民族出版社；2002.04. —104 页；29×21cm

ISBN 7 – 5409 – 2573 – 6；88.00 元

本书是日本人眼中的四姑娘山画册。

1496 数字调制解调基础/

〔日〕关清三著；崔炳哲，张岩译 . —北京：科学出版社；2002.06. —197 页；20cm. — （21 世纪电子电气工程师系列）

ISBN 7 – 03 – 010265 – 7；16.50 元

本书主要讲解 IT 技术中最关键、最基本的调制解调技术。

1497 数字图像处理 . 基础篇/

〔日〕谷口庆治编；朱虹，廖学成，乐静译 . —北京：科学出版社；2002.02. —255 页；20cm

ISBN 7 – 03 – 009894 – 3；22.00 元

本书主要内容有图像工程学基础，图像的数字化、变换、预处理方法、分割等。

1498 数字图像处理 . 应用篇/

〔日〕谷口庆治编；朱虹等译 . —北京：科学出版社；2002.07. —378 页；20cm

ISBN 7 – 03 – 009909 – 5；35.00 元

本书主要内容有图像处理的相关信息环境、图像处理专用硬件装置、图像测量和遥感技术等。

1499 水中健身运动/

〔日〕野村武男著；章耀远译 . —北京：人民体育出版社；2002.08. —174 页；95 幅；19cm

ISBN 7 – 5009 – 2310 – 4；11.00 元

本书论述了水中运动对普通人健康的积极、独特的意义和作用。

1500 说服高手/

〔日〕多湖辉著；罗文，罗萃译 . —北京：中国青年出版社；2002.10. —173 页；20cm. — （多湖辉聪慧书系）

ISBN 7 – 5006 – 4867 – 7；11.00 元

本书用一个个小事例，介绍了许多说服人的具体技巧。

1501 丝巾的装饰系法/

〔日〕内藤朗编；谭湘辉译 . —广州：广东科技出版社；2002.01. —48 页；17×18cm. — （时尚配饰丛书）

ISBN 7 – 5359 – 2924 – 9；10.00 元

本书介绍了近 100 款丝巾的装饰系法。

1502 死去的历史遗留下的东西：谷川俊太郎诗选/

〔日〕谷川俊太郎著；田原译 . —北京：作家出版社；2002.06. —297 页；20cm

ISBN 7 – 5063 – 2330 – 3；20.00 元

本书为日本当代作家的诗集。

1503 死亡绿皮书/

〔日〕内田康夫著；张亦依译 . —成都：四川文艺出版社；2002.10. —297 页；17×12cm. — （浅见光彦探案杰作系列丛书）

ISBN 7 – 5411 – 2146 – 0；12.00 元

本书为侦探小说。

1504 四季组合盆栽/

〔日〕冈井路子主编；余静译 . —杭州：浙江科学技术出版社；2002.03. —96 页；29cm

ISBN 7 – 5341 – 1679 – 1；35.00 元

本书以精美的图片和简单明了的文字介绍了四季花卉的组合盆栽。

1505 松毛线小围巾和小饰物/

〔日〕内藤朗编；任小宁译 . —广州：广东科技出版社；2002.01. —56 页；17×18cm. —（时尚配饰丛书）

ISBN 7 – 5359 – 2919 – 2；10.00 元

本书介绍了使用毛线等材料制作的各种青春气息的编织类小饰物的基本方法和制作实例等。

1506 松下幸之助智慧用人/

〔日〕松下幸之助著；〔日〕东野一郎编译 . —哈尔滨：黑龙江人民出版社；2002.02. —429 页；20cm

ISBN 7 – 207 – 05338 – X；26.00 元

1507 宋元明清儒学年表/

〔日〕今关寿麿编撰 . —北京：北京图书馆出版社；2002.04. —218 页；20cm

ISBN 7 – 5013 – 1906 – 5（软精装）；25.00 元

本书以年代（中国帝王纪年、公历、日本年号）为经，以宋明理学学者、著作及重大活动为纬，构垒了四朝八百七十余年的理学发展框架。

1508 苏州风光：田中芳雄画集/

〔日〕田中芳雄绘 . —苏州：古吴轩出版社；2002.11. —52 页；29cm

ISBN 7 – 80574 – 679 – 6；58.00 元

本画集收入日本画家、苏州大学兼职教授田中芳雄所画钢笔画 150 余幅。

1509 苏州园林写真集：日英汉文对照/

〔日〕吉河功摄 . —苏州：古吴轩出版社；2002.03. —107 页；19×21cm

ISBN 7 – 80574 – 602 – 8（精装）；65.00 元

本书系日本园林专家吉河功先生的摄影作品集，内容涉及苏州 35 座古典园林。

1510 隋唐帝国与东亚/

〔日〕堀敏一著；朝昇，刘建英译 . —昆明：云南人民出版社；2002.01. —163 页；20cm. —（汉译欧亚历史文化名著译丛）

ISBN 7 – 222 – 03343 – 2；19.00 元

本书具体探讨隋唐帝国与东亚关系的变迁以及东亚世界中的人口流动、律令制度的传播和在唐新罗人对东亚交通的贡献。

1511 随机应"辩"：教你辩论之道/

〔日〕松本道弘著；徐若玮译 . —北京：中国友

谊出版公司，2002.11. —195 页；20cm

ISBN 7 – 5057 – 1805 – 3；14.00 元

1512 穗高的月亮/

〔日〕井上靖著；郑民钦译 . —石家庄：河北教育出版社；2002.06. —355 页；19cm. —（东瀛美文之旅/叶渭渠主编）

ISBN 7 – 5434 – 4643 – X；20.10 元

本书为日本散文家井上靖的散文集。

1513 他有七个敌人/

〔日〕石川达三著；金中译 . —天津：百花文艺出版社；2002.07. —506 页；20cm

ISBN 7 – 5306 – 3394 – 5；25.00 元

本书收录了日本著名作家石川达三的两部长篇小说代表作：《他有七个敌人》和《最后的世界》。

1514 太郎趣事/

〔日〕冢本裕美子著；锐奇译 . —石家庄：花山文艺出版社；2002.08. —217 页；14×11cm. —（山田太郎的故事）

ISBN 7 – 80673 – 175 – X；7.00 元

主人公山田太郎和弟妹们以乐观态度战胜贫穷的故事。

1515 泰罗·奥特曼/

〔日〕圆谷制作株式会社授权 . —北京：海豚出版社；2002.10. —35 页；14×14cm. —（奥特曼大全；6）

科学幻想电视连续剧

ISBN 7 – 801338 – 277 – 3；28.00 元（全套）

1516 糖尿病/

〔日〕五百旗头力著；李石良译 . —北京：中国中医药出版社；2002.08. —111 页；19cm. —（图解指压丛书）

ISBN 7 – 80156 – 339 – 5；8.00 元

本书以图解的方式介绍糖尿病的穴位按压治疗。

1517 糖尿病/

〔日〕林洋一著；汪旭译 . —沈阳：辽宁科学技术出版社；2002.01. —218 页；19cm. —（家庭自助医疗百科）

ISBN 7 – 5381 – 3573 – 1；10.00 元

本书叙述糖尿病的基础知识、症状与并发症、诊断和检查、一般治疗以及口服药物和胰岛素治疗等知识。

1518 糖尿病患者每日食谱/

〔日〕女子营养大学出版部编；边冬梅译 . —郑州：

河南科学技术出版社；2002.10.—112 页；20cm. —（养生食疗书系）

ISBN 7 - 5349 - 2847 - 8；16.80 元

本书介绍了糖尿病患者日常营养食谱多种。

1519 提高实力！：日本语能力试验 1 级/

〔日〕松本节子，〔日〕星野惠子编著.—北京：北京语言文化大学出版社；2002.05.—312 页；19cm

ISBN 7 - 5619 - 1052 - 5；23.00 元

本书为日本语能力试验考试用书。

1520 体验编排的乐趣干花/

〔日〕内藤朗编集；龙江，刘苏译.—广州：广东科技出版社；2002.01.—46 页；17×18cm. —（家庭观赏花卉丛书）

ISBN 7 - 5359 - 2867 - 6；10.00 元

本书介绍了用干花制作花篮、花框和花环的方法和技巧。

1521 体验差异日语形容词精解/

〔日〕佐佐木瑞枝，〔日〕渡部孝子著；陈晓雷译.—大连：大连理工大学出版社；2002.02.—74 页；20cm. —（标准日语表达之四）

ISBN 7 - 5611 - 1958 - 5；8.00 元

本书对日语形容词分类进行解释、说明，是大学日语辅导书。

1522 田中军团：田中角荣的政治生涯/

〔日〕大下英治著；应杰，乔志航，熊文莉译.—北京：华夏出版社；2002.10.—423 页；20cm

ISBN 7 - 5080 - 2222 - X；23.80 元

本书为纪实文学，介绍了田中角荣曲折艰辛、奋斗进取的大半生。

1523 铁磁性物理/

〔日〕近角聪信著；葛世慧译.—兰州：兰州大学出版社；2002.07.—555 页；26cm

ISBN 7 - 311 - 02030 - 1；52.50 元

本书介绍了磁学中最新的发展和技术，描述了各种磁性现象和磁性的工程应用。

1524 铁道员/

〔日〕浅田次郎著；郑民钦译.—北京：人民文学出版社；2002.10.—366 页；20cm

ISBN 7 - 02 - 003838 - 7；16.50 元

本书收录了作者八篇短篇小说。

1525 庭园绿篱与地被/

〔日〕相关芳郎编；〔日〕铃木治摄；翁殊斐译.—贵阳：贵州科技出版社；2002.02.—119 页；30cm

ISBN 7 - 80662 - 158 - X；98.00 元

本书以 300 多幅彩色图片展示了各种各样的庭园绿篱与地被形式。

1526 通风/

〔日〕空气调和卫生工学会编；王炳麟译.—北京：科学出版社；2002.01.—81 页；26cm. —（图解住宅设施系列）

ISBN 7 - 03 - 009565 - 0；32.00 元

本书主要讲解普通住宅的设备、设施。

1527 通过例题学习计量经济学/

〔日〕白砂堤津耶著；瞿强译.—北京：中国人民大学出版社；2002.09.—265 页；26cm. —（21 世纪财政金融系列教材）

ISBN 7 - 300 - 04155 - 8；19.00 元

本书通过几十道例题，讲述了计量经济学的基本知识和基本方法。

1528 通向武陵桃源/

〔日〕长冈进著；罗萃萃等译.—西安：陕西师范大学出版社；2002.07.—470 页；20cm

ISBN 7 - 5613 - 2466 - 9（精装）；24.80 元

本书是长篇纪实文学，描写主人公杉本文江于抗战时期由日本到中国东北，新中国成立后再到湖南的一生丰富的经历。

1529 痛经、月经不调/

〔日〕远藤三枝等著；王学美译.—北京：中国中医药出版社；2002.08.—119 页；19cm. —（图解指压丛书）

ISBN 7 - 80156 - 339 - 5；8.00 元

本书以图解的方式介绍用穴位按压疗法治疗痛经、月经不调。

1530 头晕防治指南/

〔日〕寺本纯著；客力洪等译.—北京：中国轻工业出版社；2002.01.—128 页；18×12cm. —（家庭保健百科）

ISBN 7 - 5019 - 3488 - 6；10.00 元

本书介绍了看似平常的头晕后面隐藏的疾病及其基本的辨别和预防方法。

1531 透光的树/

〔日〕高树信子著；林青华译.—北京：人民文学出版社；2002.10.—272 页；20cm

ISBN 7 - 02 - 003840 - 9；13.70 元

本书为长篇小说。

1532 图解电气大百科/
〔日〕曾根悟，〔日〕小谷诚，〔日〕向殿政男主编；程君实等译．—北京：科学出版社；2002.08.—1329 页；20cm．—（OHMhandbook；5）
ISBN 7 - 03 - 009988 - 5；118.00 元

1533 图解服装史/
〔日〕千村典生著；孙基亮，陆凤秋译．—北京：中国纺织出版社；2002.01.—252 页；26cm．—（国际服装丛书）
ISBN 7 - 5064 - 2200 - X；35.00 元
本书图文并茂地介绍了人类社会 4900 余年（公元前 2950 年至公元 2000 年）的服装变迁。

1534 图解花木栽培与造型/
〔日〕小黑晃等著；段传德等译．—郑州：河南科学技术出版社；2002.10.—305 页；20cm
ISBN 7 - 5349 - 2814 - 1；19.80 元
本书以图为主，主要介绍庭院花木搭配种植、造型方法，花木选择，修剪方法等。

1535 图解经营分析/
〔日〕山口裕康著；赵儒煜，胡岳岷，刘淑梅译．—北京：科学出版社；2002.06.—203 页；20cm．—（WTO 企业家入门文库）
ISBN 7 - 03 - 010304 - 1；19.60 元
本书主要讲解与企业经营分析有关的问题。

1536 图解汽车驾驶技巧/
〔日〕丰田名古屋教育中心中部日本汽车学校编著；林成基，李媛译．—上海：上海交通大学出版社；2002.06.—205 页；26cm
ISBN 7 - 313 - 03061 - 4；38.00 元
本书以卡通图解形式介绍汽车驾驶的基本操作方法和基本行驶内容。

1537 图解膝痛治疗法/
〔日〕黑泽尚著；朱佳荣等译．—北京：中国轻工业出版社；2002.01.—149 页；18 × 12cm．—（家庭保健百科）
ISBN 7 - 5019 - 3447 - 9；10.00 元
本书主要介绍膝痛治疗方法。

1538 图解指压疗法/
〔日〕松山邦子等著；邱红明等译．—北京：中国中医药出版社；2002.08.—111 页；19cm
ISBN 7 - 80156 - 339 - 5；8.00 元
本书以图文并茂的形式详细介绍了指压疗法在疾病防治中的应用。

1539 图说家庭护理/
〔日〕关户好子主编；冷平，袁汉青译．—北京：农村读物出版社；2002.11.—221 页；20cm
ISBN 7 - 5048 - 3787 - 3；18.00 元
本书介绍家庭护理方面的常识。

1540 图说人体结构/
〔日〕高桥健一编著；张玫，冷平译．—北京：农村读物出版社；2002.11.—185 页；20cm．—（小精灵导游）
ISBN 7 - 5048 - 3850 - 0；14.00 元
本书以儿童易于理解和接受的形式记述了人体的构造及其机能、作用。

1541 图像电子学/
〔日〕常深信彦编；薛培鼎，徐国蒲译．—北京：科学出版社；2002.01.—169 页；20cm．—（21 世纪电子电气工程师系列/〔日〕正田英介主编）
ISBN 7 - 03 - 009828 - 5；16.50 元
本书主要讲解图像电子学。

1542 外研社——三省堂日汉汉日词典：中型版/
〔日〕杉本达夫，〔日〕牧田英二，〔日〕古屋昭弘编．—北京：外语教学与研究出版社；2002.12.—71 页；19cm
ISBN 7 - 5600 - 3077 - 7（精装）；58.90 元
本词典为小型日汉汉日词典。

1543 完全掌握 1 级日本语能力考试语法问题对策/
〔日〕植木香，〔日〕植田幸子，〔日〕野口和美著；林进，卢丽译．—北京：外语教学与研究出版社；2002.12.—192 页；20cm
ISBN 7 - 5600 - 3170 - 6；9.90 元
本书对日语能力测试 1 级中的功能词的用法、词义，接续方法进行了详尽的说明。

1544 完全掌握 2 级日本语能力考试语法问题对策/
〔日〕亚洲学生文化协会留学生日本语科著；卢丽，林进译．—北京：外语教学与研究出版社；2002.12.—219 页；20cm
ISBN 7 - 5600 - 3171 - 4；11.90 元
本书对日语能力考试 2 级中的功能词的用法、词义、接续方法进行了详尽的说明。

1545 王朝女性日记/
〔日〕紫式部等著；林岚，郑民钦译．—石家庄：河北教育出版社；2002.06.—448 页；19cm．—（东瀛美文之旅/叶渭渠主编）

ISBN 7 – 5434 – 4634 – 0；24.00 元

本书为日本散文家紫式部等的散文集。

1546　网络技术原理及应用/

〔日〕池田克夫编著；冯杰译．—北京：科学出版社；2002.02．—194 页；26cm．—（21 世纪工程技术新型教程系列）

ISBN 7 – 03 – 010038 – 7；26.00 元

1547　围棋基本定式/

〔日〕藤泽秀行著；秦琪译．—北京：北京体育大学出版社；2002.08．—209 页；20cm．—（藤泽秀行围棋教室；2）

ISBN 7 – 81051 – 777 – 5；15.00 元

本书讲述围棋定式及应用知识。

1548　围棋基本手筋/

〔日〕藤泽秀行著；秦琪译．—北京：北京体育大学出版社；2002.08．—222 页；20cm．—（藤泽秀行围棋教室；3）

ISBN 7 – 81051 – 778 – 3；15.00 元

本书讲述围棋基本手筋知识。

1549　围棋下一手/

〔日〕藤泽秀行著；秦琪译．—北京：北京体育大学出版社；2002.08．—224 页；20cm．—（藤泽秀行围棋教室；5）

ISBN 7 – 81051 – 780 – 5；15.00 元

本书启蒙围棋思维的创造性。

1550　围棋指导棋教室/

〔日〕藤泽秀行著；秦琪译．—北京：北京体育大学出版社；2002.08．—210 页；20cm．—（藤泽秀行围棋教室；4）

ISBN 7 – 81051 – 779 – 1；15.00 元

本书指导初学者提高围棋水平和实践能力。

1551　维持体内平衡：感觉/

〔日〕铃木喜代春，〔日〕铃木隆著．—上海：上海教育出版社；2002.05．—1 册；26cm．—（身体的秘密）

ISBN 7 – 5320 – 8127 – 3；24.00 元

1552　未知的恐怖：论现代高科技与环境荷尔蒙污染/

〔日〕出云谕明著．—北京：中国环境科学出版社；2002.08．—122 页；20cm．—（环境警示丛书）

ISBN 7 – 80163 – 326 – 1；6.00 元

本书主要介绍了现代高科技造成的环境荷尔蒙污染。

1553　胃肠病/

〔日〕志贺贡著；张绍军译．—沈阳：辽宁科学技术出版社；2002.01．—255 页；19cm．—（家庭医学丛书）

ISBN 7 – 5381 – 3466 – 2；12.00 元

本书介绍了胃肠疾病的常见症状及自我处理方法。

1554　胃肠虚弱/

〔日〕桥本政美著；宋冰译．—北京：中国中医药出版社；2002.08．—117 页；19cm．—（图解指压丛书）

ISBN 7 – 80156 – 339 – 5；8.00 元

本书以图解的方式介绍穴位按压疗法治疗胃肠虚弱。

1555　文字的魅力：一个日本人眼中的汉字/

〔日〕南鹤溪著；王宝平译．—上海：上海古籍出版社；2002.10．—145 页；20cm

ISBN 7 – 5325 – 3296 – 8（精装）；20.00 元

本书是日本著名女书法家南鹤溪结合书法实践对汉字进行多年研究的结晶。

1556　问候卡、信纸信封、礼品/

〔日〕内藤朗编；龙江译．—广州：广东科技出版社；2002.03．—47 页；17×19cm

ISBN 7 – 5359 – 2911 – 7；10.00 元

本书介绍了如何使用印章和印泥等材料制作各种可爱的问候卡、生日卡等方法。

1557　我的诺贝尔之路/

〔日〕白川英树著；王生龙，李春艳译．—上海：复旦大学出版社；2002.06．—95 页；20cm

ISBN 7 – 309 – 03196 – 2；8.00 元

本书是白川英树教授获得 2000 年诺贝尔化学奖之后，日本媒体采访宣传活动过程中，精彩情景的实录。

1558　我连肚脐眼儿都是漫画/

〔日〕矢玉四郎著绘；彭懿译．—南昌：二十一世纪出版社；2002.09．—79 页；40 幅；21×18cm．—（晴天有时下猪系列）

ISBN 7 – 5391 – 2152 – 1；12.80 元

1559　我是猫/

〔日〕夏目漱石著；雪堂改写．—上海：上海人民美术出版社；2002.05．—241 页；20cm．—（世界文学名著宝库）

ISBN 7 – 5322 – 3182 – 8；12.50 元

本书为世界文学名著缩编本。

1560 我有时是猪/
〔日〕矢玉四郎著绘；彭懿译．—南昌：二十一
世纪出版社；2002.09.—79 页；40 幅；21 ×
18cm．—（晴天有时下猪系列）
ISBN 7 – 5391 – 2151 – 3；12.80 元

1561 我在美丽的日本/
〔日〕川端康成著；叶渭渠译．—石家庄：河北教
育出版社；2002.06.—292 页；19cm．—（东瀛美
文之旅／叶渭渠主编）
ISBN 7 – 5434 – 4642 – 1；17.20 元
本书为日本作家川端康成的散文集。

1562 无土栽培/
〔日〕贵夫人社；《无土栽培》编译组译．—北
京：中国轻工业出版社；2002.01.—80 页；26cm.
—（花艺世界）
ISBN 7 – 5019 – 3454 – 1；30.00 元
本书全方位介绍了用无土栽培装点居室，多种
植物的栽培方法及将传统土壤栽培转换为无土
栽培的过程等。

1563 五十岚威畅：汉英对照/
〔日〕五十岚威畅著．—石家庄：河北美术出版
社；2002.12.—1 册；29cm．—（国际设计大师
丛书／余秉楠，余璐主编）
ISBN 7 – 5310 – 1810 – 1（精装）；268.00 元
本书所选作品为日本设计大师五十岚威畅教授
的各种艺术设计佳作。

1564 五十岚威畅：汉英对照/
〔日〕五十岚威畅著．—石家庄：河北美术出版
社；2002.12.—276 页；29cm．—（国际设计大
师丛书／余秉楠，余璐主编）
ISBN 7 – 5310 – 1806 – 3；198.00 元
本书所选作品为日本设计大师五十岚威畅教授
的各种佳作。

1565 武士的精神：韬略训练/
〔日〕宫本武藏，〔日〕柳生宗矩著；何峻译．—
北京：中国盲文出版社；2002.10.—265 页；16 ×
11cm．—（策略经典随身读）
ISBN 7 – 5002 – 1743 – 9；15.80 元
本书是根据日本有史以来讲述兵法与制胜策略
两部最重要的著作——《五轮书》《兵法家传
书》译制而成。

1566 舞！舞！舞！/
〔日〕村上春树著；林少华译．—上海：上海译
文出版社；2002.06.—502 页；20cm．—（村上
春树文集）
ISBN 7 – 5327 – 2889 – 7；25.00 元
本书是村上春树紧接于《挪威的森林》之后发
表的一部重要长篇小说。

1567 物流构造/
〔日〕花房陵著；聂永有译．—上海：文汇出版社；
2002.07.—191 页；20cm．—（图解现代物流）
ISBN 7 – 80676 – 195 – 0；15.00 元
本书从物流的基本要素谈起，直至现代物流发展
的最新成果。

1568 物流管理/
〔日〕汤浅和夫编著；张鸿译．—上海：文汇出
版社；2002.07.—205 页；20cm．—（图解现代
物流）
ISBN 7 – 80676 – 179 – 9；16.00 元
本书主要介绍三方面的内容：当今物流的变化；
物流发展的方向；提高物流效率的对策。

1569 物象化论的构图/
〔日〕广松涉著；彭曦，庄倩译．—南京：南京
大学出版社；2002.05.—273 页；20cm．—（当
代学术棱镜译丛．新学科系列／张一兵主编）
ISBN 7 – 305 – 03915 – 2；20.00 元
本书共分 5 章。

1570 西洋名画故事/
〔日〕山田邦祐著；王振华等译．—桂林：广西
师范大学出版社；2002.11.—315 页；21cm．—
（雅典娜艺术广场绘画艺术书系）
ISBN 7 – 5633 – 3723 – 7；24.80 元
本书介绍了 79 幅世界名画，从这些画的背景、
内容、描绘技巧及作者的思想感情等方面做了生
动的阐释。

1571 《西游记》的秘密/
〔日〕中野美代子著；王秀文等译．—北京：中
华书局，2002.12.—599 页；20cm
ISBN 7 – 101 – 03075 – 0；34.00 元
本书是日本学者中野美代子对中国古典名著
《西游记》进行文本解读的系列学术著作。

1572 仙女座的故事．秋．10 月星空/
〔日〕藤井旭著；余祖发译．—北京：中国轻工
业出版社；2002.01.—47 页；29cm．—（奇诺的
星空日历）
ISBN 7 – 5019 – 3551 – 3；16.00 元
本书是天文学普及读物。

1573　先进显示器技术／

〔日〕谷千束著；金轸裕译．—北京：科学出版社；2002.08.—203页；20cm.—（先进光电子技术系列）

ISBN 7–03–010263–0；20.00元

本书用了大量的插图、深入浅出地说明和介绍了各类显示器装置、显示方式的所有基本技术。

1574　现代交流电动机矢量控制理论与设计实践／

〔日〕杉本英彦，伍家驹，刘桂英著．—北京：航空工业出版社；2002.02.—141页；26cm

ISBN 7–80134–965–2；17.00元

本书对同步电动机和感应电动机的回路方程，PWM变频器的控制方法和传感器等的原理进行了说明。

1575　现代日本的法和秩序／

〔日〕棚濑孝雄著；易平译．—北京：中国政法大学出版社；2002.06.—312页；20cm

ISBN 7–5620–2223–2；21.00元

本书主要对日本现代的司法理念、共同体主义、律师形象的转变和职业论的理念、司法改革以及现代司法的建构等问题进行了深入探讨。

1576　现代日语形容词用法辞典：汉日对照／

〔日〕飞田良文，〔日〕浅田秀子著．—北京：外语教学与研究出版社；2002.10.—658页；21cm

ISBN 7–5600–2356–8（精装）；28.90元

本书以日语形容词为对象，通过对每一个词汇的意义、用法、词感的差异及关联词句等各项目加以精密的记述。

1577　现代思想的源流：马克思、尼采、弗洛伊德、胡塞尔／

〔日〕今村仁司等著；卞崇道等译．—石家庄：河北教育出版社；2002.01.—400页；20cm.—（现代思想的冒险家们／卞崇道主编）

ISBN 7–5434–4544–1；17.50元

本书追寻西方现代思想发展的源流。

1578　现代育儿学／

〔日〕今村荣一著；赵立杰等译．—北京：华夏出版社；2002.06.—253页；20cm

ISBN 7–5080–2369–2；15.00元

本书包括现代育儿思路、亲子关系的培养、养育方法等。

1579　线织围巾及小饰物／

〔日〕内藤朗编；张桂月译．—广州：广东科技出版社；2002.01.—56页；17×19cm.—（时尚装饰）

ISBN 7–5359–2921–4；10.00元

本书介绍了使用毛线等材料制作各种具有现代气息的线织围巾及小饰物的基本方法和制作实例等。

1580　向着流星许个愿．秋．11月星空／

〔日〕藤井旭著；刘琳译．—北京：中国轻工业出版社；2002.01.—47页；29cm.—（奇诺的星空日历）

ISBN 7–5019–3552–1；16.00元

本书为天文学普及读物。

1581　象厂喜剧／

〔日〕村上春树著；〔日〕安西水丸绘；林少华译．—上海：上海译文出版社；2002.04.—89页；20cm.—（村上春树文集）

ISBN 7–5327–2891–9；18.00元

本书是一部短篇小说集，附有精美的插图。

1582　消除梅尼埃病（美尼尔病）／

〔日〕深谷卓主编；刘刚译．—北京：中国轻工业出版社；2002.04.—77页；19cm.—（家庭保健百科）

ISBN 7–5019–3626–9；8.00元

本书介绍了梅尼埃病的症状、发病机理、检查及治疗方法。

1583　消费合作社经营论／

〔日〕高村绩著；符纯华译．—北京：中国农业出版社；2002.03.—232页；20cm

ISBN 7–109–07599–0；20.00元

本书是介绍日本消费合作社经营理论的专著。

1584　小泉纯一郎面面观／

〔日〕本泽二郎著；张碧清等译．—北京：学苑出版社；2002.03.—241页；20cm

ISBN 7–5077–1933–2；15.00元

本书在列举大量事实的基础上详尽分析了小泉纯一郎内阁的种种弊端。

1585　小说的读法／

〔日〕铃木阳一著．—北京：中国文联出版社；2002.12.—375页；20cm.—（桂雨文丛．第3辑／高松年主编）

ISBN 7–5059–4180–1；188.00元（全套10册）

本书是中国古典小说研究论文集。

1586　小学生自立学习法：增强学习能力的秘诀／

〔日〕石川勤著；张如意，温荣姹译．—上海：

上海人民出版社；2002.02. —160 页；18cm

ISBN 7 – 208 – 04008 – 7；10.00 元

本书主要讲述了高年级的小学生怎样学会学习，掌握准确的学习方法。

1587 小住宅车库·车棚 145 例/

〔日〕纽哈斯出版社编；池学镇译.—哈尔滨：黑龙江科学技术出版社；2002.09. —134 页；29cm

ISBN 7 – 5388 – 3965 – 8；60.00 元

本书为日本现代小住宅（独户）车库设计图集。

1588 小住宅门庭·护栏 380 例/

〔日〕纽哈斯出版社编；孙艳华译.—哈尔滨：黑龙江科学技术出版社；2002.09. —159 页；29cm

ISBN 7 – 5388 – 3964 – X；66.00 元

本书为现代小住宅（独户）门庭、护栏设计图集。

1589 哮喘、变态反应/

〔日〕兆原静夫著；于颖，冷重光译.—沈阳：辽宁科学技术出版社；2002.01. —266 页；19cm. —（家庭自助医疗百科）

ISBN 7 – 5381 – 3550 – 2；13.00 元

本书以生动的图画和文字讲述了哮喘、变态反应原理及药物变态反应的有关知识。

1590 哮喘·小儿哮喘/

〔日〕岩浩司著；杨利平，谈勇，王育良译.—北京：中国中医药出版社；2002.08. —115 页；19cm. —（图解指压丛书）

ISBN 7 – 80156 – 339 – 5；8.00 元

本书以图解的方式介绍穴位按压疗法治疗哮喘、小儿哮喘。

1591 邪念/

〔日〕石川达三著；金中译.—天津：百花文艺出版社；2002.07. —498 页；20cm. —（石川达三作品系列）

ISBN 7 – 5306 – 3350 – 3；25.00 元

本书包含三部石川达三中篇小说《邪念》《婚败》《神坂四郎的犯罪》。

1592 邪宗馆惊魂/

〔日〕天树征丸著；李丽彬译.—深圳：海天出版社；2002.05. —246 页；13 幅；18cm. —（少年侦探金田一系列；7）

ISBN 7 – 80654 – 710 – X；15.00 元

本书是侦探小说。描写少年金田一重返少年旅游之地，借宿邪宗馆，破解了一连串的凶杀案的故事。

1593 心理测试/

〔日〕大上和博撰；柯克雷译.—南昌：二十一世纪出版社；2002.09. —159 页；19cm. —（不能告诉大人的秘密. 第 2 辑）

ISBN 7 – 5391 – 2146 – 7；45.00 元（全套 5 册）

本书是以少年及青年学生读者为主要对象，以益智游戏为主要内容的休闲娱乐读物。

1594 心理游戏/

〔日〕大上和博著；柯克雷译.—南昌：二十一世纪出版社；2002.09. —151 页；19cm. —（不能告诉大人的秘密. 第 1 辑）

ISBN 7 – 5391 – 2145 – 9；45.00 元（全套 5 册）

本书是以少年及准青年学生读者为主要对象，以益智游戏为主要内容的休闲娱乐读物。

1595 心脏病/

〔日〕新谷富士雄编；裴庆双，张少柏译.—沈阳：辽宁科学技术出版社；2002.04. —257 页；19cm. —（家庭自助医疗百科）

ISBN 7 – 5381 – 3632 – 0；12.00 元

本书介绍心脏的工作原理、心脏病的症状、诊断、常见治疗方法及日常生活注意事项。

1596 心脏病防治指南/

〔日〕高木诚著；杨晓峰等译.—北京：中国轻工业出版社；2002.01. —131 页；18 × 12cm. —（家庭保健百科）

ISBN 7 – 5019 – 3459 – 2；10.00 元

本书介绍了心绞痛、心肌梗死的发病原因、类型及预防措施。

1597 新版植物营养元素缺乏与过剩诊断原色图谱/

〔日〕高桥英一等著；张美善译.—长春：吉林科学技术出版社；2002.04. —271 页；20cm

ISBN 7 – 5384 – 2548 – 9；35.00 元

本书介绍了影响植物生长发育的营养缺乏与过剩发生的症状、原因及相关的处理措施。

1598 新编增补清末民初小说目录/

〔日〕樽本照雄编；贺伟译.—济南：齐鲁书社，2002.04. —1077 页；26cm

ISBN 7 – 5333 – 1032 – 2（精装）；360.00 元

本书为清代末年至民国初年（1902 ~ 1919）所有发表小说的总目录。

1599 新潮小饰物/

〔日〕内藤朗编集；龙江，邱麟琪译．—广州：广东科技出版社；2002.01.—56 页；14×19cm.—（时尚配饰丛书）

ISBN 7-5359-2922-2；10.00 元

本书介绍了使用毛线等材料制作的各种青春气息的编织类小饰物的基本方法和制作实例等。

1600 新概念日语．1/

〔日〕楠本彻也主编；李若柏译．—北京：北京出版社；2002.09.—2 册；26cm

ISBN 7-200-04588-8；50.00 元

全套共计四册，本册为第一册，是以日语初学者为对象，使学习者学到基础日语知识的教材。

1601 新国际关系论/

〔日〕中西治著；汪鸿祥译．—上海：学林出版社；2002.03.—207 页；20cm

ISBN 7-80668-278-3；13.00 元

本书为研究国际关系理论的著作。

1602 新酒店建筑：汉英日对照/

〔日〕柴田阳三编著；苍峰，李晓东译．—大连：大连理工大学出版社；2002.12.—216 页；30×23cm

ISBN 7-5611-2184-9；180.00 元

本书图文结合，介绍了能够体现近期以及不远的将来的酒店发展趋势的酒店设计作品。

1603 新妈妈育儿完全手册．母乳喂养/

〔日〕根岸正胜，〔日〕根岸和子著；王东辉译．—济南：山东科学技术出版社；2002.01.—251 页；20cm

ISBN 7-5331-3025-1；29.50 元

本书由浅入深一步步地教育母亲为什么要提倡母乳喂养、如何正确地进行母乳喂养等内容。

1604 新日汉大词典/

〔日〕讲谈社编；胡振平等译．—上海：上海译文出版社；2002.06.—2465 页；26cm

ISBN 7-5327-2127-2（精装）；320.00 元

本书译自日本讲谈社具有百科性的《日本语大词典》，收集日语词条 17 万余条，配有插图。

1605 新日语中级教程/

〔日〕财团法人海外技术者研修协会编著．—北京：外语教学与研究出版社；2002.07.—308 页；26cm

ISBN 7-5600-2859-4；23.90 元

本书通过 20 课的课文对日语知识进行了全面的讲解。

1606 新实战广告战略/

〔日〕八卷俊雄著；王舸译．—成都：四川美术出版社；2002.09.—228 页；20cm

ISBN 7-5410-2127-X（精装）；68.00 元

本书是一本有关广告实战方法论的专著。

1607 新世纪大学日语．第 1 册/

郑玉和，〔日〕水谷信子主编．—北京：外语教学与研究出版社；2002.07.—328 页；26cm

ISBN 7-5600-2727-X；29.90 元

本书为培养日语学习者"听说读写译"方面的综合能力，将教学内容分为三个板块。

1608 新育儿手册：从妊娠到育儿 1500 问/

〔日〕保健同人社编；陈颐等译．—北京：中国轻工业出版社；2002.01.—471 页；26cm

ISBN 7-5019-3452-5（精装）；88.00 元

本书以问答的形式介绍了从妊娠、分娩到幼儿 2~3 岁期间哺育的常识。

1609 信息传输与编码理论/

〔日〕岩垂好裕编；何希才译．—北京：科学出版社；2002.03.—120 页；20cm.—（21 世纪大学新型参考教材系列）

ISBN 7-03-010030-1；12.00 元

本书主要介绍了信息传输的理论知识，并对信源模型和传输信息的信道模型的构成，以及编码定理和密码系统的组合方法和应用等进行了详细的分析和介绍。

1610 星座奥秘探索图典/

〔日〕林儿次，〔日〕渡部润一著；潘海松，邓久贵译．—杭州：浙江教育出版社；2002.02.—159 页；29×22cm

ISBN 7-5338-4178-6（精装）；70.00 元

本书以翔实的资料和丰富的图片介绍了宇宙、星体、星座等的奥秘，并帮助读者掌握观测星空的方法。

1611 性格白皮书/

〔日〕诧摩武俊著；金歌，罗含丰译．—上海：上海科学普及出版社；2002.08.—153 页；19cm

ISBN 7-5427-1940-8；9.80 元

本书对人的性格进行了颇有特色的分解，从生活细节中对人的性格特征进行分析。

1612 性格测试．1，由表及里/

〔日〕浅野八郎著；《趣味心理游戏 ABC》编译组译．—北京：中国轻工业出版社；2002.01.—355 页；20cm.—（趣味心理游戏 ABC）

ISBN 7 – 5019 – 3583 – 1；20.00 元

本书针对日常生活中人们司空见惯的各种现象设计出多种多样的小测试让读者回答或打分，并据此加以评判、解说。

1613　性格测试.2，慧眼识人/

〔日〕浅野八郎著；《趣味心理游戏 ABC》编译组译.—北京：中国轻工业出版社；2002.01.—386 页；20cm.—（趣味心理游戏 ABC）

ISBN 7 – 5019 – 3582 – 3；20.00 元

本书针对日常生活中人们司空见惯的各种现象设计出多种多样的小测试让读者回答或打分，并据此加以评判、解说。

1614　性格测试.4，预见未来/

〔日〕浅野八郎著；《趣味心理游戏 ABC》编译组译.—北京：中国轻工业出版社；2002.01.—367 页；20cm.—（趣味心理游戏 ABC）

ISBN 7 – 5019 – 3584 – X；20.00 元

本书针对日常生活中人们司空见惯的各种现象设计出多种多样的小测试让读者回答或打分，并据此加以评判、解说。

1615　旋转木马鏖战记/

〔日〕村上春树著；林少华译.—上海：上海译文出版社；2002.09.—133 页；20cm.—（村上春树文集）

ISBN 7 – 5327 – 2921 – 4；12.00 元

本书是由 9 个短篇构成的小说集。

1616　雪地恶魔/

〔日〕天树征丸著；夏俊涛译.—深圳：海天出版社；2002.05.—226 页；18cm.—（少年侦探金田一系列；5）

ISBN 7 – 80654 – 711 – 8；15.00 元

本书讲述少年金田一与美雪在同学秋绘老家度雷祭节时发生凶杀案，金田一协助警察破案的故事。

1617　雪国/

〔日〕川端康成著；叶渭渠译.—北京：人民文学出版社；2002.01.—110 页；20cm.—（大学生必读）

ISBN 7 – 02 – 003584 – 1；7.90 元

本书是日本著名作家川端康成最重要的中篇小说之一。

1618　雪国；古都/

〔日〕川端康成著；叶渭渠，唐月梅译.—桂林：广西师范大学出版社；2002.02.—250 页；20cm.

—（川端康成文集/叶渭渠主编）

ISBN 7 – 5633 – 3448 – 3；17.80 元

1619　血液在人体内循环：抵抗病原体/

〔日〕铃木喜代春，〔日〕铃木隆著；韩小龙译.—上海：上海教育出版社；2002.05.—1 册；26cm.—（身体的秘密）

ISBN 7 – 5320 – 7876 – 0；24.00 元

1620　压力舒解大补汤/

〔日〕铃木弘文著；骆淑君等译.—北京：人民军医出版社；2002.04.—132 页；20cm.—（新时尚生活保健丛书）

ISBN 7 – 80157 – 457 – 5；10.00 元

本书集合了临床心理学与中、西医的观点，从实践经验中，特别精选出随时随地都可进行的自我脚部按摩方法。

1621　牙病/

〔日〕鸭井九之著；钟声，高沁怡，高德江译.—沈阳：辽宁科学技术出版社；2002.01.—226 页；19cm.—（家庭自助医疗百科）

ISBN 7 – 5381 – 3571 – 5；11.00 元

本书详细介绍了牙齿疾病的种类、原因、治疗以及预防方面的有关知识。

1622　亚洲植物染色体研究新进展：第一届亚洲植物染色体学术讨论会论文集/

〔日〕福井希一，辛志勇主编.—北京：中国农业科学技术出版社；2002.07.—485 页；28cm

ISBN 7 – 80119 – 575 – 2（精装）；120.00 元

本书是第一届亚洲植物染色体学术讨论会论文汇编。

1623　眼病/

〔日〕深道义尚著；徐丽译.—沈阳：辽宁科学技术出版社；2002.03.—217 页；19cm.—（家庭自助医疗百科）

ISBN 7 – 5381 – 3603 – 7；10.00 元

本书详细叙述了眼睛的构造和老花眼、青光眼、视网膜脱离等疾病的防治知识以及眼睛的保健方法。

1624　燕京艺人传奇/

〔日〕皇明月绘；张红兵译.—天津：天津人民美术出版社；2002.01.—186 页；19cm

ISBN 7 – 5305 – 1682 – 5；13.00 元

本书是以旧时代北京为背景、取材于京剧或围绕京剧艺术发生的故事为体裁的连环画。

1625 燕京艺人传奇．女儿情/
〔日〕皇明月绘；彭华英译．—天津：天津人民美术出版社；2002.01．—190 页；19cm
ISBN 7 - 5305 - 1687 - 6；13.00 元
本书是以旧时代北京为背景、取材于京剧或围绕京剧艺术发生的故事为体裁的连环画。

1626 阳台园艺 12 个月/
〔日〕山田朋重著；王冰菁译．—长沙：湖南科学技术出版社；2002.04．—139 页；19cm
ISBN 7 - 5357 - 3424 - 3；16.00 元

1627 腰肩痛/
〔日〕藤卷悦夫著；宗涛等译．—沈阳：辽宁科学技术出版社；2002.02．—253 页；19cm．—（家庭自助医疗百科）
ISBN 7 - 5381 - 3594 - 4；12.00 元
本书帮助读者了解腰痛与肩酸痛的机理，从简单预防方法到最后的治疗手段。

1628 腰痛/
〔日〕片仓武雄著；邱红明译．—北京：中国中医药出版社；2002.08．—129 页；19cm．—（图解指压丛书）
ISBN 7 - 80156 - 339 - 5；8.00 元
本书以图解的方式介绍穴位按压疗法治疗腰痛。

1629 腰痛治疗健康法/
〔日〕藤卷悦夫编；韦平和译．—北京：中国轻工业出版社；2002.01．—199 页；19×13cm．—（图解健康法）
ISBN 7 - 5019 - 3470 - 3；12.00 元
本书介绍了日常生活中减少腰痛的诀窍和腰痛治疗方法，腰痛治疗体操等。

1630 遥远的落日/
〔日〕渡边淳一著；芳子译．—北京：文化艺术出版社；2002.05．—471 页；20cm
ISBN 7 - 5039 - 2181 - 1；23.80 元
本书是日本医学界享有盛名的野口英世的传记。

1631 野性的证明/
〔日〕森村诚一著；何培忠，孟传良，冯建新译．—北京：群众出版社；2002.01．—421 页；20cm
ISBN 7 - 5014 - 12598 - 1；23.00 元
本书为日本当代长篇推理小说。

1632 夜半蜘蛛猴/
〔日〕村上春树著；〔日〕安西水丸绘；林少华译．—上海：上海译文出版社；2002.01．—128 页；20cm
ISBN 7 - 5327 - 2753 - X；18.00 元
本书为村上春树与画家安西水丸合著的插图本超短篇小说集。

1633 一年成为漫画家/
〔日〕CMS 制作委员会编写；上海遍传美术设计制作有限公司译．—上海：少年儿童出版社；2002.09．—2 册；26cm
ISBN 7 - 5324 - 5282 - 4；40.00 元
本书介绍了漫画家所需的各种工具、漫画创作的各种技法、创作漫画故事的基本要素，以及画面分割和构图的技巧等。

1634 伊豆的舞女/
〔日〕川端康成著；叶渭渠译．—桂林：广西师范大学出版社；2002.02．—318 页；20cm．—（川端康成文集/叶渭渠主编）
ISBN 7 - 5633 - 3442 - 4；23.80 元
本书为川端康成短篇小说集，汇集了《伊豆的舞女》等 15 篇短篇小说。

1635 以色列 巴勒斯坦/
〔日〕大宝石出版社编著；宋雪菲译．—北京：中国旅游出版社；2002.01．—355 页；20cm．—（走遍全球）
ISBN 7 - 5032 - 1838 - X；42.00 元
本书介绍了以色列的名胜古迹和风土人情，是出国旅游的指南类图书。

1636 亿万个夜晚/
〔日〕高树信子著；张唯诚译．—上海：上海译文出版社；2002.06．—264 页；20cm．—（日本女作家都市小说系列）
ISBN 7 - 5327 - 2808 - 0；14.00 元
本书为日本现代长篇小说。

1637 艺术断想/
〔日〕三岛由纪夫著；唐月梅译．—石家庄：河北教育出版社；2002.06．—329 页；19cm．—（东瀛美文之旅/叶渭渠主编）
ISBN 7 - 5434 - 4645 - 6；18.90 元
本书为日本散文家三岛由纪夫的散文集。

1638 益生菌保健法/
〔日〕中谷林太郎等编著；刘公望译．—北京：华夏出版社；2002.06．—165 页；20cm
ISBN 7 - 5080 - 2762 - 0；19.00 元
本书提出随着抗生素的广泛应用，耐药性细菌也在不断增加，而以乳酸菌为代表的"益生菌"

对人体健康的作用越来越受到重视。

1639 阴翳礼赞/
〔日〕谷崎润一郎著；孟庆枢译.—石家庄：河北教育出版社；2002.06.—262 页；19cm.—（东瀛美文之旅/叶渭渠主编）
ISBN 7-5434-4641-3；15.90 元
本书为日本散文家谷崎润一郎的散文集。

1640 银河诞生的故事.夏.8 月星空/
〔日〕藤井旭著；余祖发译.—北京：中国轻工业出版社；2002.01.—47 页；29cm.—（奇诺的星空日历）
ISBN 7-5019-3549-1；16.00 元
本书为天文学普及读物。

1641 银河铁道的南十字星.春.5 月星空/
〔日〕藤井旭著；阎美芳译.—北京：中国轻工业出版社；2002.01.—47 页；28cm.—（奇诺的星空日历）
ISBN 7-5019-3546-7；16.00 元
本书为天文学普及读物。

1642 印迹.1/
〔日〕酒井直树等主编；钱竞等译.—南京：江苏教育出版社；2002.08.—369 页；22×19cm.—（西方的幽灵与翻译的政治）
ISBN 7-5343-4560-X；29.80 元
本书是一份多语种文化与翻译理论的论集。

1643 应用激光光学/
〔日〕小原实，〔口〕神成义彦，〔日〕佐藤俊一著；李元燮译.—北京：科学出版社；2002.08.—260 页；20cm.—（21 世纪先进光电子技术系列；5/〔日〕伊贺健一等主编）
ISBN 7-03-010345-9；25.00 元

1644 英国/
〔日〕大宝石出版社编著；刘东妮，孟琳译.—北京：中国旅游出版社；2002.09.—470 页；20cm.—（走遍全球）
ISBN 7-5032-2039-2；65.00 元
本书介绍了英国食、住、行、游、购、娱的全新信息，方便实用。

1645 樱桃小丸子.第 1 辑/
〔日〕樱桃子著.—呼和浩特：内蒙古人民出版社；2002.10.—8 册；18cm
ISBN 7-204-06555-7；56.00 元
本书以漫画形式表现樱桃小丸子的生活、学习。

1646 樱桃小丸子.第 2 辑/
〔日〕樱桃子著.—呼和浩特：内蒙古人民出版社；2002.10.—8 册；18cm
ISBN 7-204-06556-5；56.00 元
本书以漫画形式表现樱桃小丸子的生活、学习。

1647 萤/
〔日〕村上春树著；林少华译.—上海：上海译文出版社；2002.12.—138 页；20cm.—（村上春树文集）
ISBN 7-5327-2996-6；12.00 元
本书是村上春树 1987 年发表的短篇小说集，共 5 篇。

1648 用绣球折纸法制作纸娃娃/
〔日〕贵妇人出版社编；张文静译.—郑州：河南科学技术出版社；2002.08.—66 页；26cm
ISBN 7-5349-2830-3；25.00 元
本书介绍了一种用绣球折纸法制作纸娃娃的方法，即用纸折成圆锥形的花，然后再集中成球形。

1649 悠长的假期/
〔日〕北川悦吏子著；郑民钦译.—上海：上海译文出版社；2002.06.—294 页；20cm.—（日本女作家都市小说系列）
ISBN 7-5327-2805-6；16.00 元
本书是现代长篇小说。

1650 游牧世界/
〔日〕松原正毅著；赛音朝格图，杨海英译.—北京：民族出版社；2002.04.—228 页；19cm.—（视觉社会丛书）
ISBN 7-105-05001-2；15.50 元
本书对西亚以游牧生活为主的各民族的日常生活、生产和家庭邻里关系做了细致、切实的记录。

1651 游泳健康法/
〔日〕中原英臣编；韦平和译.—北京：中国轻工业出版社；2002.01.—133 页；19×13cm.—（图解健康法）
ISBN 7-5019-3460-6；10.00 元
本书全面介绍了健康的游泳方法及游泳应注意的问题。

1652 有花相伴/
〔日〕主妇与生活社编；《花艺世界丛书》编译组编译.—北京：中国轻工业出版社；2002.01.—88 页；29cm.—（花艺世界丛书）
ISBN 7-5019-3496-7；38.00 元
本书步步进阶教你如何用插花装饰家庭餐会。

1653 有趣的串珠饰物/

〔日〕内藤朗编；沈雪侠译 . —广州：广东科技出版社；2002.01. —48 页；17×18cm. —（流行小饰物制作丛书 . 时尚系列）

ISBN 7 - 5359 - 2909 - 5；10.00 元

本书介绍了新颖、独特具都市现代气息各种串珠饰物以及串珠饰物的制作方法及制作实例等。

1654 有视觉机器人制作/

〔日〕城井田，腾仁著；王益全译 . —北京：科学出版社；2002.03. —128 页；26cm. —（机器人竞技系列）

ISBN 7 - 03 - 010041 - 7；18.00 元

本书主要讲解传感器在机器人制作中的使用。

1655 幼犬选育/

〔日〕中岛真理主编；高湘蓉，李赛飞译 . —北京：中国轻工业出版社；2002.01. —221 页；20cm. —（PET 宠物系列）

ISBN 7 - 5019 - 3560 - 2；35.00 元

本书介绍了 74 个犬种的生活习性、特征、性格等。

1656 与爱犬快乐地生活/

〔日〕Dogworld 编辑部编；王晓青译 . —北京：中国轻工业出版社；2002.03. —189 页；20cm. —（PET 宠物系列）

ISBN 7 - 5019 - 3629 - 3；30.00 元

本书详尽介绍了爱犬的选择、养育、护理、训练及病症等方面的方法与技巧。

1657 与自然对话：池田大作摄影集/

〔日〕池田大作摄 . —广州：岭南美术出版社；2002.09. —131 页；25×26cm

ISBN 7 - 5362 - 2647 - 0（精装）；100.00 元

本摄影集为国际著名人士池田大作先生的摄影作品集。

1658 羽毛球技术图解/

〔日〕《羽毛球杂志》编；何阳，李大霞译 . —北京：人民体育出版社；2002.06. —169 页；114 幅；20cm

ISBN 7 - 5009 - 2276 - 0；11.00 元

本书包括羽毛球运动简介；羽毛球基本技术和实战技术；运动员日常训练及如何在实战中有效地发挥战术等。

1659 语言的魔术师/

〔日〕多湖辉著；高湘蓉译 . —北京：商务印书馆国际有限公司，2002.01. —217 页；17×10cm. —（心理透视丛书）

ISBN 7 - 80103 - 254 - 3；11.00 元

本书主要是运用心理学原理分析和阐述语言本身所具有的影响力和魔力。

1660 育儿百科/

〔日〕松田道雄著；王少丽主译 . —北京：华夏出版社；2002.09. —934 页；20cm

ISBN 7 - 5080 - 2769 - 8（精装）；49.00 元

本书是日本育儿名著，涉及儿童生理、心理、育儿方法、预防保健、疾病处理和治疗的方方面面。

1661 遇到百分之百的女孩/

〔日〕村上春树著；林少华译 . —上海：上海译文出版社；2002.12. —158 页；20cm. —（村上春树文集）

ISBN 7 - 5327 - 3013 - 1；13.50 元

本书为村上春树 1983 年的连载短篇小说集，共18 篇。

1662 源氏物语/

〔日〕紫式部著；梁春译 . —昆明：云南人民出版社；2002.03. —2 册；20cm. —（日本物语文学系列）

ISBN 7 - 222 - 03422 - 6；55.00 元

本书是被称为"日本的《红楼梦》"的日本古典现实主义文学巨著。

1663 远离痔疮/

〔日〕岩垂纯一主编；黄艳译 . —北京：中国轻工业出版社；2002.04. —76 页；19cm. —（家庭保健百科）

ISBN 7 - 5019 - 3625 - 0；8.00 元

本书介绍了痔疮的种类、症状与发病机理，生痔疮后的应急措施，检查与诊断，痔疮的治疗方法等。

1664 月亮太阳和孩子们：蒙古文/

〔日〕原子修著；白·呼和牧奇译 . —呼和浩特：内蒙古人民出版社；2002.09. —215 页；20cm

ISBN 7 - 204 - 06552 - 2；23.00 元

本书是从日文翻译成蒙古文的儿童故事。

1665 越川晏仙草书长恨歌/

〔日〕越川晏仙书 . —北京：荣宝斋出版社；2002.10. —1 册；26cm

ISBN 7 - 5003 - 0631 - 8（精装）；78.00 元

越川晏仙为日本女书法家，长于草书并对中国传统文学有深入的了解。

1666 运动包扎／
〔日〕原田一志，〔日〕平井千贵著；李鸿江，孙守正译．—北京：人民体育出版社；2002.08.—217页；20cm
ISBN 7 - 5009 - 2302 - 3；25.00 元
本书介绍了现代运动损伤包扎技术和方法，以及各种包扎器材等。

1667 运动解剖的胶布固定技术与理论／
〔日〕山本郁荣著；沈扬译．—北京：海洋出版社；2002.10.—270页；29cm
ISBN 7 - 5027 - 3235 - 7；128.00 元
本书为运动损伤胶布固定技术的图解。

1668 杂病广要／
〔日〕丹波元坚编纂；李洪涛主校．—北京：中医古籍出版社；2002.08.—1199页；20cm.—（汉方古籍丛书；1）
ISBN 7 - 80174 - 019 - X（精装）；62.00 元
本书共40卷，内容主要为摘辑我国古代医籍中有关内科杂病的专论，收录清以前文献300余种。

1669 在黑暗中拥抱希望／
〔日〕井上美由纪著；林芳儿译．—昆明：晨光出版社；2002.08.—165页；19cm
ISBN 7 - 5414 - 2064 - 6（精装）；10.00 元
本书系少女井上美由纪的传记，讲述了一个出生时只有500g的早产盲女15年来与生命顽强抗争的故事。

1670 攒钱心理学／
〔日〕多湖辉著；戴松林译．—北京：商务印书馆国际有限公司，2002.01.—252页；17×10cm.—（心理透视丛书）
ISBN 7 - 80103 - 257 - 8；13.00 元
本书从独特的视角论述了钱与人的心理关系。

1671 战斗的少年／
〔日〕冢本裕美子著；锐奇译．—石家庄：花山文艺出版社；2002.08.—222页；14×11cm.—（山田太郎的故事）
ISBN 7 - 80673 - 173 - 3；7.00 元
本书为长篇小说。主人公山田太郎和弟妹们以乐观态度战胜贫穷的故事令人既感动又开心。

1672 找错高手／
〔日〕大上和博，〔日〕伊东顺子著；方江英译．—南昌：二十一世纪出版社；2002.09.—148页；19cm.—（不能告诉大人的秘密．第1辑）

ISBN 7 - 5391 - 2145 - 9；45.00 元（全套5册）
本书是以少年及准青年学生读者为主要对象，以益智游戏为主要内容的休闲娱乐读物。

1673 找到了第一颗星．春．4月星空／
〔日〕藤井旭著；王薇译．—北京：中国轻工业出版社；2002.01.—47页；28cm.—（奇诺的星空日历）
ISBN 7 - 5019 - 3545 - 9；16.00 元
本书为天文学普及读物。

1674 照相感光度：理论和机理／
〔日〕谷忠昭著；刘春艳译．—石家庄：河北教育出版社；2002.06.—290页；50幅；20cm
ISBN 7 - 5434 - 4617 - 0；25.00 元
本书从理论和应用上讨论了卤化银照相体系最新发展成果，并预期了其发展方向。

1675 浙江画派／
〔日〕冯慧芬著．—长春：吉林美术出版社；2002.11.—170页；20cm.—（中国画派研究丛书）
ISBN 7 - 5386 - 1347 - 1；23.00 元
本书论述了浙江画派形成的历史原因、美学思想、绘画风格、师承关系及对后世的影响。

1676 真由美的世界／
〔日〕中野良子著；李利国译．—北京：中国青年出版社；2002.08.—212页；20cm
ISBN 7 - 5006 - 4820 - 0；12.00 元
本书是中野良子20多年来所走过历程的总结，以散文演讲稿的形式汇总起来。

1677 枕草子／
〔日〕清少纳言著；于雷译．—石家庄：河北教育出版社；2002.06.—449页；19cm.—（东瀛美文之旅／叶渭渠主编）
ISBN 7 - 5434 - 4632 - 4；24.70 元
本书为日本散文家清少纳言的散文代表作。

1678 支撑·运动：消化·吸收／
〔日〕铃木喜代春，〔日〕铃木隆著；韩小龙译．—上海：上海教育出版社；2002.05.—1册；26cm.—（身体的秘密）
ISBN 7 - 5320 - 1304 - 9；24.00 元

1679 蜘蛛／
〔日〕栗林慧著；连小燕译．—上海：上海译文出版社；2002.03.—54页；19×18cm.—（科学画谱）

ISBN 7 - 5327 - 2774 - 2；12.00 元

本书以照片和图画的形式介绍了各种蜘蛛。

1680 职场出众/

〔日〕多湖辉著；冯建华，王建明译.—北京：
中国青年出版社；2002.10.—220 页；20cm.—
（多湖辉聪慧书系）

ISBN 7 - 5006 - 4866 - 9；12.80 元

本书以日常工作中常见的许多浅显的事例，介
绍在工作中应该注意的方方面面的心理法则。

1681 痔疮/

〔日〕冈田光生著；王鹤令译.—沈阳：辽宁科学
技术出版社；2002.01.—250 页；19cm.—（家庭
自助医疗百科）

ISBN 7 - 5381 - 3523 - 5；11.00 元

本书介绍了痔疮的起因、表现以及预防和治疗
的各种措施。

1682 中风/

〔日〕作田学编；王静娥译.—沈阳：辽宁科学
技术出版社；2002.04.—197 页；19cm.—（家
庭自助医疗百科）

ISBN 7 - 5381 - 3635 - 5；10.00 元

本书介绍了脑中风的各种表现、预防治疗措施、
家庭护理方法以及康复训练手段。

1683 中国禅学思想史/

〔日〕忽滑谷快天撰；朱谦之译；杨曾文导读.—
上海：上海古籍出版社；2002.04.—2 册；20cm

ISBN 7 - 5325 - 3153 - 8；48.00 元

本书根据汉译佛教经典和中国佛教著述资料，
考察论述了禅学在中国的传播过程以及从南北
朝至清初禅宗的形成、盛行和衰落的演变历史。

1684 中国的沙漠化/

〔日〕吉野正敏著；陈维平，邱华盛，李响
译.—北京：中国科学技术出版社；2002.03.—
254 页；20cm

ISBN 7 - 5046 - 3250 - 3；25.00 元

本书是由中国、日本等几个国家的研究报告的
成果汇编而成的。

**1685 中国古代王朝的形成：以出土资料为主的
殷周史研究/**

〔日〕伊藤道治著；江蓝生译.—北京：中华书
局，2002.10.—233 页；20cm

ISBN 7 - 101 - 02470 - X；15.00 元

本书为伊藤以出土的甲骨文、金文资料为主，参
考古文献，研究殷周史的著作。

**1686 中国国际旅游发展战略研究：日本客源市
场/**

〔日〕德村志成著.—北京：中国旅游出版社；
2002.10.—293 页；23cm

ISBN 7 - 5032 - 2042 - 2；28.00 元

本书阐述了中国竞争日本客源市场的发展战略。

1687 中国华南民族社会史研究/

〔日〕冈田宏二著；赵令志，李德龙译.—北京：
民族出版社；2002.02.—459 页；20cm.—（国
外学者中国民族研究文库）

ISBN 7 - 105 - 04895 - 6（精装）；50.00 元

本书是关于华南地区少数民族社会史的研究
专著。

1688 中国经济史上的天人关系/

李根蟠，〔日〕原宗子，曹幸穗编.—北京：中国
农业出版社；2002.12.—265 页；20cm.—（中国
农业博物馆学术丛书）

ISBN 7 - 109 - 07952 - X；15.00 元

本书为中国经济史上的天人关系学术讨论会的
论文集结。

1689 中国人眼里的日本人/

〔日〕本泽二郎著；张碧清等译.—北京：学苑
出版社；2002.08.—265 页；20cm

ISBN 7 - 5077 - 1977 - 4；16.00 元

本书是作者在中国各地采访的实录。

1690 中国戏剧史/

〔日〕田仲一成著；云贵彬，于允译.—北京：北
京广播学院出版社；2002.09.—484 页；20cm.—
（戏剧戏曲学书系）

ISBN 7 - 81085060 - 1；38.00 元

本书将作者实地调查获取的新资料与历史文献
相结合，从祭祀戏剧的角度对中国戏剧史进行
重构。

1691 中国现代文学评说/

〔日〕竹内实著；程麻译.—北京：中国文联出
版社；2002.01.—422 页；20cm.—（竹内实文
集；第 2 卷）

ISBN 7 - 5059 - 3934 - 3；23.00 元

本书是竹内实中文文集的第 2 卷，主要论述中国
现代作家作品。

1692 中国学研究. 第 5 辑/

吴兆路，〔日〕甲斐胜二，〔韩〕林俊相主编.—
济南：济南出版社；2002.06.—359 页；20cm

ISBN 7 - 80629 - 725 - 1；19.00 元

本书收录了有关中国学研究的论文，内容涉及中国文学、语言学、历史学、哲学、艺术学和宗教学等。

1693　中国中世社会与共同体/
〔日〕谷川道雄著；马彪译. —北京：中华书局，2002.12. —335 页；20cm. —（世界汉学论丛）
ISBN 7 - 101 - 03579 - 5；20.00 元
著者以共同体的概念来解释中国中世纪社会的独特现象，得出了中国社会的发展自有其自身规律、自身表象的结论。

1694　中年期抑郁症的防治/
〔日〕町泽静夫著；陈秀武等译. —北京：中国轻工业出版社；2002.01. —144 页；18 × 12cm. —（家庭保健百科）
ISBN 7 - 5019 - 3502 - 5；10.00 元
本书介绍了中年期抑郁症的发病原因、类型、特征，并用具体的病例加以分析。

1695　中日交流砚作集/
〔日〕山本涛石，胡中泰主编. —济南：山东教育出版社；2002.05. —207 页；29cm
ISBN 7 - 5328 - 3488 - 3；260.00 元
本书是为纪念日中邦交 30 周年，由日中双方的石砚雕刻家合作制作的日中代表砚雕名品集。

1696　中小学生 SOS/
〔日〕荒井益子等著；杨廷梓等译. —北京：中国纺织出版社；2002.03. —315 页；20cm
ISBN 7 - 5064 - 2136 - 4；18.00 元
本书向教师、家庭、社会提出青少年成长中遇到的各种问题，以期得到广泛的社会共鸣。

1697　中学生自立学习法：提高学习成绩的诀窍/
〔日〕石川勤著；陈俊英译. —上海：上海人民出版社；2002.02. —243 页；18cm
ISBN 7 - 208 - 040095；14.50 元
本书主要告诉中学生应该怎样适应中学的学习，怎样掌握有效的学习方法等。

1698　种花入门/
〔日〕内藤朗编集；龙江译. —广州：广东科技出版社；2002.01. —46 页；17 × 18cm. —（家庭观赏花卉丛书）
ISBN 7 - 5359 - 2861 - 7；10.00 元
本书介绍了种花的基本知识。

1699　侏儒的话/
〔日〕芥川龙之介著；李正伦等译. —石家庄：

河北教育出版社；2002.06. —280 页；19cm. —（东瀛美文之旅/叶渭渠主编）
ISBN 7 - 5434 - 4639 - 1；16.60 元
本书为日本散文家芥川龙之介的散文集。

1700　竹取物语/
〔日〕佚名氏编撰；曼叶平译. —昆明：云南人民出版社；2002.03. —503 页；21cm. —（日本物语文学系列）
ISBN 7 - 222 - 03424 - 2；28.00 元
本书是日本最古老的物语文学作品。

1701　转型期中日经济发展比较/
杨国昌，〔日〕狩野博主编. —北京：经济科学出版社；2002.08. —292 页；20cm
ISBN 7 - 5058 - 3110 - 0；18.60 元
本书是北京师范大学与日本樱美林大学产业研究所四年来国际学术交流的重要成果。

1702　追踪金虎/
〔日〕江户川乱步著；叶荣鼎译. —上海：少年儿童出版社；2002.09. —191 页；18cm. —（少年大侦探）
ISBN 7 - 5324 - 4986 - 6；8.00 元

1703　啄木鸟/
〔日〕右高英臣著；连小燕译. —上海：上海译文出版社；2002.03. —54 页；19 × 18cm. —（科学画谱丛书）
ISBN 7 - 5327 - 2780 - 7；12.00 元
本书专门介绍啄木鸟的种类及其生活。

1704　自觉和领悟之路：奉献给因神经症烦恼的人们/
〔日〕森田正马著；王祖承等译. —上海：复旦大学出版社；2002.03. —244 页；20cm
ISBN 7 - 309 - 03068 - 0；16.00 元
本书作者通过参与日本森田博士的家庭治疗室工作，记录了大量治疗神经症的第一手资料。

1705　自律型机器人制作/
〔日〕西山一郎著；耿连发，潘维林译. —北京：科学出版社；2002.03. —186 页；26cm. —（机器人竞技系列）
ISBN 7 - 03 - 010106 - 5；25.00 元
本书介绍自律型机器人的原理、结构及制作方法。

1706　自然与人生/
〔日〕德富芦花著；晋学新译. —石家庄：河北

教育出版社；2002.06.—206 页；19cm.—（东瀛美文之旅/叶渭渠主编）
ISBN 7 – 5434 – 4638 – 3；13.70 元
本书为日本散文家德富芦花的散文集。

1707　自学日语辅导用书/
〔日〕阿鲁克出版社编；黄文明，于日平译.—北京：外语教学与研究出版社；2002.01.—231页；20cm
ISBN 7 – 5600 – 2614 – 1；9.90 元
本书在《自学日语》上、下册的基础上编写而成。

1708　自制新潮小提包/
〔日〕内藤朗编；刘文星译.—广州：广东科技出版社；2002.01.—48 页；16×16cm.—（流行小饰物制作）
ISBN 7 – 5359 – 2913 – 3；10.00 元
本书介绍了新颖、独特具都市现代气息各种手提包的制作方法和制作实例等。

1709　走遍德国/
〔日〕大宝石出版社编著；韩亚弟译.—北京：中国旅游出版社；2002.08.—564 页；20cm.—（走遍全球）
ISBN 7 – 5032 – 2036 – 8；70.00 元
本书是针对中国出境游客的实用导游书。

1710　走向成功之路：只要努力就能成功如许/
〔日〕加藤义和著；青岛大学日语系译.—青岛：青岛海洋大学出版社；2002.04.—174 页；20cm
ISBN 7 – 81067 – 330 – 0（精装）；28.00 元
本书内容涉及在变革中寻求机遇及在逆境中发展企业、经营方针、把握时代脉搏等内容。

1711　最佳母乳育儿法/
〔日〕柳川洋子著；张立鸣，赵淑玲，滕燕译.—北京：华夏出版社；2002.09.—153 页；20cm
ISBN 7 – 5080 – 2706 – X；12.00 元
本书介绍了用母乳喂养及亲情关系促进婴儿身心全面发展的最佳方案。

1712　做一个美丽女人/
〔日〕斋藤薰著；陆求实译.—上海：文汇出版社；2002.06.—207 页；20cm
ISBN 7 – 80676 – 113 – 6；12.00 元
本书从日常生活起居、活动以及性情、仪态等方面，具体细致地指导女性如何全面提高自我修养。

1713　做游戏学英语/
〔日〕松岐博著；〔英〕索罗斯编；梅园等译.—北京：中国轻工业出版社；2002.01.—5 册；26cm＋附光盘
ISBN 7 – 5019 – 3142 – 9；90.00 元
本书分为字母和数字游戏、单词游戏——个人篇、单词游戏——集体篇、会话游戏和歌曲游戏。

2003

1714　0 岁育儿小百科/
〔日〕巷野悟郎著；王夕刚等译.—济南：山东科学技术出版社；2003.05.—188 页；20cm.—（新妈妈宝宝系列）
ISBN 7 – 5331 – 3320 – X；20.00 元
本书向年轻的父母们介绍了从刚出生到 1 岁的婴幼儿的护理、喂养、生长发育情况、疾病的防治以及母亲的健康。

1715　178 种标准鸡尾酒的配制/
〔日〕稻保幸著；刘京梁译.—北京：中国建材工业出版社；2003.07.—221 页；21cm
ISBN 7 – 80159 – 474 – 6；25.80 元
本书向读者介绍了 178 种标准鸡尾酒的调配方法，并收录了 13 例鸡尾酒大赛的作品以及品味鸡尾酒的方法。

1716　1 岁育儿小百科/
〔日〕巷野悟郎著；王夕刚等译.—济南：山东科学技术出版社；2003.03.—164 页；20cm.—（新妈妈宝宝系列）
ISBN 7 – 5331 – 3266 – 1；18.00 元
本书向年轻的爸爸妈妈们介绍了 1 岁宝宝的生理发育、心理发育、营养饮食、疾病的防治、智力开发等内容。

1717　2002 日语新干线．4/
〔日〕ALC 出版社著；潘郁红等译.—北京：外语教学与研究出版社；2003.01.—133 页；29cm.—（日语新干线丛书）
ISBN 7 – 5600 – 3115 – 3；27.90 元
本书内容包括日语语言知识和日本社会文化知识两部分。

1718　2002 日语新干线．5/
〔日〕ALC 出版社著；潘郁红等译.—北京：外语教学与研究出版社；2003.01.—133 页；26cm.—（日语新干线丛书）
ISBN 7 – 5600 – 3176 – 5；27.90 元
本书集合日语语言学习和日本社会背景知识学习为一体，全面展现日本及日语的现状。

1719　2002 日语新干线 . 6/

〔日〕ALC 出版社著；潘郁红等译 .—北京：外语教学与研究出版社；2003.06.—132 页；26cm.—（日语新干线丛书）

ISBN 7 – 5600 – 3369 – 5；27.90 元

本书内容分为语言知识和社会文化两部分。

1720　2003 日语新干线 . 29/

〔日〕ALC 出版社著；黄文明等译 .—北京：外语教学与研究出版社；2003.09.—122 页；26cm.—（日语新干线丛书）

ISBN 7 – 5600 – 3598 – 1；27.90 元

本书从社会、文化、语言方面全面介绍日本及日语的情况。

1721　21 世纪设计提案/

〔日〕黑川雅之等著；王超鹰译 .—上海：上海人民美术出版社；2003.08.—212 页；20cm

ISBN 7 – 5322 – 3614 – 5；42.00 元

本书是日本物学研究会的核心成员们围绕"发掘 20 世纪的设计给我们的启示"主题展开研究后取得的成果。

1722　60 天瘦身/

〔日〕女子营养大学出版部编；刘颖译 .—北京：中国轻工业出版社；2003.01.—141 页；19cm.—（时尚健康）

ISBN 7 – 5019 – 3701 – X；12.00 元

本书从减肥的方法、减肥和运动、减肥的原则、减肥的行动学等方面教你如何在 60 天内将体重减轻。

1723　6 月 19 日的新娘/

〔日〕乃南亚沙著；艾箐译 .—上海：上海译文出版社；2003.12.—251 页；20cm.—（译文新流行 . 女性推理）

ISBN 7 – 5327 – 3182 – 0；15.00 元

本书为现代推理小说。

1724　C 语言实用应用数字图像处理/

〔日〕井上诚喜等著；白玉林译 .—北京：科学出版社；2003.09.—277 页；23×19cm

ISBN 7 – 03 – 011372 – 1；36.00 元

本书由正文、附录、建议等三个部分组成。

1725　H8 单片机原理与应用/

〔日〕藤泽幸穗著；虞振亚译 .—北京：科学出版社；2003.09.—165 页；26cm

ISBN 7 – 03 – 012233 – X；25.00 元

本书主要介绍单片机（H8）原理与应用。

1726　HACCP 支持技术：从杀菌到监控/

〔日〕横山理雄等编著；周吉海，武林军译 .—沈阳：辽宁科学技术出版社；2003.06.—276 页；20cm

ISBN 7 – 5381 – 3974 – 5；30.00 元

本书主要介绍 HACCP 这一食品卫生管理体系，目的是提高食品的安全性。

1727　Sony 观点/

〔日〕出井伸之著；刘锦香译 .—汕头：汕头大学出版社；2003.03.—210 页；20cm

ISBN 7 – 81036 – 501 – 0；18.00 元

本书作者在书中阐述了在网络时代索尼的变革思想。

1728　TCP/IP. JAVA 篇/

〔日〕小高知宏著；牛连强，刘本伟译 .—北京：科学出版社；2003.04.—372 页；26cm

ISBN 7 – 03 – 011206 – 7；43.00 元

1729　TCP/IP. 包处理程序篇/

〔日〕小高知宏著；叶明译 .—北京：科学出版社；2003.04.—213 页；26cm

ISBN 7 – 03 – 011208 – 3；25.00 元

本书是网络工程师认证考试系列用书之一。

1730　TCP/IP. 程序设计篇/

〔日〕村山公保著；冯杰，闫鲁生译 .—北京：科学出版社；2003.04.—331 页；26cm

ISBN 7 – 03 – 011207 – 5；39.00 元

本书是网络工程师认证考试系列用书之一。

1731　TCP/IP. 基础篇/

〔日〕竹下隆史等著；冯杰，水海峰，葛伟译 .—北京：科学出版社；2003.04.—391 页；26cm

ISBN 7 – 03 – 011165 – 6；46.00 元

本书作为入门篇讲解通俗易懂，以丰富、精美的图表帮助读者提高学习效率，并且独特的版式可以使读者随时在正文旁做笔记。

1732　TCP/IP. 计算机网络技术篇/

〔日〕村山公保著；白玉林译 .—北京：科学出版社；2003.04.—202 页；26cm

ISBN 7 – 03 – 011189 – 3；23.00 元

本书是网络工程师认证考试系列用书之一。

1733　TCP/IP. 网络安全篇/

〔日〕寺田真敏等著；王庆译 .—北京：科学出版社；2003.04.—260 页；26cm

ISBN 7 – 03 – 011205 – 9；30.00 元

本书是网络工程师认证考试系列用书之一。

1734　TCP/IP. 网络工具篇/
〔日〕井口信和著；吴松芝，董江洪译．—北京：科学出版社；2003.04.—231 页；26cm
ISBN 7 - 03 - 011227 - X；28.00 元
本书是网络工程师认证考试系列用书之一，主要介绍了 TCP/IP 的基础和网络工具的种类及应用。

1735　VLSI 与数字信号处理/
〔日〕谷萩隆嗣等著；崔东印译．—北京：科学出版社；2003.09.—269 页；20cm. —（数字信号处理丛书）
ISBN 7 - 03 - 011374 - 8；22.50 元

1736　X. 1/
〔日〕CLAMP 著；刘安彭译．—北京：中国轻工业出版社；2003.09.—188 页；18cm
ISBN 7 - 5019 - 4042 - 8；9.80 元
本书是当今日本漫画界最走红的漫画大师 CLAMP 的代表性巨作。

1737　X. 2/
〔日〕CLAMP 著；刘安彭译．—北京：中国轻工业出版社；2003.09.—182 页；18cm
ISBN 7 - 5019 - 4043 - 6；9.80 元
本书是当今日本漫画界最走红的动画大师 CLAMP 的代表性巨作。

1738　X. 3/
〔日〕CLAMP 著；刘安彭译．—北京：中国轻工业出版社；2003.09.—181 页；18cm
ISBN 7 - 5019 - 4044 - 4；9.80 元
本书是当今日本漫画界最走红的漫画大师 CLAMP 的代表性巨作。

1739　X. 4/
〔日〕CLAMP 著；刘安彭译．—北京：中国轻工业出版社；2003.09.—183 页；18cm
ISBN 7 - 5019 - 4045 - 2；9.80 元
本书是当今日本漫画界最走红的漫画大师 CLAMP 的代表性巨作。

1740　X. 5/
〔日〕CLAMP 著；刘安彭译．—北京：中国轻工业出版社；2003.09.—179 页；18cm
ISBN 7 - 5019 - 4046 - 0；9.80 元
本书是当今日本漫画界最走红的漫画大师 CLAMP 的代表性巨作。

1741　X. 6/
〔日〕CLAMP 著；刘安彭译．—北京：中国轻工业出版社；2003.09.—182 页；19cm
ISBN 7 - 5019 - 4047 - 9；9.80 元
本书是当今日本最走红的漫画大师 CLAMP 的代表性巨作。

1742　X. 7/
〔日〕CLAMP 著；刘安彭译．—北京：中国轻工业出版社；2003.09.—181 页；19cm
ISBN 7 - 5019 - 4048 - 7；9.80 元
本书是当今日本动画界最走红的动画大师 CLAMP 的代表性巨作。

1743　X. 8/
〔日〕CLAMP 著；刘安彭译．—北京：中国轻工业出版社；2003.09.—181 页；19cm
ISBN 7 - 5019 - 4049 - 5；9.80 元
本书是当今日本最走红的动漫大师 CLAMP 的代表性巨作。

1744　X. 9/
〔日〕CLAMP 著；刘安彭译．—北京：中国轻工业出版社；2003.09.—181 页；19cm
ISBN 7 - 5019 - 4050 - 9；9.80 元
本书是当今日本漫画界最走红的漫画大师 CLAMP 的代表性巨作。

1745　X. 10/
〔日〕CLAMP 著；刘安彭译．—北京：中国轻工业出版社；2003.09.—181 页；19cm
ISBN 7 - 5019 - 4051 - 7；9.80 元
本书是当今日本漫画界最走红的漫画大师 CLAMP 的代表性巨作。

1746　X. 11/
〔日〕CLAMP 著；刘安彭译．—北京：中国轻工业出版社；2003.09.—181 页；19cm
ISBN 7 - 5019 - 4052 - 5；9.80 元
本书是当今日本漫画界最走红的漫画大师 CLAMP 的代表性巨作。

1747　X. 12/
〔日〕CLAMP 著；刘安彭译．—北京：中国轻工业出版社；2003.09.—181 页；19cm
ISBN 7 - 5019 - 4053 - 3；9.80 元
本书是当今日本漫画界最走红的漫画大师 CLAMP 的代表性巨作。

1748　X. 13/
〔日〕CLAMP 著；刘安彭译．—北京：中国轻工业出版社；2003.09.—178 页；19cm

ISBN 7 - 5019 - 4054 - 1；9.80 元
本书是当今日本漫画界最走红的漫画大师 CLAMP
的代表性巨作。

1749　X.14/
〔日〕CLAMP 著；刘安彭译 . —北京：中国轻工
业出版社；2003.09. —177 页；19cm
ISBN 7 - 5019 - 4055 - X；9.80 元
本书是当今日本最走红的漫画大师 CLAMP 的代
表性巨作。

1750　X.15/
〔日〕CLAMP 著；刘安彭译 . —北京：中国轻工
业出版社；2003.09. —178 页；19cm
ISBN 7 - 5019 - 4056 - 8；9.80 元
本书是当今日本最走红的漫画大师 CLAMP 的代
表性巨作。

1751　X.16/
〔日〕CLAMP 著；刘安彭译 . —北京：中国轻工
业出版社；2003.09. —178 页；19cm
ISBN 7 - 5019 - 4057 - 6；9.80 元
本书是当今日本最走红的漫画大师 CLAMP 的代
表性巨作。

1752　X.17/
〔日〕CLAMP 著；刘安彭译 . —北京：中国轻工
业出版社；2003.09. —168 页；20cm
ISBN 7 - 5019 - 4058 - 4；9.80 元
本书是当今日本最走红的漫画大师 CLAMP 的代
表性巨作。

1753　X.18/
〔日〕CLAMP 著；刘安彭译 . —北京：中国轻工
业出版社；2003.09. —165 页；20cm
ISBN 7 - 5019 - 4059 - 2；9.80 元
本书是当今日本漫画界最走红的漫画大师 CLAMP
的代表性巨作。

1754　爱的饥渴/
〔日〕三岛由纪夫著；唐月梅译 . —北京：北京
出版社；2003.04. —193 页；20cm. —（大师图
文馆）
ISBN 7 - 200 - 04739 - 2；17.00 元
本书为长篇小说，描述 1949 年夏天，叔母讲述
叔父经营的农园所发生的故事。

1755　爱犬的家庭医生/
〔日〕铃木立雄著；〔日〕吉田仁夫著；杨凡译 . —
北京：中国农业出版社；2003.01. —278 页；21cm

ISBN 7 - 109 - 07875 - 2；24.00 元
本书介绍了犬的各种疾病及治疗方法。

1756　爱心宝宝服/
〔日〕boutique 社编；祝煜明，黄国芬译 . —杭州：
浙江科学技术出版社；2003.04. —113 页；26cm +
照片 . —（服饰沙龙）
ISBN 7 - 5341 - 2056 - X；29.00 元
本书主要介绍 0~3 岁儿童服装的制作方法。

1757　安藤忠雄论建筑/
〔日〕安藤忠雄著；白林译 . —北京：中国建筑
工业出版社；2003.01. —226 页；23×16cm
ISBN 7 - 112 - 05370 - 6；30.00 元
本书介绍了日本著名建筑师安藤忠雄的建筑思
想及其成长过程。

1758　暗水幽灵/
〔日〕铃木光司著；贾黎黎译 . —海口：南海出
版公司，2003.08. —259 页；20cm
ISBN 7 - 5442 - 2508 - 9；18.00 元
本书是作者的短篇小说集。以东京湾为故事的舞
台背景，讲述几个冒险的故事。

1759　澳大利亚/
〔日〕大宝石出版社编著；赵海东译 . —北京：
中国旅游出版社；2003.03. —885 页；21cm. —
（走遍全球）
ISBN 7 - 5032 - 2117 - 8；98.00 元
本书全面而详尽地介绍了澳大利亚的风景、风
情，住、食、行、购、娱等各方面的内容。

1760　爸爸妈妈必读丛书/
〔日〕平井信义著；党理真译 . —呼和浩特：内
蒙古人民出版社；2003.04. —5 册；20cm
ISBN 7 - 204 - 06652 - 9；80.00 元

1761　爸爸送给我的礼物/
〔日〕芭蕉绿著绘；猿渡静子译 . —海口：南海
出版公司，2003.04. —32 页；22×22cm. —（新
经典文库 . 提姆与莎兰）
ISBN 7 - 5442 - 2373 - 6（精装）；18.00 元
本书为图画故事。

1762　白木彰平面设计作品集/
〔日〕白木彰著 . —沈阳：辽宁美术出版社；2003.
01. —166 页；26cm. —（世界设计师丛书）
ISBN 7 - 5314 - 3010 - X；98.00 元
日本著名平面设计师白木彰，在自己设计的招贴
中，以大量汉字字形的变化、图与字的组合作为

设计的主要元素。

1763 百变小樱动画插图精选集.1/
〔日〕CLAMP 著.—南昌：江西美术出版社；
2003.10.—1 册；26cm
ISBN 7 – 80690 – 129 – 9；28.00 元

1764 百变小樱动画插图精选集.2/
〔日〕CLAMP 著.—南昌：江西美术出版社；
2003.10.—1 册；26cm
ISBN 7 – 80690 – 130 – 2；28.00 元

1765 百变小樱动画插图精选集.3/
〔日〕CLAMP 著.—南昌：江西美术出版社；
2003.10.—1 册；26cm
ISBN 7 – 80690 – 131 – 0；28.00 元

1766 百变小樱魔法卡.1，梦中的大鸟/
〔日〕CLAMP 著；胡楠译.—南宁：接力出版
社；2003.01.—161 页；1000 幅；17cm
ISBN 7 – 80679 – 1221；7.80 元
本书为漫画连环画。

1767 百变小樱魔法卡.10，小樱手上的伤痕/
〔日〕CLAMP 著；赵瑾译.—南宁：接力出版
社；2003.01.—175 页；1000 幅；17cm
ISBN 7 – 80679 – 131 – 0；7.80 元
本书是漫画连环画作品。

1768 百变小樱魔法卡.11，魔法激战/
〔日〕CLAMP 著；赵瑾译.—南宁：接力出版
社；2003.01.—171 页；1000 幅；17cm
ISBN 7 – 80679 – 132 – 9；7.80 元

1769 百变小樱魔法卡.12，小狼的心意/
〔日〕CLAMP 著；刘娜译.—南宁：接力出版
社；2003.01.—168 页；1000 幅；17cm
ISBN 7 – 80679 – 133 – 7；7.80 元
本书是漫画连环画作品。

1770 百变小樱魔法卡.2，宝石胸针/
〔日〕CLAMP 著；徐文波译.—南宁：接力出版
社；2003.01.—179 页；1000 幅；17cm
ISBN 7 – 80679 – 123 – X；7.80 元
本书是漫画连环画作品。

1771 百变小樱魔法卡.3，观月老师/
〔日〕CLAMP 著；孟颖译.—南宁：接力出版
社；2003.01.—182 页；1000 幅；17cm
ISBN 7 – 80679 – 124 – 8；7.80 元

1772 百变小樱魔法卡.4，岩洞试胆比赛/
〔日〕CLAMP 著；赵瑾译.—南宁：接力出版
社；2003.01.—182 页；1000 幅；17cm
ISBN 7 – 80679 – 125 – 6；7.80 元
本书是漫画连环画作品。

1773 百变小樱魔法卡.5，无敌咒语/
〔日〕CLAMP 著；赵瑾译.—南宁：接力出版
社；2003.01.—181 页；1000 幅；17cm
ISBN 7 – 80679 – 126 – 4；7.80 元
本书为漫画连环画。

1774 百变小樱魔法卡.6，四大元素卡/
〔日〕CLAMP 著；胡楠译.—南宁：接力出版
社；2003.01.—183 页；19cm
ISBN 7 – 80679 – 127 – 2；7.80 元

1775 百变小樱魔法卡.7，小樱卡的诞生/
〔日〕CLAMP 著；胡楠译.—南宁：接力出版
社；2003.01.—178 页；1000 幅；17cm
ISBN 7 – 80679 – 128 – 0；7.80 元
本书为漫画连环画作品。

1776 百变小樱魔法卡.8，给曾祖父的礼物/
〔日〕CLAMP 著；刘娜译.—南宁：接力出版
社；2003.01.—180 页；17cm
ISBN 7 – 80679 – 129 – 9；7.80 元

1777 百变小樱魔法卡.9，奇怪的门/
〔日〕CLAMP 著；刘娜译.—南宁：接力出版
社；2003.01.—176 页；1000 幅；17cm
ISBN 7 – 80679 – 130 – 2；7.80 元

1778 百变小樱魔术卡.1/
〔日〕CLAMP 著.—南昌：江西美术出版社；
2003.10.—95 页；19cm
ISBN 7 – 80690 – 172 – 8；10.00 元

1779 百变小樱魔术卡.2/
〔日〕CLAMP 著.—南昌：江西美术出版社；
2003.10.—95 页；19cm
ISBN 7 – 80690 – 174 – 4；10.00 元
本书是卡通连环画。

1780 百变小樱魔术卡.3/
〔日〕CLAMP 著.—南昌：江西美术出版社；
2003.10.—95 页；19cm
ISBN 7 – 80690 – 175 – 2；10.00 元
本书为卡通连环画。

1781　百变小樱魔术卡 . **4**/
〔日〕CLAMP 著 . —南昌：江西美术出版社；
2003. 10. —95 页；19cm
ISBN 7 – 80690 – 176 – 0；10. 00 元
本书为卡通连环画。

1782　百变小樱魔术卡 . **5**/
〔日〕CLAMP 著 . —南昌：江西美术出版社；
2003. 10. —95 页；19cm
ISBN 7 – 80690 – 177 – 9；10. 00 元

1783　百变小樱魔术卡 . **6**/
〔日〕CLAMP 著 . —南昌：江西美术出版社；
2003. 10. —95 页；19cm
ISBN 7 – 80690 – 184 – 1；10. 00 元

1784　百变小樱魔术卡 . **7**/
〔日〕CLAMP 著 . —南昌：江西美术出版社；
2003. 10. —95 页；19cm
ISBN 7 – 80690 – 185 – X；10. 00 元

1785　百变小樱魔术卡 . **8**/
〔日〕CLAMP 著 . —南昌：江西美术出版社；
2003. 10. —95 页；19cm
ISBN 7 – 80690 – 186 – 8；10. 00 元
本书为日本的动画连环画作品。

1786　百变小樱魔术卡 . **9**/
〔日〕CLAMP 著 . —南昌：江西美术出版社；
2003. 10. —95 页；19cm
ISBN 7 – 80690 – 187 – 6；10. 00 元

1787　百变小樱魔术卡 . **10**/
〔日〕CLAMP 著 . —南昌：江西美术出版社；
2003. 10. —95 页；19cm
ISBN 7 – 80690 – 188 – 4；10. 00 元
本书是日本动画连环画作品。

1788　百变小樱魔术卡 . **11**/
〔日〕CLAMP 著 . —南昌：江西美术出版社；
2003. 10. —95 页；19cm
ISBN 7 – 80690 – 189 – 2；10. 00 元
本书为卡通连环画。

1789　百变小樱魔术卡 . **12**/
〔日〕CLAMP 著 . —南昌：江西美术出版社；
2003. 10. —95 页；19cm
ISBN 7 – 80690 – 190 – 6；10. 00 元
本书为卡通连环画。

1790　百变小樱魔术卡 . **13**/
〔日〕CLAMP 著 . —南昌：江西美术出版社；
2003. 10. —95 页；19cm
ISBN 7 – 80690 – 191 – 4；10. 00 元
本书是日本动画连环画作品。

1791　百变小樱魔术卡 . **14**/
〔日〕CLAMP 著 . —南昌：江西美术出版社；
2003. 10. —95 页；19cm
ISBN 7 – 80690 – 192 – 2；10. 00 元

1792　百变小樱魔术卡 . **15**/
〔日〕CLAMP 著 . —南昌：江西美术出版社；
2003. 10. —95 页；19cm
ISBN 7 – 80690 – 193 – 0；10. 00 元
本书是动画连环画。

1793　百变小樱魔术卡 . **16**/
〔日〕CLAMP 著 . —南昌：江西美术出版社；
2003. 10. —95 页；19cm
ISBN 7 – 80690 – 194 – 9；10. 00 元

1794　百变小樱魔术卡 . **17**/
〔日〕CLAMP 著 . —南昌：江西美术出版社；
2003. 10. —95 页；19cm
ISBN 7 – 80690 – 195 – 7；10. 00 元

1795　百变小樱魔术卡 . **18**/
〔日〕CLAMP 著 . —南昌：江西美术出版社；
2003. 10. —95 页；19cm
ISBN 7 – 80690 – 196 – 5；10. 00 元

1796　百变小樱魔术卡 . **19**/
〔日〕CLAMP 著 . —南昌：江西美术出版社；
2003. 10. —95 页；19cm
ISBN 7 – 80690 – 197 – 3；10. 00 元

1797　百变小樱魔术卡 . **20**/
〔日〕CLAMP 著 . —南昌：江西美术出版社；
2003. 10. —95 页；19cm
ISBN 7 – 80690 – 198 – 1；10. 00 元
本书是卡通连环画。

1798　百变小樱魔术卡 . **21**/
〔日〕CLAMP 著 . —南昌：江西美术出版社；
2003. 10. —95 页；19cm
ISBN 7 – 80690 – 199 – X；10. 00 元

1799　百变小樱魔术卡 . **22**/
〔日〕CLAMP 著 . —南昌：江西美术出版社；

2003.10. —95 页；19cm

ISBN 7 – 80690 – 200 – 7；10.00 元

本书是日本动画连环画作品。

1800　百变小樱魔术卡 . 23/

〔日〕CLAMP 著 . —南昌：江西美术出版社；
2003.10. —95 页；19cm

ISBN 7 – 80690 – 201 – 5；10.00 元

1801　百变小樱魔术卡 . 24/

〔日〕CLAMP 著 . —南昌：江西美术出版社；
2003.10. —95 页；19cm

ISBN 7 – 80690 – 202 – 3；10.00 元

1802　百变小樱魔术卡 . 25/

〔日〕CLAMP 著 . —南昌：江西美术出版社；
2003.10. —95 页；19cm

ISBN 7 – 80690 – 203 – 1；10.00 元

1803　百变小樱魔术卡 . 26/

〔日〕CLAMP 著 . —南昌：江西美术出版社；
2003.10. —95 页；19cm

ISBN 7 – 80690 – 204 – X；10.00 元

本书为卡通连环画。

**1804　帮你了解高中生："一问一答"消除高中
生心理烦恼/**

〔日〕白石浩一著；辛莉译 . —北京：中国轻工
业出版社；2003.01. —204 页；20cm. — （新向
导丛书 . 成功教养系列）

高校生心理学

ISBN 7 – 5019 – 3603 – X；14.00 元

全书以"一问一答"的形式提出并解答了常常
困扰高中生的心理问题。

1805　棒针编织宝宝毛衣/

〔日〕Boutique 社编；董曾珊译 . —杭州：浙江科
学技术出版社；2003.02. —97 页；26cm. — （服
饰沙龙）

ISBN 7 – 5341 – 1809 – 3；22.00 元

本书介绍宝宝毛衣的棒针编织方法，以彩图形
式显示效果图，以黑白线条图介绍编织步骤。

1806　保护血管，防止心脑血管病/

〔日〕渡边孝；盛利雄译 . —上海：上海人民
出版社；2003.07. —98 页；20cm. — （实用保健
译丛 . 图说常见病自疗）

ISBN 7 – 208 – 04366 – 3；15.00 元

本书介绍血管的知识，如何防止血管硬化，血管
硬化对健康的危害等。

1807　北方民族史与蒙古史译文集/

〔日〕内田吟风等著；余大钧译 . —昆明：云南
人民出版社；2003.01. —924 页；21cm. — （欧
亚历史文化名著译丛/余太山主编）

ISBN 7 – 222 – 03621 – 0；90.00 元

本书为日本、俄（苏联）、意大利、蒙古等国学
者对匈奴、突厥、柔然、北狄、蒙古历史研究文
章共 37 篇。

1808　标识/

〔日〕本画报社编辑部编；苏晓静，唐建译 . —沈
阳：辽宁科学技术出版社；2003.10. —241 页；
29cm. — （日本景观设计系列）

ISBN 7 – 5381 – 4019 – 0；190.00 元（全套）

本书介绍了近几年来日本景观设计中标识设计
实例。

1809　标准日语初级教程 . 下/

〔日〕东京外国语大学著；许罗莎等编译 . —北
京：北京大学出版社；2003.03. —235 页；26cm

ISBN 7 – 301 – 06167 – 6；44.00 元

本书与上册衔接，讲授日本语基础语法。共 17
课，前 11 课课文采用会话体，后 6 课采用文
章体。

1810　表扬与批评孩子的 10 个法则/

〔日〕乾孝著；郝慧琴译 . —海口：南海出版公
司，2003.10. —171 页；21cm

ISBN 7 – 5442 – 2634 – 4；14.80 元

本书作者作为儿童心理学的顶级专家，以及一位
对孩子充满关爱的热心长者，在书中为亲子交流
贡献良策，提出表扬和批评孩子所应该遵循的关
键原则。

1811　滨水景观/

〔日〕本画报社编辑部编；孙逸增，孙洋译 . —沈
阳：辽宁科学技术出版社；2003.10. —229 页；
29cm. — （日本景观设计系列）

ISBN 7 – 5381 – 4024 – 7；190.00 元（全套）

本书介绍了大量的日本水景设计理念与案例。

1812　冰纹/

〔日〕渡边淳一著；姚继中，杨庆庆译 . —1 版 . 成
都：四川文艺出版社；2003.11. —314 页；20cm

ISBN 7 – 5411 – 2224 – 6；19.00 元

本书是长篇小说，描述了一个医生的家庭的
破裂。

1813　病从口入怎么办？/

〔日〕须田都三男著；李英华译 . —天津：天津

科学技术出版社；2003.01.—115 页；20cm. —
（健康帮办丛书）

ISBN 7－5308－3351－0；8.00 元

本书讲解怎样才能拥有一个健康的肠胃以及引
发各种肠胃疾病的原因等。

1814 菠萝飘香的彼岸/

〔日〕山本文绪著；张唯诚译. —上海：上海译
文出版社；2003.12.—177 页；20cm. —（日本
女作家都市小说系列）

ISBN 7－5327－3174－X；12.00 元

**1815 不怕顾客来找碴：以客为尊的 80 则服务
心法/**

〔日〕清水省三著；李慈茵译. —北京：大众文
艺出版社；2003.09.—273 页；21cm. —（经管
学苑）

ISBN 7－80171－332－X；16.00 元

本书教你以客为尊的 80 则服务心法，再也不怕
消费者申诉。

1816 彩色液晶显示/

〔日〕堀浩雄；〔日〕铃木幸治主编；金轸裕译. —
北京：科学出版社；2003.03.—243 页；20cm. —
（前沿显示技术丛书）

ISBN 7－03－010966－X；24.00 元

本书主要介绍彩色液晶显示器的基本结构、工
作原理及前沿技术。

1817 插座/

〔日〕田口蓝迪著；林青华译. —桂林：漓江出
版社；2003.06.—288 页；20cm. —（田口蓝迪
精品集）

ISBN 7－5407－2990－2；16.00 元

本书是一部心理探索小说。描写女主人公在哥
哥死后对哥哥的追忆，并试图寻找新的生命
活力。

1818 茶之心/

〔日〕千玄室著；张建立译. —北京：文化艺术
出版社；2003.11.—136 页；28cm

ISBN 7－5039－2419－5；125.00 元

本书是介绍日本茶道的专著。

1819 产品设计效果图技法/

〔日〕清水吉治著；马卫星编译. —北京：北京
理工大学出版社；2003.10.—144 页；30×21cm

ISBN 7－5640－0190－9；68.00 元

1820 长安史迹研究/

〔日〕足立喜六著；王双怀，淡懿诚，贾云译. —

西安：三秦出版社；2003.01.—338 页；20cm

ISBN 7－80628－671－3；25.00 元

本书介绍了二十世纪初西安一带著名历史遗
迹的现状，探讨了其在漫长历史时期的沧桑
变迁。

1821 肠内革命/

〔日〕光冈知足著；林国彰译. —海口：海南出
版社；2003.08.—159 页；20cm

ISBN 7－5443－1091－4；12.00 元

本书专门讲述关于肠道的疾病防治和保健的
知识。

1822 厂商的战略. 上，产品开发篇/

〔日〕矢野新一著；台湾《零售市场》杂志社
译. —厦门：厦门大学出版社；2003.09.—168 页；
26cm. —（福友现代实用商战系列. 蓝彻斯特战略）

ISBN 7－5615－2091－3；86.00 元（全套 3 册）

本书以漫画的形式，介绍蓝彻斯特战略在厂商中
的运用。

1823 厂商的战略. 下，销售战略篇/

〔日〕矢野新一著；台湾《零售市场》杂志社
译. —厦门：厦门大学出版社；2003.09.—168 页；
26cm. —（福友现代实用商战系列. 蓝彻斯特战略）

ISBN 7－5615－2091－3；86.00 元（全套 3 册）

本书以漫画的形式，介绍蓝彻斯特战略在厂商中
的运用。

1824 厂商的战略. 中，营业企划篇/

〔日〕矢野新一著；台湾《零售市场》杂志社
译. —厦门：厦门大学出版社；2003.09.—168 页；
26cm. —（福友现代实用商战系列. 蓝彻斯特战略）

ISBN 7－5615－2091－3；86.00 元（全套 3 册）

本书以漫画的形式，介绍蓝彻斯特战略在厂商中
的运用。

1825 超高层办公楼/

〔日〕三栖邦博著；刘树信等译. —北京：中国
建筑工业出版社；2003.01.—138 页；29cm. —
（建筑规划·设计译丛）

ISBN 7－112－04976－8；30.00 元

本书介绍了超高层办公楼的策划与设计。

1826 超级英语会话.1，日常生活篇/

〔日〕井上一马著；曹姐译. —海口：南海出版
公司，2003.07.—229 页；21cm

ISBN 7－5442－2451－1；29.80 元

《超级英语会话》一套共 4 册，本书是第一册，
选取了日常生活中的典型场景中的典型对白。

1827　超级英语会话.2，人际互动篇/

〔日〕井上一马著；曹姐译.—海口：南海出版公司，2003.07.—229 页；21cm

ISBN 7 – 5442 – 2452 – X；32.00 元

《超级英语会话》一套共 4 册，本书是第二册。选取人际交往的典型场景中的典型对白。

1828　超级英语会话.3，休闲情趣篇/

〔日〕井上一马著；郭欣怡译.—海口：南海出版公司，2003.07.—234 页；21cm

ISBN 7 – 5442 – 2453 – 8；32.00 元

《超级英语会话》一套共 4 册，本书是第三册。选取了工作之余的社会生活典型场景中的典型对白。

1829　超级英语会话.4，职场制胜篇/

〔日〕井上一马著；施雅馨译.—海口：南海出版公司，2003.07.—167 页；21cm

ISBN 7 – 5442 – 2473 – 2；29.80 元

本套书共 4 册，本书是第四册，选取了职业生涯的典型场景中的典型对白。

1830　超快入睡宝典/

〔日〕池下律子著；吴君璧译.—广州：花城出版社；2003.02.—197 页；20cm

ISBN 7 – 5360 – 3956 – 5；20.00 元

本书指导人们如何快速进入睡眠。

1831　超右脑英语学习法/

〔日〕七田真著；李菁菁译.—海口：南海出版公司，2003.03.—222 页；19cm + 附光盘 1 张

ISBN 7 – 5442 – 1938 – 0；20.00 元

本书以“右脑教育”理论贯穿始终，利用诸多英语学习的实例印证了该理论。

1832　超越“中国威胁论”：中国制造业的崛起与东亚的回应/

〔日〕渡边利夫主编；倪月菊等译.—北京：经济管理出版社；2003.10.—168 页；23×18cm

ISBN 7 – 80162 – 722 – 9；25.00 元

本书从经济学角度分析了“中国威胁论”这一观点的不当之处，并对中日两国的经济发展提出了建议、对策。

1833　潮骚/

〔日〕三岛由纪夫著；唐月梅译.—北京：北京出版社；2003.04.—151 页；20cm.—（大师图文馆）

ISBN 7 – 200 – 04809 – 7；14.00 元

本书为长篇小说，描绘了青年渔民新治、富家子弟安夫与名门闺秀初江之间的恋情纠葛。

1834　城市景观/

〔日〕本画报社编辑部编；付瑶等译.—沈阳：辽宁科学技术出版社；2003.10.—215 页；29cm.—（日本景观设计系列）

ISBN 7 – 5381 – 4060 – 3；190.00 元（全套）

本书介绍城市设计的总体概念与景观设计要素实例。

1835　城市再开发/

〔日〕谷口凡邦著；马俊译.—北京：中国建筑工业出版社；2003.09.—166 页；29cm.—（建筑规划设计译丛）

ISBN 7 – 112 – 05852 – X；35.00 元

本书介绍从事城市再开发的建筑师应掌握的基础知识。

1836　吃茶养生记：日本古茶书三种/

〔日〕荣西等著；王建注译.—贵阳：贵州人民出版社；2003.12.—141 页；19cm

ISBN 7 – 221 – 06377 – X；9.80 元

本书收入公元 12 ~ 16 世纪的三种古籍，从中可以看到日本茶道的起源，同时显示出中国古代文化对日本茶文化的深刻影响。

1837　吃出健康：关心糖尿病/

〔日〕浅野次义等著；江波译.—南京：江苏科学技术出版社；2003.01.—188 页；20cm

ISBN 7 – 5345 – 3789 – 4；24.00 元

本书主要介绍糖尿病人的饮食疗法和生活注意事项。

1838　吃出精神：关心高血压/

〔日〕谷口正幸等著；狄群译.—南京：江苏科学技术出版社；2003.01.—188 页；20cm

ISBN 7 – 5345 – 3790 – 8；24.00 元

本书主要介绍降低血压的饮食疗法、日常生活事项和心得。

1839　池田大作集/

〔日〕本创价学会编.—2 版.—上海：上海远东出版社；2003.01.—333 页；20cm.—（20 世纪外国文化名人书库）

ISBN 7 – 80661 – 655 – 1；19.80 元

本书为日本学者池田大作的选集。

1840　出家与其弟子/

〔日〕仓田百三著；毛丹青译.—沈阳：辽宁教育出版社；2003.03.—152 页；18cm.—（新世

纪万有文库. 外国文化书系）

ISBN 7－5382－6499－X；8.00 元

本书是日本近代的一部话剧剧本，描写发生在日本佛教净土真宗里的一个僧侣和艺妓的故事，它是日本明治维新以后最杰出的宗教文学。

1841　窗边的小豆豆/

〔日〕黑柳彻子著；赵玉皎译 .—海口：南海出版公司，2003.01.—288 页；20cm

ISBN 7－5442－2297－7；20.00 元

本书是一本儿童小说。

1842　创造轻松育儿环境第一课/

〔日〕如月小春著；刘凤玉译 .—郑州：文心出版社；2003.11.—222 页；20cm.—（亲子教养丛书）

ISBN 7－80683－083－9；11.50 元

本书以妈妈手记的形式记录了作者对 0～5 岁女儿的抚育心得与感受。

1843　春雪/

〔日〕三岛由纪夫著；唐月梅译 .—北京：北京出版社；2003.04.—235 页；20cm.—（大师图文馆）

ISBN 7－200－04808－9；21.00 元

本书为长篇小说，以 19 世纪 20 年代日本贵族社会为人物活动舞台，描写了贵族子女松枝和聪子之间一段凄惨恋情。

1844　从"笔谈外交"到"以史为鉴"：中日近代关系史探研/

〔日〕伊原泽周著 .—北京：中华书局，2003.01.—587 页；20cm

ISBN 7－101－02862－4；32.00 元

本书收录作者近 10 年来有关中日关系的论文 20 余篇。

1845　从西连边升起的太阳：蒙古文/

〔日〕木村理子著 .—呼和浩特：内蒙古人民出版社；2003.09.—409 页；19cm

ISBN 7－204－06995－1；25.00 元

本书是蒙古学专家木村理子的杂文选集。

1846　大便异常怎么办？/

〔日〕须田都三男著；李英华译 .—天津：天津科学技术出版社；2003.01.—115 页；20cm.—（健康帮办丛书）

ISBN 7－5308－3286－7；8.00 元

本套丛书共分三册，以图文的形式讲解健康的肠胃的保护方法，以及各种肠胃病的原因。

1847　大肠癌根治术/

〔日〕高桥孝著；韩方海等译 .—北京：人民卫生出版社；2003.01.—307 页；26cm

ISBN 7－117－05192－2；48.00 元

本书主要阐述了进行大肠癌根治术时所必须具有的临床解剖学知识、手术方法、步骤、技巧以及应注意的事项。

1848　大家的日语.1，学习辅导用书/

〔日〕3A 出版社编著 .—北京：外语教学与研究出版社；2003.01.—245 页；26cm

ISBN 7－5600－3145－5；19.90 元

本书内容包括：课文翻译，语法解释，练习题答案，听力文字材料。

1849　大家的日语.2，学习辅导用书/

〔日〕3A 出版社编著 .—北京：外语教学与研究出版社；2003.01.—223 页；26cm

ISBN 7－5600－3146－3；18.90 元

本书包括：课文翻译、语法解释、练习题参考答案。

1850　大家的日语.2/

〔日〕3A 出版社编著 .—北京：外语教学与研究出版社；2003.01.—247 页；26cm

ISBN 7－5600－3147－1；19.90 元

本书课文会话中尽量反映了日本的风貌和日本人的社会生活及日常生活。

1851　大家的日语.标准习题集/

〔日〕3A 出版社编著 .—北京：外语教学与研究出版社；2003.01.—162 页；26cm

ISBN 7－5600－3148－X；12.90 元

本书是《大家的日语》每课的总结练习题集。

1852　大懒猫英语：世界上最简单的英语书/

〔日〕向山淳子，〔日〕向山贵彦著；赵玉皎译 .—海口：南海出版公司，2003.04.—165 页；20cm

ISBN 7－5442－1537－7；20.00 元

本书由大懒猫和面包师埃德出任"演员"，通过生动的图文来讲述英语学习方法。

1853　大屏幕显示/

〔日〕西田信夫著；马杰译 .—北京：科学出版社；2003.03.—169 页；20cm.—（前沿显示技术丛书）

ISBN 7－03－011035－8；18.00 元

本书是先进显示器技术系列之一。

1854　大猩猩孤儿学校/
〔日〕冈安直比著；张东君译．—北京：中信出版社；2003.03.—214页；20cm
ISBN 7 - 80073 - 661 - X；16.00元
本书是纪实文学作品。

1855　大雄的创世纪日记/
〔日〕藤子·F· 不二雄编绘；王永全译．—长春：吉林美术出版社；2003.01.—187页；14 × 10cm.— （超长篇机器猫哆啦 A 梦）
ISBN 7 - 5386 - 1385 - 4；4.00元

1856　大雄的海底鬼岩城：哆啦 A 梦彩色电影版/
〔日〕藤子·F·不二雄编绘；碧日译．—南昌：二十一世纪出版社；2003.01.—2 册；19cm
ISBN 7 - 5391 - 2033 - 9；19.60元

1857　大雄的恐龙：哆啦 A 梦彩色电影版/
〔日〕藤子·F·不二雄编绘；碧日译．—南昌：二十一世纪出版社；2003.01.—2 册；19cm
ISBN 7 - 5391 - 2032 - 0；19.60元

1858　大雄的梦幻王国/
〔日〕藤子·F·不二雄创作公司著；王永全译．—长春：吉林美术出版社；2003.01.—189页；14 ×10cm.— （超长篇机器猫哆啦 A 梦）
ISBN 7 - 5386 - 1385 - 4；4.00元

1859　大雄的魔界大冒险：哆啦 A 梦彩色电影版/
〔日〕藤子·F·不二雄编绘；碧日译．—南昌：二十一世纪出版社；2003.01.—2 册；19cm
ISBN 7 - 5391 - 2041 - X；19.60元

1860　大雄的南海大探险/
〔日〕藤子·F· 不二雄编绘；上海碧日译．—长春：吉林美术出版社；2003.01.—192 页；14 × 10cm.— （超长篇机器猫哆啦 A 梦）
ISBN 7 - 5386 - 1385 - 4；4.00元

1861　大雄的日本诞生：哆啦 A 梦彩色电影版/
〔日〕藤子·F·不二雄编绘；碧日译．—南昌：二十一世纪出版社；2003.01.—2 册；19cm
ISBN 7 - 5391 - 2034 - 7；19.60元

1862　大雄的太阳王传说/
〔日〕藤子·F·不二雄编绘；上海碧日译．—长春：吉林美术出版社；2003.01.—187 页；14 × 10cm.— （超长篇机器猫哆啦 A 梦）

1863　大雄的太阳王传说：哆啦 A 梦彩色电影版．上/
〔日〕藤子·F·不二雄编绘；碧日译．—南昌：二十一世纪出版社；2003.01.—2 册；19cm
ISBN 7 - 5391 - 2042 - 8；19.60元

ISBN 7 - 5386 - 1385 - 4；4.00元

1864　大雄的太阳王传说：哆啦 A 梦彩色电影版．下/
〔日〕藤子·F·不二雄编绘；碧日译．—南昌：二十一世纪出版社；2003.01.—2 册；19cm
ISBN 7 - 5391 - 2039 - 8；19.60元

1865　大雄的铁人兵团/
〔日〕藤子·F· 不二雄编绘；王永全译．—长春：吉林美术出版社；2003.01.—206 页；14 × 10cm.— （超长篇机器猫哆啦 A 梦）
ISBN 7 - 5386 - 1385 - 4；4.00元

1866　大雄的一千零一夜故事/
〔日〕藤子·F· 不二雄编绘；王永全译．—长春：吉林美术出版社；2003.01.—190 页；14 ×10cm.— （超长篇机器猫哆啦 A 梦）
ISBN 7 - 5386 - 1385 - 4；4.00元

1867　大雄的宇宙开拓史/
〔日〕藤子·F· 不二雄编绘；王永全译．—长春：吉林美术出版社；2003.01.—190 页；14 × 10cm.— （超长篇机器猫哆啦 A 梦）
ISBN 7 - 5386 - 1385 - 4；4.00元

1868　大雄的宇宙开拓史：哆啦 A 梦彩色电影版/
〔日〕藤子·F·不二雄编绘；碧日译．—南昌：二十一世纪出版社；2003.01.—2 册；19cm
ISBN 7 - 5391 - 2035 - 5；19.60元

1869　大雄的宇宙漂流记/
〔日〕藤子·F· 不二雄编绘；上海碧日译．—长春：吉林美术出版社；2003.01.—185 页；14 × 10cm.— （超长篇机器猫哆啦 A 梦）
ISBN 7 - 5386 - 1385 - 4；4.00元

1870　大雄的宇宙小战争：哆啦 A 梦彩色电影版/
〔日〕藤子·F·不二雄编绘；碧日译．—南昌：二十一世纪出版社；2003.01.—2 册；19cm
ISBN 7 - 5391 - 2040 - 1；19.60元

1871　大雄的钥匙城历险记/

〔日〕藤子·F· 不二雄编绘；王永全译.—长春：吉林美术出版社；2003.01.—176页；14×10cm.—（超长篇机器猫哆啦A梦）
ISBN 7-5386-1385-4；4.00元

1872　大雄和长翅膀的勇士们/

〔日〕藤子·F· 不二雄编绘；碧日译.—长春：吉林美术出版社；2003.01.—186页；14×10cm.—（超长篇机器猫哆啦A梦）
ISBN 7-5386-1385-4；4.00元

1873　大雄与动物惑星：哆啦A梦彩色电影版/

〔日〕藤子·F·不二雄编绘；碧日译.—南昌：二十一世纪出版社；2003.01.—2册；19cm
ISBN 7-5391-2037-1；19.60元

1874　大雄与动物行星/

〔日〕藤子·F· 不二雄编绘；王永全译.—长春：吉林美术出版社；2003.01.—189页；14×10cm.—（超长篇机器猫哆啦A梦）
ISBN 7-5386-1385-4；4.00元

1875　大雄与机器人王国/

〔日〕藤子·F· 不二雄编绘；碧日译.—长春：吉林美术出版社；2003.01.—188页；14×10cm.—（超长篇机器猫哆啦A梦）
ISBN 7-5386-1385-4；4.00元

1876　大雄与恐龙骑士/

〔日〕藤子·F· 不二雄编绘；王永全译.—长春：吉林美术出版社；2003.01.—189页；14×10cm.—（超长篇机器猫哆啦A梦）
ISBN 7-5386-1385-4；4.00元

1877　大雄与龙之骑士：哆啦A梦彩色电影版/

〔日〕藤子·F· 不二雄编绘；碧日译.—南昌：二十一世纪出版社；2003.01.—2册；19cm
ISBN 7-5391-2036-3；19.60元

1878　大雄与梦幻三剑士/

〔日〕藤子·F· 不二雄编绘；王永全译.—长春：吉林美术出版社；2003.01.—189页；14×10cm.—（超长篇机器猫哆啦A梦）
ISBN 7-5386-1385-4；4.00元

1879　大雄与日本的诞生/

〔日〕藤子·F· 不二雄编绘；王永全译.—长春：吉林美术出版社；2003.01.—190页；14×10cm.—（超长篇机器猫哆啦A梦）

ISBN 7-5386-1385-4；4.00元

1880　大雄与铁人兵团：哆啦A梦彩色电影版/

〔日〕藤子·F·不二雄编绘，碧日译.—南昌：二十一世纪出版社；2003.01.—2册；19cm
ISBN 7-5391-2038-X；19.60元

1881　大雄与小恐龙/

〔日〕藤子·F· 不二雄编绘；王永全译.—长春：吉林美术出版社；2003.01.—189页；14×10cm.—（超长篇机器猫哆啦A梦）
ISBN 7-5386-1385-4；4.00元

1882　大雄与银河超特快列车/

〔日〕藤子·F· 不二雄编绘；王永全译.—长春：吉林美术出版社；2003.01.—182页；14×10cm.—（超长篇机器猫哆啦A梦）
ISBN 7-5386-1385-4；4.00元

1883　大雄与宇宙小战争/

〔日〕藤子·F· 不二雄编绘；王永全译.—长春：吉林美术出版社；2003.01.—189页；14×10cm.—（超长篇机器猫哆啦A梦）
ISBN 7-5386-1385-4；4.00元

1884　大雄在白金迷宫/

〔日〕藤子·F· 不二雄编绘；王永全译.—长春：吉林美术出版社；2003.01.—187页；14×10cm.—（超长篇机器猫哆啦A梦）
ISBN 7-5386-1385-4；4.00元

1885　大雄在海底鬼岩城堡/

〔日〕藤子·F· 不二雄编绘；王永全译.—长春：吉林美术出版社；2003.01.—207页；14×10cm.—（超长篇机器猫哆啦A梦）
ISBN 7-5386-1385-4；4.00元

1886　大雄在魔界大冒险/

〔日〕藤子·F· 不二雄编绘；王永全译.—长春：吉林美术出版社；2003.01.—191页；14×10cm.—（超长篇机器猫哆啦A梦）
ISBN 7-5386-1385-4；4.00元

1887　大雄在魔境/

〔日〕藤子·F· 不二雄编绘；王永全译.—长春：吉林美术出版社；2003.01.—189页；14×10cm.—（超长篇机器猫哆啦A梦）
ISBN 7-5386-1385-4；4.00元

1888　大众传媒与现代文学/

陈平原，〔日〕山口守编.—北京：新世界出版

社；2003.01.—567 页；20cm

ISBN 7 - 80005 - 955 - 3；33.00 元

本书为北大与日大共同召开的"中日大众传媒与现代文学"研讨会的论文集。

1889 大自然的奥秘/

〔日〕奈须纪幸主编；〔日〕横田德夫绘；裴立杰译.—西安：陕西师范大学出版社；2003.01.—128 页；21cm.—（漫画探秘丛书）

ISBN 7 - 5613 - 2541 - X；12.80 元

本书将中小学生最感兴趣的问题，用漫画的形式表现。

1890 蛋糕/

〔日〕小泽纪子编；李宝原等译.—北京：中国轻工业出版社；2003.01.—95 页；26cm.—（西餐教室）

ISBN 7 - 5019 - 3867 - 9；35.00 元

本书介绍了各式蛋糕、塔、木斯、布丁的制作方法。

1891 当代社区教育新视野：社区教育理论与实践的国际比较/

〔日〕小林文人，〔日〕末本诚，吴遵民著.—上海：上海教育出版社；2003.11.—285 页；20cm

ISBN 7 - 5320 - 90361（特精）；30.00 元

本书是一部由中日两国学者合著的社区教育研究专著。

1892 刀势画：宫田雅之的世界/

〔日〕宫田雅之著.—北京：中国青年出版社；2003.11.—104 页；32×26cm

ISBN 7 - 5006 - 5438 - 3；200.00 元

日本艺术家宫田雅之先生，凭着刻刀开创了"刀势画"艺术领域，本画册收录了他的 41 幅优秀作品。

1893 导正孩子行为的 30 个方法/

〔日〕平井信义著；叶露茜译.—沈阳：辽宁科学技术出版社；2003.04.—215 页；20cm

ISBN 7 - 5381 - 3806 - 4；13.00 元

本书以问答的形式，针对孩子容易出现的各种问题，首先指出了问题产生的原因，然后提出了解决问题的方法。

1894 道路景观设计/

〔日〕土木学会编；章俊华，陆伟，雷芳译.—北京：中国建筑工业出版社；2003.12.—269 页；26cm

ISBN 7 - 112 - 05916 - X；60.00 元

1895 道歉妙计/

〔日〕高井伸夫著；李倩译.—上海：东方出版中心，2003.09.—197 页；20cm.—（识人做人系列）

ISBN 7 - 80186 - 063 - 2；14.00 元

本书的八十条"道歉心得"从内容、形式、方法、技巧、风俗及法律问题等方面介绍了圆满解决投诉纠纷的方案。

1896 德川时代的社会史/

〔日〕大口勇次郎编著；呼斯勒等译.—呼和浩特：内蒙古人民出版社；2003.10.—180 页；20cm

ISBN 7 - 204 - 06871 - 8；18.00 元

本书介绍了从 18 世纪起至 19 世纪上半叶的日本社会。

1897 登丽美时装造型工艺设计：最新版.7，套装/

〔日〕登丽美服装学院编；袁观洛等译.—上海：东华大学出版社；2003.09.—240 页；26cm.—（日本国际时装系列丛书）

ISBN 7 - 81038 - 688 - 3；38.00 元

本书主要讲述套装的种类及制作工艺、排料方式。

1898 登丽美时装造型工艺设计.大衣/

〔日〕登丽美服装学院编；袁观洛等译.—上海：东华大学出版社；2003.09.—229 页；26cm

ISBN 7 - 81038 - 694 - 8；38.00 元

本书主要讲述大衣的种类及制作工艺、排料方式。

1899 登丽美时装造型工艺设计.女衬衣、连衣裙/

〔日〕登丽美服装学院编；袁观洛等译.—上海：东华大学出版社；2003.09.—261 页；26cm

ISBN 7 - 81038 - 689 - 1；38.00 元

本书主要讲述服装的种类及制作工艺、排料方式。

1900 登丽美时装造型工艺设计.裙子、裤子/

〔日〕登丽美服装学院编；袁观洛等译.—上海：东华大学出版社；2003.09.—225 页；26cm

ISBN 7 - 81038 - 690 - 5；38.00 元

本书主要讲述服装的种类及制作工艺、排料方式。

1901 登丽美时装造型设计.基础篇.上/

〔日〕登丽美服装学院编；袁观洛等译.—上海：东华大学出版社；2003.09.—153 页；26cm

ISBN 7 - 81038 - 691 - 3；38.00 元

本书主要讲述服装的种类及制作工艺、排料方式。

1902　登丽美时装造型设计．基础篇．下/
〔日〕登丽美服装学院编；祝煜明等译．—上海：东华大学出版社；2003.09.—148 页；26cm
ISBN 7 - 81038 - 692 - 1；38.00 元
本书主要讲述服装的种类及制作工艺、排料方式。

1903　登丽美时装造型设计．上衣、背心/
〔日〕登丽美服装学院编；袁观洛等译．—上海：东华大学出版社；2003.09.—197 页；26cm
ISBN 7 - 81038 - 695 - 6；38.00 元
本书主要讲述上衣、背心的种类及制作工艺、排料方式。

1904　登丽美时装造型设计．婴幼儿装、童装/
〔日〕登丽美服装学院编；袁观洛等译．—上海：东华大学出版社；2003.10.—229 页；26cm
ISBN 7 - 81038 - 693 - X；48.00 元
本书主要讲述婴幼儿装、童装的种类及制作工艺、排料方式。

1905　地面绿化手册/
〔日〕都市绿化技术开发机构地面植被共同研究会编；王世学等译．—北京：中国建筑工业出版社；2003.09.—220 页；402 幅；26cm
ISBN 7 - 112 - 05908 - 9；68.00 元
本书是有关地面绿化的工具书，包括水力、坡地、平地、道路、草坪等的绿化。

1906　地面铺装/
〔日〕画报社编辑部编；唐建等译．—沈阳：辽宁科学技术出版社；2003.10.—215 页；29cm.—（日本景观设计系列）
ISBN 7 - 5381 - 4020 - 4；190.00 元（全套）
本书通过大量的实例介绍了各种景观设计中地面铺装的材料和特点。

1907　地球的奥秘/
〔日〕浜野洋三著；王恩忠译．—北京：科学出版社；2003.08.—160 页；20cm
ISBN 7 - 03 - 009934 - 6；12.00 元
本书介绍了地球的结构、地球表面和内部的活动、地球在宇宙中的作用。

1908　地球的奥秘/
〔日〕斋藤靖二主编；〔日〕高屋健二绘；吴晓译．—西安：陕西师范大学出版社；2003.01.—

138 页；20cm.—（漫画探秘丛书）
ISBN 7 - 5613 - 2541 - X；12.80 元
本书将中小学生最感兴趣的问题，用漫画的形式表现。

1909　第十三种人格的恐怖/
〔日〕贵志佑介著；赵建勋，门荔荔译．—北京：中国电影出版社；2003.10.—230 页；20cm
ISBN 7 - 106 - 02041 - 9；18.00 元
本书是当代长篇小说。

1910　电磁学/
〔日〕末田正编著；徐其荣译．—北京：科学出版社；2003.02.—309 页；26cm.—（OHM 大学理工系列）
ISBN 7 - 03 - 010891 - 4；38.00 元
本书介绍了静电、静磁、电磁感应、麦克斯韦方程，以及电磁现象的发展。

1911　电的奥秘/
〔日〕青木国夫主编；〔日〕横田德夫绘；吴晓译．—西安：陕西师范大学出版社；2003.01.—137 页；21cm.—（漫画探秘丛书）
ISBN 7 - 5613 - 2541 - X；12.80 元
本书将中小学生最感兴趣的问题，用漫画的形式表现。

1912　电动机实用技术指南/
〔日〕坪岛茂彦，〔日〕中村修照著；王益全，张炳义译．—北京：科学出版社；2003.09.—324 页；20cm.—（OHM 新电工技术系列）
ISBN 7 - 03 - 011651 - 8；25.00 元
本书介绍了电动机及电动机成套装置的实用技术，是一本手册性质的实用工具书。

1913　电机学．下/
〔日〕冈田隆夫等著；洪纯一译．—北京：科学出版社；2003.09.—194 页；20cm.—（OHM 大学参考教材系列）
ISBN 7 - 03 - 011592 - 9；15.00 元

1914　电力电子电路/
〔日〕电气学会编；陈国呈译．—北京：科学出版社；2003.09.—330 页；20cm.—（OHM 大学参考教材系列）
ISBN 7 - 03 - 011706 - 9；22.00 元

1915　电力系统工程/
〔日〕大泽靖治编著；张建华译．—北京：科学出版社；2003.02.—118 页；26cm.—（OHM 大

学理工系列）

ISBN 7 - 03 - 010876 - 0；15.50 元

本书主要内容有电力系统的特征，功率流的计算方法，电力系统的稳定性等。

1916　电路．上/

〔日〕大野克郎，〔日〕西哲生著；吕砚山译．—北京：科学出版社；2003.09.—355 页；20cm.—（OHM 大学参考教材系列）

ISBN 7 - 03 - 011733 - 6；24.00 元

1917　电路．下/

〔日〕尾崎弘著；王友功译．—北京：科学出版社；2003.09.—343 页；20cm.—（OHM 大学参考教材系列）

ISBN 7 - 03 - 011665 - 8；23.00 元

1918　电脑山庄魅影/

〔日〕天树征丸著；〔日〕佐藤文也图；张佶译．—深圳：海天出版社；2003.03.—277 页；19cm.—（少年侦探金田一系列）

ISBN 7 - 80654 - 858 - 0；15.00 元

本书是适合青少年阅读的侦探故事。

1919　电气设备的绝缘诊断/

〔日〕速水敏幸著；刘晓萱译．—北京：科学出版社；2003.06.—168 页；20cm.—（新电工技术系列）

ISBN 7 - 03 - 010671 - 7；15.00 元

本书是 21 世纪电子电气工程师系列之一。

1920　电通鬼十则：广告之鬼吉田秀雄名言录/

〔日〕植田正也著；刘锦秀译．—汕头：汕头大学出版社；2003.08.—120 页；23cm

ISBN 7 - 81036 - 606 - 8；15.00 元

本书是二十一世纪的企业原理与原则的经典，也是现今上班族想要出人头地的必备原则。

1921　电子电路入门/

〔日〕福田务著；牛连强，张胜男译．—北京：科学出版社；2003.07.—181 页；26cm.—（OHM 电子爱好者系列）

ISBN 7 - 03 - 011307 - 1；20.00 元

本书主要介绍了电子电路的基础知识和手工制作机器人的基本方法。

1922　电子电路与电子技术入门/

〔日〕新电气编辑部编；葛璜译．—北京：科学出版社；2003.05.—189 页；24cm.—（OHM 电子爱好者系列）

ISBN 7 - 03 - 011180 - X；20.00 元

1923　电子电路．上/

〔日〕雨宫好文著；彭军译．—北京：科学出版社；2003.09.—289 页；20cm.—（OHM 大学参考教材系列）

ISBN 7 - 03 - 011762 - X；20.00 元

1924　电子电路．下/

〔日〕雨宫好文著；周南生译．—北京：科学出版社；2003.09.—299 页；20cm.—（OHM 大学参考教材系列）

ISBN 7 - 03 - 011652 - 6；20.00 元

1925　电子机械入门/

〔日〕新电气编辑部编；徐其荣译．—北京：科学出版社；2003.05.—225 页；24cm.—（OHM 电子爱好者系列）

ISBN 7 - 03 - 011181 - 8；23.00 元

1926　电子控制入门/

〔日〕新电气编辑部编；崔东印译．—北京：科学出版社；2003.07.—181 页；26cm.—（OHM 电子爱好者系列）

ISBN 7 - 03 - 011087 - 0；20.00 元

1927　动物的奥秘/

〔日〕今泉忠明主编；〔日〕大石容子绘；盛超然译．—西安：陕西师范大学出版社；2003.01.—135 页；21cm.—（漫画探秘丛书）

ISBN 7 - 5613 - 2541 - X；12.80 元

本书将中小学生最感兴趣的问题，用漫画的形式表现。

1928　动物和交通工具/

〔日〕Boutique - sha 社编；张协君译．—杭州：浙江科学技术出版社；2003.01.—50 页；14cm.—（欢快动手做，施致良主编）

ISBN 7 - 5341 - 1813 - 1；11.00 元

本书介绍用广告纸、纸杯、硬纸板等环保材料制作小孩子爱玩的动物和交通工具。

1929　毒蘑菇/

〔日〕绵矢丽莎著；戴铮译．—上海：上海译文出版社；2003.01.—95 页；20cm

ISBN 7 - 5327 - 3027 - 1；8.00 元

本书为中篇小说。

1930　多媒体信息及通信/

〔日〕小野濑一志著；强增福译．—北京：科学出版社；2003.09.—264 页；24 × 17cm.—
（OHM 通信实用技术系列）
ISBN 7 – 03 – 011749 – 2；35.00 元

1931 多媒体与数字信号处理/
〔日〕谷萩隆嗣编著；申健译.—北京：科学出
版社；2003.09.—306 页；20cm.—（数字信号
处理参考教材系列）
ISBN 7 – 03 – 011696 – 8；23.00 元

1932 多维数字信号处理/
〔日〕川又政征等著；薛培鼎等译.—北京：科学
出版社；2003.04.—304 页；20cm.—（数字信号
处理参考教材系列）
ISBN 7 – 03 – 011237 – 7；23.00 元
本书主要内容有多维信号，多维信号的傅里叶变换
和采样，多维数字信号处理的基本概念及其优点等。

1933 多自然型河流建设的施工方法及要点/
〔日〕财团法人河流整治中心编著；周怀东等
译.—北京：中国水利水电出版社；2003.08.—224
页；21cm
ISBN 7 – 5084 – 1580 – 9；36.00 元
本书借鉴日本文化历史，对目前开展的多自然
型河流整治的现实意义进行了再认识，并列举
大量工程实例。

1934 哆啦 A 梦魔镜大搜索/
〔日〕藤子·F·不二雄著；碧日译.—长春：
吉林美术出版社；2003.08.—22 页；29cm
ISBN 7 – 5386 – 1469 – 9；12.80 元

1935 哆啦 A 梦全百科/
〔日〕藤子·F·不二雄著；碧日译.—长春：
吉林美术出版社；2003.08.—365 页；14cm
ISBN 7 – 5386 – 1445 – 1；13.00 元

1936 恶魔的饱食：日本细菌战部队揭秘/
〔日〕森村诚一著；骆为龙译.—修订本.—北
京：机械工业出版社；2003.01.—275 页；21cm
ISBN 7 – 5077 – 2062 – 4；16.00 元

1937 儿童贺卡创意制作/
〔日〕小学馆编著；柯克雷译.—南昌：二十一
世纪出版社；2003.02.—89 页；29cm
ISBN 7 – 5391 – 2043 – 6；16.00 元
本书涉及圣诞卡、生日贺卡、生活卡、通知、请
柬等社交类卡片的创意制作。

1938 儿童生活保健第一课/
〔日〕菅野功史著；刘凤玉译.—郑州：文心出

版社；2003.11.—186 页；20cm.—（亲子教养
丛书）
ISBN 7 – 80683 – 082 – 0；9.50 元
本书是专为家有 0～3 岁的宝宝所编写的育儿书。

1939 儿童心理教育第一课/
〔日〕平井信义著；刘凤玉译.—郑州：文心出
版社；2003.11.—184 页；20cm.—（亲子教养
丛书）
ISBN 7 – 80683 – 085 – 5；9.50 元
作者积多年的研究成果，提倡"不责备的教育"
方式。

1940 发光型显示.上册/
〔日〕山崎映一主编；马杰译.—北京：科学出
版社；2003.03.—193 页；20cm.—（前沿显示
技术丛书）
ISBN 7 – 03 – 010938 – 4；20.00 元
本书介绍了发光显示器典型的 CRT，超薄型 CRT，
VFD，FED 等的工作原理及基本构造。

1941 发明、发现/
〔日〕大森实，〔日〕矢部一郎主编；〔日〕相
田克太绘；裴立杰译.—西安：陕西师范大学出
版社；2003.01.—139 页；21cm.—（漫画探秘
丛书）
ISBN 7 – 5613 – 2541 – X；12.80 元
本书将中小学生最感兴趣的问题，用漫画的形式
表现出来。

1942 法律上之进化与进步/
〔日〕牧野英一著；朱广文译.—北京：中国政法
大学出版社；2003.05.—201 页；20cm.—（中国
近代法律文库）
ISBN 7 – 5620 – 2271 – 2（精装）；24.00 元
本书就法律进化的事实和进步的理想，从法律本
体和法学理论思想两个角度进行了深刻而精彩
的论述。

1943 放浪记/
〔日〕林芙美子著；魏大海译.—北京：北京十月
文艺出版社；2003.07.—439 页；20cm.—（曾经
轰动的 20 世纪外国女性小说丛书）
ISBN 7 – 5302 – 0664 – 8；21.00 元
本书是一部日记体的长篇小说。小说生动地描绘
出作者苦难的人生经历，是日本"私小说"最
具代表性的作品。

1944 风又三郎/
〔日〕宫泽贤治著；周龙梅译.—上海：少年儿

童出版社；2003.05.—285 页；21cm.—（宫泽贤治童话文集）
ISBN 7－5324－5566－1；17.00 元
本书为童话集。

1945　腹肌锻炼法/
〔日〕野泽秀雄著；彭曦译.—1 版.南京：江苏科学技术出版社；2003.01.—159 页；20cm
ISBN 7－5345－3728－2；20.00 元
本书主要介绍了锻炼腹肌的 60 种方法。

1946　改变被欺负的局面/
〔日〕幌岩奈奈著；李常秀译.—南宁：广西人民出版社；2003.09.—41 页；20cm.—（小学生自我保护丛书）
ISBN 7－219－04862－9；4.00 元
本书详细介绍了小学生应该拥有的基本权利和保护这些权利的重要性，还介绍了防止各种暴力的办法。

1947　改变人生的 5 个法则与 209 个问题/
〔日〕浅野八郎著；路马译.—天津：天津人民出版社；2003.01.—198 页；20cm
ISBN 7－201－04262－9；16.80 元
现代社会在给人带来巨大福利的同时，也使人面临巨大的压力和烦恼，本书旨在还人以轻松与快乐。

1948　甘露/
〔日〕吉本芭娜娜著；李重民译.—上海：上海译文出版社；2003.12.—359 页；20cm.—（日本女作家都市小说系列）
ISBN 7－5327－3134－0；20.00 元

1949　肝病/
〔日〕熊田博光编；宣宇译.—上海：上海人民出版社；2003.07.—98 页；100 幅；20cm.—（实用保健译丛.图说常见病自疗）
ISBN 7－208－04464－3；15.00 元
本书介绍肝病的有关知识，指导如何保护肝脏，脂肪肝、肝炎等疾病的预防与治疗。

1950　肝病无忧法/
〔日〕鹈沼直雄主编；王松园等译.—北京：华夏出版社；2003.02.—294 页；20cm
ISBN 7－5080－2768－X；18.00 元
本书详细论述了肝炎、脂肪肝、肝功损害等肝脏疾病的病变过程和疾病表现及其治疗方法，最后提出患者日常生活及饮食指导。

1951　肝炎患者手册/
〔日〕织田敏次著；张葆华译.—北京：中国轻工业出版社；2003.01.—74 页；20cm.—（患者手册系列）
ISBN 7－5019－3831－8；10.00 元
本书介绍了肝炎的类型、发生原因、传播途径、预防办法及康复后的保健方法。

1952　赶走心理压力/
〔日〕富田富士也著；朱洁译.—南宁：广西人民出版社；2003.09.—44 页；20cm.—（小学生自我保护丛书）
ISBN 7－219－04862－9；4.00 元
本书详细介绍了小学生应该拥有的基本权利和保护这些权利的重要性，还介绍了防止各种暴力的办法。

1953　钢结构技术总览.建筑篇/
〔日〕钢结构协会编；陈以一，傅功义译.—北京：中国建筑工业出版社；2003.10.—310 页；26cm
ISBN 7－112－05367－6；50.00 元
"建筑篇"是钢结构基本技术介绍，内容涉及材料、结构体系、节点设计等要点及细节。

1954　高级化妆/
〔日〕主妇之友社编；《高级化妆》编译组编译.—北京：中国轻工业出版社；2003.01.—127 页；15×11cm.—（瑞丽 BOOK）
ISBN 7－5019－3886－5；12.80 元
本书介绍了各种彩妆实例，按不同风格，不同场合，不同色系等全面而详细的彩妆技巧。

1955　高级日语.2/
吴侃，〔日〕村木新次郎主编.—上海：上海外语教育出版社；2003.08.—275 页；23×18cm
ISBN 7－81080－777－3；19.80 元
本书是供大学本科日语专业三四年级使用的精读教材。

1956　高临场感显示/
〔日〕谷千束编著；薛培鼎译.—北京：科学出版社；2003.03.—169 页；20cm.—（前沿显示技术丛书）
ISBN 7－03－011021－8；17.00 元
主要内容有：高实感图像与显示器，各种显示器与技术，实际应用与研究课题等。

1957　高血压病患者手册/
〔日〕藤井润著；张晓燕译.—北京：中国轻工业出版社；2003.01.—76 页；20cm.—（患者手

册系列）

ISBN 7 - 5019 - 3819 - 9；10.00 元

本书是针对高血压病编写的一本内容丰富、可读性强、科学性强的普及性读物。

1958　给讨厌数学的人/

〔日〕小室直树著；李毓昭译 . —哈尔滨：哈尔滨出版社；2003.04. —246 页；19cm

ISBN 7 - 80639 - 882 - 1；19.80 元

作者把数学原理论述得通俗易懂，并深入浅出地把数学与历史、法律、哲学、社会学、经济学、文学结合起来。

1959　工具钢：作为日本产业基础的工具钢发展历史/

〔日〕清水欣吾著；沈梨庭等译 . —北京：冶金工业出版社；2003.04. —194 页；20cm. —（钢铁技术发展趋势丛书）

ISBN 7 - 5024 - 3184 - 5；20.00 元

本书内容包括：铁器时代的开始；古代炼铁技术；冷加工用工具钢的发展；热作工具钢的发展等。

1960　工作高手的 77 个效率捷径/

〔日〕中岛吾郎著 . —北京：大众文艺出版社；2003.09. —229 页；21cm. —（经管学苑）

ISBN 7 - 80171 - 330 - 3；16.00 元

本书为社科类普及读物。

1961　公法与私法/

〔日〕美浓部达吉著；黄冯明译 . —北京：中国政法大学出版社；2003.05. —251 页；20cm. —（中国近代法律文库）

ISBN 7 - 5620 - 2259 - 3（精装）；27.00 元

本书从公法与私法的区别、公法与私法的共通性和特殊性、公法与私法的关联三个方面，进行了深入研究。

1962　公司会计/

〔日〕青井伦一主编；方晓霞译 . —北京：经济管理出版社；2003.01. —259 页；18cm. —（快速充电文库 . 通勤大学丛书 . 通勤大学 MBA）

ISBN 7 - 80162 - 575 - 7；18.00 元

本书介绍了工商企业管理中公司会计的基本理论和方法。

1963　公司金融/

〔日〕青井伦一主编；方晓霞译 . —北京：经济管理出版社；2003.01. —225 页；18cm. —（快速充电文库 . 通勤大学丛书 . 通勤大学 MBA）

ISBN 7 - 80162 - 563 - 3；18.00 元

本书介绍了工商企业管理中公司财务管理的基本理论与方法。

1964　公司治理与资本市场监管：比较与借鉴/

〔日〕槟田道代，吴志攀主编 . —北京：北京大学出版社；2003.01. —616 页；21cm. —（法学论丛 . 民商法系列）

ISBN 7 - 301 - 06025 - 4；36.00 元

本书是 2000 年 3 月在北京大学召开的"北京大学金融法研究中心春季论坛暨亚洲公司治理与资本市场监管国际研讨会"的论文集。

1965　沟通你我他 . 2，朋友·老师·学校/

〔日〕渡边三枝子著；徐二译 . —南宁：广西人民出版社；2003.01. —122 页；19cm

ISBN 7 - 219 - 04699 - 5；63.00 元（全套 7 册）

本书选择了许多大家感兴趣的话题，汇集了日本各地中小学生的谈话内容。

1966　沟通你我他 . 1，自己·自我·个性/

〔日〕渡边三枝子著；徐二译 . —南宁：广西人民出版社；2003.01. —122 页；19cm

ISBN 7 - 219 - 04699 - 5；63.00 元（全套 7 册）

本书选择了许多大家感兴趣的话题，汇集了日本各地中小学生的谈话内容。

1967　沟通你我他 . 3，学习·成绩·未来/

〔日〕渡边三枝子著；徐二译 . —南宁：广西人民出版社；2003.01. —122 页；19cm

ISBN 7 - 219 - 04699 - 5；63.00 元（全套 7 册）

本书选择了许多大家感兴趣的话题，汇集了日本各地中小学生的谈话内容。

1968　沟通你我他 . 4，玩·钱·爱好/

〔日〕渡边三枝子著；徐二译 . —南宁：广西人民出版社；2003.01. —122 页；19cm

ISBN 7 - 219 - 04699 - 5；63.00 元（全套 7 册）

本书选择了许多大家感兴趣的话题，汇集了日本各地中小学生的谈话内容。

1969　沟通你我他 . 5，爱·心·身体/

〔日〕渡边三枝子著；徐二译 . —南宁：广西人民出版社；2003.01. —122 页；19cm

ISBN 7 - 219 - 04699 - 5；63.00 元（全套 7 册）

本书选择了许多大家感兴趣的话题，汇集了日本各地中小学生的谈话内容。

1970　沟通你我他 . 6，父母·手足·家人/

〔日〕渡边三枝子著；徐二译 . —南宁：广西人民出版社；2003.01. —122 页；19cm

ISBN 7 – 219 – 04699 – 5；63.00 元（全套 7 册）
本书选择了许多大家感兴趣的话题，汇集了日本各地中小学生的谈话内容。

1971　沟通你我他 . 7，生存·死亡·环境／
〔日〕渡边三枝子著；徐二译 . —南宁：广西人民出版社；2003.01. —122 页；19cm
ISBN 7 – 219 – 04699 – 5；63.00 元（全套 7 册）
本书选择了许多大家感兴趣的话题，汇集了日本各地中小学生的谈话内容。

1972　古都／
〔日〕川端康成著；唐月梅译 . —北京：北京出版社；2003.04. —235 页；20cm. —（大师图文馆）
ISBN 7 – 200 – 04805 – 4；21.00 元
本小说描写了一对孪生姐妹的悲欢离合。

1973　固定修复学／
〔日〕横冢繁雄等著；赵军，张宁宁，钟伟译 . —上海：上海教育出版社；2003.07. —153 页；26cm. —（口腔修复技术工艺学教学丛书）
ISBN 7 – 5320 – 8908 – 8（精装）；115.00 元
本书详细叙述固定修复体制作的每一步骤。

1974　关于恋爱的 100 个真相／
〔日〕伊藤守，〔日〕千场弓子著；王烽烨译 . —北京：中信出版社；2003.01. —100 页；14 × 12cm
ISBN 7 – 80073 – 614 – 8；9.00 元
本书用清谈隽永的语句，阐述了关于恋爱的 100 个真相。

1975　关于幸福的 60 个真相／
〔日〕伊藤守著；王烽烨译 . —北京：中信出版社；2003.01. —60 页；14 × 12cm
ISBN 7 – 80073 – 612 – 1；9.00 元
本书用清谈隽永的语句，阐述了关于幸福的 60 个真相。

1976　光与电磁波／
〔日〕西原浩编著；熊缨，胡夏夏译 . —北京：科学出版社；2003.02. —180 页；24 × 17cm. —（OHM 大学理工系列）
ISBN 7 – 03 – 010945 – 7；24.00 元
本书主要内容有光与电磁波的关系、电磁波具有的基本性质、电波的放射与天线等。

1977　光源氏钟爱的女人们／
〔日〕渡边淳一著；姚继中译 . —1 版 . 成都：四川文艺出版社；2003.10. —298 页；20cm
ISBN 7 – 5411 – 2216 – 5；19.00 元

本书是日本作家渡边淳一的一部文学随笔。

1978　归宿／
〔日〕凝慧著 . —海口：南方出版社；2003.08. —232 页；21cm
ISBN 7 – 80660 – 901 – 6；18.00 元
本书为散文集，描写了出生于中国北方小城，现定居日本的作者过去和现在的生活。

1979　国际法学界之七大家／
〔日〕寺田四郎著；韩迪仙译 . —北京：中国政法大学出版社；2003.05. —342 页；20cm. —（中国近代法律文库）
ISBN 7 – 5620 – 2269 – 0（精装）；32.00 元
本书对迄今最著名的七位国际公法学家进行了介绍。

1980　国际级展览会的影响研究／
〔法〕赛尔旺，〔日〕竹田一平编；魏家雨等译 . —上海：上海科学技术文献出版社；2003.07. —140 页；24 × 17cm
ISBN 7 – 5439 – 2128 – 6；42.00 元
本书为国际展览局文献信息处的研究系列著作。

1981　国际商业名片设计精品集 . 2／
〔日〕P. I. E 编辑部编著；夏晞译 . —北京：中国青年出版社；2003.04. —218 页；38cm
ISBN 7 – 5006 – 5012 – 4；120.00 元
本书中所收集的作品数量多，范围广，有近千幅的优秀名片设计作品。

1982　国际私法／
〔日〕山田浪著；李倬译 . —北京：中国政法大学出版社；2003.05. —284 页；20cm. —（中国近代法律文库）
ISBN 7 – 5620 – 2300 – X（精装）；30.00 元
本书论述了近代国际私法的基本原理及基础理论。

1983　国境以南·太阳以西／
〔日〕村上春树著；林少华译 . —上海：上海译文出版社；2003.12. —190 页；20cm
ISBN 7 – 5327 – 3275 – 4（精装）；20.00 元
本书为长篇小说。

1984　孩子的心看得见吗？／
〔日〕梶原千远著；张勤译 . —成都：四川教育出版社；2003.12. —178 页；30 幅；21cm
ISBN 7 – 5408 – 3920 – 1；12.00 元
本书为日本心理咨询工作者所写的关于儿童心

理咨询的著作。

1985 海边的卡夫卡/
〔日〕村上春树著；林少华译.—上海：上海译
文出版社；2003.04.—514 页；21cm. —（村上
春树文集）
ISBN 7 – 5327 – 3419 – 6；25.00 元
本书是作者最新的长篇小说。

1986 海洋的奥秘/
〔日〕东京大学海洋研究所编；高华玮译.—北
京：科学出版社；2003.08.—160 页；20cm. —
（生活与科学文库.图解科学入门）
ISBN 7 – 03 – 011971 – 1；12.00 元
本书以简练的文字与丰富的字意图向人们展示
了鲜为人知的海洋世界。

1987 含氟材料的研究开发/
〔日〕山边正显，〔日〕松尾仁主编；闻建勋，闻
宇清译.—上海：华东理工大学出版社；2003.
06.—255 页；21cm
ISBN 7 – 5628 – 1378 – 7；30.00 元
本书是综合有机氟材料的开发和工业发展的一
本书。

1988 汉籍善本考/
〔日〕岛日翰撰.—北京：北京图书馆出版社；
2003.01.—740 页；26cm
ISBN 7 – 5013 – 2074 – 8（精装）；90.00 元
本书为考察中国传统典籍经、史、子、集各部丛
书版本源流，抄印刊刻及传布流播状况的版本
目录之作。

1989 黑屋吊影/
〔日〕贵志佑介著；林青华译.—南京：译林出
版社；2003.01.—270 页；20cm. —（当代外国
流行小说名篇丛书）
ISBN 7 – 80657 – 475 – 1（精装）；14.60 元
本书为长篇小说。

1990 花草茶/
〔日〕佐佐木熏著；李毓昭译.—北京：中国建
材工业出版社；2003.01.—189 页；19cm
ISBN 7 – 80159 – 360 – X；26.50 元
本书介绍了多种花草冲泡的分量、方法、时间及
药理作用等。

1991 花道.5/
〔日〕六耀社编；周耀坤等译.—北京：中国建
筑工业出版社；2003.02.—94 页；26cm. —（花

道译丛）
ISBN 7 – 112 – 04567 – 3；50.00 元
本书介绍了插花制作方法。

1992 花道.6/
〔日〕六耀社编；滕征本等译.—北京：中国建
筑工业出版社；2003.02.—94 页；26cm. —（花
道译丛）
ISBN 7 – 112 – 04568 – 1；50.00 元
本书介绍了婚礼插花及节日花饰技法。

1993 花卉折纸/
〔日〕林弘美著；余静译.—杭州：浙江科学技术
出版社；2003.10.—114 页；26cm. —（折纸乐）
ISBN 7 – 5341 – 2189 – 2；23.00 元
本书用浅显易懂的图文解说介绍各种漂亮花卉
的折纸方法。

1994 化学/
〔日〕米山正信著；赵晨阳译.—北京：科学出
版社；2003.08.—165 页；20cm. —（生活与科
学文库.图解科学入门）
ISBN 7 – 03 – 010389 – 0；12.00 元
本书以图解形式，生动而简要地介绍了生活中的
化学世界。

1995 环境激素/
〔日〕佐藤淳著；魏春燕译.—北京：科学出版
社；2003.01.—161 页；20cm. —（生活与科学义
库.图解科学入门）
ISBN 7 – 03 – 010388 – 2；12.00 元
本书探讨了环境激素的本质、作用以及它对人类
的不良影响。

1996 环境振动：预测、监控与评估/
〔日〕竹宫宏和，陈云敏主编.—北京：人民交
通出版社；2003.09.—485 页；26cm
ISBN 7 – 114 – 04820 – 3（精装）；90.00 元
本书为国际大会论文集，基本展示了我国在本领
域的科技发展情况。

1997 缓解膝盖疼痛的妙法/
〔日〕黑泽尚编；林云译.—上海：上海人民出
版社；2003.07.—98 页；20cm. —（实用保健译
丛.图说常见病自疗）
ISBN 7 – 208 – 04589 – 5；15.00 元
本书图说膝盖疼痛的病因，着重提出通过自疗缓
解膝盖疼痛的方法。

1998 辉煌的十二岁/
〔日〕薰久美子著；王炜译. —北京：中国少年儿童出版社；2003.07. —185 页；20cm. —（十二岁的青春物语）
ISBN 7 – 5007 – 6481 – 2；10.00 元
本书为长篇小说。

1999 慧眼识人术/
〔日〕山田修著；丁沁译. —上海：东方出版中心，2003.09. —190 页；20cm. —（识人做人系列）
ISBN 7 – 80186 – 063 – 2；14.00 元
本书作者山田修是日本著名的企业家，曾先后担任四家国际大公司驻日本分公司的总经理。

2000 婚姻法之近代化/
〔日〕栗生武夫著；胡长清译. —北京：中国政法大学出版社；2003.05. —160 页；20cm. —（中国近代法律文库）
ISBN 7 – 5620 – 2270 – 4（精装）；20.00 元
本书较详细的梳理了上自罗马亲属法、中世纪欧洲各国法律，下至日本现代民法中关于婚姻的各项内容。

2001 机电一体化入门/
〔日〕森田克己，〔日〕天野一美著；徐其荣译. —北京：科学出版社；2003.05. —232 页；24cm. —（OHM 电子爱好者读物. 电子电气读本系列/〔日〕岩本洋主编）
ISBN 7 – 03 – 010374 – 2；24.00 元
本书主要介绍机电一体化领域必不可少的传感器、执行机构、控制、计算机与接口、输入输出装置与接口、控制程序等。

2002 机动战士高达. W. 1/
〔日〕矢立肇，〔日〕富野由悠季著；〔日〕鸽田洸一绘；王淑玲译. —南宁：接力出版社；2003.11. —184 页；19cm
ISBN 7 – 80679 – 292 – 9；7.80 元
本书是日本漫画连环画。

2003 机动战士高达. W. 2/
〔日〕矢立肇，〔日〕富野由悠季著；〔日〕鸽田洸一绘；色铅笔译. —南宁：接力出版社；2003.11. —181 页；19cm
ISBN 7 – 80679 – 293 – 7；7.80 元

2004 机动战士高达. W. 3/
〔日〕矢立肇，〔日〕富野由悠季著；〔日〕鸽田洸一绘；王淑玲译. —南宁：接力出版社；2003.11. —183 页；19cm

ISBN 7 – 80679 – 294 – 5；7.80 元
本书为漫画连环画。

2005 机动战士高达. W. GUNIT. 1/
〔日〕矢立肇，〔日〕富野由悠季著；〔日〕鸽田洸一绘；沈美君，色铅笔译. —南宁：接力出版社；2003.11. —173 页；19cm
ISBN 7 – 80679 – 296 – 1；7.80 元
本书是日本漫画连环画。

2006 机动战士高达. W. GUNIT. 2/
〔日〕矢立肇，〔日〕富野由悠季著；〔日〕鸽田洸一绘；色铅笔译. —南宁：接力出版社；2003.11. —173 页；19cm
ISBN 7 – 80679 – 297 – X；7.80 元
本书是日本漫画连环画。

2007 机动战士高达. W. GUNIT. 3/
〔日〕矢立肇，〔日〕富野由悠季著；〔日〕鸽田洸一绘；沈美君，色铅笔译. —南宁：接力出版社；2003.11. —170 页；19cm
ISBN 7 – 80679 – 298 – 8；7.80 元
本书是日本漫画连环画。

2008 机动战士高达. W. 无尽的华尔兹/
〔日〕矢立肇，〔日〕富野由悠季著；〔日〕鸽田洸一绘；王淑玲译. —南宁：接力出版社；2003.11. —194 页；17cm
ISBN 7 – 80679 – 299 – 6；7.80 元

2009 机动战士高达. 高达 W 外传/
〔日〕鸽田洸一，〔日〕矢立肇原著；〔日〕富野由悠季绘；王淑玲译. —南宁：接力出版社；2003.09. —184 页；19cm
ISBN 7 – 80679 – 295 – 3；8.50 元
本书是日本漫画连环画。

2010 机器猫哆啦 A 梦/
〔日〕藤子·F·不二雄著；碧日译. —长春：吉林美术出版社；2002.09. —45 册；14×11cm
ISBN 7 – 5386 – 1311 – 0；180.00 元

2011 机器人集锦/
〔日〕内夫著；金晶立译. —北京：科学出版社；2003.09. —144 页；24×17cm. —（机器人竞技系列）
ISBN 7 – 03 – 011375 – 6；19.00 元

2012 鸡尾酒调制袖珍彩色图鉴/
〔日〕中村健二著；孟实华译. —长沙：湖南科

学技术出版社；2003.01.—424 页；15cm
ISBN 7 - 5357 - 3563 - 0（精装）；46.00 元

2013　基础化妆/
〔日〕主妇之友社编；《基础化妆》编译组编译.—北京：中国轻工业出版社；2003.01.—127页；15×11cm.—（瑞丽 BOOK）
ISBN 7 - 5019 - 3885 - 7；12.80 元
本书介绍了最基础的化妆方法及具体步骤。

2014　激素的奥秘/
〔日〕大石政道著；祁焱译.—北京：科学出版社；2003.01.—167 页；20cm.—（图解科学入门）
ISBN 7 - 03 - 010248 - 7；12.00 元
本书通过图解的方式把激素世界逼真地展现在读者面前。

2015　即学即用商务英语会话词典/
〔日〕巽一朗，〔日〕赫特编著；潘郁红，孙毅译.—北京：外语教学与研究出版社；2003.08.—1415 页；13cm
ISBN 7 - 5600 - 3494 - 2；48.90 元
本书收录约 20000 余条常用的美语口语表达方式，其中以职业人士在商务环境中常用的英文短句为主。

2016　集成电路工程/
〔日〕广濑全孝编著；彭军译.—北京：科学出版社；2003.02.—161 页；26cm —（OHM 大学理工系列）
ISBN 7 - 03 - 010889 - 2；158.00 元
本书主要内容有集成电路基础、MOS 器件的动作和微细化等。

2017　技术转移与社会文化/
〔日〕富田彻男著；张明国译.—北京：商务印书馆，2003.07.—280 页；20cm
ISBN 7 - 100 - 03359 - 4；16.00 元
本书论述了技术转移与自然、人文环境之间的关系。

2018　加拿大/
〔日〕大宝石出版社编著；周莉译.—2 版.—北京：中国旅游出版社；2003.02.—660 页；彩照，20cm.—（走遍全球）
ISBN 7 - 5032 - 2037 - 6；80.00 元
本书为中国出境旅游者提供加拿大食、住、行、游、购、娱的全新资料，图文并重，实用性强。

2019　家庭洋兰培育一点通/
〔日〕主妇之友社编；谢晓霞，梅慧敏译.—北京：中国林业出版社；2003.01.—159 页；21cm.—（最新图解养兰丛书）
ISBN 7 - 5038 - 3335 - 1；38.00 元
本书介绍常见栽培的洋兰的种和品种，重点介绍了 12 个种（属）的洋兰的形态特征、栽培技术、四季的栽培与管理及病虫害防治的知识。

2020　家庭养花 12 月/
〔日〕中山草司著；顾亚娟译.—1 版.南京：江苏科学技术出版社；2003.08.—238 页；20cm.—（快乐养花丛书）
ISBN 7 - 5345 - 3930 - 7；24.00 元
本书以月份为基础，根据不同月份的气候特征，介绍不同植物的养护要点。

2021　价值连城的 50 堂课：日本 50 大企业逆势成长经验谈/
〔日〕今井伸著；林欣怡译.—北京：中央编译出版社；2003.04.—300 页；19cm.—（创业家书系）
ISBN 7 - 80109 - 661 - 4；25.00 元
本书通过采访日本 50 家大企业的领导人，介绍了他们在日本"泡沫经济"的十年中摆脱困境，重新崛起的经验。

2022　假面自白/
〔日〕三岛由纪夫著；唐月梅译.—北京：北京出版社；2003.04.—179 页；20cm.—（大师图文馆）
ISBN 7 - 200 - 04806 - 2；16.00 元
本书为长篇小说。

2023　减肥妙法：锻炼自律神经/
〔日〕森谷敏夫编；钱旭春译.—上海：上海人民出版社；2003.07.—98 页；20cm.—（实用保健译丛.图说常见病自疗）
ISBN 7 - 208 - 04467 - 8；15.00 元
本书介绍减肥的根本好办法——锻炼自律神经。

2024　检察制度/
〔日〕冈田朝太郎等口述；郑言记录；蒋士宜编译.—北京：中国政法大学出版社；2003.05.—267 页；20cm.—（中国近代法律文库）
ISBN 7 - 5620 - 2258 - 5（精装）；30.00 元
本书由刑事法与检察制度、民事法与检察制度、行政法与检察制度以及检察制度与对外关系四部分内容组成，由四位日本学者讲学记录整理而成。

2025 简单易学的插花/

〔日〕小野敦子编；尤维芬译．—杭州：浙江科学技术出版社；2003.05.—106页；26×21cm.—（插花艺术）

ISBN 7-5341-2093-4；38.00元

本书是介绍插花艺术的实用书。以插花风格分为简洁小品篇、浪漫温馨篇等。

2026 简明足球规则图解/

〔日〕高田静夫编；何阳译．—北京：人民体育出版社；2003.06.—170页；200幅；17cm

ISBN 7-5009-2415-1；10.00元

本书用大量的插图，解析足球规则中较难理解的部分。

2027 简易手套和小物件/

〔日〕Boutique社编；董曾珊译．—杭州：浙江科学技术出版社；2003.01.—58页；14cm.—（饰品CIY）

ISBN 7-5341-1812-3；12.00元

本书介绍简易手套和小物件的制作方法，有彩色效果图和详细的制作步骤。

2028 建筑空间的绿化手法/

〔日〕兴水肇著；张延凯等译．—大连：大连理工大学出版社；2003.03.—118页；26cm

ISBN 7-5611-2146-6；38.00元

本书主要介绍了在不同的建筑物内，绿化植物选择与栽培的要点。

2029 建筑设计资料集成．综合篇/

〔日〕建筑学会编；重庆大学建筑城规学院译．—北京：中国建筑工业出版社；2003.02.—669页；29cm

ISBN 7-112-03488-4（精装）；236.00元

本书是日本建筑设计资料集，由建筑环境、房间环境、空间配置与规划、地域与社区生态学全部4章构成。

2030 建筑摄影技法/

〔日〕高井洁著；杨超英等摄；〔日〕伊藤瑛子译．—北京：机械工业出版社；2003.07.—250页；30cm

ISBN 7-111-12453-7；180.00元

本书介绍了建筑摄影基础知识。

2031 建筑物渗漏事故案例分析与处理/

〔日〕《建筑物渗漏事故案例分析与处理》编委会编；陶新中，牛清山译．—北京：中国建筑工业出版社；2003.12.—205页；26cm

ISBN 7-112-06062-1；34.00元

本书以图表方式和简洁的文字阐述了建筑物各部分渗漏事故和结露的案例分析及处理措施。

2032 建筑与绿化/

〔日〕泷光夫著；刘云俊译．—北京：中国建筑工业出版社；2003.11.—222页；26cm

ISBN 7-112-06018-4；45.00元

本书通过大量实例，介绍了建筑周围的绿化设计。

2033 建筑造型百科/

〔日〕宫崎兴二著；陶新中，牛清山译．—北京：中国建筑工业出版社；2003.04.—193页；26cm

ISBN 7-112-05630-6；38.00元

本书为世界建筑造型设计图集。

2034 健康家庭好医生图解身体疾病/

〔日〕濑在幸安著；李毅男等译．—哈尔滨：哈尔滨出版社；2003.05.—449页；26cm

ISBN 7-80639-859-7；56.80元

本书对人体常见病进行了自觉症状的分析与推断以及应做出的处理进行讲解了。

2035 健康家庭好医生之图解心理疾病/

〔日〕吉川武彦著；李毅男等译．—哈尔滨：哈尔滨出版社；2003.05.—320页；26cm

ISBN 7-80639-860-0；42.00元

本书对人的心理疾病的常见症状进行了分析及推断。

2036 教你玩中学游泳/

〔日〕东岛新次，〔日〕堂下雅晴著；赵振平译．—北京：人民体育出版社；2003.01.—165页；20cm

ISBN 7-5009-2345-7；12.00元

本书介绍了在游戏玩耍中循序渐进地学会四种游泳（自由泳、仰泳、蛙泳、蝶泳）技术的方法。

2037 街道家具/

〔日〕画报社编辑部编；唐建，高莹，杨坤译．—沈阳：辽宁科学技术出版社；2003.10.—249页；29cm.—（日本景观设计系列）

ISBN 7-5381-4027-1；190.00元（全套）

街道家具包括了街道和公路廊道的所有非移动性因素，本书介绍了大量的景观设计的设计理念与实例。

2038 解消颈肩酸痛/

〔日〕青木正美编；陈颖译．—上海：上海人民出版社；2003.07.—98 页；100 幅；20cm.—
（实用保健译丛．图说常见病自疗）

ISBN 7 - 208 - 04499 - 6；15.00 元

本书介绍了人们常遇到的颈肩酸痛的类型、原因及克服、缓解酸痛的各种方法。

2039 金匮玉函要略疏义/

〔日〕喜多村直宽编著；边玉麟校注．—北京：中医古籍出版社；2003.01.—342 页；20cm.—
（汉方古籍丛书）

ISBN 7 - 80174 - 018 - 1；16.00 元

本书在《金匮要略》原文的基础上，以自注为主，兼采从说，既注疏经文，亦评论诸家。

2040 进阶日本语中级教程听读训练/

〔日〕荒井礼子等著；黄文明译．—北京：外语教学与研究出版社；2003.09.—154 页；26cm

ISBN 7 - 5600 - 3629 - 5；13.90 元

本书配合本套书的主教材展开听力、快速阅读的训练。

2041 进阶日本语中级教程综合用书/

〔日〕荒井礼子等著；黄文明译．—北京：外语教学与研究出版社；2003.12.—157 页；26cm

ISBN 7 - 5600 - 3631 - 7；13.90 元

本书由围绕各课题目的课文和与课文相关的听说读写方面的练习组成，共 25 课。

2042 经典鸡尾酒/

〔日〕若松诚志主编；艾青译．—1 版．南京；江苏科学技术出版社；2003.07.—266 页；21cm

ISBN 7 - 5345 - 3876 - 9；45.00 元

本书主要介绍了以各种酒为基酒的 250 款世界经典鸡尾酒的调制方法。

2043 经营管理/

〔日〕青井伦一主编；丁毅，张跃斌译．—北京：经济管理出版社；2003.01.—293 页；18cm.—
（快速充电文库．通勤大学丛书．通勤大学 MBA）

ISBN 7 - 80162 - 574 - 9；18.00 元

本书介绍了工商企业管理中的经营管理的基本知识、原理和方法。

2044 经营就是改革：铃木松夫与日本经济界巨子对谈集/

〔日〕铃木松夫著；承春先，杨晓芬，邵力群译．—上海：上海社会科学院出版社；2002.12.
—555 页；20cm

ISBN 7 - 80681 - 094 - 3；38.00 元

本书是铃木松夫与日本经济界巨子如东芝、西武等集团领导人的对话集。

2045 经营战略/

〔日〕青井伦一主编；张虹，侯宗谊译．—北京：经济管理出版社；2003.01.—216 页；18cm.—
（快速充电文库．通勤大学丛书．通勤大学 MBA）

ISBN 7 - 80162 - 561 - 7；18.00 元

本书介绍了企业管理中的经营战略的基本理论和方法。

2046 景观设计．3/

〔日〕《景观设计》杂志社编；李旭光等译．—大连：大连理工大学出版社；2003.06.—112 页；29×21cm + 附特辑 1 本

ISBN 7 - 5611 - 2312 - 4；48.00 元

本书讲述了"城市中的森林"这一专题。

2047 景观设计．4/

〔日〕《景观设计》杂志社编；于黎特，杨秀妹译．—大连：大连理工大学出版社；2003.08.—
2 册；29cm

Landscape Design

ISBN 7 - 5611 - 2363 - 9；48.00 元

本书介绍了日本 2002 年度经典的景观设计作品。

2048 景观设计．5/

〔日〕《景观设计》杂志社编；于黎特，杨秀妹译．—大连：大连理工大学出版社；2003.10.—
2 册；30cm

ISBN 7 - 5611 - 2430 - 9；48.00 元

2049 景观设施/

〔日〕画报社编辑部编；唐建等译．—沈阳：辽宁科学技术出版社；2003.10.—237 页；29cm.—
（日本景观设计系列）

ISBN 7 - 5381 - 4014 - X；190.00 元（全套）

本套书介绍了大量的景观设计的设计理念与实例。

2050 酒精考验：醉相心理学/

〔日〕芝加著；戴铮译．—上海：文汇出版社；2003.02.—133 页；18×11cm

ISBN 7 - 80676 - 301 - 5；12.80 元

本书讲述了人们不同的饮酒习惯及他们的心理特征，并给出了建设性的意见，知识性趣味性并重。

2051 局部塑身健美法/

〔日〕萱沼文子著；高进译．—福州：福建科学技术出版社；2003.08.—172 页；21cm

ISBN 7 - 5335 - 2172 - 2；26.00 元

本书针对减肥失败的不同原因，有针对性地提出针对不同身体部位、不同肥胖类型的减肥方法。

2052 局域网技术/

〔日〕小野濑一志著；张秀琴译．—北京：科学出版社；2003.09．—272 页；24 × 17cm．—（OHM 实用通信技术系列）

ISBN 7－03－011699－2；36.00 元

2053 拒绝暴力和虐待/

〔日〕安藤由纪著；乔莹洁译．—南宁：广西人民出版社；2003.09．—43 页；20cm．—（小学生自我保护丛书）

ISBN 7－219－04862－9；4.00 元

本书详细介绍了小学生应该拥有的基本权利及保护这些权利的重要性，还介绍了防止各种暴力的办法。

2054 聚合物辐射加工/

〔日〕幕内惠三著；徐俊，孟永红译．—北京：科学出版社；2003.03．—234 页；20cm

ISBN 7－03－011106－0；24.00 元

本书系统介绍了辐射加工的基础知识，精辟论述了辐射加工发展的历史和现状。

2055 聚落探访/

〔日〕藤井明著；宁晶，王昀译．—北京：中国建筑工业出版社；2003.09．—205 页；19cm

ISBN 7－112－05861－9；22.00 元

本书是在对世界 40 多个国家的聚落进行调查的基础上归纳整理而成的，它对这些聚落的外形、布局、室内结构等做了全面探讨。

2056 决策支持系统开发的进步：一般系统理论/

〔日〕高原康彦，陈晓红，〔日〕柴直树著．—北京：经济科学出版社；2003.06．—306 页；26cm

ISBN 7－5058－3585－8；36.00 元

本书论述了决策支持系统的一般原理及其应用。

2057 卡通漫画技法百科．动画制作篇/

〔日〕代代木动画学院著；〔日〕A.I.C. 设计工作室绘；徐墨译．—北京：中国青年出版社；2003.04．—129 页；26cm

ISBN 7－5006－4974－6；299.00 元（全套 10 册）

本套书共含 10 本，主要介绍了制作卡通漫画的各种方法、技巧，帮助卡漫爱好者提高实际创作水平。

2058 卡通漫画技法百科．服装设计篇/

〔日〕漫画技法研究会著；张喆译．—北京：中国青年出版社；2003.04．—125 页；26cm

ISBN 7－5006－4974－6；299.00 元（全套 10 册）

2059 卡通漫画技法百科．基础技法篇/

〔日〕漫画技法研究会著；康立译．—北京：中国青年出版社；2003.04．—115 页；26cm

ISBN 7－5006－4974－6；299.00 元（全套 10 册）

2060 卡通漫画技法百科．角色造型篇/

〔日〕漫画技法研究会著；康立译．—北京：中国青年出版社；2003.04．—111 页；26cm

ISBN 7－5006－4974－6；299.00 元（全套 10 册）

2061 卡通漫画技法百科．人物组合篇/

〔日〕漫画技法研究会著；张静贤译．—北京：中国青年出版社；2003.04．—118 页；26cm

ISBN 7－5006－4974－6；299.00 元（全套 10 册）

2062 卡通漫画技法百科．色调表现篇/

〔日〕小山云鹤等编著；李怀福译．—北京：中国青年出版社；2003.04．—133 页；26cm

ISBN 7－5006－4974－6；299.00 元（全套 10 册）

本套书共含 10 本，主要介绍制作卡通漫画的各种方法、技巧，帮助卡通漫画爱好者提高实际创作水平。

2063 卡通漫画技法百科．少女造型篇．下/

〔日〕Go office 艺术设计工作室著；徐墨译．—北京：中国青年出版社；2003.04．—125 页；26cm

ISBN 7－5006－4974－6；299.00 元（全套 10 册）

本套书共含 10 本，主要介绍制作卡通漫画的各种方法、技巧，帮助卡通漫画爱好者提高实际创作水平。

2064 卡通漫画技法百科．少女造型篇．上/

〔日〕Go office 艺术设计工作室著；张喆译．—北京：中国青年出版社；2003.04．—125 页；26cm

ISBN 7－5006－4974－6；299.00 元（全套 10 册）

本套书共含 10 本，主要介绍制作卡通漫画的各种方法、技巧，帮助卡通漫画爱好者提高实际创作水平。

2065　卡通漫画技法百科．透视原理篇／

〔日〕Ks 艺术工作室著；徐墨译．—北京：中国
青年出版社；2003.04.—132 页；26cm
ISBN 7 - 5006 - 4974 - 6；299.00 元（全套 10
册）

本套书共含 10 本，主要介绍制作卡通漫画的各
种方法、技巧，帮助卡通漫画爱好者提高实际创
作水平。

2066　卡通漫画技法百科．综合应用篇／

〔日〕漫画技法研究会著；张静贤译．—北京：
中国青年出版社；2003.04.—125 页；26cm
ISBN 7 - 5006 - 4974 - 6；299.00 元（全套 10
册）

本套书共含 10 本，主要介绍制作卡通漫画的各
种方法、技巧，帮助卡通漫画爱好者提高实际创
作水平。

2067　开业医师用口腔正畸学．基础篇／

〔日〕青岛攻著；兰泽栋，丁云译．—西安：世
界图书出版西安公司，2003.09.—153 页；26cm
ISBN 7 - 5062 - 5425 - 5（精装）；120.00 元

本书以临床操作训练为主，注重临床实际问题
的解决，在讲授理论的基础上，一步步教会医生
如何接诊、进行病例分析、判断正确矫治计划、
防患于未然、从而达成完美矫治效果，使医患
满意。

2068　开业医师用口腔正畸学．循序渐进篇／

〔日〕青岛攻著；兰泽栋，丁云译．—西安：世
界图书出版西安公司，2003.09.—93 页；26cm
ISBN 7 - 5062 - 5427 - 1（精装）；80.00 元

本书以临床操作训练为主，注重于临床实际问
题的解决。

2069　开业医师用口腔正畸学．应用篇／

〔日〕青岛攻著；兰泽栋，丁云译．—西安：世
界图书出版西安公司，2003.09.—203 页；26cm
ISBN 7 - 5062 - 5426 - 3（精装）；140.00 元

本书以临床操作训练为主，注重于临床实际问
题的解决。

2070　看得见和看不见／

〔日〕佐佐木宗雄主编；〔日〕泽田幸雄绘；杨莉
译．—西安：陕西师范大学出版社；2003.01.—
138 页；21cm.—（漫画探秘丛书）
ISBN 7 - 5613 - 2541 - X；12.80 元

本套书将中小学生最感兴趣的问题，用漫画的
形式表现出来。

2071　可爱的童装／

〔日〕Boutique 社；杨玉平译．—杭州：浙江科学
技术出版社；2003.04.—90 页；26cm + 照片．—
（服饰沙龙）
ISBN 7 - 5341 - 2054 - 3；25.00 元

本书介绍了几十套供身高 95 ~ 115cm 的儿童穿
的款式新颖的服装。

2072　可爱的孕产妇装／

〔日〕内藤朗编；莫维佳译．—杭州：浙江科学
技术出版社；2003.07.—78 页；26cm.—（服饰
沙龙系列）
ISBN 7 - 5341 - 2095 - 0；26.00 元

本书介绍了吊带裙、连衣裙、紧身裙、阔腿裤、
睡衣等 40 款适合孕产妇穿着的服装，并附有详
细的裁剪、缝制图。

2073　可爱短发／

〔日〕主妇之友社编；杜冰译．—北京：中国轻
工业出版社；2003.01.—127 页；15 × 10cm.—
（瑞丽最适合你的短发造型）
ISBN 7 - 5019 - 3832 - 6；12.80 元

本书收录了百款日本最受欢迎的美发中心推荐
的短发款式。

2074　客户关系管理实施流程／

〔日〕野口吉昭编；张子方译．—北京：机械工
业出版社；2003.05.—221 页；26cm.—（CRM
精品译丛）
ISBN 7 - 111 - 11353 - 5；33.00 元

本书主要讲述了客户关系管理的五大组成要素，
并解析了制定 CRM 策略方案的流程，以及运用
CRM 的知识管理来实现客户主义的方法。

2075　课程与教师／

〔日〕佐藤学著；钟启泉译．—北京：教育科学
出版社；2003.06.—399 页；24cm.—（世界课
程与教学新理论文库／钟启泉、张华主编）
ISBN 7 - 5041 - 2467 - 2；42.00 元

本书作者结合 20 多年来进行历史研究、行动研
究、比较研究的体悟，提出必须重新界定"课
程"的概念与功能，重新界定"教师"的角色
与责任。

2076　恐龙的奥秘／

〔日〕小郁生主编；〔日〕高屋健二绘；常俊池
译．—西安：陕西师范大学出版社；2003.01.—
139 页；21cm.—（漫画探秘丛书）
ISBN 7 - 5613 - 2541 - X；12.80 元

本书将中小学生最感兴趣的问题，用漫画的形式

表现出来。

2077 控制理论/
〔日〕藤井隆雄编著；卢伯英译．—北京：科学出版社；2003.09.—174 页；26cm.—（OHM 大学理工系列）
ISBN 7 – 03 – 012079 – 5；23.50 元

2078 口红/
〔日〕柳美里著；贾黎黎译．—海口：南海出版公司，2003.06.—311 页；20cm
ISBN 7 – 5442 – 2454 – 6；19.80 元
本书为长篇小说。

2079 快乐的科学探索．小学低年级/
〔日〕成美堂出版编辑部编．—长沙：湖南科学技术出版社；2003.06.—132 页；26cm
ISBN 7 – 5357 – 3585 – 1；31.00 元

2080 快乐的科学探索．小学高年级/
〔日〕成美堂出版编辑部编．—长沙：湖南科学技术出版社；2003.06.—144 页；26cm
ISBN 7 – 5357 – 3587 – 8；35.00 元

2081 快乐的科学探索．小学中年级/
〔日〕成美堂出版编辑部编．—长沙：湖南科学技术出版社；2003.06.—150 页；26cm
ISBN 7 – 5357 – 3586 – X；36.00 元

2082 快乐的手工制作．小学低年级/
〔日〕成美堂出版编辑部编．—长沙：湖南科学技术出版社；2003.06.—119 页；26cm
ISBN 7 – 5357 – 3588 – 6；29.00 元

2083 快乐的手工制作．小学高年级/
〔日〕成美堂出版编辑部编．—长沙：湖南科学技术出版社；2003.06.—136 页；26cm
ISBN 7 – 5357 – 3590 – 8；33.00 元

2084 快乐的手工制作．小学中年级/
〔日〕成美堂出版编辑部编．—长沙：湖南科学技术出版社；2003.06.—133 页；26cm
ISBN 7 – 5357 – 3589 – 4；32.00 元

2085 快乐生活的 100 个真相/
〔日〕伊藤守著；王烽烨译．—北京：中信出版社；2003.01.—100 页；14 × 12cm
ISBN 7 – 80073 – 613 – X；9.00 元
本书用清谈隽永的语句，阐述了关于快乐生活的 100 个真相。

2086 快乐鼠哈姆太郎完全手工制作 BOOK/
〔日〕大英海；〔日〕河井律子著；碧日译．—长春：吉林美术出版社；2003.01.—1 册；28cm
ISBN 7 – 5386 – 1357 – 9；25.00 元

2087 快乐鼠哈姆太朗的智力问答迷路游戏手册．1/
〔日〕河井律子著．—长春：吉林美术出版社；2003.01.—234 页；10cm
ISBN 7 – 5386 – 1351 – X；8.70 元

2088 快乐鼠哈姆太朗的智力问答迷路游戏手册．2/
〔日〕河井律子著．—长春：吉林美术出版社；2003.01.—209 页；10cm
ISBN 7 – 5386 – 1351 – X；8.70 元

2089 快速熟睡法/
〔日〕村崎光邦著；黄瑞金等译．—北京：华夏出版社；2003.01.—137 页；20cm
ISBN 7 – 5080 – 2775 – 2；12.00 元
本书介绍了精神紧张的放松疗法、失眠症的治疗方法及日常注意事项。

2090 快速算法与并行信号处理/
〔日〕谷萩隆嗣编著；薛培鼎，徐国萧译．—北京：科学出版社；2003.09.—267 页；20cm.—（数字信号处理参考教材系列）
ISBN 7 – 03 – 011445 – 0；22.00 元

2091 快速养花入门/
〔日〕高柳良夫著；罗进译．—1 版．南京：江苏科学技术出版社；2003.10.—236 页；20cm
ISBN 7 – 5345 – 3963 – 3；25.00 元

2092 窥看欧洲/
〔日〕妹尾河童著；姜淑玲译．—北京：机械工业出版社；2003.10.—243 页；20cm.—（概念旅人系列）
ISBN 7 – 111 – 12790 – 0；30.00 元
本书是一本比较欧洲各国异同的旅行图记。

2093 垃圾/
〔日〕山田咏美著；戴和冰译．—北京：文化艺术出版社；2003.01.—425 页；20cm
ISBN 7 – 5039 – 2301 – 6；22.00 元
作品以细腻流畅的笔法描摹了一群恋爱中的男女所经历的情感、情欲及迷茫。

2094 蜡笔小新：电影版．33/
〔日〕白井仪人著；林崇珍译．—西安：陕西师

范大学出版社；2003.04.—116 页；20cm

ISBN 7 – 5613 – 2551 – 7；8.80 元

本书是从日本引进的最新版本。

2095　蜡笔小新：电影版.34/

〔日〕臼井仪人著；段薇译.—西安：陕西师范大学出版社；2003.04.—116 页；20cm

ISBN 7 – 5613 – 2551 – 7；8.80 元

本书是从日本引进的最新版本。

2096　蜡笔小新：电影版.35/

〔日〕臼井仪人著；段薇译.—西安：陕西师范大学出版社；2003.05.—116 页；20cm

ISBN 7 – 5613 – 2549 – 5；8.80 元

本书是脱胎于著名电影版的《蜡笔小新》。

2097　蜡笔小新：电影版.36/

〔日〕臼井仪人著；吴梅译.—西安：陕西师范大学出版社；2003.05.—116 页；20cm

ISBN 7 – 5613 – 2549 – 5；8.80 元

本书是脱胎于著名电影版的《蜡笔小新》。

2098　蜡笔小新益智游戏书.1，开心游乐园之游/

张蕾主编；〔日〕臼井仪人著；裴军译.—西安：陕西师范大学出版社；2003.06.—20 页；26cm

ISBN 7 – 5613 – 2606 – 8；10.00 元

本书是针对 2 至 8 岁儿童制作的益智类游戏书。

2099　蜡笔小新益智游戏书.2，超级魔镜变变变！/

张蕾主编；〔日〕臼井仪人著；裴军译.—西安：陕西师范大学出版社；2003.06.—20 页；26cm

ISBN 7 – 5613 – 2606 – 8；10.00 元

本书是针对 2 至 8 岁儿童制作的益智类游戏书。

2100　蜡笔小新益智游戏书.3，蹦蹦跳跳钻出来/

张蕾主编；〔日〕臼井仪人著；裴军译.—西安：陕西师范大学出版社；2003.06.—20 页；26cm

ISBN 7 – 5613 – 2606 – 8；10.00 元

本书是针对 2 至 8 岁儿童制作的益智类游戏书。

2101　蜡笔小新益智游戏书.4，小虫小虫快现身/

张蕾主编；〔日〕臼井仪人著；裴军译.—西安：陕西师范大学出版社；2003.06.—20 页；26cm

ISBN 7 – 5613 – 2606 – 8；10.00 元

本书是针对 2 至 8 岁儿童制作的益智类游戏书。

2102　蜡笔小新益智游戏书.5，和我一起去旅行/

张蕾主编；〔日〕臼井仪人著；裴军译.—西安：陕西师范大学出版社；2003.06.—20 页；26cm

ISBN 7 – 5613 – 2606 – 8；10.00 元

本书是针对 2 至 8 岁儿童制作的益智类游戏书。

2103　蜡笔小新益智游戏书.6，妖怪小屋大探险/

〔日〕张蕾主编；〔日〕臼井仪人著；裴军译.—西安：陕西师范大学出版社；2003.06.—20 页；26cm

ISBN 7 – 5613 – 2606 – 8；10.00 元

本书是针对 2 至 8 岁儿童制作的益智类游戏书。

2104　篮球进攻技术训练/

〔日〕仓石平著；孙守正，赵子江，杨铁黎译.—北京：人民体育出版社；2003.07.—233 页；144 幅；26cm

ISBN 7 – 5009 – 2413 – 5；25.00 元

本书内容包括急停、传球、移动等进攻战术，以及这些技术动作的结合与练习方法。

2105　乐人之都——上海：西洋音乐在近代中国的发轫/

〔日〕榎本泰子著；彭瑾译.—上海：上海音乐出版社；2003.10.—302 页；20cm

ISBN 7 – 80667 – 277 – X；28.00 元

本书介绍 20 世纪初期至 30 年代间，进入中国的近代西方音乐。

2106　冷静与热情之间/

〔日〕江国香织，〔日〕辻仁成著；李萍，袁瑾洋译.—上海：上海译文出版社；2003.09.—1 册；20cm

ISBN 7 – 5327 – 3091 – 3；21.00 元

本书为日本当代长篇小说。

2107　恋爱不恋爱/

〔日〕柴门文，〔日〕北川悦吏子著；章燕译.—海口：南海出版公司，2003.09.—175 页；19cm

ISBN 7 – 5442 – 2615 – 8；15.00 元

这是日本当代著名恋爱剧作家北川悦吏子与柴门文之间关于爱情婚姻的对话。

2108　铃木大提琴教材/

〔日〕铃木镇一编著；魏然译.—北京：人民音乐出版社；2003.01.—141 页；31 × 22cm + 附 CD1 张

ISBN 7 – 103 – 02636 – X；32.00 元

本书的特点是从最初级开始就通过一些人们熟悉的著名乐曲和曲调学习演奏技法。

2109 铃木大提琴教材．钢琴伴奏谱／

〔日〕铃木镇一编著；魏然著．—北京：人民音乐出版社；2003.01.—196 页；31×22cm + 附CD1 张

ISBN 7 – 103 – 02635 – 1；34.00 元

本书是《铃木大提琴教材》的钢琴伴奏谱。

2110 铃木小提琴教材／

〔日〕铃木镇一编著；魏然译．—北京：人民音乐出版社；2003.01.—170 页；31×22cm

ISBN 7 – 103 – 02633 – 5；36.00 元

这套教材的特点是从最初级开始就通过一些人们熟悉的或著名的乐曲和曲调学习演奏技法，更适合儿童学习。

2111 铃木小提琴教材．钢琴伴奏谱／

〔日〕铃木镇一编著；魏然译．—北京：人民音乐出版社；2003.01.—263 页；31×22cm + 附CD1 张

ISBN 7 – 103 – 02634 – 3；43.00 元

本书是《铃木小提琴教材》的钢琴伴奏谱。

2112 零秒出手：中文简体字版／

〔日〕井上雄彦著；贺迎译．—北京：东方出版社；2003.09.—4 册；12×15cm．—（篮球三部曲）

ISBN 7 – 5060 – 1690 – 7；40.00 元

本书是风靡日本的体育漫画作品《灌篮高手》的续作。

2113 零售商的战略．上，原理篇／

〔日〕矢野新一著；台湾《零售市场》杂志社译．—厦门：厦门大学出版社；2003.09.—162 页；26cm．—（福友现代实用商战系列．蓝彻斯特战略）

ISBN 7 – 5615 – 2089 – 1；52.00 元（全套 2 册）

本书以漫画的形式介绍了蓝彻斯特战略在零售领域中的运用。

2114 零售商的战略．下，实战篇／

〔日〕矢野新一著；台湾《零售市场》杂志社译．—厦门：厦门大学出版社；2003.09.—162 页；26cm．—（福友现代实用商战系列．蓝彻斯特战略）

ISBN 7 – 5615 – 2089 – 1；52.00 元（全套 2 册）

本书以漫画的形式介绍了蓝彻斯特战略在零售领域中的运用。

2115 流苏腰带／

〔日〕Boutique 社编；祝煜明，黄国芳译．—杭州：浙江科学技术出版社；2003.04.—50 页；14cm．—（饰品 CIY）

ISBN 7 – 5341 – 2055 – 1；11.00 元

本书主要介绍了流苏腰带的制作方法等内容。

2116 流星花园．1~5／

〔日〕竹内志麻子，〔日〕神尾叶子著；姚灯镇等译．—南昌：二十一世纪出版社；2003.06.—5 册；13cm

ISBN 7 – 5391 – 2286 – 2；30.00 元

本书是日本著名小说《流星花园》的中文译本。

2117 流星花园．11~15／

〔日〕竹内志麻子，〔日〕神尾叶子著；王超伟等译．—南昌：二十一世纪出版社；2003.06.—5 册；13cm

ISBN 7 – 5391 – 2288 – 9；30.00 元

本书是日本著名小说《流星花园》的中文译本。

2118 流星花园．6~10／

〔日〕竹内志麻子，〔日〕神尾叶子著；臧运发等译．—南昌：二十一世纪出版社；2003.06.—5 册；13cm

ISBN 7 – 5391 – 2287 – 0；30.00 元

本书是日本著名小说《流星花园》的中文译本。

2119 流行的水果鸡尾酒：121 种水果鸡尾酒的配制／

〔日〕江乡路彦著；陈浩译．—北京：中国建材工业出版社；2003.11.—171 页；20cm

ISBN 7 – 8015 – 9528 – 9；23.80 元

本书主要介绍了根据不同类的水果，调制不同风格的鸡尾酒等内容。

2120 颅底外科解剖图谱／

〔日〕大田建治，〔日〕马场元毅著；夏寒松译．—上海：上海科学技术出版社；2003.09.—179 页；26cm

ISBN 7 – 5323 – 6798 – 3（精装）；96.00 元

本书介绍了综合性的颅底外科解剖和 6 种常用的有效手术。

2121 论语故事／

〔日〕松下湖人著；孔繁叶译．—福州：海峡文艺出版社；2003.11.—316 页；20cm

ISBN 7 – 80640 – 897 – 5；21.00 元

本书根据《论语》的著名篇章，参照其他史料记载演绎而成。

2122 罗生门／

〔日〕芥川龙之介著；文洁若译．—北京：华夏

出版社；2003.12.—298页；20cm

ISBN 7 – 5080 – 3289 – 6；19.80元

本书收录了作者中短篇小说代表作17篇。

2123 逻辑电路搭载机器人制作入门/

〔日〕城井田胜仁著；李庆维，赵丽译.—北京：科学出版社；2003.09.—140页；24×17cm.—（机器人竞技系列）

ISBN 7 – 03 – 011697 – 6；19.00元

2124 妈妈，爸爸，让我们一起快乐：维吾尔文/

〔日〕碇浩一著；海热提·沙吾东译.—乌鲁木齐：新疆人民出版社；2003.08.—213页；20cm

ISBN 7 – 228 – 08298 – 2；13.80元

本书介绍了家庭教育的新方法—提倡儿童和成人生活在一起。

2125 漫画普通外科手术/

〔日〕下间正隆，管文贤著.—西安：第四军医大学出版社；2003.09.—201页；26cm

ISBN 7 – 81086 – 069 – 0；68.00元

本书通过大量的漫画生动形象地展示了普通外科领域主要手术的过程，同时简明扼要介绍了与手术有关的知识。

2126 猫咪建筑家/

〔日〕森博嗣著；〔日〕佐久间真人绘；赵平译.—杭州：浙江人民出版社；2003.08.—1册；30幅；17cm

ISBN 7 – 213 – 02651 – 8（精装）；20.00元

本书通过一只"猫"的眼睛寻找建筑的"美"，揭示建筑"美"的缘由及意义。

2127 毛巾制作婴幼儿服饰/

〔日〕Boutique社编；董曾珊译.—杭州：浙江科学技术出版社；2003.02.—82页；26cm.—（服饰沙龙）

ISBN 7 – 5341 – 1810 – 7；24.00元

本书介绍用毛巾素材制作婴幼儿服饰的方法。

2128 每日10分钟健康哑铃操/

〔日〕宫崎著；陈菁译.—长沙：湖南科学技术出版社；2003.11.—158页；19cm

ISBN 7 – 5357 – 3842 – 7；16.00元

2129 美国/

〔日〕大宝石出版社编著；孟琳，韩亚弟译.—北京：中国旅游出版社；2003.04.—779页；20cm.—（走遍全球）

ISBN 7 – 5032 – 2116 – X；80.00元

本书全面而详尽地介绍了美国的风景、风情、住、食、行、购、娱等各方面的内容，并配以实用地图。

2130 美丽001/

〔日〕山本浩未著；沈燕翎译.—北京：中国轻工业出版社；2003.05.—199页；19cm

ISBN 7 – 5019 – 3967 – 5；23.50元

本书主要介绍了皮肤的护理、保养及化妆知识。

2131 魅力长发/

〔日〕主妇之友社编；杜冰译.—北京：中国轻工业出版社；2003.01.—127页；15×10cm.—（瑞丽最适合你的短发造型）

ISBN 7 – 5019 – 3833 – 4；12.80元

本书主要介绍了目前较为流行的长发发型的修剪及打理技巧。

2132 梦十夜/

〔日〕夏目漱石著；李振声译.—桂林：广西师范大学出版社；2003.12.—324页；19cm

ISBN 7 – 5633 – 4313 – X；20.00元

本书是日本现代著名作家夏目漱石的散文诗、随笔、日记集，包括《梦十夜》、《永口小品》、《渊想录》、《伦敦留学日记》四部作品。

2133 迷你日语惯用句词典/

〔日〕仓持保男，〔日〕阪田雪子编；李燕等译.—北京：外语教学与研究出版社；2003.07.—418页；13cm

ISBN 7 – 5600 – 2406 – 8；11.90元

本词典共收录了惯用句约3500条，并做了浅显易懂、雅俗共赏的中文解释。

2134 民法与社会主义/

〔日〕冈村司著；刘仁航，张铭慈译.—北京：中国政法大学出版社；2003.05.—263页；20cm.—（中国近代法律文库）

ISBN 7 – 5620 – 22526（精装）；30.00元

本书论述了苏联、现俄罗斯、中国等社会主义国家民法的发展、现状、作用等问题。

2135 民法原论/

〔日〕富井政章著；王兰萍点校.—北京：中国政法大学出版社；2003.07.—410页；20cm.—（中国近代法学译丛）

ISBN 7 – 5620 – 2439 – 1（精装）；32.00元

本书论述了日本近代民法的基础理论与基本原理。

2136 民事诉讼法：制度与理论的深层分析/

〔日〕高桥宏志著；林剑锋译 .—北京：法律出版社；2003. 12. —705 页；21cm. — （法学研究生精读书系）

ISBN 7 – 5036 – 4685 – 3；46. 00 元

本书主要阐述了民事诉讼的目的、诉讼标的、抗拒、诉讼上的和解等内容。

2137 名医图解常见病/

〔日〕高桥健一著；李利生译 .—北京：农村读物出版社；2003. 03. —204 页；21cm

ISBN 7 – 5048 – 3970 – 1；16. 00 元

本书介绍了常见疾病的发病原因和最基本的防治方法，并配有漫画解释。

2138 模块时代：新产业结构的本质/

〔日〕青木昌彦，〔日〕安藤晴彦编著；周国荣译 .—上海：上海远东出版社；2003. 04. —156 页；20cm

ISBN 7 – 80661 – 712 – 4；18. 00 元

本书论述由信息技术革命所引发的新经济时代的产业结构的革命性变化问题。

2139 模拟电子电路/

〔日〕小牧三省编著；何希才译 .—北京：科学出版社；2003. 09. —183 页；24 × 17cm. — （OHM 大学理工系列）

ISBN 7 – 03 – 011761 – 1；24. 00 元

2140 母爱是什么？写给 500 克就出生的女儿/

〔日〕井上美智代著；徐菊玲译 .—昆明：晨光出版社；2003. 07. —148 页；20cm

ISBN 7 – 5414 – 2187 – 1；14. 80 元

本书是日本一个单身母亲将早产的、生下来只有 500g 的女儿抚养成人的故事。

2141 内镜诊断与鉴别诊断图谱：上消化道/

〔日〕芳野纯治；〔日〕浜田勉；〔日〕川口实主编；孙明军等译 .—沈阳：辽宁科学技术出版社；2003. 07. —320 页；26cm

ISBN 7 – 5381 – 3908 – 7（精装）；180. 00 元

本书包括内镜检查相关解剖，内镜学基础知识，内镜检查的适应症、禁忌症、并发症及其处理、术前准备、内镜检查的具体操作方法等。

2142 那条怪怪的街/

〔日〕野中佟著；张秋明译 .—北京：中信出版社；2003. 08. —178 页；20cm

ISBN 7 – 80073 – 863 – 9；16. 00 元

本书与《谁动了我的奶酪》有异曲同工之妙。

2143 脑的构造/

〔日〕新井良允著；裴立杰译 .—北京：科学出版社；2003. 01. —167 页；20cm. — （生活与科学文库 . 图解科学入门）

ISBN 7 – 03 – 010408 – 0；12. 00 元

本书详细地介绍了人脑的结构和功能，人脑左右半球的差异和性别差异，以及疾病、身体活动和激素对人脑的影响。

2144 能源的奥秘/

〔日〕富馆孝夫主编；〔日〕安部团吉，〔日〕堀江卓，〔日〕西田真基绘；杨莉译 .—西安：陕西师范大学出版社；2003. 01. —123 页；21cm. — （漫画探秘丛书）

ISBN 7 – 5613 – 2541 – X；12. 80 元

本书将中小学生最感兴趣的问题，用漫画的形式表现出来。

2145 能源环境学/

〔日〕滨川圭弘等编；郭成言译 .—北京：科学出版社；2003. 02. —132 页；26cm. — （OHM 大学理工系列）

ISBN 7 – 03 – 010751 – 9；18. 00 元

本书主要介绍了能源的分类及储量、能源的优缺点、相互转换、节能技术。

2146 你的肌肤正在被伤害/

〔日〕西让二编著；汉光文化译 .—天津：天津科技翻译出版公司，2003. 06. —182 页；21cm. — （美容保健系列丛书）

ISBN 7 – 5433 – 1591 – 2；10. 00 元

本书主要让人们树立以"不靠化妆品、自己吸收新知呵护肌肤"为基础的美容新观念。

2147 聂耳：闪光的生涯/

〔日〕齐藤孝治著；庄丽译 .—上海：上海音乐出版社；2003. 02. —255 页；20cm

ISBN 7 – 80667 – 244 – 3；18. 00 元

本书全面介绍了聂耳闪光的艺术生涯（包括聂耳在昆明、上海、北京、东渡日本等经历）。

2148 农学原论/

〔日〕祖田修著；张玉林等译 .—北京：中国人民大学出版社；2003. 02. —343 页；20cm. — （现代日本社会科学名著译丛）

ISBN 7 – 300 – 03631 – 7；20. 00 元

本书提出"生的场"这一新的理论空间，认为现代农业和农学的任务在于追求一种综合价值，即经济价值、生态环境价值和生活价值的和谐实现。

2149　农业经济论／

〔日〕速水佑次郎，〔日〕神门善久著；沈金虎等译．—北京：中国农业出版社；2003.09.—338页；20cm

ISBN 7-109-08425-6；25.00元

本书是一本现代日本农业经济学的著作，着重分析了日本经济发展过程中农业问题和农业政策的变化过程。

2150　弄坏了肚子怎么办？／

〔日〕须田都三男著；李英华译．—天津：天津科学技术出版社；2003.01.—115页；20cm.—（健康帮办丛书）

ISBN 7-5308-3352-9；8.00元

本书讲解了怎样才能拥有一个健康的肠胃以及引发各种肠胃疾的原因等。

2151　挪威的森林／

〔日〕村上春树著；林少华译．—上海：上海译文出版社；2003.03.—350页；20cm

ISBN 7-5327-3413-7（精装）；25.00元

本书为日本现代长篇小说。

2152　欧、美、日海报设计／

〔日〕江田设计事务所编．—长春：吉林美术出版社；2003.01.—10册；19cm

ISBN 7-5386-1308-0；198.00元

本书收集了欧洲、美洲、日本近年来优秀经典海报设计作品千余幅。

2153　趴趴熊的四季／

〔日〕末政光编绘．—沈阳：辽宁画报出版社；2003.02.—1册；19×19cm.—（趴趴熊丛书）

ISBN 7-80601-593-0；10.00元

本书以漫画的形式描绘了小趴趴熊离家出逃后遇到的一系列遭遇。

2154　趴趴熊奇遇记／

〔日〕末政光编绘．—沈阳：辽宁画报出版社；2003.02.—1册；19×19cm.—（趴趴熊丛书）

ISBN 7-80601-591-4（精装）；10.00元

本书以漫画的形式描绘了小趴趴熊离家出逃后遇到的一系列遭遇。

2155　趴趴熊一族／

〔日〕末政光编绘．—沈阳：辽宁画报出版社；2003.02.—1册；19×19cm.—（趴趴熊丛书）

ISBN 7-80601-592-2；14.00元

本书以漫画的形式描绘了小趴趴熊离家出逃后遇到的一系列遭遇。

2156　培养孩子自信的80个方法／

〔日〕金盛浦子，〔日〕山崎雅保著；王怀宇编译．—沈阳：辽宁科学技术出版社；2003.05.—235页；20cm

ISBN 7-5381-3949-4；14.00元

本书向父母们详细介绍了鼓励和安慰孩子的具体方法、方式，包括如何与孩子对话等。

2157　批发商的战略．上，原理篇／

〔日〕矢野新一著；台湾《零售市场》杂志社译．—厦门：厦门大学出版社；2003.09.—187页；26cm.—（福友现代实用商战系列．蓝彻斯特战略）

ISBN 7-5615-2090-5；60.00元（全套2册）

本书以漫画的形式，介绍了蓝彻斯特战略在批发领域的运用。

2158　批发商的战略．下，实战篇／

〔日〕矢野新一著；台湾《零售市场》杂志社译．—厦门：厦门大学出版社；2003.09.—187页；26cm.—（福友现代实用商战系列．蓝彻斯特战略）

ISBN 7-5615-2090-5；60.00元（全套2册）

本书以漫画的形式，介绍了蓝彻斯特战略在批发领域的运用。

2159　批判式思维／

〔日〕青井伦一主编；宋娟娟译．—北京：经济管理出版社；2003.01.—172页；18cm.—（快速充电文库．通勤大学丛书．通勤大学MBA）

ISBN 7-80162-562-5；16.00元

本书介绍了企业管理中的批判式思维方式。

2160　企业保障与社会保障／

〔日〕武川正吾，〔日〕佐藤博树编；张永春，李黎明译．—北京：中国劳动社会保障出版社；2003.01.—249页；26cm.—（社会保障译丛）

ISBN 7-5045-3093-X；29.00元

本书是有关日本企业保障与社会保障的一个论文集。

2161　企业的自然课：从雨林中寻找持续盈利的商业法则／

〔美〕舍尔曼，〔日〕木内名知著；潘海燕，李莹译．—北京：机械工业出版社；2003.07.—351页；20cm

ISBN 7-111-12168-6；28.00元

本书从自然界蕴藏大量、广泛使用的原理出发，讲述了企业运用自然的原理，从经济、社会和环境三方面提高企业的经济效益。

2162　汽车紧急修护手册/

〔日〕北岛久和著；林丽绢译 . —2 版 . —成都：西南财经大学出版社；2003.07. —220 页；20cm

ISBN 7 - 81055 - 408 - 5；20.00 元

2163　器官移植与脑死亡：日本法的特色与背景/

〔日〕中山研一著；丁相顺译 . —北京：中国方正出版社；2003.01. —199 页；20cm. — （日本法学前沿）

ISBN 7 - 80107 - 622 - 2；12.00 元

本书介绍了日本有关器官移植和脑死亡的立法理论研究。

2164　千只鹤/

〔日〕川端康成著；叶渭渠译 . —北京：北京出版社；2003.04. —349 页；20cm. — （大师图文馆）

ISBN 7 - 200 - 04810 - 0；20.00 元

本小说描写了菊治与和亡父有过肌肤之亲的太田夫人、栗本千花子及其女太田文子之间的感情纠葛。

2165　强韧身体锻炼法/

〔日〕宫下桂治著；彭曦译 . —1 版 . 南京：江苏科学技术出版社；2003.01. —168 页；20cm

ISBN 7 - 5345 - 3729 - 0；20.00 元

本书全面细致地讲解了有关强韧身体锻炼的方法。

2166　蔷薇树枇杷树柠檬树/

〔日〕江国香织著；陈宝莲译 . —上海：上海译文出版社；2003.12. —228 页；20cm. — （日本女作家都市小说系列）

ISBN 7 - 5327 - 3109 - X；14.00 元

本书为长篇小说，讲述了九个不同身份的女人的故事，演绎了现代日本人的爱情变奏。

2167　蔷薇之恋/

〔日〕吉村明美著；可米制作公司改编 . —南昌：二十一世纪出版社；2003.10. —207 页；21cm

ISBN 7 - 5391 - 2397 - 4；19.80 元

本书是根据日本同名漫画改编的小说，讲述了女孩百合在奶奶去世后回到母亲家后，生活、感情的变化。

2168　巧驭嫉妒心/

〔日〕依田明著；陈彦娜译 . —上海：东方出版中心，2003.09. —146 页；20cm. — （识人做人系列）

ISBN 7 - 80186 - 063 - 2；14.00 元

本书作者认为嫉妒心是每个人都有的一种情感，而人们要学习的就是看清和把握自身的嫉妒心理。

2169　且听风吟/

〔日〕村上春树著；林少华译 . —上海：上海译文出版社；2003.10. —141 页；20cm

ISBN 7 - 5327 - 3211 - 8 （精装）；17.00 元

2170　青春的证明/

〔日〕森村诚一著；丁国祯等译 . —北京：群众出版社；2003.08. —317 页；20cm. — （世界侦探推理名著精选）

ISBN 7 - 5014 - 2802 - 6；18.00 元

本书为日本现代长篇推理小说。

2171　轻松英语听力训练/

〔日〕野中泉著；刘艳译 . —大连：大连理工大学出版社；2003.06. —147 页；20cm

ISBN 7 - 5611 - 2167 - 9；15.00 元

本书为英语听力训练图书。

2172　轻松掌握英语商务书信/

〔日〕松尾裕一，〔日〕增泽史子著；宋继红译 . —大连：大连理工大学出版社；2003.06. —287 页；20cm

ISBN 7 - 5611 - 2296 - 9；15.00 元

本书针对不同商务场合情况下如何用英文书信的方式来答复的问题，教授英文书信的写法。

2173　清国行政法/

〔日〕织田万撰；李秀清，王沛点校 . —北京：中国政法大学出版社；2003.05. —507 页；20cm. — （中国近代法律文库）

ISBN 7 - 5620 - 2261 - 5 （精装）；48.00 元

本书系日本学者织田万在一个世纪前研究清朝行政法律制度的专著。

2174　清水茂汉学论集/

〔日〕清水茂著；蔡毅等译 . —北京：中华书局，2003.10. —567 页；20cm. — （世界汉学论丛）

ISBN 7 - 101 - 03834 - 4；30.00 元

本书是日本当代著名汉学家清水茂的汉学论文选集。

2175　情困/

〔日〕唯川惠著；〔日〕中原鸣子译 . —上海：上海文化出版社；2003.02. —232 页；20cm. — （海滩译丛）

ISBN 7 - 80646 - 469 - 7；14.00 元

本书为长篇爱情小说。

2176　情商宣言/

〔日〕田中孝显著；战新星译. —青岛：青岛出版社；2003.05. —191 页；19×21cm. —（与成功有约）

ISBN 7 - 5436 - 2833 - 3；16.00 元

本书作者详细叙述了自己的失败经历，并具体阐述了如何把想法变成现实。

2177　球轴承的设计计算/

〔日〕冈纯三著；黄志强译. —北京：机械工业出版社；2003.04. —203 页；26cm

ISBN 7 - 111 - 11695 - X（精装）；35.00 元

本书介绍了轴承内部的弹性接触理论等。

2178　娶太太还是韩国人好，找朋友还是中国人好/

〔日〕筱原令著；宫薇，李芳译. —上海：上海文艺出版社；2003.08. —219 页；20cm

ISBN 7 - 5321 - 2559 - 9；16.00 元

本书是随笔作品集，由一个日本人来谈韩国人和中国人。

2179　去除腰痛妙法/

〔日〕荒井孝和编；黄琦译. —上海：上海人民出版社；2003.07. —98 页；20cm. —（实用保健译丛. 图说常见病自疗）

ISBN 7 - 208 - 04529 - 1；15.00 元

本书介绍了常见腰痛产生的不同原因及应对方法，指导预防、减缓腰痛的方法。

2180　趣味手工/

〔日〕Boutique 社编；张协君译. —杭州：浙江科学技术出版社；2003.01. —52 页；14cm. —（欢快动手做/施致良主编）

ISBN 7 - 5341 - 1807 - 7；11.00 元

本书介绍了如何用广告纸、纸杯、硬纸板等环保材料制作小孩子爱玩的玩具。

2181　全球化时代的日本经济：企业国际化视角的考察/

〔日〕原正行著；何为，朴松爱译. —大连：东北财经大学出版社；2003.04. —145 页；20cm

ISBN 7 - 81084 - 209 - 9；16.00 元

本书从现实的社会经济现象的"广义的经济学"出发，考察和思考了日本经济的重建以及日本在全球化时代所应起的作用。

2182　全新的杂志观资讯零元/

〔日〕吉良俊彦著；申胜花译. —北京：中国轻工业出版社；2003.01. —137 页；20cm

ISBN 7 - 5019 - 3785 - 0；80.00 元

本书主要讲述了新时期杂志和广告的关系。

2183　拳击基础训练/

〔日〕丰岛建广著；何阳译. —北京：人民体育出版社；2003.01. —140 页；282 幅；20cm

ISBN 7 - 5009 - 2350 - 3；10.00 元

本书是介绍拳击基本技术、组合技术以及拳击身体素质练习的图书。

2184　让孩子学会生存/

〔日〕田中喜美子著；李海榕译. —福州：福建科学技术出版社；2003.08. —101 页；19cm. —（好父母丛书）

ISBN 7 - 5335 - 2203 - 6；8.20 元

本书通过分析儿童经常发生的行为、言语所反映出的心理活动，引导、启发家长有的放矢地培养孩子的生存能力和自我控制能力。

2185　让孩子一生富裕的法则/

〔日〕荻原博子著；胡積译. —福州：福建科学技术出版社；2003.08. —115 页；19cm. —（好父母丛书）

ISBN 7 - 5335 - 2199 - 4；9.20 元

本书告诉家长让孩子一生富裕的 14 个法则。

2186　让你的孩子成为天才：年轻妈妈胎教必读/

〔日〕千国宏文主编；陆德阳，房宁编译. —上海：学林出版社；2003.08. —179 页；19cm

ISBN 7 - 80668 - 476 - X；15.00 元

本书介绍了日本关于胎教的最新成果，是一本在日本国民中颇有影响的胎教必读书。

2187　人工智能/

〔日〕沟口理一郎，石田亨著；卢伯英译. —北京：科学出版社；2003.02. —177 页；26cm. —（OHM 大学理工系列）

ISBN 7 - 03 - 010887 - 6；25.00 元

木书为高等学校理工教材。

2188　人见人爱不是梦：好男乖女 100 秘诀/

〔日〕植西聪著；丁沁译. —上海：东方出版中心，2003.09. —186 页；20cm. —（识人做人系列）

ISBN 7 - 8018 - 6063 - 2；14.00 元

本书将人际交往中如何做到"人见人爱"的技巧法则共 100 例推荐给读者。

2189　人力资源/

〔日〕青井伦一主编；刘湘丽译．—北京：经济管理出版社；2003.01.—184页；18cm.—（快速充电文库．通勤大学丛书．通勤大学MBA）

ISBN 7 - 80162 - 566 - 8；16.00元

本书介绍了企业管理中人力资源管理的基本理论和方法。

2190　人权、国家与文明：从普遍主义的人权观到文明相容的人权观/

〔日〕大沼保昭著；王志安译．—北京：生活·读书·新知三联书店，2003.01.—390页；20cm.—（学术前沿）

ISBN 7 - 108 - 01811 - X；23.00元

本书针对欧美中心的人权主义，提出文明协商和文明相容的人权观。

2191　人生低谷期的头脑转换法/

〔日〕多湖辉著；王洁译．—北京：商务印书馆国际有限公司，2003.01.—255页；20cm.—（成功教育心理丛书）

ISBN 7 - 80103 - 318 - 3；22.00元

本书运用心理学原理，从不同的角度论述了在人生低谷期应怎样转换大脑的思维模式。

2192　人体的奥秘/

〔日〕坪田修三，〔日〕保志宏主编；〔日〕藤木辉美绘；盛超然译．—西安：陕西师范大学出版社；2003.01.—164页；21cm.—（漫画探秘丛书）

ISBN 7 - 5613 - 2541 - X；12.80元

将中小学生最感兴趣的问题，用漫画的形式表现。

2193　人性的证明/

〔日〕森村诚一著；徐京宁等译．—北京：群众出版社；2003.08.—359页；20cm.—（世界侦探推理名著精选）

ISBN 7 - 5014 - 2800 - X；19.00元

本书为日本现代长篇推理小说。

2194　忍者神龟/

〔日〕滨田好，〔日〕积村正，〔日〕小山田勉著．—北京：中国文史出版社；2003.05.—8册；20cm

ISBN 7 - 5034 - 1355 - 7；52.80元

本书是日本著名的连环画。

2195　任何人都可以成为天才：大脑记忆与学习方法/

〔日〕池谷裕二著；马宋芝译．—北京：中国对外经济贸易出版社；2003.08.—86页；19cm

ISBN 7 - 80181 - 150 - X；12.00元

本书以浅显的语言解释了大脑的结构、记忆的形成以及相应的学习方法。

2196　日本彩色商标与企业识别．9/

〔日〕Graphic出版社编．—北京：中国青年出版社；2003.04.—370页；30×22cm

ISBN 7 - 5006 - 5013 - 2（精装）；178.00元

该书是丛书的第9册，共有彩图3000余幅，代表了当今日本CI最高水平。

2197　日本当代诗选/

中日现代诗交流计划编；〔日〕是永骏等译．—北京：作家出版社；2003.12.—366页；20cm

ISBN 7 - 5063 - 2780 - 5；20.00元

本书收入了1954年以后55名日本诗人的代表性诗作。

2198　日本的金融制度/

〔日〕鹿野嘉昭著；余熳宁译．—北京：中国金融出版社；2003.10.—362页；26cm.—（外国金融制度译丛）

ISBN 7 - 5049 - 3104 - 7；38.00元

本书系统全面地介绍了日本的金融制度及金融体系。

2199　日本的贫富差距：从收入与资产进行分析/

〔日〕橘木俊诏著；丁红卫译．—北京：商务印书馆，2003.07.—164页；20cm.—（日本社会学名著译丛）

ISBN 7 - 100 - 03658 - 5；11.00元

本书通过大量的数据分析了所谓日本人的平等观，指出日本人经济收入平等不过是个神话。

2200　日本封建制意识形态/

〔日〕永田广志著；刘绩生译．—北京：商务印书馆，2003.03.—376页；20cm

ISBN 7 - 100 - 02587 - 7；18.00元

2201　日本格调：枕草子浮世绘珍藏本/

〔日〕清少纳言著；叶匡政编译．—福州：海峡文艺出版社；2003.05.—197页；20cm

ISBN 7 - 80640 - 828 - 2；28.00元

书稿选取《枕草子》中的经典篇章和部分精彩的浮世绘画作，编排出一部文学性、艺术性兼具的图文珍藏读本。

2202　日本教科书与日本的战争/

〔日〕不破哲三著；中国科学院日本研究所译．—北京：世界知识出版社；2003.04.—180页；20cm

ISBN 7 - 5012 - 2004 - 2；15.00 元

本书是日本共产党领导人撰写的全面批判日本"新历史教科书"的著作的中译本。

2203　日本近代国语批判/

〔日〕小森阳一著；陈多友译．—长春：吉林人民出版社；2003.12.—312 页；20cm.—（话语行动译丛）

ISBN 7 - 206 - 04400 - X；18.00 元

本书剖析了日本近代文化变迁及其与东亚多国的关系。

2204　日本宽政时期幕政改革和地方行政/

〔日〕柏村哲博著；曾庆远译．—1 版．北京：国际文化出版公司；2003.07.—209 页；20cm

ISBN 7 - 80173 - 188 - 3；15.00 元

本书是对日本历史上宽政（江户时代）期的幕领代官改革、统治问题的研究。

2205　日本式的企业成本管理/

〔日〕樱井通温等著；邹青，董伟译．—北京：机械工业出版社；2003.01.—78 页；20cm.—（课里播优秀企业管理实务丛书）

ISBN 7 - 111 - 11121 - 4；12.80 元

本书介绍了日本企业目前的成本管理的方法。

2206　日本现代文学的起源/

〔日〕柄谷行人著；赵京华译．—北京：生活·读书·新知三联书店，2003.01.—272 页；20cm.—（学术前沿）

ISBN 7 - 108 - 01752 - 0；16.00 元

本书分别探讨了日本现代文学特点的形成过程，挖掘了现代性的"起源"，揭示了现代文学与现代民族国家的公共关系。

2207　日本刑法通义/

〔日〕牧野英一著；陈承泽译．—北京：中国政法大学出版社；2003.05.—386 页；20cm.—（近代法律文库）

ISBN 7 - 5620 - 2267 - 4（精装）；36.00 元

本书论述了刑法的基本理论，学说评价及相关判例。

2208　日本语能力测试综合问题集．1 级对策篇/

〔日〕目黑真实；〔日〕细野京子著．—大连：大连理工大学出版社；2003.11.—318 页；26cm

ISBN 7 - 5611 - 2232 - 2；28.00 元

本书是根据新标准、新大纲有关日语能力考试的综合性练习题集。

2209　日本语能力测试综合问题集．2 级对策篇/

〔日〕目黑真实；〔日〕细野京子著．—大连：大连理工大学出版社；2003.10.—334 页；26cm

ISBN 7 - 5611 - 2407 - 4；28.00 元

本书是根据新标准、新大纲有关日语能力考试的综合性练习题集。

2210　日英汉三语词典/

〔日〕讲谈社辞典局编．—上海：上海译文出版社；2003.11.—827 页；16cm

ISBN 7 - 5327 - 3411 - 0（精装）；37.00 元

本书是一本实用为主，收词精当，三语对应释义简明准确的日英汉三语对照辞典。

2211　日语表达方式学习词典/

〔日〕目黑真实等编著；林洪等译．—北京：外语教学与研究出版社；2003.02.—500 页；26cm

ISBN 7 - 5600 - 2367 - 3；42.90 元

本书讲解了 487 条日语中的句型和常用接尾词等表达方式。

2212　日语会话基础篇．上/

〔日〕目黑真实；〔日〕滨川纪代著；黄文明译．—北京：外语教学与研究出版社；2003.04.—277 页；26cm.—（放心说日语系列丛书）

ISBN 7 - 5600 - 2522 - 6；22.90 元

本书是通过日常的会话场面来学习日语的基本句型和词汇。

2213　日语会话基础篇．下/

〔日〕目黑真实著．—北京：外语教学与研究出版社；2003.09.—232 页；26cm.—（放心说日语系列丛书）

ISBN 7 - 5600 - 2523 - 4；18.90 元

本书由基本表达、语法、模拟会话会话练习、听写练习五部分组成。

2214　日语会话技巧/

〔日〕目黑真实等编著．—北京：外语教学与研究出版社；2003.04.—271 页；26cm.—（放心说日语丛书）

ISBN 7 - 5600 - 3324 - 5；22.90 元

本书是丛书的技巧篇，是为虽有一定的日语基础，但在表达上常感到困惑，却又不知错在哪儿的日语学习者编写的。

2215　日语能力测试考点语法/

〔日〕目黑真实编著；孙丽佳译．—大连：大连理工大学出版社；2003.10.—270 页；19cm

ISBN 7 - 5611 - 2408 - 2；15.00 元

本书是根据日语能力测试，新出题基准编写的 1 级 ~ 4 级语法句型。

2216　日语情景用语 1000 例/

〔日〕House，P. 著；蔡敦达译 . —上海：上海译文出版社；2003.10. —241 页；19cm. —（日语学习文库）

ISBN 7 - 5327 - 3118 - 9；12.00 元

本书设定了 82 类约 1000 个日常情景，并指出了在这些情景下应该使用怎样的表达方式才能成为人际关系的润滑油。

2217　日语日常口语副词精解/

〔日〕冈田纯子，〔日〕丸山伊津纪著 . —大连：大连理工大学出版社；2003.01. —120 页；20cm. —（标准日语表达）

ISBN 7 - 5611 - 2066 - 4；8.00 元

本书对日语常用的 227 个副词用会话的形式进行解释说明。

2218　日语日常口语惯用表达/

〔日〕松田由美子，〔日〕铃木纪子著 . —大连：大连理工大学出版社；2003.01. —106 页；20cm. —（标准日语表达）

ISBN 7 - 5611 - 2065 - 6；8.00 元

本书对日常会话中常用的惯用表现进行解释，举例说明。

2219　日语日常口语句末表达/

〔日〕石冢京子等著 . —大连：大连理工大学出版社；2003.01. —131 页；20cm. —（标准日语表达系列）

ISBN 7 - 5611 - 2217 - 9；8.00 元

本书通过具体的对话来说明句末表达的不同意义，而且通过练习来加深理解。

2220　日语日常口语助动词精解/

〔日〕水本光美等著 . —大连：大连理工大学出版社；2003.01. —131 页；20cm. —（标准日语表达）

ISBN 7 - 5611 - 2207 - 1；8.00 元

本书对日语常用的 227 个副词用会话的形式进行解释说明。

2221　日语实践/

〔日〕大野晋著；彭广陆译 . —北京：北京大学出版社；2003.08. —178 页；20cm

ISBN 7 - 301 - 06482 - 9；15.00 元

本书列出 250 道日语练习题和思考题，围绕习题进行系统的讲解，结合实际深入讲述了日语词

汇、语法及阅读、写作方面的各种问题。

2222　日语新干线 . 28/

〔日〕ALC 出版社著；黄文明，潘郁红译 . —北京：外语教学与研究出版社；2003.06. —132 页；26cm. —（日语新干线丛书）

ISBN 7 - 5600 - 3424 - 1；27.90 元

本书提供了会话、语法、新闻报道、社会文化、水平考试等栏目。

2223　日语新干线 . 30/

〔日〕ALC 出版社著；黄文明，倪芳译 . —北京：外语教学与研究出版社；2003.12. —133 页；26cm. —（日语新干线丛书）

ISBN 7 - 5600 - 3713 - 5；27.90 元

本书内容由语言知识学习部分和社会文化部分组成。

2224　日语形容词 . 初、中级/

〔日〕绿川音也，〔日〕坂诘友子著；陈崇君译 . —北京：北京大学出版社；2003.12. —274 页；20cm. —（实践日本语丛书）

ISBN 7 - 301 - 06454 - 3；16.00 元

本书精选了表现主观感情的、表现客观状态的形容词和形容动词。

2225　日语语音体操/

〔日〕盐原慎次朗著；续三义译 . —北京：外语教学与研究出版社；2003.12. —202 页；20cm

ISBN 7 - 5600 - 3694 - 5；16.90 元

本书是一部日语语音学的入门书。

2226　日语主题助词"は"与主格助词"が"/

〔日〕野田尚史著；张麟声译 . —北京：人民教育出版社；2003.12. —390 页；21cm

ISBN 7 - 107 - 16724 - 3；21.30 元

本书为日语语法专著。

2227　日语助动词 . 高级/

〔日〕三吉礼子，〔日〕吉木彻，〔日〕米泽文彦著；范菲译 . —北京：北京大学出版社；2003.12. —259 页；20cm. —（实践日本语丛书）

ISBN 7 - 301 - 06453 - 5；12.00 元

本书精选了常用的、表达上更为复杂而带有微妙含义的词汇，运用丰富。

2228　如何改变孩子的厌学情绪/

〔日〕多湖辉著；高湘蓉译 . —北京：商务印书馆国际有限公司，2003.01. —202 页；20cm. —（成功教育心理丛书）

ISBN 7 - 80103 - 317 - 5；20.00 元

2229　如何用英语要求与拒绝／
〔日〕小池直已著；胡瑶译 . 一北京：中国对外翻译出版公司，2003.09. 一207 页；20cm
ISBN 7 - 5001 - 1161 - 4；20.00 元
本书以浅显易懂的 259 种场景对话，帮助初学者学会用英语正确地表达"要求与拒绝"的信息。

2230　如何正确批评孩子／
〔日〕无藤隆著；洪晨晖译 . 一福州：福建科学技术出版社；2003.09. 一149 页；19cm. 一（好父母丛书）
ISBN 7 - 5335 - 2206 - 0；10.80 元
本书收集了许多困扰年轻父母的育儿问题。

2231　弱者 VS 强者的战略 . 上，基本原理／
〔日〕矢野新一著；台湾《零售市场》杂志社译 . 一厦门：厦门大学出版社；2003.09. 一178 页；26cm. 一（福友现代实用商战系列 . 蓝彻斯特战略）
ISBN 7 - 5615 - 2088 - 3；88.00 元（全套 3 册）
本书以漫画的形式，介绍了蓝彻斯特战略的概念、基本原则。

2232　弱者 VS 强者的战略 . 下，强者的战略／
〔日〕矢野新一著；台湾《零售市场》杂志社译 . 一厦门：厦门大学出版社；2003.09. 一178 页；26cm. 一（福友现代实用商战系列 . 蓝彻斯特战略）
ISBN 7 - 5615 - 2088 - 3；88.00 元（全套 3 册）
本书以漫画的形式，介绍了蓝彻斯特战略的概念、基本原则。

2233　弱者 VS 强者的战略 . 中，弱者的战略／
〔日〕矢野新一著；台湾《零售市场》杂志社译 . 一厦门：厦门大学出版社；2003.09. 一178 页；26cm. 一（福友现代实用商战系列 . 蓝彻斯特战略）
ISBN 7 - 5615 - 2088 - 3；88.00 元（全套 3 册）
本书以漫画的形式，介绍了蓝彻斯特战略的概念、基本原则。

2234　三明治 · 面包／
〔日〕竹野丰子编；李京华译 . 一北京：中国轻工业出版社；2003.01. 一95 页；26cm. 一（西餐教室）
ISBN 7 - 5019 - 3869 - 5；35.00 元
本书针对基础知识做了详细的讲解，并配有精美的成品及过程图。

2235　色彩的自我诊断／
〔日〕铃木久美子编著 . 一沈阳：辽宁画报出版社；2003.06. 一135 页；19cm
ISBN 7 - 80601 - 596 - 5；30.00 元

2236　商务日语文书／
〔日〕社团法人国际日本语普及协会编；刘利国译 . 一大连：大连理工大学出版社；2003.05. 一323 页；26cm
ISBN 7 - 5611 - 2068 - 0；35.00 元
本书列举了 100 个商业文书的标准例子进行讲解。

2237　商务实战日语会话／
〔日〕社团法人国际日本语普及协会编；刁鹏鹏译 . 一大连：大连理工大学出版社；2003.05. 一239 页；26cm
ISBN 7 - 5611 - 2067 - 2；25.00 元
本书是为那些在商务活动中使用日语的外国人而编写的口语会话教材。

2238　上海风情：汉英对照／
〔日〕冈田文夫著；赖可恩译 . 一上海：上海人民美术出版社；2003.11. 一129 页；19×26cm
ISBN 7 - 5322 - 3750 - 8（精装）；260.00 元
本书是风景摄影集。

2239　上网防陷阱／
〔日〕藤田悟著；韩慧译 . 一南宁：广西人民出版社；2003.09. 一44 页；20cm. 一（小学生自我保护丛书）
ISBN 7 - 219 - 04862 - 9；4.00 元
本书详细介绍了小学生应该拥有的基本权利和保护这些权利的重要性，还介绍了防止各种暴力的办法。

2240　涉过愤怒的河／
〔日〕西村寿行著；更燕改写 . 一2 版 . 一北京：中国社会出版社；2003.02. 一329 页；20cm. 一（探案故事丛书）
ISBN 7 - 80146085 - 5；95.00 元（全套 5 册）

2241　身体和免疫的机制／
〔日〕上野川修一著；刘铁聪，苏钟浦译 . 一北京：科学出版社；2003.01. 一167 页；20cm. 一（生活与科学文库 . 图解科学入门）
ISBN 7 - 03 - 010270 - 3；12.00 元
本书用图解方式介绍了把有关人体免疫的原理、功能及其与人体健康的关系。

2242　神经网络与模糊信号处理／

〔日〕谷萩隆嗣等著；马炫译 .—北京：科学出版社；2003.09.—217 页；20cm.—（数字信号处理参考教材系列）

ISBN 7 – 03 – 011516 – 3；18.00 元

本书主要介绍了神经网络与模糊处理的基础知识及处理方法。

2243　生活英语短句 2002／

〔日〕Communications Research21 编 .—北京：中国大百科全书出版社；2003.07.—278 页；19cm.—（时尚英语短句系列）

ISBN 7 – 5000 – 6734 – 8；14.00 元

本书以实际场景列举各种生活场合使用的英语短句。

2244　生理、心理的烦恼／

〔日〕上出弘之著；韩慧，张建林译 .—2 版 .—南宁：广西人民出版社；2003.01.—156 页；19×17cm.—（不愿向父母诉说的烦恼）

ISBN 7 – 219 – 04273 – 6；14.80 元

本书解答了青春期学生在生理、心理中所遇到的烦恼事。

2245　生命的奥秘／

〔日〕石浦章一著；戴显声，王庆春译 .—北京：科学出版社；2003.01.—155 页；20cm.—（生活与科学文库 . 图解科学入门）

ISBN 7 – 03 – 009883 – 8；12.00 元

本书用简明生动的图解和通俗的语言介绍了人体的发生与结构、基因与免疫功能等。

2246　圣诞夜收到的礼物／

〔日〕芭蕉绿著绘；猿渡静子译 .—海口：南海出版公司，2003.03.—28 页；22×22cm.—（新经典文库 . 提姆与莎兰）

ISBN 7 – 5442 – 2372 – 8（精装）；18.00 元

本书是儿童图画故事。

2247　十二岁，就像明天的天气／

〔日〕薰久美子著；王炜译 .—北京：中国少年儿童出版社；2003.07.—216 页；20cm.—（十二岁的青春物语）

ISBN 7 – 5007 – 6479 – 0；11.00 元

本书为长篇小说。

2248　十二岁的烦恼／

〔日〕薰久美子著；王炜译 .—北京：中国少年儿童出版社；2003.07.—231 页；20cm.—（十二岁的青春物语）

ISBN 7 – 5007 – 6480 – 4；12.00 元

本书为儿童文学长篇小说，书中以阿香、菜菜、小枝三个女孩子为主人公，细致地描绘了她们在六年级升入初中后的学校生活。

2249　十二岁的行动口令／

〔日〕薰久美子著；王炜译 .—北京：中国少年儿童出版社；2003.07.—229 页；20cm.—（十二岁的青春物语）

ISBN 7 – 5007 – 6478 – 2；11.00 元

本书为儿童长篇小说。书中以阿香、菜菜、小枝三个女孩子为主人公，细致地描绘了她们从六年级升入初中后的学校生活。

2250　实用百科图鉴系列 . 实用趣味实验图鉴／

〔日〕有尺重雄编文；〔日〕月本佳代美绘；蔡山帝等译 .—南宁：接力出版社；2003.05.—376 页；20cm

ISBN 7 – 80679 – 137 – X；28.00 元

本书收录了有趣味的科学小实验 1000 多个，并配有详细插图 3000 幅。

2251　实用百科图鉴系列 . 实用生活图鉴／

〔日〕越至登代子编文；〔日〕平野惠理子绘；陈锐，杜斌，欧阳安译 .—南宁：接力出版社；2003.04.—381 页；3000 幅；20cm

ISBN 7 – 80679 – 110 – 8；29.00 元

本书涉及衣、食、住三个方面的约 180 种基本技能的培养与训练内容，有近 3000 幅基本技能训练的插图。

2252　实用百科图鉴系列 . 实用手工图鉴／

〔日〕木内胜编；〔日〕田中皓也绘；欧阳安，王冬，陈锐译 .—南宁：接力出版社；2003.04.—382 页；20cm

ISBN 7 – 80679 – 134 – 5；29.00 元

本书有 170 种手工玩具的制作方法和玩法，有6000 幅丰富、详细的插图。

2253　实用百科图鉴系列 . 实用探险图鉴／

〔日〕里内蓝编；〔日〕松冈达英绘；蔡山帝等译 .—南宁：接力出版社；2003.04.—370 页；20cm

ISBN 7 – 80679 – 136 – 1；28.00 元

本书介绍了了解自然、享受野外生活所必需的知识、技术和方法等基本事项共 500 项内容，配有3000 幅插图。

2254　实用百科图鉴系列 . 实用游戏图鉴／

〔日〕奥成达编；〔日〕永田晴美绘；卢燕宁，王冬，王景春译 .—南宁：接力出版社；2003.04.

—

—375 页；20cm

ISBN 7 - 80679 - 135 - 3；29.00 元

本书介绍了体验季节变迁的花草游戏、集体全身运动的野外游戏等约 800 种，并配以 4000 多幅插图做介绍。

2255　实用电工电子学习题详解．上/

〔日〕新井信夫著；洪纯一译．—北京：科学出版社；2003.02．—419 页；21cm．—（OHM 电子电气习题集系列）

ISBN 7 - 03 - 010713 - 6；27.00 元

2256　实用电工电子学习题详解．下/

〔日〕半田进著；吕砚山译．—北京：科学出版社；2003.02．—365 页；21cm．—（OHM 电子电气习题集系列）

ISBN 7 - 03 - 010555 - 9；23.00 元

2257　实用泌尿外科手术彩色图谱．1/

〔日〕大岛博幸等主编．—沈阳：辽宁科学技术出版社；2003.06．—2 册（526，529 页）；29cm

ISBN 7 - 5381 - 3616 - 9（精装）；280.00 元

本书介绍了 33 种泌尿外科手术术式及其具体步骤。

2258　实用泌尿外科手术彩色图谱．2/

〔日〕大岛博幸等主编；郭应禄等译．—沈阳：辽宁科学技术出版社；2003.05．—526 页；29cm

ISBN 7 - 5381 - 3826 - 9（精装）；280.00 元

本书用图来说明每一种泌尿外科手术的总体思路、手术步骤及注意事项。

2259　世界顶级管理策略/

〔日〕渡边一玄著；邹青译．—北京：机械工业出版社；2003.01．—65 页；20cm．—（课里播优秀企业管理实务丛书）

ISBN 7 - 111 - 11104 - 4；12.80 元

本书系统介绍了日本管理的构架与策略以及一些全新的管理理念。

2260　世界聚落的教示 100/

〔日〕原广司著；于天译．—北京：中国建筑工业出版社；2003.01．—241 页；19cm

ISBN 7 - 112 - 05509 - 1；25.00 元

本书介绍了世界各国的村落及作者对世界建筑空间设计的 100 条体会。

2261　市场营销/

〔日〕青井伦一主编；申恩威译．—北京：经济管理出版社；2003.01．—249 页；18cm．—（快速充电文库．通勤大学丛书．通勤大学 MBA）

ISBN 7 - 80162 - 560 - 9；18.00 元

本书介绍了企业管理中的市场营销的基本理论和方法。

2262　事的世界观的前哨/

〔日〕广松涉著；赵仲明，李斌译．—南京：南京大学出版社；2003.07．—337 页；20cm．—（当代学术棱镜译丛/张一兵主编）

ISBN 7 - 305 - 04034 - 7；22.00 元

广松涉是日本当代著名西方马克思主义哲学家。本书收集了作者中期的主要论文。

2263　饰品钩织/

〔日〕BOUTIQUE 社编；董曾珊译．—杭州：浙江科学技术出版社；2003.10．—114 页；26cm．—（编织乐）

ISBN 7 - 5341 - 2187 - 6；23.00 元

本书共介绍了 56 件饰品的钩织法。

2264　室内空气质量：你知多少？/

〔日〕秋元肇等编著；张可喜，赖育芳译．—北京：机械工业出版社；2003.09．—136 页；20cm．—（关注生命健康关注室内环境）

ISBN 7 - 111 - 12819 - 2；12.00 元

本书介绍了如何控制室内空气质量。

2265　室内小盆栽制作与观赏/

〔日〕米仓纯子著；李莹，严寒译．—广州：广东世界图书出版公司，2003.01．—107 页；26cm

ISBN 7 - 5062 - 5768 - 8；48.00 元

本书图文并茂地介绍了室内观叶植物盆栽的制作、种养知识。

2266　手工编织宝宝毛衣/

〔日〕Boutique 社编；董曾珊译．—杭州：浙江科学技术出版社；2003.02．—113 页；26cm．—（服饰沙龙）

ISBN 7 - 5341 - 1808 - 5；28.00 元

本书介绍了宝宝毛衣的手工编织方法，以彩图形式显示效果图，以黑白线条图介绍编织步骤。

2267　手工编织老年毛衣/

〔日〕Boutique 社编；余静译．—杭州：浙江科学技术出版社；2003.02．—105 页；26cm．—（服饰沙龙）

ISBN 7 - 5341 - 1814 - X；23.00 元

本书介绍了老年人毛衣的编织方法，以彩图形式显示效果图，以黑白线条图介绍编织步骤。

2268 手工制作完全手册/

〔日〕小学馆编著；方江英译．—南昌：二十一世纪出版社；2003.02.—79 页；29cm

ISBN 7 - 5391 - 2165 - 3；16.00 元

本书为手工折纸图画书，它以一幅幅精细的图画及周详的文字注明，指导孩子进行手工制作。

2269 寿险公司的金融风险管理战略/

〔日〕小川英治主编；日本人寿保险文化研究所，日本人寿保险金融风险研究会著；付海燕译．—北京：中国金融出版社；2003.12.—175 页；20cm.—（新金融译丛）

ISBN 7 - 5049 - 3185 - 3；25.00 元

本书研究日本寿险业面临的金融风险及其管理，并提出对策。

2270 蔬果鲜汁 DIY/

〔日〕村井著；刘桑译．—福州：福建科学技术出版社；2003.08.—152 页；21cm

ISBN 7 - 5335 - 2165 - X；24.00 元

本书介绍了自己动手制作的各种新鲜营养的蔬果鲜汁饮料 200 多款，包括蔬果汁、沙冰、果酒、蔬果汤等。

2271 数学的奥秘/

〔日〕川久保胜夫著；李景华译．—北京：科学出版社；2003.08.—166 页；20cm.—（生活与科学文库．图解科学入门）

ISBN 7 - 03 - 010896 - 5；12.00 元

本书以风趣的漫画和简单的图解，介绍了数学的基本原理及其在实践中的应用。

2272 数字电路入门/

〔日〕崛桂太郎著；何希才译．—北京：科学出版社；2003.05.—188 页；24cm.—（OHM 电子爱好者系列）

ISBN 7 - 03 - 011019 - 6；20.00 元

2273 数字滤波器与信号处理/

〔日〕谷萩隆嗣著；王友功译．—北京：科学出版社；2003.09.—244 页；20cm.—（数字信号处理丛书）

ISBN 7 - 03 - 011373 - X；20.00 元

2274 数字硬拷贝技术/

〔日〕岩本明人，〔日〕小寺宏晔编；李元燮译．—北京：科学出版社；2003.04.—245 页；20cm.—（前沿显示技术丛书）

ISBN 7 - 03 - 011093 - 5；24.00 元

本书概括了硬拷贝技术的全貌，通俗易懂地讲解了硬拷贝与显示器之间的联系。

2275 水仙月四日/

〔日〕宫泽贤治著；周龙梅译．—上海：少年儿童出版社；2003.05.—322 页；21cm.—（宫泽贤治童话文集）

ISBN 7 - 5324 - 5567 - X；17.00 元

本书为童话集。

2276 说茶/

〔日〕冈仓天心著；张唤民译．—天津：百花文艺出版社；2003.08.—157 页；20cm

ISBN 7 - 5306 - 3700 - 2；23.00 元

本书是日本现代著名学者冈仓天心介绍日本茶文化的一本名著。

2277 说英语不出糗/

〔美〕赛恩，〔日〕长尾和夫著；陈美如译．—北京：电子工业出版社；2003.06.—194 页；15 × 21cm.—（国际学苑——英语职业塑身计划）

ISBN 7 - 5053 - 8681 - 6；15.00 元

本书以逗趣的小故事、丰富的插图、生动的对话、单词解释以及正确的说法，让读者轻松学会正确英语口语。

2278 私家庭园一本通/

〔日〕中山正范著；冯冬青，冯伟译．—广州：广东世界图书出版公司，2003.01.—114 页；26cm

ISBN 7 - 5062 - 5767 - X；48.00 元

本书图文并茂地介绍了私家庭园制作养护的基础知识。

2279 素肌美容/

〔日〕西让二编著；汉光文化工作室译．—天津：天津科技翻译出版公司，2003.06.—249 页；21cm.—（美容保健系列丛书）

ISBN 7 - 5433 - 1637 - 4；13.00 元

本书涉及选择化妆品的方法、护理肌肤的方法、对内在美容的建议。

2280 塑料薄膜加工技术/

〔日〕Kanai, T.，〔美〕Campbell, G. A. 著；王建伟，孙小青，左秀琴译．—北京：化学工业出版社；2003.09.—413 页；20cm

ISBN 7 - 5025 - 4693 - 6；30.00 元

本书介绍了薄膜加工的生产设备、工艺、影响参数等内容。

2281 糖尿病/

〔日〕河盛隆造编；宗雪飘译．—上海：上海人

民出版社；2003.07. —98 页；20cm. —（实用保健译丛．图说常见病自疗）
ISBN 7 - 208 - 04332 - 9；15.00 元
本书解释了糖尿病的发病原理，对身体健康的危害，具体指导读者如何预防，如何治疗。

2282　糖尿病患者手册/
〔日〕佐野隆志，〔日〕宗像伸子著；李宝原等译. —北京：中国轻工业出版社；2003.01. —74 页；20cm. —（患者手册系列）
ISBN 7 - 5019 - 3821 - 0；10.00 元
本书着重介绍了从生活中总结出来的饮食及运动疗法，对糖尿病患者在生活中的帮助很大。

2283　疼痛的樱花："归化"中发生的/
〔日〕梁春宇著. —北京：华文出版社；2003.08.
—304 页；21cm
ISBN 7 - 5075 - 1534 - 6；18.00 元
本书为长篇小说。

2284　提高孩子学力的妙方：漫画式/
〔日〕武藤光子绘；〔日〕家庭教育研究会编；圆神出版公司译. —昆明：晨光出版社；2003.05. —213 页；20cm
ISBN 7 - 5414 - 2171 - 5；7.60 元
本书以漫画的形式向家长及孩子介绍了提高学习能力的方法。

2285　提高免疫力的 84 种方法：带领人们走向健康的书/
〔日〕中谷彰宏著；张世俊，代军译. —北京：人民军医出版社；2003.07. —74 页；20cm
ISBN 7 - 80157 - 905 - 4；8.00 元
本书向人们讲解了什么是免疫，如何正确对待免疫、健康、疾病、药物、治疗之间的关系。

2286　提高奶牛产量 20% 的日本双轨饲养技术/
〔日〕小泽祯一郎等著；张孝安，希古尔嘎译. —北京：中国农业科学技术出版社；2003.01. —232 页；20cm
ISBN 7 - 80167 - 469 - 3；18.00 元
本书全面介绍了日本奶牛双轨饲养技术。

2287　提姆与莎兰大反串/
〔日〕芭蕉绿编绘；〔日〕猿渡静子译. —海口：南海出版公司，2003.09. —31 页；22 × 22cm. —（新经典文库．提姆与莎兰）
ISBN 7 - 5442 - 2377 - 9（精装）；18.00 元
本书是儿童图画故事。

2288　提姆与莎兰的小木屋/
〔日〕芭蕉绿编绘；〔日〕猿渡静子译. —海口：南海出版公司，2003.09. —31 页；22 × 22cm. —（新经典文库．提姆与莎兰）
ISBN 7 - 5442 - 2376 - 0（精装）；18.00 元
本书为儿童图画故事。

2289　提姆与莎兰的新朋友/
〔日〕芭蕉绿编绘；〔日〕猿渡静子译. —海口：南海出版公司，2003.09. —31 页；22 × 22cm. —（新经典文库．提姆与莎兰）
ISBN 7 - 5442 - 2375 - 2（精装）；18.00 元
本书是儿童图画故事。

2290　提姆与莎兰去野餐/
〔日〕芭蕉绿编绘；〔日〕猿渡静子译. —海口：南海出版公司，2003.04. —31 页；22 × 22cm. —（新经典文库．提姆与莎兰）
ISBN 7 - 5442 - 2374 - 4（精装）；18.00 元
本书为儿童图画故事。

2291　田中真纪子/
〔日〕大夏英治著；伊藤瑛子译. —北京：东方出版社；2003.08. —422 页；20cm
ISBN 7 - 5060 - 1651 - 6；40.00 元
本书全面描写了日本前首相田中角荣的女儿田中真纪子的日常生活和政治生涯。

2292　铁素体系耐热钢：向世界前沿不懈攀登的研究与开发/
〔日〕太田定雄著；张善元，张绍林译. —北京：冶金工业出版社；2003.08. —297 页；20cm. —（钢铁技术发展趋势丛书）
ISBN 7 - 5024 - 3296 - 5；30.00 元
本书按照日本对铁素体系耐热材料的研究开发思路，详细介绍了燃气涡轮材料等的研究开发历程及应用状况，分析了以上各种材料的性能并提出了发展的方向。

2293　庭园绿化实例精选/
〔日〕野口景子著；吴俊峰译. —广州：广东世界图书出版公司，2003.01. —110 页；彩图；26cm
ISBN 7 - 5062 - 5769 - 6；48.00 元
本书是日本家庭小庭园制作与绿化养护的成功范例评介。

2294　童话押花/
〔日〕栗原佳子著；董曾珊，吴宝顺译. —杭州：浙江科学技术出版社；2003.02. —98 页；26 × 21cm. —（创意手工）

ISBN 7 – 5341 – 1806 – 9；26.00 元

本书介绍了用花、树叶、蔬菜、水果等素材制作创意手工作品。

2295　图解棒球规则/

〔日〕棒球杂志社编；何阳译．—北京：人民体育出版社；2003.01.—181 页；271 幅；20cm

ISBN 7 – 5009 – 2353 – 8；12.00 元

本书通过图解的形式，将比较复杂的棒球规则，通俗易懂地介绍给读者。

2296　图解插花全书/

〔日〕竹中丽湖编；方琳琳译．—杭州：浙江科学技术出版社；2003.05.—168 页；26×21cm．—（插花艺术）

ISBN 7 – 5341 – 2092 – 6；59.00 元

本书精选了日本著名插花专家竹中丽湖近年来最受欢迎的插花作品。

2297　图解成本核算/

〔日〕都甲和幸；〔日〕白土英成著；侯庆轩，侯林译．—北京：科学出版社；2003.02.—200 页；20cm．—（企业家入门文库）

ISBN 7 – 03 – 010890 – 6；19.60 元

2298　图解供应链管理/

〔日〕SCM 研究会著；戢守峰，徐原青译．—北京：科学出版社；2003.02.—226 页；20cm．—（WTO 企业家入门文库）

ISBN 7 – 03 – 010834 – 5；19.80 元

2299　图解管理会计/

〔日〕本间建也著；于广涛译．—北京：科学出版社；2003.02.—190 页；20cm．—（企业家入门文库）

ISBN 7 – 03 – 010821 – 3；18.00 元

2300　图解家事小窍门 500 例/

〔日〕主妇与生活社编；阎树新译．—杭州：浙江科学技术出版社；2003.07.—150 页；20cm

ISBN 7 – 5341 – 2094 – 2；15.00 元

本书用图解的形式介绍了日常生活中的 500 个小窍门。

2301　图解建筑设备基础百科/

〔日〕《设备与管理》编辑部编；赵荣山等译．—北京：科学出版社；2003.02.—358 页；26cm．—（OHM 科学丛书）

ISBN 7 – 03 – 010831 – 0；45.00 元

本书为 OHM 科学丛书室内装饰系列之一。

2302　图解接地技术/

〔日〕川濑太郎主编；〔日〕高桥健彦著；马杰译．—北京：科学出版社；2003.09.—170 页；20cm．—（新电工技术系列）

ISBN 7 – 03 – 011650 – X；15.00 元

2303　图解经营计划制定方法/

〔日〕青木三十一著；于广涛译．—北京：科学出版社；2003.02.—201 页；20cm．—（WTO 企业家入门文库）

ISBN 7 – 03 – 010689 – X；19.60 元

本书为实业企业经营计划制订方面的书籍。

2304　图解企业会计基准/

〔日〕都甲和幸，〔日〕白土英成著；于广涛译．—北京：科学出版社；2003.08.—200 页；21cm．—（企业家入门文库）

ISBN 7 – 03 – 011428 – 0；18.00 元

本书通过图解的方式讲解了企业经营中有关企业会计制度的有关内容。

2305　图解企业重组/

〔日〕平岛廉久著；李芳译．—北京：科学出版社；2003.02.—156 页；20cm．—（WTO 企业家入门文库）

ISBN 7 – 03 – 010822 – 1；18.00 元

本书以图解的形式介绍了企业重组的知识。

2306　图解日英汉电子电气信息词典/

〔日〕新电气编辑部编；程君实等译．—北京：科学出版社；2003.02.—518 页；20cm．—（电子电气读本系列）

ISBN 7 – 03 – 010076 – X；39.00 元

本书收入了最新的有关电子电气信息的专业术语，并附有简明易懂的解释。

2307　图解时价会计/

〔日〕神保正人，〔日〕宝金正典著；侯庆轩，赵芳译．—北京：科学出版社；2003.02.—176 页；20cm．—（WTO 企业家入门文库）

ISBN 7 – 03 – 010907 – 4；18.00 元

本书主要讲解了时价会计的有关问题，包括时价会计的概念、成本主义与时价会计、时价评估等方面的内容。

2308　图解说服力/

〔日〕新将命著；赵儒煜译．—北京：科学出版社；2003.08.—191 页；20cm．—（企业家入门文库）

ISBN 7 – 03 – 011429 – 9；18.00 元

本书主要讲解了在企业管理中如何说服、指导部下的内容。

2309　图解损益平衡点/

〔日〕本间建也著；赵丽译 . —北京：科学出版社；2003.08. —209 页；21cm. — （企业家入门文库）

ISBN 7 – 03 – 011367 – 5；18.00 元

2310　图解现金收支/

〔日〕野村智夫，〔日〕竹俣耕一著；徐峰，董阳译 . —北京：科学出版社；2003.04. —204 页；20cm. — （企业家入门文库）

ISBN 7 – 03 – 011088 – 9；18.00 元

2311　图解穴位急救/

〔日〕齐藤安世著；曾毓娸译 . —广州：广东科技出版社；2003.06. —112 页；19cm

ISBN 7 – 5359 – 3168 – 5；8.00 元

本书介绍了一般的穴位疗法知识，然后分几个部分介绍日常生活常见疾病、症状及状态的应急抢救及处理，包括指压、推拿、温热及灸等。

2312　图解折旧计算法/

〔日〕八以尾顺一著；于广涛译 . —北京：科学出版社；2003.02. —195 页；20cm. — （WTO 企业家入门文库）

ISBN 7 – 03 – 010740 – 3；18.00 元

本书内容为企业固定资产折旧计算方法。

2313　图说 ITRON/JTRON/

〔日〕美崎薰著；王庆译 . —北京：科学出版社；2003.02. —208 页；21cm. — （轻松跟我学系列）

ISBN 7 – 03 – 010803 – 5；17.00 元

本书主要介绍了 ITRON/JTRON（两种不同的实时操作系统）出现的背景，ITRON/JTRON 的概念商品群及使用。

2314　图说 TCP/IP/

〔日〕平尾隆行著；牛连强译 . —北京：科学出版社；2003.02. —177 页；20cm. — （轻松跟我学系列）

ISBN 7 – 03 – 010589 – 3；16.00 元

本书主要介绍了 TCP/IP 网络的概念和功能、建立的顺序，网络数据的流程、IP 地址、TCP 的作用以及移动通讯的展望等。

2315　图说传感器/

〔日〕都甲洁，〔日〕宫城幸一郎著；李林，马森译 . —北京：科学出版社；2003.05. —211 页；20cm. — （轻松跟我学系列）

ISBN 7 – 03 – 011174 – 5；17.00 元

本书主要内容有力传感器、光传感器、温度传感器、速度传感器、化学物质传感器等。

2316　图说电动机原理/

〔日〕内田隆裕著；秦晓平，李林译 . —北京：科学出版社；2003.02. —199 页；20cm. — （轻松跟我学系列）

ISBN 7 – 03 – 010625 – 3；16.00 元

本书主要介绍了电动机的工作原理、直流电动机与交流电动机的特点及种类、控制电机的技术等。

2317　图说电气知识与应用/

〔日〕松原洋平著；庞馨平，田志坤译 . —北京：科学出版社；2003.02. —237 页；20cm. — （轻松跟我学系列）

ISBN 7 – 03 – 010543 – 5；17.00 元

本书主要介绍了生活与电气、电子学、电气和信息通信、电气故障及解决方法、电气的基础知识等。

2318　图说电子电路/

〔日〕饭高成男主编；〔日〕宇田川弘著；赵文珍译 . —北京：科学出版社；2003.02. —199 页；20cm. — （轻松跟我学系列）

ISBN 7 – 03 – 010693 – 8；17.00 元

本书主要介绍了电子电路的基础、部件、模拟电路、数字电路、家电制品的组成等。

2319　图说计算机图形学应用/

〔日〕横枕雄一郎著；苏颜敏，申健译 . —北京：科学出版社；2003.04. —187 页；20cm. — （轻松跟我学系列）

ISBN 7 – 03 – 011105 – 2；16.00 元

本书主要内容有计算机图形学概述、二维数字图像、DTP 中的 CG 等。

2320　图说燃料电池原理与应用/

〔日〕燃料电池开发信息中心主编；〔日〕石井弘毅著；杨晓辉，白彦华译 . —北京：科学出版社；2003.02. —181 页；20cm. — （漫话 ewhy 系列）

ISBN 7 – 03 – 010802 – 7；15.00 元

本书主要介绍了燃料电池的由来、原理、特征，燃料电池的组成及不同类型燃料电池的使用等。

2321　图说数字广播技术/

〔日〕吉野武彦主编；董江洪，吴学松译 . —北京：

科学出版社；2003.02.—192页；20cm.—（轻松跟我学系列）

ISBN 7 - 03 - 010626 - 1；16.00元

本书主要介绍了数字广播、卫星数字广播、有线电视等的基本原理和构成，以及今后数字广播的发展前景。

2322 图说数字技术/

〔日〕吉本久泰著；丁志俊，吴松芝译.—北京：科学出版社；2003.02.—207页；20cm.—（轻松跟我学系列）

ISBN 7 - 03 - 010542 - 7；17.00元

本书主要介绍了数字化的优点、数字化的方法、通信与信号传送、二进制计算和文字表示、逻辑电路等。

2323 图说网络安全/

〔日〕伊藤敏幸著；牛连强，付博文译.—北京：科学出版社；2003.02.—197页；20cm.—（轻松跟我学系列）

ISBN 7 - 03 - 010627 - X；16.00元

本书主要介绍了网络安全方面的知识及其相关的应用技术。

2324 图说下一代网络技术/

〔日〕田中寿一著；申健，苏颜敏译.—北京：科学出版社；2003.02.—190页；20cm.—（轻松跟我学系列）

ISBN 7 - 03 - 010669 - 5；16.00元

本书主要介绍了因特网的利用发展、组成，下一个世纪的 TCP/IP、因特网使用环境的变化、因特网的应用等。

2325 图说移动通信技术/

〔日〕杉野升；〔日〕矶部悦男编；裴建国，王学谦译.—北京：科学出版社；2003.02.—180页；20cm.—（轻松跟我学系列）

ISBN 7 - 03 - 010544 - 3；16.00元

本书主要介绍了用于互联网的移动电话、移动工具、移动商务、下个世纪的移动通信系统、移动系统存在的问题等。

2326 图说中年保健大典/

〔日〕时事通信社编；赵宗珉等译.—上海：文汇出版社；2003.09.—694页；20cm

ISBN 7 - 80676 - 417 - 8（精装）；48.00元

本书是一本定位于 35 岁以上成人的家庭医学百科全书。

2327 图形思考/

〔日〕久恒启一著；郑雅云译.—汕头：汕头大

学出版社；2003.05.—215页；21cm

ISBN 7 - 81036 - 561 - 4；18.00元

本书重点介绍了"思考"的应用程式——图形的作用。

2328 推销学全书/

〔日〕原一平著；张弘编著；欧阳云，张瑞译.—呼和浩特：远方出版社；2003.07.—299页；20cm.—（世界著名成功学家文库）

ISBN 7 - 80595 - 890 - 4；300.00元（全套15册）

2329 托业必备单词/

〔日〕吉成雄一郎著；何知译.—北京：中国大百科全书出版社；2003.08.—258页；26cm

ISBN 7 - 5000 - 6834 - 4；45.00元

本丛书是引进日本旺文社的权威教程。

2330 托业必备短语/

〔日〕板场良久著；何知译.—北京：中国大百科全书出版社；2003.08.—240页；26cm

ISBN 7 - 5000 - 6832 - 8；43.00元

本书是引进日本旺文社的权威教程。

2331 托业必备语法/

〔日〕高桥雄范著；何知译.—北京：中国大百科全书出版社；2003.08.—288页；26cm

ISBN 7 - 5000 - 6838 - 7；34.00元

本丛书是引进日本旺文社的权威教程。

2332 托业考前十天对策/

〔日〕八岛智子著；何知译.—北京：中国大百科全书出版社；2003.08.—268页；26cm

ISBN 7 - 5000 - 6836 - 0；47.00元

本丛书是引进日本旺文社的权威教程。

2333 托业模拟考题/

〔日〕臼井直人著；何知译.—北京：中国大百科全书出版社；2003.08.—417页；26cm

ISBN 7 - 5000 - 6830 - 1；63.00元

本丛书是引进日本旺文社的权威教程。

2334 托业入门讲座/

〔日〕铃木广子著；何知译.—北京：中国大百科全书出版社；2003.08.—244页；26cm

ISBN 7 - 5000 - 6837 - 9；36.00元

本书是引进日本旺文社的权威教程。

2335 托业听力练习/

〔日〕曾根和子著；何知译.—北京：中国大百科全书出版社；2003.08.—264页；26cm

ISBN 7 - 5000 - 6835 - 2；46.00 元

本丛书是引进日本旺文社的权威教程。

2336 托业应试学习法/

〔日〕茅野夕树著，何知译 . —北京：中国大百科全书出版社；2003.08. —210 页；26cm

ISBN 7 - 5000 - 6829 - 8；25.00 元

本丛书是引进日本旺文社的权威教程。

2337 托业应试战略/

〔日〕立山利治著，何知译 . —北京：中国大百科全书出版社；2003.08. —242 页；26cm

ISBN 7 - 5000 - 6833 - 6；36.00 元

本丛书是引进日本旺文社的权威教程。

2338 托业阅读理解/

〔日〕铃木健著，何知译 . —北京：中国大百科全书出版社；2003.08. —288 页；26cm

ISBN 7 - 5000 - 6831 - X；33.00 元

本书是引进日本旺文社的权威教程。

2339 外围接口控制用微机入门/

〔日〕中尾真治著，王棣棠译 . —北京：科学出版社；2003.09. —241 页；24 × 17cm. — （机器人竞技系列）

ISBN 7 - 03 - 011188 - 5；30.00 元

2340 外研社·三省堂皇冠汉日词典/

〔日〕松冈荣志主编 . —北京：外语教学与研究出版社；2003.10. —1586 页；20cm

ISBN 7 - 5600 - 3726 - 7 （精装）；74.90 元

本词典收入词条 65000 个。

2341 网络服务质量技术/

〔日〕户田岩著，朱青译 . —北京：科学出版社；2003.09. —246 页；20cm

ISBN 7 - 03 - 011368 - 3；21.50 元

本书主要是针对因特网服务质量技术的研究。

2342 围巾、披肩和帽子/

〔日〕Boutique 社编，董曾珊译 . —杭州：浙江科学技术出版社；2003.01. —58 页；14cm. — （饰品 CIY）

ISBN 7 - 5341 - 1811 - 5；12.00 元

本书介绍了围巾、披肩和帽子的制作方法，有彩色效果图和详细的制作步骤。

2343 违反礼仪的英语会话/

〔美〕瓦德曼，〔日〕森本丰富著，肖凡译 . —北京：中国对外翻译出版公司，2003.01. —188

页；20cm + 附 CD1 张

ISBN 7 - 50011091 - X；16.00 元

本书讲述了在英语学习中，"敬语"应该怎样说。

2344 未来公司/

〔德〕丹尼尔迈尔，〔日〕武田安次著，吴蓓宏，赵楠译 . —沈阳：辽宁人民出版社；2003.01. —212 页；20cm

ISBN 7 - 205 - 05420 - 6；20.00 元

本书阐述了下世纪的公司研究管理奠定的良好的基础。

2345 胃溃疡患者手册/

〔日〕平冢秀雄著，张葆华译 . —北京：中国轻工业出版社；2003.01. —76 页；20cm. — （患者手册系列）

ISBN 7 - 5019 - 3837 - 7；10.00 元

本书介绍了胃溃疡的发病原因、影响因素、治疗及预防方法。

2346 我是猫/

〔日〕夏目漱石著，刘振瀛译 . —上海：上海译文出版社；2003.09. —367 页；20cm. — （世界文学名著普及本）

ISBN 7 - 5327 - 3399 - 8；17.00 元

本书是作者不朽的作品，主人公以一只猫身份，通过轻松的调笑和嘲噱，反映了当时日本知识分子对社会的看法。

2347 无形的大陆：新经济的四项战略法则/

〔日〕大前研一著，栗东晖译 . —北京：新华出版社；2003.01. —338 页；20cm

ISBN 7 - 5011 - 6030 - 9；25.00 元

本书对 21 世纪世界新经济的战略法则进行了分析和阐释。

2348 无障碍建筑设计手册/

〔日〕高桥仪平著，陶新中译 . —北京：中国建筑工业出版社；2003.12. —216 页；29cm

ISBN 7 - 112 - 06089 - 3；45.00 元

本书全面介绍了为老年人、残疾人、孕妇、小孩、受伤者等设计建筑及设施的方法和要点。

2349 五轮书/

〔日〕宫本武藏著，李津译 . —北京：企业管理出版社；2003.05. —125 页；20 × 18cm

ISBN 7 - 80147 - 868 - 1；25.00 元

本书借助古代剑术、武学，阐述成功理论。

2350　五项主义：企业领导人的培养/

〔日〕古烟友三著；陆从容译 . 一上海：上海人民出版社；2003.06. —203 页；20cm

ISBN 7 - 208 - 04625 - 5；18.00 元

本书主要阐述的是：企业在于人，公司运营在于培养人，培养人要靠教养和教育。

2351　午夜凶铃/

〔日〕铃木光司著；陈惠莉译 . 一海口：南海出版公司，2003.01. —307 页；20cm

ISBN 7 - 5442 - 2321 - 3；19.80 元

《七夜怪谈系列》是日本著名的惊险悬疑小说。本书是该系列第一本。

2352　午夜凶铃 . 2，复活之路/

〔日〕铃木光司著；许木兰译 . 一海口：南海出版公司，2003.01. —348 页；20cm

ISBN 7 - 5442 - 2341 - 8；21.80 元

本书为长篇小说。

2353　午夜凶铃 . 3，永生不死/

〔日〕铃木光司著；许木兰译 . 一海口：南海出版公司，2003.01. —349 页；20cm

ISBN 7 - 5442 - 2342 - 6；21.80 元

本书为长篇小说。

2354　午夜凶铃 . 4，贞相大白/

〔日〕铃木光司著；平宣译 . 一海口：南海出版公司，2003.01. —205 页；20cm

ISBN 7 - 5442 - 2343 - 4；14.80 元

本书为长篇小说。

2355　喜怒哀乐英语短句 2680/

〔日〕Communications Research21 编 . 一北京：中国大百科全书出版社；2003.07. —231 页；19cm. —（时尚英语短句系列）

ISBN 7 - 5000 - 6735 - 6；13.00 元

本书以实际场景列举各种场合表达自己情绪的英语短句。

2356　系统软件/

〔日〕黑住祥佑，〔日〕林恒俊著；冯杰，樊东译 . 一北京：科学出版社；2003.02. —184 页；24 × 17cm. —（OHM 大学理工系列）

ISBN 7 - 03 - 010694 - 6；23.00 元

本书主要介绍了软件设计理论基础。

2357　狭小空间绿饰技巧/

〔日〕内藤朗编著；陈浩，静予译 . 一杭州：浙江科学技术出版社；2003.01. —99 页；26cm. —（时尚园艺丛书）

ISBN 7 - 5341 - 1856 - 5；32.00 元

本书从专业角度出发，运用 255 幅实例照片指导人们如何在居住环境的各个部位巧妙地进行花草种植。

2358　下一代液晶显示/

〔日〕小林骏介主编；乔双，高岩译 . 一北京：科学出版社；2003.04. —168 页；20cm. —（前沿显示技术丛书）

ISBN 7 - 03 - 011094 - 3；17.00 元

本书主要内容有第二代液晶显示器的基本分类、工作原理及各显示器的前沿技术和发展前景。

2359　纤腹不用烦恼/

〔日〕小田阳子；〔日〕山田光敏著；陈颐译 . 一北京：中国轻工业出版社；2003.01. —133 页；19cm. —（现代人健康）

ISBN 7 - 5019 - 3846 - 6；12.00 元

本书介绍了山田式呼吸在瘦身、减少腹部脂肪等方面的方法以及作用。

2360　显示技术基础/

〔日〕大石严主编；白玉林，王毓仁译 . 一北京：科学出版社；2003.04. —248 页；20cm. —（前沿显示技术系列）

ISBN 7 - 03 - 011104 - 4；24.00 元

2361　显示器在信息媒体中的应用/

〔日〕新居宏壬等著；徐国蒲，薛培鼎译 . 一北京：科学出版社；2003.03. —169 页；20cm. —（前沿显示技术丛书）

ISBN 7 - 03 - 010993 - 7；16.00 元

本书介绍了信息媒介起重要作用的通信、广播、家电等领域的信息化动向和显示器在这些领域中的应用，以及未来的发展趋势。

2362　现代教育学基础/

〔日〕筑波大学教育学研究会编；钟启泉译 . 一2 版 . 一上海：上海教育出版社；2003.07. —553 页；23cm

ISBN 7 - 5320 - 0043 - 5；49.00 元

本书是为攻读教育学的人士提供的较扎实的现代教育学基础知识而编纂的大学教科书。

2363　现代中国的纠纷与法/

〔日〕高见泽磨著；何勤华，李秀清，曲阳译 . 一北京：法律出版社；2003.03. —224 页；20cm. —（南京大学亚太法研究所丛书）

ISBN 7 - 5036 - 4111 - 8；16.00 元

本书是考察我国的纠纷与纠纷解决的一部专著。

2364 现代中国语方向动词/
〔日〕山田留里子著.—北京：北京大学出版社；
2003.10.—130 页；20cm
ISBN 7 - 301 - 06640 - 6；10.00 元
本书对现代汉语趋向动词"起来"相关的句式
作了系统考察，指出其时态意义，并与日语相关
表达形式进行对比研究。

2365 宪法学原理/
〔日〕美浓部达吉著；汤唯译.—北京：中国政法
大学出版社；2003.07.—439 页；20cm.—（中国
近代法学译丛）
ISBN 7 - 5620 - 2438 - 3；33.00 元
本书论述了日本近代宪法学的基本理论。

2366 箱男/
〔日〕安部公房著；杨炳辰，王建新译.—杭州：
浙江文艺出版社；2003.01.—279 页；20cm.—
（经典印象译丛）
ISBN 7 - 5339 - 1674 - 3；21.00 元
本书是二次大战后日本存在主义文学的大作家
安部公房的中篇小说集。

2367 想告诉你我的心，想听你说你的心/
〔日〕伊藤守著；柯惠珍译.—北京：中信出版
社；2003.01.—85 页；14×12cm
ISBN 7 - 80073 - 617 - 2；9.00 元
本书是关于心灵沟通的小书。

2368 想听你说你的心/
〔日〕伊藤守著；柯惠珍译.—北京：中信出版
社；2003.01.—107 页；14×12cm
ISBN 7 - 80073 - 653 - 9；9.00 元
本书是关于心灵沟通的小书。

2369 消失的城市/
〔日〕上杉千年著；罗尘译.—上海：上海社会科
学院出版社；2003.07.—302 页；21cm.—（深度
探索系列）
ISBN 7 - 80681 - 232 - 6；39.80 元
本书讲述了历史上许多著名城市消失的故事。

2370 小林克己摇滚吉他教室·初级篇/
〔日〕小林克己著；杨洋等译.—长沙：湖南文
艺出版社；2003.04.—127 页；26cm
ISBN 7 - 5404 - 2946 - 1；25.00 元
本书是经典摇滚吉他基础教材。

2371 小林克己摇滚吉他教室·中级篇/
〔日〕小林克己著；杨洋等译.—长沙：湖南文
艺出版社；2003.04.—125 页；26cm
ISBN 7 - 5404 - 2946 - 1；25.00 元
本书是经典摇滚吉他基础教材。

2372 小学健康教育·三、四年级/
〔日〕江口笃寿等编著；齐建国译.—北京：高
等教育出版社；2003.10.—25 页；26cm
日本保健教育
ISBN 7 - 04 - 013834 - 4；3.20 元
本书是面向小学中年级学生的健康教育教科书。

2373 小学健康教育·五、六年级/
〔日〕江口笃寿等编著；齐建国译.—北京：高
等教育出版社；2003.10.—37 页；26cm
日本保健教育
ISBN 7 - 04 - 013835 - 2；4.80 元
本书是面向小学高年级学生的健康教育教科书。

2374 小学生科学认知趣问妙答/
〔日〕太田真著；张俊尧译.—天津：新蕾出版
社；2003.01.—2 册；26cm
ISBN 7 - 5307 - 2960 - 8（精装）；58.00 元

2375 筱山纪信摄影集：宫泽理惠写真集/
〔日〕筱山纪信摄.—天津：天津人民美术出版
社；2003.01.—1 册；38cm
ISBN 7 - 5305 - 2015 - 6；38.00 元
本书是人体艺术摄影集。

2376 心灵的故事/
〔美〕汉弗瑞，〔日〕齐木深著；刘颖译.—北京：
中国盲文出版社；2003.08.—418 页；20cm.—
（脐带文丛）
The Story of Man is Mind
ISBN 7 - 5002 - 1845 - 1；28.00 元
本书是一部心理学发展史，讲书了人类对心灵奥
秘的探索。

2377 新版简明建筑设计资料集成/
〔日〕建筑学会编；滕家禄等译.—北京：中国
建筑工业出版社；2003.06.—310 页；29cm
ISBN 7 - 112 - 05542 - 3；65.00 元
本书是最新版的日本建筑设计资料集，是建筑师
必备的工具书。

2378 新版简明住宅设计资料集成/
〔日〕建筑学会编；滕征本等译.—北京：中国
建筑工业出版社；2003.06.—288 页；29cm

ISBN 7 - 112 - 05541 - 5；58.00 元

本书是最新版的住宅设计资料集，是建筑师必备的工具书。

2379 新京都站/

〔日〕彰国社编；郭晓明译 . —北京：中国建筑工业出版社；2003.04. —48 页；29cm. —（国外著名建筑设计丛书）

ISBN 7 - 112 - 05593 - 8；35.00 元

本书介绍了日本新京都车站的设计方法。

2380 新日本语基础教程 . 上，练习册/

〔日〕坂野永理等编著；王辉译 . —大连：大连理工大学出版社；2003.06. —161 页；26cm

ISBN 7 - 5611 - 1973 - 9；13.00 元

本书是针对《新标准日本语Ⅰ、Ⅱ》的练习册。

2381 新日本语基础教程 . 上/

〔日〕坂野永理等著；王辉译 . —大连：大连理工大学出版社；2003.06. —344 页；26cm

ISBN 7 - 5611 - 2069 - 9；29.00 元

本书是学习日语的基础教材，专业和非专业都可用。

2382 新日本语基础教程 . 下，练习册/

〔日〕坂野永理等编著；肖婷婷译 . —大连：大连理工大学出版社；2003.06. —145 页；26cm

ISBN 7 - 5611 - 1973 - 9；13.00 元

本书是针对《新标准日本语Ⅰ、Ⅱ》的练习册。

2383 新日本语基础教程 . 下/

〔日〕坂野永理等著；肖婷婷译 . —大连：大连理工大学出版社；2003.06. —358 页；26cm

ISBN 7 - 5611 - 2069 - 9；29.00 元

本书是学习日语的基础教材，专业和非专业都可用。

2384 信息通信与数字信号处理/

〔日〕谷萩隆嗣编著；徐国甫，薛培鼎译 . —北京：科学出版社；2003.09. —312 页；21cm. —（数字信号处理参考教材系列）

ISBN 7 - 03 - 011467 - 1；23.50 元

2385 星座羊皮卷/

〔日〕近藤贞子著；富强译 . —北京：中国物价出版社；2003.12. —305 页；20cm

ISBN 7 - 80155 - 657 - 7；19.80 元

本书是关于西方星相学与血型性格等关系的休闲读物。

2386 刑法各论/

〔日〕大谷实著；黎宏译 . —北京：法律出版社；2003.07. —468 页；21cm. —（日本法学教科书译丛）

ISBN 7 - 5036 - 4383 - 8；29.00 元

本书是日本刑法各论教材，可作为我国高校刑法课程的教学参考书。

2387 刑法总论/

〔日〕大谷实著；黎宏译 . —北京：法律出版社；2003.07. —411 页；21cm. —（日本法学教科书译丛）

ISBN 7 - 5036 - 4382 - X；27.00 元

本书是讲授日本刑法总论的教材，可作为我国高校刑法课程的教学参考书。

2388 性格、情感的烦恼/

〔日〕上出弘之著；乔莹洁译 . —2 版 . —南宁：广西人民出版社；2003.01. —156 页；19 × 17cm. —（不愿向父母诉说的烦恼）

ISBN 7 - 219 - 04272 - 8；14.80 元

本书解答了青春期学生在性格、情感中所遇到的烦恼事，是打开小学高年级和初中生心理问题的钥匙。

2389 兄弟/

〔日〕中西礼著；李孟红译 . —北京：文化艺术出版社；2003.01. —338 页；20cm

ISBN 7 - 5039 - 2287 - 7；18.00 元

本书描写了一对兄弟间错综复杂、迂回曲折的纠葛。

2390 熊害防除技术/

〔日〕米田彦，朴仁珠编著 . —哈尔滨：东北林业大学出版社；2003.02. —202 页；20cm

ISBN 7 - 81076 - 421 - 7；16.00 元

本书根据 30 多年的野外调查和研究经验编写，主要介绍防止熊类危害的技术措施。

2391 虚拟美少女 2020：3D 图形极品珍藏/

〔日〕斯塔戴奥等编著；涂颖芳译 . —北京：中国青年出版社；2003.04. —169 页；19cm

ISBN 7 - 5006 - 5009 - 4；78.00 元

本书展示了日本 12 位顶级动画艺术家的作品，其中包括日本最有名的两个虚拟偶像——Yuki Terai 和 Fei Fei。

2392 续哆啦 A 梦全百科/

〔日〕藤子·F·不二雄著；碧日译 . —长春：吉林美术出版社；2003.08. —350 页；14cm

ISBN 7 - 5386 - 1446 - X；13.00 元

2393　学校的烦恼/
〔日〕上出弘之著；唐承红，朱洁译．—2 版．—南宁：广西人民出版社；2003.01.—156 页；23cm．—（不愿向父母诉说的烦恼）
ISBN 7 - 219 - 04271 - X；14.80 元
本书解答了青春期学生在学校中所遇到的烦恼事，是打开青少年心理问题的钥匙。

2394　雪国/
〔日〕川端康成著；叶渭渠译．—北京：北京出版社；2003.04.—166 页；20cm．—（大师图文馆）
ISBN 7 - 200 - 04740 - 6；15.00 元

2395　寻羊冒险记/
〔日〕村上春树著；林少华译．—上海：上海译文出版社；2003.10.—333 页；20cm
ISBN 7 - 5327 - 32126（精装）；27.00 元
本书为日本现代著名作家村上春树的长篇小说。

2396　亚洲货币一体化研究：日元区发展趋势/
〔日〕关世雄著；郎平，傅克华译．—北京：中国财政经济出版社；2003.07.—225 页；20cm
ISBN 7 - 5005 - 6260 - 8；20.00 元
本书论述亚洲各国的经济、贸易关系及实现货币一体化的利弊。

2397　颜色选择/
〔日〕铃木久美子著．—沈阳：辽宁画报出版社；2003.06.—128 页；19cm
ISBN 7 - 80601 - 595 - 7；30.00 元

2398　眼病/
〔日〕户张几生编；姚国安译．—上海：上海人民出版社；2003.07.—98 页；20cm．—（实用保健译丛．图说常见病自疗）
ISBN 7 - 208 - 04380 - 9；15.00 元
本书主要介绍了关于眼病的预防、治疗措施。

2399　瑶族的历史和文化：华南、东南亚山地民族社会人类学研究/
〔日〕竹村卓二著；金少萍等译．—北京：民族出版社；2003.09.—307 页；20cm．—（外国学者中国民族研究文库）
ISBN 7 - 105 - 05743 - 2（精装）；45.00 元
本书为关于华南、东南亚山地民族社会人类学研究的专著。

2400　野外游玩/
〔日〕大自然俱乐部编；冯作洲，沈华译．—2
版．—成都：西南财经大学出版社；2003.07.—216 页；20cm．—（健康时尚系列）
ISBN 7 - 81055 - 660 - 6；20.00 元

2401　野性的证明/
〔日〕森村诚一著；何培忠，孟传良，冯建新译．—北京：群众出版社；2003.08.—369 页；20cm．—（世界侦探推理名著精选）
ISBN 7 - 5014 - 2801 - 8；19.00 元
本书为日本现代长篇推理小说。

2402　夜猫子的健康法则/
〔日〕健康杂志出版社编著；员玉婷译．—西安：第四军医大学出版社；2003.12.—171 页；19cm
ISBN 7 - 81086 - 075 - 5；18.00 元

2403　一个女人/
〔日〕有岛武郎著；商雨红等译．—北京：北京燕山出版社；2003.01.—357 页；21cm．—（世界文学文库．全译本）
ISBN 7 - 5402 - 1510 - 0；13.00 元
本书为日本作家有岛武郎的长篇小说，描写日本现代女性的自我觉醒。

2404　一个日本老兵对侵华战争的反思/
〔日〕河村太美雄著；屈连璧等译．—1 版．北京：东方出版社；2003.05.—432 页；21cm
ISBN 7 - 5060 - 1652 - 4；23.00 元
本书是作者对他参加的侵华战争的回忆，对战争的反省及对战争性质的剖析。

2405　一见钟情学汉语．初级．上册/
〔日〕蒲丰彦，施洁民编著．—上海：上海译文出版社；2003.12.—176 页；20cm
ISBN 7 - 5327 - 3112 - X；68.00 元
本书是专门为日本人特别是在华的日本人编写的初级汉语教材。

2406　一天 48 小时：时间富翁的理"财"经/
〔日〕小石雄一著；孙华译．—上海：上海译文出版社；2003.11.—175 页；20cm
ISBN 7 - 5327 - 3203 - 7；13.80 元
本书介绍了如何有效利用工作以外时间的经验。

2407　伊东丰雄轻型结构建筑细部/
〔日〕伊东丰雄建筑设计事务所编著；王莉慧，许东亮译．—北京：中国建筑工业出版社；2003.05.—233 页；26cm．—（国外建筑设计详图图集）
ISBN 7 - 112 - 05639 - X；48.00 元
本书介绍了日本著名建筑师伊东丰雄的建筑设计作品。

2408 伊豆的舞女/
〔日〕川端康成著；叶渭渠等译．—杭州：浙江文艺出版社；2003.01.—293 页；20cm.—（经典印象译丛）
ISBN 7 – 5339 – 1673 – 5；22.00 元
本书为诺贝尔文学奖获得者日本当代著名作家川端康成的中短篇小说集。

2409 伊豆的舞女/
〔日〕川端康成著；叶渭渠译．—北京：北京出版社；2003.04.—237 页；20cm.—（大师图文馆）
ISBN 7 – 200 – 04807 – 0；19.00 元
本书为中篇小说作品集。

2410 遗教经讲话/
〔日〕山田地父著；杨笑天译．—北京：宗教文化出版社；2003.09.—175 页；20cm
ISBN 7 – 80123 – 528 – 2；20.00 元
本书是一位日本高僧对《遗教经》这一佛教经典的理解和阐述。

2411 意大利/
〔日〕大宝石出版社编著；王欣燕译．—北京：中国旅游出版社；2003.03.—621 页；21cm.—（走遍全球）
ISBN 7 – 5032 – 2040 – 6；70.00 元
本书介绍了意大利食、住、行、游、购、娱的全新信息，方便实用。

2412 银河铁道之夜/
〔日〕宫泽贤治著；周龙梅译．—上海：少年儿童出版社；2003.05.—312 页；21cm.—（宫泽贤治童话文集）
ISBN 7 – 5324 – 5568 – 8；17.00 元

2413 英文合同书：制作方法与法理/
〔日〕岩崎一生著．—北京：外文出版社；2003.07.—213 页；23×17cm
ISBN 7 – 119 – 03337 – 9；20.00 元
本书详细阐述国际贸易、投资及合作中英文合同书的制作方法及法律原理。

2414 英语会话 3step 高效听力训练/
〔日〕竹盖幸生著；刘艳译．—大连：大连理工大学出版社；2003.01.—240 页；20cm
ISBN 7 – 5611 – 2124 – 5；22.80 元
本书是英语听、说能力训练图书。

2415 英语基本会话术：活用巧用 100 关键词/
〔日〕小林敏彦著；宋继红译．—大连：大连理

工大学出版社；2003.03.—221 页；19cm
ISBN 7 – 5611 – 2214 – 4；15.00 元
本书挑选了口语中使用频率非常高的 100 个词汇，每个词汇又给出了 3 个惯用表达，以口语会话的形式让学习者加深理解。

2416 英语数字应用词典：英汉对照/
〔日〕桥本光宪编；熊风台译．—北京：外文出版社；2003.01.—205 页；18cm
ISBN 7 – 119 – 03189 – 9；18.00 元
本书适合中学生阅读，内容以介绍英文数字的各种表现方法为主。

2417 英语数字怎么说/
〔美〕斯诺登，〔日〕濑谷浩子著；徐湖译．—北京：中国对外翻译出版公司，2003.09.—362 页；21cm
ISBN 7 – 5001 – 1162 – 2；23.00 元
本书按照细分的生活门类，帮助读者学习用英语准确地表达数字。

2418 婴幼儿的一天应该怎样度过：让孩子的生活富有节奏/
〔日〕河添邦俊，〔日〕河添幸江著；刘颖菁，陈辛儿译．—上海：上海科技教育出版社；2003.05.—239 页；20cm
ISBN 7 – 5428 – 3119 – 4；14.80 元
本书为年轻父母养育好孩子的实用生活用书。

2419 樱桃小丸子/
〔日〕樱桃子著；魏然译．—呼和浩特：内蒙古人民出版社；2003.10.—20 册；13cm
ISBN 7 – 20406927 – 7；80.00 元
本书以漫画的形式讲述了一个日本小姑娘小丸子日常生活中发生的故事。

2420 樱桃小丸子．吃饭大王/
〔日〕樱桃子编．—杭州：浙江少年儿童出版社；2003.04.—78 页；14×16cm
ISBN 7 – 5342 – 2808 – 5；10.00 元

2421 樱桃小丸子．钓鱼的季节/
〔日〕樱桃子编．—杭州：浙江少年儿童出版社；2003.04.—78 页；14×16cm
ISBN 7 – 5342 – 2813 – 1；10.00 元

2422 樱桃小丸子．花轮的旅游故事/
〔日〕樱桃子编．—杭州：浙江少年儿童出版社；2003.04.—78 页；14×16cm
ISBN 7 – 5342 – 2812 – 3；10.00 元

2423 樱桃小丸子．可爱的小猫咪/
〔日〕樱桃子编．—杭州：浙江少年儿童出版社；
2003.04.—78 页；14×16cm
ISBN 7-5342-2810-7；10.00 元

2424 樱桃小丸子．妈妈，对不起/
〔日〕樱桃子编．—杭州：浙江少年儿童出版社；
2003.04.—78 页；14×16cm
ISBN 7-5342-2809-3；10.00 元

2425 樱桃小丸子．妈妈感冒了/
〔日〕樱桃子编．—杭州：浙江少年儿童出版社；
2003.04.—78 页；14×16cm
ISBN 7-5342-2811-5；10.00 元

2426 樱桃小丸子．世界上有仙子吗/
〔日〕樱桃子编．—杭州：浙江少年儿童出版社；
2003.04.—78 页；14×16cm
ISBN 7-5342-2814-X；10.00 元

2427 樱桃小丸子．小丸子的钱箱/
〔日〕樱桃子编．—杭州：浙江少年儿童出版社；
2003.04.—78 页；14×16cm
ISBN 7-5342-2807-7；10.00 元

2428 影响孩子一生的教育方法/
〔日〕平井信义著；叶露茜译．—沈阳：辽宁科
学技术出版社；2003.04.—206 页；20cm
ISBN 7-5381-3863-3；12.00 元
本书介绍了如何培育孩子积极主动的意愿与体
谅别人的教育方法，告诉父母如何与孩子建立
心灵的紧密联系等。

2429 勇敢地恋吧/
〔日〕林望著；宁无译．—北京：中国大百科全
书出版社；2003.07.—188 页；19cm
ISBN 7-5000-6822-0；16.00 元
本书作者是日本著名的女性主义演说家、作家，
本书是其关于女性意识、女性生活方面内容小
品文集。

2430 用爱浇灌/
〔日〕铃木镇一著；李钊平译．—北京：电子工
业出版社；2003.10.—163 页；20cm
ISBN 7-5053-9233-6；18.00 元
在本书中，世界著名小提琴教育家铃木镇一教
授介绍了自己的人生哲学，以及培养孩子能力
的方法。

2431 有教养是孩子的终身财富/
〔日〕飞日贞子著；杨重建译．—福州：福建科学

技术出版社；2003.08.—127 页；19cm.—（好父
母丛书）
ISBN 7-5335-2194-3；9.80 元
本书介绍了如何教养孩子的一些问题。

2432 有一种情绪叫恋爱/
〔日〕柴门文著；李菁菁译．—海口：南海出版
公司，2003.09.—160 页；19cm
ISBN 7-5442-2616-6；15.00 元
本书是作者的短篇小说集。

2433 幼儿心理教育：心理教育应从小抓起/
〔日〕小田丰编著；孙诚，黄小玄编译．—广州：
中山大学出版社；2003.11.—205 页；19cm
ISBN 7-306-02203-2；13.50 元
本书是幼教专家以工作中遇到的实际案例，有针
对性地解决幼儿成长过程中的心理问题。

2434 幼教与家长：与孩子一同成长/
〔日〕小田丰编；孙诚，黄小玄编译．—广州：
中山大学出版社；2003.11.—185 页；20cm
ISBN 7-306-02202-4；10.00 元
在现代社会，孩子与成长世界越来越疏离，本书
以实际案例描述了这种状况的弊端，并提出了一
系列操作性方案。

2435 幼教与教师/
〔日〕小田丰编；孙诚，黄小玄编译．—广州：
中山大学出版社；2003.11.—185 页；19cm
ISBN 7-306-02201-6；13.50 元
本书以实际案例描述了幼儿的心理问题并提出
了相应的解决方案。

2436 与成功有约：经营大脑/
〔日〕田中孝显著；王超伟译．—青岛：青岛出
版社；2003.01.—228 页；19×21cm
ISBN 7-5436-2783-3；18.00 元
本书通过科学的方法对大脑进行适当的刺激、
训练。

2437 与孩子谈性第一课/
〔日〕松木良彦著；刘凤玉译．—郑州：文心出
版社；2003.11.—185 页；20cm.—（亲子教养
丛书）
ISBN 7-80683-084-7；9.50 元
全书从 16 个方面介绍了青少年的性问题。

2438 宇宙的奥秘/
〔日〕神江纯主编；〔日〕津原义明绘；常俊池
译．—西安：陕西师范大学出版社；2003.01.—

144 页；20cm. —（漫画探秘丛书）
ISBN 7 – 5613 – 2541 – X；12.80 元
本书将中小学生最感兴趣的问题，用漫画的形式表现出来。

2439 宇宙的奥秘/
〔日〕石部琇三著；莎日娜译 . —北京：科学出版社；2003.08. —164 页；20cm.（图解科学入门）
ISBN 7 – 03 – 011504 – X；12.00 元
本书讲述了宇宙的起源、星系的诞生、星星从诞生到消失、银河系的构造、太阳的活动和行星的真相，以及最新的观测技术和宇宙的新形象。

2440 禹域出土墨宝书法源流考/
〔日〕中村不折著；李德范译 . —北京：中华书局，2003.08. —174 页；20cm. —（世界汉学论丛）
ISBN 7 – 101 – 03655 – 4；16.00 元
日本学者中村不折所著此书，主要取材于他所藏的中国出土的各类书法墨迹，依时代顺序编排，分为上、中、下三卷。

2441 语音与图像的数字信号处理/
〔日〕谷萩隆嗣编著；朱虹译 . —北京：科学出版社；2003.09. —231 页；20cm. —（数字信号处理参考）
ISBN 7 – 03 – 011466 – 3；22.00 元

2442 预防孩子功课落后的绝招：漫画式/
〔日〕大森哲夫著；林芸译 . —昆明：晨光出版社；2003.05. —174 页；20cm
ISBN 7 – 5414 – 2170 – 7；6.50 元
本书以故事、事例、漫画的形式向家长们介绍预防孩子功课落后的方法。

2443 预防孩子行为偏差的 30 个方法/
〔日〕平井信义著；王怀宇编译 . —沈阳：辽宁科学技术出版社；2003.05. —219 页；20cm
ISBN 7 – 5381 – 3946 – X；13.00 元
本书针对孩子在幼儿、小学及中学时期容易出现的不同类型的问题、行为，逐一指出出现此种问题行为的原因，并提出了详细而具体的解决方法。

2444 遇到百分之百的女孩/
〔日〕村上春树著；林少华译 . —上海：上海译文出版社；2003.12. —158 页；20cm
ISBN 7 – 5327 – 3276 – 2（精装）；20.00 元
本书为村上春树 1983 年的连载短篇小说集，共18 篇。

2445 园艺设计佳作 300 例/
〔日〕内藤朗编著；陈浩，静予译 . —杭州：浙江科学技术出版社；2003.01. —90 页；26cm. —（时尚园艺丛书）
ISBN 7 – 5341 – 1855 – 7；29.00 元
本书指导人们如何设计出一片美丽的庭园环境，让一年四季缤纷。

2446 原来这句日语这样说：汉日对照/
〔日〕笹冈敦子编著 . —上海：上海世界图书出版公司，2003.08. —222 页；21cm. —（世图日语系列）
ISBN 7 – 5062 – 5899 – 4；20.00 元
本书收集 707 个中文常用短句瞬间反射日语会话。

2447 缘分就在你身边/
〔日〕植西聪著；吉言译 . —上海：东方出版中心，2003.09. —171 页；20cm. —（识人做人系列）
ISBN 7 – 80186 – 063 – 2；14.00 元
在书中，作者列举了大量事例，提出了现实生活中存在着"有缘人"的观点。

2448 远方寄来的生日礼物/
〔日〕芭蕉绿编绘；〔日〕猿渡静子译 . —海口：南海出版公司，2003.03. —27 页；22×22cm. —（新经典文库 . 提姆与莎兰；1）
ISBN 7 – 5442 – 21636（精装）；18.00 元
本书为卡通连环画。

2449 远离毒品和盗窃/
〔日〕横矢真理著；唐承红译 . —南宁：广西人民出版社；2003.09. —43 页；20cm. —（小学生自我保护丛书）
ISBN 7 – 219 – 04862 – 9；4.00 元
本书详细介绍了小学生应该拥有的基本权利和保护这些权利的重要性，还介绍了防止各种暴力的办法。

2450 越吃越瘦/
〔日〕永田孝行著；新世纪出版社译 . —广州：新世纪出版社；2003.08. —124 页；21cm
ISBN 7 – 5405 – 2654 – 8（精装）；29.00 元
本书指导减肥者选择低胰岛素食物，以达到瘦身目的。

2451 越傻的男人越可爱/
〔日〕田口蓝迪著；禾化译 . —桂林：漓江出版社；2003.06. —231 页；20cm. —（田口蓝迪精品集）

ISBN 7 - 5407 - 2991 - 0；15.00 元

本书为日本畅销恋爱随笔。

2452 再见了，可鲁/

〔日〕石黑谦吾著；〔日〕猿渡静子译；〔日〕秋元良平摄．—海口：南海出版公司，2003.01．—151 页；19cm

ISBN 7 - 5442 - 2344 - 2（精装）；25.00 元

本书叙述了导盲犬可鲁真实的一生。

2453 再见了，十二岁/

〔日〕薰久美子著；王炜译．—北京：中国少年儿童出版社；2003.07．—209 页；20cm．—（十二岁的青春物语）

ISBN 7 - 5007 - 6482 - 0；11.00 元

本书为长篇小说，以阿香、菜菜、小枝三个女孩子为主人公，细致地描绘了她们在六年级升入初中后的学校生活。

2454 在黑暗中拥抱希望/

〔日〕井上美由纪著；林芳儿译．—2 版（修订本）．—昆明：晨光出版社；2003.04．—167 页；20cm

ISBN 7 - 5414 - 2064 - 6；12.00 元

本书系少女井上美由纪的传记，讲述了一个出生时只有 500g 的早产盲女 15 年来与生命顽强抗争的故事。

2455 遭遇异人的夏天/

〔日〕山田人一著；彭懿译．—上海：上海义化出版社；2003.08．—184 页；20cm

ISBN 7 - 80646 - 519 - 7；13.00 元

本书是长篇小说，描写一位剧作家遭遇了已经去世的亲人们。

2456 早稻田与现代美国政治学/

〔日〕内田满著；唐亦农译．—上海：复旦大学出版社；2003.10．—414 页；20cm

ISBN 7 - 309 - 03757 - X（精装）；30.00 元

本书主要介绍了日本早稻田大学政治学的源流和发展及与现代美国政治学的关系。

2457 早期胃癌研究进展/

吴云林，〔日〕丸山雅一主编．—上海：上海科学技术出版社；2003.01．—217 页；20cm

ISBN 7 - 5323 - 6773 - 8；24.00 元

本书就早期胃癌的致病因素、胃癌的生物学特性、癌前病变和疾病治疗等热点话题进行介绍和评选，并提供一些有益的启示。

2458 怎样看日本经济/

〔日〕林直道著；翁庆宗译．—北京：中国对外

经济贸易出版社；2003.01．—171 页；20cm

ISBN 7 - 80181 - 045 - 7；18.00 元

本书分三章：第一章，二战后日本经济的 50 年；第二章，处在十字路口的日本经济；第三章，战后最严重不景气与日本经济的前途。

2459 怎样应对慢性头痛/

〔日〕寺本纯编；王俊译．—上海：上海人民出版社；2003.07．—98 页；20cm．—（实用保健译丛．图说常见病自疗）

ISBN 7 - 208 - 04354 - X；15.00 元

本书介绍了头痛的各种类型及病因，告诉读者如何识别头痛的征兆及预防、减轻头痛的各种方法。

2460 札幌体育馆/

〔日〕彰国社编；王莉慧译．—北京：中国建筑工业出版社；2003.07．—1 册；29cm．—（日本著名建筑设计丛书）

ISBN 7 - 112 - 05725 - 6；35.00 元

本书介绍了札幌体育馆的设计施工等。

2461 粘土饰物：小朋友的快乐天地/

〔日〕草道琴美著；杨晓红译．—杭州：浙江科学技术出版社；2003.10．—98 页；26cm．—（手工乐）

ISBN 7 - 5341 - 2188 - 4；22.00 元

本书用浅显易懂的图文解说介绍了用粘土捏成的各种饰品。

2462 战略环境经营：生态设计/

〔日〕山本良一著；王天民等译．—北京：化学工业出版社；2003.04．—307 页；20cm

ISBN 7 - 5025 - 4342 - 2；30.00 元

本书论述了企业和服务系统环境经营应有的模式、如何实现以及生态设计的原则与方法。

2463 照明灯光设计/

〔日〕中岛龙兴著；马卫星编译．—北京：北京理工大学出版社；2003.10．—133 页；20cm

ISBN 7 - 56400100 - 3；41.00 元

本书介绍了建筑照明灯光设计知识。

2464 折纸手工艺/

〔日〕冈田郁子著；杨晓红译．—杭州：浙江科学技术出版社；2003.10．—98 页；26cm．—（折纸乐）

ISBN 7 - 5341 - 2190 - 6；22.00 元

本书用浅显易懂的图文解说介绍了各种漂亮的立体折纸方法。

2465 这样培养孩子行吗/
〔日〕多湖辉著；王洁译．—北京：商务印书馆国际有限公司，2003.01.—181页；20cm．—（成功教育心理丛书）
ISBN 7-80103-316-7；18.00元

2466 正法眼藏/
〔日〕道元著；何燕生译．—1版．北京：宗教文化出版社；2003.11.—722页；20cm
ISBN 7-80123-5576（精装）；140.00元
本书是日本佛教著名禅师道元法师研究禅宗的著作。

2467 正法眼藏/
〔日〕道元著；何燕生译．—北京：宗教文化出版社；2003.11.—722页；20cm
ISBN 7-80123-557-6；42.00元
本书是日本佛教著名禅师道元法师对禅宗的研究著作。

2468 郑和下西洋/
〔日〕上杉千年编著．—上海：上海社会科学院出版社；2003.05.—192页；21cm
ISBN 7-80681-184-2；48.00元
本书讲述了郑和的生平以及其七下西洋的经历。

2469 政治与人/
〔日〕加藤节著；唐士其译．—北京：北京大学出版社；2003.12.—182页；21cm．—（政治学论丛）
ISBN 7-301-06780-1；15.00元
本书为日本著名学者加藤节论文集，内容涉及西方政治思想史和近现代日本政治思想史。

2470 植物景观/
〔日〕画报社编辑部编；杨绍斌，赵芳，徐佳玲译．—沈阳：辽宁科学技术出版社；2003.10.—253页；29cm．—（日本景观设计系列）
ISBN 7-5381-4018-2；190.00元（全套）
本书介绍了大量的日本植物景观设计案例。

2471 治疗便秘的45种方法/
〔日〕山口时子编；张冬梅译．—上海：上海人民出版社；2003.07.—98页；20cm．—（实用保健译丛．图说常见病自疗）
ISBN 7-208-04567-4；15.00元
本书图说治疗便秘的45种方法。

2472 中的精神：吴清源自传/
〔日〕吴清源著；王亦清译．—北京：中信出版社；2003.09.—221页；21cm
ISBN 7-80073-7756（精装）；24.00元
本书是棋坛泰斗吴清源的最新自传。

2473 中风康复法/
〔日〕竹内孝仁编；吴素莲译．—上海：上海人民出版社；2003.07.—98页；20cm．—（实用保健译丛．图说常见病自疗）
ISBN 7-208-04323-X；15.00元
本书介绍了脑中风患者如何进行有效的康复训练及家人如何正确护理，协助患者尽可能恢复机能，回归社会。

2474 中国北方农村的口传文化/
〔日〕井口淳子著；林琦译．—厦门：厦门大学出版社；2003.02.—237页；20cm
ISBN 7-5615-2015-8；30.00元
本书是对流传于我国河北省东部乐亭县、滦县的一个说唱曲种——乐亭大鼓所做的民族音乐学的研究。

2475 中国画家落款印谱·中国画家人名辞书/
〔日〕斋藤谦编纂．—北京：北京图书馆出版社；2003.10.—428页；26cm
ISBN 7-5013-2156-6；60.00元
本书广辑中国古今画人之落款及印章，附以索引；《人名辞书》是以姓氏笔画排序，记录中国上古至清代画家附以简介。

2476 中国环境问题的解决方法/
〔日〕定方正毅著；刘丹译．—北京：北京科学技术出版社；2003.06.—127页；20cm
ISBN 7-5304-2763-6；12.00元
本书作者对中国的环境事业倾注了极大的热情，其观点对中国进一步加强环境保护，扼制环境恶化具有一定的建设性。

2477 中国家族法原理/
〔日〕滋贺秀兰著；张建国，李力译．—北京：法律出版社；2003.01.—538页；20cm．—（法学研究生精读书系）
ISBN 7-5036-4035-9；34.00元
本书是关于中国法律研究的杰出作品，被欧美汉学界和日本及中国台湾地区的大学列为必读的教学用书。

2478 中国民法债编总则论/
〔日〕我妻荣著；洪锡恒译．—北京：中国政法大学出版社；2003.05.—338页；20cm
ISBN 7-5620-2260-7（精装）；34.00元

本书研究对象为民国民法债编（债权）总则部分，具有很高的学术及史学价值。

2479 中国民族政策之研究：以清末至 1945 年的"民族论"为中心/
〔日〕松本真澄著；鲁忠慧译 . —1 版 . 北京：民族出版社；2003.12. —297 页；20cm
ISBN 7 – 1050 – 5976 – 1；19.80 元
本书是一部近年来国外研究中国民族政策较为客观的作品。

2480 中国学研究 . 第 6 辑/
吴兆路，〔韩〕林俊相，〔日〕甲斐胜二主编 . —济南：济南出版社；2003.10. —375 页；21cm
ISBN 7 – 80629 – 936 – X；19.00 元
本书收录了国内外有关"中国学"的最新研究论文，内容涉及中国文学、语言学、历史学、哲学、艺术学和宗教学等。

2481 中国语历史文法/
〔日〕太田辰夫著；蒋绍愚，徐昌华译 . —2 版 . —北京：北京大学出版社；2003.11. —406 页；21cm. —（未名译库 . 语言与文字系列）
ISBN 7 – 301 – 00357 – 9；30.00 元
本书从历史的角度考察现代汉语语法的由来，重点考察 1000 余条词语的产生及发展。

2482 中级日本语读解教程/
〔日〕镰田修等编 . —大连：大连理工大学出版社；2003.07. —276 页；26cm
ISBN 7 – 5611 – 2070 – 2；24.80 元

2483 中日岩土工程学术会议论文集：英文/
于玉贞，〔日〕赤木宽一主编 . —北京：清华大学出版社；2003.10. —477 页；29 × 21cm
ISBN 7 – 302 – 07472 – 0；180.00 元
本书收入 2003 年 10 月 29 日到 30 日在北京召开的"中日岩土工程学术会议"发表的 70 篇论文。

2484 中小企业互助组织的变革/
〔日〕百濑惠夫著；袁娟译 . —北京：北京大学出版社；2003.01. —164 页；20cm
ISBN 7 – 301 – 06111 – 0；15.00 元
本书对当前日本中小企业经营模式的转换、战后日本中小企业政策及中小企业组织化状况进行了介绍。

2485 中小学生身心教育/
〔日〕渡边朋子等著；袁渊等译 . —北京：中国

纺织出版社；2003.02. —290 页；20cm
ISBN 7 – 5064 – 2510 – 6；24.00 元
本书列举了许多具体实例及数据，描写了日本青少年在身心（身体和心理）方面的各种问题，并提出了解决办法。

2486 轴承钢：20 世纪诞生并飞速发展的轴承钢/
〔日〕濑户浩藏著；陈洪真译 . —北京：冶金工业出版社；2003.01. —169 页；20cm. —（钢铁技术发展趋势丛书）
ISBN 7 – 5024 – 3135 – 7；19.00 元
本书主要介绍了轴承钢在日本的发展历程。

2487 竹林/
〔日〕芥川龙之介著；张玲玲编译；〔意〕西蒙娜绘 . —石家庄：河北教育出版社；2003.03. —1 册；23cm. —（大师名作绘本 . 第 4 辑/郝广才主编）
ISBN 7 – 5434 – 4969 – 2（精装）；12.80 元
本书以图文并茂的形式，将大师的名作展现在青少年面前。

2488 住宅设计作品集 . 1/
〔日〕建筑家协会编；慕春暖译 . —北京：中国建筑工业出版社；2003.03. —160 页；29cm
ISBN 7 – 112 – 05565 – 2；38.00 元
本书介绍了著名建筑师设计的住宅实例。

2489 专利激情在燃烧：一名日本专利人的自述/
〔日〕池内宽幸著；丁英烈，胡建新，黄剑锋译 . —北京：知识产权出版社；2003.05. —179 页；26cm. —（知识产权经典译丛）
ISBN 7 – 80011 – 832 – 0（精装）；25.50 元
本书以专利代理为主线，介绍了专利代理人的业务及代理人的特殊要求。

2490 赚钱哲学：从卖生还债到日本首富的人生传奇/
〔日〕系山英太郎著；贾黎黎译 . —海口：南海出版公司，2003.10. —261 页；21cm
ISBN 7 – 5442 – 2625 – 5；19.80 元
本书是作者的自传。

2491 追求成功的热情/
〔日〕稻盛和夫著；廖月娟译 . —2 版 . —北京：时事出版社；2003.01. —286 页；20cm. —（富国人生管理系列丛书）
ISBN 7 – 80009 – 386 – 7；18.00 元

2492 卓民岩彩画/
〔日〕卓民绘 . —南京：江苏美术出版社；2003.

08. —61 页；29cm

ISBN 7-5344-1554-3；50.00 元

本画集主要介绍卓民近年创作的有代表性的岩彩画作品 60 余幅。

2493　总裁 15 岁：家本贤太郎自传／

〔日〕家本贤太郎著；郑雅云译. —汕头：汕头大学出版社；2003.01. —202 页；21cm

ISBN 7-81036-487-1；18.00 元

本书是现年 22 岁，从 15 岁开始创建网络公司的日本残疾少年家本贤太郎的自传。

2494　走出减肥误区／

〔日〕高木洲一郎，〔日〕浜中贞子著；祝国表译. —北京：中国轻工业出版社；2003.06. —106 页；20cm. —（现代人健康. 时尚瘦身美白）

ISBN 7-5019-3936-5；12.00 元

本书介绍了造成不当减肥的精神、环境等多种原因，并介绍了预防、克服的方法。

2495　走入孩子的心灵·消除情绪障碍／

〔日〕原田正文；〔日〕藤沼胜海著；李讴琳，张蕙译. —北京：中国纺织出版社；2003.02. —377 页；20cm

ISBN 7-5064-2511-4；24.00 元

本书把青少年成长过程中会经历的各种心理年龄的特征、外在表现、可能出现的困惑以及解决办法一一列举了出来。

2496　走向成功的九种性格／

〔日〕铃木秀子著；孙茜，王定祥译. —杭州：浙江人民出版社；2003.09. —196 页；20cm

ISBN 7-213-02613-5；15.00 元

本书将人的性格分成九种，书中分析了九种性格的优劣，以及如何克服性格上的弱点，发挥自己的优势与潜能。

2497　足部按摩疗法／

〔日〕柴田当子编著；韦和平译. —北京：中国轻工业出版社；2003.01. —190 页；19cm. —（轻松指压）

ISBN 7-5019-3847-4；18.00 元

本书介绍了有关脚的健康疗法，通过揉搓脚部的穴位，达到预防疾病、缓解症状、加快恢复的目的。

2498　最新哆啦 A 梦秘密道具. 上／

〔日〕藤子·F·不二雄著；碧日译. —长春：吉林美术出版社；2003.01. —254 页；14cm

ISBN 7-5386-1354-4；9.50 元

2499　最新哆啦 A 梦秘密道具. 下／

〔日〕藤子·F·不二雄著；碧日译. —长春：吉林美术出版社；2003.01. —254 页；14cm

ISBN 7-5386-1354-4；9.50 元

2500　最新日本庭院设计. 1，门·围墙·树篱·竹篱／

〔日〕三桥一夫编著；龙江译. —沈阳：辽宁科学技术出版社；2003.06. —157 页；30×22cm

ISBN 7-5381-3841-2；118.00 元

本书分别以门·围墙·树篱·竹篱为主题介绍了它们在小庭院规划设计中的规划方法。

2501　最新日本庭院设计. 2，庭园通道／

〔日〕三桥一夫编著；龙江译. —沈阳：辽宁科学技术出版社；2003.06. —157 页；29cm

ISBN 7-5381-3842-0；118.00 元

本书结合实例讲解了通道的各种铺装与规划方法，以及材料、配色和搭配原则。

2502　最新日本庭院设计. 3，主庭·茶庭·内庭／

〔日〕三桥一夫编著；龙江译. —沈阳：辽宁科学技术出版社；2003.06. —157 页；30×22cm

ISBN 7-5381-3840-4；118.00 元

本书尽可能把古今的日本庭院放置在各章之中，分别介绍了由占地大小不同而进行的庭院设计实例。

2503　最新日本庭院设计. 4，岩石·流水·净手钵·石灯／

〔日〕三桥一夫编著；龙江译. —沈阳：辽宁科学技术出版社；2003.06. —157 页；29×21cm

ISBN 7-5381-3838-2；118.00 元

本书以豪放岩石布置为中心的庭院加以清、寂、茶的概念，创造出独具茶味的新式日本庭院美。

2504　最新日本庭院设计. 5，小庭院／

〔日〕井田洋介编著；龙江译. —沈阳：辽宁科学技术出版社；2003.06. —157 页；30×22cm

ISBN 7-5381-3843-9；118.00 元

本书结合工程实例详细介绍了各种小庭院的类型，并深入解析了每个方案的设计理念和特色。

2505　最新日本庭院设计. 6，花与草的庭园／

〔日〕井田洋介编著；龙江译. —沈阳：辽宁科学技术出版社；2003.06. —153 页；29×21cm

ISBN 7-5381-3839-0；118.00 元

本书除了详尽介绍了可以应用在小庭院规划设计中的花和草的品种外，亦着重介绍了花和草在庭院设计中的不同的应用。

2004

2506 2004 年中日经济高级论坛：金融的改革与发展/
单忠东，〔日〕中井德太朗主编 . —1 版 . 北京：
经济科学出版社；2004.12. —1 册；21cm
ISBN 7 – 5058 – 4643 – 4；20.00 元
本书为 2004 中日经济高级论坛——中日金融的改革与发展的论文集。

2507 28 天托业攻略/
〔日〕若林由起子编 . —1 版 . 北京：外语教学与研究出版社；2004.04. —240 页；26cm
ISBN 7 – 5600 – 3755 – 0；19.90 元
本书是从朗文公司引进的一本托业短期教程。

2508 55 岁开始的体力训练/
〔日〕宫佃丰著；吴梅等译 . —1 版 . 北京：中华工商联合出版社；2004.01. —227 页；20cm
ISBN 7 – 80193 – 012 – 6；18.00 元
本书主要内容是介绍适合老年人体力训练的方法，还有训练原理和老年人健康知识介绍。

2509 97 岁医学博士的健康智慧/
〔日〕川畑爱义著；员玉婷译 . —1 版 . 西安：第四军医大学出版社；2004.06. —149 页；20cm
ISBN 7 – 81086 – 107 – 7；9.00 元
本书以诗意的语言介绍了一位 97 岁医学博士的长寿经验。

2510 Delphi 经典游戏程序设计 40 例/
〔日〕高徹著；博硕文化译 . —北京：中国铁道出版社；2004.11. —549 页；23cm + 光盘 1 张 . —（游戏编程大师系列）
ISBN 7 – 113 – 05984 – 8；60.00 元
本书以专题的方式介绍各种经典游戏程序的设计技巧。

2511 D——妖杀行/
〔日〕菊地秀行著；高胤晓译；天野喜孝绘 . —1 版 . 北京：华文出版社；2004.05. —234 页；20cm. —（吸血鬼猎人 D 系列）3）
ISBN 7 – 5075 – 1672 – 5；18.00 元
本书为长篇小说。

2512 D——迎风而立/
〔日〕菊地秀行著；高胤晓译，绿色足音绘 . —1 版 . 北京：华文出版社；2004.02. —269 页；20cm. —（吸血鬼猎人 D 系列；2）
ISBN 7 – 5075 – 1640 – 7；19.50 元
本书为长篇小说。

2513 e 时代人际关系/
〔日〕榎本博明著；高丕娟译 . —1 版 . 北京：科学出版社；2004.09. —194 页；20cm. —（职场实战图解）
ISBN 7 – 03 – 013645 – 4；18.00 元

2514 G 高达 1/
〔日〕矢立肇，〔日〕富野由悠季著；〔日〕鸨田洸一绘；简洁译 . —1 版 . 南宁：接力出版社；2004.04. —192 页；19cm. —（机动战士高达系列）
ISBN 7 – 80679 – 444 – 1；7.80 元
本书为漫画连环画。

2515 G 高达 2/
〔日〕矢立肇，〔日〕富野由悠季著；〔日〕鸨田洸一绘；简洁译 . —1 版 . 南宁：接力出版社；2004.04. —192 页；19cm. —（机动战士高达系列）
ISBN 7 – 80679 – 445 – X；7.80 元
本书为漫画连环画。

2516 G 高达 3/
〔日〕矢立肇，〔日〕富野由悠季著；〔日〕鸨田洸一绘；简洁译 . —1 版 . 南宁：接力出版社；2004.04. —192 页；19cm. —（机动战士高达系列）
ISBN 7 – 80679 – 446 – 8；7.80 元
本书为漫画连环画。

2517 IT 时代的物流服务/
〔日〕铃木秀郎等编著；关志民译 . —1 版 . 北京：机械工业出版社；2004.06. —145 页；20cm. —（现代物流管理译丛）
ISBN 7 – 111 – 14554 – 2；15.00 元
本书介绍了信息技术时代物流变革和物流全球化知识。

2518 IT 物流/
〔日〕角井亮一著；陶庭义译 . —1 版 . 深圳：海天出版社；2004.09. —199 页；21cm
ISBN 7 – 80697 – 174 – 2；19.00 元
本书详尽介绍了 IT 物流的基本知识和实践经验。

2519 JPEG2000 技术/
〔日〕小野定康等著；强增福译 . —1 版 . 北京：科学出版社；2004.04. —202 页；24cm. —（OHM

通信实用技术系列）

ISBN 7 - 03 - 012744 - 7；27.00 元

本书重点介绍 JPEG2000 （ JPEG：Joint Photographic Experts Groap） 技术。

2520 SDH/SONET 传输技术/

〔日〕河西宏之等著；尹保国，吴松芝译．—1 版．北京：科学出版社；2004.01.—213 页；24 × 15cm.—（OHM 通信实用技术系列）

ISBN 7 - 03 - 012160 - 0；28.00 元

2521 Turn A 高达.1/

〔日〕矢立肇,〔日〕富野由悠季著；〔日〕曾我笃士绘；简洁译．—南宁：接力出版社；2004.09.—1 册；1000 幅；19cm.—（机动战士高达系列）

ISBN 7 - 80679 - 629 - 0；8.80 元

2522 Turn A 高达.2/

〔日〕矢立肇,〔日〕富野由悠季著；〔日〕曾我笃士绘；简洁译．—南宁：接力出版社；2004.09.—1 册；1000 幅；19cm.—（机动战士高达系列）

ISBN 7 - 80679 - 630 - 4；8.80 元

2523 Turn A 高达.3/

〔日〕矢立肇,〔日〕富野由悠季著；〔日〕曾我笃士绘；简洁译．—南宁：接力出版社；2004.09.—1 册；1000 幅；19cm.—（机动战士高达系列）

ISBN 7 - 80679 - 631 - 2；8.80 元

2524 Turn A 高达.4/

〔日〕矢立肇,〔日〕富野由悠季著；〔日〕曾我笃士绘；简洁译．—南宁：接力出版社；2004.09.—1 册；1000 幅；19cm.—（机动战士高达系列）

ISBN 7 - 80679 - 632 - 0；8.80 元

2525 Turn A 高达.5/

〔日〕矢立肇,〔日〕富野由悠季著；〔日〕曾我笃士绘；简洁译．—南宁：接力出版社；2004.09.—1 册；1000 幅；19cm.—（机动战士高达系列）

ISBN 7 - 80679 - 633 - 9；8.80 元

2526 Web 技术：HTTP 到服务器端/

〔日〕小泉修著；王浩译．—1 版．北京：科学出版社；2004.09.—272 页；24cm.—（图解网络技术丛书）

ISBN 7 - 03 - 013606 - 3；27.00 元

本书从因特网的技能及 Web 的功能入手，详细介绍了因特网协议与 HTTP 等。

2527 Web 应用程序：CGI 到 Web 三层系统/

〔日〕Megumi Nishimura 著；高敬译．—1 版．北

京：科学出版社；2004.09.—353 页；24cm.—（图解网络技术丛书）

ISBN 7 - 03 - 013717 - 5；35.00 元

本书主要介绍了与 Web 相关的各种应用技术。

2528 阿童木博士电磁世界大探险/

〔日〕饭野睦毅著；杨廷梓，郑铁志译．—1 版．北京：华夏出版社；2004.01.—192 页；20cm.—（阿童木博士理科学习漫画）

ISBN 7 - 5080 - 3379 - 5；126.00 元（全套 11 册）

本丛书是由日本著名漫画家手冢治虫及其弟子石森章太郎等编绘的学习漫画系列。

2529 阿童木博士化学大探险/

〔日〕饭野睦毅著；杨廷梓译．—1 版．北京：华夏出版社；2004.01.—159 页；20cm.—（阿童木博士理科学习漫画）

ISBN 7 - 5080 - 3379 - 5；126.00 元（全套 11 册）

本丛书是由日本著名漫画家手冢治虫及其弟子石森章太郎等编绘的学习漫画系列。

2530 阿童木博士科学大探险/

〔日〕饭野睦毅著；王宏译．—1 版．北京：华夏出版社；2004.01.—192 页；20cm.—（阿童木博士理科学习漫画）

ISBN 7 - 5080 - 3379 - 5；126.00 元（全套 11 册）

本丛书是由日本著名漫画家手冢治虫及其弟子石森章太郎等编绘的学习漫画系列。

2531 阿童木博士量子世界大探险/

〔日〕吉田正著；吴文英译．—1 版．北京：华夏出版社；2004.01.—192 页；20cm.—（阿童木博士理科学习漫画）

ISBN 7 - 5080 - 3379 - 5；126.00 元（全套 11 册）

本丛书是由日本著名漫画家手冢治虫及其弟子石森章太郎等编绘的学习漫画系列。

2532 阿童木博士时空大探险/

〔日〕饭野睦毅著；姜毅然译．—1 版．北京：华夏出版社；2004.01.—192 页；20cm.—（阿童木博士理科学习漫画）

ISBN 7 - 5080 - 3379 - 5；126.00 元（全套 11 册）

本丛书是由日本著名漫画家手冢治虫及其弟子石森章太郎等编绘的学习漫画系列。

2533 阿童木博士时空大探险/

〔日〕饭野睦毅著；王京译．—1 版．北京：华夏出版社；2004.01.—192 页；20cm.—（阿童木博士理科学习漫画）

ISBN 7 - 5080 - 3379 - 5；126.00 元（全套 11 册）

本丛书是由日本著名漫画家手冢治虫及其弟子
石森章太郎等编绘的学习漫画系列。

2534　阿童木博士时空大探险/
〔日〕饭野睦毅著；杨廷梓译．—1 版．北京：
华夏出版社；2004.01. —192 页；20cm. —（阿
童木博士理科学习漫画）
ISBN 7 - 5080 - 3379 - 5；126.00 元（全套 11 册）
本丛书是由日本著名漫画家手冢治虫及其弟子
石森章太郎等编绘的学习漫画系列。

2535　阿亚梦和三郎/
〔日〕松浦 TAKERU 著；—1 版．北京：中国电
影出版社；2004.01. —186 页；21cm. —（阳光狮
人卡通系列）
ISBN 7 - 106 - 02071 - 0；16.00 元
本书是描写中学生阿亚梦和妖怪西山三郎的漫
画故事。

2536　奥州小道/
〔日〕松尾芭蕉著；阎小妹，陈力卫译注．—
1 版．西安：陕西人民出版社；2004.3. —136 页；
19cm
ISBN 7 - 224 - 06777 - 6；10.00 元
本书为日本江户时代俳谐诗人松尾芭蕉的代表
作，也是日本文学史上最优秀的游记作品。

2537　八段锦与 24 式太极拳/
〔日〕左藤佳代子，〔日〕铃木孝雄著；周鹏飞
译．—1 版．上海：东华大学出版社；2004.07. —
135 页；26cm
ISBN 7 - 81038 - 818 - 5；35.00 元
本书介绍了杨铭时八段锦及 24 式太极拳。

**2538　把雨水带回家：雨水收集利用技术和实
例/**
〔日〕雨水工作组著；雨水科普工作组译．—北
京：同心出版社；2004.12. —169 页；23cm
ISBN 7 - 80716 - 058 - 6；15.00 元
本书通过大量的实例，并运用图片说明，细致地
介绍了利用雨水的科学原理和实施方法。

2539　爸爸×班主任/
〔日〕山中恒著；叶荣鼎译．—1 版．成都：四川
少年儿童出版社；2004.01. —141 页；19cm. —
（山中恒校园成长童话）
ISBN 7 - 5365 - 3122 - 2；9.00 元

2540　白砂伸夫景观设计作品集/
〔日〕白砂伸夫编；于黎特，杨秀妹译．—1 版．

大连：大连理工大学出版社；2004.08. —122 页；
26cm
ISBN 7 - 5611 - 2635 - 2；98.00 元
本书是日本著名景观设计师白砂伸夫的优秀作
品。书中有庭园设计、城市设计、自然风景的设
计、大地设计等。

2541　白鹦鹉的森林
〔日〕安房直子著；彭懿译．—上海：少年儿童
出版社；2004.03：图；21cm. —（安房直子幻
想小说）
ISBN 978 - 7 - 5324 - 6020 - 5，17.00 元

2542　保龄球/
〔日〕鸭下三郎著；朱慧玲译．—1 版．长沙：湖
南科学技术出版社；2004.07. —168 页；13cm. —
（体育系列丛书）
ISBN 7 - 5357 - 3967 - 9；11.00 元

2543　北魏墓志铭/
〔日〕成濑映山编；金涛译．—1 版．长沙：湖南
美术出版社；2004.07. —95 页；26cm. —（书法
技法讲座）
ISBN 7 - 5356 - 2042 - 6；19.90 元
此版为日本二玄社引进出版，原为日本高中及大
学进修教材，是套难得的集学术和应用于一体的
完美字帖及书法教材。

2544　被偷换的孩子/
〔日〕大江健三郎著；竺家荣译．—1 版．海口：
南海出版公司；2004.01. —248 页；20cm
ISBN 7 - 5442 - 2695 - 6；20.00 元
本书是长篇小说。

2545　边交谈边思考初级日本事情/
〔日〕福冈日本语中心"日本事情"编写组著．—
北京：外语教学与研究出版社；2004.10. —72
页；26cm
ISBN 7 - 5600 - 4493 - X；7.90 元
本书主要介绍日本生活、地理、社会方面的
知识。

2546　边交谈边思考初级日本事情：教师用书/
〔日〕福冈日本语中心"日本事情"编写组著．—
北京：外语教学与研究出版社；2004.10. —55
页；26cm
ISBN 7 - 5600 - 4494 - 8；5.90 元
本书与《初级日本事情》配合使用，有助于了
解日本的生活、地理、社会。

2547 标识环境通用设计：规划设计的 108 个视点/

〔日〕田中直人，〔日〕岩田三千子编著；王宝刚等译 .—1 版 . 北京：中国建筑工业出版社；2004.03. —136 页；26cm

ISBN 7 - 112 - 06073 - 7；28.00 元

本书着眼于在错综复杂的城市环境中起着重要作用的标识，探讨了何谓通用设计，通用设计的标识环境应该具备什么条件等问题。

2548 别让动物泄露你的秘密/

〔日〕雾岛诗音著；陆求实译 .—1 版 . 上海：文汇出版社；2004.05. —256 页；14cm. —（文汇译丛·生活）

ISBN 7 - 80676 - 599 - 9；12.00 元

本书以各种有心理学意象的动物做为测试主体，通过人们不同的选择折射出人们尤其是女性的心理状况，寓教于乐。

2549 别让颜色说出你的秘密/

〔日〕高坂美纪著；陆求实译 .—1 版 . 上海：文汇出版社；2004.05. —232 页；14cm. —（文汇译丛·生活）

ISBN 7 - 80676 - 601 - 4；12.00 元

本书通过人们对待各种颜色的反应，对色彩搭配的喜好等，讲述了隐藏在颜色之后的人们的心理状态。

2550 滨水地区亲水设施规划设计/

〔日〕河川治理中心编；苏利英译 .—北京：中国建筑工业出版社；2004.08. —132 页；100 幅；19cm. —（滨水景观设计丛书）

ISBN 7 - 112 - 07361 - 8；43.00 元

2551 滨水自然景观设计理念与实践/

〔日〕河川治理中心编；刘云俊译 .—1 版 . 北京：中国建筑工业出版社；2004.10. —118 页；21cm. —（滨水景观设计丛书）

ISBN 7 - 112 - 06409 - 0；40.00 元

本书以瑞士和德国在城镇和河川建设中保护景观的状况为中心，告诉人们如何正确保护和创造城镇中的自然景观。

2552 波斯之风/

〔日〕泽木耕太郎著；陈宝莲译 .—1 版 . 桂林：广西师范大学出版社；2004.01. —193 页；21cm. —（午夜快车·欧亚大陆放浪行）

ISBN 7 - 5633 - 4297 - 4；18.00 元

本书是游记体小说《午夜快车》的第二部。

2553 博士爷爷/

〔日〕山中恒著；叶荣鼎译 .—1 版 . 成都：四川少年儿童出版社；2004.01. —141 页；19cm. —（山中恒校园成长童话）

ISBN 7 - 5365 - 3121 - 4；9.00 元

博士爷爷是个天才的发明家，他发明了许多孩子们喜爱的东西，并举行了一场答疑大会，向同学们道出了自己发明的秘密。

2554 不不园/

〔日〕中川李枝子著；朱自强译 .—南宁：接力出版社；2004.11. —186 页；21cm

ISBN 7 - 80679 - 496 - 4；14.80 元

本书为日本儿童文学故事。

2555 不断扩展的设计：日本 GK 集团的设计理念与实践/

〔日〕荣久庵宪司等著；杨向东，詹政敏，詹懿虹译 .—1 版 . 长沙：湖南科学技术出版社；2004.10. —282 页；26cm. —（白马设计学丛书/尹定邦主编）

2556 不可思议的昆虫世界/

〔日〕矢岛稔著；李金花译 .—1 版 . 上海：百家出版社；2004.08. —194 页；20cm. —（大自然物语）

ISBN 7 - 80703 - 112 - 3；19.00 元

本书是关于昆虫的科普书。

2557 操作系统/

〔日〕羽山博著；白玉林，王毓仁译 .—1 版 . 北京：科学出版社；2004.05. —197 页；21cm. —（OHM 图解系列）

ISBN 7 - 03 - 013034 - 0；16.50 元

本书从操作系统的基础知识入手，详细介绍计算机的组成、计算机的运行、多个程序同时运行等。

2558 茶与悟/

〔日〕千鹤大师著；张桂华编译 .—北京：中国长安出版社；2004.10. —332 页；20cm

ISBN 7 - 80175 - 170 - 1；24.00 元

本书以别开生面的形式讲述了 200 多个意味深长、含蓄幽默的茶的故事。

2559 长方形折纸/

〔日〕布施知子著；高嘉莲译 .—天津：天津科技翻译出版公司，2004.08. —61 页；19 × 21cm. —（快乐折纸系列）

ISBN 7 - 5433 - 1778 - 8；10.00 元

本书从实用的角度，除介绍长方形的折法以外，也为读者提供了许多由正方形或是其他尺寸的纸张所能折出的物品。

2560　肠胃病的居家疗法/

〔日〕平冢秀雄编著；林子琳译.—1版.上海：上海世界图书出版公司；2004.07.—255页；20cm.—（世图生活资讯库）

ISBN 7 – 5062 – 6803 – 5；15.00 元

本书除了说明肠胃病的相关知识外，并介绍了肠胃病患者日常生活的注意事项、有效治疗肠胃病的穴位与运动、对肠胃病有益的食品等等。

2561　畅谈东方智慧/

〔日〕池田大作，季羡林，蒋忠新著；卞立强译.—1版.成都：四川人民出版社；2004.01.—301页；20cm

ISBN 7 – 220 – 06573 – 6（精装）；20.00 元

本书探讨了人类与自然、人性与社会、东方自然观和文化等。

2562　畅谈东方智慧/

〔日〕池田大作；季羡林，蒋忠新著；卞立强译.—1版.成都：四川人民出版社；2004.01.—301页；20cm

ISBN 7 – 220 – 06573 – 6；20.00 元

本书探讨了人类与自然、人性与社会、东方自然观和文化等。

2563　超级男保姆：轻轻松松育儿绝招/

〔日〕原坂一郎著；李晴译.—1版.北京：新华出版社；2004.07.—213页；20cm

ISBN 7 – 5011 – 6707 – 9；14.80 元

本书以显效的实例说明，怎样使日常的育儿和保育工作轻松愉快地进行，并创造完美的亲子关系。

2564　超级心理营销术/

〔日〕铃木博毅著；谷亚东译.—1版.北京：新华出版社；2004.08.—153页；20cm

ISBN 7 – 5011 – 6754 – 0；18.00 元

本书从研究顾客心理的角度讲述了如何使自己的商品为畅销商品。

2565　超简单！艺术体操塑身法/

〔日〕山崎浩子著；王其明译.—1版.福州：福建科学技术出版社；2004.10.—79页；26cm.—（时尚美人馆）

ISBN 7 – 5335 – 2428 – 4；24.00 元

本书将艺术体操的精髓与减肥塑身相结合，教你用瓶子、碟子、浴巾，每天花十分钟，针对上半身、腰腹部、下半身进行有效的练习。

2566　超人气的串珠魔法书，戒指/

〔日〕大野诗编著；艾青译.—1版.南京：江苏科学技术出版社；2004.03.—68页；20cm

ISBN 7 – 5345 – 4154 – 9；18.00 元

本书介绍了 23 款形态、风格迥异的戒指。本书中每一款饰品都有精美彩照和详细的制作步骤图。

2567　超人气的串珠魔法书，项链、手链、耳饰/

〔日〕大野诗编著；艾青译.—1版.南京：江苏科学技术出版社；2004.03.—68页；20cm

ISBN 7 – 5345 – 4155 – 7；18.00 元

本书介绍了 24 款形态、风格迥异的项链及配套耳饰、手链等。本书每一款饰品都有精美彩照和详细的制作步骤。

2568　超人气的串珠魔法书，小饰品/

〔日〕大野诗编著；艾青译.—1版.南京：江苏科学技术出版社；2004.03.—68页；20cm

ISBN 7 – 5345 – 4156 – 5；18.00 元

本书主要介绍了 26 款简单饰品的制作技巧。

2569　超越精益思想：多项目管理和产品开发/

〔美〕库斯玛诺，〔日〕延岗健太郎著；高文海译.—1版.北京：商务印书馆；2004.10.—273页；20cm

ISBN 7 – 100 – 04119 – 8；16.00 元

本书是精益思想的深入和发展，是在企业的产品开发和项目管理方面的深入探讨。

2570　成为轰动大美女的第一步：从头到脚·让你漂亮一身/

〔日〕小田真规子编著；王在琦译.—1版.北京：中国妇女出版社；2004.07.—122页；19cm.—（美丽馆）

ISBN 7 – 80203 – 002 – 1；12.00 元

十几岁的少女想成为轰动大美女，第一步要减小腰围，让体形更苗条，让肌肤光泽亮丽没有粉刺，多吃绿色蔬菜等。

2571　憧憬的季节/

〔日〕折原美都著；叶荣鼎译；〔日〕折原美都绘.—1版.上海：少年儿童出版社；2004.08.—137页；21cm.—（布格子丛书：海外版）

ISBN 7 – 5324 – 6201 – 3；10.00 元

本套书是日本动漫画家和作家折原美都的作品，描写了初中生细腻的感情世界和丰富的学校生活。

2572 虫/
〔日〕坂东真砂子著；赵建勋译.—1版.北京：
中国电影出版社；2004.06.—213页；21cm
ISBN 7-106-02050-8；17.80元
本书为长篇小说。

2573 虫类折纸/
〔日〕桃谷好英著；高嘉莲译.—天津：天津科技
翻译出版公司，2004.08.—63页；19×21cm.—
（快乐折纸系列）
ISBN 7-5433-1778-8；10.00元
本书介绍了一些基本折法，并告诉我们创造新
题材的一些必要的折法创作技巧。

2574 初次妊娠与分娩/
〔日〕九岛璋二著；高化译.—1版.济南：山东
科学技术出版社；2004.07.—443页；20cm.—
（图解妇幼保健系列）
ISBN 7-5331-3144-4；38.00元
本书是一本很有特色的妊娠与分娩读物。

2575 厨房/
〔日〕吉本芭娜娜著；李萍译.—1版.上海：上
海译文出版社；2004.07.—112页；20cm.—（吉
本芭娜娜青春梦幻手卷）
ISBN 7-5327-3491-9；10.00元
本书为短篇小说合集，共收录三篇《厨房》、
《满月——厨房2》、《月光阴影》。

2576 处世真经/
〔日〕北森义明著；舜子译.—1版.青岛：青岛
出版社；2004.01.—163页；19cm.—（与成功有
约）
ISBN 7-5436-2959-3；12.00元
本书作者在对人际关系进行了详尽调查的基础
上提出了有关解决日常生活中人际关系难题的
具体方法。

**2577 穿越遥远的时空：一位日本老人对西安的
追忆/**
〔日〕加地有定著；翁建文译.—西安：西安地
图出版社；2004.12.—170页；20cm
ISBN 7-80670-733-6；15.00元
本书作者通过父亲70年前来到中国所拍古老的
照片，多次来到中国研究西安的城墙、碑林、
佛教。

**2578 创业心得：献给正在创业和想要创业的
人/**
〔日〕松井利夫著；阿尔卑斯科技（北京）有限
公司译.—北京：中国社会出版社；2004.05.—
152页；图；20cm
ISBN 7-5087-0053-8；18.00元
本书作者将自己经营企业的三十年风风雨雨的
感慨和体会心得编写成册。

2579 从成都嫁入日本豪门/
〔日〕后藤琼著.—北京：中国长安出版社；2004.
09.—244页；19cm
ISBN 7-80175-192-2；20.00元
本书是作者的自传，全面介绍了自己嫁入日本豪
门后的人生历程。

2580 村上朝日堂的卷土重来/
〔日〕村上春树著；林少华译.—1版.上海：上
海译文出版社；2004.06.—192页；18cm.—
（村上春树随笔系列）
ISBN 7-5327-3457-9；14.00元
本书是村上春树随笔系列之一，由48篇随笔
组成。

2581 错位/
〔日〕林真理子著；冯雪梅译.—1版.桂林：漓
江出版社；2004.05.—264页；20cm.—（林真
理子精品系列）
ISBN 7-5407-3166-4；16.50元
本书是林真理子极受欢迎的情感小说。

2582 大阪指南.2004
〔日〕京阪神Lmagazine编著.—上海：上海科学
普及出版社；2004.11；彩图；26cm
ISBN 7-5427-2918-7（平装），20.00元
本书介绍日本大阪市的观光、文化、购物、
餐饮。

2583 大蒜的魅力：我很忙 却有超强的免疫力/
〔日〕松村纪高著；廉源译.—1版.北京：中国
民族摄影艺术出版社；2004.11.—211页；20cm
ISBN 7-80069-629-4；18.00元
本书以讲述大蒜对人的身体健康、保健方面的知
识为内容。

2584 当孩子爱上色彩/
〔日〕佐藤泰行著；于西蔓监修.—1版.石家庄：
河北人民出版社；2004.06.—93页；25cm.—（西
蔓色彩时代）
ISBN 7-202-03112-4；32.00元
本书运用"四季色彩理论"，针对中国儿童的体
貌肤色特征，说明中国儿童在着装方面如何进行
色彩搭配、如何注意衣着款式等问题。

2585 稻村云洞书《般若心经碑》/
〔日〕稻村云洞书．—1 版．北京：荣宝斋出版
社；2004.10.—1 册；32cm
ISBN 7 – 5003 – 07519—（线装）；158.00 元

2586 低合金耐蚀钢开发、发展及研究/
〔日〕松岛岩著；靳裕康译．—1 版．北京：冶金
工业出版社；2004.05.—258 页；21cm．—（钢铁
技术发展趋势丛书）
ISBN 7 – 5024 – 3397 – X；26.00 元
本书详细介绍了日本 20 世纪对低合金蚀钢研究
历程、耐蚀钢的性能、生产应用以及发展趋势。

2587 电工电路/
〔日〕饭田芳一著；杨凯译．—1 版．北京：科学出
版社；2004.05.—225 页；21cm．—（OHM 图解）
ISBN 7 – 03 – 013175 – 4；18.00 元
本书是轻松跟我学系列之一。

2588 电工电子功能材料/
〔日〕一濑升编著；彭军译．—1 版．北京：科
学出版社；2004.01.—214 页；20cm．—（OHM
大学参考教材系列）
ISBN 7 – 03 – 012395 – 6；19.00 元

2589 电工施工基础与实务/
〔日〕五十岚孝仁等著；王益全，耿连发译．—1
版．北京：科学出版社；2004.01.—386 页；20cm.
—（OHM 新电工技术系列）
ISBN 7 – 03 – 012307 – 7；26.00 元

2590 电工数学/
〔日〕卯本重郎著；徐丽华译．—1 版．北京：
科学出版社；2004.01.—457 页；20cm．—
（OHM 大学参考教材系列）
ISBN 7 – 03 – 011898 – 7；29.50 元

2591 电机学．上/
〔日〕仁田工吉等编著；冯浩译．—1 版．北京：
科学出版社；2004.01.—223 页；20cm．—（OHM
大学参考教材系列）
ISBN 7 – 03 – 012181 – 3；17.00 元

**2592 电脑标志创意设计：通过近 600 个经典实
例完全剖析电脑标志设计/**
〔日〕Taki Ono 编；顾莉超，李昭鸣译．—1 版．
北京：中国青年出版社；2004.01.—2 册；29cm
ISBN 7 – 5006 – 5546 – 0；138.00 元
本书主要收录了世界新鲜独特的标志设计创意。

2593 电子电路，模拟篇/
〔日〕尾崎弘等著；林鹏译．—1 版．北京：科
学出版社；2004.07.—345 页；20cm
ISBN 7 – 03 – 013171 – 1；25.00 元
本书作为《电子电路——数字篇》的姊妹篇，
书中简明易懂地介绍了二极管及其基本电路，晶
体管及其基本电路等。

2594 电子电路，数字篇/
〔日〕尾崎弘等著；张健琼，高志勇译．—1 版．
北京：科学出版社；2004.07.—249 页；20cm
ISBN 7 – 03 – 013503 – 2；22.00 元
本书中首先介绍涉及的数学基本知识，然后分别
详细介绍电路元件脉冲响应为过渡特性、脉冲发
生电路等。

**2595 电子元器件的故障原因及其对策：电子设
备设计师必读/**
〔日〕吉田弘之著；杨启善等译．—1 版．北京：
中国标准出版社；2004.01.—250 页；20cm
ISBN 7 – 5066 – 3231 – 4；25.00 元
本书介绍了半导体器件的故障、电容器的故障、
电阻器的故障、焊料的故障、电源的故障等。

2596 电子政府/
〔日〕白井均等著；陈云，蒋昌建译．—1 版．上
海：上海人民出版社；2004.04.—439 页；20cm
ISBN 7 – 208 – 05008 – 2；26.00 元
本书作者对电子政府进行了全面的讨论。

2597 东京大视觉/
〔口〕内藤久干著；马卫星编译；森丰，增田庆摄
影．—1 版．北京：北京理工大学出版社；2004.
01.—134 页；27cm
ISBN 7 – 5640 – 0197 – 6（精装）；230.00 元
本书收录了日本著名设计师内藤久干及其设计
公司的设计作品。

2598 东京塔/
〔日〕江国香织著；王超伟译．—1 版．青岛：青
岛出版社；2004.03.—240 页；20cm
ISBN 7 – 5436 – 3068 – 0；19.80 元
本书为长篇小说。

2599 东亚论：日本现代思想批判/
〔日〕子安宣邦著；赵京华编译．—长春：吉林人
民出版社；2004.09.—325 页；20cm．—（话语行
动译丛/汪民安，陈永国主编）
ISBN 7 – 206 – 04453 – 0；22.00 元
本书系一部研究日本近代思想史的学术专著。

2600　动画旋风：Video Jockey 玩 After Effects/
〔日〕Mook1 著；灵然科技编译．—1 版．北京：
电子工业出版社；2004.06.—211 页；26cm＋光
盘 1 张．—（飞思数码设计院）
ISBN 7－120－00025－X；45.00 元
本书介绍了 After Effects 的全新功能，并且通过
不同的场景制作来启发您的设计思想，令您可
以随心所欲地表达自己的灵感。

2601　都是父母的错：对万名问题少年的研究/
〔日〕相部和男著；张佶译．—1 版．深圳：海
天出版社；2004.01.—200 页；20cm．—（和孩
子一起成长）
ISBN 7－80654－997－8；13.80 元
本书从问题少年的现象分析了家庭教育的误区、
父母的过错以及如何改变问题少年的措施。

2602　敦煌学五十年/
〔日〕神田喜一郎著；高野雪等译．—1 版．北
京：北京大学出版社；2004.01.—179 页；21cm
ISBN 7－301－06638－4；12.00 元
本书介绍了敦煌学五十年的发展状况。

2603　多宝塔碑/
〔日〕大平山涛编；陈月吾译．—1 版．长沙：
湖南美术出版社；2004.07.—88 页；26cm．—
（书法技法讲座）
ISBN 7－5356－2043－4；19.90 元
此版为日本二玄社引进出版，原为日本高中及
大学进修教材，是套难得的集学术和应用于一
体的完美字帖及书法教材。

2604　儿童撕贴游戏系列，有趣的数/
〔日〕石引京子等编；陈立译．—1 版．太原：
希望出版社；2004.08.—20 页；14cm
ISBN 7－5379－3411－8；10.00 元
本书是儿童智慧游戏书。

2605　儿童撕贴游戏系列，智力测验．2/
〔日〕石引京子等编；陈立译．—1 版．太原：
希望出版社；2004.08.—20 页；14cm
ISBN 7－5379－3412－6；10.00 元
本书是儿童智慧游戏书。

2606　儿童早期音乐教育：理论与实践/
〔日〕铃木镇一著；卜大炜译．—1 版．北京：
人民音乐出版社；2004.11.—118 页；19cm
ISBN 7－103－02899－0；9.00 元
日本音乐教育家铃木镇一详述其教学法的核心
以及理论根据和实际运用。

2607　二元合金状态图集/
〔日〕长崎诚三，〔日〕平林真编著；刘安生译．—
1 版．北京：冶金工业出版社；2004.09.—367 页；
21cm
ISBN 7－5024－3498－4；38.00 元
本书收录了 600 多幅二元合金状态图，按置换型
合金和金属与碳、氮、氢、氧等元素的间隙型分
类整理。

2608　凡人做梦 智者解梦：心理解析高手/
〔日〕东山宏久著；郁炜昊译．—1 版．北京：中国
民族摄影艺术出版社；2004.11.—247 页；21cm
ISBN 7－80069－630－8；18.00 元
本书是一本临床心理学方面的辅导读物，通过对
患者梦的心理分析，帮助人们更好地面对现实
生活。

2609　犯罪构成要件理论/
〔日〕小野清一郎著；王泰译．—1 版．北京：中国
人民公安大学出版社；2004.01.—291 页；20cm．—
（刑事法学译丛）
ISBN 7－81087－351－2；18.00 元
本书全面、系统地阐述了犯罪构成要件的理论。

2610　非药物疗法：不用药治病的妙诀/
〔日〕石原结实著；龚深弟译．—1 版．北京：中
央编译出版社；2004.06.—152 页；19cm．—（健
康新概念丛书：彩色图文版）
ISBN 7－80109－891－9；18.80 元
本书介绍了一些常见病的食疗、运动疗法等不用
药治病的中医和营养学方法。

2611　分形分析/
〔日〕木上淳著．—1 版．北京：机械工业出版社；
2004.09.—226 页；24cm．—（经典原版书库）
ISBN 7－111－14981－5；35.00 元
本书讨论了分形分析。

2612　分子光子学：原理及应用/
〔日〕崛江一之，〔日〕牛木秀治，〔加〕威尼
克著；张镇西等译．—1 版．北京：科学出版社；
2004.04.—207 页；26cm
ISBN 7－03－012724－2；35.00 元
本书从基础光学知识入手，从分子的角度介绍了
分子光子学（分子光谱学）的基本理论、光化
学反应特性等。

2613　风与树的歌/
〔日〕安房直子著；彭懿译．—1 版．上海：少年
儿童出版社；2004.03.—155 页；14cm

ISBN 7 – 5324 – 6019 – 3；17.00 元

安房直子我们留下了一山坡野菊花似的短篇幻想小说。

2614　风与树的歌

〔日〕安房直子著；彭懿译.—上海：少年儿童出版社；2004.03：图；21cm.—（安房直子幻想小说）

ISBN 978 – 7 – 5324 – 6019 – 9，17.00 元

2615　服务器/

〔日〕小关裕明著；马建军译.—1 版.北京：科学出版社；2004.05.—217 页；21cm.—（OHM 图解/〔日〕小野哲主编）

ISBN 7 – 03 – 013172 – X；18.00 元

本书是轻松跟我学系列之一。

2616　服装造型学，技术篇.Ⅱ/

〔日〕中屋典子，〔日〕三吉满智子主编；刘美华，孙兆全译.—1 版.北京：中国纺织出版社；2004.09.—325 页；26cm.—（日本文化女子大学服装讲座）

ISBN 7 – 5064 – 3044 – 4；48.00 元

本书主要针对于套装和大衣的制作，以女西服为重点，对立体裁剪的纸样技术和工业用纸样进行了说明。

2617　服装造型学技术篇.Ⅰ/

〔日〕中屋典子，〔日〕三吉满智子主编；孙兆全，刘美华，金鲜英译.—1 版.北京：中国纺织出版社；2004.10.—364 页；26cm.—（日本文化女子大学服装讲座）

ISBN 7 – 5064 – 3064 – 9；45.00 元

本书主要讲解了上衣、裙、裤、连衣裙及相关部件的工艺。

2618　干花造型设计/

〔日〕中尾千惠子编；陈国平译.—1 版.杭州：浙江科学技术出版社；2004.05.—81 页；26cm.—（插花艺术）

ISBN 7 – 5341 – 2222 – 8；22.00 元

本书介绍了用各种花材做出各种造型的花束。

2619　肝病的居家疗法/

〔日〕成田昌道编著；沈季幸译.—1 版.上海：上海世界图书出版公司；2004.07.—258 页；20cm.—（世图生活资讯库）

ISBN 7 – 5062 – 6805 – 1；15.00 元

本书详细说明了肝病的原理、肝病患者的日常饮食和生活注意事项、各项保健方法。

2620　钢铁用耐火材料：向高温挑战的记录/

〔日〕杉田清著；张绍林，张善元译.—1 版.北京：冶金工业出版社；2004.02.—483 页；20cm.—（钢铁技术发展趋势丛书）

ISBN 7 – 5024 – 3335 – X；45.00 元

本书以炼铁、炼钢用耐火材料技术的发展历史为线索，介绍了耐火材料概要、工艺发展史的观点和概况。

2621　高达 SEED.1/

〔日〕矢立肇，〔日〕富野由悠季著；〔日〕岩濑昌嗣绘；李祝译.—南宁：接力出版社；2004.09.—1 册；19cm.—（机动战士高达系列）

ISBN 7 – 80679 – 447 – 6；8.80 元

2622　高达 SEED.2/

〔日〕矢立肇，〔日〕富野由悠季著；〔日〕岩濑昌嗣绘；李祝译.—南宁：接力出版社；2004.05.—1 册；19cm.—（机动战士高达系列）

ISBN 7 – 80679 – 448 – 4；8.80 元

2623　高达 X1/

〔日〕矢立肇，〔日〕富野由悠季著；〔日〕鸨田洸一绘；简洁译.—1 版.南宁：接力出版社；2004.04.—177 页；19cm.—（机动战士高达系列）

ISBN 7 – 80679 – 441 – 7；7.80 元

本书为漫画连环画。

2624　高达 X2/

〔日〕矢立肇，〔日〕富野由悠季著；〔日〕鸨田洸一绘；简洁译.—1 版.南宁：接力出版社；2004.04.—177 页；19cm.—（机动战士高达系列·机动新世纪）

ISBN 7 – 80679 – 442 – 5；7.80 元

本书为漫画连环画。

2625　高电压技术/

〔日〕中野义映编；张乔根译.—1 版.北京：科学出版社；2004.01.—226 页；20cm.—（OHM 大学参考教材系列）

ISBN 7 – 03 – 012332 – 8；19.00 元

2626　高级日语.3/

吴侃，〔日〕村木新次郎主编.—1 版.上海：上海外语教育出版社；2004.07.—267 页；24cm

ISBN 7 – 81080 – 959 – 8；19.00 元

本书是以高校日语专业三、四年级学生为对象的精读教材。

2627 高贞碑/

〔日〕浅见笕洞编；蒋京蓉译．—1 版．长沙：湖南美术出版社；2004.07. —88 页；26cm. —（书法技法讲座）

ISBN 7 - 5356 - 2039 - 6；19.90 元

此版为日本二玄社引进出版，原为日本高中及大学进修教材，是套难得的集学术和应用于一体的完美字帖及书法教材。

2628 歌舞伎入门/

〔日〕郡司正胜著；李墨译注．—北京：中国戏剧出版社；2004.02. —281 页；23cm

ISBN 7 - 104 - 01864 - 6；36.00 元

本书是日本著名戏剧家郡司正胜先生研究歌舞伎艺术的学术著作。

2629 给人类一个全新的音乐梦想/

〔日〕梯郁太郎著；陈靖国，马蔚闻，陈勇毅译．—1 版．北京：中国文史出版社；2004.05. —352 页；20cm

ISBN 7 - 5034 - 1497 - 9（精装）；38.00 元

作者是 73 岁的日本乐兰公司创始人，是世界著名的电子乐器的研制和开发者。本书是一部忠实记载了 40 多年来电子乐器世界发展历史的作品。

2630 工作与心理学/

〔日〕榎本博明著；刘彬译．—1 版．北京：科学出版社；2004.09. —228 页；20cm. —（职场实战图解）

ISBN 7 - 03 - 013818 - X；18.00 元

本书内容包括说服对手、调动部下、控制自身的心理压力等。

2631 公共工程合同新履行保证制度/

〔日〕草耕造著；邓晓梅等译．—1 版．北京：中国建筑工业出版社；2004.08. —264 页；20cm

ISBN 7 - 112 - 06462 - 7；22.00 元

本书主要介绍了日本推行"公共工程合同新履行保证担保制度"的两项主要诉求。

2632 宫本武藏剑与禅．3，火之卷/

〔日〕吉川英治著；刘敏译．—1 版．北京：新世界出版社；2004.08. —333 页；21cm

ISBN 7 - 80187 - 283 - 5；20.00 元

本书为日本近代长篇小说。

2633 宫本武藏．1，地之卷．剑与禅/

〔日〕吉川英治著；刘敏译．—1 版．北京：新世界出版社；2004.05. —206 页；20cm

ISBN 7 - 80187 - 233 - 9；18.00 元

本书为日本近代长篇小说。

2634 宫本武藏．2，水之卷．剑与禅/

〔日〕吉川英治著；刘敏译．—1 版．北京：新世界出版社；2004.05. —271 页；20cm

ISBN 7 - 80187 - 234 - 7；20.00 元

本书为日本近代长篇小说。

2635 沟通高手/

〔日〕青木仁志著；胡菲等译．—1 版．北京：中央编译出版社；2004.03. —268 页；20cm

ISBN 7 - 80109 - 776 - 9；20.00 元

本书讨论如何提高听、说等人间交往能力的方法。

2636 狗类折纸/

〔日〕佐藤康博著；高嘉莲译．—天津：天津科技翻译出版公司，2004.08. —62 页；19 × 21cm. —（快乐折纸系列）

ISBN 7 - 5433 - 1778 - 8；10.00 元

本书主要介绍了如何利用纸张来表现各种狗类的特殊形态。

2637 怪奇山庄/

〔日〕赤川次郎著；丁勇译．—1 版．深圳：海天出版社；2004.01. —239 页；20cm. —（三姊妹侦探团系列）

ISBN 7 - 80697 - 066 - 5；15.00 元

本书为儿童侦探小说。

2638 官场戒律/

〔日〕宫本政於著；胡晓丁译．—1 版．南京：译林出版社；2004.11. —221 页；19cm

ISBN 7 - 80657 - 789 - 0；13.50 元

本书是宫本政於撰写的一部抨击日本官场时弊的书。

2639 管教孩子的技巧/

〔日〕多湖辉著．—1 版．天津：天津科学技术出版社；2004.01. —152 页；20cm

ISBN 7 - 53083589 - 0；8.80 元

本书从生活中常见的小事细述了教育孩子的正确方法。

2640 管理者革命/

〔日〕畠山芳雄编著；吕卫清译．—1 版．北京：东方出版社；2004.04. —172 页；26cm. —（东方管理智慧译丛）

ISBN 7 - 5060 - 1854 - 3；28.00 元

本书为推动日本经济腾飞的经典著作，内容包括：管理者的本质，管理者的机能等。

2641 灌篮高手原画集/
〔日〕井上雄彦绘.—贵阳：贵州人民出版社；2004.05.—1册；100幅；29cm
ISBN 7-221-04874-6（盒装）；32.00元
本书为漫画集。

2642 国际法：第4版/
〔日〕松井芳朗等著；辛崇阳译.—1版.北京：中国政法大学出版社；2004.03.—308页；21cm.—（日本国际法著作汉译丛书/辛崇阳主编）
ISBN 7-5620-2590-8；22.00元
本书论述了国际法的基础理论与基本知识。

2643 国际刑法入门/
〔日〕森下忠著；阮齐林译.—1版.北京：中国人民公安大学出版社；2004.01.—295页；20cm.—（刑事法学译丛）
ISBN 7-81087536-1；15.00元
本书介绍了国际刑法的基础知识和基本理论。

2644 国权与民权的权奏：日本明治精神结构/
〔日〕松本三之介著；李东君译.—北京：东方出版社；2004.12.—209页；彩图；19cm
ISBN 7-5060-2083-1；23.00元
本书是日本学者对日本近代明治维新时期思想流派和思想家的介绍与分析。

2645 海角之岬/
〔日〕泽木耕太郎著；陈宝莲译.—1版.桂林：广西师范大学出版社；2004.01.—212页；21cm.—（午夜快车：欧亚大陆放浪行；3）
ISBN 7-5633-4298-2；18.00元
本书是长篇小说《午夜快车》的第三部。

2646 罕为人知的中日结盟及其他：晚清中日关系史新探/
孔祥吉，〔日〕村田雄二郎著.—成都：巴蜀书社，2004.04.—374页；21cm
ISBN 7-80659-568-6；30.00元
本书是有关晚清时期，特别是戊戌维新前后中日关系史的学术论文集。

2647 好饿的小白熊/
〔日〕成田雅子编绘，杨文译.—1版.北京：北京少年儿童出版社；2004.06.—1册；26cm.—（蒲蒲兰文库）
ISBN 7-5301-1205-8；7.20元

2648 好色一代男/
〔日〕井原西鹤著；王启元，李正伦译.—1版.北京：中国电影出版社；2004.02.—173页；20cm
ISBN 7-106-02140-7；35.00元
本书为长篇小说。

2649 好色一代女/
〔日〕井原西鹤著；王启元，李正伦译.—1版.北京：中国电影出版社；2004.02.—180页；20cm
ISBN 7-106-02141-5；35.00元
本书为现代长篇翻译小说。

2650 合伙股东责任之研究/
〔日〕土肥武雄著；李培峰，叶致中译.—1版.北京：中国政法大学出版社；2004.07.—228页；22cm.—（中国近代法学译丛/何勤华主编）
ISBN 7-5620-2570-3（精装）；25.00元
本书就古老的合伙经营及法律责任从纵横两个方面进行了细致研究。

2651 和多余的"肉肉"过招：饮食·运动减肥法/
〔日〕小田真规子编著；林思吟译.—1版.北京：中国妇女出版社；2004.07.—121页；19cm.—（美丽馆）
ISBN 7-80203-001-3；12.00元
本书图文并茂地为十几岁的少女介绍了正确的减肥方法。

2652 和平学入门/
〔日〕池尾靖志主编；池建新，朱庆华译.—南京：南京出版社；2004.12.—285页；20cm.—（和平研究丛书）
ISBN 7-80718-014-5；32.00元
本书主要就军事化问题、南北问题、全球环境问题、人权等与和平主题相关的话题展开讨论。

2653 河流与自然环境/
〔日〕财团法人河口整治中心编；吴浓娣等译.—郑州：黄河水利出版社；2004.12.—165页；26cm
ISBN 7-80621-804-1；25.00元

2654 河童旅行素描本/
〔日〕妹尾河童著；姜淑玲译.—1版.北京：生活·读书·新知三联书店；2004.10.—249页；20cm.—（妹尾河童作品）
ISBN 7-108-02156-0；18.00元
妹尾河童以惊人的观察力、细密的手绘图与生动幽默的随笔呈现了周游世界的见闻、精彩热辣的美食和珍稀的收藏。

2655　黑川纪章城市设计的思想与手法/
〔日〕黑川纪章著；覃力等译．—1 版．北京：中国建筑工业出版社；2004.04.—265 页；30cm
ISBN 7 - 112 - 06271 - 3；56.00 元
本书是日本著名建筑师、建筑理论家黑川纪章的设计理念和规划设计实践的总结。

2656　呼吸历史：对亚太区域的人文思考/
〔日〕寺岛实郎著；徐静波，沈中琦译．—1 版．上海：复旦大学出版社；2004.01.—196 页；20cm
ISBN 7 - 309 - 03845 - 2；12.00 元
本书对 20 世纪西方在亚洲的战略以及亚洲人为了亚洲的尊严和复兴而奋斗的历程进行了历史的描述。

2657　互联网基础：TCP/IP 及网络安全/
〔日〕小泉修著；叶明等译．—1 版．北京：科学出版社；2004.09.—278 页；26cm．—（图解网络技术丛书）
ISBN 7 - 03 - 013608 - X；27.00 元

2658　护岸设计/
〔日〕河川治理中心编；刘云俊译．—1 版．北京：中国建筑工业出版社；2004.08.—110 页；21cm．—（滨水景观设计丛书）
ISBN 7 - 112 - 06408 - 2；36.00 元
本书以人为本，指导我们在护岸的设计和施工中要突出河岸的自然性。

2659　花逝/
〔日〕渡边淳一著；王丽梅等译．—1 版．北京：文化艺术出版社；2004.01.—419 页；21cm
ISBN 7 - 5039 - 2473 - X；23.00 元
本书是日本著名作家渡边淳一早期创作的长篇小说作品。

2660　花香小镇
〔日〕安房直子著；彭懿译．—上海：少年儿童出版社；2004.03：图；21cm．—（安房直子幻想小说）
ISBN 978 - 7 - 5324 - 6018 - 2，17.00 元

2661　还是父母的错：一位母亲的教育札记/
〔日〕曾野绫子著；陈玉光译．—1 版．深圳：海天出版社；2004.05.—266 页；20cm
ISBN 7 - 80697 - 149 - 1；15.00 元
本书为日本著名作家曾野绫子以自己的亲身经历和体验写下的有关孩子家庭教育的札记。

2662　环境会计的结构/
〔日〕井山寿枝等著；贾昕，孙丽艳译．—北京：

中国财政经济出版社；2004.09.—140 页；20cm
ISBN 7 - 5005 - 6734 - 0；10.00 元
本书对环境会计的基本结构进行了详细地分析和论述。

2663　环境设计实例集．1/
〔日〕宫城俊作主编；卢春生译．—1 版．北京：中国建筑工业出版社；2004.05.—215 页；26cm
ISBN 7 - 112 - 06312 - 4；90.00 元
本书是日本多摩市环境规划开发与实践的总结。

2664　黄昏海的故事
〔日〕安房直子著；彭懿译．—上海：少年儿童出版社；2004.03：图；21cm．—（安房直子幻想小说）
ISBN 978 - 7 - 5324 - 6022 - 9，17.00 元

2665　黄金宫殿/
〔日〕泽木耕太郎著；陈宝莲译．—1 版．桂林：广西师范大学出版社；2004.01.—199 页；21cm.
—（午夜快车：欧亚大陆放浪行）
ISBN 7 - 5633 - 4296 - 6；18.00 元
本书是日本著名作家泽木耕太郎写的风靡日本 20 多年册畅销的长篇小说。

2666　彗星住人/
〔日〕岛田雅彦著；陆求实译．—1 版．海口：南海出版公司；2004.10.—297 页；20cm
ISBN 7 - 5442 - 2952 - 1；22.00 元
本书被誉为日本现代文学金字塔式的力作。

2667　婚庆鲜花造型/
〔日〕盐野法子编；陈为译．—1 版．杭州：浙江科学技术出版社；2004.05.—86 页；26cm．—（插花艺术）
ISBN 7 - 5341 - 2223 - 6；36.00 元
本书用大幅的彩照介绍了各种婚庆鲜花的造型及其技巧。

2668　活了 100 万次的猫/
〔日〕佐野洋子著；唐亚明译．—南宁：接力出版社；2004.10.—30 页；16 幅；25×26cm
ISBN 7 - 80679 - 509 - X（精装）；25.00 元
本书是一部被称为 3～99 岁的儿童和成人都可阅读的童话书。

2669　机器人控制电子学/
〔日〕船仓一郎著；宗光华译．—1 版．北京：科学出版社；2004.05.—209 页；24cm．—（现代机器人系列）

ISBN 7 – 03 – 013168 – 1；28.00 元

本书主要介绍了机器人的构成，微控制器和相关电子元器件的构成及原理，高性价 PIC 微控制器和 H8 微控制器的结构及使用方法等。

2670　基础汉日词典／

〔日〕上野惠司著 . —1 版 . 大连：大连理工大学出版社；2004.11. —1022 页；19cm

ISBN 7 – 5611 – 2695 – 6（精装）；58.00 元

本书收录了 3 万词，4600 个汉字，16000 个词条，9600 个派生词和关联语句。

2671　基于 Java 的计算机图形学／

〔日〕青野雅树编；张文乐译 . —1 版 . 北京：科学出版社；2004.04. —199 页；24cm

ISBN 7 – 03 – 012815 – X；30.00 元

本书是计算机图形学（CG）的入门书。

2672　激活休克鱼／

〔日〕菊入美幸著；王超伟译 . —1 版 . 青岛：青岛出版社；2004.01. —209 页；19cm. —（与成功有约）

ISBN 7 – 5436 – 2958 – 5；16.00 元

本书作者 8 年来专门对数万人的工作动力情况进行了分析。

2673　集合住宅／

〔日〕井出建等编著；卢春生译 . —1 版 . 北京：中国建筑工业出版社；2004.09. —191 页；29cm. —（国外建筑设计详图图集；12）

ISBN 7 – 112 – 06452 – X；40.00 元

本书通过照片、细部详图及文字，介绍了 18 个集合住宅的优秀实例。

2674　家常防癌食谱／

〔日〕菅原明子著；段传德译 . —1 版 . 郑州：河南科学技术出版社；2004.01. —153 页；20cm

ISBN 7 – 5349 – 2984 – 9；23.00 元

本书介绍了简单易做、营养丰富的家常防癌食谱。

2675　家常减肥食谱／

〔日〕石川恭三主编；段传德等译 . —1 版 . 郑州：河南科学技术出版社；2004.02. —200 页；20cm

ISBN 7 – 5349 – 2985 – 7；23.00 元

本书介绍了简单易做、营养丰富的家常减肥食谱。

2676　家庭膳食营养宝典／

〔日〕中村丁次主编；白岩，徐森川译 . —1 版 . 北京：中国轻工业出版社；2004.01. —271 页；20cm

ISBN 7 – 5019 – 4131 – 9；18.00 元

本书详细介绍了各种能够治疗和预防各种疾病的营养成分，按次序列出富含营养物质的食品。

2677　价值社会学／

〔日〕作田启一著；宋金文，边静译 . —1 版 . 北京：商务印书馆；2004.12. —442 页；20cm. —（日本社会学名著译丛）

ISBN 7 – 100 – 03848 – 0；23.00 元

本书作者从社会学角度出发，阐明了价值这一重要的范畴。

2678　假面官僚／

〔日〕沛小路佑著；高文衡译 . —1 版 . 珠海：珠海出版社；2004.07. —368 页；20cm. —（沛小路佑作品集）

ISBN 7 – 80689 – 240 – 0；20.00 元

本书为侦探小说。

2679　剪纸游戏，3 岁／

〔日〕多湖辉主编；俞耀译 . —1 版 . 杭州：浙江人民美术出版社；2004.06. —1 册；29cm. —（新头脑开发丛书）

ISBN 7 – 5340 – 1834 – X；13.80 元

本书在愉快的学习过程中，培养幼儿使用剪刀和胶水的能力，锻炼幼儿双手的灵活性，培养其创造能力。

2680　剪纸游戏，4 岁／

〔日〕多湖辉主编；俞耀译 . —1 版 . 杭州：浙江人民美术出版社；2004.06. —1 册；29cm. —（新头脑开发丛书）

ISBN 7 – 5340 – 1840 – 4；13.80 元

本书针对 4 岁幼儿，可以锻炼幼儿双手的灵活性，培养创造能力。

2681　剪纸游戏，5 岁／

〔日〕多湖辉主编；俞耀译 . —1 版 . 杭州：浙江人民美术出版社；2004.06. —1 册；29cm. —（新头脑开发丛书）

ISBN 7 – 5340 – 1841 – 2；13.80 元

本书针对 5 岁幼儿，可以锻炼幼儿双手的灵活性，培养创造能力。

2682　简明通信协议技术／

〔日〕丸山修孝著；王庆译 . —1 版 . 北京：科学出版社；2004.01. —358 页；26cm. —（OHM 通信实用技术系列）

ISBN 7 – 03 – 012180 – 5；29.00 元

2683　建筑构成手法/
〔日〕小林克弘编著；陈志华，王小盾译．—版．
北京：中国建筑工业出版社；2004.12.—140页；
24cm.—（国外建筑理论译丛）
ISBN 7－112－06798－7；30.00元
本书通过古今建筑史特别是近现代建筑史上大
量经典的建筑作品，讲述了建筑构成的基本
手法。

2684　健康新概念：足道、手道/
〔日〕伊藤俊二著；何英译．—1版．乌鲁木齐：
新疆人民出版社；2004.01.—2册；21cm
ISBN 7－228－08435－7；36.00元
本书内容包括：手、足的穴道、经络的保健、按
摩等。

2685　接待顾客ABC：专业接待顾客技术/
〔日〕山田绿著；刘淑梅译．—1版．北京：科
学出版社；2004.07.—143页；20cm.—（走向
出类拔萃）
ISBN 7－03－013389－7；16.00元
一个业绩良好的售货员一定懂得如何把握顾客
的心理。

2686　结构健康检测动力学/
〔日〕三田彰著；薛松涛，陈镕译．—1版．西安：
西安交通大学出版社；2004.04.—127页；23cm
ISBN 7－5605－1823－0；35.00元
本书从动力系统上考察了机构动力学问题以及
建筑结构的健康检测问题。

2687　金融黑幕/
〔日〕沛小路佑著；王莹译．—1版．珠海：珠
海出版社；2004.07.—343页；20cm.—（沛小
路佑作品集）
ISBN 7－80689－239－7；20.00元
本书为侦探小说。

2688　近代家庭的形成和终结/
〔日〕上野千鹤子著；吴咏梅译．—1版．北京：
商务印书馆；2004.02.—321页；20cm.—（日本
社会学名著译丛/周维宏主编）
ISBN 7－100－03898－7；18.00元

2689　进阶日本语高级教程教师用书/
〔日〕阿部祐子等著；黄文明译．—北京：外语
教学与研究出版社；2004.10.—211页；26cm
ISBN 7－5600－3842－5；17.90元
本书是与《进阶日本语高级教程》相配套的
《教师用书》。

2690　进阶日本语高级教程听读训练/
〔日〕阿部祐子等著；黄文明译．—1版．北京：外
语教学与研究出版社；2004.05.—144页；26cm
ISBN 7－5600－3840－9；18.90元
本书是配合《进阶日本语高级教程综合用书》
所编写的听读训练。

2691　进阶日本语高级教程综合用书/
〔日〕阿部祐子等著；黄文明译．—1版．北京：外
语教学与研究出版社；2004.05.—160页；26cm
ISBN 7－5600－3841－7；14.90元
本书是继《进阶日本语中级教程》之后的高级
教程。

**2692　经济史上的教训：克服危机的钥匙存在于
历史之中/**
〔日〕冈崎哲二著；何平译．—1版．北京：新华
出版社；2004.01.—246页；20cm
ISBN 7－5011－6507－6；19.80元
本书作者运用大量的案例研究了日本经济史上
的教训，并为别的国家提供了一把克服经济危机
的钥匙。

**2693　经济转型的代价：中国城市失业、贫困、
收入差距的经验分析/**
〔日〕佐藤宏主编；李实译．—1版．北京：中国
财政经济出版社；2004.07.—413页；23×15cm
ISBN 7－5005－7227－1；53.00元
本书系关于中国城市失业、贫困、收入差距问题
研究的国际学者论文集。

**2694　晶体管电路设计：放大电路技术的实验解
析．上/**
〔日〕铃木雅臣著；周南生译．—1版．北京：科
学出版社；2004.09.—269页；24cm.—（实用电
子电路设计丛书）
ISBN 7－03－013308－0；29.00元
本书通过实验简明易懂地介绍了放大电路技术。

2695　净化血液饮食法/
〔日〕仓泽忠弘等著；顾亚娟译．—1版．南京：
江苏科学技术出版社；2004.02.—190页；20cm
ISBN 7－5345－4118－2；22.00元
本书介绍如何通过调整饮食结构，达到降低血
脂、净化血液、防止心肌梗死、中风、糖尿病等
疾病。

2696　纠错码及其应用/
〔日〕江藤良纯，〔日〕金子敏信主编；张秀琴译．
—1版．北京：科学出版社；2004.03.—253页；

21cm. — （OHM 数字图像处理系列）
ISBN 7 - 03 - 012663 - 7；22.00 元

2697 九成宫醴泉铭/
〔日〕佘雪曼编；林怀怀译.—1 版.长沙：湖南美术出版社；2004.07.—92 页；26cm. —（书法技法讲座）
ISBN 7 - 5356 - 2041 - 8；19.90 元
此版为日本二玄社引进出版，原为日本高中及大学进修教材，是套难得的集学术和应用于一体的完美字帖及书法教材。

2698 居住在色彩之中/
〔日〕佐藤泰子著；于西蔓监修.—1 版.石家庄：河北人民出版社；2004.06.—126 页；25cm. —（西蔓色彩时代）
ISBN 7 - 20203114 - 0；40.00 元
本书运用"四季色彩理论"，说明在居家装修方面如何进行色彩搭配才能营造舒适的家。

2699 局域网/
〔日〕石井弘毅著；白玉林等译.—1 版.北京：科学出版社；2004.05.—188 页；20cm. —（OHM 图解系列）
ISBN 7 - 03 - 013022 - 7；15.50 元
本书是轻松跟我学系列之一。

2700 巨人的观点：像战略家一样思考/
〔日〕大前研一著；蔡连侨译.—1 版.北京：机械工业出版社；2004.05.—160 页；24cm
ISBN 7 - 111 - 14450 - 3；18.00 元
本书介绍了战略思维一般过程，实现战略优势的途径等。

2701 绝色男人/
〔日〕佐藤泰子著.—1 版.石家庄：河北人民出版社；2004.10.—126 页；26cm. —（西蔓色彩时代）
ISBN 7 - 202 - 03113 - 2；40.00 元
本书运用"四季色彩理论"，针对中国男性的体貌肤色特征，说明中国男性在着装方面如何进行色彩搭配、如何注意衣着款式等问题。

2702 开关电源手册：第 2 版/
〔日〕原田耕介主编；耿文学译.—1 版.北京：机械工业出版社；2004.08.—571 页；21cm. —（国外电气工程名著译丛）
ISBN 7 - 111 - 14920 - 3；38.00 元
本书包括开关电源的功能特点，基本电路与设计实例等。

2703 康复的家庭/
〔日〕大江健三郎著；郑民钦译.—1 版.海口：南海出版公司；2004.03.—192 页；21cm. —（大江健三郎"温暖人文"散文系列/许金龙主编）
ISBN 7 - 5442 - 2705 - 7；22.00 元
本书为散文作品集。

2704 考试必胜的技巧/
〔日〕多湖辉著.—1 版.天津：天津科学技术出版社；2004.01.—218 页；20cm
ISBN 7 - 53083591 - 2；12.80 元
本书从生活中常见的小事细述了教育孩子的正确方法。

2705 可爱的鼠小弟/
〔日〕中江嘉男编文,〔日〕上野纪子绘；赵静，文纪子译.—1 版.海口：南海出版公司；2004.06.—31 页；21cm
ISBN 7 - 5442 - 2672 - 7（精装）；90.00 元（全套 6 册）
本套绘本是日本非常著名的绘本作品，文字简洁，图画简单幽默，讲述了鼠小弟幸福的日常生活。

2706 可爱美人妆/
〔日〕千吉良惠子编；孙媛译.—1 版.北京：中国轻工业出版社；2004.01.—84 页；19 × 21cm. —（魅力 BOOK）
ISBN 7 - 5019 - 4098 - 3；18.00 元
本书是专业化妆师千吉良惠子的快乐化妆法则，适合青春美少女的上妆要点及个性彩妆。

2707 可怕的整容/
〔日〕沛小路佑著；陈薇译.—1 版.珠海：珠海出版社；2004.07.—254 页；20cm. —（沛小路佑作品集）
ISBN 7 - 80689 - 237 - 0；15.00 元
本书为侦探小说。

2708 孔子庙堂碑/
〔日〕天石东村编；金涛译.—1 版.长沙：湖南美术出版社；2004.07.—96 页；29cm. —（书法技法讲座）
ISBN 7 5356 - 2040 - X；19.90 元
日本人在书法艺术上总结前人的精髓，推陈出新，编了这套具有学术价值又有实用性的字帖。

2709 恐怖宠物店.1/
〔日〕秋乃茉莉著；李英凤译.—1 版.哈尔滨：哈尔滨出版社；2004.05.—1 册；20cm

ISBN 7 - 80699 - 190 - 5；12.00 元
本书为少年儿童卡通读物，介绍了宠物店发生的离奇故事。

2710　恐怖宠物店 . 2/
〔日〕秋乃茉莉著；李英凤译 . —1 版 . 哈尔滨：哈尔滨出版社；2004.05. —1 册；20cm
ISBN 7 - 80699 - 191 - 3；12.00 元
本书为少年儿童卡通读物，介绍了宠物店发生的离奇故事。

2711　恐怖宠物店 . 3/
〔日〕秋乃茉莉著；许雨茵译 . —1 版 . 哈尔滨：哈尔滨出版社；2004.05. —1 册；20cm
ISBN 7 - 80699 - 192 - 1；12.00 元
本书为少年儿童卡通读物，介绍了宠物店发生的离奇故事。

2712　恐怖宠物店 . 4/
〔日〕秋乃茉莉著；刘姿君译 . —1 版 . 哈尔滨：哈尔滨出版社；2004.05. —1 册；20cm
ISBN 7 - 80699 - 193 - X；12.00 元
本书是少年儿童卡通读物，介绍宠物店发生的离奇故事。

2713　恐怖宠物店 . 5/
〔日〕秋乃茉莉著；陈玉华译 . —1 版 . 哈尔滨：哈尔滨出版社；2004.05. —1 册；20cm
ISBN 7 - 80699 - 194 - 8；12.00 元
本书是少年儿童卡通读物，介绍了宠物店发生的离奇故事。

2714　恐怖宠物店 . 6/
〔日〕秋乃茉莉著；高郁雯译 . —1 版 . 哈尔滨：哈尔滨出版社；2004.05. —1 册；20cm
ISBN 7 - 80699 - 195 - 6；12.00 元
本书是少年儿童卡通读物，介绍了宠物店发生的离奇故事。

2715　恐怖宠物店 . 7/
〔日〕秋乃茉莉著；高郁雯译 . —1 版 . 哈尔滨：哈尔滨出版社；2004.05. —1 册；20cm
ISBN 7 - 80699 - 196 - 4；12.00 元
本书是少年儿童卡通读物，介绍了宠物店发生的离奇故事。

2716　恐怖宠物店 . 8/
〔日〕秋乃茉莉著；高郁雯译 . —1 版 . 哈尔滨：哈尔滨出版社；2004.05. —1 册；20cm
ISBN 7 - 80699 - 197 - 2；12.00 元

本书为少年儿童卡通读物，介绍了宠物店发生的离奇故事。

2717　恐怖宠物店 . 9/
〔日〕秋乃茉莉著；高郁雯译 . —1 版 . 哈尔滨：哈尔滨出版社；2004.05. —1 册；20cm
ISBN 7 - 80699 - 198 - 0；12.00 元
本书为少年儿童卡通读物，介绍了宠物店发生的离奇故事。

2718　恐怖宠物店 . 10/
〔日〕秋乃茉莉著；高燕凤译 . —1 版 . 哈尔滨：哈尔滨出版社；2004.05. —1 册；20cm
ISBN 7 - 80699 - 199 - 9；12.00 元
本书为少年儿童卡通读物，介绍了宠物店发生的离奇故事。

2719　快乐怀孕，安心分娩/
〔日〕雨森良彦，〔日〕松本智惠子著；方琳琳译 . —1 版 . 杭州：浙江科学技术出版社；2004.06. —160 页；20cm. —（快乐育儿书系）
ISBN 7 - 5341 - 2351 - 8；15.00 元
本书分阶段介绍了妊娠中的母体和胎儿的情况、每个阶段应注意的事项等知识点，还详细介绍了分娩的过程及产后的生活注意要点。

2720　宽松的纽带/
〔日〕大江健三郎；郑民钦译 . —1 版 . 海口：南海出版公司；2004.05. —187 页；21cm
ISBN 7 - 5442 - 2706 - 5；22.00 元
本书是作者的散文集。

2721　窥视印度/
〔日〕妹尾河童著；姜淑玲译 . —1 版 . 北京：生活 · 读书 · 新知三联书店；2004.10. —281 页；20cm
ISBN 7 - 108 - 02142 - 0；18.00 元
本书是作者在印度旅游期间，以边走、边看、边画的形式来探究印度的建筑、宗教、历史、文化等。

2722　蜡笔小新贴纸绘画本 . 1/
〔日〕臼井仪人编绘，俞耀译 . —1 版 . 杭州：浙江人民美术出版社；2004.04. —1 册；26cm
ISBN 7 - 5340 - 1799 - 8；12.00 元
本书是一本能充分发挥孩子想象力的"贴纸绘画本"。

2723　蜡笔小新贴纸绘画本 . 2/
〔日〕臼井仪人编绘，俞耀译 . —1 版 . 杭州：浙

江人民美术出版社；2004.04.—1册；26cm

ISBN 7 - 5340 - 1800 - 5；12.00元

本书是一本能充分发挥孩子想象力的"贴纸绘画本"。

2724　蜡笔小新贴纸绘画本.3/

〔日〕白井仪人编绘，俞耀译.—1版.杭州：浙江人民美术出版社；2004.04.—1册；26cm

ISBN 7 - 5340 - 1801 - 3；12.00元

本书是一本能充分发挥孩子想象力的"贴纸绘画本"。

2725　蜡笔小新贴纸绘画本.4/

〔日〕白井仪人编绘，俞耀译.—1版.杭州：浙江人民美术出版社；2004.04.—1册；26cm

ISBN 7 - 5340 - 1802 - 1；12.00元

本书是一本能充分发挥孩子想象力的"贴纸绘画本"。

2726　兰亭序/

〔日〕佘雪曼编；林怀秋译.—1版.长沙：湖南美术出版社；2004.07.—88页；26cm.—（书法技法讲座）

ISBN 7 - 5356 - 2045 - 0；19.90元

此版为日本二玄社引进出版，原为日本高中及大学进修教材，是套难得的集学术和应用于一体的完美字帖及书法教材。

2727　蓝胡子/

〔日〕赤川次郎著；白淑娟译.—1版.深圳：海天出版社；2004.01.—225页；20cm.—（三姊妹侦探团系列）

ISBN 7 - 80697 - 065 - 7；15.00元

本书为儿童侦探小说。

2728　篮球/

〔日〕手冢政则著；李殿元译.—1版.长沙：湖南科学技术出版社；2004.07.—230页；13cm.—（体育系列丛书图解指导）

ISBN 7 - 5357 - 3970 - 9；11.00元

2729　朗格汉岛的午后/

〔日〕村上春树著；林少华译.—1版.上海：上海译文出版社；2004.01.—102页；20cm.—（村上春树文集）

ISBN 7 - 5327 - 3229 - 0；17.00元

本书是村上春树的随笔集，共25篇，内容各异，新奇有趣。

2730　老板，库存不好了/

〔日〕森田浩行著；〔日〕河源启明等译.—1版.

北京：中国财政经济出版社；2004.03.—141页；20cm

ISBN 7 - 5005 - 7072 - 4；15.00元

本书是中篇财经小说。

2731　乐饮四季中国茶：一位日本茶人眼中的中国茶/

〔日〕黄安希著；孙晓艳译.—1版.北京：生活·读书·新知三联书店；2004.04.—187页；20cm

ISBN 7 - 108 - 02036 - X；38.60元

本书以中国的二十四节气为主线将种类繁多的中国茶分置于四季之内品饮，并辅以与茶相关的中国风俗、诗词、茶具、茶食等内容的介绍。

2732　冷看 MBA：发现成功经营的秘诀/

〔日〕浜口直太著；王京译.—1版.北京：中华工商联合出版社；2004.01.—197页；20cm

ISBN 7 - 80193 - 055 - X；19.80元

作者在书中向读者介绍了在美国创业成功的经验和方法。

2733　礼仪基础：不同对象 不同场合 不同礼仪/

〔日〕金井良子著；万友，王莹译.—1版.北京：中国人民大学出版社；2004.11.—196页；19cm.—（白领礼仪丛书）

ISBN 7 - 300 - 05993 - 7；15.00元

本书介绍了日本的礼仪规范。

2734　立刻改变自己的五十五种方法/

〔日〕加藤由基雄著；刘轩译.—1版.天津：天津教育出版社；2004.01.—239页；19cm.—（幸福心灵系列丛书）

ISBN 7 - 5309 - 3894 - 0；12.80元

本书讲述了个人在实际工作中如何不断学习知识，提高实践能力，并从各方面完善自身，最终走向个人事业的成功的方法。

2735　立刻抓住机遇的九十种方法/

〔日〕森山进著；刘轩译.—1版.天津：天津教育出版社；2004.01.—225页；19cm.—（幸福心灵系列丛书）

ISBN 7 - 5309 - 3892 - 4；12.80元

本书以作者在生活和工作中的经历为基础，向读者讲述了在工作和生活中的一些处世方法和技巧以及如何抓住机遇的问题。

2736　立体的秘密/

〔日〕布施知子著；高嘉莲译.—天津：天津科技翻译出版公司，2004.08.—61页；19×21cm.—（快乐折纸系列）

ISBN 7 - 5433 - 1778 - 8；10.00 元

本书以图文的形式讲解了折纸的过程，详细解释了立体物件的折纸的方法和奥秘。

2737 立体造型折纸/

〔日〕布施知子著；高嘉莲译 . —天津：天津科技翻译出版公司，2004.08. —61 页；19 × 21cm. — （快乐折纸系列）

ISBN 7 - 5433 - 1778 - 8；10.00 元

本书通过简明的图解，生动的语言，精美的图片教给人们如何才能折出千变万化的立体造型折纸。

2738 例题解析电工电路 . 下/

〔日〕山口胜也著；秦晓平译 . —1 版 . 北京：科学出版社；2004.09. —391 页；20cm

ISBN 7 - 03 - 013523 - 7；25.00 元

本书以习题详解的方式，结合相关的图示，通俗易懂、有浅入深地介绍了傅里叶级数展开等。

2739 例题解析电子电路，数字篇/

〔日〕尾崎弘等编；张健琼，高志勇译 . —1 版 . 北京：科学出版社；2004.07. —275 页；20cm

ISBN 7 - 03 - 013580 - 6；23.00 元

本书是《例题解析电子电路——模拟篇》的姊妹篇。

2740 例题解析电子电路/

〔日〕尾崎弘等著；林鹏译 . —1 版 . 北京：科学出版社；2004.07. —213 页；20cm

ISBN 7 - 03 - 013170 - 3；20.00 元

本书通过大量的典型的例题解析相关内容，并且附有大量的练习题以及练习题解答。

2741 例题解析自动控制原理/

〔日〕明石一，〔日〕今井弘之著；吕砚山译 . —1 版 . 北京：科学出版社；2004.06. —415 页；20cm

ISBN 7 - 03 - 012982 - 2；28.00 元

本书收录了控制工程各领域的典型的例题，多达 227 道题。

2742 两个人/

〔日〕赤川次郎著；彭懿译 . —南宁：接力出版社；2004.10. —282 页；12 幅；20cm

ISBN 7 - 80679 - 588 - X；18.00 元

本书为日本青春幻想小说，描写一对姐妹的故事。

2743 两个伊达/

〔日〕松谷美代子著；彭懿译 . —南宁：接力出

版社；2004.10. —190 页；28 幅；20cm

ISBN 7 - 80679 - 589 - 8；13.00 元

本书是日本少年儿童幻想小说，曾获国际安徒生儿童文学奖。

2744 两秒的距离：海外版/

〔日〕折原美都著；叶荣鼎译；〔日〕折原美都绘 . —1 版 . 上海：少年儿童出版社；2004.08. —107 页；21cm. — （布格子丛书：海外版）

ISBN 7 - 5324 - 6198 - X；10.00 元

本套书是日本动漫画家和作家折原美都的作品，描写了初中生细腻的感情世界和丰富的学校生活。

2745 聆听的技巧/

〔日〕东山宏久著；红色旌旗译 . —1 版 . 北京：中国民族摄影艺术出版社；2004.05. —222 页；21cm

ISBN 7 - 80069 - 594 - 8；20.00 元

本书是一本实用的人际交往技巧指南方面的书。

2746 流浪猫悟求：心灵的微风/

〔日〕马尤托著；王隽斌译 . —1 版 . 上海：上海画报出版社；2004.06. —90 页；17 × 18cm

ISBN 7 - 80685256 - 5；28.00 元

本书以叙事诗歌的形式并配以图画来演绎"流浪猫"的童话故事。

2747 流浪猫悟求 PartII：爱的追求/

〔日〕马尤托著；王隽斌译 . —1 版 . 上海：上海画报出版社；2004.06. —178 页；17 × 18cm

ISBN 7 - 80685 - 256 - 5；28.00 元

本书以叙事诗歌的形式并配以图画来演绎"流浪猫"的童话故事。

2748 六朝帝陵/

〔日〕曾布川宽著；傅江译 . —1 版 . 南京：南京出版社；2004.09. —190 页；20cm

ISBN 7 - 80614929 - 5；20.00 元

本书对于六朝时期皇帝陵前石兽和墓葬中的壁画进行了系统、全面的梳理和研究。

2749 龙子太郎/

〔日〕松谷美代子著；袁建财改编 . —1 版 . 北京：金城出版社；2004.05. —138 页；21cm. — （儿童文学名著童话集）

ISBN 7 - 80084 - 593 - 1；12.00 元

本书为儿童拼音读物。

2750 龙子太郎/

〔日〕松谷美代子著；朱自强译 . —南宁：接力

出版社；2004. 10. —151 页；36 幅；20cm

ISBN 7 - 80679 - 591 - X；11.00 元

本书是根据民间故事改编的童话。

2751　鲁迅·革命·历史：丸山升现代中国文学论集/

〔日〕丸山升著；王俊文译.—北京：北京大学出版社；2004. 11. —407 页；20cm. —（文学史研究丛书）

ISBN 7 - 301 - 09853 - 7；30.00 元

本书收录了日本汉学界著名学者丸山升的 16 篇论文，围绕鲁迅与革命文学的关系。

2752　妈妈宝典：Baby 的急救箱/

〔日〕川胜岳夫著；徐华瑛译.—1 版.北京：北京科学技术出版社；2004. 09. —225 页；23cm

ISBN 7 - 5304 - 3020 - 3；29.80 元

本书介绍了 20 余种婴幼儿常见病的病因、鉴别、家庭治疗用药等。

2753　卖场设计 151 个诀窍/

〔日〕甲田右三著；于广涛译.—1 版.北京：科学出版社；2004. 07. —150 页；20cm. —（职场实战图解）

ISBN 7 - 03 - 013394 - 3；16.00 元

2754　曼特莱斯情人/

〔日〕渡边淳一著；祝子平译.—2 版.上海：上海文艺出版社；2004. 01. —322 页；20cm

ISBN 7 - 5321 - 2145 - 3；19.00 元

本书为长篇小说。

2755　美丽的日本观光游/

〔日〕田崎亨编著；刘建生，邢钢译.—1 版.北京：中国书籍出版社；2004. 10. —153 页；26cm

ISBN 7 - 5068 - 1244 - 4；29.80 元

本书以图文形式详细介绍了日本观光的 30 个地方，及日本的乡土风味和 10 条去日本的旅游热线。

2756　美丽瑜伽时间/

〔日〕深堀真由美著；沈杰译.—1 版.北京：中国轻工业出版社；2004. 10. —119 页；14cm. —（魅力 BOOK）

ISBN 7 - 5019 - 4517 - 9；18.00 元

2757　美女入门.2/

〔日〕林真理子著；田威，徐英东译.—1 版.桂林：漓江出版社；2004. 05. —224 页；21cm. —（林真理子精品系列/王建康，石观海主编）

ISBN 7 - 5407 - 3169 - 9；20.00 元

本书为日本重要作家林真理子畅销时尚随笔。

2758　美女与野兽/

〔日〕安德鲁·朗著；袁建财改编.—1 版.北京：金城出版社；2004. 05. —138 页；21cm. —（儿童文学名著童话集）

ISBN 7 - 80084 - 593 - 1；12.00 元

本书为儿童拼音读物。

2759　美日科技报道史话/

〔日〕本田一二著；刘明华译.—1 版.北京：新华出版社；2004. 09. —366 页；20cm

ISBN 7 - 5011 - 6762 - 1；21.00 元

本书详细介绍了美日两国科技发展道路和科技传播活动，及他们从事科技报道的理念、采写技巧新闻的方法等。

2760　美味果酒养生药酒 150 种：自己动手浸泡出无糖果酒药酒/

〔日〕秋本由纪子著；张文静，王铁桥译.—1 版.郑州：河南科学技术出版社；2004. 08. —175 页；20cm

ISBN 7 - 5349 - 3104 - 5；24.00 元

2761　美语走天下.应急篇/

〔日〕山下马努著；汪晋，田洪玉译.—北京：外语教学与研究出版社；2004. 10. —201 页；19cm

ISBN 7 - 5600 - 3898 - 0；7.90 元

本书精选了海外旅行各种场合下经常出现的问题以及解决这些问题的英语会话。

2762　《蒙古秘史》研究：蒙古文/

〔日〕吉田顺一著；青格力等译.—北京：民族出版社；2005. 07. —437 页；20cm. —（国外蒙古学优秀论著选）

ISBN 7 - 105 - 0 - 7167 - 2；28.00 元

本书是日本著名蒙古学家吉田顺一多年的研究成果之精华。

2763　迷宫，2 岁/

〔日〕多湖辉主编；俞耀译.—1 版.杭州：浙江人民美术出版社；2004. 06. —64 页；26cm. —（多湖辉新头脑开发）

ISBN 7 - 5340 - 1803 - X；13.80 元

本书是为了培养幼儿写字和绘画的"运笔能力"和"集中能力"而编写的。

2764　迷宫，4 岁/

〔日〕多湖辉主编；俞耀译.—1 版.杭州：浙江人

民美术出版社；2004.06.—64 页；26cm. —（多湖辉新头脑开发）

ISBN 7 - 5340 - 1805 - 6；13.80 元

本书是为了培养幼儿写字和绘画的"运笔能力"和"集中能力"而编写的。

2765 迷宫，5岁/

〔日〕多湖辉主编；俞耀译 . —1 版 . 杭州：浙江人民美术出版社；2004.06.—64 页；26cm. —（多湖辉新头脑开发）

ISBN 7 - 5340 - 1806 - 4；13.80 元

本书是为了培养幼儿写字和绘画的"运笔能力"和"集中能力"而编写的。

2766 秘书的理论与实践/

〔日〕田中笃子著；谭一平译 . —1 版 . 北京：高等教育出版社；2004.06.—223 页；23×15cm

ISBN 7 - 04 - 014183 - 3；28.00 元

本书是日本文秘专业引进版教材。

2767 民法总论/

〔日〕大村敦志著；江溯，张立艳译 . —1 版 . 北京：北京大学出版社；2004.10.—143 页；23×15cm

ISBN 7 - 301 - 07870 - 6；20.00 元

作者回溯了历史上各个阶段发展的脉络，总结各个时期各个学派对现世影响及引进西方法学流派在日本的作用和弊端，展望了未来发展的方向。

2768 民族的世界地图/

〔日〕21 世纪研究会著；冷茹冰译 . —北京：国际文化出版公司，2004.12.—218 页；21cm

ISBN 7 - 80173 - 337 - 1；18.00 元

本书从民族的特征，民族和语言，民族与宗教等方面介绍了世界的民族情况。

2769 明清的戏曲：江南宗族社会的表象/

〔日〕田仲一成著；云贵彬，王文勋译 . —1 版 . 北京：北京广播学院出版社；2004.01.—338 页；20cm. —（戏剧戏曲学书系/周华斌主编）

ISBN 7 - 81085 - 149 - 7；25.00 元

本书从明清以来戏曲如何表现江南地区特有的宗族社会理念之视角，概要考察了江南地区在明清时期的演剧空间及其产生的吸取作品的性质。

2770 模仿犯/

〔日〕宫部美幸著；胡燕，韦和平，乔君译 . —1 版 . 北京：中国友谊出版公司；2004.07.—570 页；20cm

ISBN 7 - 5057 - 2015 - 5；36.00 元

本书是长篇侦探小说。

2771 魔窟：日本细菌战部队的可怕真相/

〔日〕森村诚一著；郑在钦译 . —1 版 . 北京：群众出版社；2004.01.—3 册；19cm

ISBN 7 - 5014 - 3019 - 5；35.00 元

本书是纪实文学。

2772 魔术折纸/

〔日〕桃谷好英著；高嘉莲译 . —天津：天津科技翻译出版公司，2004.08.—69 页；19×21cm. —（快乐折纸系列）

ISBN 7 - 5433 - 1778 - 8；10.00 元

本书可供父母与孩子一起折叠各种造型，在娱乐中锻炼孩子的动手、动脑能力。

2773 内部组织的经济学/

〔日〕今井贤一等著；金洪云译 . —1 版 . 北京：生活·读书·新知三联书店；2004.04.—182 页；20cm. —（日本经济学名著译丛）

ISBN 7 - 108 - 02092 - 0；15.00 元

本书为企业管理学著作。

2774 内向所以成功/

〔日〕榎本博明著；于广涛译 . —1 版 . 北京：科学出版社；2004.09.—220 页；20cm. —（职场实战图解）

ISBN 7 - 03 - 013817 - 1；18.00 元

很多人都认为性格内向是个弱点，其实并非如此。

2775 那又怎么样/

〔日〕渡边淳一著；冯芳译 . —1 版 . 北京：文化艺术出版社；2004.01.—396 页；22cm

ISBN 7 - 5039 - 2482 - 9；26.00 元

本书为长篇小说。

2776 男人和女人的故事：日本古典文学鉴赏/

〔日〕山口仲美著；张龙妹译 . —1 版 . 北京：商务印书馆；2004.12.—384 页；20cm

ISBN 7 - 100 - 03684 - 4；21.00 元

本书是一本日本古典文学鉴赏的入门读物。

2777 男人为什么觉得女人傻/

〔日〕岩月谦司著；季云译 . —1 版 . 海口：南海出版公司；2004.08.—202 页；19cm

ISBN 7 - 5442 - 2897 - 5；18.00 元

本书专门研究女性心理的本质特点，探讨了女性

的情感需求和对职业的态度，女性记忆和直觉
的优点等。

2778 你的宝宝可以更聪明：如何激发 0～2 岁宝宝的智能/
〔日〕久保田竞著；陈越译．—1 版．杭州：浙江科学技术出版社；2004.06．—158 页；21cm．—（快乐育儿书系）
ISBN 7 - 5341 - 2345 - 3；15.00 元
本书针对每个阶段宝宝的发育情况，大量地介绍了各种为促进宝宝的智力发育而给予种种刺激的方法。

2779 你看起来好像很好吃/
〔日〕宫西达也编绘；杨文译．—1 版．北京：北京少年儿童出版社；2004.06．—1 册；26cm．—（蒲蒲兰文库）
ISBN 7 - 5301 - 1203 - 1；8.00 元

2780 逆袭的夏亚/
〔日〕矢立肇，〔日〕富野由悠季原著；〔日〕鸨田洸一绘；鞠慧娟译．—南宁：接力出版社；2004.09．—1 册；19cm．—（机动战士高达系列）
ISBN 7 - 80679 - 440 - 9；8.80 元
本书为漫画连环画。

2781 拈花微笑：松本杏花俳句选集/
〔日〕松本杏花著；叶宗敏，王大钧译．—1 版．南京：译林出版社；2004.12．—206 页；19cm．—（和歌俳句丛书）
ISBN 7 - 80657 - 716 - 5；14.00 元
本书收录了松本杏花创作的 200 首俳句。

2782 鸟/
〔日〕学习研究社著；石树人，周立志，刘晓春译．—1 版．郑州：河南科学技术出版社；2004.06．—184 页；29cm．—（新视野百科图鉴）
ISBN 7 - 5349 - 2993 - 8（精装）；98.00 元
本书介绍了以日本为中心的鸟的分布、鸟的形态、生活习性等。

2783 鸟类折纸/
〔日〕桃谷好英著；高嘉莲译．—天津：天津科技翻译出版公司，2004.08．—68 页；19×21cm．—（快乐折纸系列）
ISBN 7 - 5433 - 1778 - 8；10.00 元
本书主要介绍了如何利用纸张来表现各种鸟儿的特殊形态，以及如何折出活灵活现的可爱鸟儿。

2784 女人的心计/
〔日〕左藤正午著；赵梦云译．—1 版．上海：上海文化出版社；2004.11．—221 页；20cm
ISBN 7 - 80646 - 666 - 5；15.00 元
本书为长篇小说。书中以推理形式描写了一对日本青年男女渗透哀怨的爱情悲剧。

2785 女王谷：东女国残影：汉英日对照/
〔日〕大川健三摄．—成都：四川民族出版社；2004.03．—20 页；19×26cm
ISBN 7 - 5409 - 2920 - 0；30.00 元
本书以精美的风光摄影图片再现了丹巴这片土地上曾经拥有的古文明痕迹，图片以古碉楼、壁画居多。

2786 女性年轻 10 岁的 50 个习惯/
〔日〕中山庸子著；黄亚丽，郭勇译．—1 版．北京：金城出版社；2004.05．—200 页；21cm
ISBN 7 - 80084 - 602 - 4（精装）；18.00 元
作者通过自身体验和感悟，总结了 50 个良好的生活习惯。

2787 挪威没有森林/
〔日〕福原爱姬著；若彤译．—1 版．呼和浩特：远方出版社；2004.05．—216 页；20cm
ISBN 7 - 80595 - 934 - X；16.80 元
本书作者以凄美的情调续写了《挪威的森林》，并充满感情地宣称，本书是她写给村上春树的公开情书。

2788 偶人馆之谜/
〔日〕绫辻行人著；龚志明译．—1 版．珠海：珠海出版社；2004.04．—254 页；20cm．—（绫辻行人推理小说集；4）
ISBN 7 - 80689 - 198 - 6；15.00 元
本书为日本侦探推理小说，讲述一个画家继承了父亲的祖屋，从此步入一个恐怖的世界。

2789 噼里啪啦.2，我去刷牙/
〔日〕佐佐木洋子编绘；张慧荣译．—南昌：二十一世纪出版社；2004.12．—23 页；20cm
ISBN 7 - 5391 - 2599 - 3；9.80 元

2790 噼里啪啦.3，我要洗澡/
〔日〕佐佐木洋子编绘；张慧荣译．—南昌：二十一世纪出版社；2004.12．—23 页；20cm
ISBN 7 - 5391 - 2599 - 3；9.80 元

2791 噼里啪啦.4，你好/
〔日〕佐佐木洋子编绘；张慧荣译．—南昌：二

十一世纪出版社；2004.12.—23 页；20cm
ISBN 7-5391-2599-3；9.80 元

2792 噼里啪啦.5,草莓点心/
〔日〕佐佐木洋子编绘；张慧荣译.—南昌：二
十一世纪出版社；2004.12.—23 页；20cm
ISBN 7-5391-2599-3；9.80 元

2793 噼里啪啦.6,车来了/
〔日〕佐佐木洋子编绘；张慧荣译.—南昌：二
十一世纪出版社；2004.12.—23 页；20cm
ISBN 7-5391-2599-3；9.80 元

2794 噼里啪啦.7,我喜欢游泳/
〔日〕佐佐木洋子编绘；张慧荣译.—南昌：二
十一世纪出版社；2004.12.—23 页；20cm
ISBN 7-5391-2599-3；9.80 元

**2795 屁股上长出了尾巴＝山中恒校园成长童
话/**
〔日〕山中恒著；叶荣鼎译.—1 版.成都：四川少
年儿童出版社；2004.01.—141 页；19cm.—（山中
恒校园成长童话）
ISBN 7-5365-3119-2；9.00 元

2796 漂亮的装饰结/
〔日〕桥田正园著；尤维芬译.—1 版.杭州：
浙江科学技术出版社；2004.04.—157 页；26cm
ISBN 7-5341-1642-2；24.00 元
本书通过图和详细的文字说明介绍了装饰结的
做法。

2797 品质管理实战精要/
〔日〕馆义之著；周庆龄，姚晓东译.—1 版.
北京：北京大学出版社；2004.06.—205 页；23
×15cm
ISBN 7-301-07443-3；28.00 元
本书抓住质量管理的基本，以 TQM 的观点为中
心，从具体操作上解说了质量管理的基本内容
和一系列的经营改善方法。

2798 乒乓球/
〔日〕长谷川信彦；〔日〕西田昌宏著；李殿元
译.—1 版.长沙：湖南科学技术出版社；2004.
07.—230 页；13cm.—（体育系列丛书图解指导）
ISBN 7-5357-4018-9；11.00 元

2799 企业国际经营策略/
苏勇，〔日〕原口俊道，〔日〕国崎威宣主编.—
1 版.上海：复旦大学出版社；2004.12.—378

页；21cm.—（亚东经济国际学会研究丛书；6）
ISBN 7-309-04286-7；22.00 元
本书介绍企业国际经营的策略、成功的经验等比
较研究。

2800 启程的日子/
〔日〕折原美都著；叶荣鼎译；〔日〕折原美都
绘.—1 版.上海：少年儿童出版社；2004.08.—
108 页；21cm.—（布格子丛书：海外版）
ISBN 7-5324-6199-8；10.00 元
本套书是日本动漫画家和作家折原美都的作品，
描写了初中生细腻的感情世界和丰富的学校
生活。

2801 启蒙英语，5～6 岁/
〔日〕多湖辉主编；俞耀译.—1 版.杭州：浙江
人民美术出版社；2004.06.—64 页；26cm.—
（多湖辉新头脑开发）
ISBN 7-5340-1809-9；13.80 元
本书出现了在孩子们身边接触得到的 40 个英语
单词，通过插图和单词的组合，再加上不断的游
戏接触，让孩子能够从视觉上认识这些英语
单词。

2802 前列腺疾病/
〔日〕出口修宏著；黄岩，辛丽译.—1 版.福州：
福建科学技术出版社；2004.05.—180 页；21cm.—
（家庭保健自助系列）
ISBN 7-5335-2294-X；16.00 元
本书介绍前列腺增生、前列腺炎、前列腺癌的
治疗。

2803 青果/
〔日〕林真理子著；石不石译.—1 版.桂林：漓
江出版社；2004.05.—239 页；20cm.—（林真理
子精品系列）
ISBN 7-5407-3165-6；16.50 元
本书是林真理子最受欢迎的情感小说。

2804 轻松售楼/
〔日〕丸山景石著；冯建超，赵儒煜译.—1 版.
北京：科学出版社；2004.07.—183 页；20cm.—
（职场实战图解）
ISBN 7-03-013220-3；16.00 元
本书是"走向出类拔萃"系列丛书"营销篇"
之一。

2805 情书：岩井俊二经典作品/
〔日〕岩井俊二著；穆晓芳译.—1 版.天津：天津
人民出版社；2004.07.—256 页；20cm.—（新经典

文库）

ISBN 7 - 201 - 04816 - 3；18.00 元

本书是长篇小说，两个同名同姓的滕井树，一段昔日真挚的感情，在鱼雁往返的情书交流中，爱情被唤醒。

2806 趣味图解生物实验/

〔日〕福屿叶子著；杨廷梓，杨尊译 . —1 版 . 北京：华夏出版社；2004.01. —172 页；20cm. — （阿童木博士理科学习漫画）

ISBN 7 - 5080 - 3379 - 5；126.00 元（全套 11 册）

本丛书是由日本著名漫画家手冢治虫及其弟子石森章太郎等编绘的学习漫画系列。

2807 趣味心理色彩：神奇守护色/

〔日〕北条优利亚著；李伟，刘思捷译 . —1 版 . 北京：中国民族摄影艺术出版社；2004.08. —131 页；21cm

ISBN 7 - 80069 - 608 - 1；24.00 元

本书是一本从心理学、艺术审美角度介绍颜色对于人的日常生活的影响和社会活动的作品。

2808 犬夜叉：高桥留美子原画全集：动画片《犬夜叉》的世界/

〔日〕高桥留美子等著；碧日译 . —1 版 . 南昌：二十一世纪出版社；2004.08. —159 页；23×19cm

ISBN 7 - 5391 - 2665 - 5；25.00 元

本书收录了《犬夜叉》中部分精彩章节，介绍了将漫画制成动画的一些过程。

2809 让健康伴随更年期/

〔日〕丸本百合子著；张文静，王铁桥译 . —1 版 . 郑州：河南科学技术出版社；2004.01. —151 页；20cm

ISBN 7 - 5349 - 3003 - 0；18.00 元

本书向广大即将面临更年期的女性朋友介绍了顺利、轻松、健康度过更年期的各种知识。

2810 人名的世界地图/

〔日〕21 世纪研究会著；王珊译 . —北京：国际文化出版公司，2004.12. —242 页；21cm

ISBN 7 - 80173 - 332 - 0；18.00 元

本书试着深入到人名之河的河底，来探寻其中所蕴含的深刻奥秘。

2811 人生百年 我的诀窍/

〔日〕日野原重明著；张正军译 . —1 版 . 昆明：云南人民出版社；2004.02. —184 页；19cm

ISBN 7 - 222 - 03700 - 4；13.80 元

这是一本颇有感召力的中老年读本，关怀中老年人的心理和精神状态的健康问题。

2812 人生地理学/

〔日〕木口常三朗著；陈莉，易凌峰译 . —1 版 . 上海：复旦大学出版社；2004.07. —276 页；20cm

ISBN 7 - 309 - 04148 - 8；40.00 元

本书从人的生活或人与自然的关系诠释了地理学知识，阐明了地理学与人的生活幸福是密切相关的。

2813 人生十八局：现在我将这样下/

〔日〕吴清源著；刘林译 . —1 版 . 北京：中信出版社；2004.04. —290 页；25×18cm

ISBN 7 - 80073 - 849 - 3 （精装）；48.00 元

本书是围棋大师吴清源回顾一生中最精彩的 18 盘对局的自战解说。

2814 日本二十一世纪的国家战略/

〔日〕中曾根康弘著；联慧译 . —1 版 . 海口：海南出版社：三环出版社；2004.03. —277 页；20cm

ISBN 7 - 80700 - 035 - X；20.00 元

本书体现了日本自民党内以中曾根康弘为代表的一些人的国家战略思想。

2815 日本留学考试标准试题集：日文/

〔日〕新试验研究小组著；贾杰译 . —北京：外语教学与研究出版社；2004.11. —172 页；20cm +光盘 1 张

ISBN 7 - 5600 - 4542 - 1；14.90 元

本书分别举例介绍了各部分的题型和解答技巧。

2816 日本留学考试标准试题集：听解试题/

〔日〕新试验研究小组著 . —1 版 . 北京：外语教学与研究出版社；2004.11. —150 页；21cm +光盘 2 张

ISBN 7 - 5600 - 4546 - 4；16.90 元

2817 日本留学面试全攻略/

〔日〕目黑真实著；姚莉萍译 . —1 版 . 北京：外语教学与研究出版社；2004.04. —309 页；20cm

ISBN 7 - 5600 - 3807 - 7；14.90 元

2818 日本妈妈育儿完全手册/

〔日〕泉美智子著；柯克雷译 . —1 版 . 南昌：二十一世纪出版社；2004.05. —249 页；19cm

ISBN 7 - 5391 - 2553 - 5；15.00 元

本书由日本小学馆引进，是一本关于育儿知识的书籍。

2819　日本名作高效阅读／
〔日〕平野芳巳；吴小璀，吴珺编著．—1 版．北京：中国宇航出版社；2004.06.—374 页；20cm
ISBN 7 - 80144 - 791 - 3；21.80 元
本书将日本的古代和近现代具有代表性的 27 篇名作缩写成每篇约 2000～3000 字的作品。

2820　日本人生活全接触／
〔日〕板坂元著；〔日〕关正昭编；翁丽霞译．—北京：外语教学与研究出版社；2004.12.—268 页；26cm
ISBN 7 - 5600 - 3981 - 2；26.90 元
本书以日本人的一天、一年和一生为主线详细介绍了日本人的日常生活及作为日本人生活背景的政治、经济、文化、产业技术等。

2821　日本社会文化解读／
王秀文，金山，〔日〕山鹿晴美编．—1 版．大连：大连理工大学出版社；2004.08.—264 页；26cm
ISBN 7 - 5611 - 2559 - 3；30.00 元
本书从日本的社会和文化角度让学习者全面了解日本，结构较为简单。

2822　日本诗歌的传统：七与五的诗学／
〔日〕川本皓嗣著；王晓平，隽雪艳，赵怡译．—1 版．南京：译林出版社；2004.03.—446 页；20cm
ISBN 7 - 80657 - 734 - 3；29.80 元
本书以"和歌"和"三五七"韵律节奏作为核心，在世界文化的视野中，阐述了日本和歌形成的民族特征和内含的世界性意义。

2823　日本税法／
〔日〕金子宏著；战宪斌等译．—1 版．北京：法律出版社；2004.03.—587 页；21cm.—（日本法学教科书译丛）
ISBN 7 - 5036 - 4755 - 8；38.00 元
本书是一部著名的日本税法方面的高校教科书。

2824　日企商务礼仪实例／
〔日〕佐井智勇编著．—1 版．上海：上海世界图书出版公司；2004.01.—207 页；23cm
ISBN 7 - 5062 - 6198 - 7；25.00 元
本书着重介绍了日本企业的商务礼仪。

2825　日式实用全身按摩／
〔日〕黑须幸男编；刘颖译．—1 版．北京：中华工商联合出版社；2004.01.—219 页；20cm
ISBN 7 - 80193 - 021 - 5；18.00 元
本书介绍了近年来日本风行的全身按摩方法。

2826　日语标记规范辞典／
〔日〕岛田昌彦编．—1 版．大连：大连理工大学出版社；2004.10.—564 页；19cm
ISBN 7 - 5611 - 2693 - X（精装）；38.00 元
本书收入了 1022 个日语常用汉字假名，记录应如何正确书写和使用这些文字。

2827　日语病句解析 120 例／
寇芙蓉，〔日〕峰岸朋子，费建华编著．—1 版．上海：上海译文出版社；2004.05.—439 页；19cm
ISBN 7 - 5327 - 3320 - 3；25.00 元
本书针对中国人学习日语时会常犯的各类错误，做精当的讲解，并给出正确的表达形式。

2828　日语探肆／
〔日〕池上彰著；皮细庚译．—1 版．上海：上海译文出版社；2004.03.—196 页；18cm.—（日语学习文库）
ISBN 7 - 5327 - 3270 - 3；12.00 元
本书作者通过对日语中一个个问题的剖析，重新确定了日语作为一种语言存在的必要性并指出语言的变迁是其生命力的体现。

2829　日语新干线 . 34／
〔日〕ALC 出版社著；黄文明译．—北京：外语教学与研究出版社；2004.09.—138 页；26cm
ISBN 7 - 5600 - 4234 - 1；27.90 元
本书从语言知识和社会文化知识方面，全面地展现日语以及日本社会的情况。

2830　日语新干线 . 35／
〔日〕ALC 出版社著；黄文明译．—北京：外语教学与研究出版社；2004.10.—126 页；26cm
ISBN 7 - 5600 - 4408 - 5；28.90 元
本书从语言知识和社会文化知识方面，全面地展现日语以及日本社会的情况。

2831　日中战争中悲哀的军队：搜寻父亲记忆的旅行／
〔日〕加藤克子著；步平译．—1 版．北京：中国广播电视出版社；2004.01.—229 页；20cm
ISBN 7 - 5043 - 4162 - 2（精装）；40.00 元

2832　如何实施正确的生产管理／
〔日〕木村博光著；刘蔚三，李坤堂译．—1 版．北京：北京大学出版社；2004.05.—303 页；23×15cm
ISBN 7 - 301 - 07285 - 6；38.00 元
本书重点介绍了 5S、目标管理以及消除浪费等非常朴素却又行之有效的技巧、方法。

2833　如何造就高绩效员工：培养部属的 OJT 法/
〔日〕小山俊著；胡秀聪译．—1 版．北京：北京大学出版社；2004.09．—119 页；23cm
ISBN 7 – 301 – 07670 – 3；18.00 元
本书主要介绍了 OJT 的理论、技巧及其如何有计划地加以实施。

2834　三角龙的大反击/
〔日〕黑川三广编绘；尹鹏，刘铁成译．—长春：吉林文史出版社；2004.10．—39 页；28cm．—（史前恐龙战记系列）
ISBN 7 – 80626 – 779 – 4；6.90 元

2835　三角龙勇闯迷宫/
〔日〕黑川三广编绘；尹鹏，刘文娟译．—长春：吉林文史出版社；2004.10．—24 页；28cm．—（史前恐龙战记系列）
ISBN 7 – 80626 – 779 – 4；6.90 元

2836　三角龙与空中敌人/
〔日〕黑川三广编绘；尹鹏，刘铁成译．—长春：吉林文史出版社；2004.10．—39 页；28cm．—（史前恐龙战记系列）
ISBN 7 – 80626 – 779 – 4；6.90 元

2837　三角龙与恐怖的暴龙大王/
〔日〕黑川三广编绘；尹鹏，刘铁成译．—长春：吉林文史出版社；2004.10．—39 页；28cm．—（史前恐龙战记系列）
ISBN 7 – 80626 – 779 – 4；6.90 元

2838　三木稔古筝作品集/
〔日〕三木稔作曲．—1 版．北京：人民音乐出版社；2004.03．—176 页；29cm
ISBN 7 – 103 – 02815 – X；36.00 元
本书收入了七首古筝作品，这些作品是古筝创作中传统与现代的完美结合。

2839　三木稔琵琶作品集/
〔日〕三木稔作曲．—1 版．北京：人民音乐出版社；2004.03．—150 页；26cm
ISBN 7 – 103 – 02836 – 2；38.00 元
本书中收录的 6 首琵琶曲的创作都是传统与现代的完美结合。

2840　色彩打造美人/
〔日〕佐藤泰子著．—1 版．石家庄：河北人民出版社；2004.10．—125 页；26cm．—（西蔓色彩时代）
ISBN 7 – 202 – 03111 – 6；40.00 元
本书运用"四季色彩理论"，针对中国女性的体貌肤色特征，说明中国女性在着装方面如何进行色彩搭配、如何注意衣着款式等问题。

2841　色彩使我时尚/
〔日〕佐藤泰子著．—1 版．石家庄：河北人民出版社；2004.10．—125 页；26cm．—（西蔓色彩时代）
ISBN 7 – 202 – 03007 – 1；40.00 元
本书运用"四季色彩理论"，针对中国女性的体貌肤色特征，说明中国女性在着装方面如何进行色彩搭配、如何注意衣着款式等问题。

2842　莎娜的红毛衣/
〔日〕成田雅子编绘，杨文译．—1 版．北京：北京少年儿童出版社；2004.06．—1 册；26cm．—（蒲蒲兰文库）
ISBN 7 – 5301 – 1198 – 1；7.20 元

2843　莎娜的雪火车/
〔日〕成田雅子编绘，杨文译．—1 版．北京：北京少年儿童出版社；2004.06．—1 册；26cm．—（蒲蒲兰文库）
ISBN 7 – 5301 – 1197 – 3；7.20 元

2844　山本五十六/
〔日〕加藤正秀著；郭宏军编译．—1 版．北京：京华出版社；2004.01．—543 页；21cm + 光盘 1 张．—（第二次世界大战十大名将丛书）
ISBN 7 – 80600 – 838 – 1；28.80 元
本书以翔实的资料记述了山本五十六的一生，特别是他的军事生涯，客观地反映了他的军事思想和军事才能。

2845　商品流通/
〔日〕石原武政，〔日〕加藤司著；吴小丁等译，日本大阪市立大学商学部编．—1 版．北京：中国人民大学出版社；2004.12．—210 页；23cm．—（管理学研究生参考书系）
ISBN 7 – 300 – 05953 – 8；25.00 元
本书概述了商品流通的基本理论。

2846　蛇与十字架人类/
〔日〕安田喜宪著；王秀文译．—1 版．北京：世界知识出版社；2004.01．—227 页；20cm
ISBN 7 – 50122098 – 0；18.00 元
本书对东西方文明做了概括性比较研究。

2847　深见东州：油画、水彩、丙烯、色笔、墨彩、书法·陶艺创作/
〔日〕深见东州绘．—1 版．北京：文化艺术出

版社；2004.05.—133 页；33cm
ISBN 7-5039-2541-8（精装）；380.00 元
本画册系日本画家深见东州的部分作品选录，取材广泛，以自然山水为主。

2848 神奇的蓝色水桶/
〔日〕成田雅子编绘，杨文译．—1 版．北京：北京少年儿童出版社；2004.06.—1 册；26cm．—（蒲蒲兰文库）
ISBN 7-5301-1199-X；7.20 元

2849 生物的超能力/
〔日〕太田次郎著；邱璐译．—1 版．上海：百家出版社；2004.12.—171 页；20cm
ISBN 7-80703-216-2；16.00 元
本书是关于生物超能力的科普书。

2850 生物高分子.1，生物系统与生物工程法生产/
〔日〕多伊，〔德〕斯泰因布歇尔主编；陈国强等译．—1 版．北京：化学工业出版社；2004.07.—479 页；24cm．—（生物高分子）
ISBN 7-5025-5067-4（精装）；98.00 元
本卷介绍了由细菌和真核生物合成的聚酯。

2851 生物高分子.3/
〔日〕土肥義治，〔德〕斯泰因布歇尔主编；陈国强等译．—1 版．北京：化学工业出版社；2004.07.—461 页；24×17cm．—（生物高分子；4）
ISBN 7-5025-5524-2（精装）；95.00 元
本书介绍了生物合成、半人工合成和完全人工合成的应用和商业制品。

2852 生行莫入，熟行莫出：择业心理学/
〔日〕田崎仁著；陆求实译．—1 版．上海：文汇出版社；2004.05.—244 页；14cm．—（文汇译丛·生活）
ISBN 7-80676-600-6；12.00 元
本书以职业能力倾向测试为基础，分析了人们的智能、适应性等各项心理指标，并给出选择职业的建议。

2853 失魂家族：家庭心理病理/
〔日〕大原健士郎著；卢冬丽译．—1 版．上海：文汇出版社；2004.05.—220 页；14cm．—（文汇译丛·生活）
ISBN 7-80676-581-6；12.00 元
本书是讲述家族心理疾病遗传特质的心理通俗读物，科学性、通俗性并重。

2854 十周步行瘦身法/
〔日〕服部利夫著．—1 版．北京：北京科学技术出版社；2004.09.—172 页；20cm
ISBN 7-5304-3024-6；18.00 元
本书介绍了利用最常用的运动方式——走路进行瘦身的方法。

2855 时间，5~6 岁/
〔日〕多湖辉主编；俞耀译．—1 版．杭州：浙江人民美术出版社；2004.06.—64 页；29cm．—（新头脑开发丛书）
ISBN 7-5340-1808-0；13.80 元
本书通过愉快的学习过程，培养孩子关于时间的知识。

2856 识破谎言＝职场实战图解/
〔日〕桦旦纯著；陈刚译．—1 版．北京：科学出版社；2004.09.—185 页；20cm．—（职场实战图解）
ISBN 7-03-013819-8；18.00 元

2857 实用日语写作教程/
王秀文，〔日〕山鹿晴美编著；张红，张宁译．—1 版．北京：外语教学与研究出版社；2004.02.—292 页；26cm
ISBN 7-5600-3752-6；24.90 元
本稿是为日语教学工作所编写的写作教程，已经历了半年多的教学实践和修改。

2858 实用饲养栽培图鉴/
〔日〕有泽重雄著；〔日〕月本佳代美绘；张义素，高海宽译．—南宁：接力出版社；2004.09.—381 页；20cm．—（实用百科图鉴系列）
ISBN 7-80679-498-0；29.00 元
本书由饲养和栽培两大块构成。

2859 实用自然图鉴/
〔日〕里内蓝编；〔日〕松冈达英绘；蔡山帝，余祖发译．—南宁：接力出版社；2004.09.—371 页；20cm．—（实用百科图鉴系列）
ISBN 7-80679-497-2；29.00 元
这是一本培养孩子们热爱大自然，提高孩子们动手动脑能力，对身边的自然现象进行兴趣研究的图文并茂工具书。

2860 世界尽头与冷酷仙境/
〔日〕村上春树著；林少华译．—1 版．上海：上海译文出版社；2004.06.—450 页；20cm．—（村上春树文集）
ISBN 7-5327-3508-7（精装）；32.00 元

2861　世界咖啡饮料大全／
〔日〕柄沢和雄著；王永泽译．—1版．上海：世界图书出版公司；2004.01.—210页；20cm.—（世图生活资讯库）
ISBN 7－5062－6244－4（精装）；58.00元
本书汇集了200多种世界著名的咖啡和饮料的制作方法。

2862　手足穴位巧按摩／
〔日〕堤芳郎著；刘颖译．—1版．北京：中华工商联合出版社；2004.01.—219页；20cm
ISBN 7－80193－020－7；18.00元
本书用科学而形象的语言与图示教会人们如何通过刺激手脚穴位来促进血液循环增强自身体制。

2863　首席推销员的习惯／
〔日〕鹤田慎一著；雷鸣，付黎旭译．—1版．北京：北京大学出版社；2004.04.—122页；24cm
ISBN 7－301－07003－9；18.00元
本书将内容划分为"观念篇"和"行动篇"两篇，分别介绍了"锻炼营销头脑"和"磨炼营销手段"的方法。

2864　瘦身美容／
〔日〕山田阳子著；夏淑怡译．—1版．天津：天津科技翻译出版公司；2004.06.—191页；21cm.—（美丽人生系列丛书）
ISBN 7－54331779－6；12.00元
本书专门为年轻的女士提供了身体各部分非常实用的减肥计划。

2865　书谱／
〔日〕今井凌雪编；林怀秋译．—1版．长沙：湖南美术出版社；2004.07.—100页；26cm.—（书法技法讲座）
ISBN 7－5356－2068－X；19.90元
此版为日本二玄社引进出版，原为日本高中及大学进修教材，是套难得的集学术和应用于一体的完美字帖及书法教材。

2866　输配电工程／
〔日〕关根泰次主编；秦晓平等译．—1版．北京：科学出版社；2004.01.—254页；20cm.—（OHM大学参考教材系列）
ISBN 7－03－012078－7；20.00元

2867　蔬菜和薯类／
〔日〕相川方等著；刘承慧译．—1版．郑州：河南科学技术出版社；2004.03.—191页；20cm.—（家庭烹饪图解系列）
ISBN 7－5349－3021－9；29.00元
本书介绍了蔬菜与薯类的各种烹饪方法与技巧。

2868　鼠小弟的小背心／
〔日〕中江嘉男编文，〔日〕上野纪子绘；赵静，文纪子译．—1版．海口：南海出版公司；2004.06.—31页；21cm.—（可爱的鼠小弟）
ISBN 7－5442－2672－7；90.00元（全套6册）
本套绘本是日本非常著名的本作品，文字简洁，图画简单幽默，讲述鼠小弟幸福的日常生活。

2869　鼠小弟的又一件小背心／
〔日〕中江嘉男编文，〔日〕上野纪子绘；赵静，文纪子译．—1版．海口：南海出版公司；2004.06.—31页；21cm.—（可爱的鼠小弟）
ISBN 7－5442－2672－7（精装）；90.00元（全套6册）
本套绘本是日本非常著名的作品，文字简洁，图画简单幽默，讲述鼠小弟幸福的日常生活。

2870　数据广播技术／
〔日〕八木伸行等著；徐谦译．—1版．北京：科学出版社；2004.01.—187页；23×15cm.—（OHM通信实用技术系列）
ISBN 7－03－011698－4；25.00元

2871　数字电路的EMC／
〔日〕山崎弘郎著；聂凤仁，秦晓平译．—1版．北京：科学出版社；2004.04.—212页；20cm.—（21世纪电子电气工程师系列）
ISBN 7－03－012611－4；21.00元

2872　谁也不知道的小小国／
〔日〕佐藤晓著；朱自强译；〔日〕村上勉绘．—南宁：接力出版社；2004.10.—230页；36幅；20cm
ISBN 7－80679－587－1；16.00元
本书为日本少年儿童长篇小说。

2873　水知道答案／
〔日〕江本胜著；〔日〕猿渡静子译．—1版．海口：南海出版公司；2004.01.—176页；20cm
ISBN 7－5442－2683－2；20.00元
本书精选了122幅前所未见的水结晶照片，证明水会阅读，还会听音乐，能够记忆并传递世间万物的信息。

2874　水知道答案.2，每一滴水都有一颗心／
〔日〕江本胜著；李炜译．—1版．天津：天津人民出版社；2004.05.—196页；21cm.—（新经

典智库）

ISBN 7 - 201 - 04823 - 6；22.50 元

当水听到不同的音乐、话语会呈现出不同的结晶。我们有理由相信，水是有生命的。

2875　瞬间洞悉人心/

〔日〕桦旦纯著；常兆译 . —1 版 . 北京：科学出版社；2004.09. —197 页；20cm. —（职场实战图解）

ISBN 7 - 03 - 013329 - 3；18.00 元

即使城府再深的人，他的真实想法也会通过下意识的动作、表情或只言片语流露出来。

2876　死亡约会/

〔日〕赤川次郎著；叶小楠译 . —1 版 . 深圳：海天出版社；2004.01. —250 页；20cm. —（三姊妹侦探团系列）

ISBN 7 - 80697 - 068 - 1；15.00 元

本书为儿童文学侦探小说。

2877　饲养与观察/

〔日〕学习研究社著；王先进，段帆译 . —1 版 . 郑州：河南科学技术出版社；2004.05. —168 页；29cm. —（新视野百科图鉴）

ISBN 7 - 5349 - 2991 - 1（精装）；98.00 元

本书是一部用简洁文字和大量图片介绍如何饲养小动物的科普读物。

2878　隋唐帝国形成史论/

〔日〕谷川道雄著；李济沧译 . —上海：上海古籍出版社；2004.10. —362 页；图；23cm. —（域外汉学名著译丛）

ISBN 7 - 5325 - 3865 - 6；35.00 元

本书是日本著名学者谷川道雄揭示隋唐帝国开成的前提、过程与本质的力作。

2879　台球/

〔日〕赤垣昭主编；陈竞译 . —1 版 . 长沙：湖南科学技术出版社；2004.07. —206 页；13cm. —（体育系列丛书）

ISBN 7 - 5357 - 3969 - 5；11.00 元

2880　特效运动保健处方/

〔日〕野泽秀雄著；何阳译 . —1 版 . 北京：人民体育出版社；2004.12. —147 页；21cm

ISBN 7 - 5009 - 2631 - 6；12.00 元

本书为中老年人提供了一整套简便易行的运动保健方法，帮助中老年人克服老年性常见病，掌握运动营养知识等。

2881　提案式营销/

〔日〕饭冢藤雄著；于广涛译 . —1 版 . 北京：科学出版社；2004.07. —210 页；21cm. —（职场实战图解——营销系列）

ISBN 7 - 03 - 012845 - 1；18.00 元

本书是"走向出类拔萃"系列丛书"营销篇"之一。

2882　天城恋歌/

〔日〕佐藤三武朗著；武川译 . —1 版 . 北京：人民文学出版社；2004.01. —198 页；21cm

ISBN 7 - 02 - 004422 - 0；13.00 元

本书以日本美丽地伊豆半岛为舞台，为我们讲述了一个凄婉的爱情故事。

2883　天皇的玉音放送/

〔日〕小森阳一著；陈多友译 . —1 版 . 北京：生活·读书·新知三联书店；2004.08. —312 页；21cm

ISBN 7 - 108 - 02146 - 3；18.80 元

本书以日本战败前后的一系列历史事件为背景，对《终战诏书》这一特殊的历史文本进行了细致分析。

2884　天然芦荟健康法/

〔日〕根本幸夫著；叶美莉译 . —西安：世界图书出版西安公司，2004.05. —180 页；21cm

ISBN 7 - 5062 - 7504 - X；16.00 元

本书全面介绍了芦荟作为药品、食品及美容保健品等多种使用法。

2885　天使脸蛋/

〔日〕古屋和江著；许麦伦等译 . —1 版 . 天津：天津科技翻译出版公司；2004.06. —191 页；21cm. —（美丽人生系列丛书）

ISBN 7 - 5433 - 1731 - 1；12.00 元

本书介绍了简易的脸部按摩操，利用穴道按摩帮助爱美的女性改善脸部肌肉的功能，塑造完美的脸型。

2886　听读解试题：日文/

〔日〕新试验研究小组著；贾杰译 . —北京：外语教学与研究出版社；2004.11. —216 页；20cm + 光盘 1 张

ISBN 7 - 5600 - 4545 - 6；8.90 元

听读解部分是以前留学考试中从未有过的新形式，是由磁带的声音信息与视觉信息相配合的题型。

2887　通往《望乡》之路：我的人生旅途/

〔日〕山崎朋子著；吕莉等译 . —1 版 . 桂林：广西师范大学出版社；2004.04. —208 页；20cm

ISBN 7 – 5633 – 4375 – X；18.00 元

本书为日本女作家、小说家山崎朋子的自传。

2888 头脑启蒙的技巧/

〔日〕多湖辉著 . —1 版 . 天津：天津科学技术出版社；2004.01. —238 页；20cm

ISBN 7 – 5308 – 3590 – 4；13.60 元

本套书从生活中常见的小事细述教育孩子的正确方法。

2889 图解晶体管实用电路/

〔日〕富山忠宏著；周南生译 . —1 版 . 北京：科学出版社；2004.03. —245 页；20cm. —（21世纪电子电气工程师系列）

ISBN 7 – 03 – 012613 – 0；20.00 元

本书以设计、分析电子电路为重点讲述二极管基础知识，晶体管基础知识等。

2890 图解纳米技术/

〔日〕川合知二主编；朱平，范启富，孟雁译 . —1版 . 上海：文汇出版社；2004.01. —416 页；21cm

ISBN 7 – 80676 – 300 – 7；37.00 元

本书属科普类读物。

2891 图说电池/

〔日〕内田隆裕著；郭成言译 . —1 版 . 北京：科学出版社；2004.05. —203 页；20cm. —（轻松跟我学系列）

ISBN 7 – 03 – 013001 – 4；16.50 元

本书是轻松跟我学系列之一。本书从身边最常见的各种电池入手，主要介绍了各种电池的组成及特性。

2892 图像的数字记录/

〔日〕中村庆久主编；杨晓辉等译 . —1 版 . 北京：科学出版社；2004.03. —299 页；21cm. —（OHM图像图形处理系列）

ISBN 7 – 03 – 012718 – 8；26.00 元

2893 土壤微生物基础知识/

〔日〕西尾道德著；郝桂玲，杨继富译 . —北京：中国农业科学技术出版社；2004.12. —191 页；19cm

ISBN 7 – 80167 – 742 – 0；12.00 元

本书介绍微生物的食物与繁殖、分解有机物的微生物、标准微生物、土壤性质和微生物。

2894 托福词汇特训/

〔日〕田中真纪子著；黄文明译 . —1 版 . 北京：外语教学与研究出版社；2004.08. —275 页；21cm

ISBN 7 – 5600 – 4063 – 2；15.90 元

本书介绍了基本词汇、自然科学词汇和人文社科词汇，各种词汇均以 Exercise 和 Example 的形式介绍了其用法。

2895 完美按摩体验/

〔日〕渡边佳子著；何琰译 . —1 版 . 北京：中国轻工业出版社；2004.10. —119 页；19cm. —（魅力 BOOK）

ISBN 7 – 5019 – 4496 – 2；18.00 元

本书介绍了经络淋巴按摩的方法。

2896 完美领导必修课：轻松掌握领导必备的35 项技能/

〔日〕守谷雄司著；汤金树译 . —1 版 . 北京：北京大学出版社；2004.09. —128 页；23cm

ISBN 7 – 301 – 07669 – X；20.00 元

本书介绍了发挥领导能力必不可少的 35 项管理技能，还涉及以提高领导自身的素质为目的的"能力开发"问题。

2897 玩具折纸/

〔日〕布施知了著；高嘉连译 . —天津：天津科技翻译出版公司，2004.08. —62 页；19 × 21cm. —（快乐折纸系列）

ISBN 7 – 5433 – 1778 – 8；10.00 元

本书主要介绍了如何利用纸张来表现各种玩具的特殊形态，以及如何折出让人感兴趣的玩具。

2898 网球王子 . 第 3 卷/

〔日〕许斐刚编绘；王先科译 . —1 版 . 北京：连环画出版社；2004.11. —183 页；18cm

ISBN 7 – 5056 – 0572 – 0；6.90 元

本书是运动题材的漫画。

2899 网球王子 . 第 5 卷/

〔日〕许斐刚编绘；王先科译 . —1 版 . 北京：连环画出版社；2004.11. —215 页；18cm

ISBN 7 – 5056 – 0574 – 7；6.90 元

本书是运动题材的漫画。

2900 网球王子 . 第 6 卷/

〔日〕许斐刚编绘；王先科译 . —1 版 . 北京：连环画出版社；2004.11. —184 页；18cm

ISBN 7 – 5056 – 0590 – 9；6.90 元

本书是运动题材的漫画。

2901 未建成/反建筑史/

〔日〕矶崎新著；胡倩，王昀译 . —1 版 . 北京：中国建筑工业出版社；2004.09. —445 页；21cm

ISBN 7 – 112 – 06786 – 3；68.00 元

本书介绍了日本著名建筑师矶崎新的反建筑理论和一些工程项目。

2902 文化民族主义的社会学：现代日本自我认同意识的走向/

〔日〕吉野耕作著；刘克申译 . —1 版 . 北京：商务印书馆；2004.09. —258 页；20cm. —（日本社会学名著译丛）

ISBN 7 - 100 - 03993 - 2；15.00 元

本书剖析了"日本人论"和"国际化"是文化民族主义，即日本人的自我认同意识在一定条件下的表现。

2903 我的光头同桌/

〔日〕山中恒著；叶荣鼎译 . —1 版 . 成都：四川少年儿童出版社；2004.01. —141 页；19cm. —（山中恒校园成长童话）

ISBN 7 - 5365 - 3120 - 6；9.00 元

2904 我的同学是幽灵/

〔日〕山中恒著；叶荣鼎译 . —1 版 . 成都：四川少年儿童出版社；2004.01. —141 页；19cm. —（山中恒校园成长童话）

ISBN 7 - 5365 - 3118 - 4；9.00 元

2905 我是霸王龙/

〔日〕宫西达也编绘，杨文译 . —1 版 . 北京：北京少年儿童出版社；2004.06. —1 册；26cm. —（蒲蒲兰文库）

ISBN 7 - 5301 - 1204 - X；8.00 元

2906 我是日本销售女神/

〔日〕柴田和子自述，〔日〕大冈健一整理；黄朋武编译 . —1 版 . 北京：东方出版社；2004.01. —187 页；23cm

ISBN 7 - 5060 - 1759 - 8；22.00 元

本书是根据"日本保险女士"柴田和子的演讲录及对她的采访写成的，讲述了她充满传奇色彩的保险行销生涯。

2907 我想平静地生活/

〔日〕田口蓝迪著；李建云译 . —1 版 . 桂林：漓江出版社；2004.05. —282 页；21cm. —（田口蓝迪精品集）

ISBN 7 - 5407 - 3164 - 8；18.00 元

日本网络畅销书作家田口蓝迪随笔集，详述个人情感及生活感悟。

2908 我心中的祖国/

〔日〕惠京仔著 . —北京：同心出版社；2004.10.

—250 页；21cm

ISBN 7 - 80593 - 783 - 4；26.00 元

本书阐述了日籍华人企业家惠京仔女士旅居国外奋斗、创业的经历及爱国情怀。

2909 无铅焊接技术/

〔日〕菅沼克昭著；宁晓山译 . —1 版 . 北京：科学出版社；2004.07. —176 页；20cm

ISBN 7 - 03 - 013276 - 9；18.00 元

本书主要内容有锡焊的历史、锡的状态图与组织。

2910 武士道：影响日本最深的精神文化/

〔日〕新渡户稻造著；傅松洁译 . —1 版 . 北京：企业管理出版社；2004.01. —128 页；19cm

ISBN 7 - 80147 - 984 - X；24.80 元

本译本介绍了日本的武士道。武士道精神代表着日本的精神文化，并影响着日本的经济建设与发展。

2911 舞！舞！舞！/

〔日〕村上春树著；林少华译 . —1 版 . 上海：上海译文出版社；2004.06. —502 页；20cm. —（村上春树文集）

ISBN 7 - 5327 - 3507 - 9（精装）；36.00 元

本书是村上春树紧接于《挪威的森林》之后发表的一部重要长篇小说。

2912 西岳巫山庙碑/

〔日〕梅原清山编；林怀秋译 . —1 版 . 长沙：湖南美术出版社；2004.07. —92 页；29cm. —（书法技法讲座）

ISBN 7 - 5356 - 2067 - 1；19.90 元

此版为日本二玄社引进出版，原为日本高中及大学进修教材，是套难得的集学术和应用于一体的完美字帖及书法教材。

2913 吸血鬼猎人 D/

〔日〕菊地秀行著；高胤唤译；绿色足音绘 . —1 版 . 北京：华文出版社；2004.02. —290 页；20cm. —（吸血鬼猎人 D 系列；1）

ISBN 7 - 5075 - 1639 - 3；20.00 元

本书讲述吸血鬼猎人 D 为救无辜的人与吸血鬼进行殊死搏斗的故事。

2914 吸血鬼猎人 D.3，D 妖杀行/

〔日〕菊地秀行著；〔日〕天野喜孝绘；高胤唤译 . —1 版 . 北京：华文出版社；2004.05. —234 页；20cm

ISBN 7 - 5075 - 1672 - 5；18.00 元

本书为长篇小说。

2915 吸血鬼猎人 D.4，死街潭/
〔日〕菊地秀行著；高胤晓译 . —1 版 . 北京：
华文出版社；2004.06. —236 页；20cm
ISBN 7 – 5075 – 1673 – 3；18.00 元

2916 吸血鬼猎人 D.5，梦中的 D/
〔日〕菊地秀行著；〔日〕天野喜孝绘；郁倩晶等
译 . —1 版 . 北京：华文出版社；2004.09. —224 页；
20cm
ISBN 7 – 5075 – 1735 – 7；17.00 元

2917 吸血鬼猎人 D.6，D 圣魔遍历/
〔日〕菊地秀行著；〔日〕天野喜孝绘；孙林，王
俊译 . —1 版 . 北京：华文出版社；2004.09. —272
页；20cm
ISBN 7 – 5075 – 1736 – 5；19.80 元
本书讲述了吸血鬼猎人在通过"吃人沙漠"过
程中的冒险之旅。

2918 鲜花装饰技巧/
〔日〕内藤朗编；尤维芬译 . —1 版 . 杭州：浙江科
学技术出版社；2004.05. —104 页；26cm. — （插花
艺术）
ISBN 7 – 5341 – 2224 – 4；38.00 元
本书详细介绍了各种节庆插花、礼物花束、生活
小品插花等的造型及其插花步骤。

2919 现代传媒史/
〔日〕佐藤卓己著；诸葛蔚东译 . —1 版 . 北京：
北京大学出版社；2004.11. —281 页；23cm
ISBN 7 – 301 – 07660 – 6；28.00 元
传媒与战争是本书作者所要着重考察的对象。

2920 现代化与法/
〔日〕川岛武宜原著；申政武等译 . —1 版 . 北
京：中国政法大学出版社；2004.01. —319 页；
21cm. — （当代法学名著译丛/季卫东主编）
ISBN 7 – 5620 – 1328 – 4；24.00 元
本书论述了在现代化社会中法律与社会的关系、
市民社会中法和伦理的关系、现代法律精神等。

2921 现代日本的政治结构/
〔日〕小泽一彦著；蒋立峰译 . —1 版 . 北京：
世界知识出版社；2003.11. —135 页；20cm
ISBN 7 – 5012 – 2156 – 1；20.00 元
本书从冷战后国际环境和日本政治演变的历史
分析了日本当代的政治结构。

2922 现代日本庭园/
〔日〕美智子·里科·诺萨编著；蔡松坚 译 . —1
版 . 昆明：云南科技出版社；2004.07. —169 页；29cm
ISBN 7 – 5416 – 1968 – X （精装）；150.00 元
本书真实反映了现代日本庭园建筑的设计理念、
建筑特色及各组成元素。

2923 现代日本语文法/
〔日〕西腾洋一，亚希编著 . —1 版 . 上海：学林
出版社；2004.05. —376 页；26cm. — （现代日
本语系列丛书）
ISBN 7 – 80668 – 720 – 3；50.00 元
本书以日本国际教育协会举办的日语能力考试
考题标准"语法功能词类解说"为基础，详尽
讲述了所有考纲范围内的语法现象。

2924 现代日本语文型/
〔日〕西藤洋一，亚希编著 . —1 版 . 上海：学林
出版社；2004.05. —370 页；26cm. — （现代日
本语系列丛书）
ISBN 7 – 80668 – 721 – 1；50.00 元
本书以日本国际教育协会举办的日语能力考试
考题标准"语法功能词类解说"为基础，详尽
讲述了所有考纲范围内的语法现象。

2925 现代艺术十二讲/
〔日〕上田敏著；丰子恺译 . —1 版 . 长沙：湖南文
艺出版社；2004.01. —147 页；21cm. — （艺术细胞
丛书）
ISBN 7 – 5404 – 3148 – 2；12.80 元
本书是丰子恺译日本作家上田敏的艺术通俗
读物。

2926 享受人生幸福的秘诀/
〔日〕青木仁志著；丁舒晟译 . —1 版 . 北京：中
央编译出版社；2004.03. —319 页；21cm
ISBN 7 – 80109 – 774 – 2；23.00 元
本书从多个角度探讨了如何处理好在家庭、单
位、社会学等方面搞好关系的问题。

2927 想吃苹果的鼠小弟/
〔日〕中江嘉男编文，〔日〕上野纪子绘；赵静，
文纪子译 . —1 版 . 海口：南海出版公司；2004.
06. —31 页；21cm. — （可爱的鼠小弟）
ISBN 7 – 5442 – 2672 – 7；90.00 元 （全套6册）
本套绘本是日本非常著名的作品，文学简洁，图
画简单幽默，讲述鼠小弟幸福的日常生活。

2928 消失在月夜/
〔日〕佐佐木赫子著；彭懿译 . —南宁：接力出

版社；2004.10. —148 页；35 幅；20cm
ISBN 7 - 80679 - 590 - 1；11.00 元
本书由四个短篇结集而成，反映了当代日本小学生生活的方方面面，充满了童真和童趣。

2929 销售王：我卖出了 1000 辆汽车 200 栋楼房/
〔日〕冈田和芳著；吴梅，孙伟珍译. —1 版. 北京：中华工商联合出版社；2004.07. —152 页；21cm
ISBN 7 - 80193 - 148 - 3；18.00 元
本书讲述了作者的销售业绩以及他在销售过程中总结出的 42 条"畅销法则"。

2930 小型机器人的技术与制作/
〔日〕高桥友一等著；宗光华等译. —1 版. 北京：科学出版社；2004.05. —150 页；26cm. —（现代机器人系列）
ISBN 7 - 03 - 013169 - X；25.00 元
本书详细介绍了作为运动员的机器人制作方法，以及与其关联的事项和资料。

2931 写作试题：日文/
〔日〕村泽庆昭著. 贾杰译. —北京：外语教学与研究出版社；2004.11. —234 页；21cm
ISBN 7 - 5600 - 4543 - X；11.90 元
本书是为外国留学生考取日本的大学而专设的考试，《写作试题》部分是根据出示的标题或者信息，在限定字数内书写文章。

2932 心病透视/
〔日〕大原健士郎著；李璇夏等译. —1 版. 上海：文汇出版社；2004.05. —227 页；14cm. —（文汇译丛·生活）
ISBN 7 - 80676 - 583 - 2；12.00 元
本书以大量案例，深入浅出地介绍了各种心理障碍的病因、表现及治疗手段。

2933 心灵困境：焦虑与忧郁的解剖/
〔日〕大原健士郎著；石碧译. —1 版. 上海：文汇出版社；2004.05. —190 页；14cm. —（文汇译丛·生活）
ISBN 7 - 80676 - 580 - 8；10.00 元
本书是一本关于焦虑和忧郁症精神病理的心理普及读物。

2934 心灵桑拿：森田疗法心理处方/
〔日〕大原健士郎著；武锐译. —1 版. 上海：文汇出版社；2004.05. —229 页；14cm. —（文汇译丛·生活）

ISBN 7 - 80676 - 570 - 0；12.00 元
本书是一本心理通俗读物，讲述了人们真实自我与虚假自我分裂的心理障碍的发生机制及调节方式。

2935 心脏病的居家疗法/
〔日〕柏木政伸编著；许珮嘉译. —1 版. 上海：上海世界图书出版公司；2004.07. —274 页；20cm. —（世图生活资讯库）
ISBN 7 - 5062 - 6801 - 9；15.00 元
本书详细解说心脏病的起因——冠状动脉硬化，及心脏病患者的日常生活计划、衣食住行的注意事项。

2936 新版市场调查研究手册/
〔日〕后藤秀夫著；英德知译. —1 版. 北京：新华出版社；2004.03. —260 页；20cm
ISBN 7 - 5011 - 6228 - X；28.00 元
本书讲述市场调查的理论和方法，附有多种调查用的表格样张。

2937 新编商务日语综合教程/
罗萃萃，〔日〕阿部诚编著. —1 版. 南京：东南大学出版社；2004.05. —282 页；26cm
ISBN 7 - 81089548 - 6；25.00 元
本书按照一个完整的贸易流程编写，详述了各类商务信函的撰写要点并提供了范文。

2938 新概念日语教程，基础篇/
〔日〕小柳昇著；俞素美，彭廉玮编译. —1 版. 上海：上海教育出版社；2004.04. —239 页；26cm
ISBN 7 - 5320 - 9458 - 8；45.00 元
本书是一本专门为外国留学生编著的日本语教材。

2939 新概念日语教程·完成篇/
〔日〕小柳昇著；俞素美编译. —上海：上海教育出版社；2004.04. —269 页；26cm + 光盘 3 张，练习册 1 本
ISBN 7 - 5320 - 9459 - 6；55.00 元
本书是一本专门为外国留学生编著的日本语教材。

2940 新女性抄/
〔日〕池田大作著；卞立强译. —1 版. 上海：上海财经大学出版社；2004.06. —191 页；22cm
ISBN 7 - 81098 - 1463（精装）；40.00 元
本书是池田大作先生的又一心灵随笔。

2941 星新一短篇小说集/
〔日〕星新一著；崔昆注释. —1 版. 南京：译林

出版社；2004.01. —366 页；20cm. — (日本现代
文学精品注释丛书)

ISBN 7 - 80657 - 576 - 6；18.00 元

本书是当代日本著名小说家星新一的短篇小说
集，共五十五篇。

2942　刑事政策学/

〔日〕森本益之等著；戴波，江溯，丁婕译. —1
版. 北京：中国人民公安大学出版社；2004.10. —
310 页；20cm. — (刑事法学译丛)

ISBN 7 - 81087 - 867 - 0；18.00 元

《刑事政策学》一书主要介绍了日本有效控制犯
罪的对策。

2943　穴位按摩完全图解/

〔日〕星虎男著；高进译. —1 版. 福州：福建
科学技术出版社；2004.02. —200 页；21cm

ISBN 7 - 5335 - 2286 - 9；23.00 元

本书介绍了穴位按摩的基础知识、各种病症的
有效穴位及其按摩方法、特效穴位定位法。

2944　学历无用论/

〔日〕盛田昭夫著；赵方方译. —1 版. 北京：
华夏出版社；2004.07. —210 页；20cm

ISBN 7 - 5080 - 35046 — (精装)；19.50 元

本书详细分析了日、美企业销售理念，及日本如
何走入国际市场和成功的经验。

2945　学习的快乐——走向对话/

〔日〕佐藤学著；钟启泉译. —1 版. 北京：教育
科学出版社；2004.11. —400 页；26cm. — (世界
课程与教学新理论文库/钟启泉，张华主编)

ISBN 7 - 5041 - 3095 - 8；42.00 元

本书是日本东京大学左藤学教授的代表作三部
曲之一。

2946　颜勤礼碑/

〔日〕比田井南谷编；陈月吾译. —1 版. 长沙：湖
南美术出版社；2004.07. —92 页；26cm. — (书法
技法讲座)

ISBN 7 - 5356 - 2044 - 2；19.90 元

此版为日本二玄社引进出版，原为日本高中及
大学进修教材，是套难得的集学术和应用于一
体的完美字帖及书法教材。

2947　雁塔圣教序/

〔日〕佘雪曼编；蒋京蓉译. —1 版. 长沙：湖
南美术出版社；2004.07. —96 页；26cm. — (书
法技法讲座)

ISBN 7 - 5356 - 2038 - 8；19.90 元

此版为日本二玄社引进出版，原为日本高中及大
学进修教材，是套难得的集学术和应用于一体的
完美字帖及书法教材。

2948　羊男的圣诞节/

〔日〕村上春树著；林少华译. —1 版. 上海：上
海译文出版社；2004.01. —68 页；20cm. — (村
上春树文集)

ISBN 7 - 5327 - 3230 - 4；13.00 元

本书是村上春树唯一的童话短篇小说。

2949　遥远的野玫瑰村/

〔日〕安房直子著；彭懿译. —1 版. 上海：少年
儿童出版社；2004.03. —163 页；14cm

ISBN 7 - 5324 - 6021 - 5；17.00 元

安房直子为我们留下了一山坡野菊花似的短篇
幻想小说。

2950　耀眼的光芒/

〔日〕折原美都著；叶荣鼎译；〔日〕折原美都
绘. —1 版. 上海：少年儿童出版社；2004.08. —
125 页；21cm. — (布格子丛书：海外版)

ISBN 7 - 5324 - 6200 - 5；10.00 元

本套书是日本动漫画家和作家折原美都的作品，
描写了初中生细腻的感情世界和丰富的学校
生活。

2951　一行字的成功法则/

〔日〕竹村健一著；傅珉译. —1 版. 上海：学林
出版社；2004.01. —106 页；20cm. — (当代日
本畅销书系)

ISBN 7 - 80668 - 653 - 3；10.00 元

本书在介绍了日本各界成功人士所亲身实践的
准则的同时，加上作者个人的见解，作为整体，
形成成功法则，向读者推荐。

2952　伊豆舞女/

〔日〕川端康成著；李德纯等译. —石家庄：河北
教育出版社；2004.11. —140 页；17 × 18cm. —
(世界最著名中短篇小说经典书系)

ISBN 7 - 5434 - 5625 - 7；11.80 元

本书是川端康成早期的代表作。

2953　医疗设施/

〔日〕谷口汎邦著；任子明，庞云霞译. —1 版.
北京：中国建筑工业出版社；2004.09. —139 页；
30cm. — (建筑规划设计译丛)

ISBN 7 - 112 - 06406 - 6；31.00 元

本书涉及的医疗设施是一般医院，特别是中小规
模医院的规划和设计指南。

2954　银孔雀

〔日〕安房直子著；彭懿译．—上海：少年儿童出版社；2004.03：图；21cm.—（安房直子幻想小说）

ISBN 978 - 7 - 5324 - 6023 - 6，17.00 元

2955　英汉日毒理学安全评价词汇/

王捷，〔日〕小岛建一主编.—沈阳：辽宁科学技术出版社；2004.10.—556 页；21cm

ISBN 7 - 5381 - 4242 - 8（精装）；50.00 元

本书包括实验动物用语、一般毒性实验用语、免疫毒性试验用语、病理解剖学用语、统计学用语、计算机用语、缩语等。

2956　婴幼儿病症与护理/

〔日〕山中龙宏主编；黄宇雁译.—1 版.杭州：浙江科学技术出版社；2004.10.—188 页；25cm

ISBN 7 - 5341 - 2120 - 5；25.00 元

本书主要介绍 0～1 岁小儿的常见疾病及其家庭护理。

2957　婴幼儿疾病百科/

〔日〕细谷亮太著；孙民焱译.—1 版.广州：广东世界图书出版公司；2004.09.—239 页；24cm

ISBN 7 - 5062 - 6472 - 2；50.00 元

本书为婴幼儿常见病百科知识全书，是家居健康的指南。

2958　营销的技巧/

〔日〕古川英夫著；刘淑梅，赵儒煜译.—1 版.北京：科学出版社；2004.07.—221 页；20cm.—（职场实战图解）

ISBN 7 - 03 - 013219 - X；18.00 元

本书是"走向出类拔萃"系列丛书"营销篇"之一。

2959　营销员提升业绩笔记/

〔日〕山口博康著；于广涛译.—1 版.北京：科学出版社；2004.07.—198 页；20cm.—（职场实战图解）

ISBN 7 - 03 - 012924 - 5；18.00 元

本书是"走向出类拔萃"系列丛书"营销篇"之一。

2960　营销之奥秘/

〔法〕赞德尔，〔日〕童门冬二著，李天铎等译.—1 版.北京：生活·读书·新知三联书店；2004.06.—183 页；20cm

ISBN7 - 108 - 01886 - 1；15.00 元

本书讲述世界上商业企业营销的经验。

2961　赢家的习惯输家的习惯/

〔日〕和田秀树著；钱贺之译.—1 版.上海：学林出版社；2004.01.—152 页；20cm.—（当代日本畅销书系）

ISBN 7 - 80668 - 659 - 2；12.80 元

本书从心理学的角度告诉读者，养成哪些习惯可以使自己在婚姻中、工作上、生活上、恋爱中、退休后成为成功者。

2962　永葆年轻的 100 个妙法/

〔日〕阿部博幸主编；丁伟平译.—1 版.南京：江苏科学技术出版社；2004.02.—217 页；20cm

ISBN 7 - 5345 - 4147 - 6；20.00 元

本书从医学的角度，讲述了保持身体年轻状态的 100 个妙法。

2963　用爱哺育/

〔日〕铃木镇一著；许海燕译.—1 版.北京：电子工业出版社；2004.01.—163 页；20cm.—（教育体验系列）

ISBN 7 - 5053 - 9325 - 1；18.00 元

本书建议初为父母的家长们假设新生婴儿的潜力是无限的，能否充分发挥他们的潜力，则取决于父母提供的后天环境。

2964　用英语谈恋爱/

〔日〕中村秀和著；盼润译.—1 版.北京：中国对外翻译出版公司；2004.01.—207 页；20cm

ISBN 7 - 5001 - 1132 - 0；18.00 元

本书是一本另辟蹊径的外语学习类图书，书中内容从年轻人的角度编写而成。

2965　用幽默英语介绍自己/

〔日〕玛丽著；胡玉译.—1 版.北京：中国对外翻译出版公司；2004.01.—176 页；21cm

ISBN 7 - 5001 - 1131 - 2；16.50 元

本书介绍了适用于不同场合用英语自我介绍的诙谐用语。

2966　优雅美人妆/

〔日〕西山舞著；樊颖译.—1 版.北京：中国轻工业出版社；2004.01.—83 页；19×21cm.—（魅力BOOK）

ISBN 7 - 5019 - 4096 - 7；18.00 元

本书针对职业女性的特质，在介绍化妆技巧、诠释美的定义的同时，教会所有爱美女性，展示自身潜在气质的秘诀。

2967　游泳/

〔日〕高岭隆二著；孟实华译.—1 版.长沙：湖

南科学技术出版社；2004.07.—167页；13cm.—
（体育系列丛书图解指导）
ISBN 7 – 5357 – 3968 – 7；11.00 元

2968　又来了！鼠小弟的小背心 = 可爱的鼠小弟/
〔日〕中江嘉男编文，〔日〕上野纪子绘；赵静，
文纪子译.—1 版.海口：南海出版公司；2004.
06.—32页；21cm.—（可爱的鼠小弟）
ISBN 7 – 5442 – 2672 – 7（精装）；90.00元（全
套6册）
本套绘本是日本非常著名的作品，文字简洁，图
画简单幽默，讲述鼠小弟幸福的日常生活。

2969　鱼和豆腐/
〔日〕相川方等编；甘文杰译.—1 版.郑州：河
南科学技术出版社；2004.01.—191页；20cm.—
（家庭烹饪图解系列）
ISBN 7 – 5349 – 3019 – 7；29.00 元
本书以彩图的形式介绍了鱼、虾、贝和豆腐的烹
饪技术。

2970　与你共饮黎明的咖啡/
〔日〕森村诚一著；帅松生译.—1 版.北京：
群众出版社；2004.01.—215页；20cm
ISBN 7 – 5014 – 3079 – 9；12.00 元
本书是森村诚一的长篇小说。

2971　宇宙/
〔日〕学习研究社著；王先进，边冬梅译.—1 版.
郑州：河南科学技术出版社；2004.05.—175页；
29cm.—（新视野百科图鉴）
ISBN 7 – 5349 – 29903—（精装）；98.00 元
本书是一部用简洁文字和大量图片介绍奇妙的
宇宙世界的科普读物。

2972　羽毛球技术入门图解/
〔日〕竹俣明著；太田秀明绘；何阳译.—北京：
人民体育出版社；2004.01.—118页；21cm
ISBN 7 – 5009 – 2494 – 1；18.00 元
本书以图解的形式讲授羽毛球基本技术和练习
方法。

2973　玉兰花开/
〔日〕金河仁著；荀寿潇译.—1 版.天津：天津
人民出版社；2004.09.—360页；20cm.—（金河
仁经典文库；7）
ISBN 7 – 201 – 04849 – X；22.00 元
本书为长篇小说。

2974　预防脑中风、老年痴呆的50种方法/
〔日〕真田祥一编著；曲壮凯等译.—1 版.北

京：科学出版社；2004.02.—225页；20cm.—
（健康新视窗）
ISBN 7 – 03 – 012451 – 0；15.00 元

2975　员工革命：塑造独当一面的专家型员工/
〔日〕畠山芳雄著；欧可信译.—1 版.北京：东
方出版社；2004.04.—140页；23cm.—（东方
管理智慧译丛）
ISBN 7 – 5060 – 1855 – 1；19.00 元
本书对企业员工的发展方向，提出了自己独到的
见解，员工将学会如何树立全新的专职态度。

2976　原一平给推销员的十一个忠告/
〔日〕原一平著；李津编译.—北京：同心出版
社；2004.06.—277页；21cm
ISBN 7 – 80593 – 856 – 3；20.00 元
本书包括原一平给推销员的十一个忠告，告诉他
们作为一个成功的推销员所要具备的各种素质。

2977　阅读理解试题：日文/
〔日〕新试验研究小组著；贾杰译.—北京：外
语教学与研究出版社；2004.11.—185页；20cm
ISBN 7 – 5600 – 4544 – 8；8.90 元

2978　在自己的树下/
〔日〕大江健三郎著；秦岚，刘晓峰译.—1 版.
海口：南海出版公司；2004.01.—168页；19cm
ISBN 7 – 5442 – 2700 – 6；20.00 元
本书是作者专门为青少年读者写的，探讨"孩
子为什么要上学"、"人为什么要活着"等人文
思索问题。

2979　责备孩子不如鼓励他：教出好孩子的秘招/
〔日〕平井信义著；陈佳玲编译.—1 版.北京：
北京科学技术出版社；2004.11.—122页；23cm
ISBN 7 – 5304 – 3036 – X；19.00 元
本书用非常温和的语言讲述了教育子女应以鼓
励为主。

2980　责备孩子的技巧/
〔日〕多湖辉著.—1 版.天津：天津科学技术
出版社；2004.01.—164页；20cm
ISBN 7 – 5308 – 3588 – 2；9.60 元
本书从生活中常见的小事细述教育孩子的正确
方法。

2981　怎样洞察他人的个性/
〔日〕榎本博明著；张翎译.—1 版.北京：科学
出版社；2004.09.—231页；20cm.—（职场实
战图解）

ISBN 7-03-013607-1；18.00 元

2982　怎样控制对方的情绪/

〔日〕大和玛雅著；张翎译.—1 版.北京：科学出版社；2004.09.—148 页；20cm.—（职场实战图解）

ISBN 7-03-013330-7；18.00 元

2983　赵之谦字典/

〔日〕樽本树邨编；周培彦译.—1 版.天津：天津人民美术出版社；2004.06.—773 页；21cm

ISBN 7-5305-2499-2（精装）；55.00 元

本书从近六万字中筛选了二万字，组成了这本精品书法字典。

2984　侦探学园 Q1/

〔日〕天树征丸著；〔日〕佐藤文也绘；张益丰译.—1 版.南宁：接力出版社；2004.05.—1 册；19cm

ISBN 7-80679-465-4；8.80 元

本书是日本著名作家天树征丸和漫画家佐藤文也继《金田一少年事件簿》之后的又一侦探漫画力作。

2985　侦探学园 Q4/

〔日〕天树征丸；〔日〕佐藤文也编绘；张益丰译.—1 版.南宁：接力出版社；2004.05.—1 册；19cm

ISBN 7-80679-468-9；8.80 元

本书是日本著名作家天树征丸和漫画家佐藤文也继《金田一少年事件簿》之后的又一侦探漫画力作。

2986　侦探学园 Q5/

〔日〕天树征丸；〔日〕佐藤文也编绘；张益丰译.—1 版.南宁：接力出版社；2004.05.—1 册；19cm

ISBN 7-80679-469-7；8.80 元

《侦探学园 Q》是日本著名作家天树征丸和漫画家佐藤文也继《金田一少年事件簿》之后的又一侦探漫画力作。

2987　侦探学园 Q6/

〔日〕天树征丸；〔日〕佐藤文也编绘；张益丰译.—1 版.南宁：接力出版社；2004.05.—1 册；19cm

ISBN 7-80679-470-0；8.80 元

本书是日本著名作家天树征丸和漫画家佐藤文也继《金田一少年事件簿》之后的又一侦探漫画力作。

2988　侦探学园 Q.10/

〔日〕天树征丸著；〔日〕佐藤文也绘；张益丰译.—南宁：接力出版社；2004.08.—1 册；19cm

ISBN 7-80679-549-9；8.80 元

本书是日本著名作家天树征丸和漫画家佐藤文也继《金田一少年事件簿》之后的又一侦探漫画力作。

2989　侦探学园 Q.7/

〔日〕天树征丸著；〔日〕佐藤文也绘；张益丰译.—南宁：接力出版社；2004.08.—1 册；19cm

ISBN 7-80679-546-4；8.80 元

《侦探学园 Q》是日本著名作家天树征丸和漫画家佐藤文也继《金田一少年事件簿》之后的又一侦探漫画力作。

2990　侦探学园 Q.8/

〔日〕天树征丸著；〔日〕佐藤文也绘；张益丰译.—南宁：接力出版社；2004.08.—1 册；19cm

ISBN 7-80679-547-2；8.80 元

《侦探学园 Q》是日本著名作家天树征丸和漫画家佐藤文也继《金田一少年事件簿》之后的又一侦探漫画力作。

2991　侦探学园 Q.9/

〔日〕天树征丸著；〔日〕佐藤文也绘；张益丰译.—南宁：接力出版社；2004.08.—1 册；19cm

ISBN 7-80679-548-0；8.80 元

本书是日本著名作家天树征丸和漫画家佐藤文也继《金田一少年事件簿》之后的又一侦探漫画力作。

2992　珍珠夫人/

〔日〕菊池宽著；桂佩珍译.—1 版.昆明：云南人民出版社；2004.03.—267 页；21cm

ISBN 7-222-03712-8；18.00 元

本书为长篇小说。

2993　振荡电路的设计与应用：RC 振荡电路到数字频率合成器的实验解析/

〔日〕稻叶保著；何希才，尤克译.—1 版.北京：科学出版社；2004.09.—279 页；24cm.—（实用电子电路设计丛书）

ISBN 7-03-013444-3；30.00 元

本书是"现代半导体电路设计教材系列"之一。

2994　正确呼吸变年轻：呼吸法健康术/

〔日〕福田千晶主编；王玲等译.—1 版.北京：中华工商联合出版社；2004.07.—148 页；21cm

ISBN 7-80193-104-1；20.00 元

本书介绍了七天改变身体的呼吸法。

2995　政谈/
〔日〕荻生徂徕著；龚颖译．—1 版．北京：中
央编译出版社；2004.03.—284 页；21cm
ISBN 7 – 80109 – 833 – 1；22.00 元
作者为实现其"圣人之道"，针对日本社会现
实，提出了改革措施。

2996　职业人生：20 多岁的跳槽求职智慧/
〔日〕佐藤孝夫著；赵永梅译．—1 版．北京：
中央编译出版社；2004.01.—181 页；20cm
ISBN 7 – 80109 – 737 – 8；32.00 元（全套 2 册）
本书针对 20 多岁的择业者在求职跳槽时面对的
问题，如简历的写法，面试方法等做了详细
讲解。

2997　职业人生：30 多岁的跳槽求职智慧/
〔日〕田野道夫著；赵永梅译．—1 版．北京：
中央编译出版社；2004.01.—160 页；20cm
ISBN 7 – 80109 – 737 – 8；32.00 元（全套 2 册）
本书对 30 多岁跳槽者的现状进行分析，提出了
针对 30 多岁人的写简历和面试技巧。

**2998　植物逆境生物化学及分子生物学：着重热
带薯类/**
〔日〕瓜谷郁三编著；谢国生，李合生译．—1 版．
北京：中国农业出版社；2004.06.—269 页；26cm
ISBN 7 – 109 – 089053—（精装）；100.00 元
本书介绍了植物，特别是薯类作物在各种逆境
条件下的生物化学及分子生物学方面 50 年的研
究成果。

2999　只要赶上末班飞机/
〔日〕林真理子著；王建康译．—1 版．桂林：漓江
出版社；2004.05.—201 页；21cm．—（林真理子精
品系列）
ISBN 7 – 5407 – 3167 – 2；14.00 元
本书为日本作家林真理子中短篇小说集。

3000　智力游戏，2 岁/
〔日〕多湖辉主编；俞耀译．—1 版．杭州：浙江人
民美术出版社；2004.06.—64 页；26cm．—（多湖
辉新头脑开发）
ISBN 7 – 5340 – 1810 – 2；13.80 元
本书在愉快的学习过程中，增加幼儿对于知识
的兴趣，循序渐进地培养其创造能力。

3001　智力游戏，3 岁/
〔日〕多湖辉主编；俞耀译．—1 版．杭州：浙江人

民美术出版社；2004.06.—64 页；26cm．—（多湖
辉新头脑开发）
ISBN 7 – 5340 – 1811 – 0；13.80 元
本书通过猜谜、智力测验和游戏，启发孩子的智
力和想象力。

3002　中国的现代性与城市知识分子/
高瑞泉，〔日〕山口久和主编．—上海：上海古
籍出版社；2004.03.—249 页；20cm
ISBN 7 – 5325 – 3664 – 5；24.00 元
涉及中国现代学术知识的萌芽、城市的公共领域
等诸多颇为现代的课题。

**3003　中国古代帝国的形成与结构：二十等爵制
研究/**
〔日〕西嶋定生著；武尚清译．—1 版．北京：中
华书局；2004.10.—573 页；20cm．—（世界汉学
论丛）
ISBN 7 – 101 – 04250 – 3；38.00 元
作者根据史籍记载和出土汉简，对二十等爵制的
产生、形成、发展和演变，对它在秦汉社会历史
中的作用和意义，做了全面的分析和论述。

3004　中国土地制度的研究/
〔日〕长野郎著；强我译．—1 版．北京：中国政
法大学出版社；2004.07.—330 页；22cm．—（中
国近代法学译丛/何勤华主编）
ISBN 7 – 5620 – 2565 – 7（精装）；26.00 元
本书由土地制度的沿革、土地分配及所有权问
题、土地整理问题、土地课税和佃种制度研究五
部分内容组成。

3005　中国玺印类编/
〔日〕小林斗盦编；周培彦译．—1 版．天津：天
津人民美术出版社；2004.06.—517 页；21cm
ISBN 7 – 5305 – 2496 – 8（精装）；47.00 元
本书既是一本字典又是一本印谱，兼具实用和鉴
赏之用。

3006　中日法制比较研究/
吕世辰，〔日〕山野一美著．—1 版．北京：中国
书籍出版社；2004.12.—469 页；24cm
ISBN 7 – 5068 – 1297 – 5；55.00 元
本书针对中国与日本制定的各项法律制度，进行
了比较研究。

3007　中日公司法比较研究/
黄来纪，〔日〕布井千博著．—1 版．上海：上海
社会科学院出版社；2004.03.—390 页；20cm
ISBN 7 – 80681 – 400 – 0；30.00 元

本书在中日公司法比较研究中显现的突出问题或差异进行学术讨论的基础上，将有关论文整理而成。

3008 中日古代都城研究/
〔日〕中村圭尔；辛德勇主编．—1 版．北京：中国社会科学出版社；2004.03.—290 页；20cm
ISBN 7 – 50044453 – 2；25.00 元
本书对中日古代都城相关的文献学及研究史进行系统评述。

3009 中日价值哲学新探/
王玉樑，〔日〕岩崎允胤主编．—西安：陕西人民出版社；2004.12.—623 页；21cm
ISBN 7 – 224 – 07130 – 7；35.00 元
本书是在 2004 年 6 月 6 日～9 日在西安召开的"第四届中日价值哲学学术研讨会"的论文基础上选编而成的。全书稿共收编论文 70 篇。

3010 中日口译入门教程：中文解说本/
杨承淑，〔日〕山田佳奈美编著．—1 版．北京：外语教学与研究出版社；2004.03.—209 页；20cm
ISBN 7 – 5600 – 3955 – 3；17.90 元
本书是为大学日语专业三年级的学生或具有日语中级水平的学生而编写的一套口译教程。

3011 中日友好蒙古文书法作品集/
〔日〕关野美代子，艺如乐图书．—1 版．呼和浩特：内蒙古人民出版社；2004.09.—69 页；29cm
ISBN 7 – 204 – 07399 – 1；58.00 元

3012 中世纪蒙古语诸形态研究/
〔日〕小泽重男著；呼格吉勒图等译．—呼和浩特：内蒙古教育出版社；2004.08.—347 页；20cm. —（阿尔泰学丛书/呼格吉勒图，双龙主编）
ISBN 7 – 5311 – 5232 – 0（精装）；32.00 元
本书概括阐述了蒙古语的历史、系统及其与相关语言的关系。

3013 终究悲哀的外国语/
〔日〕村上春树著；林少华译．—1 版．上海：上海译文出版社；2004.02.—208 页；19cm. —（村上春树随笔系列）
ISBN 7 – 5327 – 3231 – 2；15.00 元
本书共 16 篇，是作者 1991～1992 年在美国执教期间写下的随笔。

3014 重新审视主权：从古典理论到全球时代/
〔日〕筱田秀昭著；戚渊译．—1 版．北京：商务印书馆；2004.09.—286 页；20cm

ISBN 7 – 100 – 04131 – 7；16.00 元
本书提供了从古典理论到全球时代主权概念的历史全貌。

3015 周末创业：我也能做有钱人/
〔日〕藤井孝一著；周国宇译．—1 版．北京：中国水利水电出版社；2004.05.—159 页；17×12cm
ISBN 7 – 5084 – 2060 – 8；12.00 元

3016 转换时期的民事裁判制度/
〔日〕染野义信著；林剑锋译．—北京：中国政法大学出版社；2004.12.—310 页；24cm. —（民事诉讼法学精粹译丛/傅郁林主编）
ISBN 7 – 5620 – 2813 – 3；26.00 元
本书着重介绍了日本民事诉讼制度的形成与近代化的发展。

3017 子宫肌瘤/
〔日〕佐藤孝道著；沈宝红译．—1 版．福州：福建科学技术出版社；2004.06.—183 页；20cm. —（家庭保健自助系列）
ISBN 7 – 5335 – 2293 – 1；16.00 元
本书详细解答了有关子宫肌瘤的症状、检查、辨别、治疗及饮食起居等方面的疑问。

3018 综合日语.1/
彭广陆，〔日〕守屋三千代主编．—1 版．北京：北京大学出版社；2004.08.—375 页；26cm
ISBN 7 – 301 – 07624 – X；46.00 元
本书是中日语言学者合作为大专院校编写的一部新而实用的教材。

3019 走路健身：科学行走健身法/
〔日〕黑田惠美子，〔日〕久保明著；魏满良译．—1 版．北京：中央编译出版社；2004.05.—168 页；19cm. —（健康新概念丛书）
ISBN 7 – 80109 – 890 – 0；19.80 元
本书介绍了通过走路使身体健美、心情舒畅的健身方法。

3020 足球/
〔日〕田幸三著；李毅元译．—1 版．长沙：湖南科学技术出版社；2004.07.—189 页；13cm. —（体育系列丛书）
ISBN 7 – 5357 – 4016 – 2；12.00 元

3021 最强的时间管理术/
〔日〕青木仁志著；丁舒晟译．—1 版．北京：中央编译出版社；2004.03.—266 页；21cm
ISBN 7 – 80109 – 775 – 0；20.00 元

本书论述如何更有效地利用时间、提高工作效率的方法。

3022 最适合你的维生素补充事典/

〔日〕安田和人著；杨鸿儒译．—1版．北京：科学出版社；2004.05．—215页；20cm．—（新健康大系）

ISBN 7-03-012964-4；15.00元

本书详细介绍了必知的维生素常识、如何有效摄取维生素、维生素对疾病的效用等。

3023 最新现场IE管理/

〔日〕石渡淳一等著；严新平等译．—1版．深圳：海天出版社；2004.01．—720页；20cm

ISBN 7-80654-998-6；40.00元

本书介绍了工程分析、动作分析、时间分析、搬运与布置的等有关现场IE的方方面面。

3024 做人不必那么辛苦

〔日〕富永宏夫著．—喀什：喀什维吾尔文出版社；2004.06；—172页；21cm

¥CNY12.00

本书分"为小事伤脑筋"、"让生活跟压力说拜拜"、"优质人生立即上线"、"快乐富有过一生"、"用五分钟换新的世界"等部分。

2005

3025 20世纪的精神教训/

〔俄〕戈尔巴乔夫，〔日〕池田大作著；孙立川译．—北京：社会科学文献出版社；2005.06．—531页；21cm

ISBN 7-80190-476-1；35.00元

这是一本戈尔巴乔夫与池田大作的对话录。

3026 20世纪的战争与和平/

〔日〕入江昭著；李静阁，颜子龙，周永生译．—北京：世界知识出版社；2005.01．—176页；21cm

ISBN 7-5012-2492-7；16.00元

本书是日本历史学家入江昭的代表作之一，全书集中梳理了20世纪人类关于战争与和平的思想（即战争观与和平观）。

3027 21世纪顶级产品设计：汉英对照/

〔日〕中西元男，王超鹰主编；梵非译．—上海：上海人民美术出版社；2005.02．—221页；21cm

ISBN 7-5322-4272-2；52.00元

本书收录了中西元男先生创建的网站2002年以来精选的全球各项产品设计奖得奖作品。

3028 24小时店经营/

〔日〕竹内捻著；陈刚，张晓东译．—北京：科学出版社；2005.10．—240页；21cm．—（营销新概念系列）

ISBN 7-03-015608-0；24.00元

本丛书向读者介绍了几种全新的店面经营方式。本书介绍的是24小时店的一些经营法则。

3029 3KM我的幸福生涯设计/

〔日〕土屋公三著；〔日〕土屋经营编译．—北京：中国工商出版社；2005.03．—214页；20cm

ISBN 7-80012-983-7；25.00元

本书介绍了企业人力资源管理的理念。

3030 53抑郁症和神经症（焦虑性障碍）/

〔日〕渡边昌祐著；柳英侠译．—哈尔滨：黑龙江科学技术出版社；2005.05．—225页；20cm

ISBN 7-5388-4826-6；12.00元

3031 6色荧光笔学习法/

〔日〕石川秀树著；杨洁译．—北京：中国海关出版社；2005.06．—216页；24cm．—（10倍速学习丛书；01）

ISBN 7-80165-268-1；24.80元

本书为读者设定了一种经济学的学习模式。

3032 7—ELEVEN经商之道/

〔日〕铃木敏之口述；〔日〕绪方知行编著；刘锦秀译．—北京：科学出版社；2005.09．—206页；21cm

ISBN 7-03-016013-4；22.00元

本书出自日本7eleven创建者，被称为日本零售之王的铃木敏之之手，是我们了解他们成功经验的最直接资料。

3033 7—ELEVEN零售圣经/

〔日〕铃木敏之口述；〔日〕绪方知行编著；刘锦秀译．—北京：科学出版社；2005.09．—180页；21cm

ISBN 7-03-016012-6；22.00元

本书出自日本7—eleven创建者，被称为日本零售之王的铃木敏文之手，是我们了解他成功经验的最直接资料。

3034 "9.11"迷雾：美国政府反恐决策内幕/

〔日〕田中宇著；佟大成译．—北京：世界知识出版社；2005.02．—162页；21cm

ISBN 7-5012-2493-5；16.00元

本书从"9.11"恐怖事件的调查入手，揭示了美国政府在新保守派的影响下制定的世界战略。

3035　BM 伸展 DoReMi/
〔日〕乡庭秀直著；琴安实译 . —北京：中国轻工业出版社；2005.01. —106 页；19cm
ISBN 7 – 5019 – 4689 – 2；10.80 元
本书汇集了简单易行的伸展练习、女性朋友每天只要花费几分钟时间，就可以有效地去除身体上多余的脂肪。

3036　CDM·循环经济·协调发展/
〔日〕大村泉，席宝山主编 . —北京：中国市场出版社；2005.12. —364 页；21cm
ISBN 7 – 80155 – 963 – 0；38.00 元
本书是以中国作为《京都议定书》签署国，为落实大气温室气体排放的背景而编写的。

3037　GaAs 场效应晶体管基础/
〔日〕福田益美，〔日〕平地康刚著；王钢译 . —北京：中国石化出版社；2005.08. —237 页；20cm
ISBN 7 – 80164 – 850 – 1；25.00 元
本书深入浅出地讲解了 GaAs 场效应晶体管的工作原理、主要参数、特性评价、工艺设计及测试方法。

3038　IT 日语会话教程
〔日〕青木由直编著 . —长春：吉林人民出版社；2005.11；19cm
ISBN 7 – 2060 – 4814 – 5，18.00 元
本书是计算机软件开发行业常用日语的中文译本。

3039　IT 天才孙正义
〔日〕大下英治著；姚晓燕等译 . —济南：山东文艺出版社；2005.12；20cm
ISBN 7 – 5329 – 2450 – 5，22.00 元
本书以传记的形式翔实地介绍了日本信息产业化时代网络奇才孙正义的成功经历。

3040　J2ME MIDP 手机游戏程序设计/
〔日〕米川英树著；博硕文化译 . —北京：中国铁道出版社；2005.01. —362 页；23cm + 光盘 1 张 . —（游戏编程大师系列）
ISBN 7 – 113 – 06319 – 5；42.00 元
本书以 Java 规格 MIDP 来开发游戏，着重介绍了手机游戏最基本的思维与逻辑部分。

3041　P. O. P. 4/
〔日〕AG 出版社编 . —长沙：湖南美术出版社；2005.04. —201 页；29cm
ISBN 7 – 5356 – 2196 – 1；78.00 元
本书精选日本企业优秀的促销用的展柜吊挂、台卡、展牌等作品 1500 余件，并分门别类。

3042　SONY 调查/
〔日〕立石泰则著；杨晓钟，曹珺红译 . —西安：陕西人民出版社；2005.01. —184 页；22cm
ISBN 7 – 224 – 07133 – 1；20.00 元
本书由日本资深记者立石泰则亲历深入采访，见证了出井伸之时代"再造 SONY"前前后后的历史真相。

3043　阿修罗少女/
〔日〕舞城王太郎著；陆求实译 . —上海：文汇出版社；2005.06. —218 页；20cm
ISBN 7 – 80676 – 819 – X；15.00 元
本书为青春小说。

3044　爱的病理：日本超感犯罪心理小说/
〔日〕天童荒太著；赵建勋译 . —北京：群众出版社；2005.07. —452 页；20cm
ISBN 7 – 5014 – 3463 – 8；25.00 元
本书为日本现代犯罪心理小说。

3045　爱你在梦醒时分/
〔日〕游家馨著 . —昆明：云南人民出版社；2005.05. —226 页；21cm
ISBN 7 – 222 – 04292 – X；16.00 元
本书是日籍作者的长篇小说。

3046　爱知世博和上海世博：日文/
〔日〕江藤峰义主编 . —上海：文汇出版社；2005.05. —65 页；29cm. —（精彩上海 . 第 1 辑）
ISBN 7 – 80676 – 851 – 3；10.00 元
日本爱知世博会的介绍，每个国家展馆的推荐，上海世博的准备情况和未来的规划。

3047　安藤忠雄连战连败/
〔日〕安藤忠雄著；张健，蔡军译 . —北京：中国建筑工业出版社；2005.05. —228 页；23cm
ISBN 7 – 112 – 07068 – 6；38.00 元
书中反映了安藤对建筑设计工作的执着追求和锲而不舍、百折不挠的精神。

3048　按摩 DIY/
〔日〕沼仓惠编著；张军译 . —北京：中国画报出版社；2005.04. —79 页；300 幅；21cm. —（阳光女性系列）
ISBN 7 – 80024 – 882 – 8；26.00 元
本书教读者自己按摩身体的各个部位和穴位，从而达到美容和健身的目的。

3049 按需物流/
〔日〕有安健二著；岑运华，苑云英译．—北京：
科学出版社；2005.06.—239页；21cm
ISBN 7 – 03 – 015410 – X；24.00元
本书是一本以日本 IBM 公司物流管理为背景，
集调运、生产、配送流通的最佳方法于一体的指
导手册。

3050 奥特曼必杀技/
〔日〕圆谷制作株式会社监修．—北京：海豚出
版社；2005.09.—6册；14cm
ISBN 7 – 80138 – 517 – 9；16.80元（全套6册）

3051 奥特曼大比拼/
〔日〕圆谷制作株式会社监修．—北京：海豚出
版社；2005.09.—6册；14cm
ISBN 7 – 80138 – 515 – 2；16.80元（全套6册）

3052 奥特曼大决战/
〔日〕圆谷制作株式会社监修．—北京：海豚出
版社；2005.09.—6册；14cm
ISBN 7 – 80138 – 516 – 0；16.80元（全套6册）

3053 奥特曼九兄弟：超全集/
〔日〕圆谷制作株式会社制作．—北京：海豚出
版社；2005.05.—96页；26cm
ISBN 7 – 80138 – 443 – 1；29.80元

3054 奥特曼巨无霸．1~6/
〔日〕圆谷制作株式会社制作．—北京：海豚出
版社；2005.05.—6册；26cm
ISBN 7 – 80138 – 435 – 0；40.80元

3055 奥特曼英雄榜．1~6/
〔日〕圆谷制作株式会社制作．—北京：海豚出
版社；2005.05.—6册；26cm
ISBN 7 – 80138 – 436 – 9；40.80元

3056 奥特曼战无敌．1~6/
〔日〕圆谷制作株式会社制作．—北京：海豚出
版社；2005.05.—6册；26cm
ISBN 7 – 80138 – 434 – 2；40.80元

**3057 巴蜀旧影：百年前一个日本人眼中的巴蜀
风情/**
〔日〕山川早水著；李密等译．—成都：四川人
民出版社；2005.04.—268页；20cm
ISBN 7 – 220 – 06890 – 5；25.00元
本书是一百年前日本山川早水先生游历巴蜀时
写的游记。

3058 白河夜船/
〔日〕吉本芭娜娜著；徐静波译．—上海：上海译
文出版社；2005.11.—138页；20cm.—（吉本芭
娜娜青春梦幻手卷）
ISBN 7 – 5327 – 3760 – 8；10.00元
本书为短篇合集，共收录三篇《白河夜船》、
《夜和夜的游人》、《一种体验》，合称"睡眠三
部曲"。

3059 半导体集成电路图示简介/
〔日〕冈部洋一编著；顾勇，王晴译．—上海：上
海科学普及出版社；2005.02.—205页；19cm.—
（浦东新区科协科普丛书）
ISBN 7 – 5427 – 2771 – 0；25.00元
本书主要介绍了半导体的基础、发展过程、制造
方法等。

3060 伴你一生的最新星座分析大全：72 部落/
〔日〕松村洁著；郁炜昊译．—北京：中国民族
摄影艺术出版社；2005.01.—351页；19cm
ISBN 7 – 80069 – 650 – 2；28.00元

3061 棒针编织儿童毛衣/
〔日〕Boutique 社编；董曾珊译．—杭州：浙江科
学技术出版社；2005.01.—95页；26cm.—（服饰
沙龙）
ISBN 7 – 5341 – 2494 – 8；22.00元
本书详细介绍了39款应对寒冬的手工编织物，
有毛衣、背心、帽子、围巾等。

3062 报业的活路/
〔日〕中马清福著；崔保国，艾勤径，高杨译．—
北京：清华大学出版社；2005.07.—141页；23cm
ISBN 7 – 302 – 10991 – 5；19.80元
本书在用清晰的语言阐述日本报业界的主要难
题的同时，从过去、现在、将来三个时间段向读
者展现了日本报业的发展道路。

3063 北魏楷书字典/
〔日〕梅原清山编．—天津：天津人民美术出版
社；2005.05.—754页；20cm
ISBN 7 – 5305 – 2894 – 7；54.00元
本书是根据北魏时期的墓志、石碑造像、写经和
书法作品选编的北魏时期各种楷体字字典。

3064 被狙击的学园/
〔日〕眉村卓著；〔日〕绪方刚志绘；陈大瀛译．—
太原：北岳文艺出版社；2005.01.—201页；19cm.
—（选自青鸟文库）
ISBN 7 – 5378 – 2722 – 2；16.00元

本书是一部描写校园生活的长篇小说。

3065 本草经考注/
〔日〕森立之撰；张敏，李婷点校．—上海：上海科学技术出版社；2005.08.—789页；20cm.—（中医古籍孤本精选）
ISBN 7-5323-7791-1（精装）；72.00元
本书根据《神农本草经》编例，对365味药的药名、性味、产地、功用等项一一加以著述。

3066 本田传奇/
〔日〕大下英治著；吴耀明译．—杭州：浙江人民出版社；2005.10.—368页；21cm
ISBN 7-213-03020-5；24.00元
本书为日本汽车大王本田的传记。

3067 本周，妻子红杏出墙/
〔日〕GoAhead&Co.编；叶荣鼎译．—上海：上海文艺出版社；2005.08.—180页；22cm
ISBN 7-5321-2906-3；15.00元
本书为婚姻类通俗读物。

3068 标准日语会话教程：教师手册．中级/
许罗莎，〔日〕岸田修次主编．—北京：北京大学出版社；2005.08.—106页；26cm
ISBN 7-301-09083-8；13.00元
本书针对标准日语会话教程的内容，教师在教学过程中备课使用。

3069 标准日语会话教程．中级/
许罗莎，〔日〕岸田修次主编．—北京：北京大学出版社；2005.08.—162页；26cm
ISBN 7-301-07939-7；21.00元
本书是大学日语本科二年级会话教材，讲授日语中级会话。

3070 标准三体字典/
〔日〕吉川蕉仙编．—天津：天津人民美术出版社；2005.05.—262页；20cm
ISBN 7-5305-2895-5；27.00元
本书是以中国古代著名书法家作品为版本，集字编辑而成的中国常用字书法字典。

3071 标准篆刻篆书字典/
〔日〕牛窪梧十编．—天津：天津人民美术出版社；2005.05.—259页；20cm
ISBN 7-5305-2896-3；27.00元
本字典提供了800多个常用字的小篆、印篆、金文等字体的写法。

3072 博士的爱情算式/
〔日〕小川洋子著；李建云译．—北京：人民文学出版社；2005.07.—211页；21cm
ISBN 7-02-005247-9；17.00元
本书为长篇小说。

3073 不可思议的声音/
〔日〕阿刀田高著；怀念译．—珠海：珠海出版社；2005.05.—244页；21cm.—（阿刀田高怪异小说系列）
ISBN 7-80689-386-5；15.00元
本书内含日本现代作家阿刀田高的10个短篇小说。

3074 不要听别人的话：维吾尔文/
〔日〕掘扬雅夫著；凯萨尔·克尤木译．—乌鲁木齐：新疆人民出版社；2005.02.—260页；20cm
ISBN 7-228-09191-4；13.00元
我们不能指望从别人那里寻求到解决自身问题的方法，其实，一切答案都在自己的头脑中。

3075 不再离家出走/
〔日〕山中恒著；叶荣鼎译．—广州：广东教育出版社；2005.11.—289页；20cm
ISBN 7-5406-6152-6；16.00元
本书是一本轻松幽默的青春小说。

3076 猜谜环球游/
〔日〕多湖辉著；魏小明译．—北京：中国轻工业出版社；2005.07.—187页；图片；19cm.—（头脑体操；3）
ISBN 7-5019-4984-0；8.00元
本书开设了习题和预习新栏目以取代第一集和第二集中的教训栏，同时还融入了一些启发读者自己发现新问题的提示。

3077 财务/
〔日〕滨本明等著；王春山译．—大连：东北财经大学出版社；2005.01.—156页；21cm.—（CFO+MBA精要丛书）
ISBN 7-81084-486-5；16.00元
本书内容主要包括资金筹集、现金流量管理、资金筹集成本、企业价值和财务政策等。

3078 彩电式智力游戏/
〔日〕多湖辉著；陈辛儿译．—北京：中国轻工业出版社；2005.07.—180页；19cm.—（头脑体操；4）
ISBN 7-5019-4985-9；8.00元

3079 彩虹村的秘密/
〔日〕有栖川有栖著；郭丽译．—南宁：接力出版

社；2005.01.—219 页；4 幅；20cm.—（日本少男少女侦探小说系列）
ISBN 7－80679－671－1；14.00 元
本书为儿童侦探小说。

3080 彩虹色的花/
〔日〕细野绫子著；蒲蒲兰译.—南昌：二十一世纪出版社；2005.08.—1 册；26cm
ISBN 7－5391－3046－6（精装）；24.80 元

3081 曹操/
〔日〕陈舜臣著；许锡庆译.—北京：国际文化出版公司，2005.11.—317 页；23cm
ISBN 7－80173－437－8；29.80 元
本书作者从小说家的角度出发，将曹操作为平常人看待，探索其内在的思想和情感，完整地再现了曹操的一生。

3082 曹全碑．隶书/
〔日〕青山杉雨著；金涛译.—长沙：湖南美术出版社；2005.11.—84 页；29cm.—（书法技法讲座；4）
ISBN 7－5356－2370－0；15.00 元
本书介绍了隶书书法。

3083 测测你的智能/
〔日〕横山验也著；杨晓红译.—杭州：浙江少年儿童出版社；2005.06.—165 页；20cm.—（玩转男孩女孩心）
ISBN 7－5342－3365－8；10.00 元
本书是一本游戏知识书，全文用各种趣味游戏的方式来了解世界之最的知识。

3084 测量公式例应用手册/
〔日〕兼杉博编；崔东印译.—北京：科学出版社；2005.01.—147 页；17cm.—（OHM 公式手册系列）
ISBN 7－03－014424－4；12.00 元
本系列特点是收集了相关领域或专业的最主要的公式，本册是工程测量公式。

3085 测量故障应急指南
〔日〕北野进编；舒志田译.—上海：上海交通大学出版社；2005.04；23cm
ISBN 7－313－03995－6，28.00 元
本书介绍了故障检测的方法。

3086 茶和禅/
〔日〕伊藤古鉴著；冬至译.—天津：百花文艺出版社；2005.01.—304 页；21cm
ISBN 7－5306－4002－X；20.00 元

本书包含两部分《茶和禅》与《茶室禅语》。

3087 常胜教育：如何设定目标及达成目标的学问/
〔日〕原田隆史著；郭勇译.—广州：广东世界图书出版公司，2005.07.—201 页；21cm
ISBN 7－5062－7453－1；18.00 元
本书不仅是一本如何培养孩子的导向书，也是指导部下、培养创业精神的经营者的必读书。

3088 场的哲学：随时随地的通讯艺术：汉英对照/
〔日〕山本圭吾著；曹驰骁，荣晓佳汉译；〔日〕松井由佳，李锦莲英译.—长沙：湖南大学出版社；2005.07.—62 页；30cm.—（网络艺术丛书）
ISBN 7－81053－910－8（精装）；38.00 元
本书介绍了影像网络通信技术。

3089 超短句英语会话/
〔日〕远山显著；颜冰译.—大连：大连理工大学出版社；2005.05.—199 页；19cm
ISBN 7－5611－2889－4；14.80 元
本书为英语会话学习用书，均为简短句。

3090 超人骑士团/
〔日〕平井和正著；倪灵译.—太原：北岳文艺出版社；2005.05.—194 页；20cm.—（亚洲精灵级文库）
ISBN 7－5378－2615－3；13.80 元
本书是一部描写离奇遇见 UFO 后的经历的科幻小说。

3091 超右脑波动速读法/
〔日〕七田真著；李菁菁译.—海口：南海出版公司，2005.04.—234 页；21cm＋光盘 1 张
ISBN 7－5442－3064－3；25.00 元
本书是国际著名右脑开发专家七田真博士的"超右脑"系列之一，是一本介绍如何提高阅读速度的学习方法类图书。

3092 陈列装饰顾问教程．百货分册/
〔日〕大桥雅子，北京西蔓色彩文化发展有限公司西蔓时尚教育中心编.—北京：中国轻工业出版社；2005.07.—106 页；29cm.—（西蔓时尚职业书系）
ISBN 7－5019－4955－7；68.00 元
此书为国内首个关于陈列装饰技术的正本教材。

3093 成功创业奥秘/
〔日〕成川丰彦著；王君武译.—上海：上海三

联书店，2005.12.—205 页；21cm
ISBN 7 - 5426 - 2219 - 6；15.00 元
本书是对中小型企业创办、管理的经验和建议。

3094 城市地下空间设计：可持续的城市邻里社区/
〔美〕格兰尼，〔日〕尾岛俊雄著；许方，于海漪译.—北京：中国建筑工业出版社；2005.01.—316 页；24cm.—（国外城市设计丛书）
ISBN 7 - 112 - 07004 - X；46.00 元
本书论述了作为原有地上城市或新建城镇的一种补充，地下空间利用的可行方法。

3095 城市风景规划：欧美景观控制方法与实务/
〔日〕西村幸夫编著；张松，蔡敦达译.—上海：上海科学技术出版社；2005.01.—170 页；26cm
ISBN 7 - 5323 - 7737 - 7；38.00 元
本书比较系统地介绍了欧美主要国家在景观控制和规划管理方面的做法和经验。

3096 城市环境学/
〔日〕都市环境学教材编辑委员会编；林荫超等译.—北京：机械工业出版社；2005.10.—202 页；26cm
ISBN 7 - 111 - 17335 - X；29.00 元
本书介绍了城市热岛效应，城市大气污染等。

3097 城市区域规划图说/
〔日〕青山吉隆编；王雷，蒋恩，罗敏译.—上海：同济大学出版社；2005.08.—155 页；26cm.—（世界城市规划经典译丛）
ISBN 7 - 5608 - 3078 - 1；36.00 元
本书以图表照片的形式对城市规划进行概述。

3098 城市中小学校课程开发的实践与课题：中日比较研究/
杜成宪，〔日〕添田晴雄主编.—上海：华东师范大学出版社；2005.09.—202 页；21cm
ISBN 7 - 5617 - 4306 - 8；13.00 元
本书是中日两国学者联合开展研究的阶段性成果展示。

3099 愁容童子/
〔日〕大江健三郎著；许金龙译.—海口：南海出版公司，2005.08.—332 页；23cm.—（世界文学论坛·新名著主义丛书/黄宝生主编）
ISBN 7 - 5442 - 2708 - 1；32.00 元
本书是大江健三郎获诺贝尔文学奖以后的一部自传体小说。

3100 丑陋的韩国人/
〔日〕金文学著；宋义淑译.—济南：山东人民出版社；2005.01.—267 页；20cm
ISBN 7 - 209 - 03609 - 1；18.00 元
本书作者从韩国日常社会生活中的细微之处入笔，提示了韩国人国民性格的几个大的侧面，深入剖析了韩国人民族性格的形成。

3101 初次妊娠与生产：图文版/
〔日〕《主妇之友》杂志社主编；耿闻进译.—北京：中国大百科全书出版社；2005.01.—238 页；24cm
ISBN 7 - 5000 - 7209 - 0；26.00 元
本书介绍了妊娠与生产常识。

3102 初学化妆与眉甲修描
〔日〕佐藤素美等编；孙萌萌译.—济南：山东科学技术出版社；2005.05：彩图；20cm.—（时尚生活系列）
ISBN 7 - 5331 - 3969 - 0（平装），25.00 元
本书以图文并茂的形式，介绍了初学化妆与眉甲修描的基本知识与技法。

3103 初夜/
〔日〕林真理子著；张丹宇译.—昆明：云南人民出版社；2005.09.—159 页；21cm
ISBN 7 - 222 - 04500 - 7；16.80 元
本书是日本女作家林真理子的短篇小说集。

3104 传感器实用电路设计与制作/
〔日〕松井邦彦著；梁瑞林译.—北京：科学出版社；2005.04.—249 页；24cm.—（图解电路设计与制作系列）
ISBN 7 - 03 - 014688 - 3；30.00 元
本系列以初学电子电路的电子爱好者为读者对象，以培养初学者动手能力为目的。

3105 串通投标实例及防止对策/
〔日〕铃木满著；高重迎，张倩译.—北京：中国社会科学出版社；2005.11.—432 页；20cm
ISBN 7 - 5004 - 5233 - 0；32.00 元
本书以大量实例，分析了当前日本经济界所存在的串通投标问题及其预防对策。

3106 创业与冒险：索尼 VS 松下/
〔美〕汤普森，〔日〕鲁德著.—上海：上海文化出版社；2005.02.—269 页；21cm.—（富豪之战）
ISBN 7 - 80646 - 721 - 1；20.00 元
本书比较松下幸之助与盛田昭夫两大巨头的思

想精华，和两大企业集团的激烈竞争过程。

3107 从而立到不惑/
〔日〕重茂达著；吴刚译 . —上海：上海社会科学院出版社；2005.01. —225 页；19cm
ISBN 7 - 80681 - 605 - 4；20.00 元
本书是日本企业家重茂达撰写的励志类的著作，以自己的经历告诉年轻人如何把握自己的命运。

3108 从下半身开始美丽/
〔日〕山冈有美编著；赵哲译 . —郑州：河南科学技术出版社；2005.09. —127 页；20cm
ISBN 7 - 5349 - 3194 - 0；15.00 元
本书介绍了如何通过锻炼和练习保持健美的腿和脚。

3109 村上朝日堂是如何锻造的/
〔日〕村上春树著；林少华译 . —上海：上海译文出版社；2005.09. —224 页；19cm. —（村上春树随笔系列）
ISBN 7 - 5327 - 3752 - 7；15.00 元
本书是日本作家村上春树随笔系列之一，共55 篇。

3110 存在是什么？/
〔日〕甲田烈，〔日〕山本伸裕著；刘文柱译 . —北京：东方出版社；2005.07. —217 页；21cm. —（大智慧系列）
ISBN 7 - 5060 - 2183 - 8；18.00 元
如果想了解哲学，本书将引领你轻松地进入哲学之门。

3111 打破杯子的鼠小弟/
〔日〕中江嘉男编文；〔日〕上野纪子绘；赵静，文纪子译 . —海口：南海出版公司，2005.10. —32 页；24cm. —（可爱的鼠小弟；8）
ISBN 7 - 5442 - 3090 - 2（精装）；108.00 元（全套6 册）
本套书是风靡日本近30 年的经典绘本。

3112 大陆苍狼/
〔日〕西原美江著 . —哈尔滨：北方文艺出版社；2005.08. —550 页；20cm
ISBN 7 - 5317 - 1851 - 0；49.00 元
本书是日籍华人松谷晓明用汉文创作的长篇小说。

3113 大陆逍遥/
〔日〕岩城浩幸，〔日〕岩城敦子著；田建国，董燕译 . —北京：五洲传播出版社；2005.04. —

222 页；100 幅；23cm
ISBN 7 - 5085 - 0691 - X；32.00 元
本书是日本驻华记者岩城浩幸及夫人岩城敦子在中国工作期间写下的以中国为题材的随笔合集。

3114 大雄的大魔境/
〔日〕不二雄编绘；碧日译 . —南昌：二十一世纪出版社；2005.04. —251 页；17cm. —（哆啦A 梦彩色电影完全纪念版）
ISBN 7 - 5391 - 2951 - 4；15.00 元
哆啦A 梦他们被哼哼王子（扁扁）引导到了非洲的内陆，并开始了魔境的冒险。

3115 大雄的海底鬼岩城/
〔日〕不二雄编绘；碧日译 . —南昌：二十一世纪出版社；2005.04. —251 页；17cm. —（哆啦A 梦彩色电影完全纪念版）
ISBN 7 - 5391 - 2952 - 2；15.00 元
本书为漫画连环画。

3116 大雄的恐龙/
〔日〕不二雄编绘；碧日译 . —南昌：二十一世纪出版社；2005.04. —251 页；17cm. —（哆啦A 梦彩色电影完全纪念版）
ISBN 7 - 5391 - 2933 - 6；15.00 元
本书为漫画连环画。

3117 大雄的魔界大冒险/
〔日〕不二雄编绘；碧日译 . —南昌：二十一世纪出版社；2005.04. —249 页；17cm. —（哆啦A 梦彩色电影完全纪念版）
ISBN 7 - 5391 - 2953 - 0；15.00 元
本书为漫画连环画。

3118 大雄的宇宙开拓史/
〔日〕不二雄编绘；碧日译 . —南昌：二十一世纪出版社；2005.04. —249 页；17cm. —（哆啦A 梦彩色电影完全纪念版）
ISBN 7 - 5391 - 2954 - 9；15.00 元
本书为漫画连环画。

3119 盗子/
〔日〕海月琉伊著；庄丽译 . —北京：人民文学出版社；2005.04. —251 页；20cm
ISBN 7 - 02 - 004955 - 9；16.00 元
本书为长篇小说。

3120 稻盛和夫的实学：经营和会计/
〔日〕稻盛和夫著；吴辉译 . —南京：译林出版社；

2005. 12. —133 页；21cm. —（译林传记译丛）
ISBN 7 - 80657 - 946 - X；18.00 元
本书是日本著名企业京瓷公司的创始人稻盛和夫介绍经营思想的著作。

3121　低层集合住宅／
〔日〕清田育男著；牛清山等译 . —北京：中国建筑工业出版社；2005. 01. —157 页；30cm. —（建筑规划 · 设计译丛）
ISBN 7 - 112 - 06836 - 3；35.00 元
本书以具体的设计实例为中心，展示了作者曾参与计划、规划及设计的具体实例及相关的规划条件。

3122　迪迦奥特曼游戏大本营 . 金色篇／
〔日〕圆谷制作株式会社著 . —南昌：二十一世纪出版社；2005. 12. —47 页；29cm
ISBN 7 - 5391 - 3147 - 0；19.80 元

3123　迪迦奥特曼游戏大本营 . 银色篇／
〔日〕圆谷制作株式会社著 . —南昌：二十一世纪出版社；2005. 12. —47 页；29cm
ISBN 7 - 5391 - 3147 - 0；19.80 元

3124　迪迦奥特曼 . 10／
〔日〕圆谷制作株式会社著；上海世纪华创文化形象管理有限公司制作 . —上海：少年儿童出版社；2005. 04. —40 页；26cm. —（52 集大型科幻特摄电视剧系列丛书）
ISBN 7 - 5324 - 6420 - 2；12.80 元

3125　迪迦奥特曼 . 9／
〔日〕圆谷制作株式会社著；上海世纪华创文化形象管理有限公司制作 . —上海：少年儿童出版社；2005. 04. —40 页；26cm. —（52 集大型科幻特摄电视剧系列丛书）
ISBN 7 - 5324 - 6419 - 9；12.80 元

3126　迪迦奥特曼 . 11／
〔日〕圆谷制作株式会社著；上海世纪华创文化形象管理有限公司制作 . —上海：少年儿童出版社；2005. 04. —40 页；26cm. —（52 集大型科幻特摄电视剧系列丛书）
ISBN 7 - 5324 - 6421 - 0；12.80 元

3127　迪迦奥特曼 . 12／
〔日〕圆谷制作株式会社著；上海世纪华创文化形象管理有限公司制作 . —上海：少年儿童出版社；2005. 04. —40 页；26cm. —（52 集大型科幻特摄电视剧系列丛书）

ISBN 7 - 5324 - 6422 - 9；12.80 元

3128　迪迦奥特曼 . 13／
〔日〕圆谷制作株式会社著；上海世纪华创文化形象管理有限公司制作 . —上海：少年儿童出版社；2005. 04. —40 页；26cm. —（52 集大型科幻特摄电视剧系列丛书）
ISBN 7 - 5324 - 6423 - 7；12.80 元

3129　迪士尼乐园的成功奥秘／
〔日〕芳中晃著；张鸥，王晓萃，吕文辉译 . —北京：电子工业出版社；2005. 05. —193 页；20cm
ISBN 7 - 121 - 01087 - 9；16.00 元
通过本书我们可以学习到迪士尼的内部运营方式，感受到高质量服务的点滴细节。

3130　地狱的思想／
〔日〕梅原猛著；刘瑞芝，卞立强译 . —成都：四川人民出版社；2005. 07. —224 页；20cm. —（宗教与世界丛书／何光沪主编）
ISBN 7 - 220 - 06916 - 2；15.00 元
本书详尽地分析了贯穿于日本思想史和文化史中的地狱的思想及其中国佛教的来源，并论述了佛教的地狱思想对日本文学的深刻影响。

3131　电车男／
〔日〕中野独人著；李晓光，曹建南译 . —上海：学林出版社；2005. 05. —327 页；21cm
ISBN 7 - 80668 - 926 - 5；20.00 元
本书为 2004 年度日本网络文学畅销书。

3132　电工电子通信公式应用手册／
〔日〕欧姆社著；聂凤仁，秦晓平译 . —北京：科学出版社；2005. 01. —336 页；17cm. —（OHM 公式手册系列）
ISBN 7 - 03 - 014426 - 0；20.00 元
本系列特点是收集了相关领域或专业的最主要的公式。

3133　电工公式应用手册／
〔日〕山口修广编；程采译 . —北京：科学出版社；2005. 01. —212 页；17cm. —（OHM 公式手册系列）
ISBN 7 - 03 - 014425 - 2；15.00 元
本系列特点是收集了相关领域或专业的最主要的公式。

3134　电话礼仪：商务电话正确应对方法 35 则／
〔日〕樱井弘著；易友人等译 . —北京：中国人民大学出版社；2005. 01. —150 页；18cm. —（白领礼仪丛书）

ISBN 7－300－05995－3；15.00 元

本书以图文并茂的形式，介绍了商务工作中电话使用的技巧和礼仪。

3135 电气控制线路读图与识图/

〔日〕大滨庄司著；宋巧苓译．—北京：科学出版社；2005.02.—288 页；24cm.—（OHM 图解电气控制线路读本）

ISBN 7－03－014582－8；30.00 元

本系列特点是以图解的形式介绍了各种电器的控制线路图，给出线路图的同时，还附有详细的说明。

3136 电气控制线路入门/

〔日〕大滨庄司著；关静译．—北京：科学出版社；2005.02.—252 页；24cm.—（OHM 图解电气控制线路读本）

ISBN 7－03－014586－0；28.00 元

本系列特点是以图解的形式介绍了各种电器的控制线路图，给出线路图的同时，还附有详细的说明。

3137 电气控制线路应用/

〔日〕大滨庄司著；卢伯英译．—北京：科学出版社；2005.02.—309 页；24cm.—（OHM 图解电气控制线路丛书）

ISBN 7－03－014584－4；32.00 元

本系列特点是以图解的形式介绍了各种电器的控制线路图，给出线路图的同时，还附有详细的说明。

3138 电子电路设计与制作/

〔日〕晶体管技术编辑部编；杨洋等译．—北京：科学出版社；2005.09.—250 页；24cm.—（图解趣味电子制作）

ISBN 7－03－015107－0；31.00 元

本系列特点是内容循序渐进、思路清晰、插图丰富、讲解易懂。

3139 电子技术基础：原理·制作·实验/

〔日〕晶体管技术编辑部著；杨洋等译．—北京：科学出版社；2005.09.—270 页；24cm.—（图解趣味电子制作）

ISBN 7－03－015106－2；32.00 元

本系列特点是内容循序渐进、思路清晰、插图丰富、讲解易懂。

3140 店铺 5S 管理/

〔日〕平野裕之，〔日〕古谷诚著；何继革译．—广州：广东经济出版社；2005.10.—225 页；21cm

ISBN 7－80728－111－1；19.00 元

本书阐述了关于新店开张时 5S 的重点，推行 5S 的具体方法等等。

3141 东北大振兴：长春崛起/

〔日〕远藤誉著；丁红卫译．—长春：吉林文史出版社；2005.09.—160 页；20cm

ISBN 7－80702－275－2；16.00 元

本书作者以国际大视野审视东北振兴计划以及长春汽车产业发展现状及长春汽车产业在国际舞台上所扮演的角色。

3142 东京都立大学：新校园的规划与设计/

〔日〕彰国社编；杨小敏，艾宏波译．—北京：中国建筑工业出版社；2005.05.—120 页；照片；29cm.—（日本著名建筑设计丛书）

ISBN 7－112－06988－2；69.00 元

本书详细介绍了日本东京都立大学校园搬迁及新校园的方案设计实施的全过程。

3143 东西数学物语/

〔日〕平山谛著；代钦译．—上海：上海教育出版社；2005.03.—478 页；20cm.—（通俗数学名著译丛/史树中，李文林主编）

ISBN 7－5320－9640－8；28.00 元

本书以翔实的资料，介绍了日本数学史上的各种数学问题和数学游戏的背景，对很多趣题做了有益的探讨。

3144 东亚近代经济的形成与发展．东亚近代经济形成史．1/

〔日〕中村哲主编；王玉茹译．—北京：人民出版社，2005.03.—325 页；20cm

ISBN 7－01－004893－2；25.00 元

本书从长期的、比较的视角对东亚的经济过程进行了历史的分析。

3145 东洋史说苑/

〔日〕桑原骘藏著；钱婉约，王广生译．—北京：中华书局，2005.07.—285 页；21cm.—（日本中国学文粹/王晓平主编）

ISBN 7－101－04622－3；20.00 元

本书是日本著名东洋史学家桑原骘藏先生的名作，代表了他对中国文化的基本认识。

3146 动画基础教程：动画基础知识及作画实践/

〔日〕动画六人之会编著；马然译．—北京：中国青年出版社；2005.09.—147 页；20cm.—（中青新世纪动画教程系列）

ISBN 7－5006－6576－8；23.00 元

本书从零开始教授 2d 动画的基础技法。

3147 动画实例教程/

〔日〕铃木伸一著；马然译.—北京：中国青年出版社；2005.09.—318页；26cm + 光盘1张.—（中青新世纪动画教程系列）

ISBN 7 - 5006 - 6577 - 6；45.00元

本书收录了动画师铃木伸一精心绘制的113种人物动作。

3148 动物的亲子关系/

〔日〕中村幸昭著；肖燕译.—上海：百家出版社；2005.07.—196页；20cm

ISBN 7 - 80703 - 340 - 1；19.00元

本书介绍了340多种动物繁殖与育儿方面的知识。

3149 洞察心理高手

〔日〕匠英一，〔日〕本明宽著；陈才迈，黄美子译.—北京：现代出版社；2005.04；20cm

ISBN 7 - 80188 - 125 - 7，24.80元

本书从心理学的角度阐述了人们现实生活中经常遇到的人际关系、社交等相关心理学知识。深入浅出，举例论证。

3150 都市空间作法笔记/

〔日〕片山和俊，新明健编著；陶新中译.—北京：中国建筑工业出版社；2005.05.—236页；19cm.—（Architecture Dramatic 丛书）

ISBN 7 - 112 - 07253 - 0；25.00元

本书通过大量的照片、图及文字，介绍了世界上最具特点的都市空间作法。

3151 对中国文化的乡愁/

〔日〕青木正儿等著；戴燕，贺圣遂译.—上海：复旦大学出版社；2005.05.—272页；21cm

ISBN 7 - 309 - 04438 - X；20.00元

本书收集了日本学者所写的，有关中国思想文化学术以及山川风土、历史人情的学术随笔。

3152 敦煌·民族·语言/

〔日〕高田时雄著；钟翀等译.—北京：中华书局，2005.12.—495页；20cm.—（世界汉学论丛）

ISBN 7 - 101 - 04717 - 3；36.00元

本书为日本著名东方学家、敦煌学家高田时雄整理、释读、研究敦煌及吐鲁番所出藏、回鹘等少数民族文献写本的论集。

3153 敦煌学·日本学：石冢晴通教授退职纪念论文集/

〔日〕石冢晴通编.—上海：上海辞书出版社；

2005.12.—404页；20cm

ISBN 7 - 5326 - 1858 - 7（精装）；68.00元

本论文集为石冢晴通教授70岁退职而作。

3154 哆啦A梦：未收录作品.1/

〔日〕藤子·F·不二雄著.—长春：吉林美术出版社；2005.05.—188页；19cm

ISBN 7 - 5386 - 1807 - 4；6.50元

3155 哆啦A梦彩色作品集.5/

〔日〕藤子·F·不二雄著；石晓明译.—南昌：二十一世纪出版社；2005.10.—159页；19cm

ISBN 7 - 5391 - 3051 - 2；12.80元

本书所收集的是藤子.F·不二雄早期的珍贵作品。

3156 哆啦A梦历险记/

〔日〕田中道明著；青文译.—长春：吉林美术出版社；2005.08.—6册；14cm

ISBN 7 - 5386 - 1890 - 2；24.00元

3157 哆啦A梦.1，恋爱篇/

〔日〕藤子·F·不二雄著.—长春：吉林美术出版社；2005.01.—222页；15cm

ISBN 7 - 5386 - 1720 - 5；4.80元

3158 哆啦A梦.2，离家出走篇/

〔日〕藤子·F·不二雄著.—长春：吉林美术出版社；2005.01.—221页；15cm

ISBN 7 - 5386 - 1720 - 5；4.80元

3159 哆啦A梦.3，恐龙篇/

〔日〕藤子·F·不二雄著.—长春：吉林美术出版社；2005.01.—226页；15cm

ISBN 7 - 5386 - 1720 - 5；4.80元

3160 哆啦A梦.4，未来·宇宙篇/

〔日〕藤子·F·不二雄著.—长春：吉林美术出版社；2005.01.—222页；15cm

ISBN 7 - 5386 - 1720 - 5；4.80元

3161 哆啦A梦.5，过去的故事/

〔日〕藤子·F·不二雄著.—长春：吉林美术出版社；2005.01.—221页；15cm

ISBN 7 - 5386 - 1720 - 5；4.80元

3162 哆啦A梦.6，感动篇/

〔日〕藤子·F·不二雄著.—长春：吉林美术出版社；2005.01.—225页；15cm

ISBN 7 - 5386 - 1720 - 5；4.80元

3163 哆啦 A 梦.7，爆笑篇/

〔日〕藤子·F·不二雄著.—长春：吉林美术出版社；2005.01.—214 页；15cm

ISBN 7 – 5386 – 1720 – 5；4.80 元

3164 哆啦 A 梦.8，恐怖篇/

〔日〕藤子·F·不二雄著.—长春：吉林美术出版社；2005.01.—217 页；15cm

ISBN 7 – 5386 – 1720 – 5；4.80 元

3165 哆啦 A 梦.9，机智篇/

〔日〕藤子·F·不二雄著.—长春：吉林美术出版社；2005.01.—217 页；15cm

ISBN 7 – 5386 – 1720 – 5；4.80 元

3166 哆啦 A 梦.10，恋爱篇/

〔日〕藤子·F·不二雄著.—长春：吉林美术出版社；2005.01.—214 页；15cm

ISBN 7 – 5386 – 1720 – 5；4.80 元

3167 哆啦 A 梦.11，哆啦美篇/

〔日〕藤子·F·不二雄著.—长春：吉林美术出版社；2005.01.—202 页；15cm

ISBN 7 – 5386 – 1720 – 5；4.80 元

3168 哆啦 A 梦.12，胖虎篇/

〔日〕藤子·F·不二雄著.—长春：吉林美术出版社；2005.01.—223 页；15cm

ISBN 7 – 5386 – 1720 – 5；4.80 元

3169 哆啦 A 梦.13，静香篇/

〔日〕藤子·F·不二雄著.—长春：吉林美术出版社；2005.01.—205 页；15cm

ISBN 7 – 5386 – 1720 – 5；4.80 元

3170 哆啦 A 梦.14，小夫篇/

〔日〕藤子·F·不二雄著.—长春：吉林美术出版社；2005.01.—216 页；15cm

ISBN 7 – 5386 – 1720 – 5；4.80 元

3171 哆啦 A 梦.15，大雄篇/

〔日〕藤子·F·不二雄著.—长春：吉林美术出版社；2005.01.—215 页；15cm

ISBN 7 – 5386 – 1720 – 5；4.80 元

3172 哆啦 A 梦.16，机器人篇/

〔日〕藤子·F·不二雄著.—长春：吉林美术出版社；2005.01.—219 页；15cm

ISBN 7 – 5386 – 1720 – 5；4.80 元

3173 哆啦 A 梦.17，爸爸·妈妈篇/

〔日〕藤子·F·不二雄著；吉林美术出版社译.—长春：吉林美术出版社；2006.05.—215 页；15cm

ISBN 7 – 5386 – 1720 – 5；4.80 元

3174 哆啦 A 梦.18，大混乱篇/

〔日〕藤子·F·不二雄著；吉林美术出版社译.—长春：吉林美术出版社；2006.05.—209 页；15cm

ISBN 7 – 5386 – 1720 – 5；4.80 元

3175 儿童理财圣经：提升孩子应对金钱的智慧/

〔日〕藤泽久美著，豫阳译.—青岛：青岛出版社；2005.09.—162 页；21cm

ISBN 7 – 5436 – 3458 – 9；15.00 元

本书让孩子对投资理财有个整体的概念与认识，从小培养起孩子的经济头脑，赢在起跑线上。

3176 《法理学大纲》与《法律哲学 ABC》/

〔日〕穗积重远，〔美〕福克尔著；李鹤鸣，施宪民译；魏琼勘校.—北京：中国政法大学出版社；2005.03.—203 页；20cm.—（中国近代法学译丛/何勤华主编）

ISBN 7 – 5620 – 2683 – 1（精装）；19.00 元

本书由我国近代法学译本勘校整理而成，介绍法理学与法律哲学的基本知识。

3177 法语标准口语表达 40/

〔日〕大木充著；刘佑铭译.—大连：大连理工大学出版社；2005.03.—175 页；20cm + 光盘 1 张

ISBN 7 – 5611 – 2787 – 1；19.80 元

本书是法语初学者入门书，选取 40 个法语中最常用、实用的基本表达。

3178 反"日语论"/

〔日〕莲实重彦著；贺晓星译.—南京：南京大学出版社；2005.02.—218 页；20cm.—（当代学术棱镜译丛/张一兵主编）

ISBN 7 – 305 – 04369 – 9；16.00 元

本书从日常生活的表层出发，在平凡中挖掘深刻，对当时流行的所谓"日语论"的文化思潮进行了尖刻的批判。

3179 犯罪的回送/

〔日〕松本清张著；侯为译.—太原：北岳文艺出版社；2005.10.—208 页；23cm

ISBN 7 – 5378 – 2781 – 8；18.00 元

本书是日本著名推理小说作家的一部社会写实推理小说作品。

3180 犯罪论序说/

〔日〕泷川幸辰著；王泰译.—北京：法律出版社；

2005. 09. —186 页；21cm
ISBN 7 - 5036 - 5844 - 4；15. 00 元
本书依据泷川多年来在日本京都大学法学院担任刑法教授时的讲义整理而成。

3181　访书余录：日文/
〔日〕和田维四郎编. —北京：北京图书馆出版社；2005. 03. —724 页；26cm. —（珍稀古籍书影丛刊；6）
ISBN 7 - 5013 - 2768 - 8（精装）；290. 00 元
本书所收书影共分四类，即旧抄本及其书影，古写经及其书影，古刊本及其书影，活字本及其书影。

3182　丰田的现金流战略/
〔日〕丸山弘昭著；韩雪英，金雪梅译. —北京：北京大学出版社；2005. 02. —137 页；23cm. —（时代光华经管大系）
ISBN 7 - 301 - 08389 - 0；20. 00 元
本书主要介绍的是丰田在现金流通方面所采取的战略形式。

3183　丰田智慧/
〔日〕石田退三著；张鸥，王晓萃，吕文辉译. —北京：电子工业出版社；2005. 08. —196 页；21cm
ISBN 7 - 121 - 01439 - 4；15. 00 元
被誉为"丰田复兴之祖"的第三任总经理石田退三，亲自告诉你自己多年成功领导和经营丰田公司的经历。

3184　风又三郎/
〔日〕宫泽贤治著；周龙梅译. —上海：上海译文出版社：少年儿童出版社；2005. 04. —273 页；20cm. —（宫泽贤治童话永恒经典收藏版）
ISBN 7 - 5324 - 6526 - 8（精装）；25. 00 元

3185　风与云：中国诗文论集/
〔日〕小川环树著；周先民译. —北京：中华书局，2005. 07. —307 页；21cm. —（日本中国学文粹/王晓平主编）
ISBN 7 - 101 - 04641 - X；23. 00 元
本书选译小川先生论述中国古典文学之论文数篇，对宋代诗人的艺术成就等做了深入的论考。

3186　佛教与儒教/
〔日〕荒木见悟著；杜勤等译. —郑州：中州古籍出版社；2005. 01. —324 页；21cm. —（中国哲学前沿丛书/王中江主编）
ISBN 7 - 5348 - 2240 - 8；21. 00 元
本书是对佛教与儒教等观念的阐述和研讨。

3187　服饰色彩搭配手册/
〔日〕吉田美智子著；彭竹山译. —上海：上海世界图书出版公司，2005. 10. —88 页；21 × 19cm. —（世图生活资讯库）
ISBN 7 - 5062 - 7480 - 9；22. 00 元
本书用很浅显的语言，用大量的图片直观的帮助读者了解如何搭配出协调的色彩。

3188　服饰造型讲座. 1，服饰造型基础/
〔日〕文化服装学院编；张祖芳等译. —上海：东华大学出版社；2005. 01. —183 页；30cm. —（日本文化服装学院系列教材. 文化服饰大全）
ISBN 7 - 81038 - 820 - 7；38. 00 元

3189　服饰造型讲座. 2，裙子·裤子/
〔日〕文化服装学院编；张祖芳等译. —上海：东华大学出版社；2004. 12. —203 页；30cm. —（日本文化服装学院系列教材. 文化服饰大全）
ISBN 7 - 81038 - 864 - 9；38. 00 元

3190　服饰造型讲座. 4，套装、背心/
〔日〕文化服装学院编；张祖芳等译. —上海：东华大学出版社；2005. 01. —179 页；30cm. —（日本文化服装学院系列教材. 文化服饰大全）
ISBN 7 - 81038 - 866 - 5；38. 00 元

3191　服饰造型讲座. 5，大衣·披风/
〔日〕文化服装学院编；张祖芳等译. —上海：东华大学出版社；2005. 02. —215 页；30cm. —（日本文化服装学院系列教材. 文化服饰大全）
ISBN 7 - 81038 - 867 - 3；38. 00 元

3192　服装造型学. 技术篇. Ⅲ，特殊材质篇/
〔日〕中屋典子，〔日〕三吉满智子主编；李祖旺等翻译. —北京：中国纺织出版社；2005. 06. —162 页；26cm. —（日本文化女子大学服装讲座）
ISBN 7 - 5064 - 3361 - 3；30. 00 元
本书主要讲解双面织物、伸缩材料、皮革与毛皮材料的基本知识及其在服装设计、制作中独特处理方法。

3193　福泽谕吉教育论著选/
〔日〕福泽谕吉著；王桂主译. —2 版. —北京：人民教育出版社；2005. 01. —211 页；21cm. —（外国教育名著丛书）
ISBN 7 - 107 - 17463 - 0；17. 80 元
本书收录了《学问论》和《教育论》。它们集中体现了福泽谕吉的教育思想。

3194　改变人生命运的 9 种思维习惯/
〔日〕植西聪著；高丽霞译. —北京：人民法院

出版社；2005.01. —194 页；19×21cm

ISBN 7 - 5062 - 7085 - 4；19.80 元

3195 改善经营管理的 5S 法/

〔日〕名古屋 QS 研究会编著；张贵芳，苏德华译.
—北京：经济管理出版社；2005.01. —141 页；
21cm. —（现代企业管理丛书）

ISBN 7 - 80207 - 100 - 3；25.00 元

本书介绍了制造业中的 5S 管理法。

3196 盖亚·奥特曼超百科/

〔日〕圆谷制作株式会社制作. —北京：海豚出
版社；2005.05. —56 页；26cm

ISBN 7 - 80138 - 442 - 3；18.00 元

3197 感想与风景/

〔日〕横光利一著；李振声译. —桂林：广西师
范大学出版社；2005.01. —239 页；21cm

ISBN 7 - 5633 - 5115 - 9；17.80 元

本书是游记随笔集。

3198 钢构造入门：设计的基本要点和详图/

〔日〕伊藤高光著；王英健译. —修订版. —北
京：机械工业出版社；2005.03. —124 页；29cm

ISBN 7 - 111 - 15784 - 2；25.00 元

本书包括钢结构的概要，各部位详图，钢结构的
施工进程等。

3199 钢结构建筑装修构造图集：第 2 版/

〔日〕社团法人钢材俱乐部等主编；马俊，韩毓
芬译. —北京：中国建筑工业出版社；2005.01.
—367 页；图；26cm

ISBN 7 - 112 - 06703 - 0；56.00 元

本书按照装修的不同材料介绍了钢结构建筑的
装修构造方法。

3200 羔羊的音符/

〔日〕鱼住直子著；金良快译. —太原：北岳文
艺出版社；2005.02. —141 页；20cm

ISBN 7 - 5378 - 2728 - 1；14.00 元

本书是一部描写一对恋人的感情纠葛的长篇小说。

3201 高达 SEED.4/

〔日〕矢立肇，〔日〕富野由悠季原著；〔日〕岩
濑昌嗣绘；李祝译. —南宁：接力出版社；
2005.03. —1 册；19cm. —（机动战士高达系列）

ISBN 7 - 80679 - 799 - 8；8.80 元

3202 高级日语（1—4 册）练习参考答案/

吴侃，〔日〕村木新次郎主编；马安东等编. —上

海：上海外语教育出版社；2005.02. —114 页；
21cm

ISBN 7 - 81095 - 164 - 5；6.00 元

本书为《高级日语》14 册的配套练习参考答案。

3203 高频电路设计与制作/

〔日〕铃木宪次著；何中庸译. —北京：科学出
版社；2005.04. —246 页；24cm. —（图解电路
设计与制作系列）

ISBN 7 - 03 - 015103 - 8；30.00 元

本系列以初学电子电路的电子爱好者为读者对
象，培养初学者动手能力为目的。

3204 高斯·奥特曼超百科/

〔日〕圆谷制作株式会社制作. —北京：海豚出
版社；2005.05. —56 页；26cm

ISBN 7 - 80138 - 441 - 5；18.00 元

3205 高效库存管理实务

〔日〕伊桥宪彦著. —广州：广东经济出版社；
2005.01；—147 页；24cm

¥CNY20.00

从库存管理和水平就能看出一个总体管理水平，
构筑高效的库存管理计划是企业经营革新、降低
成本的第一步，这是本书阐述的主要观点。

3206 告别天使/

〔日〕森村诚一著；于之润，张孟绯译. —长春：
时代文艺出版社；2005.01. —354 页；23cm

ISBN 7 - 5387 - 1936 - 9；29.80 元

本小说讲述了一个伸张正义的复仇故事，深刻挖
掘了人性中美好与丑恶的较量。

3207 个性彩装自己配/

〔日〕今井志保子著；张军译. —沈阳：辽宁科
学技术出版社；2005.09. —120 页；21cm

ISBN 7 - 5381 - 4506 - 0；18.00 元

本书着重强了调个性色彩搭配，从基础的色彩感
觉训练开始，教读者一点点进入神秘世界。

3208 个性心理学/

〔日〕弦本将裕著；廉源译. —北京：中国民族
摄影艺术出版社；2005.03. —238 页；20cm

ISBN 7 - 80069 - 654 - 5；20.00 元

本书是日本名作家、心理学医生弦本撰写的关于
个性心理学方面的论述。

3209 攻壳机动队：宇宙生化人/

〔日〕远藤明范著；赵玲译. —太原：北岳文艺
出版社；2005.02. —231 页；20cm

ISBN 7 – 5378 – 2718 – 4；17.00 元
本书是一部科幻侦破小说。

3210　宫本武藏：剑与禅/
〔日〕吉川英治著；颜世俊，刘仲达译.—重庆：
重庆出版社；2005.12.—2 册（1319 页）；24cm
ISBN 7 – 5366 – 7426 – 0；120.00 元
本书分地之卷、水之卷、火之卷、风之卷、空之
卷、二天之卷、圆明之卷七个部分，叙述了武藏
波澜壮阔的一生。

3211　孤独的歌声/
〔日〕天童荒太著；赵建勋译.—北京：群众出
版社；2005.05.—241 页；21cm.—（日本超感
犯罪心理小说）
ISBN 7 – 5014 – 3396 – 8；14.00 元
本书为日本当代长篇悬念推理小说。

3212　古典爵士钢琴曲精选.1/
〔日〕稻森康利，〔日〕白尔伦编.—北京：人民
音乐出版社；2005.04.—70 页；31cm
ISBN 7 – 103 – 02977 – 6；18.00 元
本书根据古典音乐改编的现代爵士钢琴曲集。

3213　古典爵士钢琴曲精选.2/
〔日〕稻森康利编.—北京：人民音乐出版社；
2005.04.—83 页；31cm
ISBN 7 – 103 – 02978 – 4；20.00 元
本书为根据古典音乐改编的现代爵士钢琴曲集。

**3214　谷崎润一郎与东方主义：大正日本的中国
幻想/**
〔日〕西原大辅著；赵怡译.—北京：中华书局，
2005.08.—296 页；21cm.—（日本中国学文萃）
ISBN 7 – 101 – 04716 – 5；22.00 元
本书以谷崎润一郎为例，考察了以大正时代为
中心的日本东方主义话语。

3215　骨盆保健瘦身法/
〔日〕村上一男著；丁芹译.—南京：江苏科学
技术出版社；2005.05.—63 页；26cm
ISBN 7 – 5345 – 4519 – 6；18.00 元
本书以图文并茂的方式，专题介绍了通过骨盆
运动来达到健身美体目的的方法。

3216　骨盆瘦身/
〔日〕立花著；张军译.—北京：中国画报出版社；
2005.04.—94 页；21cm.—（阳光女性系列）
ISBN 7 – 80024 – 888 – 7；28.00 元
本书介绍了正确调整骨盆变形，使身体曲线变

得美丽动人的方法。

3217　怪谈：彩色图文本/
〔日〕小泉八云著；叶美惠译.—北京：国际文
化出版公司，2005.09.—200 页；23cm
ISBN 7 – 80173 – 436 – X；22.00 元
本书收录日本民间的一些鬼故事，劝诫读者要诚
实善良，被视为日本的"聊斋"。

3218　观光立国宣言：畅谈蓬勃发展的旅游业/
〔日〕二阶俊博著；方爱乡译.—大连：东北财
经大学出版社；2005.03.—225 页；21cm
ISBN 7 – 81084 – 576 – 4（精装）；26.00 元
本书的作者与日本旅游界的人士就旅游业在重
振日本经济方面应起的作用进行了对谈。

3219　管理与战略/
〔日〕岩崎尚人著；刘晓梅译.—大连：东北财经
大学出版社；2005.01.—153 页；21cm.—（CFO
+ MBA 精要丛书）
ISBN 7 – 81084 – 525 – X；16.00 元
本书介绍了战略性的经营背景与战略性的思考，
以及企业事业战略和企业战略。

**3220　光·热·声·水·空气的设计：人居环境
与建筑细部/**
〔日〕彰国社编；李强，张影轩译.—北京：中国
建筑工业出版社；2005.08.—165 页；29cm.—
（国外建筑设计详图图集；14）
ISBN 7 – 112 – 07097 – X；45.00 元
本书详尽地介绍了建筑设计中关于节能领域的
各种要素如光·热·声·水·空气等的设计。

3221　光信息通信技术实用手册/
〔日〕光信息通信技术实用手册编辑委员会编；
金轸裕译.—北京：科学出版社；2005.01.—813
页；21cm
ISBN 7 – 03 – 013632 – 2（精装）；62.80 元
本书内容分四大部分：基础知识、光与电子器
件、光通信系统、光信息系统。

3222　光信息网络/
〔日〕菊池和朗主编；玄明奎，姜明珠译，日本
映像信息媒体学会组编.—北京：科学出版社；
2005.01.—189 页；24cm
ISBN 7 – 03 – 014391 – 4；26.00 元
本书是 OHM 光通信与光电子系列之一。

3223　广辞苑：第 5 版：日文/
〔日〕新村出编.—上海：上海外语教育出版社；

2005.04. —2988 页；21cm
ISBN 7 – 81095 – 442 – 3（精装）；139.00 元
本书为综合型日语工具书，总词条 23 万。

3224 鬼之来路：中国的假面与祭仪/
〔日〕广田律子著；王汝澜，安小铁译 . —北京：
中华书局，2005.09. —253 页；20cm. —（日本中
国学文萃/王晓平主编）
ISBN 7 – 101 – 04748 – 3；20.00 元
本书是关于民俗方面的研究，记述了傩文化的
起源、发展与传播。

3225 国际会议英语：英汉对照/
〔日〕筱田义明，〔英〕马西斯，〔英〕史蒂文森
著；姜古原译 . —北京：中国对外翻译出版公
司，2005.01. —220 页；20cm + 光盘 1 张 . —
（白领金书系列）
ISBN 7 – 5001 – 1300 – 5；20.00 元
本书收集了主持、主办、参加国际会议时的习惯
用口语。

3226 国际金融与经营环境/
〔日〕福井博夫著；宛金章译 . —北京：中央编译
出版社；2005.05. —332 页；23cm. —（日本 MBA
华人协会经营管理丛书）
ISBN 7 – 80211 – 106 – 4；36.50 元
本书通过实例介绍了国际金融机构的工作环境
及其运行机制。

3227 国际品牌设计/
〔日〕Graphic 社编辑部编著 . —北京：中国青年
出版社；2005.12. —325 页；彩页；21cm
ISBN 7 – 5006 – 6423 – 0；76.00 元
本书收集了国际知名品牌的 CI、VI 设计实例。

**3228 国外建筑设计详图图集 . 15，山本理显设
计实例/**
〔日〕山本理显设计工场编著；宁晶译，王昀
校 . —北京：中国建筑工业出版社；2005.07. —180
页；30cm
ISBN 7 – 112 – 07205 – 0；38.00 元
本书介绍了日本设计的建筑详图实例。

3229 孩子们是"未来的宝贝"：教育箴言录/
〔日〕池田大作著；卞立强译 . —北京：中国文
联出版社；2005.04. —162 页；19cm
ISBN 7 – 5059 – 4919 – 5；15.00 元
本书为语录性质的儿童教育箴言录。

3230 孩子们是"未来的宝贝"：教育箴言录/
〔日〕池田大作著；卞立强译 . —北京：中国文
联出版社；2005.04. —162 页；19cm
ISBN 7 – 5059 – 4920 – 9（精装）；50.00 元
本书为语录性质的儿童教育箴言录。

3231 海天一色：张宗植怀旧文续集/
〔日〕张宗植著 . —北京：清华大学出版社；2005.
02. —519 页；20cm
ISBN 7 – 302 – 09800 – X（精装）；50.00 元
本书是主要是记述了作者几十年来的传奇人生、
曲折经历及在国外的艰苦奋斗、开创事业的
事迹。

3232 何绍基字典/
〔日〕中岛皓象编 . —天津：天津人民美术出版社；
2005.05. —681 页；21cm
ISBN 7 – 5305 – 2893 – 9；48.00 元
何绍基字典便于书法爱好者学习何氏书体，也便
于爱好者运用何体进行书法创作。

3233 黑暗之神/
〔日〕小野不由美著；冀美玲译 . —南宁：接力
出版社；2005.01. —181 页；6 幅；20cm. —（日
本少男少女侦探小说系列）
ISBN 7 – 80679 – 670 – 3；12.00 元

3234 黑点旋涡/
〔日〕松本清张著；叶荣鼎译 . —成都：四川文
艺出版社；2005.05. —322 页；21cm
ISBN 7 – 5411 – 2363 – 3；20.00 元
本小说怒斥了日本电视行业收视率排行榜中的
猫腻和舞弊行为。

3235 黑色福音/
〔日〕松本清张著；叶荣鼎译 . —成都：四川文
艺出版社；2005.05. —315 页；21cm
ISBN 7 – 5411 – 2364 – 1；20.00 元
本书为日本著名作家松本清张的推理小说。

3236 黑色阴暗王 . 1/
〔日〕折原美都著；袁乐怡译 . —太原：北岳文
艺出版社；2005.09. —186 页；20cm. —（安娜
德尔露星传）
ISBN 7 5378 2755 – 9；16.00 元
本书是一部描写光明战胜黑暗的奇幻小说。

3237 黑色阴暗王 . 2/
〔日〕折原美都著；袁乐怡译 . —太原：北岳文
艺出版社；2005.09. —209 页；20cm. —（安娜
德尔露星传）
ISBN 7 – 5378 – 2756 – 7；16.50 元

本书是一部描写光明战胜黑暗的奇幻小说。

3238　黑影地带/
〔日〕松本清张著；叶荣鼎译．—成都：四川文艺出版社；2005.05.—329 页；21cm
ISBN 7 - 5411 - 2362 - 5；20.00 元
本书为长篇小说。

3239　红色花炎姬/
〔日〕折原美都著；柯先捷译．—太原：北岳文艺出版社；2005.06.—213 页；20cm. —（安娜德尔露星传）
ISBN 7 - 5378 - 2750 - 8；16.50 元
本书是一部描写沙漠之战的奇幻长篇小说。

3240　红衣少女/
〔日〕菅野芳亘著；高文琛译．—北京：民族出版社；2005.03.—158 页；21cm
ISBN 7 - 1050 - 6841 - 8；12.00 元
本书讲述了一位日本双目失明的青年与中国著名艺术家的难忘的经历。

3241　化身/
〔日〕渡边淳一著；王丽梅，史旻译．—北京：文化艺术出版社；2005.06.—521 页；22cm
ISBN 7 - 5039 - 2769 - 0；32.00 元
本小说描写了将近 50 岁的秋叶与 23 岁的雾子偶遇后发生的恋情故事。

3242　化学和生物技术专利说明书的撰写与阅读：第 5 版/
〔日〕渡边睦雄著；冯剑波译．—2 版（修订本）．—北京：知识产权出版社；2005.02.—257 页；26cm. —（知识产权译丛）
ISBN 7 - 80198 - 036 - 0；38.00 元

3243　欢迎进入反抗期/
〔日〕吉田胜明著；南达元译．—上海：上海科技教育出版社；2005.11.—134 页；20cm
ISBN 7 - 5428 - 3917 - 9；18.00 元
本书用大量真实、生动的事例，讲解了如何帮助青春期的孩子自我心理调适、走出心理困惑、平稳度过青春期。

3244　还历史的本来面目/
〔日〕中冢明著；于时化译．—天津：天津古籍出版社；2005.01.—324 页；20cm. —（中国甲午战争博物馆学术丛书）
ISBN 7 - 80696 - 147 - X；19.00 元
本书用日本的史料来证实日本侵略朝鲜、中国的事实。

3245　环境设计实例集 . 2/
〔日〕宫城俊作；〔日〕大石武朗主编；刘树信译．—北京：中国建筑工业出版社；2005.01.—236 页；26cm
ISBN 7 - 112 - 06313 - 2；95.00 元
本书以日本南多摩地区为例介绍了开放空间中环境设施的设计和配置方法。

3246　换换吧！鼠小弟的小背心/
〔日〕中江嘉男编文；〔日〕上野纪子绘；赵静，文纪子译．—海口：南海出版公司，2005.10.—32 页；24cm. —（可爱的鼠小弟；12）
ISBN 7 - 5442 - 3090 - 2（精装）；108.00 元（全套 6 册）
本套书是风靡日本近 30 年的经典绘本。

3247　换一换/
〔日〕佐藤和贵子著；蒲蒲兰译．—南昌：二十一世纪出版社；2005.08.—1 册；26cm
ISBN 7 - 5391 - 3048 - 2（精装）；22.80 元

3248　荒岛上的野狗/
〔日〕久保田彦穗著；丁羊编译．—太原：希望出版社；2005.09.—155 页；24cm. —（绘本外国儿童文学名著；19）
ISBN 7 - 5379 - 3573 - 4；30.00 元
本套丛书是从外国著名的儿童文学作品中精选的，本书为近代童话。

3249　黄冶窑考古新发现/
河南省文物考古研究所，中国文物研究所，〔日〕奈良文化财研究所编著．—郑州：大象出版社；2005.03.—184 页；彩图；30cm
ISBN 7 - 5347 - 3794 - X（精装）；260.00 元
本书用大量精美的图片，简洁的文字，记录、展示了中日合作发掘河南巩义黄冶窑的重大考古发现。

3250　会计/
〔日〕泽昭人著；王春山译．—大连：东北财经大学出版社；2005.01.—164 页；21cm. —（CFO + MBA 精要丛书）
ISBN 7 - 81084 - 524 - 1；16.00 元
本书介绍了资产负债表和利润表以及现金流量表的结构，财务分析和管理会计的有关内容。

3251　会议革命/
〔日〕斋藤孝著；刘莹慧译．—广州：广东世界图书出版公司，2005.07.—153 页；21cm
ISBN 7 - 5062 - 7452 - 3；16.80 元

本书针对现代社会会议多的特点，提出了会议革命的十大法则和三大会议革命的新主张，读来令人耳目一新。

3252 活法/

〔日〕稻盛和夫著；周庆玲，姚晓东译．—北京：人民出版社；2005.03.—192页；20cm

ISBN 7－5060－2140－4；24.00元

本书是日本被誉为"经营之圣"的著名企业家——稻盛和夫先生结合自己的人生经历，总结出的人生哲学集。

3253 机械公式应用手册/

〔日〕冈野修一著；杨晓辉，白彦华译．—北京：科学出版社；2005.01.—187页；17cm．—（OHM公式手册系列）

ISBN 7－03－014423－6；14.50元

本系列特点是收集了相关领域或专业的最主要的公式。

3254 激荡的百年史：我们的果断措施和奇迹般的转变：插图珍藏本/

〔日〕吉田茂著；李杜译．—西安：陕西师范大学出版社；2005.10.—143页；23cm

ISBN 7－5613－2804－4；28.00元

本书讲述了从明治维新开始到二战后20年左右之间的一百年时间内，日本这个国家所走的历程。

3255 激光加工/

〔口〕金冈优著．—北京：机械工业出版社；2005.08.—191页；21cm

ISBN 7－111－16908－5；20.00元

本书介绍了有关加工技术方面的内容，涉及激光加工的种类。

3256 吉男的科学事件簿：漫画版．1，芝麻开门看世界/

〔日〕浅利义远著；刘桑译．—福州：福建科学技术出版社；2005.01.—226页；21cm

ISBN 7－5335－2440－3；13.80元

本书是从日本引进的科学漫画，形象生动地介绍了各种科普知识。

3257 吉男的科学事件簿：漫画版．3，我是机器人/

〔日〕浅利义远著；俞剑辉译．—福州：福建科学技术出版社；2005.01.—218页；20cm

ISBN 7－5335－2453－5；13.80元

本书以漫画的形式介绍了智能机器人、生物进化、人体构造、钟表等的科学知识元

3258 吉男的科学事件簿：漫画版．4，地球家园/

〔日〕滨田隆士著；黄淮舒译．—福州：福建科学技术出版社；2005.01.—213页；20cm

ISBN 7－5335－2438－1；13.80元

本书包括两部分内容：第一部分讲述火箭发射的过程，第二部分讲述地球正遭遇的严峻的环保危机。

3259 吉男的科学事件簿：漫画版．5，身体里的战斗/

〔日〕浅利义远著；黄呈澄译．—福州：福建科学技术出版社；2005.01.—216页；21cm

ISBN 7－5335－2441－1；13.80元

本书以漫画形式介绍了小朋友所关心的知识。

3260 吉男的科学事件簿：漫画版．7，光与影的魔幻世界/

〔日〕浅利义远著；黄淮舒译．—福州：福建科学技术出版社；2005.01.—208页；21cm

ISBN 7－5335－2445－4；13.80。

3261 吉男的科学事件簿：漫画版．8，机器人诞生之路/

〔日〕浅利义远著；黄呈澄译．—福州：福建科学技术出版社；2005.01.—192页；21cm

ISBN 7－5335－2482－9；13.80元

本书介绍了机器人来到我们生活中所走过的神奇之路。

3262 吉男的科学事件簿：漫画版．9，太空历险/

〔日〕浅利义远著；刘桑译．—福州：福建科学技术出版社；2005.01.—220页；20cm

ISBN 7－5335－2459－4；13.80元

本册以漫画的形式介绍了航天知识。

3263 吉男的探索事件簿：漫画版．6，人为什么会做梦/

〔日〕浅利义远著；黄淮舒译．—福州：福建科学技术出版社；2005.01.—216页；21cm

ISBN 7－5335－2507－8；13.80元

本书以卡通漫画的表现形式，为小读者揭开来自平凡生活中的科学奥秘。

3264 吉娃娃的饲养与调教/

〔日〕佐草一优著；洪蓉译．—北京：中国林业出版社；2005.01.—127页；21cm

ISBN 7－5038－3722－5；26.00元

本书介绍了吉娃娃的外形特征，生活习性，性格

特点及其调教与饲养方法。

3265　即学即用日语会话词典·日汉篇/
〔日〕吉村千绘，李凌燕编著．—北京：外语教学与研究出版社；2004.08.—474 页；15×10cm
ISBN 7 - 5600 - 3951 - 0；22.90 元
本书共收录简洁实用、生动活泼的日常基本用语 2000 条，例句 5000 余句。

3266　疾病预警信号 119/
〔日〕山泽靖宏主编；沈宝红译．—福州：福建科学技术出版社；2005.03.—320 页；21cm.—（家庭保健自助系列）
ISBN 7 - 5335 - 2503 - 5；23.00 元
本书介绍 119 种常见疾病的症状、病因及诊断治疗。

3267　嫉妒之香/
〔日〕辻仁成著；王超伟译．—青岛：青岛出版社；2005.05.—223 页；20cm
ISBN 7 - 5436 - 3339 - 6；16.00 元
故事以"我"与女友的爱情为主线而展开。

3268　脊椎、脊髓 MRI/
〔日〕前原忠行编著；何志义主译．—沈阳：辽宁科学技术出版社；2005.05.—351 页；26cm
ISBN 7 - 5381 - 4250 - 9；80.00 元
本书介绍脊椎、脊髓的 MRI 解剖，脊髓的外伤性疾病，炎症性疾病等。

3269　技巧与误区：乳腺外科的要点和盲点/
〔日〕霞富士雄主编；段志泉总主译；马文锋，辛世杰本册主译．—沈阳：辽宁科学技术出版社；2005.03.—104 页；26cm + VCD
ISBN 7 - 5381 - 4276 - 2（精装）；35.00 元
本书列举了乳腺外科易犯的错误和治疗要点。

3270　家长再教育的 62 种方法/
〔日〕中谷彰宏著；江霆译．—北京：当代中国出版社；2005.03.—195 页；20cm
ISBN 7 - 80170 - 326 - X；20.00 元
本书集中了 62 种教育家长的方法，也算是家长的一本必读本。

3271　家和同族的历史社会学/
〔日〕藤井胜著；王仲涛译．—北京：商务印书馆，2005.07.—395 页；21cm.—（日本社会学名著译丛）
ISBN 7 - 100 - 04305 - 0；22.00 元
本书讨论了家和同族内部的结合原则以及家与

同族之间的关系，进而对日本社会的组织原则加以推断。

3272　家庭按摩百科/
〔日〕竹之内三志著；柳英侠译．—哈尔滨：黑龙江科学技术出版社；2005.06.—189 页；21cm
ISBN 7 - 5388 - 4858 - 4；35.00 元
本书从人体的诸穴位出发，告诉读者必须掌握的 10 个著名穴位疗法基础，各种疾病症状的穴位疗法。

3273　兼并与收购/
〔日〕饭岛秀幸著；吕明哲译．—大连：东北财经大学出版社；2005.01.—226 页；21cm.—（CFO + MBA 精要丛书）
ISBN 7 - 81084 - 514 - 4；22.00 元
本书从理论和实务角度论述了兼并与重组的含义、操作方法等。

3274　兼容空间与共享空间的节点和细部/
〔日〕长谷川逸子建筑计画工房编著；王英健译．—北京：机械工业出版社；2005.07.—239 页；28cm
ISBN 7 - 111 - 16333 - 8；48.00 元
本书介绍了作者的设计作品和相关的设计思想等。

3275　简单的毛巾操/
〔日〕野口克彦著；尤维芬译．—杭州：浙江科学技术出版社；2005.01.—127 页；20cm.—（轻松健身系列）
ISBN 7 - 5341 - 2503 - 0；10.00 元
本书利用普通的毛巾做一些简单易学的体操。

3276　简明版面设计/
〔日〕内田广由纪著；刘观庆，刘星译．—北京：中国建筑工业出版社；2005.09.—141 页；26cm
ISBN 7 - 112 - 07479 - 7；68.00 元
书通过大量的实际图例分析，介绍了如何应用 3 种格调和 5 种要素来设计各种各样的版面。

3277　简易减压瑜伽/
〔日〕绵本彰著；张军译．—沈阳：辽宁科学技术出版社；2005.01.—149 页；21cm
ISBN 7 - 5381 - 4306 - 8；15.00 元
本书向读者介绍了如何使处于紧张状态的身体和肉体得到放松，获得身心健康。

3278　建筑的非线性设计：从仙台到欧洲/
〔日〕伊东丰雄建筑设计事务所编著；慕春暖译．—北京：中国建筑工业出版社；2005.12.—227 页；

26cm. —（建筑大师论坛系列）

ISBN 7 - 112 - 07493 - 2；56.00 元

3279　建筑设计课题表现技法/

〔日〕吉田研介著；王英健译 . —修订本 . —北京：机械工业出版社；2005.01. —110 页；29cm

ISBN 7 - 111 - 15099 - 6；25.00 元

本书内容包括总平面图、平面图、立体图等。

3280　建筑设计新理念：21 世纪建筑领域的 7 个关键问题/

〔日〕NTT 城市开发公司，〔日〕NTT 基础设施公司编著；张鹰，徐皎等译 . —福州：福建科学技术出版社；2005.07. —166 页；29cm

ISBN 7 - 5335 - 2526 - 4；68.00 元

本书介绍 21 世纪建筑领域的 7 个关键问题的理论与实例分析。

3281　建筑物综合环境性能评价体系：绿色设计工具/

〔日〕可持续建筑协会编著 . —北京：中国建筑工业出版社；2005.07. —273 页；30cm

ISBN 7 - 112 - 07399 - 5；50.00 元

3282　健康密技 100 招/

〔日〕《主妇与生活》社编；李俊秀译 . —西安：上海世界图书出版公司，2005.01. —282 页；19cm. —（世图生活资讯库）

ISBN 7 - 5062 - 6465 - X；18.00 元

本书为忙碌的现代人搜集了 100 则基础保健秘诀。

3283　健康瘦身美呼吸/

〔日〕西原克成著；杨俨译 . —北京：中国轻工业出版社；2005.01. —108 页；19cm

ISBN 7 - 5019 - 4692 - 2；9.80 元

"美呼吸"瘦身是让我们生活得更加美好的一种技巧。

3284　健康营养宝典/

〔日〕日本株式会社，〔日〕主妇之友社编；王渊喆 译 . —北京：外文出版社；2005.01. —256 页；21cm. —（酷点系列）

ISBN 7 - 119 - 03807 - 9；28.00 元

本书较为全面、系统介绍了健康营养及日常饮食的各个方面，引导读者掌握正确的饮食方法，从而健康地生活。

3285　健康瑜伽/

〔日〕桥本京子著；张军译 . —北京：中国画报出版社；2005.01. —127 页；21cm. —（阳光女性系列）

ISBN 7 - 80024 - 864 - X；28.00 元

本书介绍了瑜伽的呼吸法，6 个系列基本体位，适合各种场所练习。

3286　蒋介石与南京国民政府/

〔日〕家近亮子著；王士花译 . —北京：社会科学文献出版社；2005.01. —224 页；21cm. —（海外中国近代史研究文库）

ISBN 7 - 80190 - 471 - 0；19.00 元

本书简要探究了蒋介石、南京国民政府以及蒋介石与南京国民政府的关系。

3287　矫正身姿/

〔日〕山田阳子著；张军译 . —北京：中国画报出版社；2005.05. —93 页；21cm. —（阳光女性系列）

ISBN 7 - 80024 - 900 - X；28.00 元

本书对平衡训练、局部收紧训练、日常生活中的正确姿势等做了详尽介绍。

3288　教给孩子人生经验的 43 种方法/

〔日〕中谷彰宏著；李若凡译 . —北京：当代中国出版社；2005.03. —168 页；20cm. —（教育经典 . 中谷彰宏超教育论系列）

ISBN 7 - 80170 - 379 - 0；18.00 元

本书是教育科普读本，作者用自己的亲身经历讲解了一些做家长的浅显的道理。

3289　教室环境布置 . 1，四季篇 . 上/

〔日〕堀口峰夫等编著；曹玉萍译 . —北京：中国青年出版社；2005.06. —143 页；26cm. —（中青新世纪幼儿教育系列丛书）

ISBN 7 - 5006 - 6270 - X；39.00 元

本书汇集了日本近几年幼儿园教室装饰布置的精华范例。

3290　教室环境布置 . 2，四季篇 . 下/

〔日〕大桥诗织等编著；张玥译 . —北京：中国青年出版社；2005.06. —143 页；26cm. —（中青新世纪幼儿教育系列丛书）

ISBN 7 - 5006 - 6271 - 8；39.00 元

本书汇集了日本近几年幼儿园教室装饰布置的精华范例。

3291　教室环境布置 . 3，春夏篇/

〔日〕石井由美子等编著；张静秋译 . —北京：中国青年出版社；2005.06. —143 页；26cm. —（中青新世纪幼儿教育系列丛书）

ISBN 7 - 5006 - 6272 - 6；39.00 元

本书汇集了日本近几年幼儿园教室装饰布置的精华范例。

3292　教室环境布置．4，秋冬篇/
〔日〕渡边清等编著；高洪刚译．—北京：中国青年出版社；2005.06.—143 页；26cm.—（中青新世纪幼儿教育系列丛书）
ISBN 7 – 5006 – 6273 – 4；39.00 元
本书汇集了日本近几年幼儿园教室装饰布置的精华范例。

3293　教室环境布置．5，专题篇/
〔日〕浅沼圣子等编著；张静贤译．—北京：中国青年出版社；2005.06.—127 页；26cm.—（中青新世纪幼儿教育系列丛书）
ISBN 7 – 5006 – 6274 – 2；39.00 元
本书汇集了日本近几年幼儿园教室装饰布置的精华范例。

3294　教室环境布置．6，美劳篇/
〔日〕石井由美子等编著；徐墨译．—北京：中国青年出版社；2005.06.—143 页；26cm.—（中青新世纪幼儿教育系列丛书）
ISBN 7 – 5006 – 6275 – 0；39.00 元
本书汇集了日本近几年幼儿园教室装饰布置的精华范例。

3295　教室环境布置．7，装饰篇/
〔日〕佐藤康子等编著；马然译．—北京：中国青年出版社；2005.06.—143 页；26cm.—（中青新世纪幼儿教育系列丛书）
ISBN 7 – 5006 – 6276 – 9；39.00 元
本书汇集了日本近几年幼儿园教室装饰布置的精华范例。

3296　教养学导读/
〔日〕小林康夫，〔日〕山本泰编；赵仲明译．—南京：南京大学出版社；2005.11.—145 页；23cm
ISBN 7 – 305 – 04569 – 1；10.00 元
本书由日本东京大学教授组织专家编写，论述了书籍与人的素养的密切关系。

3297　解读梦境/
〔日〕川嵜克哲著；陈菁译．—济南：山东友谊出版社；2005.01.—152 页；19cm.—（新生活丛书）
ISBN 7 – 80642 – 641 – 8；13.00 元
本书作者依据释梦理论的研究及解析实践，提出了切实可行的解说，为读者了解自我、预知未来提供了一个极有创意的视角。

3298　金匮玉函要略私讲/
〔日〕伊泽裳轩撰；郭秀梅等校．—北京：学苑出版社；2005.04.—509 页；21cm.—（中医药典籍与学术流派研究丛书）
ISBN 7 – 5077 – 2489 – 1；35.00 元
本书是日本明治时期著名汉方学家伊泽裳轩对中医经典《金匮要略》（《金匮玉函经》）的注释解说。

3299　金融腐蚀列岛/
〔日〕高杉良著；李重民译．—上海：上海译文出版社；2005.04.—451 页；21cm.—（日本当代银行小说系列）
ISBN 7 – 5327 – 3534 – 6；28.00 元

3300　金融全球化十大热点问题/
〔日〕高田太久吉著；孙仲涛，宋颖译．—北京：中共中央党校出版社；2005.03.—175 页；20cm
ISBN 7 – 5035 – 2605 – X；16.00 元

3301　金融衍生工具/
〔日〕板垣哲史著；师颖新译．—大连：东北财经大学出版社；2005.01.—187 页；21cm.—（CFO＋MBA 精要丛书）
ISBN 7 – 81084 – 488 – 1；18.00 元
本书内容包括金融衍生工具的内容和运用，特征及风险分散应用和实践，以及管理体制和实务。

3302　金色沙漠王/
〔日〕折原美都著；邱妍妮译．—太原：北岳文艺出版社；2005.05.—222 页；21cm
ISBN 7 – 5378 – 2618 – 8；16.50 元
本书是描写了身在异国他乡的人思念故乡的中篇小说。

3303　金田一少年事件簿．1/
〔日〕金成阳三郎著；〔日〕佐藤文也绘；刘素娟译．—海口：南方出版社；2005.07.—181 页；17cm
ISBN 7 – 80701 – 214 – 5；6.90 元

3304　金田一少年事件簿．2/
〔日〕金成阳三郎著；〔日〕佐藤文也绘；刘素娟译．—海口：南方出版社；2005.07.—184 页；17cm
ISBN 7 – 80701 – 215 – 3；6.90 元

3305　金田一少年事件簿．3/
〔日〕金成阳三郎著；〔日〕佐藤文也绘；刘素娟译．—海口：南方出版社；2005.07.—193 页；17cm
ISBN 7 – 80701 – 216 – 1；6.90 元

3306 金田一少年事件簿.4/
〔日〕金成阳三郎著；〔日〕佐藤文也绘；刘素娟译.—海口：南方出版社；2005.07.—191 页；17cm
ISBN 7 - 80701 - 217 - X；6.90 元

3307 金田一少年事件簿.5/
〔日〕金成阳三郎著；〔日〕佐藤文也绘；刘素娟译.—海口：南方出版社；2005.07.—188 页；17cm
ISBN 7 - 80701 - 218 - 8；6.90 元

3308 金田一少年事件簿.6/
〔日〕金成阳三郎著；〔日〕佐藤文也绘；钱亚东译.—海口：南方出版社；2005.07.—190 页；17cm
ISBN 7 - 80701 - 219 - 6；6.90 元

3309 金田一少年事件簿.7/
〔日〕金成阳三郎著；〔日〕佐藤文也绘；钱亚东译.—海口：南方出版社；2005.07.—189 页；17cm
ISBN 7 - 80701 - 220 - X；6.90 元

3310 金田一少年事件簿.8/
〔日〕金成阳三郎著；〔日〕佐藤文也绘；钱亚东译.—海口：南方出版社；2005.07.—174 页；17cm
ISBN 7 - 80701 - 221 - 8；6.90 元

3311 金田一少年事件簿.9/
〔日〕金成阳三郎著；〔日〕佐藤文也绘；钱亚东译.—海口：南方出版社；2005.07.—179 页；17cm
ISBN 7 - 80701 - 222 - 6；6.90 元

3312 金田一少年事件簿.10/
〔日〕金成阳三郎著；〔日〕佐藤文也绘；钱亚东译.—海口：南方出版社；2005.07.—178 页；17cm
ISBN 7 - 80701 - 223 - 4；6.90 元

3313 金田一少年事件簿.11/
〔日〕金成阳三郎著；〔日〕佐藤文也绘；何玉睿译.—海口：南方出版社；2005.09.—182 页；17cm
ISBN 7 - 80701 - 224 - 2；6.90 元

3314 金田一少年事件簿.13/
〔日〕金成阳三郎著；〔日〕佐藤文也绘；何玉睿译.—海口：南方出版社；2005.09.—175 页；17cm
ISBN 7 - 80701 - 226 - 9；6.90 元

3315 金田一少年事件簿.14/
〔日〕金成阳三郎著；〔日〕佐藤文也绘；何玉睿译.—海口：南方出版社；2005.09.—184 页；17cm
ISBN 7 - 80701 - 227 - 7；6.90 元

3316 金田一少年事件簿.15/
〔日〕金成阳三郎著；〔日〕佐藤文也绘；何玉睿译.—海口：南方出版社；2005.09.—178 页；17cm
ISBN 7 - 80701 - 228 - 5；6.90 元

3317 金田一少年事件簿.16/
〔日〕金成阳三郎著；〔日〕佐藤文也绘；林俊宏译.—海口：南方出版社；2005.09.—203 页；17cm
ISBN 7 - 80701 - 229 - 3；6.90 元

3318 金田一少年事件簿.17/
〔日〕金成阳三郎著；〔日〕佐藤文也绘；林俊宏译.—海口：南方出版社；2005.09.—207 页；17cm
ISBN 7 - 80701 - 230 - 7；6.90 元

3319 金田一少年事件簿.18/
〔日〕金成阳三郎著；〔日〕佐藤文也绘；林俊宏译.—海口：南方出版社；2005.09.—177 页；17cm
ISBN 7 - 80701 - 231 - 5；6.90 元

3320 金田一少年事件簿.19/
〔日〕金成阳三郎著；〔日〕佐藤文也绘；林俊宏译.—海口：南方出版社；2005.09.—179 页；17cm
ISBN 7 - 80701 - 232 - 3；6.90 元

3321 金田一少年事件簿.20/
〔日〕金成阳三郎，〔日〕天树征丸著；〔日〕佐藤文也绘；林俊宏译.—海口：南方出版社；2005.09.—179 页；17cm
ISBN 7 - 80701 - 233 - 1；6.90 元

3322 金鱼喂养完全指南/
〔日〕主妇之友社编；汪晓丽，郑跃强译.—北京：中国轻工业出版社；2005.01.—158 页；20cm.—（PET 宠物系列）
ISBN 7 - 5019 - 4561 - 6；26.00 元
本书详细介绍了 27 类共 103 条金鱼，包括它们的分布、身长、饲养方法、生活习性、适合哪种大小的鱼缸、预防生病及如何治疗。

3323 近代的超克/
〔日〕竹内好著；李冬木等译.—北京：生活·读书·新知三联书店，2005.03.—360 页；21cm.—（学术前沿）
ISBN 7 - 108 - 02192 - 7；24.80 元
本书遴选了作者写于 20 世纪 40～60 年代的数篇代表作品。

3324 禁断的辐射：论电磁波污染对人体健康的危害/
〔日〕出云谕明著.—北京：中国环境科学出版

社；2005.10.—125 页；20cm.—（环境警示丛书）

ISBN 7 – 80209 – 219 – 1；12.00 元

本书为科普读物，主要介绍了电磁波对人体的危害。

3325 经济法概论/

〔日〕金泽良雄著；满达人译.—北京：中国法制出版社；2005.01.—501 页；20cm.—（外国法学名著）

ISBN 7 – 80182 – 340 – 0；30.00 元

3326 经济思想/

〔日〕猪木武德著；金洪云，洪振义译.—北京：生活·读书·新知三联书店，2005.02.—281 页；20cm.—（日本经济学名著译丛）

ISBN 7 – 108 – 02199 – 4；17.50 元

本书是对构成经济思想的基本要素及其历史含义所进行的论述。

3327 经济体制的比较制度分析/

〔日〕青木昌彦；〔日〕奥野正宽编著；魏加宁等译.—2 版.—北京：中国发展出版社；2005.01.—255 页；24cm

ISBN 7 – 80087 – 264 – 5；28.00 元

3328 精油泡澡美人馆/

〔日〕佐佐木薫著；张军译.—沈阳：辽宁科学技术出版社；2005.01.—79 页；26cm

ISBN 7 – 5381 – 4309 – 2；25.00 元

本书系统地讲述了如何利用芳香精油进行沐浴来达到健身、美容、消除疲劳的目的。

3329 警惕高胆固醇/

〔日〕中条八重子著；张帆译.—南京：江苏科学技术出版社；2005.06.—170 页；19cm

ISBN 7 – 5345 – 4553 – 6；12.00 元

本书介绍了胆固醇值高有什么危险性、什么是胆固醇值、高胆固醇患者的饮食疗法、运动疗法、高胆固醇患者的治疗注意事项等。

3330 警惕高尿酸/

〔日〕镰谷直之著；艾青译.—南京：江苏科学技术出版社；2005.09.—191 页；19cm

ISBN 7 – 5345 – 4636 – 2；13.00 元

本书介绍了高尿酸值患者的饮食疗法、生活注意事项、痛风的检查与诊断、高尿酸血症及痛风的治疗等。

3331 警惕高血糖/

〔日〕井藤英喜著；张帆译.—南京：江苏科学技

术出版社；2005.09.—165 页；19cm

ISBN 7 – 5345 – 4552 – 8；12.00 元

本书介绍了为什么血糖值会变高、高血糖值患者的饮食疗法、高血糖值患者的运动疗法等。

3332 警惕高血压/

〔日〕百村伸一著；艾青译.—南京：江苏科学技术出版社；2005.09.—187 页；19cm

ISBN 7 – 5345 – 4622 – 2；13.00 元

本书介绍了血压升高的原因、医院的诊断与检查、高血压的治疗等。

3333 靓丽女裙/

〔日〕Boutique 社编；杨晓红译.—杭州：浙江科学技术出版社；2005.03.—69 页；26cm.—（服饰沙龙）

ISBN 7 – 5341 – 2508 – 1；22.00 元

本书介绍了各式漂亮女裙的制作方法，有模特的展示照片，有详细的制作步骤及解说。

3334 居住福利论：居住环境在社会福利和人类幸福中的意义/

〔日〕早川和男著；李桓译.—北京：中国建筑工业出版社；2005.05.—126 页；20cm

ISBN 7 – 112 – 07213 – 1；25.00 元

本书将论述符合人性的良好的居住环境，是保障人的安全、健康、幸福以及尊严的基础，也是社会平安的基础。

3335 局部塑身：经络、淋巴 3 分钟减肥法/

〔日〕西村仁凰子著；杨清，孙志刚译.—沈阳：辽宁科学技术出版社；2005.01.—124 页；20cm

ISBN 7 – 5381 – 4339 – 4；14.00 元

3336 拒绝欺压：欺压现象及其心理分析/

〔日〕德永雄一郎等著；王健英译.—成都：四川人民出版社；2005.09.—182 页；20cm

ISBN 7 – 220 – 06953 – 7；15.00 元

本书旨在从心理健康、心理压力等精神层面探讨欺压现象带来的社会性问题，以引起人们的重视。

3337 咖啡与红茶

〔日〕矶渊猛编著；韩国华，王蔚译.—济南：山东科学技术出版社；2005.05：彩图；20cm.—（时尚生活系列）

ISBN 7 – 5331 – 3970 – 4（平装），25.00 元

本书以图文并茂的形式，介绍了几十种咖啡、红茶的制作方法及不同咖啡、红茶的饮用方法。

3338　科学家的不端行为：捏造·篡改·剽窃/
〔日〕山崎茂明著；杨舰，程远远，严凌纳译.—北京：清华大学出版社；2005.05.—197页；20cm.—（清华科学人文丛书.科学人文系列）
ISBN 7-302-10422-0；15.00元
本书围绕着研究成果的发表这一中心问题，考察了科学活动中出现着的种种不端行为。

3339　科学伟人传：漫画发明发现科学史/
〔日〕室谷常象著；王江鹏译.—郑州：文心出版社；2005.01.—269页；21cm
ISBN 7-80683-180-0；12.00元
本书为少年儿童读物，以卡通及浅显的文字解说相结合的形式讲述了科学家的生平事迹。

3340　可爱的儿童毛衣/
〔日〕Boutique社编；董曾珊译.—杭州：浙江科学技术出版社；2005.01.—97页；26cm.—（服饰沙龙）
ISBN 7-5341-2528-6；24.00元
本书介绍了40余款儿童毛衣的编织款式和编织方法。

3341　可爱的鼠小弟.10，鼠小弟荡秋千
〔日〕中江嘉男文；〔日〕上野纪子绘；赵静，文纪子译.—海口：南海出版公司，2005.10：图；25cm
ISBN 978-7-5442-3090-2（精装），120.00元（全套6册）
本套书是风靡日本近30年的经典绘本，是日本全国学校图书馆协会第21届选定的"好绘本"，颇得儿童和家长的喜爱。

3342　可爱的鼠小弟.11，鼠小弟和音乐会
〔日〕中江嘉男文；〔日〕上野纪子绘；赵静，文纪子译.—海口：南海出版公司，2005.10：图；25cm
ISBN 978-7-5442-3090-2（精装），120.00元（全套6册）
本套书是风靡日本近30年的经典绘本，是日本全国学校图书馆协会第21届选定的"好绘本"，颇得儿童和家长的喜爱。

3343　可爱的鼠小弟.12，换换吧！鼠小弟的小背心
〔日〕中江嘉男文；〔日〕上野纪子绘；赵静，文纪子译.—海口：南海出版公司，2005.10：图；25cm
ISBN 978-7-5442-3090-2（精装），120.00元（全套6册）

本套书是风靡日本近30年的经典绘本，是日本全国学校图书馆协会第21届选定的"好绘本"，颇得儿童和家长的喜爱。

3344　可爱的鼠小弟.7，鼠小弟的生日
〔日〕中江嘉男文；〔日〕上野纪子绘；赵静，文纪子译.—海口：南海出版公司，2005.10：图；Q25cm
ISBN 978-7-5442-3090-2（精装），120.00元（全套6册）
本套书是风靡日本近30年的经典绘本，是日本全国学校图书馆协会第21届选定的"好绘本"，颇得儿童和家长的喜爱。

3345　可爱的鼠小弟.8，打破杯子的鼠小弟
〔日〕中江嘉男文；〔日〕上野纪子绘；赵静，文纪子译.—海口：南海出版公司，2005.10：图；25cm
ISBN 978-7-5442-3090-2（精装），120.00元（全套6册）
本套书是风靡日本近30年的经典绘本，是日本全国学校图书馆协会第21届选定的"好绘本"，颇得儿童和家长的喜爱。

3346　可爱的鼠小弟.9，鼠小弟和大象哥哥
〔日〕中江嘉男文；〔日〕上野纪子绘；赵静，文纪子译.—海口：南海出版公司，2005.10：图；25cm
ISBN 978-7-5442-3090-2（精装），120.00元（全套6册）
本套书是风靡日本近30年的经典绘本，是日本全国学校图书馆协会第21届选定的"好绘本"，颇得儿童和家长的喜爱。

3347　可爱发型：最新俏丽造型完美攻略/
〔日〕主妇之友社编；何琰译.—北京：中国轻工业出版社；2005.01.—126页；15cm.—（魅力BOOK）
ISBN 7-5019-4518-7；12.80元
本书收录了94款人气发型。

3348　可持续性住宅建设/
〔日〕清家刚，〔日〕秋元孝之主编；陈滨译.—北京：机械工业出版社；2005.10.—187页；20cm
ISBN 7-111-17157-8；20.00元
本书介绍了可持续性社会与住宅的关系，可持续性住宅建设的方法等。

3349　克服中年危机/
〔日〕关谷透著；王星，张北迪译.—济南：山东

友谊出版社；2005.01.—189 页；19cm.—（新生活丛书）

ISBN 7-80642-672-8；14.00 元

本书是作者结合实际总结出的克服中年心理问题的有效手段。

3350 空镜头/

〔日〕片山恭一著；林少华译.—青岛：青岛出版社；2005.01.—185 页；21cm

ISBN 7-5436-3259-4；18.00 元

本书为长篇小说。

3351 恐怖孩子王/

〔日〕殊能将之著；李晓红译.—南宁：接力出版社；2005.01.—109 页；8 幅；20cm.—（日本少男少女侦探小说系列）

ISBN 7-80679-669-X；9.00 元

本书为儿童侦探小说。

3352 恐怖校园/

〔日〕川北亮司著；〔日〕大井知美绘；王建新，肖志译.—武汉：湖北少年儿童出版社；2005.09.—122 页；18cm.—（玛利亚侦探社系列）

ISBN 7-5353-3109-2；6.80 元

本书为儿童侦探小说。

3353 酷味甜点/

〔日〕江上佳奈美著；薛曦译.—福州：福建科学技术出版社；2005.05.—80 页；26cm.—（教你轻松做点心）

ISBN 7-5335-2531-0；24.00 元

本书介绍了各式超酷的餐后冷式甜点 70 道。

3354 快跑，乌拉拉：一匹屡败屡战的日本赛马/

〔日〕重松清著；〔日〕河野利彦图；李征译.—武汉：长江文艺出版社；2005.05.—151 页；100幅；19cm

ISBN 7-5354-3010-4（精装）；22.00 元

本书为纪实文学，写一匹屡败屡战的日本赛马从出生到培训，再到赛场获得爱戴的经过。

3355 窥视日本/

〔日〕妹尾河童著；陶振孝译.—北京：生活·读书·新知三联书店，2005.11.—158 页；24cm.—（妹尾河童作品）

ISBN 7-108-02330-X；15.00 元

本书是风行一时的河童"窥视"系列的第二本。

3356 腊肠犬的调教与饲养/

〔日〕佐草一优著；杨廷梓，杨尊译.—北京：

中国林业出版社；2005.01.—127 页；21cm

ISBN 7-5038-3770-5；26.00 元

本书介绍了腊肠犬的外形特征、生活习性、性格特点及其调教与饲养方法。

3357 来，让我们画漫画吧！/

〔日〕K's Art 著；龙优译.—沈阳：辽宁科学技术出版社；2005.09.—126 页；26cm.—（卡通漫画绘画技法）

ISBN 7-5381-4542-7；29.80 元

3358 来自阴间的信/

〔日〕川北亮司著；〔日〕大井知美绘；张年军译.—武汉：湖北少年儿童出版社；2005.09.—121 页；18cm.—（玛利亚侦探社系列）

ISBN 7-5353-3266-8；6.80 元

本书为儿童文学侦探小说。

3359 蓝调/

〔日〕坂元裕二著；陈淑芬，平凡绘；杨柳茹译.—南昌：二十一世纪出版社；2005.01.—129 页；20cm

ISBN 7-5391-2765-1；24.00 元

本书以散文诗般的意境，细腻而柔美的笔触，将充满梦幻气息的 10 个爱情故事娓娓道来。

3360 勒·柯布西埃全住宅

〔日〕东京大学工学部建筑学科安藤忠雄研究室编；曹文珺译.—宁波：宁波出版社；2005.09：图；22cm

ISBN 7-80602-922-2（平装），88.00 元

本书介绍了勒·柯布西埃的 106 个住宅设计项目，书中的每个设计作品都有简洁的文字说明，并配有详尽的模型和平面图展示。

3361 离婚的条件/

〔日〕松本清张著；侯为译.—太原：北岳文艺出版社；2005.02.—312 页；20cm.—（大师文存）

ISBN 7-5378-2727-3；19.00 元

本书是一部推理小说作品。

3362 理想驾乘 TOP100/

〔日〕太田哲也著；陈诚，孙艾钰译.—北京：科学出版社；2005.10.—359 页；21cm.—（跟我学车系列）

ISBN 7-03-015432-0；28.00 元

本书为最想驾驶的 100 种车型，它是跟我学车丛书中的一本。

3363 理由/

〔日〕宫部美幸著；乔君译.—北京：中国友谊

出版公司，2005.01.—362 页；20cm.—（百世文库）
ISBN 7-5057-2074-0；24.50 元
这是一部日本推理小说，通过一个普通人的死亡，反射出形形色色人物的心理。

3364　例解日语惯用句用法辞典/
〔日〕井上宗雄主编．—大连：大连理工大学出版社；2005.04.—625 页；19cm
ISBN 7-5611-2825-8；36.00 元
本书收入惯用句 3500 个，按照不同功能主题进行分类。

3365　例解日语近义词用法辞典/
〔日〕类语研究会编．—大连：大连理工大学出版社；2005.04.—608 页；18cm
ISBN 7-5611-2826-6；36.00 元
本书主词条 725 个，按意义分组，共收近义词 4000 个，举例句并进行解释和辨析。

3366　恋爱不安/
〔日〕香山理香著；陈刚，屠一凡译．—北京：科学出版社；2005.07.—146 页；21cm.—（心灵药方系列）
ISBN 7-03-015306-5；18.00 元
本书针对"恋爱不安"心理产生的机理进行了深刻的分析，并根据这些机理开出了相应的 11 个治疗药方。

3367　恋爱写真/
〔日〕市川拓司著；隋娟译．　海口：南海出版公司，2005.06.—238 页；21cm
ISBN 7-5442-3024-4；18.00 元
本书讲述了一个唯美、凄婉的爱情故事。

3368　恋爱心理游戏/
〔日〕樱美月著；何琰译．—北京：中国轻工业出版社；2005.01.—127 页；19cm
ISBN 7-5019-4544-6；12.80 元
本书通过四项人格心理测试，帮助你认识自己的内心世界，了解自己的性格缺陷，有针对性地完善自我，变得更有魅力。

3369　梁山泊：《水浒传》一〇八名豪杰/
〔日〕佐竹靖彦著；韩玉萍译．—北京：中华书局，2005.07.—142 页；30 幅；21cm.—（日本中国学文粹/王晓平主编）
ISBN 7-101-04638-X；12.00 元
本书作者运用严谨的史学研究方法，考证了以梁山泊为主的《水浒传》的舞台，介绍和分析了宋江、公孙胜、鲁智深、李逵等人物虚实相揉的故事。

3370　临床脑电图学：第 5 版/
〔日〕大熊辉雄著；周锦华译．—北京：清华大学出版社；2005.06.—548 页；547 幅；28cm
ISBN 7-302-09059-9（精装）；98.00 元
本书共 25 章，全面介绍脑电图学的各个方面。

3371　淋巴按摩/
〔日〕森柾秀美著；张军，唐丽娥译．—北京：中国画报出版社；2005.01.—102 页；21cm.—（阳光女性系列）
ISBN 7-80024-839-9；28.00 元
本书以问答的方式让读者了解自己的身体状态，并推荐适当的按摩方法。

3372　龙门造像记．楷书/
〔日〕井垣北城著；林怀秋译．—长沙：湖南美术出版社；2005.11.—96 页；29cm.—（书法技法讲座；8）
ISBN 7-5356-2346-8；15.00 元
此版为日本二玄社引进出版，原为日本高中及大学进修教材，是套难得的集学术和应用于一体的完美字帖及书法教材。

3373　龙珠．1，孙悟空和伙伴们/
〔日〕鸟山明著；牟琳等译．—北京：中国少年儿童出版社；2005.07.—175 页；18cm
ISBN 7-5007-7486-9；6.90 元
《龙珠》故事的主人公"孙悟空"为了保卫人类、保卫地球与不同势力做斗争的一系列故事。

3374　龙珠．2，龙珠千钧一发/
〔日〕鸟山明著；牟琳等译．—北京：中国少年儿童出版社；2005.07.—189 页；18cm
ISBN 7-5007-7487-7；6.90 元
《龙珠》故事的主人公"孙悟空"为了保卫人类、保卫地球与恶势力做斗争。

3375　龙珠．3，天下第一武道会！/
〔日〕鸟山明著；牟琳等译．—北京：中国少年儿童出版社；2005.07.—177 页；18cm
ISBN 7-5007-7488-5；6.90 元
本书讲述了主人公"孙悟空"为了保卫人类、地球与不同势办做斗争的一系列故事。

3476　龙珠．4，大决战！/
〔日〕鸟山明著；牟琳等译．—北京：中国少年儿童出版社；2005.07.—183 页；18cm

ISBN 7 – 5007 – 7489 – 3；6.90 元

《龙珠》故事的主人公"孙悟空"为了保卫人类、保卫地球与不同势力做斗争。

3477　龙珠.5，恐怖的玛斯鲁塔/

〔日〕鸟山明著；牟琳等译 . —北京：中国少年儿童出版社；2005.07. —177 页；18cm

ISBN 7 – 5007 – 7490 – 7；6.90 元

本书是讲主人公"孙悟空"为了保卫人类、保卫地球与不同势力做斗争的一系列故事。

3478　龙珠.6，布尔玛的大失败！/

〔日〕鸟山明著；牟琳等译 . —北京：中国少年儿童出版社；2005.07. —179 页；18cm

ISBN 7 – 5007 – 7491 – 5；6.90 元

《龙珠》故事的主人公"孙悟空"为了保卫人类、保卫地球与不同势力做斗争的一系列故事。

3479　龙珠.7，追踪！布鲁将军/

〔日〕鸟山明著；牟琳等译 . —北京：中国少年儿童出版社；2005.07. —179 页；18cm

ISBN 7 – 5007 – 7492 – 3；6.90 元

《龙珠》故事的主人公"孙悟空"为了保卫人类、保卫地球与不同势力做斗争的一系列故事。

3480　龙珠.8，孙悟空突击/

〔日〕鸟山明著；牟琳等译 . —北京：中国少年儿童出版社；2005.07. —177 页；18cm

ISBN 7 – 5007 – 7493 – 1；6.90 元

《龙珠》故事的主人公"孙悟空"为了保卫人类、保卫地球与不同势力做斗争。

3481　龙珠.9，遇到困难找占卜婆婆/

〔日〕鸟山明著；牟琳等译 . —北京：中国少年儿童出版社；2005.07. —177 页；18cm

ISBN 7 – 5007 – 7494 – X；6.90 元

《龙珠》故事的主人公"孙悟空"为了保卫人类、保卫地球与不同势力做斗争的一系列故事。

3382　龙珠.10，第二十二届天下第一武道会/

〔日〕鸟山明著；牟琳等译 . —北京：中国少年儿童出版社；2005.07. —181 页；18cm

ISBN 7 – 5007 – 7495 – 8；6.90 元

《龙珠》故事的主人公"孙悟空"为了保卫人类、保卫地球与不同势力做斗争的一系列故事。

3383　龙珠.11，天下第一超级大战！/

〔日〕鸟山明著；牟琳等译 . —北京：中国少年儿童出版社；2005.07. —179 页；18cm

ISBN 7 – 5007 – 7496 – 6；6.90 元

《龙珠》故事的主人公"孙悟空"为了保卫人类、保卫地球与不同势力做斗争的一系列故事。

3384　龙珠.12，恐怖的比克大魔王！/

〔日〕鸟山明著；牟琳等译 . —北京：中国少年儿童出版社；2005.07. —179 页；18cm

ISBN 7 – 5007 – 7497 – 4；6.90 元

《龙珠》故事的主人公"孙悟空"为了保卫人类、保卫地球与恶势力做斗争。

3385　龙珠.13，孙悟空的反击/

〔日〕鸟山明著；牟琳等译 . —北京：中国少年儿童出版社；2005.07. —179 页；18cm

ISBN 7 – 5007 – 7498 – 2；6.90 元

本书是主人公"孙悟空"为了保卫人类、保卫地球与不同势力做斗争的一系列故事。

3386　龙珠.14，更大的飞跃/

〔日〕鸟山明著；牟琳等译 . —北京：中国少年儿童出版社；2005.07. —177 页；18cm

ISBN 7 – 5007 – 7499 – 0；6.90 元

《龙珠》故事的主人公"孙悟空"为了保卫人类、保卫地球与不同势力做斗争。

3387　龙珠.15，群雄割据！/

〔日〕鸟山明著；牟琳等译 . —北京：中国少年儿童出版社；2005.07. —177 页；18cm

ISBN 7 – 5007 – 7500 – 8；6.90 元

本书讲述了故事主人公"孙悟空"为了保卫人类、保卫地球与不同势力做斗争的一系列故事。

3388　龙珠.16，龙争虎斗！/

〔日〕鸟山明著；牟琳等译 . —北京：中国少年儿童出版社；2005.07. —177 页；18cm

ISBN 7 – 5007 – 7501 – 6；6.90 元

本书讲述了主人公"孙悟空"为了保卫人类、保卫地球与不同势力做斗争的一系列故事。

3389　龙珠.17，前所未有的恐怖/

〔日〕鸟山明著；牟琳等译 . —北京：中国少年儿童出版社；2005.08. —177 页；18cm

ISBN 7 – 5007 – 7502 – 4；6.90 元

本书讲述了主人公"孙悟空"为了保卫人类、保卫地球与不同势力做斗争的一系列故事。

3390　龙珠.18，孙悟饭和克大魔王/

〔日〕鸟山明著；牟琳等译 . —北京：中国少年儿童出版社；2005.08. —175 页；18cm

ISBN 7 – 5007 – 7503 – 2；6.90 元

本书讲述了主人公"孙悟空"为了保卫人类、

保卫地球与不同势力做斗争的一系列故事。

3391 龙珠 . 19，快点！孙悟空/
〔日〕鸟山明著；牟琳等译 . —北京：中国少年
儿童出版社；2005.08. —175 页；18cm
ISBN 7 - 5007 - 7504 - 0；6.90 元
《龙珠》故事的主人公"孙悟空"为了保卫人
类、保卫地球与不同势力做斗争的故事。

3392 龙珠 . 20，决定一切的超级大战！/
〔日〕鸟山明著；牟琳等译 . —北京：中国少年
儿童出版社；2005.08. —175 页；18cm
ISBN 7 - 5007 - 7505 - 9；6.90 元
《龙珠》故事的主人公"孙悟空"他为了保卫人
类、保卫地球与不同势力做斗争的一系列故事。

3393 龙珠 . 21，目标！那美克星/
〔日〕鸟山明著；牟琳等译 . —北京：中国少年
儿童出版社；2005.08. —177 页；18cm
ISBN 7 - 5007 - 7506 - 7；6.90 元
《龙珠》故事的主人公"孙悟空"为了保卫人
类、保卫地球与不同势力做斗争的一系列故事。

3394 龙珠 . 22，那美克星人的抵抗/
〔日〕鸟山明著；牟琳等译 . —北京：中国少年
儿童出版社；2005.08. —175 页；18cm
ISBN 7 - 5007 - 7507 - 5；6.90 元
《龙珠》故事的主人公"孙悟空"为了保卫人
类、保卫地球与不同势力做斗争的一系列故事。

3395 龙珠 . 23，恐怖的基纽特战队/
〔日〕鸟山明著；牟琳等译 . —北京：中国少年
儿童出版社；2005.08. —177 页；18cm
ISBN 7 - 5007 - 7508 - 3；6.90 元
《龙珠》故事的主人公"孙悟空"为了保卫人
类、保卫地球与不同势力做斗争的一系列故事。

3396 龙珠 . 24，悟空 . 基纽/
〔日〕鸟山明著；牟琳等译 . —北京：中国少年
儿童出版社；2005.08. —179 页；18cm
ISBN 7 - 5007 - 7509 - 1；6.90 元
《龙珠》故事的主人公"孙悟空"为了保卫人
类、保卫地球与个同势力做斗争的一系列故事。

3397 龙珠 . 25，弗利萨超级变身/
〔日〕鸟山明著；牟琳等译 . —北京：中国少年
儿童出版社；2005.07. —175 页；19cm
ISBN 7 - 5007 - 7510 - 5；6.90 元

3398 龙珠 . 26，孙悟空复活/
〔日〕鸟山明著；牟琳等译 . —北京：中国少年
儿童出版社；2005.07. —175 页；19cm
ISBN 7 - 5007 - 7511 - 3；6.90 元

3399 龙珠 . 27，传说中的超级赛亚人/
〔日〕鸟山明著；牟琳等译 . —北京：中国少年
儿童出版社；2005.07. —175 页；19cm
ISBN 7 - 5007 - 7512 - 1；6.90 元

3400 龙珠 . 28，未来少年/
〔日〕鸟山明著；牟琳等译 . —北京：中国少年
儿童出版社；2005.07. —175 页；19cm
ISBN 7 - 5007 - 7513 - X；6.90 元

3401 龙珠 . 29，悟空落败/
〔日〕鸟山明著；牟琳等译 . —北京：中国少年
儿童出版社；2005.07. —175 页；19cm
ISBN 7 - 5007 - 7514 - 8；6.90 元

3402 龙珠 . 30，预感，邪恶/
〔日〕鸟山明著；牟琳等译 . —北京：中国少年
儿童出版社；2005.07. —175 页；19cm
ISBN 7 - 5007 - 7515 - 6；6.90 元

3403 龙珠 . 31，偷偷靠近的沙鲁/
〔日〕鸟山明著；牟琳等译 . —北京：中国少年
儿童出版社；2005.07. —175 页；19cm
ISBN 7 - 5007 - 7516 - 4；6.90 元

3404 龙珠 . 32，沙鲁的完全体完成/
〔日〕鸟山明著；牟琳等译 . —北京：中国少年
儿童出版社；2005.07. —175 页；19cm
ISBN 7 - 5007 - 7517 - 2；6.90 元

3405 龙珠 . 33，沙鲁游戏开始/
〔日〕鸟山明著；牟琳等译 . —北京：中国少年
儿童出版社；2005.07. —175 页；19cm
ISBN 7 - 5007 - 7518 - 0；6.90 元

3406 龙珠 . 34，超越悟空的战士/
〔日〕鸟山明著；牟琳等译 . —北京：中国少年
儿童出版社；2005.07. —175 页；19cm
ISBN 7 - 5007 - 7519 - 9；6.90 元

3407 龙珠 . 35，再见，战士们/
〔日〕鸟山明著；牟琳等译 . —北京：中国少年
儿童出版社；2005.07. —175 页；19cm
ISBN 7 - 5007 - 7520 - 2；6.90 元

3408　龙珠.36，新的英雄诞生/
〔日〕鸟山明著；牟琳等译．—北京：中国少年
儿童出版社；2005.07．—175 页；19cm
ISBN 7 - 5007 - 7521 - 0；6.90 元

3409　龙珠.37，开始行动/
〔日〕鸟山明著；牟琳等译．—北京：中国少年
儿童出版社；2005.07．—175 页；19cm
ISBN 7 - 5007 - 7522 - 9；6.90 元

**3410　龙珠.38，宿命的对决，孙悟空对贝吉
塔/**
〔日〕鸟山明著；牟琳等译．—北京：中国少年
儿童出版社；2005.07．—175 页；19cm
ISBN 7 - 5007 - 7523 - 7；6.90 元

3411　龙珠.39，永别了，高傲的战士/
〔日〕鸟山明著；牟琳等译．—北京：中国少年
儿童出版社；2005.07．—175 页；19cm
ISBN 7 - 5007 - 7524 - 5；6.90 元

3412　龙珠.40，地球军最后的秘密武器/
〔日〕鸟山明著；牟琳等译．—北京：中国少年
儿童出版社；2005.07．—175 页；19cm
ISBN 7 - 5007 - 7525 - 3；6.90 元

3413　龙珠.41，加油吧，超级悟天克斯/
〔日〕鸟山明著；牟琳等译．—北京：中国少年
儿童出版社；2005.07．—175 页；19cm
ISBN 7 - 5007 - 7526 - 1；6.90 元

3414　龙珠.42，再见，龙珠/
〔日〕鸟山明著；牟琳等译．—北京：中国少年
儿童出版社；2005.07．—175 页；19cm
ISBN 7 - 5007 - 7527 - X；6.90 元

**3415　鲁迅、创造社与日本文学：中日近现代比
较文学初探/**
〔日〕伊藤虎丸著；孙猛等译．—北京：北京大学
出版社；2005.11．—278 页；20cm．—（文学史研
究丛书）
ISBN 7 - 301 - 02691 - 9；23.00 元
本书对中国现代文学与日本文学进行对比研究。

3416　鲁迅与仙台：鲁迅留学/
日本东北大学一百周年鲁迅·日本东北大学留学百
周年史编辑委员会编；解泽春译．—北京：中国大
百科全书出版社；2005.09．—267 页；图；26cm
ISBN 7 - 5000 - 7381 - X（精装）；49.80 元
本书介绍了鲁迅留学仙台时期的情况以及相关

其他内容。

3417　铝阳极氧化膜电解及其功能膜的应用/
〔日〕川合慧著；朱祖芳译．—北京：冶金工业
出版社；2005.06．—137 页；21cm
ISBN 7 - 5024 - 3741 - X；20.00 元
本书全面概括了日本建筑铝型材阳极氧化工艺
和电解着色技术的现象和发展。

3418　乱马 1/2.1
〔日〕高桥留美子著．—长春：吉林美术出版社；
2005.01．—177 页；18cm
ISBN 7 - 5386 - 1743 - 4；6.50 元

3419　乱马 1/2.2
〔日〕高桥留美子著．—长春：吉林美术出版社；
2005.01．—181 页；18cm
ISBN 7 - 5386 - 1743 - 4；6.50 元

3420　乱马 1/2.3
〔日〕高桥留美子著．—长春：吉林美术出版社；
2005.01．—181 页；18cm
ISBN 7 - 5386 - 1743 - 4；6.50 元

3421　乱马 1/2.4
〔日〕高桥留美子著．—长春：吉林美术出版社；
2005.01．—182 页；18cm
ISBN 7 - 5386 - 1743 - 4；6.50 元

3422　乱马 1/2.5
〔日〕高桥留美子著．—长春：吉林美术出版社；
2005.01．—173 页；18cm
ISBN 7 - 5386 - 1743 - 4；6.50 元

3423　乱马 1/2.6
〔日〕高桥留美子著．—长春：吉林美术出版社；
2005.01．—177 页；18cm
ISBN 7 - 5386 - 1743 - 4；6.50 元

3424　乱马 1/2.7
〔日〕高桥留美子著．—长春：吉林美术出版社；
2005.01．—177 页；18cm
ISBN 7 - 5386 - 1743 - 4；6.50 元

3425　乱马 1/2.8
〔日〕高桥留美子著．—长春：吉林美术出版社；
2005.01．—172 页；18cm
ISBN 7 - 5386 - 1743 - 4；6.50 元

3426　乱马 1/2.9
〔日〕高桥留美子著．—长春：吉林美术出版社；

2005. 01. —175 页；18cm
ISBN 7 – 5386 – 1743 – 4；6. 50 元

3427 乱马 1/2. 10/
〔日〕高桥留美子著 . —长春：吉林美术出版社；
2005. 01. —177 页；18cm
ISBN 7 – 5386 – 1743 – 4；6. 50 元

3428 乱马 1/2. 11/
〔日〕高桥留美子著 . —长春：吉林美术出版社；
2005. 02. —176 页；18cm
ISBN 7 – 5386 – 1743 – 4；6. 50 元

3429 乱马 1/2. 12/
〔日〕高桥留美子著 . —长春：吉林美术出版社；
2005. 03. —174 页；18cm
ISBN 7 – 5386 – 1779 – 5；6. 50 元

3430 乱马 1/2. 13/
〔日〕高桥留美子著 . —长春：吉林美术出版社；
2005. 03. —176 页；18cm
ISBN 7 – 5386 – 1779 – 5；6. 50 元

3431 乱马 1/2. 14/
〔日〕高桥留美子著 . —长春：吉林美术出版社；
2005. 03. —177 页；18cm
ISBN 7 – 5386 – 1779 – 5；6. 50 元

3432 乱马 1/2. 15/
〔日〕高桥留美子著 . —长春：吉林美术出版社；
2005. 03. —170 页；18cm
ISBN 7 – 5386 – 1779 – 5；6. 50 元

3433 乱马 1/2. 16/
〔日〕高桥留美子著 . —长春：吉林美术出版社；
2005. 03. —177 页；18cm
ISBN 7 – 5386 – 1779 – 5；6. 50 元

3434 乱马 1/2. 17/
〔日〕高桥留美子著 . —长春：吉林美术出版社；
2005. 03. —173 页；18cm
ISBN 7 – 5386 – 1779 – 5；6. 50 元

3435 乱马 1/2. 18/
〔日〕高桥留美子著 . —长春：吉林美术出版社；
2005. 03. —176 页；18cm
ISBN 7 – 5386 – 1779 – 5；6. 50 元

3436 乱马 1/2. 19/
〔日〕高桥留美子著 . —长春：吉林美术出版社；

2005. 03. —178 页；18cm
ISBN 7 – 5386 – 1779 – 5；6. 50 元

3437 乱马 1/2. 20/
〔日〕高桥留美子著 . —长春：吉林美术出版社；
2005. 03. —177 页；18cm
ISBN 7 – 5386 – 1779 – 5；6. 50 元

3438 乱马 1/2. 21/
〔日〕高桥留美子著 . —长春：吉林美术出版社；
2005. 05. —179 页；18cm
ISBN 7 – 5386 – 1808 – 2；6. 50 元

3439 乱马 1/2. 22/
〔日〕高桥留美子著 . —长春：吉林美术出版社；
2005. 05. —174 页；18cm
ISBN 7 – 5386 – 1808 – 2；6. 50 元

3440 乱马 1/2. 23/
〔日〕高桥留美子著 . —长春：吉林美术出版社；
2005. 05. —175 页；18cm
ISBN 7 – 5386 – 1808 – 2；6. 50 元

3441 乱马 1/2. 24/
〔日〕高桥留美子著 . —长春：吉林美术出版社；
2005. 05. —161 页；18cm
ISBN 7 – 5386 – 1808 – 2；6. 50 元

3442 乱马 1/2. 25/
〔日〕高桥留美子著 . —长春：吉林美术出版社；
2005. 05. —177 页；18cm
ISBN 7 – 5386 – 1808 – 2；6. 50 元

3443 乱马 1/2. 26/
〔日〕高桥留美子著 . —长春：吉林美术出版社；
2005. 05. —176 页；18cm
ISBN 7 – 5386 – 1808 – 2；6. 50 元

3444 乱马 1/2. 27/
〔日〕高桥留美子著 . —长春：吉林美术出版社；
2005. 05. —174 页；18cm
ISBN 7 – 5386 – 1808 – 2；6. 50 元

3445 乱马 1/2. 28/
〔日〕高桥留美子著 . —长春：吉林美术出版社；
2005. 05. —175 页；18cm
ISBN 7 – 5386 – 1808 – 2；6. 50 元

3446 乱马 1/2. 29/
〔日〕高桥留美子著 . —长春：吉林美术出版社；

2005.05. —177 页；18cm

ISBN 7 – 5386 – 1808 – 2；6.50 元

3447 乱马 1/2.30/

〔日〕高桥留美子著. —长春：吉林美术出版社；

2005.05. —174 页；18cm

ISBN 7 – 5386 – 1808 – 2；6.50 元

3448 论语总说/

〔日〕藤冢邻著；陈东译. —北京：国际文化出版

公司，2005.01. —221 页；19cm

ISBN 7 – 80173 – 333 – 9；100.00 元

本书为文献性专著；是对《论语》的研究总结

性、概括性的专著。

3449 罗生门/

〔日〕芥川龙之介著；林少华译. —青岛：青岛

出版社；2005.05. —213 页；21cm. —（令人感

动的一本书）

ISBN 7 – 5436 – 3366 – 3；18.00 元

本书收录芥川中短篇小说 13 篇。

3450 逻辑思维方法与运营/

〔日〕吉田健司著；丛春霞等译. —大连：东北

财经大学出版社；2005.01. —134 页；21cm. —

（CFO + MBA 精要丛书）

ISBN 7 – 81084 – 487 – 3；16.00 元

本书介绍了企业管理方法。

3451 落樱飞雪/

〔日〕阿刀田高著；刘绩生译. —珠海：珠海出

版社；2005.05. —274 页；21cm. —（阿刀田高

怪异小说系列）

ISBN 7 – 80689 – 388 – 1；16.00 元

本书包括日本现代作家阿刀田高的 10 个短篇

小说。

3452 马王堆汉墓帛书五行研究/

〔日〕池田知久著；王启发译. —北京：线装书局：

中国社会科学出版社；2005.04. —516 页；23cm. —

（新传统主义丛书/郑家栋主编）

ISBN 7 – 80106 – 378 – 3；56.00 元

本书利用从马王堆汉墓出土的帛书《五行》，对中

国思想史进行研究。

3453 蚂蚁和西瓜/

〔日〕田村茂著；蒲蒲兰译. —南昌：二十一世

纪出版社；2005.08. —1 册；26cm

ISBN 7 – 5391 – 3045 – 8（精装）；20.00 元

3454 买不得：日用商品的健康杀手大曝光/

〔日〕船濑俊介，〔日〕渡边雄二著；李建华，暴

凤明译. —北京：世界知识出版社；2005.05. —

200 页；17 幅；21cm

ISBN 7 – 5012 – 2516 – 8；16.00 元

本书警示性地提出商品中充斥的健康杀手。

3455 满月之夜白鲸现/

〔日〕片山恭一著；豫人译. —青岛：青岛出版

社；2005.01. —180 页；21cm

ISBN 7 – 5436 – 3260 – 8；18.00 元

本书是青春恋爱小说，全书的主题是爱与自由不

可得兼。

3456 漫画入门：画笔和网点纸的使用技巧/

〔日〕藤堂 RYO 著；杨海燕译. —沈阳：辽宁科

学技术出版社；2005.09. —124 页；26cm. —（卡

通漫画绘画技法）

ISBN 7 – 5381 – 4540 – 0；29.80 元

本书介绍了大量的漫画技巧，内容丰富。

3457 美甲新时尚/

〔日〕仲宗根幸子著；张军译. —北京：中国画

报出版社；2005.01. —95 页；300 幅；21cm

ISBN 7 – 80024 – 842 – 9；26.00 元

本书以图文并茂的形式介绍最新时尚的美甲图

案，并分步骤教你如何绘制。

3458 美丽肌肤来自护理/

〔日〕实川久美子主编；王先进，池红译. —郑州：

河南科学技术出版社；2005.01. —159 页；20cm. —

（女性健康新概念）

ISBN 7 – 5349 – 3212 – 2；16.00 元

本书从皮肤疾患、体毛处理、最新美容医疗等几

个方面，教会女性如何简单把自己打造得更加

靓丽。

3459 美丽与健康的 DIY 方法/

〔日〕高木祐子著. —北京：知识出版社；2005.

07. —228 页；21cm. —（美身求真）

ISBN 7 – 5015 – 4357 – 7；28.00 元

本书针对女性读者，讲述了由内至外调理女性健

康，使女性更加漂亮的各种方法等。

3460 美丽在内之美肌篇/

〔日〕高木祐子著. —北京：知识出版社；2005.

07. —130 页；21cm. —（美身求真）

ISBN 7 – 5015 – 4359 – 3；16.00 元

本书针对女性读者，讲述了通过内在调理进行护

肤的方法等。

3461　美丽在内之美身篇/

〔日〕高木祐子著.—北京：知识出版社；2005.
07.—135页；21cm.—（美身求真）

ISBN 7-5015-4358-5；18.00元

本套书针对女性读者，讲述了由内至外调理，美
体护肤的方法等。

3462　美丽在外之美肌篇/

〔日〕高木祐子著.—北京：知识出版社；2005.
07.—126页；21cm.—（美身求真）

ISBN 7-5015-4361-5；16.00元

本套书针对女性读者，讲述了外在护肤的方
法等。

3463　美丽在外之美身篇/

〔日〕高木祐子著.—北京：知识出版社；2005.
07.—96页；21cm.—（美身求真）

ISBN 7-5015-4360-7；12.00元

本套书针对女性读者，讲述了美体护肤的方
法等。

3464　美丽真诚：63款天然化妆品调制 DIY/

〔日〕高村日和主编；郭宁宁译.—太原：北岳
文艺出版社；2005.09.—119页；20cm

ISBN 7-5378-2620-X；20.00元

本书是一部教你如何利用天然植物制作属于自
己的化妆品、护肤品的图书。

3465　美目盈盈：眼部化妆技巧/

〔日〕渡边雅江著；窦文译.—济南：山东科学
技术出版社；2005.01.　126页；20cm

ISBN 7-5331-3799-X；19.00元

书中通过大量的彩色照片，分别介绍了眼睛各
部位化妆的基本知识和技巧。

**3466　美少女・服饰造型图典.1，服饰・细部
篇/**

〔日〕林晃，〔日〕森本贵美子著；杨依群译.—
上海：上海人民美术出版社；2005.01.—239页；
26cm

ISBN 7-5322-4221-8；38.00元

本书为动漫技法类图书，提供了塑造动漫少女
服饰、造型方面的指导。

3467　美少女・服饰造型图典.2，内衣装篇/

〔日〕林晃，〔日〕森本贵美子著；杨依群译.—
上海：上海人民美术出版社；2005.01.—239页；
26cm

ISBN 7-5322-4254-4；38.00元

本书为动漫技法类图书，提供了塑造动漫少女

服饰、造型方面的指导。

3468　美少女・服饰造型图典.3，运动装篇/

〔日〕林晃，〔日〕森本贵美子著；陈易，陈得民
译.—上海：上海人民美术出版社；2005.01.—
239页；26cm

ISBN 7-5322-4255-2；38.00元

本书为动漫技法类图书，提供了塑造动漫少女服
饰、造型方面的指导。

3469　美少女的画法/

〔日〕林晃著；陈庆译.—沈阳：辽宁科学技术
出版社；2005.09.—126页；26cm.—（卡通漫
画绘画技法）

ISBN 7-5381-4543-5；29.80元

本书主要讲解了美少女画法的理论、场景不同的
表现技巧以及一般人物的着装等。

3470　美语走天下・交流篇/

〔日〕山下马努著；李梅译.—北京：外语教学
与研究出版社；2005.01.—214页；17×11cm

ISBN 7-5600-4511-1；8.90元

这是一本实用的英语会话技巧读本。

3471　蜜月旅行/

〔日〕吉本芭娜娜著；张唯诚译.—上海：上海
译文出版社；2005.04.—120页；21cm

ISBN 7-5327-3627-X；10.00元

本书为中篇小说。

3472　面粉点心大会串/

〔日〕阿部德惠，长谷川芳子编著；梁峥译.—杭
州：浙江科学技术出版社；2005.01.—135页；
26cm.—（饮食新天地）

ISBN 7-5341-2003-9；45.00元

本书主要介绍各种西式及中式面点的制作方
法等。

3473　明清吴语词典/

〔日〕宫田一郎，石汝杰主编.—上海：上海辞
书出版社；2005.01.—915页；27cm

ISBN 7-5326-12066（精装）；198.00元

本书囊括了明清600年来所有吴方言的书面文献
资料。

3474　明天你还爱我吗？/

〔日〕大成由子图/文；杨俨译.—沈阳：辽宁教
育出版社；2005.01.—1册；18cm

ISBN 7-5382-7282-8；12.00元

本书以淡雅的插图和令人回味的文字描写了爱

人之间的愉快温馨的场景。

3475　模仿犯. 第 1 部/
〔日〕宫部美幸著；胡燕，韦和平，乔君译. —
2 版. —北京：中国友谊出版公司，2005.08. —
2 册（575 页）；20cm. —（百世文库）
ISBN 7 – 5057 – 2015 – 5；36.00 元
本书是长篇侦探小说。

3476　模仿犯. 第 2 部/
〔日〕宫部美幸著；胡燕，韦和平，乔君译. —北
京：中国友谊出版公司，2006.01. —2 册（583
页）；21cm
ISBN 7 – 5057 – 2131 – 3；36.00 元（全套册）
本书是一部日本当代推理小说。

3477　模拟电路设计与制作/
〔日〕青木英彦著；周南生译. —北京：科学出
版社；2005.04. —214 页；24cm. —（图解电路
设计与制作系列）
ISBN 7 – 03 – 014690 – 5；26.00 元
本系列以初学电子电路的电子爱好者为读者对
象，以培养初学者动手能力为目的。

3478　魔法世界之旅/
〔日〕天沼春树著；郁炜昊译. —沈阳：辽宁教
育出版社；2005.11. —200 页；20cm
ISBN 7 – 5382 – 7557 – 6；20.00 元
该书以平白的语言与大量生动有趣的图片介绍
了世界各地的魔法，并揭示其中的奥秘。

3479　魔力英语 100 词/
〔日〕龙则大著；刘佑铭，杜娜译. —大连：大连
理工大学出版社；2005.04. —197 页；21cm
ISBN 7 – 5611 – 2843 – 6；12.80 元
本书讲述一个日本儿童在澳大利亚的留学体验，
以日记的形式引出英语中常用的 100 词，精讲其
用法。

3480　魔女的填字游戏/
〔日〕川北亮司著；〔日〕大井知美绘；王建新，
肖志译. —武汉：湖北少年儿童出版社；2005.09.
—122 页；18cm. —（玛利亚侦探社系列）
ISBN 7 – 5353 – 3265 – X；6.80 元
本书为儿童文学侦探小说。

3481　魔女露露与北极光城堡/
〔日〕村山早纪著；夏菊芬译. —南昌：二十一世
纪出版社；2005.05. —159 页；21cm. —（魔女露
露系列）

ISBN 7 – 5391 – 2926 – 3；11.80 元

3482　魔女露露与风之少女/
〔日〕村山早纪著；张向荣译. —南昌：二十一世
纪出版社；2005.05. —176 页；21cm. —（魔女露
露系列）
ISBN 7 – 5391 – 2928 – X；11.80 元
本书是儿童中篇小说。

3483　魔女露露与红星宝杖/
〔日〕村山早纪著；潘洵，张向荣译. —南昌：二
十一世纪出版社；2005.05. —184 页；21cm. —
（魔女露露系列）
ISBN 7 – 5391 – 2929 – 8；11.80 元

3484　魔女露露与她的朋友们/
〔日〕村山早纪著；黄荣初译. —南昌：二十一世
纪出版社；2005.05. —134 页；21cm. —（魔女露
露系列）
ISBN 7 – 5391 – 2925 – 5；9.80 元

3485　魔女露露与时代的魔法/
〔日〕村山早纪著；王楚楚译. —南昌：二十一世
纪出版社；2005.05. —150 页；21cm. —（魔女露
露系列）
ISBN 7 – 5391 – 2927 – 1；9.80 元
本书为儿童文学中篇小说。

3486　莫拉和我/
〔日〕大成由子编绘；杨俨译. —沈阳：辽宁教育
出版社；2005.01. —1 册；19cm
ISBN 7 – 5382 – 7281 – X；12.00 元
本书以小动物莫拉为主线，描写了主人公成长的
经历，是以温馨的插图和优雅的文字见长的文学
组画绘本。

3487　木简. 隶书/
〔日〕青山杉雨著；林怀秋译. —长沙：湖南美
术出版社；2005.11. —84 页；29cm. —（书法技
法讲座；7）
ISBN 7 – 5356 – 2346 – 8；15.00 元
本书是楷书书法讲座。

3488　内镜诊断与鉴别诊断图谱：下消化道/
〔日〕多田正大等主编；孙明军，王轶淳译. —沈
阳：辽宁科学技术出版社；2005.04. —187 页；26cm
ISBN 7 – 5381 – 4255 – X（精装）；120.00 元
本书是一本用内镜技术鉴别与诊断下消化道疾
病的图谱类图书。

3489　纳米技术手册/
〔日〕纳米技术手册编辑委员会编；王鸣阳等译.—北京：科学出版社；2005.01.—849 页；26cm
ISBN 7-03-0131746（精装）；118.00 元
本书介绍了从纳米基础知识到实际应用。

3490　奈欧斯·奥特曼超百科/
〔日〕圆谷制作株式会社制作.—北京：海豚出版社；2005.05.—56 页；26cm
ISBN 7-80138-440-7；18.00 元

3491　男孩子的画法/
〔日〕林晃著；陈庆译.—沈阳：辽宁科学技术出版社；2005.09.—128 页；26cm.—（卡通漫画绘画技法）
ISBN 7-5381-4541-9；29.80 元

3492　男人而立之年成功之道/
〔日〕竹村之宏著；刘畅子译.—济南：山东友谊出版社；2005.01.—120 页；19cm.—（新生活丛书）
ISBN 7-80642-640-X；12.50 元
本书作者为 30 岁的广大男性读者提供了一种处世哲学。

3493　南北极的一百个不可思议/
〔日〕神沼克伊等编著；薛檬译.—沈阳：辽宁教育出版社；2005.11.—228 页；20cm
ISBN 7-5382-7576-2；20.00 元

3494　南京大屠杀和日本人的精神构造/
〔日〕津田道夫著；程兆奇，刘燕译.—北京：新星出版社；2005.05.—214 页；20cm
ISBN 7-80148-777-X；16.00 元
本书从日本国内的状况切入，剖析南京大屠杀的成因与日本的思想、社会的关系。

3495　南京战·被割裂的受害者之魂：南京大屠杀受害者 120 人的证言/
〔日〕松冈环编著；沈维藩译.—上海：上海辞书出版社；2005.04.—385 页；21cm
ISBN 7-5326-1766-1；30.00 元
书中以大量的口述材料，客观而真实地反映了"南京大屠杀"对中国人民造成的身体和心灵上的巨大伤害。

3496　难民区百日：亲历日军大屠杀的西方人/
〔日〕笠原十九司著；李广廉，王志君译.—南京：南京师范大学出版社；2005.05.—241 页；23cm.—（南京大屠杀系列丛书）

ISBN 7-81101-239-1；26.00 元
本书通过难民区国际委员会中活跃的美国传教士的记录，描述了日军制造南京大屠杀事件的历史真相。

3497　你会教孩子吗?：101 个年轻父母必知的教子招法/
〔日〕七田真著；王润芳译.—北京：九州出版社；2005.05.—188 页；21cm
ISBN 7-80195-269-3；19.80 元
本书是写给年轻父母的，告诉他们必须懂得的教育理念及与孩子沟通的方法。

3498　你肯定会哭/
〔日〕山本文绪著；中原鸣子译.—上海：上海译文出版社；2005.06.—180 页；20cm.—（日本女作家都市小说系列）
ISBN 7-5327-3669-5；12.00 元

3499　你是我惟一的宝贝/
〔日〕加藤浩美著；〔日〕猿渡静子译.—天津：天津人民出版社；2005.05.—149 页；19cm.—（新经典文库；122. 巴学园；05）
ISBN 7-201-05010-9（精装）；25.00 元
本书为纪实文学。

3500　你真好/
〔日〕宫西达也著；蒲蒲兰译.—南昌：二十一世纪出版社；2005.08.—1 册；26cm
ISBN 7-5391-3049-0（精装）；24.80 元

3501　女书的历史与现状：解析女书的新视点/
〔日〕远藤织枝，黄雪贞主编.—北京：中国社会科学出版社；2005.10.—196 页；图；20cm
ISBN 7-5004-5145-8；28.00 元
本书对女书的研究可以说是女书研究的收官之作。

3502　女性健康枕边书/
〔日〕池下育子著；谢海雁译.—沈阳：辽宁科学技术出版社；2005.07.—227 页；20cm
ISBN 7-5381-4347-5；14.00 元
本书通俗易懂地介绍了女性的生理特点、引人注意的不适症状、羞于向人启齿的症状等。

3503　女性医学/
〔日〕松山荣吉，〔日〕水岛昇著；黄力等译.—长沙：湖南科学技术出版社；2005.05.—318 页；26cm
ISBN 7-5357-4160-6；48.00 元

3504　女性专门店经营/

〔日〕吉村孝美著；徐继维译 . —北京：科学出版社；2005.09. —151 页；21cm. —（营销新概念系列）

ISBN 7 - 03 - 015609 - 9；16.00 元

本书介绍的是女性专卖店的经营方法。

3505　诺门罕，日本第一次战败：一个原日本关东军军医的战争回忆录/

〔日〕松本草平，〔日〕华野著；李兆晖译 . —济南：山东人民出版社；2005.05. —312 页；23cm

ISBN 7 - 209 - 03690 - 3；32.00 元

3506　帕金森氏病防治/

〔日〕若山吉弘著；刘建武等译 . —南昌：江西科学技术出版社；2005.04. —172 页；26cm

ISBN 7 - 5390 - 2605 - 7（精装）；28.00 元

本书介绍了帕金森氏病的病因病机、发病过程以及最新的诊断技术和方法。

3507　泡沫经济学/

〔日〕野口悠纪雄著；曾寅初译 . —北京：生活·读书·新知三联书店，2005.03. —205 页；21cm. —（日本经济学名著译丛）

ISBN 7 - 108 - 02248 - 6；14.50 元

本书对发生在 20 世纪 80 年代日本因股价与地价的异常上涨引发的泡沫经济进行了成因分析。

3508　平家物语图典/

〔日〕无名氏著；申非译；叶渭渠导读、图解 . —上海：上海三联书店，2005.08. —210 页；150 幅；22cm. —（日本古典名著图读书系/叶渭渠主编）

ISBN 7 - 5426 - 2086 - X；36.80 元

本书是日本古典名著《平家物语》图文本。

3509　普拉提轻松入门/

〔日〕酒井里枝著；张军译 . —北京：中国画报出版社；2005.11. —127 页；彩图；21cm. —（阳光女性系列）

ISBN 7 - 80024 - 939 - 5；29.80 元

普拉提作为既可以减肥又可以塑身的一项运动，广受全世界的关注。

3510　企业的合作博弈理论/

〔日〕青木昌彦著；郑江淮等译 . —北京：中国人民大学出版社；2005.05. —274 页；23cm. —（企业理论丛书 . 企业理论译丛/杨瑞龙主编）

ISBN 7 - 300 - 05291 - 6；32.00 元

本书讲述了一种合作博弈的企业理论。

3511　企业经营成败 60 法则/

〔日〕藤野英人著；曲晓燕译 . —济南：山东友谊出版社；2005.01. —117 页；19cm. —（新生活丛书）

ISBN 7 - 80642 - 612 - 4；12.00 元

本书介绍了企业经营成功和失败的 60 条法则。

3512　企业咨询手册/

〔日〕アビームコンサルティング著；杨杜等译 . —北京：清华大学出版社；2005.06. —235 页；21cm

ISBN 7 - 302 - 10627 - 4；17.00 元

本书是为了培养咨询人员而写的企业咨询技能手册。

3513　起死回生：V 字复苏计划/

〔日〕小林惠智等著；杨洁译 . —北京：北京大学出版社；2005.04. —151 页；23cm. —（时代光华经管大系）

ISBN 7 - 301 - 08300 - 9；20.00 元

本书运用五大因子和压力理论分析了企业中的 4 种人才类型，提出了如何实施综合管理法的策略，帮助企业经营者在 300 天内改变公司。

3514　汽车构造双色图解/

〔日〕出射忠明编著；赵波译 . —北京：人民交通出版社；2005.01. —221 页；24cm

ISBN 7 - 114 - 05365 - 7；33.00 元

本书以图解的方式系统讲解了汽车构造，为初学者和汽车爱好者提供了很好的资料。

3515　汽车构造图册/

〔日〕细川武志编；魏朗译 . —北京：人民交通出版社；2005.01. —260 页；23cm

ISBN 7 - 114 - 05343 - 6；25.00 元

本书对汽车构造进行了详尽的图解，简明易懂，直观形象。

3516　汽车构造 . 底盘、电器/

〔日〕GP 企业策划编；董铁有译 . —北京：人民交通出版社；2005.01. —206 页；23cm

ISBN 7 - 114 - 05342 - 8；25.00 元

本书图文并茂，讲解了汽车构造底盘部分的内容，深入浅出，通俗易懂。

3517　汽车构造 . 发动机/

〔日〕GP 企业策划编；董铁有译 . —北京：人民交通出版社；2005.01. —224 页；24cm

ISBN 7 - 114 - 05344 - 4；25.00 元

本书对汽车发动机进行了详尽的图解，简明易懂，直观形象。

3518　汽车环保新技术/
〔日〕松本康平著；曹秉刚等译．—西安：西安
交通大学出版社；2005.06.—336页；21cm
ISBN 7－5605－2007－3；25.00元
本书就汽车与环境保护的关系做了综合介绍，
并介绍了未来一些对环保有益的汽车。

3519　契约的再生/
〔日〕内田贵著；胡宝海译．—北京：中国法制
出版社；2005.01.—200页；20cm．—（法学名
篇小文丛）
ISBN 7－80182－385－0；12.00元
本书是关于契约法的学术研究著作。

3520　强身健体活力操/
〔日〕野泽秀雄著；陈国平译．—杭州：浙江科学
技术出版社；2005.01.—130页；20cm．—（轻松
健身系列）
ISBN 7－5341－2505－7；12.00元
本书以图文并茂的形式介绍了消除疲劳的伸展
操、消除腰膝背疼痛的体操、强化内脏的简易
运动。

3521　巧穿让你秀秀秀：服饰搭配技巧/
〔日〕高桥园子著；周豪春译．—北京：人民体
育出版社；2005.10.—121页；彩图；21cm
ISBN 7－5009－2793－2；10.00元
本书教爱美女士如何通过巧妙的服饰搭配穿出
苗条与美丽。

3522　亲手泡杯好红茶/
〔日〕高野健次著；詹龙骧译．—北京：中国建材
工业出版社；2005.03.—158页；22cm．—（品味
生活丛书）
ISBN 7－80159－839－3；32.00元
本书主要介绍了茶叶的种类、用量，以及红茶的
做法、特征、品牌、茶具等。

3523　青春十四岁/
〔日〕石田衣良著；佟君译．—哈尔滨：北方文
艺出版社；2005.09.　274页；21cm
ISBN 7－5317－1844－8；18.80元
本作品细致地描绘了四个东京少年的成长故事。

3524　青色月光王/
〔日〕折原美都著；姚雪译．—太原：北岳文艺
出版社；2005.06.—212页；20cm．—（安娜德
尔露星传）

ISBN 7－5378－2749－4；16.50元
本书是一部描写战争的奇幻中篇小说。

3525　轻松解读科学奥秘．概率统计超入门/
〔日〕郡山彬，〔日〕和泉泽正隆编著；刘京华
译．—上海：上海世界图书出版公司，2005.02.—
169页；21cm．—（蜗牛科学系列）
ISBN 7－5062－6867－1；15.00元
本书从骰子游戏的胜负谈到基础的统计处理，阐
述详尽具体，尽可能运用贴近生活的例子加以说
明，并配以图解。

3526　轻松解读科学奥秘．化学超级入门/
〔日〕左卷健男著；刘秀丽译．—上海：上海世界
图书出版公司，2005.02.—190页；21cm．—（蜗
牛科学系列）
ISBN 7－5062－6797－7；16.00元
本书从初中化学最基础入手，到最新的有机化
学，结合丰富生动的图解，容易理解。

3527　轻松解读科学奥秘．免疫和自然治愈力/
〔日〕生田哲著；邱璐译．—上海：上海世界图
书出版公司，2005.02.—161；21cm．—（蜗
牛科学系列）
ISBN 7－5062－6869－8；15.00元
本书从对人体免疫系统和自然治愈力的基本研
究、现代医学的不足之处等几方面做了科学系
统、简明易懂的介绍。

3528　轻松解读科学奥秘．三角函数超入门/
〔日〕坂江正著；丁玲玲译．—上海：上海世界图
书出版公司，2005.02.—168页；21cm．—（蜗牛
科学系列）
ISBN 7－5062－6865－5；15.00元
本书编者运用有趣的事件一一讲解，是一本能使
不谙三角函数者轻松理解的入门书。

3529　轻松解读科学奥秘．生化学超入门/
〔日〕生田哲著；肖燕译．—上海：上海世界图
书出版公司，2005.02.—205页；21cm．—（蜗
牛科学系列）
ISBN 7－5062－6868－X；18.00元
本书以理解生化学为目标，选择一些与日常生活
有关的和在生化学中必须要知道的内容，尽可能
生动简明地进行讲解。

3530　轻松解读科学奥秘．生物学超入门/
〔日〕大石正道著；徐伟红译．—上海：上海世界
图书出版公司，2005.02.—183页；21cm．—（蜗
牛科学系列）

ISBN 7 - 5062 - 6798 - 5；16.00 元

本书从生物学基础知识至遗传基因技术，讲解清晰，图解丰富，帮助理解和体验生物学世界。

3531　轻松解读科学奥秘．数学超入门/

〔日〕郡山彬著；何敏，叶霞译．—上海：上海世界图书出版公司，2005.02.—234 页；21cm.—（蜗牛科学系列）

ISBN 7 - 5062 - 6795 - 0；18.00 元

本书结合图解，对数学的基础知识进行了全面系统详尽的讲解。

3532　轻松解读科学奥秘．微分积分超入门/

〔日〕平野叶一著；乔颖译．—上海：上海世界图书出版公司，2005.02.—150 页；21cm.—（蜗牛科学系列）

ISBN 7 - 5062 - 6866 - 3；15.00 元

读过本书，将轻松掌握微积分的基本知识。

3533　轻松解读科学奥秘．物理学超入门/

〔日〕山田弘著；郭长江译．—上海：上海世界图书出版公司，2005.02.—165 页；21cm.—（蜗牛科学系列）

ISBN 7 - 5062 - 6796 - 9；15.00 元

本书用简明易懂的语言和生动的图解，深入浅出地阐述了物理科学中有关力学、波、热、电磁气等知识。

3534　轻松泡茶茶更香/

〔日〕工藤佳治主编；王玮译．—北京：中国轻工业出版社；2005.06.—160 页；20cm.—（家庭茶艺）

ISBN 7 - 5019 - 4821 - 6；28.00 元

本书为全彩，比较详细地介绍了与泡茶相关的内容。

3535　轻松消除肩部疼痛/

〔日〕内池尚仁主编；段帆译．—郑州：河南科学技术出版社；2005.01.—159 页；20cm.—（女性健康新概念）

ISBN 7 - 5349 - 3211 - 4；16.00 元

本书介绍了如何预防、治疗肩部疼痛的多种方法。

3536　琼脂小品/

〔日〕小菅阳子著；薛曦译．—福州：福建科学技术出版社；2005.05.—72 页；26cm.—（教你轻松做点心）

ISBN 7 - 5335 - 2546 - 9；22.00 元

本书用精美的图片配合浅显易懂的文字介绍了

中、西、日式琼脂制品 81 道。

3537　秋山孝的招贴：中日英文对照/

〔日〕秋山孝著；吴艺华译．—上海：上海人民美术出版社；2005.06.—199 页；19cm

ISBN 7 - 5322 - 4216 - 1（精装）；58.00 元

本书为日本设计师秋山孝的招贴设计作品。

3538　囚魂苏醒：日本战犯在中国收容所的六年轨迹/

〔日〕北冈信夫著；包容译．—北京：人民文学出版社；2005.09.—205 页；20cm

ISBN 7 - 02 - 005257 - 6；13.00 元

本书是日本作家北冈信夫继《永远的祈祷》之后的又一部力作，反思战争系列三部的第一部。

3539　趣味推理：一分钟探案/

〔日〕高桥升平主编．—北京：当代世界出版社；2005.01.—5 册；图；20cm

ISBN 7 - 80115 - 878 - 4；49.50 元

本书汇集了数十篇中外推理故事。

3540　趣味物理实验/

〔日〕左卷健男，〔日〕龙川洋二著；廉源译．—北京：中国民族摄影艺术出版社；2005.04.—2 册；20cm.—（天才设题 智者解题）

ISBN 7 - 80069 - 659 - 6；38.00 元

本书介绍了理科物理方面的各种知识，语言简练，易于实践。

3541　全景日语会话．日本美食体验篇/

〔日〕松本节子著；李延坤，吴丹译．—北京：外语教学与研究出版社；2005.02.—188 页；20cm + 光盘 1 张

ISBN 7 - 5600 - 4622 - 3；17.90 元

本书系介绍日本饮食文化的会话书，由会话和对日本传统文化的介绍两部分组成。

3542　全景日语会话．日本生活体验篇/

〔日〕松本节子著；李延坤，吴丹译．—北京：外语教学与研究出版社；2005.02.—210 页；20cm + 光盘 1 张

ISBN 7 - 5600 - 4571 - 5；17.90 元

本书中的日语会话是在生活中能够听到的非正式的或年轻人之间的会话。

3543　全口义齿原理与实践：塑造心中的义齿形象/

〔日〕Iwao Hayakawazhu 著；张玉梅，程静涛译．—北京：人民军医出版社；2005.07.—225 页；彩图；28cm.—（国际牙科名著系列）

ISBN 7 - 80194 - 731 - 2 （精装）；269.00 元

作者总结了三十多年临床经验，系统地介绍了全口义齿制作技术。

3544 全球化时代的中日经济文化比较

〔日〕川西重忠著；修斌，胡燃译 . —北京：大众文艺出版社；2005.07；21cm

ISBN 7 - 80171 - 738 - 4，150.00 元（全套）

3545 全球化与中国内陆区域经济发展论文集/

〔日〕加藤弘之，郭晓鸣主编 . —成都：四川人民出版社；2005.03. —473 页；20cm

ISBN 7 - 220 - 06872 - 7；45.00 元

本书系四川省社科院与日本神户大学联合举办的"全球化过程中的中国内陆地区经济发展"国际学术研讨会论文集。

3546 让孩子自立的 55 种方法/

〔日〕中谷彰宏著；刘芳，江霆译 . —北京：当代中国出版社；2005.03. —199 页；21cm. —（教育经典 . 中谷彰宏超教育论系列；3；3）

ISBN 7 - 80170 - 376 - 6；20.00 元

本书的主旨就是教导孩子学会自立。

3547 让我们一起参加天才们的聚会吧/

〔日〕多湖辉著；陈辛儿译 . —北京：中国轻工业出版社；2005.07. —184 页；图片；19cm. —（头脑体操；5）

ISBN 7 - 5019 - 4986 - 7；8.00 元

本书所表达的主题始终是怎样使我们保持清新的头脑，如何将我们的脑袋培养成能够开拓新时代的富有创造性的头脑。

3548 人际关系心理学/

〔日〕是本哲雄著；颜文君译 . —北京：经济管理出版社；2005.03. —201 页；21cm. —（大众心理学系列）

ISBN 7 - 80207 - 163 - 1；18.00 元

本书介绍了认识人际关系，解读人格的变化，真实的感受，人际心理等。

3549 人间之剑 . 战国篇/

〔日〕森村诚一著；刘冰译 . —北京：中国友谊出版公司，2005.05. —324 页；23cm

ISBN 7 - 5057 - 2103 - 8；32.00 元

本书是一部长篇小说。

3550 人生的选择/

〔日〕大桥巨泉著；马淑琨，张北迪译 . —济南：山东友谊出版社；2005.01. —218 页；19cm. —

（新生活丛书）

ISBN 7 - 80642 - 627 - 2；15.00 元

本书介绍了日本著名主持人大桥巨泉事业成功、家庭幸福的秘诀。

3551 人生第二春：退休前后的心理调适法/

〔日〕野末陈平著；李明英译 . —济南：山东友谊出版社；2005.01. —138 页；19cm. —（新生活丛书）

ISBN 7 - 80642 - 628 - 0；12.50 元

本书旨在帮助退休的人们对自己的生活进行良好的规划。

3552 人与组织/

〔日〕武田耕一著；王艳平译 . —大连：东北财经大学出版社；2005.01. —235 页；21cm. —（CFO + MBA 精要丛书）

ISBN 7 - 81084 - 520 - 9；22.00 元

本书主要介绍了既有的关于人与组织的经验与理论。

3553 日本：新版 . 下/

〔日〕大森和夫，〔日〕大森弘子，曲维著 . —北京：外语教学与研究出版社；2005.11. —345 页；20cm

ISBN 7 - 5600 - 5202 - 9；17.90 元

本册介绍了的是日本的历史、日本的社会制度、日本文学和日语的表现等四个方面的内容。

3554 日本财产保险业的变化及对策/

〔日〕植村信保著；陈伊维，谭颖译 . —北京：机械工业出版社；2005.01. —191 页；21cm

ISBN 7 - 111 - 15684 - 6；22.00 元

本书介绍了与中国有相同保险业发展背景的日本保险业在自由化过程中存在的种种问题与困惑等。

3555 日本财政政策的制定：经济效应和制度设计/

〔日〕石弘光著；陈少强译 . —北京：中国财政经济出版社；2005.11. —332 页；24cm

ISBN 7 - 5005 - 8623 - X；38.00 元

本书全面介绍了日本财政政策的制定过程及其演变，并对财政政策效果作了评价。

3556 日本彩色商标与企业识别 . 10/

〔日〕长谷川纯雄主编 . —北京：中国青年出版社；2005.01. —406 页；21cm

ISBN 7 - 5006 - 5699 - 8；78.00 元

本书收录了 2002～2003 年间日本的优秀设计案例 1734 件。

3557　日本沉没／

〔日〕小松左京著；高晓钢等译．—成都：四川科学技术出版社；2005.11.—2 册（549 页）；20cm.—（世界科幻大师丛书／姚海军主编）

ISBN 7 - 5364 - 5842 - 8；42.00 元

本书以叙述假想中日本列岛发生的一场地质灾变的全过程为全书的主要内容。

3558　日本地名读音词典／

〔日〕西藤洋一，〔日〕慧子编著．—上海：学林出版社；2005.12.—520 页；21cm.—（现代日本语系列丛书）

ISBN 7 - 80730 - 053 - 1；38.00 元

本书按照汉语拼音顺序排列和检索。

3559　日本古典俳句选／

〔日〕松尾芭蕉等著；林林译．—北京：人民文学出版社；2005.01.—122 页；20cm

ISBN 7 - 02 - 004842 - 0；9.00 元

本书收入了古典俳句三大诗人松尾芭蕉与谢芜村、小林一茶俳句共 400 余首。

3560　日本国际协力银行新环境和社会导则解读手册 世界水坝委员会公民指南／

〔日〕福田健治等著；于晓刚等译．—上海：上海人民出版社；2005.11.—174 页；21cm

ISBN 7 - 208 - 05864 - 4；16.00 元

本书是两篇指南性文章的结集，关注世界范围内的环境保护问题。

3561　日本汉字读音词典／

〔日〕西藤洋一，〔日〕慧子编著．—上海：学林出版社；2005.12.—376 页；21cm.—（现代日本语系列丛书）

ISBN 7 - 80730 - 051 - 5；30.00 元

按照汉语拼音顺序排列和检索。

3562　日本结构技术典型实例 100 选：战后 50 余年的创新历程／

〔日〕建筑结构技术者协会编；滕征本等译．—北京：中国建筑工业出版社；2005.09.—435 页；26cm

ISBN 7 - 112 - 07270 - 0；85.00 元

本书由正文与资料篇两大部分组成。

3563　日本劳务管理史．劳动关系／

〔日〕高桥光，〔日〕小松隆二，〔日〕二神恭一编；唐燕霞译．—北京：经济科学出版社；2005.04.—216 页；20cm.—（当代劳动关系译丛）

ISBN 7 - 5058 - 4775 - 9；14.00 元

本书介绍了日本劳动力市场和劳动关系。

3564　日本老兵忏悔录／

〔日〕星彻著；叶世纯，张应祥，刘雨珍译．—银川：宁夏人民出版社；2005.08.—250 页；26cm

ISBN 7 - 227 - 03000 - 8；28.00 元

3565　日本平面创意设计年鉴／

〔日〕Works Corperation 社编著．—北京：中国青年出版社；2005.02.—452 页；26cm

ISBN 7 - 5006 - 5675 - 0；128.00 元

本书精选了日本 2002～2004 年度最出色的平面设计师及工作室作品。

3566　日本商法论／

〔日〕松波仁一郎著；秦瑞玠，郑钊译述；王铁雄点校．—北京：中国政法大学出版社；2005.01.—662 页；20cm.—（中国近代法学译丛／何勤华主编）

ISBN 7 - 5620 - 2561 - 4（精装）；48.00 元

本书介绍了近代日本商法的基础理论与基本原理。

3567　日本生物质综合战略／

〔日〕小宫山宏等编著；李大寅，蒋伟忠译．—北京：中国环境科学出版社；2005.11.—128 页；23cm

ISBN 7 - 80209 - 235 - 3；28.00 元

本书是日本跨学科、跨行业、跨部门的大型综合国家战略，对形成中国特色的生物质综合战略具有重要的借鉴意义。

3568　日本饲料法规／

〔日〕龟冈暄一主编；国家饲料质量监督检验中心等译．—北京：中国农业科学技术出版社；2005.08.—535 页；26cm

ISBN 7 - 80167 - 765 - X；150.00 元

本书包括日本饲料及其添加剂的法律、法规、政令。

3569　日本庭园设计 105 例／

〔日〕大桥治三，〔日〕斋藤忠一编；黎雪梅译．—北京：中国建筑工业出版社；2005.03.—248 页；26cm.—（国外景观设计丛书）

ISBN 7 - 112 - 06931 - 9；58.00 元

本书以 105 例日本庭院作为范例，概术了日本庭园在各个时期的变迁。

3570　日本文化中的恶与罪／

〔日〕中村雄二郎著；孙彬译．—北京：北京大学出版社；2005.01.—110 页；21cm

ISBN 7 – 301 – 08316 – 5；20.00 元

本书深入分析了日本奥姆真理教从形成到发展直到最终酿成耸人听闻的"东京地铁沙林事件"整个过程的根本原因。

3571　日本西洋画/

〔日〕秋野静，杨侼旻编．—成都：四川美术出版社；2005.04. —94 页；162 幅；23cm. —（国外当代画家图典）

ISBN 7 – 5410 – 2509 – 7；40.00 元

本书选录了日本当代油画家的作品，作品风格多样。

3572　日本新建筑. 1/

〔日〕建筑学会编；刘宝兰，孙逸增译．—沈阳：辽宁科学技术出版社；2005.02. —149 页；32 ×24cm

ISBN 7 – 5381 – 4332 – 7；148.00 元

本书介绍了日本最新建筑设计成果。

3573　日本新建筑. 2/

〔日〕建筑学会编；孙逸增，孙洋，马宏韬译．—沈阳：辽宁科学技术出版社；2005.02. —231 页；32 ×24cm

ISBN 7 – 5381 – 4333 – 5；198.00 元

本书介绍了日本最新建筑设计成果。

3574　日本新建筑. 3/

〔日〕建筑学会编；孙逸增，孙洋，马宏韬译．—沈阳：辽宁科学技术出版社；2005.02. —245 页；32cm

ISBN 7 – 5381 – 4334 – 3；228.00 元

本书介绍了日本最新建筑设计成果。

3575　日本刑法各论/

〔日〕西田典之著；刘明详，王昭武译．—武汉：武汉大学出版社；2005.05. —359 页；21cm. —（世界法学精粹文库）

ISBN 7 – 307 – 04570 – 2；39.00 元

本书是日本刑法各论的经典教科书，分为对个人法益的犯罪，对社会法益的犯罪，以及对国家法益的犯罪。

3576　日本刑事诉讼法：新版/

〔日〕松尾浩也著；丁相顺译．—北京：中国人民大学出版社；2005.08. —2 册；23cm. —（刑事诉讼法学译丛）

ISBN 7 – 300 – 06668 – 2；76.00 元

本书系统阐释了日本刑事诉讼法的内容。

3577　日本行政改革的理论与实践/

〔日〕增岛俊之著；熊达云，张健，李铮强译．—天津：天津社会科学院出版社；2005.10. —280 页；21cm

ISBN 7 – 80688 – 182 – 4；29.00 元

本书总结了日本行政改革的实际运作过程，对许多改革中出现的问题提出了自己的见解。

3578　日本姓名读音词典/

〔日〕西藤洋一，〔日〕慧子编著．—上海：学林出版社；2005.12. —408 页；21cm. —（现代日本语系列）

ISBN 7 – 80730 – 052 – 3；33.00 元

本书按照汉语拼音顺序排列和检索。

3579　日本学校体育关键词 100/

毛振明，〔日〕圆山和夫编著．—北京：高等教育出版社；2005.01. —276 页；23cm

ISBN 7 – 04 – 016258 – X；27.80 元

本书正是一本全面、客观和系统介绍日本学校体育的专著。

3580　日本学者论中国古典文学：林山吉广教授古稀纪念集/

〔日〕增野弘幸等著；李寅生译．—成都：巴蜀书社，2005.06. —412 页；20cm

ISBN 7 – 80659 – 714 – X（精装）；26.00 元

本书收集了日本著名汉学家研究中国古典文学的学术性文章十余篇，展示了日本汉学研究的成果。

3581　日本与日本人/

〔日〕小泉八云著；胡山源译．—北京：九州出版社；2005.11. —195 页；100 幅；23cm. —（了解日本系列：插图本）

ISBN 7 – 80195 – 404 – 1；25.00 元

本书是作者小泉八云之日本观的代表作。

3582　日本中小企业在中国的投资：行为与绩效的相关分析/

〔日〕鹫尾纪吉著；孙亚锋译．—大连：东北财经大学出版社；2005.10. —159 页；21cm

ISBN 7 – 81084 – 545 – 4；20.00 元

本书重点研究了日本在华投资中小企业的投资行为与绩效之间的关系。

3583　日常电子小制作/

〔日〕中山升著；唐伯雁等译．—北京：科学出版社；2005.09. —174 页；24cm. —（图解趣味电子制作）

ISBN 7 – 03 – 015376 – 6；25.00 元

本系列特点是内容循序渐进、思路清晰、插图丰富、讲解易懂。

3584　日汉对照幽默故事/

徐京梅，〔日〕片山博美编译．—北京：外语教学与研究出版社；2005.12.—175 页；21cm + 光盘 1 张

ISBN 7 – 5600 – 4982 – 6；14.90 元

本书共由 100 个中国古代幽默故事构成，并配有日文译文及日语注释。

3585　日汉双解学习辞典：新订版/

〔日〕旺文社编著；王萍等译．—2 版．—北京：外语教学与研究出版社；2005.06.—2147 页；20cm

ISBN 7 – 5600 – 2268 – 5（精装）；94.90 元

本辞典针对学生学习的实际需要，编录 6 万多词条。

3586　日美企业管理比较/

〔日〕加护野忠男等著；徐艳梅等译．—北京：生活・读书・新知三联书店，2005.02.—351 页；20cm.—（日本经济学名著译丛）

ISBN 7 – 108 – 02231 – 1；23.00 元

四位作者运用权变理论，分析了日美企业的管理，并进行比较。

3587　日语会话随身书．开心旅游篇/

〔日〕佐藤ナナ编著；叶平亭，李菽苹译．—北京：外语教学与研究出版社；2005.03.—322 页；17cm

ISBN 7 – 5600 – 4570 – 7；13.90 元

本篇是针对喜欢到日本旅游却为日文所困的读者而设计的。

3588　日语会话随身书．情景实用篇/

〔日〕木下真彩子编著；江秀月译．—北京：外语教学与研究出版社；2005.01.—198 页；17cm

ISBN 7 – 5600 – 4568 – 5；7.90 元

本书用生动的会话实例为广大的日语学习者创造了练习的机会。

3589　日语会话随身书．自我介绍篇/

〔日〕佐藤ナナ编著；叶平亭，李菽苹译．—北京：外语教学与研究出版社；2005.11.—207 页；17cm

ISBN 7 – 5600 – 5056 – 5；8.90 元

本书可使受限于课堂日语的读者迅速提高日语表达能力，达到与日本人自如交流的程度。

3590　日语接续词・副词辞典/

〔日〕目黑真实著；成同社译．—北京：外语教学与研究出版社；2005.07.—298 页；26cm

ISBN 7 – 5600 – 3990 – 1；29.90 元

3591　日语口语词汇常用短语/

〔日〕清水仁著；王辉译．—大连：大连理工大学出版社；2005.01.—224 页；21cm

ISBN 7 – 5611 – 2778 – 2；12.80 元

全书共有 1328 个例句，都是日常口语中常用的句子。

3592　日语能力考试 1 级试题集/

〔日〕西藤洋一，〔日〕慧子编著．—上海：学林出版社；2005.08.—338 页；26cm

ISBN 7 – 80730 – 015 – 9；38.00 元

本书为日本语能力考试用书。

3593　日语能力考试 2 级试题集/

〔日〕西藤洋一，〔日〕慧子编著．—上海：学林出版社；2005.08.—326 页；26cm

ISBN 7 – 80730 – 016 – 7；36.00 元

本书为日本语能力考试用书。

3594　日语能力考试 3 级试题集/

〔日〕西藤洋一，〔日〕慧子编著．—上海：学林出版社；2005.08.—268 页；26cm

ISBN 7 – 80730 – 017 – 5；35.00 元

本书是日本语能力考试用书。

3595　日语能力考试 4 级试题集/

〔日〕西藤洋一，〔日〕慧子编著．—上海：学林出版社；2005.08.—228 页；26cm

ISBN 7 – 80730 – 018 – 3；33.00 元

本书为日本语能力考试用书。

3596　日语能力考试三级训练题．词汇、语法/

马安东，〔日〕藤井裕著．—杭州：浙江大学出版社；2005.10.—199 页；26cm.—（日语能力考试训练丛书）

ISBN 7 – 308 – 04355 – X；20.00 元

本书为日语能力考试三级（词汇・语法）部分的辅导书。

3597　日语能力考试综合习题集．1 级语法对策篇/

〔日〕目黑真实著．—北京：外语教学与研究出版社；2005.09.—220 页；26cm.—（新出题基准）

ISBN 7 – 5600 – 4970 – 2；21.90 元

3598　日语能力考试综合习题集. 2 级语法对策篇/
〔日〕目黑真实著；赵卫华译. —北京：外语教学与研究出版社；2005.09. —316 页；26cm. —（新出题基准）
ISBN 7－5600－4540－5；29.90 元
本书是针对日语能力 2 级考试的语法考试用书。

3599　日语能力考试综合习题集. 3 级对策篇. 新出题基准/
〔日〕目黑真实，〔日〕细野京子著；赵蓉译. —北京：外语教学与研究出版社；2005.11. —198 页；26cm＋光盘 1 张
ISBN 7－5600－4191－4；26.90 元
本书是面向日本语能力三级的备考练习书籍。

3600　日语新干线. 36/
〔日〕ALC 出版社著；黄文明译. —北京：外语教学与研究出版社；2005.08. —146 页；26cm. —（日语新干线丛书）
ISBN 7－5600－4791－2；31.90 元
本书从语言知识和社会文化方面，全面地展现日语以及日本社会的情况。

3601　日语新干线. 37/
〔日〕ALC 出版社著；黄文明译. —北京：外语教学与研究出版社；2005.11. —143 页；26cm
日语新干线丛书
ISBN 7－5600－5116－2；31.90 元
本书内容主要包括日语语言知识和日本社会文化知识两部分。

3602　日语新干线. 38/
〔日〕ALC 出版社著；黄文明译. —北京：外语教学与研究出版社；2005.12. —148 页；26cm. —（日语新干线丛书）
ISBN 7－5600－5196－0；31.90 元
本书内容主要包括日语语言知识和日本社会文化知识两部分。

3603　日语新干线. 39/
〔日〕ALC 出版社著；黄文明译. —北京：外语教学与研究出版社；2005.12. —151 页；26cm. —（日语新干线丛书）
ISBN 7－5600－5163－4；31.90 元
本书内容主要包括日语语言知识和日本社会文化知识两部分。

3604　日语综合能力训练/
〔日〕语言研究会编著；顾伟坤译. —上海：上海译文出版社；2005.05. —209 页；19cm. —（日语学习文库）
ISBN 7－5327－3583－4；14.00 元
本书通过练习的形式教给读者日语在书信、电话、面试、商务谈判、日常会话等方面的实际应用。

3605　如何编制年度经营计划书/
〔日〕丹羽哲夫著；仝刚译. —北京：北京大学出版社；2005.02. —304 页；23cm
ISBN 7－301－08108－1；38.00 元
本书为各类组织的中高决策层的领导者和管理者提供如何编制年度经营计划书的实战方法。

3606　如何成为广告策划高手/
〔日〕西等著；荆红艳译. —北京：北京大学出版社；2005.04. —208 页；23cm
ISBN 7－301－08159－6；28.00 元
本书通过丰富的事例告诉你如何掌握在广告策划过程中制胜的秘诀，如何成为能让客户不胜感激的广告策划高手。

3607　如何证明你在网上的签名/
〔日〕夏井高人著；吴韧，葛崎伟译. —北京：法律出版社；2005.06. —287 页；20cm
ISBN 7－5036－5461－9；22.50 元
本书主要对日本《电子签名法》作了介绍与说明，还介绍了围绕电子签名的一些问题。

3608　如梦记·石川啄木诗歌集/
〔日〕坂本文泉子著；周作人译. —北京：中国对外翻译出版公司，2005.01. —337 页；20cm. —（苦雨斋译丛）
ISBN 7－5001－1283－1；32.00 元
本书包括《如梦记》、《石川啄木诗歌集》两种。

3609　乳腺癌小辞典/
〔日〕泉雄胜著；欧周罗译. —上海：上海中医药大学出版社；2005.03. —265 页；19cm
ISBN 7－81010－887－5；18.00 元
本书介绍了与乳腺癌相关的最新内容，包括临床表现、诊断、治疗，实验室指标等。

3610　瑞萨 7544 单片机原理和应用/
〔日〕上村省一，〔日〕铃木诚，〔日〕矢野公子编著. —北京：清华大学出版社；2005.06. —201 页；26cm. —（瑞萨科技系列单片机原理与应用丛书）
ISBN 7－302－11196－0；26.00 元
本书介绍了瑞萨科技股份公司的 7544 组单片机的原理、性能特点和使用方法。

3611 瑞萨 H8 – SLP 单片机原理和应用/
〔日〕冈村雅一，〔日〕渡边照一，〔日〕平山和代编著．—北京：清华大学出版社；2005.06.—209 页；26cm＋光盘 1 张．—（瑞萨科技系列单片机原理与应用丛书）
ISBN 7 – 302 – 11197 – 9；32.00 元
本书介绍了瑞萨科技股份公司的 H8/300L – SLP）单片机的工作原理、性能特点和使用方法。

3612 瑞萨 R8C/11 单片机原理和应用/
〔日〕铃木诚著；常清璞译．—北京：清华大学出版社；2005.01.—418 页；26cm＋光盘 1 张
ISBN 7 – 302 – 09990 – 1；36.00 元
本书介绍了瑞萨科技股份公司最近推出的 16 位 R8C/11 单片机的工作原理、性能特点和使用方法。

3613 三省堂日汉英汉英日词典/
〔日〕三省堂编修所编．—北京：外语教学与研究出版社；2005.01.—1080 页；17cm
ISBN 7 – 5600 – 4280 – 5（精装）；49.90 元
本词典是一部小型的日汉英汉英日词典。

3614 "丧家犬"的呐喊/
〔日〕酒井顺子著；常思纯译．—北京：中国社会科学出版社；2005.06.—211 页；21cm
ISBN 7 – 5004 – 5054 – 0；18.00 元
本书从人口学、社会学以及经济学的角度阐述日本社会中婚姻对女性人生影响这一重要问题。

3615 闪灵二人组.1/
〔日〕讲谈社编；詹刚等译．—南京：江苏美术出版社；2005.01.—1 册；19cm
ISBN 7 – 5344 – 1773 – 2；6.90 元
本套丛书主要讲述了两位少年组成"闪灵二人组"惩恶扬善，为百姓办事的故事。

3616 闪灵二人组.2/
〔日〕讲谈社编；詹刚等译．—南京：江苏美术出版社；2005.01.—1 册；19cm
ISBN 7 – 5344 – 1774 – 0；6.90 元
本套书主要讲述了两位少年组成"闪灵二人组"惩恶扬善，为百姓办事的故事。

3617 闪灵二人组.3/
〔日〕讲谈社编；詹刚等译．—南京：江苏美术出版社；2005.01.—1 册；19cm
ISBN 7 – 5344 – 1775 – 9；6.90 元
本套丛书主要讲述了两位少年组成"闪灵二人组"惩恶扬善，为百姓办事的故事。

3618 闪灵二人组.4/
〔日〕讲谈社编；詹刚等译．—南京：江苏美术出版社；2005.01.—1 册；19cm
ISBN 7 – 5344 – 1776 – 7；6.90 元
本套丛书主要讲述了两位少年组成"闪灵二人组"惩恶扬善，为百姓办事的故事。

3619 闪灵二人组.5/
〔日〕讲谈社编；詹刚等译．—南京：江苏美术出版社；2005.01.—1 册；19cm
ISBN 7 – 5344 – 1777 – 5；6.90 元
本套丛书主要讲述了两位少年组成"闪灵二人组"惩恶扬善，为百姓办事的故事。

3620 闪灵二人组.6/
〔日〕青树佑夜著；〔日〕绫峰栏人绘；詹刚等译．—南京：江苏美术出版社；2005.01.—1 册；19cm
ISBN 7 – 5344 – 1860 – 7；6.90 元
本套书主要讲述了两位少年组成"闪灵二人组"惩恶扬善，为百姓办事的故事。

3621 闪灵二人组.7/
〔日〕青树佑夜著；〔日〕绫峰栏人绘；詹刚等译．—南京：江苏美术出版社；2005.01.—1 册；19cm
ISBN 7 – 5344 – 1860 – 7；6.90 元
本套丛书主要讲述了两位少年组成"闪灵二人组"惩恶扬善，为百姓办事的故事。

3622 闪灵二人组.8/
〔日〕青树佑夜著；〔日〕绫峰栏人绘；詹刚等译．—南京：江苏美术出版社；2005.01.—1 册；19cm
ISBN 7 – 5344 – 1860 – 7；6.90 元
本套书主要讲述了两位少年组成"闪灵二人组"惩恶扬善，为百姓办事的故事。

3623 闪灵二人组.9/
〔日〕青树佑夜著；〔日〕绫峰栏人绘；詹刚等译．—南京：江苏美术出版社；2005.01.—1 册；19cm
ISBN 7 – 5344 – 1860 – 7；6.90 元
本套丛书主要讲述了两位少年组成"闪灵二人组"惩恶扬善，为百姓办事的故事。

3624 闪灵二人组.10/
〔日〕青树佑夜著；〔日〕绫峰栏人绘；詹刚等译．—南京：江苏美术出版社；2005.01.—1 册；19cm

ISBN 7 – 5344 – 1860 – 7；6.90 元

本套丛书主要讲述了两位少年组成"闪灵二人组"惩恶扬善，为百姓办事的故事。

3625 闪灵二人组 . 11/

〔日〕青树佑夜著；〔日〕绫峰栏人绘；詹刚等译 . —南京：江苏美术出版社；2005.01. —1 册；19cm

ISBN 7 – 5344 – 1860 – 7；6.90 元

本套书主要讲述了两位少年组成"闪灵二人组"惩恶扬善，为百姓办事的故事。

3626 商务礼仪：电话应对 接待来访者 商务访问/

〔日〕长尾裕子著；李平，易元秀译 . —北京：中国人民大学出版社；2005.01. —185 页；19cm. —（白领礼仪丛书）

ISBN 7 – 300 – 05996 – 1；18.00 元

本书以图文并茂的形式，介绍了商务礼仪的规范。

3627 上班族入门英语 50 天/

〔日〕安河内哲也主编；肖爽译 . —大连：大连理工大学出版社；2005.04. —222 页；20cm

ISBN 7 – 5611 – 2852 – 5；13.80 元

本书用英语写作文，适用者广泛。

3628 上海国际电影节：日文/

〔日〕江藤峰义编 . —上海：文汇出版社；2005.07. —1 册；26cm. —（精彩上海丛书）

ISBN 7 – 80676 – 880 7，10.00 元

本书介绍了上海国际电影节的精彩内容。

3629 身体的画法/

〔日〕漫画技法研究会著；陈庆译 . —沈阳：辽宁科学技术出版社；2005.09. —131 页；26cm. —（卡通漫画绘画技法）

ISBN 7 – 5381 – 4544 – 3；29.80 元

本书对人体的基本肌肉位置和形状、人体的构造、从不同角度描绘人物时各部位的变化等进行了详细的讲解。

3630 神秘的女同学/

〔日〕山中恒著；叶荣鼎，张厚泉译 . —广州：广东教育出版社；2005.11. —119 页；20cm

ISBN 7 – 5406 – 6151 – 8；7.50 元

本书是一本轻松幽默的青春小说。

3631 神奇宝贝：彩色电视珍藏版 . 第 1 辑 . 1/

〔日〕田尻智著；碧日译 . —南昌：二十一世纪

出版社；2005.09. —175 页；19cm

ISBN 7 – 5391 – 3129 – 2；10.00 元

本书以神奇宝贝作为贯穿全书的主角，讲述了神奇宝贝训练师小智精彩而离奇的探险经历。

3632 神奇宝贝：彩色电视珍藏版 . 第 1 辑 . 2/

〔日〕田尻智著；碧日译 . —南昌：二十一世纪出版社；2005.09. —175 页；19cm

ISBN 7 – 5391 – 3129 – 2；10.00 元

本书以神奇宝贝作为贯穿全书的主角，讲述了神奇宝贝训练师小智精彩而离奇的探险经历。

3633 神奇宝贝：彩色电视珍藏版 . 第 1 辑 . 3/

〔日〕田尻智著；碧日译 . —南昌：二十一世纪出版社；2005.09. —175 页；19cm

ISBN 7 – 5391 – 3129 – 2；10.00 元

本书以神奇宝贝作为贯穿全书的主角，讲述了神奇宝贝训练师小智精彩而离奇的探险经历。

3634 神奇宝贝：彩色电视珍藏版 . 第 1 辑 . 4/

〔日〕田尻智著；碧日译 . —南昌：二十一世纪出版社；2005.09. —175 页；19cm

ISBN 7 – 5391 – 3129 – 2；10.00 元

本书以神奇宝贝作为贯穿全书的主角，讲述了神奇宝贝训练师小智精彩而离奇的探险经历。

3635 神奇宝贝：彩色电视珍藏版 . 第 1 辑 . 5/

〔日〕田尻智著；碧日译 . —南昌：二十一世纪出版社；2005.09. —174 页；19cm

ISBN 7 – 5391 – 3129 – 2；10.00 元

本书以神奇宝贝作为贯穿全书的主角，讲述了神奇宝贝训练师小智精彩而离奇的探险经历。

3636 神奇宝贝大搜捕/

〔日〕浅田实穗著 . —长春：吉林美术出版社；2005.11. —5 册；18cm

ISBN 7 – 5386 – 1916 – X；30.00 元

3637 神奇宝贝 . 特别篇 . 1/

〔日〕日下秀宪编剧；〔日〕真斗绘 . —长春：吉林美术出版社；2005.01. —197 页；18cm

ISBN 7 – 5386 – 1742 – 6；7.00 元

3648 神奇宝贝 . 特别篇 . 2/

〔日〕日下秀宪编剧；〔日〕真斗绘 . —长春：吉林美术出版社；2005.01. —205 页；18cm

ISBN 7 – 5386 – 1742 – 6；7.00 元

3649 神奇宝贝 . 特别篇 . 3/

〔日〕日下秀宪编剧；〔日〕真斗绘 . —长春：吉

林美术出版社；2005.01.—224 页；18cm
ISBN 7 – 5386 – 1742 – 6；7.00 元

3650　神奇宝贝．特别篇．4/
〔日〕日下秀宪编剧；〔日〕真斗绘．—长春：吉林美术出版社；2005.01.—200 页；18cm
ISBN 7 – 5386 – 1742 – 6；7.00 元

3651　神奇宝贝．特别篇．6/
〔日〕日下秀宪编剧；〔日〕真斗绘．—长春：吉林美术出版社；2005.01.—198 页；18cm
ISBN 7 – 5386 – 1742 – 6；7.00 元

3652　神奇宝贝．特别篇．7/
〔日〕日下秀宪编剧；〔日〕真斗绘．—长春：吉林美术出版社；2005.01.—207 页；18cm
ISBN 7 – 5386 – 1742 – 6；7.00 元

3653　神奇宝贝．特别篇．8/
〔日〕日下秀宪编剧；〔日〕真斗绘；刘筱娟译．—长春：吉林美术出版社；2005.01.—214 页；18cm
ISBN 7 – 5386 – 1742 – 6；7.00 元

3654　神奇宝贝．特别篇．9/
〔日〕日下秀宪编剧；〔日〕真斗绘；刘筱娟译．—长春：吉林美术出版社；2005.01.—190 页；18cm
ISBN 7 – 5386 – 1742 – 6；7.00 元

3638　神奇宝贝．特别篇．10/
〔日〕日下秀宪编剧；〔日〕山本智绘；刘筱娟译．—长春：吉林美术出版社；2005.01.—190 页；18cm
ISBN 7 – 5386 – 1742 – 6；7.00 元

3639　神奇宝贝．特别篇．11/
〔日〕日下秀宪编剧；〔日〕山本智绘；刘筱娟译．—长春：吉林美术出版社；2005.01.—185 页；18cm
ISBN 7 – 5386 – 1742 – 6；7.00 元

3640　神奇宝贝．特别篇．12/
〔日〕日下秀宪编剧；〔日〕山本智绘；刘筱娟译．—长春：吉林美术出版社；2005.01.—186 页；18cm
ISBN 7 – 5386 – 1742 – 6；7.00 元

3641　神奇宝贝．特别篇．13/
〔日〕日下秀宪编剧；〔日〕山本智绘；刘筱娟译．—长春：吉林美术出版社；2005.01.—170 页；18cm

ISBN 7 – 5386 – 1742 – 6；7.00 元

3642　神奇宝贝．特别篇．14/
〔日〕日下秀宪编剧；〔日〕山本智绘；刘筱娟译．—长春：吉林美术出版社；2005.01.—197 页；18cm
ISBN 7 – 5386 – 1742 – 6；7.00 元

3643　神奇宝贝．特别篇．15/
〔日〕日下秀宪编剧；〔日〕山本智绘；刘筱娟译．—长春：吉林美术出版社；2005.05.—198 页；18cm
ISBN 7 – 5386 – 1816 – 3；7.00 元

3644　神奇宝贝．特别篇．16/
〔日〕日下秀宪编剧；〔日〕山本智绘；邹宁译．—长春：吉林美术出版社；2005.05.—188 页；18cm
ISBN 7 – 5386 – 1816 – 3；7.00 元

3645　神奇宝贝．特别篇．17/
〔日〕日下秀宪编剧；〔日〕山本智绘；邹宁译．—长春：吉林美术出版社；2005.05.—186 页；18cm
ISBN 7 – 5386 – 1816 – 3；7.00 元

3646　神奇宝贝．特别篇．18/
〔日〕日下秀宪编剧；〔日〕山本智绘；邹宁译．—长春：吉林美术出版社；2005.05.—194 页；18cm
ISBN 7 – 5386 – 1816 – 3；7.00 元

3647　神奇宝贝．特别篇．19/
〔日〕日下秀宪编剧；〔日〕山本智绘；邹宁译．—长春：吉林美术出版社；2005.05.—187 页；18cm
ISBN 7 – 5386 – 1816 – 3；7.00 元

3655　神奇美步塑身瘦/
〔日〕kimiko 著；赵纹红译．—北京：中国轻工业出版社；2005.01.—152 页；19cm
ISBN 7 – 5019 – 4691 – 4；18.00 元
只要改变走路的方法，就能神奇带走心灵与身体上的赘肉。

3656　生物高分子的多样性与合成高分子的生物可降解性/
〔日〕松村秀一，〔德〕斯泰因比歇尔主编；朱春宝主译．—北京：化学工业出版社；2005.03.—568 页；24cm.—（生物高分子；第 9 卷）
ISBN 7 – 5025 – 6386 – 5（精装）；118.00 元
本书介绍了各种高分子生物合成、代谢、生物降解、功能、特性、专利情况及其发展前景。

3657 胜负师——称霸棋坛/
〔日〕坂田荣男著；木西川译 . 一成都：成都时代出版社；2005.11. 一248 页；20cm. 一（坂田荣男围棋全集；11）
ISBN 7 - 80705 - 178 - 7；240.00 元（全套 12 册）
本书主要以作者的实战对局为资料，从不同角度分析了围棋技艺战术的不同变化。

3658 胜负师——光荣轨迹/
〔日〕坂田荣男著；木西川译 . 一成都：成都时代出版社；2005.11. 一251 页；20cm. 一（坂田荣男围棋全集；12）
ISBN 7 - 80705 - 178 - 7；240.00 元（全套 12 册）
本书主要以作者的实战对局为资料，从不同角度分析了围棋技艺战术的不同变化。

3659 胜负师——怒涛时代/
〔日〕坂田荣男著；木西川译 . 一成都：成都时代出版社；2005.11. 一248 页；20cm. 一（坂田荣男围棋全集；10）
ISBN 7 - 80705 - 178 - 7；240.00 元（全套 12 册）
本书主要以作者的实战对局为资料，从不同角度分析了围棋技艺战术的不同变化。

3660 失踪的广告明星/
〔日〕川北亮司著；〔日〕大井知美绘；王建新，肖志译 . 一武汉：湖北少年儿童出版社；2005.09. 一118 页；18cm. 一（玛利亚侦探社系列）
ISBN 7 - 5353 - 3127 - 0；6.80 元
本书为儿童侦探小说。

3661 诗歌三国志/
〔日〕松蒲友久著；〔日〕加藤阿幸，金中译 . 一西安：西安交通大学出版社；2005.02. 一208 页；20cm
ISBN 7 - 5605 - 1933 - 4；25.00 元
本书围绕《星落秋风五丈原》这首诗歌展开。

3662 十七岁/
〔日〕井上路望著；徐皎译 . 一杭州：浙江文艺出版社；2005.12. 一123 页；20cm
ISBN 7 - 5339 - 2273 - 5；12.00 元
本书是日本女学生自述性小说。

3663 时光穿梭机的大冒险/
〔日〕多湖辉著；李东海译 . 一北京：中国轻工业出版社；2005.07. 一184 页；图片；19cm. 一（头脑体操；6）
ISBN 7 - 5019 - 4987 - 5；8.00 元
本书中的问题是按照人类托付给时光穿梭机的愿望进行分类排列的。

3664 时间炮计划/
〔日〕丰田有恒著；金良快译 . 一太原：北岳文艺出版社；2005.05. 一195 页；20cm. 一（亚洲精灵级文库）
ISBN 7 - 5378 - 2614 - 5；13.80 元
本书是一部描写利用高科技手段战胜邪恶的科幻小说。

3665 实现人生逆转：培养人际关系 50 法/
〔日〕市原实著；孙萌萌，张北迪译 . 一济南：山东友谊出版社；2005.01. 一153 页；19cm. 一（新生活丛书）
ISBN 7 - 80642 - 613 - 2；13.50 元
本书介绍了现代社会中 50 种建立良好人际关系的有效方法。

3666 实用日语同声传译教程/
〔日〕冢本庆一著 . 一大连：大连理工大学出版社；2005.06. 一406 页；20cm
ISBN 7 - 5611 - 2895 - 9；25.00 元
本书分为口译基础、口译技能基础、口译实战练习、口译资料等部分。

3667 食品热量一览表/
〔日〕牧野直子编著 . 一北京：中国轻工业出版社；2006.01. 一159 页；20cm
ISBN 7 - 5019 - 5178 - 0；28.00 元
本书以食品热量为主，教会读者适量摄食。

3668 食品系统研究/
〔日〕齐藤修，安玉发编著 . 一北京：中国农业出版社；2005.11. 一235 页；20cm
ISBN 7 - 109 - 10455 - 9；20.00 元
本书收录了中日学者关于食品系统研究的论文16 篇。

3669 食物是最好的医药/
〔日〕阿部博幸著；游慧娟译 . 一天津：天津教育出版社；2005.06. 一132 页；21cm. 一（大众健康丛书/洪昭光主编）
ISBN 7 - 5309 - 4351 - 0；25.00 元
本书根据"药食同源"的思路，以疾病根源即毒素为引，清楚地讲解了各种毒素致病的原因和过程，为预防疾病开出了最佳食物疗法。

3670　世界爱犬名录/
〔日〕福田英也主编；安中，刘伟，孙月辉译．—哈尔滨：黑龙江科学技术出版社；2005.06．—216页；21cm
ISBN 7 – 5388 – 4859 – 2；39.80元
本书介绍了宠物犬10类131种。

3671　世界传统色彩小辞典/
〔日〕DIC色彩设计株式会社编．—杭州：中国美术学院出版社；2005.04．—79页；26cm
ISBN 7 – 81083 – 382 – 0（活页精装）；398.00元
本书是一本色卡工具书。

3672　世界热带鱼＆水草名鉴/
〔日〕成美堂出版编辑部编；章亚莉译．—北京：中国轻工业出版社；2005.06．—143页；26cm．—（PET宠物系列）
ISBN 7 – 5019 – 4833 – X；46.00元
最新黄金版450种世界热带鱼与76种水草全目录。

3673　世界在你不知道的地方运转/
〔日〕片山恭一著；林少华译．—青岛：青岛出版社；2005.01．—236页；21cm
ISBN 7 – 5436 – 3161 – X；19.80元
本小说描写了少男少女——"我"、薰和治幸三个人成长和恋爱的故事。

3674　世界著名建筑100例/
〔日〕松永安光编著；小山广，小山友子译．—北京：中国建筑工业出版社；2005.09．—216页；19cm．—（Architecture Dramatic丛书）
ISBN 7 – 112 – 07494 – 0；25.00元
本书的作者是一名建筑学家，有着丰富的考察世界各地建筑的经历。本书是他收集的世界各国建筑设计作品。

3675　市场营销/
〔日〕广田章光著；唐向红，李锋传译．—大连：东北财经大学出版社；2005.01．—199页；21cm．—（CFO＋MBA精要丛书）
ISBN 7 – 81084 – 522 – 5；20.00元
本书作为MBA培训用书，简明地介绍了产品决策、沟通决策、价格策略和渠道策略。

3676　事业计划书编写技巧/
〔日〕长田静子著；卿霞晖译．—广州：广东经济出版社；2005.11．—242页；20cm
ISBN 7 – 80728 – 178 – 2；20.00元

3677　是什么问题呢？哆啦A梦.1，动物世界/
〔日〕藤子·F·不二雄著；碧日翻译设计制作．—南昌：二十一世纪出版社；2005.02．—1册；26cm
ISBN 7 – 5391 – 2840 – 2；27.00元（全套6册）

3678　是什么问题呢？哆啦A梦.2，食物世界/
〔日〕藤子·F·不二雄著；碧日翻译设计制作．—南昌：二十一世纪出版社；2005.02．—1册；26cm
ISBN 7 – 5391 – 2840 – 2；27.00元（全套6册）

3679　是什么问题呢？哆啦A梦.3，交通工具/
〔日〕藤子·F·不二雄著；碧日翻译设计制作．—南昌：二十一世纪出版社；2005.02．—1册；26cm
ISBN 7 – 5391 – 2840 – 2；27.00元（全套6册）

3680　是什么问题呢？哆啦A梦.4，昆虫世界/
〔日〕藤子·F·不二雄著；碧日翻译设计制作．—南昌：二十一世纪出版社；2005.02．—1册；26cm
ISBN 7 – 5391 – 2840 – 2；27.00元（全套6册）

3681　是什么问题呢？哆啦A梦.5，猫狗世界/
〔日〕藤子·F·不二雄著；碧日翻译设计制作．—南昌：二十一世纪出版社；2005.02．—1册；26cm
ISBN 7 – 5391 – 2840 – 2；27.60（全套6册）

3682　是什么问题呢？哆啦A梦.6，玩具世界/
〔日〕藤子·F·不二雄著；碧日翻译设计制作．—南昌：二十一世纪出版社；2005.02．—1册；26cm
ISBN 7 – 5391 – 2840 – 2；27.00元（全套6册）

3683　手指编织初级教程/
〔日〕筱原邦子著；袁乐怡译．—太原：北岳文艺出版社；2005.10．—133页；20cm
ISBN 7 – 5378 – 2621 – 8；22.00元
本书是一部介绍手工编织的图书。

3684　手足健身操/
〔日〕上村太一主编；何阳译．—北京：人民体育出版社；2005.07．—95页；20cm
ISBN 7 – 5009 – 2774 – 6；12.00元
本书通过活动手脚，达到锻炼身体、强健体魄的目的。

3685　首次公开发行/
〔日〕小林俊一著；刁鹏鹏，徐雪梅译．—大连：东北财经大学出版社；2005.01．—200页；21cm．—（CFO＋MBA精要丛书）
ISBN 7 – 8104 – 521 – 7；20.00元
本书讲述了日本股份制公司首次公开发行股票的有关程序及应遵循的法律规范，并列举了大量的案例。

3686 瘦脸美容操/
〔日〕胜山浩尉智主编；肖丽娟译．—北京：人民体育出版社；2005.06.—89页；21cm
ISBN 7-5009-2697-9；8.00元
本书为脸部减肥操，通过简单的按摩，增强血液循环，调整各块肌肉的平衡，消除脸部臃肿，方法简单实用。

3687 叔叔的故事：汉日文对照/
〔日〕佐野浅夫著；许佳绘画．—北京：中国少年儿童出版社；2005.06.—169页；彩图；26cm
ISBN 7-5007-7638-1；80.00元
本书为佐野浅夫创作的日本童话。

3688 蔬菜园艺/
〔日〕新井敏夫编著；任小宁，曾志灵译．—广州：广东世界图书出版公司，2005.07.—178页；24cm.—（家庭园艺师系列丛书）
ISBN 7-5062-7582-1；58.00元
本书指导家庭园艺爱好者如何在自家的庭院和阳台栽培瓜果蔬菜。

3689 鼠小弟荡秋千/
〔日〕中江嘉男著；〔日〕上野纪子绘；赵静，文纪子译．—海口：南海出版公司，2005.10.—32页；24cm.—（可爱的鼠小弟；10）
ISBN 7-5442-3090-2（精装）；108.00元（全套6册）
本绘本系列是风靡日本近30年的经典绘本。

3690 鼠小弟的生日/
〔日〕中江嘉男编文；〔日〕上野纪子绘；赵静，文纪子译．—海口：南海出版公司，2005.10.—32页；24cm.—（可爱的鼠小弟；7）
ISBN 7-5442-3090-2（精装）；108.00元（全套6册）
本绘本系列是风靡日本近30年的经典绘本。

3691 鼠小弟和大象哥哥/
〔日〕中江嘉男编文；〔日〕上野纪子绘；赵静，文纪子译．—海口：南海出版公司，2005.10.—32页；24cm.—（可爱的鼠小弟；9）
ISBN 7-5442 3090-2（精装）；108.00元（全套6册）
本套书是风靡日本近30年的经典绘本。

3692 鼠小弟和音乐会/
〔日〕中江嘉男编文；〔日〕上野纪子绘；赵静，文纪子译．—海口：南海出版公司，2005.10.—32页；24cm.—（可爱的鼠小弟；11）

ISBN 7-5442-3090-2（精装）；108.00元（全套6册）
本套书是风靡日本近30年的经典绘本。

3693 数字电路设计与制作/
〔日〕汤山俊夫著；彭军译．—北京：科学出版社；2005.04.—247页；24cm.—（图解电路设计与制作系列）
ISBN 7-03-014689-1；30.00元
本系列以初学电子电路的电子爱好者为读者对象，培养初学者动手能力为目的。

3694 数字广播技术手册/
〔日〕山田宰主编；日本影像信息媒体学会编；徐国蒲等译．—北京：科学出版社；2005.05.—579页；26cm
ISBN 7-03-014909-2；70.00元
本手册从数字广播概要入手，主要介绍压缩技术，数据广播多路传送方式与节目排列信息等。

3695 谁藏起来了/
〔日〕大西悟著；蒲蒲兰译．—南昌：二十一世纪出版社；2005.08.—1册；26cm
ISBN 7-5391-3050-4（精装）；22.80元

3696 水仙月四月/
〔日〕宫泽贤治著；周龙梅译．—上海：上海译文出版社；少年儿童出版社；2005.04.—298页；20cm.—（宫泽贤治童话永恒经典收藏版）
ISBN 7-5324-65276（精装）；25.00元

3697 水资源综合评价模型及其在黄河流域的应用/
杨大文，〔日〕楠田哲也编著．—北京：中国水利水电出版社；2005.05.—213页；26cm.—（水科学前沿学术丛书）
ISBN 7-5084-2874-9；38.00元
本书为该领域内的高水平著作。

3698 丝绸之路：尼雅遗迹之谜/
〔日〕小岛康誉，〔日〕中井真孝编；周培彦译．—天津：天津人民美术出版社；2005.01.—204页；21cm
ISBN 7-5305-2681-2；48.00元
本书是一本集考古探险与学术研究于一体的图文书。

3699 丝巾、围巾与披肩结法
〔日〕加藤惠美子编；李明英，曲晓燕译．—济南：山东科学技术出版社；2005.05：照片；20cm．

—（时尚生活系列）
ISBN 7 - 5331 - 3971 - 2（平装），25.00 元
本书以图文并茂的形式，介绍了 100 多种丝巾、围巾及披肩的结法。

3700　思考的利器：21 个迸发灵感的考具/
〔日〕加藤昌冶著；王瑶芬译．—北京：机械工业出版社；2005.01.—166 页；20cm.—（华章文化）
ISBN 7 - 111 - 15441 - X；25.00 元
本书是日本广告界高手为读者提供的 21 个帮助思考、创意的工具。

3701　思想·山水·人物/
〔日〕鹤见祐辅著；鲁迅译．—北京：北京十月文艺出版社；2005.01.—216 页；19cm.—（大家小书．洋经典）
ISBN 7 - 5302 - 0774 - 1；13.00 元
本书是日本作家鹤见祐辅的思想随笔集。

3702　四季装饰纸花/
〔日〕麻生玲子，〔日〕川井淑子著；吴明淑译．—杭州：浙江科学技术出版社；2005.10.—136 页；26cm
ISBN 7 - 5341 - 2770 - X；22.00 元

3703　松永式神奇减肥法/
〔日〕松永美智子著；郑文全译．—郑州：河南科学技术出版社；2005.10.—78 页；彩照，26cm
ISBN 7 - 5349 - 3196 - 7；25.00 元
本书展示了利用胶带粘贴、手或用瓶子按摩等方法轻松瘦身的独特效果。

3704　诉讼外纠纷解决法/
〔日〕小岛武司，〔日〕伊藤真编；丁婕译．—北京：中国政法大学出版社；2005.09.—246 页；23cm.—（民事诉讼法学精粹译丛/傅郁林主编）
ISBN 7 - 5620 - 2814 - 1；22.00 元
本书对日本民事诉讼外纠纷解决制度、诉讼外纠纷解决方式和程序法、各种纠纷处理机构的现状等进行了论述。

3705　素肌美人：改变肌肤的 50 条美丽法则/
〔日〕吉木伸子著；汪晓丽，郑跃强译．—北京：中国轻工业出版社；2005.04.—159 页；21cm.—（优雅女人系列）
ISBN 7 - 5019 - 4808 - 9；22.00 元
本书介绍了能拥有美丽肌肤的 50 条法则。

3706　随时随地健身操/
〔日〕樱井静香著；尤维芬译．—杭州：浙江科学技术出版社；2005.01.—151 页；20cm.—（轻松健身系列）
ISBN 7 - 5341 - 2506 - 5；12.00 元
本书以图文并茂的形式介绍了晨起、上班途中、工作中、在家搞卫生、洗澡等时可做的一些简易舒展操。

3707　他人同士/
〔日〕阿刀田高著；孟文骅译．—珠海：珠海出版社；2005.05.—273 页；21cm.—（阿刀田高怪异小说系列）
ISBN 7 - 80689 - 385 - 7；16.00 元
本书内含日本现代作家阿刀田高的 10 个短篇小说。

3708　谈判交涉英语：英汉对照/
〔日〕筱田义明，〔英〕史蒂文森著；李育超译．—北京：中国对外翻译出版公司，2005.01.—154 页；20cm + 光盘 1 张．—（白领金书系列）
ISBN 7 - 5001 - 1299 - 8；20.00 元
本书收集了与外国人谈判交涉时必备的英文用语。

3709　碳术语辞典/
〔日〕碳素材料学会，碳术语辞典编辑委员会编；成会明等译．—北京：化学工业出版社；2005.03.—439 页；20cm
ISBN 7 - 5025 - 6464 - 0；48.00 元
本书对碳术语进行了定义、提出了统一的方案。

3710　逃亡/
〔日〕帚木蓬生著；滕新华译．—北京：群众出版社；2005.08.—672 页；20cm
ISBN 7 - 5014 - 3485 - 9；35.00 元
本书为纪实性长篇小说。

3711　桃幻记：辻井乔小说选/
〔日〕辻井乔著；王新新译．—北京：人民文学出版社；2005.01.—164 页；20cm
ISBN 7 - 02 - 004840 - 4；10.00 元
全书共由八个短篇组成，以当代中国为背景。

3712　淘气宝宝系列图画书．松鼠的眼泪/
〔日〕角野荣子编；〔日〕佐佐木洋子绘；张慧荣译．—南昌：二十一世纪出版社；2005.04.—24 页；19×21cm
ISBN 7 - 5391 - 2934 - 4；5.00 元

3713　淘气宝宝系列图画书．小猫的嗝/
〔日〕角野荣子编；〔日〕佐佐木洋子绘；张慧

荣译．—南昌：二十一世纪出版社；2005.04.—
24 页；17×19cm
ISBN 7 – 5391 – 2934 – 4；5.00 元

3714 淘气宝宝系列图画书．小象的大便/
〔日〕角野荣子编；〔日〕佐佐木洋子绘；张慧
荣译．—南昌：二十一世纪出版社；2005.04.—
24 页；17×19cm
ISBN 7 – 5391 – 2934 – 4；5.00 元

3715 淘气宝宝系列图画书．小熊的肚脐/
〔日〕角野荣子编；〔日〕佐佐木洋子绘．—南昌：
二十一世纪出版社；2005.04.—24 页；17×19cm
ISBN 7 – 5391 – 2934 – 4；5.00 元

3716 淘气宝宝系列图画书．小熊的哈欠/
〔日〕角野荣子编；〔日〕佐佐木洋子绘；张慧
荣译．—南昌：二十一世纪出版社；2005.04.—
24 页；17×19cm
ISBN 7 – 5391 – 2934 – 4；5.00 元

3717 淘气宝宝系列图画书．小熊的喷嚏/
〔日〕角野荣子编；〔日〕佐佐木洋子绘；张慧
荣译．—南昌：二十一世纪出版社；2005.04.—
24 页；19×21cm
ISBN 7 – 5391 – 2934 – 4；60.00 元（全套 12 册）

3718 淘气宝宝系列图画书．小熊的尾巴/
〔日〕角野荣子编；〔日〕佐佐木洋子绘；张慧
荣译．—南昌：二十一世纪出版社；2005.04.—
24 页；17×19cm
ISBN 7 – 5391 – 2934 – 4；5.00 元

3719 淘气宝宝系列图画书．小熊散步/
〔日〕角野荣子编；〔日〕佐佐木洋子绘；张慧
荣译．—南昌：二十一世纪出版社；2005.04.—
24 页；17×19cm
ISBN 7 – 5391 – 2934 – 4；5.00 元

3720 淘气宝宝系列图画书．小鼹鼠尿床/
〔日〕角野荣子编；〔日〕佐佐木洋子绘；张慧
荣译．—南昌：二十一世纪出版社；2005.04.—
25 页；19×21cm
ISBN 7 – 5391 – 2934 – 4；5.00 元

3721 淘气宝宝系列图画书．小鼹鼠吸手指/
〔日〕角野荣子编；〔日〕佐佐木洋子绘．—南昌：
二十一世纪出版社；2005.04.—24 页；17×19cm
ISBN 7 – 5391 – 2934 – 4；5.00 元

3722 淘气宝宝系列图画书．鼹鼠爸爸的鼾声/
〔日〕角野荣子编；〔日〕佐佐木洋子绘；张慧
荣译．—南昌：二十一世纪出版社；2005.04.—
24 页；17×19cm
ISBN 7 – 5391 – 2934 – 4；5.00 元

3723 淘气宝宝系列图画书．猪爸爸的屁/
〔日〕角野荣子编；〔日〕佐佐木洋子绘；张慧
荣译．—南昌：二十一世纪出版社；2005.04.—
24 页；19×21cm
ISBN 7 – 5391 – 2934 – 4；5.00 元

3724 提高效率：高效员工训练手册/
〔日〕守谷雄司著；方木森译．—北京：北京大
学出版社；2005.05.—214 页；23cm
ISBN 7 – 301 – 08347 – 5；28.00 元
本书对员工的工作谋划提出了创新性的建议，使
他们能精细准备、严谨开展工作。

3725 体验色彩配色图典/
〔日〕久野尚美，〔日〕FORMS 公司，〔日〕彩色
情报研究所著；彭竹山译．—上海：上海世界图
书出版公司，2005.11.—168 页；21cm
ISBN 7 – 5062 – 7479 – 5；138.00 元
本书以五感体验色彩为概念，记录多种多样的色
彩组合示例。

3726 天才趣味数学/
〔日〕仲田纪夫著；廉源，朴美玲译．—北京：中
国民族摄影艺术出版社；2005.06.—4 册；20cm.
—（天才设题 智者解题）
ISBN 7 – 80069 – 671 – 5；48.00 元
本书是一本由浅入深的数学读物。

3727 天黑之后/
〔日〕村上春树著；林少华译．—上海：上海译
文出版社；2005.04.—169 页；21cm.—（村上
春树文集）
ISBN 7 – 5327 – 3685 – 7；15.00 元

3728 天气预报与健康预报/
〔日〕河合薰著；刘畅子，王慧荣译．—济南：山
东友谊出版社；2005.01.—135 页；19cm.—（新
生活丛书）
ISBN 7 – 80642 – 611 – 6；12.50 元
本书介绍了如何利用天气预报及早预防某些流
性病的传播。

3729 挑战百万人的脑力/
〔日〕多湖辉著；王丽娜译．—北京：中国轻工

业出版社；2005.07. —178 页；19cm. —（头脑
体操；2）
ISBN 7 – 5019 – 4983 – 2；8.00 元

3730　听基因讲述祖先的故事/
〔日〕长谷川政美著；任文伟，杨莉琴译.—上海：
上海科技教育出版社；2005.07. —143 页；20cm. —
（科学咖啡馆丛书）
ISBN 7 – 5428 – 3648 – X；11.00 元
本书是一本趣味盎然的讲述一系列生物进化故
事的科普读物。

3731　痛经和月经异常症/
〔日〕安达知子编著；池学镇译.—哈尔滨：黑
龙江科学技术出版社；2005.05. —119 页；21cm
ISBN 7 – 5388 – 4838 – X；12.00 元
本书主要介绍了月经的机理，月经病的种类及
健康保健治疗。

3732　头文字 D. 1/
〔日〕重野秀一著；李雨菘译.—南宁：接力出
版社；2005.04. —220 页；18cm
ISBN 7 – 80679 – 835 – 8；7.90 元
《头文字 D》是一部极有名气的日本漫画。

3733　头文字 D. 2/
〔日〕重野秀一著；李雨菘译.—南宁：接力出
版社；2005.04. —221 页；18cm
ISBN 7 – 80679 – 836 – 6；7.90 元
《头文字 D》是一部极有名气的日本漫画。

3734　头文字 D. 3/
〔日〕重野秀一著；简洁译.—南宁：接力出版
社；2005.04. —222 页；18cm
ISBN 7 – 80679 – 837 – 4；7.90 元
《头文字 D》是一部极有名气的日本漫画。

3735　头文字 D. 4/
〔日〕重野秀一著；简洁译.—南宁：接力出版
社；2005.04. —219 页；19cm
ISBN 7 – 80679 – 838 – 2；7.90 元
《头文字 D》是一部极有名气的日本漫画。

3736　头文字 D. 5/
〔日〕重野秀一著；简洁译.—南宁：接力出版
社；2005.04. —219 页；19cm
ISBN 7 – 80679 – 839 – 0；7.90 元
《头文字 D》是一部极有名气的日本漫画。

3737　头文字 D. 6/
〔日〕重野秀一著；徐修颖译.—南宁：接力出

版社；2005.08. —219 页；19cm
ISBN 7 – 80679 – 905 – 2；7.90 元
《头文字 D》是一部极有名气的日本漫画。

3738　头文字 D. 7/
〔日〕重野秀一著；徐修颖译.—南宁：接力出
版社；2005.08. —217 页；19cm
ISBN 7 – 80679 – 906 – 0；7.90 元
《头文字 D》是一部极有名气的日本漫画。

3739　头文字 D. 8/
〔日〕重野秀一著；徐修颖译.—南宁：接力出
版社；2005.08. —214 页；19cm
ISBN 7 – 80679 – 907 – 9；7.90 元
《头文字 D》是一部极有名气的日本漫画。

3740　头文字 D. 9/
〔日〕重野秀一著；徐修颖译.—南宁：接力出
版社；2005.08. —218 页；19cm
ISBN 7 – 80679 – 908 – 7；7.90 元
《头文字 D》是一部极有名气的日本漫画。

3741　头文字 D. 10/
〔日〕重野秀一著；徐修颖译.—南宁：接力出
版社；2005.08. —215 页；19cm
ISBN 7 – 80679 – 909 – 5；7.90 元
《头文字 D》是一部极有名气的日本漫画。

3742　投资者关系/
〔日〕福田彻著；夏敬译.—大连：东北财经大
学出版社；2005.01. —209 页；21cm. —（CFO
+MBA 精要丛书）
ISBN 7 – 81084 – 523 – 3；20.00 元
本书介绍了 CFO 和企业的投资者关系战略和实
际状况，以及企业价值的评判和创造，财务战略
和投资者关系活动。

3743　突破式战略管理/
〔日〕名古屋 QS 研究会编著；向秋译.—北京：
经济管理出版社；2005.01. —146 页；24cm. —
（现代企业管理丛书）
ISBN 7 – 80207 – 013 – 9；25.00 元
本书介绍了什么是日常管理，日常管理的内容、
条件、重点等。

3744　图解观叶植物栽培与观赏/
〔日〕Boutique 社著；吴德峰译.—福州：福建科
学技术出版社；2005.01. —93 页；26cm. —（我
家的美丽花园）
ISBN 7 – 5335 – 2473 – X；24.00 元

本书介绍了常见观叶植物的装饰、栽培、观赏等知识。

3745 图解汉英电工电子基础术语手册/

〔日〕新电气编辑部编；科龙电工电子编译. —北京：科学出版社；2005.06. —476页；21cm

ISBN 7 – 03 – 015430 – 4；32.00元

本书中收集电工电子相关的基础术语、实务术语2500多条，分成8个板块分类编排。

3746 图解汉英电气工程基础术语手册/

〔日〕竹内则春主编；日本电气与工事编辑部编；王友功译. —北京：科学出版社；2005.06. —444页；21cm

ISBN 7 – 03 – 014978 – 5；32.00元

本书中收集电工技术相关的基础术语、实务术语2000多条，分成9个板块分类编排。

3747 图解菊花栽培与观赏/

〔日〕Boutique社著；吴德峰译. —福州：福建科学技术出版社；2005.01. —93页；26cm. —（我家的美丽花园）

ISBN 7 – 5335 – 2470 – 5；26.00元

本书介绍了各类菊花的栽培技术、管理要领和养护技巧。

3748 图解妊娠和分娩手册/

〔日〕杉本充弘著；顾亚娟译. —南京：江苏科学技术出版社；2005.06. —246页；20cm

ISBN 7 – 5345 – 4551 – X；30.00元

本书介绍了有关妊娠和出产方面的知识。

3749 图解日英汉电子学常用辞典/

〔日〕欧姆社编；马杰译. —北京：科学出版社；2005.02. —676页；21cm

ISBN 7 – 03 – 013534 – 2；45.00元

本书经四次改版收录了最新电子技术用语4900余条。

3750 图解心理游戏/

〔日〕本间正夫著；马丽译. —北京：中国民族摄影艺术出版社；2005.09. —171页；21cm

ISBN 7 – 80069 – 684 – 7；18.00元

本书通过一些有趣的图案和一些测试的小题目，让读者了解自己在学习和做其他事上的兴趣和特长。

3751 图解洋兰栽培与观赏/

〔日〕石井高男编；吴德峰译. —福州：福建科学技术出版社；2005.01. —96页；26cm. —（我家的美丽花园）

ISBN 7 – 5335 – 2478 – 0；26.00元

本书以图解形式介绍了洋兰栽培的基础知识及热门品种270种。

3752 图解月季栽培与观赏/

〔日〕Boutique社编；吴德峰译. —福州：福建科学技术出版社；2005.01. —88页；26cm. —（我家的美丽花园）

ISBN 7 – 5335 – 2479 – 9；24.00元

本书从家庭阳台、庭院和花坛的月季园设计方案讲起，进而对月季的品种、栽培技巧、栽种步骤以及常见病虫害的防治做了详细的介绍。

3753 图解组合盆栽制作与观赏/

〔日〕伊达启子编；吴德峰译. —福州：福建科学技术出版社；2005.01. —95页；26cm. —（我家的美丽花园）

ISBN 7 – 5335 – 2527 – 2；26.00元

本书介绍了组合盆栽的制作、装饰、摆放、栽培和管理等各方面的知识，还附有植物目录以备查阅。

3754 图解最新电气通俗百科知识：双色/

〔日〕新星出版社编；薛培鼎译. —西安：西安交通大学出版社；2005.05. —208页；21cm

ISBN 7 – 5605 – 1986 – 5；18.00元

本书对人们日常生活中的电气产品做了通俗易懂的介绍。

3755 图说汉字的历史/

〔日〕阿辻哲次著；高文汉译. —济南：山东画报出版社；2005.07. —201页；25cm

ISBN 7 – 80713 – 078 – 4；48.00元

本书是《汉字王国》姊妹篇，以图文并茂的形式介绍了汉字从起源到印刷的历史，生动形象。

3756 土木实用手册/

〔日〕粟津清藏主编；孙宏译. —北京：科学出版社；2005.01. —653页；21cm. —（OHM电子电气手册系列）

ISBN 7 – 03 – 013476 – 1；55.80元

3757 完美化妆/

〔日〕渡边雅江著；张春玲译. —郑州：河南科学技术出版社；2005.01. —127页；21cm

ISBN 7 – 5349 – 3218 – 1；22.00元

本书向读者介绍了多种实用的化妆技巧。

3758 玩具机器人制作/

〔日〕山名宏治著；唐伯雁等译. —北京：科学出

版社；2005.09.—210 页；24cm.—（图解趣味电子制作丛书）

ISBN 7-03-015810-5；28.00 元

本系列特点是内容循序渐进、思路清晰、插图丰富、讲解易懂。

3759　王维研究/

〔日〕入谷仙介著；卢燕平译.—北京：中华书局，2005.10.—334 页；20cm.—（日本中国学文萃/王晓平主编）

ISBN 7-101-04626-6；24.00 元

本书中不是单纯地关注王维的诗和文，而是把诗人置于历史大背景和人际交往小环境去研究。

3760　网球技术提高讲座/

〔日〕儿玉光雄，〔日〕高桥仁大著；赵子江译.—北京：人民体育出版社；2005.08.—207 页；21cm

ISBN 7-5009-2779-7；16.00 元

本书包括网球的基本技术、战术、心理训练、体能训练四部分。

3761　网球王子.第 11 卷，风暴的预感/

〔日〕许斐刚编绘；王先科译.—北京：连环画出版社；2005.01.—168 页；18cm

ISBN 7-5056-0511-9；6.90 元

本书是一部以运动为主题的漫画。

3762　网球王子.第 12 卷，无敌之男/

〔日〕许斐刚编绘；王先科译.—北京：连环画出版社；2005.01.—174 页；18cm

ISBN 7-5056-0512-7；6.90 元

本书是一部以运动为主题的漫画。

3763　网球王子.第 13 卷，亚久津的志气 龙马的勇气/

〔日〕许斐刚编绘；王先科译.—北京：连环画出版社；2005.01.—176 页；18cm

ISBN 7-5056-0513-5；6.90 元

本书是一部以运动为主题的漫画。

3764　网球王子.第 14 卷，青学最强的男子/

〔日〕许斐刚编绘；王先科译.—北京：连环画出版社；2005.01.—179 页；18cm

ISBN 7-5056-0514-3；6.90 元

本书是一部以运动为主题的漫画。

3765　网球王子.第 15 卷，乾·海堂双人组/

〔日〕许斐刚编绘；王先科译.—北京：连环画出版社；2005.01.—163 页；18cm

ISBN 7-5056-0515-1；6.90 元

本书是一部以运动为主题的漫画。

3766　网球王子.第 16 卷，超级拍档/

〔日〕许斐刚编绘；王先科译.—北京：连环画出版社；2005.01.—175 页；18cm

ISBN 7-5056-0516-X；6.90 元

本书是一部以运动为主题的漫画。

3767　网球王子.第 17 卷，迈向破灭的圆舞曲/

〔日〕许斐刚编绘；王先科译.—北京：连环画出版社；2005.01.—182 页；18cm

ISBN 7-5056-0517-8；6.90 元

本书是一部以运动为主题的漫画。

3768　网球王子.第 18 卷，最后的秘密武器/

〔日〕许斐刚编绘；王先科译.—北京：连环画出版社；2005.01.—185 页；18cm

ISBN 7-5056-0518-6；6.90 元

本书是一部以运动为主题的漫画。

3769　网球王子.第 19 卷，手冢之旅/

〔日〕许斐刚编绘；王先科译.—北京：连环画出版社；2005.01.—185 页；18cm

ISBN 7-5056-0595-X；6.90 元

本书是一部以运动为主题的漫画。

3770　网球王子.第 20 卷，青学 VS 六角/

〔日〕许斐刚编绘；王先科译.—北京：连环画出版社；2005.01.—182 页；18cm

ISBN 7-5056-0596-8；6.90 元

本书是一部以运动为主题的漫画。

3771　网球王子.第 21 卷，菊丸英二的新步法/

〔日〕许斐刚编绘；王先科译.—北京：连环画出版社；2005.01.—178 页；18cm

ISBN 7-5056-0620-4；6.90 元

本书是一部以运动为主题的漫画。

3772　网球王子.第 22 卷，龙马的觉醒/

〔日〕许斐刚编绘；王先科译.—北京：连环画出版社；2005.01.—192 页；18cm

ISBN 7-5056-0621-2；6.90 元

本书是一部以运动为主题的漫画。

3773　网球王子.第 23 卷，立海大的规则/

〔日〕许斐刚编绘；王先科译.—北京：连环画出版社；2005.01.—186 页；18cm

ISBN 7-5056-0622-0；6.90 元

本书是一部以运动为主题的漫画。

3774 网球王子. 第24卷, 黄金组合的复活/
〔日〕许斐刚编绘; 王先科译. —北京: 连环画
出版社; 2005.01. —183 页; 18cm
ISBN 7 – 5056 – 0623 – 9; 6.90 元
本书是一部以运动为主题的漫画。

3775 网球王子. 第25卷, 不二的微笑/
〔日〕许斐刚编绘; 王先科译. —北京: 连环画
出版社; 2005.01. —183 页; 18cm
ISBN 7 – 5056 – 0632 – 8; 6.90 元
本书是一部以运动为主题的漫画。

3776 网球王子. 第26卷/
〔日〕许斐刚编绘; 王先科译. —北京: 连环画
出版社; 2005.09. —168 页; 19cm
ISBN 7 – 5056 – 0685 – 9; 6.90 元
本书描写了青春学园里一群网球天才少年克服
重重困难和挑战, 进军全国大赛的故事。

3777 网球王子. 第27卷/
〔日〕许斐刚编绘; 王先科译. —北京: 连环画
出版社; 2005.09. —179 页; 19cm
ISBN 7 – 5056 – 0686 – 7; 6.90 元
本书描写了青春学园里一群网球天才少年克服
重重困难和挑战, 进军全国大赛的故事。

3778 网球王子. 第28卷/
〔日〕许斐刚编绘; 王先科译. —北京: 连环画
出版社; 2005.09. —181 页; 19cm
ISBN 7 – 5056 – 0687 – 5; 6.90 元
本书描写了青春学园里一群网球天才少年克服
重重困难和挑战, 进军全国大赛的故事。

**3779 危机与萧条的经济理论: 对日、美及东亚
经济衰退的剖析/**
〔日〕林直道著; 江瑞平等译. —北京: 中国人民
大学出版社; 2005.04. —241 页; 21cm. — (现代
日本社会科学名著译丛)
ISBN 7 – 300 – 06386 – 1; 18.00 元
本书概述了资本主义经济发展的一般规律和理
论, 并分析日、美和东亚经济衰退的原因。

3780 危险的童话/
〔日〕阿刀田高著; 孟文骅译. —珠海: 珠海出版
社; 2005.05. —273 页; 21cm. — (阿刀田高怪异
小说系列)
ISBN 7 – 80689 – 387 – 3; 16.00 元
本书包括阿刀田高所著的 10 个短篇小说, 内容
涉及日本现代都市生活。

3781 隈研吾建筑构造细部/
〔日〕隈研吾建筑都市设计事务所编著; 卢春生
等译. —北京: 中国建筑工业出版社; 2005.05.
—136 页; 30cm. — (国外建筑设计详图图集;
16)
ISBN 7 – 112 – 07364 – 2; 36.00 元
本书主要介绍了日本资深建筑师隈研吾近十年
来在材料与建筑构造细部关系上所做的研究与
实践。

3782 微光机电系统/
〔日〕泽田廉士等著; 李元燮译. —北京: 科学
出版社; 2005.01. —347 页; 24cm. — (OHM 光
通信与光电子系列)
ISBN 7 – 03 – 013313 – 7; 38.00 元

3783 围棋布局法/
〔日〕坂田荣男著; 木西川译. —成都: 成都时
代出版社; 2005.11. —261 页; 20cm. — (坂田
荣男围棋全集; 3)
ISBN 7 – 80705 – 178 – 7; 240.00 元 (全套 12 册)
本书主要以作者的实战对局为资料, 从不同角度
分析围棋技艺战术的不同变化。

3784 围棋定形法/
〔日〕坂田荣男著; 木西川译. —成都: 成都时
代出版社; 2005.11. —250 页; 20cm. — (坂田
荣男围棋全集; 7)
ISBN 7 – 80705 – 178 – 7; 240.00 元 (全套 12 册)
本书主要以作者的实战对局为资料, 从不同角度
分析围棋技艺战术的不同变化。

3785 围棋攻击法/
〔日〕坂田荣男著; 木西川译. —成都: 成都时
代出版社; 2005.11. —260 页; 20cm. — (坂田
荣男围棋全集; 1)
ISBN 7 – 80705 – 178 – 7; 240.00 元 (全套 12 册)
本书主要以作者的实战对局为资料, 从不同角度
分析围棋技艺战术的不同变化。

3786 围棋计算法/
〔日〕坂田荣男著; 木西川译. —成都: 成都时
代出版社; 2005.11. —255 页; 20cm. — (坂田
荣男围棋全集; 6)
ISBN 7 – 80705 – 178 – 7; 240.00 元 (全套 12 册)
本书主要以作者的实战对局为资料, 从不同角度
分析围棋技艺战术的不同变化。

3787 围棋弃子法/
〔日〕坂田荣男著; 木西川译. —成都: 成都时

代出版社；2005.11.—261 页；20cm.—（坂田荣男围棋全集；5）

ISBN 7-80705-178-7；240.00 元（全套 12 册）

本书主要以作者的实战对局为资料，从不同角度分析围棋技艺战术的不同变化。

3788　围棋序盘法/

〔日〕坂田荣男著；木西川译.—成都：成都时代出版社；2005.11.—250 页；20cm.—（坂田荣男围棋全集；8）

ISBN 7-80705-178-7；240.00 元（全套 12 册）

本书主要以作者的实战对局为资料，从不同角度分析围棋技艺战术的不同变化。

3789　围棋治孤法/

〔日〕坂田荣男著；木西川译.—成都：成都时代出版社；2005.11.—285 页；20cm.—（坂田荣男围棋全集；2）

ISBN 7-80705-178-7；240.00 元（全套 12 册）

本书主要以作者的实战对局为资料，从不同角度分析围棋技艺战术的不同变化。

3790　围棋中盘法/

〔日〕坂田荣男著；木西川译.—成都：成都时代出版社；2005.11.—250 页；20cm.—（坂田荣男围棋全集；9）

ISBN 7-80705-178-7；240.00 元（全套 12 册）

本书主要以作者的实战对局为资料，从不同角度分析围棋技艺战术的不同变化。

3791　围棋作战法/

〔日〕坂田荣男著；木西川译.—成都：成都时代出版社；2005.11.—262 页；20cm.—（坂田荣男围棋全集；4）

ISBN 7-80705-178-7；240.00 元（全套 12 册）

本书主要以作者的实战对局为资料，从不同角度分析围棋技艺战术的不同变化。

3792　伟大的普通人：真正的贝多芬/

〔日〕泷本裕造著；张新林，赵光译.—北京：人民音乐出版社；2005.05.—150 页；20cm

ISBN 7-103-02910-5；12.00 元

本书描述了伟大的音乐家的普通人的一面。

3793　文化大革命观察/

〔日〕竹内实著；程麻译.—北京：中国文联出版社；2005.12.—357 页；20cm.—（竹内实文集；第 6 卷）

ISBN 7-5059-3703-0；22.60 元

3794　文脉品牌：让你的品牌形象与众不同/

〔日〕阿久津聪，〔日〕石田茂著；韩中和译.—上海：上海人民出版社；2005.06.—185 页；23cm

ISBN 7-208-05661-7；20.00 元

本书以独特的新视角对研究品牌管理进行了新的尝试。

3795　文献学语境中的《德意志意识形态》/

〔日〕广松涉编注；彭曦译.—南京：南京大学出版社；2005.01.—380 页；26cm.—（当代学术棱镜译丛/张一兵主编）

ISBN 7-305-04234-X；49.80 元

本书是日本著名马克思主义哲学家广松涉编注的《德意志意识形态》第一卷第 1 篇《费尔巴哈》（包括德文文本）及其相关论文的中译本。

3796　我的奋斗历程/

〔日〕村山富市著；王雅丹译.—北京：当代世界出版社；2005.12：照片；21cm

ISBN 7-5090-0028-9，25.00 元

本书一部分为自传体描述，讲述了作者成长过程中的一些事和人；另一部分为作者从政以来的一些讲话和发表过的文章。

3797　我和未来先生的暑假/

〔日〕勇岭薰著；郭丽译.—南宁：接力出版社；2005.01.—167 页；6 幅；20cm.—（日本少男少女侦探小说系列）

ISBN 7-80679-668-1；11.00 元

3798　我还年轻：与衰老作斗争/

〔日〕上坂冬子著；李月松，赵艳华译.—济南：山东友谊出版社；2005.01.—147 页；19cm.—（新生活丛书）

ISBN 7-80642-639-6；13.50 元

本书作者根据自己的亲身体验，引导读者接受变老的事实，正确看待生与死，保持心态的年轻。

3799　我们的打工作战；我们的 c 计划/

〔日〕宗田理著；杨珍珍译.—北京：人民文学出版社；2005.12.—255 页；24cm.—（我们的探侦团；Ⅲ）

ISBN 7-02-005190-1；27.00 元

3800　我们的大冒险；我们的圣战/

〔日〕宗田理著；韩永华译.—北京：人民文学出版社；2005.12.—260 页；24cm.—（我们的探侦团；II）

ISBN 7-02-005191-X；27.00 元

3801 我们的秘岛探险队；我们的最终战争／

〔日〕宗田理著；高娃译．—北京：人民文学出版社；2005.12.—282 页；24cm.—（我们的探侦团；V）

ISBN 7 – 02 – 005189 – 8；29.00 元

3802 我们的七日战争；我们的天使游戏／

〔日〕宗田理著；胡岩译．—北京：人民文学出版社；2005.12.—344 页；24cm.—（我们的探侦团；I）

ISBN 7 – 02 – 004971 – 0；30.00 元

本书收录了两篇儿童小说，刻画了一群个性十足而又各有所长的少年形象。

3803 我们的修学旅行；我们的秘密校园祭／

〔日〕宗田理著；代洪光译．—北京：人民文学出版社；2005.12.—256 页；24cm.—（我们的探侦团；IV）

ISBN 7 – 02 – 005192 – 8；27.00 元

3804 我在暧昧的日本：大江健三郎随笔集／

〔日〕大江健三郎著；王中忱等译．—海口：南海出版公司，2005.11.—189 页；23cm.—（世界文学论坛．新名著主义丛书）

ISBN 7 – 5442 – 2707 – 3；22.00 元

本书是日本当代著名小说家大江健三郎的随笔集，共 17 篇。

3805 巫系文学论／

〔日〕藤野岩友著；韩基国编著．—重庆：重庆出版社；2005.03.—518 页；20cm

ISBN 7 – 5366 – 6416 – 8；28.00 元

本书全面系统考证论述了先秦巫祝文化对《楚辞》的影响。

3806 无店面店经营／

〔日〕中村淳子著；徐继维，永至译．—北京：科学出版社；2005.09.—185 页；21cm.—（营销新概念系列）

ISBN 7 – 03 – 015485 – 1；18.00 元

本丛书向读者介绍了几种全新的店面经营方式。本书讲述的是无店面店的经营。

3807 无溶剂有机合成／

〔日〕田中孝一著；刘群译．—北京：化学工业出版社；2005.03.—484 页；24cm.—（国外优秀化学著作译丛）

ISBN 7 – 5025 – 6320 – 2（精装）；68.00 元

本书收集了近 20 年来无溶剂涂料有机合成反应，并按类别分类。

3808 无线电电子电路制作／

〔日〕大久保忠著；李大寨等译．—北京：科学出版社；2005.09.—200 页；24cm.—（图解趣味电子制作）

ISBN 7 – 03 – 015877 – 6；28.00 元

本系列特点是内容循序渐进、思路清晰、插图丰富、讲解易懂。

3809 无用术——古文的智慧和力量／

〔日〕加藤彻著；雍德文译．—北京：东方出版社；2005.10.—209 页；21cm.—（大智慧系列）

ISBN 7 – 5060 – 2270 – 2；18.50 元

3810 吴清源与他的兄弟：吴家百年史／

〔日〕桐山桂一著；计丽屏译．—北京：中信出版社；2005.11.—239 页；照片；23cm

ISBN 7 – 5086 – 0476 – 8；26.00 元

本书介绍了吴清源及他的两个兄弟一生的经历。

3811 舞蹈创作法／

〔日〕江口隆哉著；金秋译．—北京：学苑出版社；2005.07.—289 页；23cm

ISBN 7 – 5077 – 2568 – 5；36.00 元

本书介绍了各种古典舞蹈和现代舞蹈的创作方法。

3812 舞姬／

〔日〕森鸥外著；高慧勤译．—北京：解放军文艺出版社；2005.03.—202 页；20cm.—（世界小说大师名篇必读）

ISBN 7 – 5033 – 1756 – 6；16.00 元

本书收入了日本明治时期重要作家森鸥外的《舞姬》、《雁》、《鱼玄机》等九篇作品。

3813 物流成本的分析与控制／

〔日〕诊断师物流研究会著；宋华，曹莉译．—北京：电子工业出版社；2005.01.—156 页；24×17cm

ISBN 7 – 121 – 00478 – X；22.00 元

本书及时、准确地反映了物流与供应链成本管理方面的最新方法和思想。

3814 物权法提要／

〔日〕三潴信三著；孙芳译；韦浩点校．—北京：中国政法大学出版社；2005.01.—416 页；20cm.—（中国近代法学译丛／何勤华主编）

ISBN 7 – 5620 – 2563 – 0（精装）；35.00 元

本书论述了近代日本物权法的基础理论与基本知识。

3815　西餐餐桌艺术经典/

〔日〕今田美奈子著；罗庆霞译．—南京：江苏科学技术出版社；2005.05.—195页；26cm
ISBN 7-5345-4537-4（精装）；68.00元
本书系统介绍了现代欧洲各种不同场合的餐桌艺术，包括早餐、中餐、下午茶、晚餐、晚宴等。

3816　西域文明史概论：外 1 种/

〔日〕羽田亨著；耿世民译．—北京：中华书局，2005.09.—189页；20cm.—（世界汉学论丛）
ISBN 7-101-04766-1；16.00元
本书为日本著名汉学家关于西域史的名著。

3817　咸味兜风：日本芥川奖获奖小说选/

〔日〕大道珠贵等著；祝子平译．—上海：上海文艺出版社；2005.02.—271页；20cm
ISBN 7-5321-2804-0；18.00元
本书为三篇中篇小说，反映了日本"二战"战败后的社会生活。

3818　现场设计：中关村图书大厦室内设计/

〔日〕松原弘典编；邓英等译．—北京：机械工业出版社；2005.03.—96页；26cm
ISBN 7-111-16207-2；35.00元
本书通过施工图和实景照片介绍了室内装修的细部，施工办法与施工进程等。

3819　现代合作社论/

〔日〕山田定市著；李中华译．—沈阳：辽宁人民出版社；2005.11.—231页；21cm
ISBN 7-205-05992-5；20.00元
本书主题和目的是阐明现代合作社的地位与功能。

3820　现代日本教育课程改革/

〔日〕水原克敏著；方明生译．—北京：教育科学出版社；2005.01.—527页；24cm.—（世界课程与教学新理论文库/钟启泉，张华主编）
ISBN 7-5041-3072-9；49.00元
本书是一部研究二战后日本学校教育课程改革演进的专著。

3821　现代日本小说集·两条血痕/

〔日〕国木田独步等著；周作人译．—北京：中国对外翻译出版公司，2005.01.—273页；20cm.—（苦雨斋译丛）
ISBN 7-5001-1282-3；28.00元
本书含《日本现代小说集》、《两条血痕》两种。

3822　现代日本语教程/

〔日〕西藤洋一，〔日〕慧子编著．—上海：学林出版社；2005.06.—433页；26cm.—（现代日本语系列丛书；1）
ISBN 7-80668-968-0；58.00元

3823　享受中年/

〔日〕高桥祥友著；陈刚，靳淑敏译．—北京：科学出版社；2005.07.—150页；21cm.—（心灵药方系列）
ISBN 7-03-015365-0；18.00元
本书从中年人面对的各种问题入手，详细地分析了他们的心态，并提出了"享受中年"这样一个全新的概念。

3824　销售倍增：销售力提高的行销策略指南/

〔日〕水口健次著；高詹灿译．—上海：上海世界图书出版公司，2005.05.—214页；21cm.—（世图管理系列丛书）
ISBN 7-5062-7068-4；25.00元
本书作者从全球经济的角度分析了行销对世界经济的总体影响。

3825　小皮斯凯的第一次旅行/

〔日〕二木真希子编绘；张燕译．—南昌：二十一世纪出版社；2005.09.—39页；26cm
ISBN 7-5391-3156-X（精装）；24.80元

3826　小皮斯凯的第一个朋友/

〔日〕二木真希子编绘；胡晓丁译．—南昌：二十一世纪出版社；2005.09.—47页；26cm
ISBN 7-5391-3157-8（精装）；24.80元

3827　心/

〔日〕夏目漱石著；林少华译．—青岛：青岛出版社；2005.05.—262页；20cm.—（令人感动的一本书）
ISBN 7-5436-3365-5；19.80元
本书由夏目两部风格不同的经典长篇小说构成。

3828　心理医生的故事疗法/

〔日〕中川晶著；陈刚译．—北京：科学出版社；2005.08.—212页；21cm.—（心灵药方系列）
ISBN 7-03-015364-2；19.80元
本书着眼于故事疗法，以生动的案例向人们展示了这种疗法的神奇功效。

3829　心灵的自愈能力/

〔日〕大野裕著；陈刚译．—北京：科学出版社；2005.07.—161页；21cm.—（心灵药方系列）

ISBN 7 - 03 - 015363 - 4；18.00 元

本书通过对各种临床安全的分析教导人们要自己调整心态，开阔心胸，要善于发泄自己的不满和愤怒。

3830　新标准对应日语能力考试复习与测试．读解篇/

〔日〕佐佐木仁子，〔日〕松本纪子编 . 一上海：上海外语教育出版社；2005.05. —77 页；26cm

ISBN 7 - 81095 - 295 - 1；8.50 元

本书根据"日语能力考试出题标准"编辑出版，本书为其中的阅读理解篇。

3831　新标准对应日语能力考试复习与测试．实战篇/

〔日〕佐佐木仁子，〔日〕松本纪子编 . 一上海：上海外语教育出版社；2005.05. —171 页；26cm

ISBN 7 - 81095 - 292 - 7；16.50 元

本书是根据"日语能力考试出题标准"编辑出版，本书为"实战篇"。

3832　新标准对应日语能力考试复习与测试．听解篇/

〔日〕佐佐木仁子，〔日〕松本纪子编 . 一上海：上海外语教育出版社；2005.05. —85 页；26cm

ISBN 7 - 81095 - 293 - 5；9.00 元

本书根据"日语能力考试出题标准"编辑出版，本书为"听解篇"。

3833　新标准对应日语能力考试复习与测试．文字、词汇篇/

〔日〕佐佐木仁子，〔日〕松本纪子编 . 一上海：上海外语教育出版社；2005.05. —125 页；26cm

ISBN 7 - 81095 - 291 - 9；12.50 元

本书根据"日语能力考试出题标准"编辑出版，本书为"文字、词汇篇"。

3834　新标准对应日语能力考试复习与测试．语法篇/

〔日〕佐佐木仁子，〔日〕松本纪子编 . 一上海：上海外语教育出版社；2005.05. —117 页；26cm

ISBN 7 - 81095 - 294 - 3；12.00 元

本书是根据"日语能力考试出题标准"编辑出版，本书为"语法篇"。

3835　新哆啦 A 梦全百科/

〔日〕藤子·F·不二雄著；吉林美术出版社译 . 一长春：吉林美术出版社；2005.11. —348 页；15cm

ISBN 7 - 5386 - 1915 - 1；10.00 元

3836　新日本语学入门：考察语言的结构/

〔日〕庵功雄著；于日平等译 . 一北京：外语教学与研究出版社；2005.10. —464 页；20cm. —（新日本语学基础译丛）

ISBN 7 - 5600 - 4073 - X；23.90 元

本书是一本日语语言学的入门书。

3837　新世纪家庭医生/

〔日〕浦田久著；谷秀，曲北凯等译 . 一北京：科学出版社；2005.05. —506 页；26cm. —（新健康大系．家庭案头必备全书系列）

ISBN 7 - 03 - 014837 - 1；78.00 元

本书是一本家庭案头必备的医学指导图书。

3838　新手妈咪育儿百科/

〔日〕《主妇之友》杂志社主编；耿闯进译 . 一北京：中国大百科全书出版社；2005.01. —248 页；24cm

ISBN 7 - 5000 - 7210 - 4；26.00 元

本书介绍了育儿常识。

3839　新书道字典/

〔日〕藤原鹤来编 . 一天津：天津人民美术出版社；2005.05. —1105 页；19cm

ISBN 7 - 5305 - 2892 - 0；77.80 元

本书以中国常用的 3500 个字为基础分别配以楷书、行书、章草、隶书、篆书，按照康熙字典的顺序排列。

3840　新兴与传统：苏轼词论述

〔日〕保苅佳昭著 . 一上海：上海古籍出版社；2005.12；21cm. —（日本宋学研究六人集/王永照主编）

ISBN 7 - 5325 - 4233 - 5（精装），26.00 元

3841　刑法学基础/

〔日〕曾根威彦著；黎宏译 . 一北京：法律出版社；2005.08. —266 页；21cm. —（法学研究生精读书系）

ISBN 7 - 5036 - 5788 - X；20.00 元

本书是关于刑法基本原理的教科书。

3842　幸运心理游戏/

〔日〕樱美月著；袁渊译 . 一北京：中国轻工业出版社；2005.01. —127 页；19cm

ISBN 7 - 5019 - 4560 - 8；12.80 元

本书通过行为测试，发掘内心世界。

3843　性别支配是一种装置/

〔日〕江原由美子著；丁莉译 . 一北京：商务印

书馆，2005.03.—305 页；20cm.—（日本社会学名著译丛/周维宏主编）
ISBN 7-100-04282-8；17.00 元
本书回顾和分析了女权主义在西方及日本的发展过程，对男性对女性统治地位提出批判性的见解，并指出性别支配是一种社会装置。

3844 旋风又三郎/
〔日〕宫泽贤治著；李英茂编译.—太原：希望出版社；2005.09.—143 页；24cm.—（绘本外国儿童文学名著；20）
ISBN 7-5379-3572-6；30.00 元
本套丛书是从外国著名的儿童文学作品中精选的。

3845 旋涡猫的找法：村上朝日堂日记/
〔日〕村上春树著；林少华译.—上海：上海译文出版社；2005.09.—139 页；19cm.—（村上春树随笔系列）
ISBN 7-5327-3764-0；10.00 元
本书是 1994~1995 年作者在美国讲学期间的连载随笔，共 16 篇。

3846 选举制度论/
〔日〕森口繁治著；刘光华译；廖初民点校.—北京：中国政法大学出版社；2005.01.—310 页；20cm.—（中国近代法学译丛/何勤华主编）
ISBN 7-5620-2639-4（精装）；26.00 元
本书一共六个部分，分别从选举的性质、选举人、被选举人、选举区及选举人名单、选举方法、选举运动等方面进行了论述。

3847 学会道乐更快乐：成为双料富翁的 54 种方法/
〔日〕中谷彰宏著；王艳华译.—北京：当代中国出版社；2005.03.—171 页；21cm.—（励志经典；13.中谷彰宏超幸福论系列；3）
ISBN 7-80170-378-2；18.00 元
本书作者通过讲述金钱之道乐、心灵之道乐、时间之道乐等详细讲解了快快乐乐地成为亿万富翁的 54 种方法。

3848 学生益目立体视觉图/
〔日〕黑濑严主编；郁炜昊译.—杭州：浙江科学技术出版社；2005.04.—68 页；15×21cm
ISBN 7-5341-2543-X；12.00 元
本书是提高孩子视觉能力的训练书。

3849 学生益目特殊视觉图/
〔日〕竹川广三主编；郁炜昊译.—杭州：浙江科学技术出版社；2005.04.—67 页；19cm

ISBN 7-5341-2542-1；12.00 元
本书是三维立体图集。

3850 雪国/
〔日〕川端康成著；叶渭渠，唐月梅译.—天津：天津人民出版社；2005.05.—438 页；23cm
ISBN 7-201-04861-9；25.00 元
本书收录了他的三个非常有名的中篇小说，具有浓郁的日本民族氛围。

3851 血液革命：使粘稠的血液流动顺畅的方法和秘诀/
〔日〕主妇之友社编；郁炜昊译.—沈阳：辽宁教育出版社；2005.05.—160 页；彩图；21cm
ISBN 7-5382-7309-3；25.00 元
本书是由日本 100 余位医学专家联袂推出的最新"血液革命"说。

3852 寻找心理寄托/
〔日〕妙木浩之著；陈刚，王帅译.—北京：科学出版社；2005.08.—190 页；21cm.—（心灵药方系列）
ISBN 7-03-015725-7；18.00 元
本书重点介绍了目前精神心理学领域中的一些专家在进行临床心理治疗时通常采用的几种行之有效的方法。

3853 寻找心理平衡/
〔日〕田中千穗子著；陈刚，陈飞译.—北京：科学出版社；2005.08.—192 页；21cm.—（心灵药方系列）
ISBN 7-03-015558-0；18.00 元
本书根据心理学家们积累的典型临床经验，提出了有针对性的建议。

3854 训练思考能力的数学书/
〔日〕冈部恒治著；王秋阳等译.—上海：上海世界图书出版公司，2005.02.—216 页；20cm
ISBN 7-5062-7096-X；18.00 元
本书将带领读者抛开繁杂的计算和公式，学习从思考入手的"聪明式数学"。

3855 押花艺术与制作/
〔日〕杉野宣雄著；侯雪峰译.—北京：中国轻工业出版社；2005.01.—63 页；26cm
ISBN 7-5019-4710-4；20.00 元
本书以精美的图片展示了多姿多彩的押花饰物制品，并采取问答的形式介绍了押花的艺术设计与制作。

3856 牙周外科学临床图谱/
〔日〕佐藤奈子编著；王勤涛主译．—北京：人民军医出版社；2005.07.—421 页；30cm
ISBN 7－80194－651－0（精装）；398.00 元
本书除了介绍基本的牙周外科学治疗方法，还重点突出了牙周组织再生的手术技巧。

3857 哑铃健身操/
〔日〕铃木正著；郑冬梅译．—杭州：浙江科学技术出版社；2005.01.—127 页；20cm.—（轻松健身系列）
ISBN 7－5341－2501－4；19.80 元
本书以图文结合的形式详细地介绍了多种哑铃健身操。

3858 亚洲环境情况报告．第 1 卷/
〔日〕环境会议《亚洲环境情况报告》编辑委员会编著；周北海，张坤民等译．—北京：中国环境科学出版社；2005.05.—371 页；20cm
ISBN 7－80163－883－2；30.00 元
本书是由日本的环境非政府组织（NGO）"日本环境会议"针对亚洲的环境问题所做的深入的非官方的研究成果。

3859 亚洲美食之旅/
〔日〕伊藤武著；李炜译．—北京：线装书局；中国社会科学出版社；2005.08.—253 页；30 幅；20cm
ISBN 7－80106－374－0；20.00 元
本书是由平凡的食物，如寿司、包子、饺子、面条、咖喱等，品出亚洲各地文化的多样性与共同性。

3860 烟斗随笔/
〔日〕团伊玖磨著；杨晶，李建华译．—北京：国际文化出版公司，2005.05.—459 页；照片；25cm
ISBN 7－80173－354－1；78.00 元
团伊玖磨是著名的音乐家。本书是他在日本《朝日画刊》的专栏随笔集。

3861 言外的语言学：日语语用学/
〔日〕小泉保著；陈访泽等译．—北京：商务印书馆，2005.12.—373 页；20cm
ISBN 7－100－04261－5；21.00 元
是一部以日语为语料研究语用学的经典之作。

3862 雁栖塞北：来自黄土高原的报告/
〔日〕高见邦雄著；李建华，黎杰译．—北京：国际文化出版公司，2005.04.—324 页；21cm
ISBN 7－80173－413－0；29.00 元

本书是报告文学，记述了日本环保工作者 13 年在中国西北搞绿化的工作实录。

3863 阳台四季种花乐/
〔日〕池上信夫，〔日〕金丸阳子著；陈欣译．—上海：上海科学普及出版社；2005.03.—151 页；21cm
ISBN 7－5427－2661－7；21.00 元
本书介绍如何在阳台上种花。

3864 妖精森林/
〔日〕早坂真纪著；亦依译．—上海：上海译文出版社；2005.05.—111 页；21cm
ISBN 7－5327－3597－4；10.00 元

3865 一百个月亮/
〔日〕名木田惠子著；〔日〕目黑直子绘；金良快译．—太原：北岳文艺出版社；2005.01.—218 页；19cm.—（选自青鸟文库）
ISBN 7－5378－2721－4；16.00 元
本书是一部描写校园情爱的长篇小说。

3866 一分钟健身 88 法/
〔日〕木户泰子著；陈国平译．—杭州：浙江科学技术出版社；2005.01.—142 页；20cm.—（轻松健身系列）
ISBN 7－5341－2504－9；12.00 元
本书介绍了许多简单易学、操作性强的简易伸展操、指压、按摩法。

3867 一个日本记者笔下的袁世凯/
〔日〕佐藤铁治郎著；孔祥吉，〔日〕村田雄二郎整理．—天津：天津古籍出版社；2005.05.—398 页；20cm.—（国家清史编纂委员会·文献丛刊）
ISBN 7－80696－228－X（精装）；36.00 元
本书比较详细地记录了袁世凯从青年时期至 1909 年被清政府免官这一时期的一系列政治、经济、军事活动。

3868 一秒钟的世界/
〔日〕山本良一主编；王莹，崔扬译．—北京：北京出版社；2005.04.—156 页；19cm
ISBN 7－200－05894－7；10.00 元
本书对 1 秒钟里世界发生的种种变化的统计为人类的生存环境提出警示。

3869 一碗清汤荞麦面/
〔日〕栗良平，〔日〕竹本幸之佑著；文明，谢琼译．—桂林：漓江出版社；2005.04.—119 页；18cm

ISBN 7 - 5407 - 3414 - 0（精装）；16.80 元
本书是个人修养类通俗读物，收录了感人至深的励志故事。

3870 伊豆的舞女/
〔日〕川端康成著；叶渭渠译.—天津：天津人民出版社；2005.05.—381 页；23cm.—（新经典文库）
ISBN 7 - 201 - 04860 - 0；25.00 元
本书收录了作者的代表作《伊豆的舞女》等几个中长篇小说。

3871 伊势物语图典/
〔日〕无名氏著；唐月梅译.—上海：上海三联书店，2005.08.—208 页；150 幅；22cm.—（日本古典名著图读书系/叶渭渠主编）
ISBN 7 - 5426 - 2084 - 3；35.00 元
本书为日本古典长篇小说《伊势物语》图文欣赏本。

3872 仪器分析导论：第 2 版.第 1 册/
〔日〕泉美治等主编；刘振海，李春鸿，张建国译.—2 版.—北京：化学工业出版社；2005.01.—218 页；20cm
ISBN 7 - 5025 - 6109 - 9（精装）；20.00 元
本书介绍了仪器分析导论的基础知识和方法。

3873 仪器分析导论：第 2 版.第 2 册/
〔日〕泉美治等主编；李春鸿，刘振海译.—2 版.—北京：化学工业出版社；2005.01.—193 页；20cm
ISBN 7 - 5025 - 6252 - 4（精装）；18.00 元
本书介绍了仪器分析导论的基础知识和方法。

3874 仪器分析导论：第 2 版.第 4 册/
〔日〕泉美治等主编；李春鸿，刘振海译.—2 版.—北京：化学工业出版社；2005.03.—203 页；22cm
ISBN 7 - 5025 - 6311 - 3；16.00 元

3875 移民和城市/
〔日〕广田康生著；马铭译.—北京：商务印书馆，2005.03.—252 页；20cm.—（日本社会学名著译丛/周维宏主编）
ISBN 7 - 100 - 04281 - X；15.00 元
本书对现代社会的移民情况做了考察，以社会学的方法进行调查研究。

3876 议会制度论/
〔日〕美浓部达吉著；邹敬芳译；卞琳点校.—北京：中国政法大学出版社；2005.01.—419

页；20cm.—（中国近代法学译丛/何勤华主编）
ISBN 7 - 5620 - 2659 - 9（精装）；32.00 元
本书作者对 1930 年之前的世界各国的议会制度进行了详细考察。

3877 异邦人：辻井乔诗歌选/
〔日〕辻井乔著；田原译.—北京：人民文学出版社；2005.01.—227 页；20cm
ISBN 7 - 02 - 004841 - 2；14.00 元
辻井乔是日本著名现代派诗人。本书从其二十余部诗集中，精选了其中十五部诗集的若干作品，结集成册。

3878 异次元流浪者/
〔日〕眉村卓著；倪灵译.—太原：北岳文艺出版社；2005.05.—182 页；20cm.—（亚洲精灵级文库）
ISBN 7 - 5378 - 2613 - 7；13.80 元
本书是一部校园生活的科幻小说。

3879 抑郁症/
〔日〕滨田秀伯著；黄俊山，黄岩，王东平译.—福州：福建科学技术出版社；2005.02.—169 页；21cm.—（家庭保健自助系列）
ISBN 7 - 5335 - 2502 - 7；15.00 元
本书介绍了抑郁症的基础知识、诊断、治疗、护理、预防及与其他心理疾病的区别等内容。

3880 阴阳师/
〔日〕梦枕貘著；林青华译.—海口：南海出版公司，2005.01.—296 页；20cm.—（阴阳师系列；第 1 部）
ISBN 7 - 5442 - 2941 - 6；20.00 元
本书由六个短篇小说集合而成，描写的是日本古代平安时代的故事。

3881 阴阳师.飞天卷/
〔日〕梦枕貘著；施小炜译.—海口：南海出版公司，2005.03.—250 页；20cm.—（阴阳师系列；第 2 部）
ISBN 7 - 5442 - 3000 - 7；18.00 元
本书是《阴阳师》系列的第二部，由七个短篇小说集合而成，描写的是平安时代的故事。

3882 阴阳师.凤凰卷/
〔日〕梦枕貘著；施小炜译.—海口：南海出版公司，2005.03.—225 页；20cm.—（新经典文库）
ISBN 7 - 5442 - 3002 - 3；18.00 元
本书是《阴阳师》系列的第四部，由七个短篇小说汇集而成，描写的仍然是平安时代。

3883 阴阳师．付丧神卷/

〔日〕梦枕貘著；林青华译．—海口：南海出版公司，2005.03.—280 页；20cm.—（阴阳师系列；第 3 部）

ISBN 7－5442－3001－5；20.00 元

本书是《阴阳师》系列的第三部，由七个短篇小说集合而成，描写的是平安时代的精彩故事。

3884 阴阳师．龙笛卷/

〔日〕梦枕貘著；林青华译．—海口：南海出版公司，2005.04.—210 页；20cm.—（新经典文库）

ISBN 7－5442－3003－1；16.00 元

本书是《阴阳师》系列的第五部，由六个短篇小说集合而成。

3885 阴阳师．生成姬/

〔日〕梦枕貘著；汪正球译．—海口：南海出版公司，2005.08.—305 页；20cm

ISBN 7－5442－3033－3；20.00 元

本书是《阴阳师》系列第六部，讲述的是一个执著的故事。

3886 银河铁道之夜/

〔日〕宫泽贤治著；周龙梅译．—上海：上海译文出版社：少年儿童出版社；2005.04.—277 页；20cm.—（宫泽贤治童话永恒经典收藏版）

ISBN 7－5324－6528－4（精装）；25.00 元

3887 银河铁道之夜：爱藏本/

〔日〕宫泽贤治著；李毓昭译．—天津：天津教育出版社；2005.04.—220 页；20cm

ISBN 7－5309－4348－0；19.80 元

本书为日本作家宫泽贤治的童话故事集。

3888 银色星公主．1/

〔日〕折原美都著；袁乐怡译．—太原：北岳文艺出版社；2005.05.—201 页；21cm

ISBN 7－5378－2616－1；16.00 元

本书是一部描写动人爱情故事的中篇小说。

3889 银色星公主．2/

〔日〕折原美都著；杨珊珊译．—太原：北岳文艺出版社；2005.05.—204 页；21cm

ISBN 7－5378－2617－X；16.00 元

本书是一部描写动人爱情故事的中篇小说。

3890 隐形口腔正畸治疗：当代舌侧正畸学的新概念与治疗技术/

〔意〕斯卡佐，〔日〕塔克莫登著；徐宝华译．—北京：中国医药科技出版社；2005.05.—155

页；29cm

ISBN 7－5067－3154－1（精装）；200.00 元

本书系统地阐述了舌侧正畸治疗技术。

3891 英汉 TCP/IP 网络术语辞典/

〔日〕户根勤著；牛连强译．—北京：科学出版社；2005.04.—867 页；18cm

ISBN 7－03－013429－X；48.00 元

书中收录了最新的网络术语 4300 余条，包括缩略语。

3892 英美法：新版/

〔日〕望月礼二郎著；郭建，王仲涛译．—北京：商务印书馆，2005.09.—423 页；22cm

ISBN 7－100－03962－2；37.00 元

本书阐述了英美法的基本原理和历史沿革。

3893 英美判例百选/

〔日〕藤仓皓一郎，〔日〕木下毅主编；段匡，杨永庄译．—北京：北京大学出版社；2005.04.—538 页；23cm

ISBN 7－301－08874－4；50.00 元

本判例集是日本 52 位法学者和律师筛选了英美法 122 个判例，并对其更深入和延展评论的汇总。

3894 婴幼儿毛衣/

〔日〕BOUTIQUE 社编；董曾珊译．—杭州：浙江科学技术出版社；2005.03.—95 页；26cm.—（衣饰天地）

ISBN 7－5341－2592－8；25.00 元

本书介绍日本最新的婴幼儿毛衣款式，介绍 0～24 个月宝宝穿的各类针织品。

3895 樱花树下/

〔日〕渡边淳一著；王丽梅，史旻译．—北京：文化艺术出版社；2005.01.—394 页；21cm

ISBN 7－5039－2668－6；22.00 元

3896 营造惬意生活 12 法/

〔日〕岸本叶子著；刘锋，高建亮译．—济南：山东友谊出版社；2005.01.—141 页；19cm.—（新生活丛书）

ISBN 7－80642－673－6；12.50 元

本书是作者结合实际总结出的营造惬意生活的 12 种有效手段。

3897 用智力游戏和智力难题来锻炼你的头脑/

〔日〕多湖辉著；陈辛儿译．—北京：中国轻工业出版社；2005.07.—182 页；19cm.—（头脑体操；1）

ISBN 7 - 5019 - 4982 - 4；8.00 元

3898 优雅发型：最新成熟造型完美攻略/

〔日〕主妇之友社编；袁渊译 . —北京：中国轻工业出版社；2005.01. —127 页；15cm. —（魅力 BOOK）

ISBN 7 - 5019 - 4501 - 2；12.80 元

本书介绍了适合于成熟女性的经典发型。

3899 邮票中的第二次世界大战/

〔日〕西岛有原著；房恩等译 . —北京：中共中央党校出版社；2005.05. —188 页；20cm

ISBN 7 - 5035 - 3204 - 1；28.00 元

本书通过世界各国在不同年代发行的一枚枚邮票，记述了第二次世界大战许多著名战役、重大事件、重要人物。

3900 游牧世界：蒙古文/

〔日〕松原正毅著；萨仁格日乐，色音译 . —北京：民族出版社；2005.11. —278 页；20cm. —（蒙古学丛书）

ISBN 7 - 105 - 0 - 7395 - 0；21.00 元

本书为日本人类学家松原正毅教授在土耳其、中国新疆、蒙古国等游牧地区进行长期的实地调查的基础上写成的民族志著作。

3901 有了烦恼我不烦：追求幸福的 49 种方法/

〔日〕中谷彰宏著；时晨译 . —北京：当代中国出版社；2005.03. —172 页；20cm

ISBN 7 - 80170 - 375 - 8；18.00 元

本书稿使用通俗易懂的语言诠释某些人生的深奥哲理。

3902 有效报告：执行指令有技巧/

〔日〕村冈正雄著；关维译 . —北京：机械工业出版社；2005.09. —212 页；19cm

ISBN 7 - 111 - 17167 - 5；23.00 元

本书从"执行方/接受方"双方的立场出发来具体介绍如何有效地报告工作、下达指令、联络沟通、协商解难的各种技巧。

3903 又见樱花：一个中国女兵的东洋之路/

〔日〕桃子著 . —北京：长征出版社；2005.01. —269 页；21cm

ISBN 7 - 80204 - 050 - 7；19.80 元

本书以纪实文学的笔法，真实记录了作者的留学生涯以及在日本生活十几年对人生的感悟。

3904 右脑革命/

〔日〕七田真著；傅珉译 . —上海：学林出版社；

2005.01. —155 页；21cm

ISBN 7 - 80668 - 888 - 9；15.00 元

本书以有关右脑研究的理论，使读者从根本上对右脑有较深的认识，又有具体、简单易行的提高右脑能力的方法。

3905 与外甥是同学/

〔日〕山中恒著；叶荣鼎译 . —广州：广东教育出版社；2005.11. —185 页；19cm

ISBN 7 - 5406 - 6150 - X；11.50 元

本书是一本轻松幽默的青春小说。

3906 圆梦/

〔日〕阿刀田高著；刘绩生译 . —珠海：珠海出版社；2005.05. —298 页；21cm. —（阿刀田高怪异小说系列）

ISBN 7 - 80689 - 389 - X；18.00 元

本书内含日本现代作家阿刀田高的 10 个短篇小说。

3907 源氏物语图典/

〔日〕紫式部著；叶渭渠译 . —上海：上海三联书店，2005.05. —246 页；彩图；22cm. —（日本古典名著图读书系/叶渭渠主编）

ISBN 7 - 5426 - 2085 - 1；42.00 元

本书是日本古典名著《源氏物语》图文本。

3908 孕产百科/

〔日〕中林正雄著；刘群等译 . —福州：福建科学技术出版社；2005.10. —257 页；21cm. —（孕产育宝典）

ISBN 7 - 5335 - 2646 - 5；26.80 元

本书介绍了胎儿 280 天的生长发育情况，妊娠基础知识与相关检查项目，产妇护理等。

3909 遭人白眼又何妨：交朋友的 50 种方法/

〔日〕中谷彰宏著；王艳华译 . —北京：当代中国出版社；2005.03. —168 页；21cm. —（励志经典·中谷彰宏超幸福论系列；1；11）

ISBN 7 - 80170 - 377 - 4；18.00 元

本书从一个非常新颖的角度论述了遭人白眼的意义，讲述了正确的遭人白眼的方法，说明了遭人白眼的人将改变这个时代。

3910 早期教育与天才/

〔日〕木村久一著；唐欣译 . —北京：中国文史出版社；2005.11. —210 页；23cm

ISBN 7 - 5034 - 1670 - X；22.00 元

本书主要论述了早期教育对孩子智力开发的重要性，及培养和训练孩子的法则。

3911 曾经真的很爱你/

〔日〕内藤美加著；侯为译 . —武汉：长江文艺出版社；2005.05. —248 页；19cm

ISBN 7-5354-3011-2；16.00 元

本书是描写大学校园生活的长篇小说。

3912 战中战后：战争体验与日本的中国研究/

〔日〕田中正俊著；罗福惠，刘大兰译 . —广州：广东人民出版社；2005.05. —404 页；21cm

ISBN 7-218-04924-9；25.00 元

作者以自己的亲身经历、见闻，研究日本战争责任、战后责任，谴责修改教科书，研究慰安妇问题、遗留化学武器问题等。

3913 掌握常用英语口语/

〔日〕瓦达曼（Vardaman, J.），〔日〕瓦达曼（Vardaman, M.）著；孙涛译 . —大连：大连理工大学出版社；2005.06. —350 页；20cm

ISBN 7-5611-2853-3；22.80 元

本书选用英语口语中常用的词汇，共 2340 个，配以口语中常用的例句，加深对词汇的记忆。

3914 照明设计入门/

〔日〕中岛龙兴等著；马俊译 . —北京：中国建筑工业出版社；2005.01. —151 页；26cm. —（国外照明设计丛书）

ISBN 7-112-06974-2；68.00 元

本书是由日本三位具有照明实践经验的著名照明设计师通力合作的一部照明设计入门书。

3915 照明手册；第 2 版/

〔日〕照明学会编；李农，杨燕译 . —北京：科学出版社；2005.07. —633 页；26cm

ISBN 7-03-015419-3（精装）；88.00 元

本书包含原理到技术、应用、规划等，内容丰富、新颖。

3916 哲学告诉我/

〔日〕竹田纯郎著；刘文柱译 . —北京：东方出版社；2005.07. —223 页；20cm. —（大智慧系列）

ISBN 7-5060-2185-4；18.50 元

本书是一部哲学入门书。

3917 枕草子图典/

〔日〕清少纳言著；于雷译；叶渭渠导读 . —上海：上海三联书店，2005.05. —230 页；彩图；22cm. —（日本古典名著图读书系/叶渭渠主编）

ISBN 7-5426-2088-6；38.80 元

本书为日本古典随笔作品欣赏《枕草子》图文本。

3918 正式场合报告英语：英汉对照/

〔日〕筱田义明，〔英〕史蒂文森著；姜古原译 . —北京：中国对外翻译出版公司，2005.01. —187 页；20cm + 光盘 1 张 . —（白领金书系列）

ISBN 7-5001-1301-3；20.00 元

本书分为宴会英语、报告英语口语两大部分。

3919 脂肪燃烧减肥/

〔日〕高木サコリ著；张军译 . —北京：中国画报出版社；2005.09. —165 页；彩图；21cm. —（阳光女性系列）

ISBN 7-80024-963-8；32.00 元

本书从运动和饮食两个方面介绍了最有效的脂肪燃烧方法。

3920 职场抑郁症/

〔日〕小杉正太郎编；陈刚，马媛媛译 . —北京：科学出版社；2005.08. —189 页；21cm. —（心灵药方系列）

ISBN 7-03-015431-2；18.00 元

本书重点阐述了职场心理疾病的概念、成因、预防以及缓解压力的心理辅导方法等。

3921 制造业传感器/

〔德〕屯肖夫，〔日〕稻崎编著；杨树人，刘瑞平，李泽译 . —北京：化学工业出版社；2005.09. —334 页；26cm. —（传感器应用丛书）

ISBN 7-5025-7292-9；49.00 元

本书介绍了传感器的基本原理、机床和机器人中的传感器、工件中的传感器、制造业的发展及对传感器的影响。

3922 窒息的繁荣：论现代经济发展和地球温暖化/

〔日〕出云谕明著 . —北京：中国环境科学出版社；2005.09. —132 页；20cm. —（环境警示丛书）

ISBN 7-80209-208-6；12.00 元

本书为科普读物，主要介绍了经济发展所导致的温室效应。

3923 中国 21. 第 3 号/

〔日〕爱知大学现代中国学会编 . —北京：中国社会科学出版社；2005.04. —414 页；20cm

ISBN 7-5004-5063-X；27.00 元

本书是关于中国现代情况研究文集，对促进中日双方相互了解具有积极作用。

3924 中国北方环保型农牧业与循环经济：日、汉/

恩和，额尔敦布和，〔日〕双喜，〔日〕中川光弘主编 . —呼和浩特：内蒙古大学出版社；2005.11.

—285 页；24cm

ISBN 7 - 81074 - 887 - 4（精装）；49.00 元

本书是 2005 年 8 月在呼和浩特召开的"中国北方地区环保型农牧业与循环经济的发展"国际学术会议论文集。

3925 中国传承曼荼罗：中国神话传说的世界/

〔日〕百田弥荣子著；范禹译 . —北京：民族出版社；2005.11. —339 页；21cm. —（外国学者中国民族研究文库）

ISBN 7 - 105 - 0 - 7319 - 5；35.00 元

本书介绍了中国神话故事当中的人物、动物、形象及传说。

3926 中国古典文化景致/

〔日〕兴膳宏著；李寅生译 . —北京：中华书局，2005.07. —315 页；21cm. —（日本中国学文粹/王晓平主编）

ISBN 7 - 101 - 04623 - 1；24.00 元

日本中国学文粹之一种，随笔集。

3927 中国近代思维的挫折/

〔日〕岛田虔次著；甘万萍译 . —南京：江苏人民出版社；2005.10. —249 页；23cm. —（海外中国研究丛书/刘东主编）

ISBN 7 - 214 - 04027 - 1；19.00 元

本书在极其广角的历史展望下，描绘出从王阳明，经过泰州学派，到李卓吾的所谓"王学左派"的中国近代思想史的展开。

3928 中国近世道教的形成：净明道的基础研究/

〔日〕秋月观英著；丁培仁译 . —北京：中国社会科学出版社；2005.08. —297 页；20cm. —（海外道教学译丛/朱越利主编）

ISBN 7 - 5004 - 4841 - 4；23.00 元

本书对净明道这一道教主要流派的形成、流传等方面进行研究。

3929 中国近现代论争年表/

〔日〕竹内实主编；程麻译 . —北京：中国文联出版社；2005.07. —978 页；20cm

ISBN 7 - 5059 - 5014 - 2（精装）；1580.00 元

本书为自 1895 年至 1989 年间中国近现代历史上的各种论争资料索引。

3930 中国前近代思想的演变/

〔日〕沟口雄三著；索介然，龚颖译 . —2 版 . —北京：中华书局，2005.05. —530 页；21cm. —（世界汉学论丛）

ISBN 7 - 101 - 01586 - 7；33.00 元

3931 中国善会善堂史研究/

〔日〕夫马进著；伍跃，杨文信，张学锋译 . —北京：商务印书馆，2005.06. —804 页；20cm. —（商务印书馆海外汉学书系）

ISBN 7 - 100 - 03995 - 9；40.00 元

本书对中国明清以来直至民国的善会善堂的历史、演变进了深入的研究。

3932 中国学研究 . 第 7 辑/

吴兆路，〔韩〕林俊相，〔日〕甲斐胜二主编 . —济南：济南出版社；2005.03. —439 页；21cm

ISBN 7 - 80710 - 113 - X；25.00 元

本书收录了有关"中国学"研究的最新论文，内容涉及中国文学、语言学、历史学、哲学、艺术学等。

3933 中国战线从军记/

〔日〕藤原彰著；林晓光译 . —成都：四川人民出版社；2005.04. —218 页；20cm

ISBN 7 - 220 - 06870 - 0；18.00 元

藤原彰为日本近现代军事史的奠基人。本书从另一方面反映了中国人民在艰苦卓绝的抗日战争中所付出的巨大牺牲。

3934 中国中小企业金融制度报告/

中国人民银行研究局，日本国际协力机构（JICA）著 . —北京：中信出版社；2005.08. —410 页；21cm

ISBN 7 - 5086 - 0431 - 8；39.80 元

3935 中华名物考：外 1 种/

〔日〕青木正儿著；范建明译 . —北京：中华书局，2005.08. —369 页；18 幅；21cm. —（日本中国学文粹/王晓平主编）

ISBN 7 - 101 - 04636 - 3；26.00 元

本书包括《中华名物考》和《华国风味》两部书稿，属于风俗、名物学方面的著作。

3936 中老年保健操/

〔日〕久野谱也著；张协君译 . —杭州：浙江科学技术出版社；2005.01. —89 页；20cm. —（轻松健身系列）

ISBN 7 - 5341 - 2502 - 2；15.00 元

本书是根据中老年的体格特征而编写的健身书。

3937 中小物流企业人员的培养/

〔日〕川崎依邦著；许京，孙庚译 . —北京：电子工业出版社；2005.04. —180 页；24cm

ISBN 7－121－01008－9；23.00 元
本书是一本很好的针对运输与配送行业员工培养与培训的读物。

3938 中小物流企业制胜的关键/
〔日〕森田富士夫著；许京，孙庚译．—北京：电子工业出版社；2005.05.—157 页；23cm
ISBN 7－121－01077－1；21.00 元
本书以具体案例为引导，从日本中小物流运输企业的实践中，归纳和总结了 7 个制胜关键点。

3939 竹取物语图典/
〔日〕无名氏著；唐月梅译．—上海：上海三联书店，2005.08.—120 页；150 幅；21cm.—（日本古典名著图读书系/叶渭渠主编）
ISBN 7－5426－2087－8；25.00 元
本书是日本古典名著《竹取物语》图文本。

3940 专利、商标侵权攻防策略/
〔日〕冈田全启著；詹政敏，杨向东，付文君译．—北京：知识产权出版社；2005.03.—207 页；23cm.—（知识产权译丛）
ISBN 7－80011－814－2；28.00 元

3941 转型时期中国的工业化和劳动市场：发自日本的研究/
〔日〕南亮进，〔日〕牧野文夫编；郝仁平监译．—北京：中国水利水电出版社；2005.01.—282 页；21cm
ISBN 7－5084－2397－6；20.00 元
本书汇集了日本"中国经济学会"十几位知名专家学者近几年发表的关于转型时期中国的工业化和劳动市场分析的文章。

3942 灼热的都市/
〔日〕远藤明范著；侯为译．—太原：北岳文艺出版社；2005.02.—231 页；21cm.—（攻壳机动队）
ISBN 7－5378－2717－6；17.00 元
本书是一部科幻侦破小说。

3943 紫色明星姬/
〔日〕折原美都著；赵人宪译．—太原：北岳文艺出版社；2005.09.—215 页；20cm.—（安娜德尔露星传）
ISBN 7－5378－2754－0；16.50 元
本书是一部描写战争题材的奇幻小说。

3944 自动控制线路基础与实务/
〔日〕大滨庄司著；卢伯英译．—北京：科学出版社；2005.02.—162 页；24cm.—（OHM 图解电气控制线路丛书）
ISBN 7－03－014585－2；20.00 元
本系列共五本，特点是以图解的形式介绍各种电器的控制线路图，给出线路图的同时，还附有详细的说明。

3945 自动控制线路数字部分/
〔日〕大滨庄司著；关静译．—北京：科学出版社；2005.02.—216 页；图；24cm.—（OHM 图解电气控制线路丛书）
ISBN 7－03－014583－6；25.00 元
本系列共五本，特点是以图解的形式介绍各种电器的控制线路图，给出线路图的同时，还附有详细的说明。

3946 自我分析/
〔日〕吉田裕二著；项秋华译．—北京：经济管理出版社；2005.03.—233 页；21cm.—（大众心理学系列）
ISBN 7－80207－154－2；20.00 元
本书介绍了从心理压力中解放出来，自我分析透视点等内容。

3947 自我疗法与手足按摩
〔日〕高桥亨，〔日〕佐佐木薰，〔日〕泉智子编；曲晓燕译．—济南：山东科学技术出版社；2005.05；19cm.—（时尚生活系列）
ISBN 7－5331－3990－9，25.00 元
本书以图文并茂的形式，介绍了消除疲劳、驱除病症的各种自我疗法及手足按摩法。

3948 自我美容保健操/
〔日〕西村仁凤子著；池学镇译．—哈尔滨：黑龙江科学技术出版社；2005.05.—80 页；20cm
ISBN 7－5388－4836－3；18.00 元
本书介绍通过淋巴按摩和经络伸展的美容知识、知识新、内容实用。

3949 自制健康果蔬汁/
〔日〕井上由香理著；邱璐译．—上海：上海世界图书出版公司，2005.05.—150 页；21×19cm.—（世图生活资讯库）
ISBN 7－5062－7481－7；28.50 元

3950 宗教与日本社会/
〔日〕铃木范久著；牛建科译．—北京：中华书局，2005.03.—114 页；21cm
ISBN 7－101－04345－3；10.00 元

3951 走出健康来：60 种愉快步行的秘方/
〔日〕福永哲夫编著；刘朝莉译.—郑州：河南科学技术出版社；2005.01.—133 页；20cm
ISBN 7-5349-3224-6；12.00 元
本书用文字和插图介绍了如何用走路保持好身材、预防疾病、增进健康的知识。

3952 走出自杀阴影/
〔日〕高桥祥友著；陈诚译.—北京：科学出版社；2005.07.—213 页；21cm.—（心灵药方系列）
ISBN 7-03-015260-3；19.80 元
本书有针对性地剖析了一些自杀未遂者的心理状态，向我们开启了一个曾经陌生的心理世界。

3953 最高裁物语：日本司法 50 年/
〔日〕山本佑司著；孙占坤，祈玫译.—北京：北京大学出版社；2005.04.—510 页；23cm
ISBN 7-301-08825-6；49.00 元
本书讲述的是日本战败后至 1997 年的漫长时间里，面对复杂纷呈的日本社会问题最高法院内部是如何处理一件件惊心动魄的大事的详细情节。

3954 最后的游牧帝国：准噶尔部的兴亡/
〔日〕宫胁淳子著；晓克译.—呼和浩特：内蒙古人民出版社；2005.04.—182 页；20cm.—（蒙古历史文化文库）
ISBN 7-204-07844-6；14.00 元
本书对准噶尔汗国及相关的历史状况进行了较为全面深入的研究和论述。

3955 最佳经营模式/
〔日〕长田洋著；刘江煎译.—上海：复旦大学出版社；2005.09.—217 页；20cm
ISBN 7-309-04752-4；30.00 元
本书阐述了日本卓越企业的成功秘诀，并介绍了一套适合企业界的实施的经营管理系统。

3956 最佳日本包装.5/
〔日〕日报出版株式会社编.—长沙：湖南美术出版社；2005.03.—316 页；29cm
ISBN 7-5356-2197-X；118.00 元
本书精选了日本近一两年优秀包装设计作品 1200 余件，并分类别呈现。

3957 最新卡通漫画技法.6，Q 版动物篇/
〔日〕佐藤元编著；丁莲译.—北京：中国青年出版社；2005.05.—126 页；26cm
ISBN 7-5006-6206-8；26.00 元
本书是全面介绍日本最新卡通漫画技法用书。

3958 最新卡通漫画技法.7，机械设定篇/
〔日〕Graphic 社编；丁莲译.—北京：中国青年出版社；2005.05.—126 页；26cm
ISBN 7-5006-6211-4；26.00 元
本书是全面介绍日本最新卡通漫画技法用书。

3959 最新住区设计/
〔日〕住宅·都市整治公团关西分社集合住宅区研究会编著；张桂林，张军英译.—北京：中国建筑工业出版社；2005.09.—187 页；29cm
ISBN 7-112-07206-9；39.00 元
本书详细、系统地介绍了各种类型住区建筑设计中生态建筑的设计思想、设计方法。

3960 罪花/
〔日〕高树信子著；里香译.—昆明：云南人民出版社；2005.09.—186 页；21cm
ISBN 7-222-04499-X；16.80 元
本书是描写和关注日本女性心理的小说。

3961 佐佐木叶二景观设计作品集/
〔日〕佐佐木叶二著；杨秀妹，于黎特译.—大连：大连理工大学出版社；2005.01.—142 页；26cm.—（景观设计大师作品集系列丛书）
ISBN 7-5611-2734-0；98.00 元
本书主要介绍了日本著名景观建筑师佐佐木叶二的景观作品。

2006

3962 0~3 岁孩子心智开发小百科
〔日〕主妇之友社编；周逸之，翟志敏译.—合肥：安徽科学技术出版社；2006.07；23cm.—（好父母好孩子系列）
ISBN 7-5337-3527-7，25.00 元
本书系统介绍 0~3 岁孩子心智开发常见问题和方法，内容通俗易懂，图文并茂。

3963 0~6 岁婴幼儿按摩：宝宝智能早期开发
〔日〕渡边佳子主编；顾红译.—天津：天津科学技术出版社；2006.12：图；21cm
ISBN 7-5308-4081-9（平装），10.00 元
本书以大量的图片，生动地介绍了给婴幼儿按摩的益处，按摩的基本功等易于被孩子父母（护理人员）掌握的基本常识。

3964 1000% 的男人：期货冠军奇迹的买卖方法/
〔日〕菲阿里，〔日〕炭谷道孝著；朱元曾，王虹

译.—北京：中国三峡出版社；2006.06.—358 页；
21cm

ISBN 7 - 80223 - 165 - 5；38.00 元

本书的两位作者在书中用日志的形式记述了自己参加世界期货冠军大赛的经历。

3965　10 秒钟简易瑜伽/

〔日〕绵本彰主编；东方环球启达翻译公司译.—北京：人民体育出版社；2006.01.—61 页；照片；26cm.—（魔力瑜伽系列）

ISBN 7 - 5009 - 2898 - X；18.00 元

本书是适合初学者的简易瑜伽练习法。

3966　150cm Life/

〔日〕高木直子绘编；洪俞君译.—西安：陕西师范大学出版社；2006.03.—106 页；18cm.—（150cm 绘本小天后；1）

ISBN 7 - 5613 - 3497 - 4；20.00 元

本书是日本图文书天后高木直子创作的生活绘本畅销系列书。

3967　21 世纪型住宅模式/

〔日〕松村秀一，〔日〕田边新一主编；陈滨，范悦译.—北京：机械工业出版社；2006.09.—238 页；21cm

ISBN 7 - 111 - 19712 - 7；35.00 元

本书对创造生活价值住宅开发项目的主要技术成果进行了全面系统的介绍。

3968　30 秒消除疲劳瑜伽/

〔日〕绵本彰主编；张慧译.—北京：中国纺织出版社；2006.06.—63 页；彩照；23cm.—（美丽私房书）

ISBN 7 - 5064 - 3842 - 9；18.80314 元

3969　314 种维生素健康果蔬汁/

〔日〕间野百合子编著；沈永嘉译.—北京：世界图书出版公司，2006.01.—190 页；图；21cm.—（绿色养生堂）

ISBN 7 - 5062 - 7697 - 6；15.00 元

本书教你如何巧妙搭配天然食物，从中最直接获取足量的维生素养分。

3970　3D 美少女经典实战指南/

〔日〕弓田纯大等著；宋如华，赫识丁译.—北京：电子工业出版社；2006.01.—210 页；26cm.—（飞思数码设计院）

ISBN 7 - 121 - 01910 - 8；59.80 元

本书提供了 9 个国外经典 3D 美少女制作实例，着重介绍了使角色与众不同的制作技巧。

3971　3D 美少女完全制作手册/

〔日〕成光雄等著；宋如华，赫识丁译.—北京：电子工业出版社；2006.01.—227 页；26cm.—（飞思数码设计院）

ISBN 7 - 121 - 01911 - 6；59.80 元

本书首先介绍了国外主流三维角色制作软件的基础知识和使用技巧，然后通过 7 个实例，详细讲解了各种类型美少女的设计和制作方法。

3972　3 天了解古典音乐/

〔日〕森本真由美著；银色快手译.—海口：南海出版公司，2006.01.—323 页；21cm.—（爱乐；〔日〕服部幸三主编）

ISBN 7 - 5442 - 3218 - 2；21.80 元

本书从各个角度解说了古典音乐的基础。

3973　40 岁成为公司里不可替代的人物/

〔日〕柴田昌治著；三皮译.—北京：中国轻工业出版社；2006.01.—159 页；19cm.—（40 岁系列）

ISBN 7 - 5019 - 5181 - 0；16.00 元

3974　40 岁开始的积极人生/

〔日〕和田秀树著；王炜译.—北京：中国轻工业出版社；2006.01.—196 页；19cm.—（40 岁系列）

ISBN 7 - 5019 - 5134 - 9；16.00 元

本书从中年人的情绪控制、人际交往能力、正确使用头脑等方面，研究出一套适用的理论，可以帮助读者及时减缓因衰老造成的智商和情商的衰退。

3975　40 岁开始的健康活力饮食/

〔日〕幕内秀夫著；杨梦杰译.—北京：中国轻工业出版社；2006.01.—151 页；19cm.—（40 岁系列）

ISBN 7 - 5019 - 5180 - 2；16.00 元

作者积极倡导只有恢复日本的传统的饮食文化，才能真正改善自己的健康状况。

3976　40 岁开始重新学习/

〔日〕和田秀树著；王炜译.—北京：中国轻工业出版社；2006.01.—201 页；19cm.—（40 岁系列）

ISBN 7 - 5019 - 5177 - 2；16.00 元

在本书中，作者将自己的实际经验结合最新脑科学研究成果和认知心理学知识，以及老年精神医学的理论，告诉 40 岁后的中高年者应该如何开始学习。

3977 49 整形瑜伽·平衡减肥/

〔日〕绵本彰主编；东方环球启达翻译公司译 . —北京：人民体育出版社；2006.01. —63 页；照片；26cm. —（魔力瑜伽系列）

ISBN 7 – 5009 – 2896 – 3；18.00 元

本书介绍了瑜伽矫正形体方法与原理。

3978 50 种有形有色的心理游戏/

〔日〕亚门虹彦著；王蕴洁译 . —上海：上海世界图书出版公司，2006.01. —200 页；图；21cm

ISBN 7 – 5062 – 7610 – 0；22.00 元

本书运用辨证和科学的方法，通过针对不同图案、色彩及文字题目的不同选择，来测试读者的喜好、性格等。

3979 90 分钟做好企划/

〔日〕藤木俊明著；李宜贞译 . —北京：机械工业出版社；2006.01. —193 页；21cm

ISBN 7 – 111 – 18081 – X；23.00 元

本书详细解说了各产业界所偏好的企划书形式，进行剪报会议需要注意的事项，以及如何针对顾客的类型来拟订企划策略等内容。

3980 CCD/CMOS 图像传感器基础与应用/

〔日〕米本和也著；陈榕庭，彭美桂译 . —北京：科学出版社；2006.09. —235 页；24cm

ISBN 7 – 03 – 017728 – 2；32.00 元

本书内容主要涉及 CCD/CMOS 图像传感器的成像原理、结构及应用方面。

3981 eCRM 营销：获取潜在顾客的网络营销手段/

〔日〕泽登秀明著；陈晶晶译 . —北京：科学出版社；2006.07. —213 页；24cm. —（市场营销新概念系列）

ISBN 7 – 03 – 017319 – 8；28.00 元

eCRM 是指网络时代的客户关系管理。

3982 JETRO 商务日语能力测试、模拟与对策/

〔日〕日航文化教育公司著 . —大连：大连理工大学出版社；2006.09. —175 页；26cm + 光盘 1 张

ISBN 7 – 5611 – 3184 – 4；25.00 元

本书精选商务日语能力测试 100 道题，对题目进行分析讲解，考生可以利用本书进行考前训练。

3983 J. TEST 实用日语鉴定 AD 级试题集 . 2002 ~ 2004 年/

〔日〕日本语鉴定协会，〔日〕J. TEST 事务局著；〔日〕西藤洋一，〔日〕慧子编 . —上海：学林出版社；2006.03. —512 页；26cm + 光盘 1 张

ISBN 7 – 80730 – 108 – 2；55.00 元

实用日本语鉴定 AD 级试题集，收集了 2002 ~ 2004 年所出的试题。

3984 J. TEST 实用日语鉴定 AD 级试题集 . 2005 年/

〔日〕日本语鉴定协会，〔日〕J. TEST 事务局著；〔日〕西藤洋一，〔日〕慧子编 . —上海：学林出版社；2006.03. —186 页；26cm + 光盘 1 张

ISBN 7 – 80730 – 109 – 0；30.00 元

本书是实用日本语鉴定 AD 级试题集，收集了 2005 年所出的试题。

3985 J. TEST 实用日语鉴定 EF 级试题集：2002 年 ~ 2005 年/

〔日〕日本语鉴定协会，〔日〕J. TEST 事务局著；〔日〕西藤洋一，〔日〕慧子编 . —上海：学林出版社；2006.03. —437 页；图；26cm + 光盘 1 张

ISBN 7 – 80730 – 110 – 4；48.00 元

实用日本语鉴定 EF 级试题集，收集了 2002 ~ 2005 年所出的试题。

3986 LC 滤波器设计与制作/

〔日〕森荣二著；薛培鼎译 . —北京：科学出版社；2006.01. —299 页；24cm. —（图解实用电子技术丛书）

ISBN 7 – 03 – 016510 – 1；35.00 元

3987 OL 一族健康操：Office lady：缓解疼痛矫正身姿/

〔日〕伊藤和磨著；汇智天成译 . —北京：中国画报出版社；2006.11. —179 页；21cm

ISBN 7 – 80220 – 058 – X；32.00 元

本书是一本关于缓解疼痛、矫正身姿的书。

3988 OP 放大器应用技巧 100 例/

〔日〕松井邦彦著；邓学译 . —北京：科学出版社；2006.01. —206 页；24cm. —（图解实用电子技术丛书）

ISBN 7 – 03 – 016517 – 9；27.00 元

本书主要介绍了使用运算放大器的 100 个窍门。

3989 Photoshop CS2 纸制品设计范例参考

〔日〕松原淳等编著；胡素芳译 . —北京：中国青年出版社；2006.10；26cm + 光盘 1 张

ISBN 7 – 5006 – 7058 – 3（平装），55.00 元

本书以图例的形式分步骤讲解了纸品设计的制作方法。

3990 Web 配色字典/

〔日〕CIS 项目组著；邱霓霓译 . —北京：电子工

业出版社；2006.09. —208 页；图；14×20cm +
光盘 1 张. —（网页设计师必读）
ISBN 7 - 121 - 03061 - 6；49.00 元
本书是一本按照色系、印象风格、季节特色等各
种风格交织的网页设计配色样本手册。

3991 阿根廷·智利·巴拉圭·乌拉圭/
〔日〕大宝石出版社编著；王路漫译. —北京：中
国旅游出版社；2006.01. —516 页；20cm. —（走
遍全球）
ISBN 7 - 5032 - 2723 - 0；72.00 元
本书全面翔实地介绍了阿根廷、智利等国家的
著名胜景。

3992 阿信.1/
〔日〕桥田寿贺子著；赵玉皎译. —天津：天津
人民出版社；2006.04. —297 页；25cm. —（青
鸟文丛）
ISBN 7 - 201 - 05199 - 7；22.00 元
本书是一部传记体小说，讲述了日本女人阿信
为生活艰苦奋斗的故事。

3993 阿信.2/
〔日〕桥田寿贺子著；赵玉皎译. —天津：天津
人民出版社；2006.05. —268 页；25cm. —（青
鸟文丛）
ISBN 7 - 201 - 05251 - 9；22.00 元
本书是长篇传记体小说，讲述了阿信艰苦奋斗
的一生。

3994 阿信.3/
〔日〕桥田寿贺子著；张小玲译. —天津：天津
人民出版社；2006.05. —304 页；25cm. —（青
鸟文丛）
ISBN 7 - 201 - 05252 - 7；22.00 元
本书为长篇传记体小说，讲述了阿信艰苦奋斗
的一生。

3995 阿信.4/
〔日〕桥田寿贺子著；赵玉皎译. —天津：天津
人民出版社；2006.05. —319 页；25cm. —（青
鸟文丛）
ISBN 7 - 201 - 05253 - 5；22.00 元
本书是长篇传记体小说，讲述了阿信艰苦奋斗
的一生。

3996 阿壮想做男子汉/
〔日〕山中恒著；叶荣鼎译. —上海：少年儿童
出版社；2006.09. —181 页；20cm. —（日本校
园风靡小说）

ISBN 7 - 5324 - 7000 - 8；12.00 元
本书为儿童文学中篇小说。

3997 啊哟，妈妈/
〔日〕山中恒著；叶荣鼎译. —上海：少年儿童
出版社；2006.09. —217 页；20cm. —（日本校
园风靡小说）
ISBN 7 - 5324 - 6999 - 9；12.00 元
本书为儿童文学长篇小说。

3998 爱哭的你
〔日〕北川悦吏子著；〔日〕MAYA MAXX 绘；赵
玉皎译. —海口：南海出版公司，2006.12；17cm.
—（新经典文库）
ISBN 7 - 5442 - 3366 - 9（精装），28.00 元（全
套 2 册）
本书断续用卡通小狗传达恋爱心事，充满手绘痕
迹的色块和线条，生动形象地表现出孤单寂寞的
心情。

3999 安藤忠雄都市彷徨/
〔日〕安藤忠雄著；谢宗哲译. —宁波：宁波出
版社；2006.08. —159 页；20cm
ISBN 7 - 80743 - 019 - 2；38.00 元
本书是一本关于旅行与建筑思考的随笔集。

4000 八大山人字典
〔日〕栗原芦水编. —长沙：湖南美术出版社；
2006.12；图；21cm
ISBN 7 - 5356 - 2504 - 5（精装），68.00 元
本书为八大山人字典工具书，是在 2000 本考古
文献中编辑成册，编辑量大，技术量大，是一本
较好的书法工具书。

4001 巴菲特：漫画/
〔日〕森生文乃著；王英译. —北京：科学普及
出版社；2006.03. —159 页；20cm
ISBN 7 - 110 - 06406 - 9；18.00 元
本书以漫画形式介绍了美国股票大王巴菲特幼
时和青年时代的经历和他投资股票的经验。

4002 芭蕾瘦身/
〔日〕后藤早知子著；张军，吕中伟译. —北京：
中国画报出版社；2006.04. —94 页；570 幅；
21cm + 光盘 1 张. —（阳光女性系列）
ISBN 7 - 80024 - 998 - 0；32.00 元
本书介绍了芭蕾的基础课程和独创的身体伸展
运动方法。

4003　把自然还给孩子：关于当代教育问题的思考
〔日〕大田尧著；朱浩东等译.—北京：商务印书馆，2006.11；21cm
ISBN 7-100-05089-8，11.00元
本书作者为当代日本最有名的教育学家。本书系其七十年从事教育工作和教育研究成果之精华。

4004　白色日本童话/
〔日〕坪田让冶等著；柳月华改写.—上海：上海人民美术出版社；2006.07.—232页；24cm.—（世界儿童共享的经典丛书/王泉根主编）
ISBN 7-5322-4907-7；29.80元
本书为注音版日本童话故事集。

4005　般若思想史
〔日〕山口益著；肖平，杨金萍译.—上海：上海古籍出版社；2006.07；23cm.—（觉群佛学丛书/觉醒主编）
ISBN 7-5325-4236-X，16.00元
本书作者为上世纪日本著名佛教学者，精通梵、藏、汉等语种，精于中观、唯识两派学术思想，作者在充分把握原典的基础上，揭示中观、唯识两派的内涵。

4006　宝宝病了吗：依据症状判断婴幼儿疾病
〔日〕片冈正主编；顾红译.—天津：天津科学技术出版社；2006.12；20cm
ISBN 7-5308-4035-5，18.00元
本书主要介绍了婴幼儿常见的症状，及与这些症状相关的疾病，对新妈妈给予一定的提示，对婴幼儿的养育起指导作用。

4007　宝宝断乳食品自己做/
〔日〕上田玲子著；周忠蜀主译.—北京：人民卫生出版社；2006.01.—179页；彩图；24cm
ISBN 7-117-07348-9；38.00元
本书根据宝宝的生长特点，介绍了在断乳这一转变过程中，适合宝宝的各种有营养的食物和食谱。

4008　暴龙叛逆四兄弟/
〔日〕田中芳树著；〔日〕天野喜孝绘；汪正球译.—南宁：接力出版社；2006.02.—225页；20cm.—（创龙传；3）
ISBN 7-80732-197-0；15.00元
《创龙传》系列小说是田中的代表作之一。

4009　北欧/
〔日〕大宝石出版社编；王路漫译.—北京：中国旅游出版社；2006.01.—535页；20cm.—（走遍全球）
ISBN 7-5032-2714-1；72.00元
本书图文并茂地介绍了北欧各国的著名景点和当地令人向往的民俗风情，极富阅读性。

4010　比较法：修订译本
〔日〕大木雅夫著；范愉译.—北京：法律出版社；2006.12；21cm.—（法学学术经典译丛）
ISBN 7-5036-6361-8，29.00元
这是一部阐述比较法原理的杰作。

4011　编织衣物制图．基础篇/
〔日〕宝库社编；韩惠译.—北京：中国轻工业出版社；2006.09.—127页；28cm
ISBN 7-5019-5506-9；26.00元
本书全面系统地分析介绍了编织衣物结构的基本原理、变化规律和工艺特点。

4012　编织衣物制图．应用篇/
〔日〕宝库社编；黄钢译.—北京：中国轻工业出版社；2006.09.—140页；28cm
ISBN 7-5019-5538-7；26.00元
本书全面系统地分析介绍了编织衣物结构的基本原理、变化规律和工艺特点。

4013　别了，我的书！
〔日〕大江健三郎著；许金龙译.—天津：百花文艺出版社；2006.09；23cm
ISBN 7-5306-4513-7，28.00元
本书是日本著名作家、诺贝尔文学奖获得者大江健三郎的最后一部长篇小说。

4014　缤纷串珠·魅力花饰/
〔日〕主妇之友社编；谢炜钢，李悝，弓燕燕译.—郑州：河南科学技术出版社；2006.08.—79页；26cm
ISBN 7-5349-3412-5；26.00元

4015　冰冷密室与博士们
〔日〕森博嗣著；韩锐译.—太原：北岳文艺出版社；2006.03；21cm
ISBN 7-5378-2842-3，19.00元
本书是一部关于侦破密室杀人案的推理小说。

4016　不出糗：用餐的优雅：图解卡通绘本/
〔日〕渡边忠司主编；〔日〕伊藤美树绘；乔君，潘凤财译.—北京：中国轻工业出版社；2006.09.—127页；19cm.—（百世文库）
ISBN 7-5019-5599-9；20.00元

本书以充满个性的插画搭配浅显易懂的文字，传授读者最正确的用餐礼仪。

4017 不犯憷：职场的智慧：图解卡通绘本/
〔日〕西出博子主编；〔日〕伊藤美树绘；乔君，潘凤财译．—北京：中国轻工业出版社；2006. 10.—127 页；19cm．—（百世文库）
ISBN 7 – 5019 – 5649 – 9；20.00 元
本书包括"成为职场名人的规范与规则"及"成为职场美人的诀窍与建议"两个章节。

4018 不可思议：股票名人成功和失败的法则/
〔日〕渡边茉葵子，〔日〕渡边昭彦著；范菲，葛民译．—北京：科学普及出版社；2006. 01.—226 页；20cm
ISBN 7 – 110 – 06359 – 3；20.00 元
本书用问答的形式阐述了日本证券界大投资家的投资理念和方法，以及他们对普通投资者的警示和忠告。

4019 不可思议国的小豆豆/
〔日〕黑柳彻子著；朱春育译．—桂林：漓江出版社；2006. 01.—235 页；21cm
ISBN 7 – 5407 – 3560 – 0；20.00 元
超级畅销书《窗边的小豆豆》姐妹篇，联合国儿童基金会亲善大使黑柳彻子的最新力作。

4020 不要嘲笑别人的恋爱/
〔日〕山崎 Naocola 著；朱春育译．—桂林：漓江出版社；2006. 01.—169 页；20cm
ISBN 7 – 5407 – 3430 – 2；15.00 元
本书讲述的是一段奇特的爱情故事。

4021 不再为头痛烦恼/
〔日〕喜多村孝幸，〔日〕间中信也著；赵美眯等译．—北京：科学出版社；2006. 10.—207 页；图；21cm
ISBN 7 – 03 – 016648 – 5；15.00 元

4022 彩色电视珍藏版神奇宝贝．第 3 辑/
〔日〕田尻智著；碧日译．—南昌：二十一世纪出版社；2006. 03.—5 册；18cm
ISBN 7 – 5391 – 3171 – 3；50.00 元
本书以神奇宝贝作为贯穿全书的主角，讲述了神奇宝贝训练师小智精彩而离奇的探险经历。

4023 彩色电视珍藏版神奇宝贝．第 4 辑/
〔日〕田尻智著；碧日译．—南昌：二十一世纪出版社；2006. 05.—5 册；18cm
ISBN 7 – 5391 – 3172 – 1；60.00 元

本书以神奇宝贝作为贯穿全书的主角，讲述了神奇宝贝训练师小智精彩而离奇的探险经历。

4024 测量电子电路设计．滤波器篇/
〔日〕远坂俊昭著；彭军译．—北京：科学出版社；2006. 06.—260 页；24cm．—（图解实用电子技术丛书）
ISBN 7 – 03 – 017182 – 9；38.00 元
本书是"测量电路设计——模拟电路篇"的姊妹篇，内容共分 10 章。

4025 测量电子电路设计．模拟篇/
〔日〕远坂俊昭著；彭军译．—北京：科学出版社；2006. 06.—155 页；24cm．—（图解实用电子技术丛书）
ISBN 7 – 03 – 017161 – 6；26.00 元

4026 差异化经营/
〔日〕大前研一等著；房雪霏译．—北京：中信出版社；2006. 04.—262 页；24cm．—（大前研一管理实践系列；4）
ISBN 7 – 5086 – 0591 – 8；34.00 元
本书不仅介绍了日本十几位创业经营的成功经营故事，而且还归纳总结了这些优秀的企业家们对创业精神和创业技能的理解。

4027 产学联合之路：中日产学论坛：汉、日/
〔日〕折敷濑兴，何加正主编．—北京：海洋出版社；2006. 09.—308 页；照片；20cm
ISBN 7 – 5027 – 6623 – 5；28.00 元
本书由中日产业界、学术界的有关人士在"中日产学论坛"上的发言整理、汇编而成。

4028 长寿饮食世界探寻记
〔日〕家森幸男著；陈希玉译．—上海：上海古籍出版社；2006. 10；照片；21cm
ISBN 7 – 5325 – 4489 – 3，18.00 元

4029 常常旅行/
〔日〕安西水丸著；萧志强译．—上海：上海人民出版社；2006. 01.—183 页；图；20cm
ISBN 7 – 208 – 05813 – X；18.00 元
本书收录了安西水丸的旅游札记与心情素描。

4030 超级卡通书迪迦奥特曼．1/
〔日〕圆谷制作株式会社编绘．—上海：少年儿童出版社；2006. 01.—1 册；14×15cm
ISBN 7 – 5324 – 6796 – 1；4.00 元
《超级卡通书迪迦奥特曼》是根据 52 集日本卡通连续剧《迪迦奥特曼》而制作的。

4031　超级卡通书迪迦奥特曼．2/
〔日〕圆谷制作株式会社编绘．—上海：少年儿童出版社；2006.01．—1册；14×15cm
ISBN 7 – 5324 – 6796 – 1；4.00元
《超级卡通书迪迦奥特曼》是根据52集日本卡通连续剧《迪迦奥特曼》而制作的。

4032　超级卡通书迪迦奥特曼．3/
〔日〕圆谷制作株式会社编绘．—上海：少年儿童出版社；2006.01．—1册；14×15cm
ISBN 7 – 5324 – 6796 – 1；4.00元
《超级卡通书迪迦奥特曼》是根据52集日本卡通连续剧《迪迦奥特曼》而制作的。

4033　超级卡通书迪迦奥特曼．4/
〔日〕圆谷制作株式会社编绘．—上海：少年儿童出版社；2006.01．—1册；14×15cm
ISBN 7 – 5324 – 6796 – 1；4.00元
《超级卡通书迪迦奥特曼》是根据52集日本卡通连续剧《迪迦奥特曼》而制作的。

4034　超级卡通书迪迦奥特曼．5/
〔日〕圆谷制作株式会社编绘．—上海：少年儿童出版社；2006.01．—1册；14×15cm
ISBN 7 – 5324 – 6796 – 1；4.00元
《超级卡通书迪迦奥特曼》是根据52集日本卡通连续剧《迪迦奥特曼》而制作的。

4035　超级卡通书迪迦奥特曼．6/
〔日〕圆谷制作株式会社编绘．—上海：少年儿童出版社；2006.01．—1册；14×15cm
ISBN 7 – 5324 – 6797 – X；4.00元
《超级卡通书迪迦奥特曼》是根据52集日本卡通连续剧《迪迦奥特曼》而制作的。

4036　超级卡通书迪迦奥特曼．7/
〔日〕圆谷制作株式会社编绘．—上海：少年儿童出版社；2006.01．—1册；14×15cm
ISBN 7 – 5324 – 6797 – X；4.00元
《超级卡通书迪迦奥特曼》是根据52集日本卡通连续剧《迪迦奥特曼》而制作的。

4037　超级卡通书迪迦奥特曼．8/
〔日〕圆谷制作株式会社编绘．—上海：少年儿童出版社；2006.01．—1册；14×15cm
ISBN 7 – 5324 – 6797 – X；4.00元
《超级卡通书迪迦奥特曼》是根据52集日本卡通连续剧《迪迦奥特曼》而制作的。

4038　超级卡通书迪迦奥特曼．9/
〔日〕圆谷制作株式会社编绘．—上海：少年儿

童出版社；2006.01．—1册；14×15cm
ISBN 7 – 5324 – 6797 – X；4.00元
《超级卡通书迪迦奥特曼》是根据52集日本卡通连续剧《迪迦奥特曼》而制作的。

4039　超级卡通书迪迦奥特曼．10/
〔日〕圆谷制作株式会社编绘．—上海：少年儿童出版社；2006.01．—1册；14×15cm
ISBN 7 – 5324 – 6797 – X；4.00元
本书是根据52集日本卡通连续剧《迪迦奥特曼》而制作的。

4040　超级卡通书迪迦奥特曼．11/
〔日〕圆谷制作株式会社编绘．—上海：少年儿童出版社；2006.01．—1册；14×15cm
ISBN 7 – 5324 – 6798 – 8；4.00元
《超级卡通书迪迦奥特曼》是根据52集日本卡通连续剧《迪迦奥特曼》而制作的。

4041　超级卡通书迪迦奥特曼．12/
〔日〕圆谷制作株式会社编绘．—上海：少年儿童出版社；2006.01．—1册；14×15cm
ISBN 7 – 5324 – 6798 – 8；4.00元
《超级卡通书迪迦奥特曼》是根据52集日本卡通连续剧《迪迦奥特曼》而制作的。

4042　超级卡通书迪迦奥特曼．13/
〔日〕圆谷制作株式会社编绘．—上海：少年儿童出版社；2006.01．—1册；14×15cm
ISBN 7 – 5324 – 6798 – 8；4.00元
《超级卡通书迪迦奥特曼》是根据52集日本卡通连续剧《迪迦奥特曼》而制作的。

4043　超级卡通书迪迦奥特曼．14/
〔日〕圆谷制作株式会社编绘．—上海：少年儿童出版社；2006.01．—1册；14×15cm
ISBN 7 – 5324 – 6798 – 8；4.00元
《超级卡通书迪迦奥特曼》是根据52集日本卡通连续剧《迪迦奥特曼》而制作的。

4044　超级卡通书迪迦奥特曼．15/
〔日〕圆谷制作株式会社编绘．—上海：少年儿童出版社；2006.01．—1册；14×15cm
ISBN 7 – 5324 – 6798 – 8；4.00元
《超级卡通书迪迦奥特曼》是根据52集日本卡通连续剧《迪迦奥特曼》而制作的。

4045　超级卡通书迪迦奥特曼．16/
〔日〕圆谷制作株式会社编绘．—上海：少年儿童出版社；2006.01．—1册；14×15cm

ISBN 7 – 5324 – 6799 – 6；4.00 元

《超级卡通书迪迦奥特曼》是根据 52 集日本卡通连续剧《迪迦奥特曼》而制作的。

4046　超级卡通书迪迦奥特曼.17/
〔日〕圆谷制作株式会社编绘．—上海：少年儿童出版社；2006.01.—1 册；14×15cm
ISBN 7 – 5324 – 6799 – 6；4.00 元
《超级卡通书迪迦奥特曼》是根据 52 集日本卡通连续剧《迪迦奥特曼》而制作的。

4047　超级卡通书迪迦奥特曼.18/
〔日〕圆谷制作株式会社编绘．—上海：少年儿童出版社；2006.01.—1 册；14×15cm
ISBN 7 – 5324 – 6799 – 6；4.00 元
《超级卡通书迪迦奥特曼》是根据 52 集日本卡通连续剧《迪迦奥特曼》而制作的。

4048　超级卡通书迪迦奥特曼.19/
〔日〕圆谷制作株式会社编绘．—上海：少年儿童出版社；2006.01.—1 册；14×15cm
ISBN 7 – 5324 – 6799 – 6；4.00 元
《超级卡通书迪迦奥特曼》是根据 52 集日本卡通连续剧《迪迦奥特曼》而制作的。

4049　超级卡通书迪迦奥特曼.20/
〔日〕圆谷制作株式会社编绘．—上海：少年儿童出版社；2006.01.—1 册；14×15cm
ISBN 7 – 5324 – 6799 – 6；4.00 元
《超级卡通书迪迦奥特曼》是根据 52 集日本卡通连续剧《迪迦奥特曼》而制作的。

4050　超级卡通书迪迦奥特曼.21/
〔日〕圆谷制作株式会社编绘．—上海：少年儿童出版社；2006.01.—1 册；14×15cm
ISBN 7 – 5324 – 6800 – 3；4.00 元
《超级卡通书迪迦奥特曼》是根据 52 集日本卡通连续剧《迪迦奥特曼》而制作的。

4051　超级卡通书迪迦奥特曼.22/
〔日〕圆谷制作株式会社编绘．—上海：少年儿童出版社；2006.01.—1 册；14×15cm
ISBN 7 – 5324 – 6800 – 3；4.00 元
《超级卡通书迪迦奥特曼》是根据 52 集日本卡通连续剧《迪迦奥特曼》而制作的。

4051　超级卡通书迪迦奥特曼.23/
〔日〕圆谷制作株式会社编绘．—上海：少年儿童出版社；2006.01.—1 册；14×15cm
ISBN 7 – 5324 – 6800 – 3；4.00 元

《超级卡通书迪迦奥特曼》是根据 52 集日本卡通连续剧《迪迦奥特曼》而制作的。

4053　超级卡通书迪迦奥特曼.24/
〔日〕圆谷制作株式会社编绘．—上海：少年儿童出版社；2006.01.—1 册；14×15cm
ISBN 7 – 5324 – 6800 – 3；4.00 元
《超级卡通书迪迦奥特曼》是根据 52 集日本卡通连续剧《迪迦奥特曼》而制作的。

4054　超级卡通书迪迦奥特曼.25/
〔日〕圆谷制作株式会社编绘．—上海：少年儿童出版社；2006.01.—1 册；14×15cm
ISBN 7 – 5324 – 6800 – 3；4.00 元
《超级卡通书迪迦奥特曼》是根据 52 集日本卡通连续剧《迪迦奥特曼》而制作的。

4055　超级漫画初级讲座
〔日〕视觉设计研究所编著；〔日〕谷朋，〔日〕舵真秀斗绘；刘彤扬译．—北京：中国青年出版社；2006.10；26cm
ISBN 7 – 5006 – 7072 – 9，26.00 元
本书站在漫画初学者的立场，以讲座的形式，从准备漫画创作所需的工具开始，一步步对漫画创作所涉及的主要方面和重要内容进行详细解说。

4056　超能力四兄弟/
〔日〕田中芳树著；〔日〕天野喜孝绘；齐建春译．—南宁：接力出版社；2006.02.—194 页；20cm. —（创龙传；1）
ISBN 7 – 80732 – 195 – 4；15.00 元
《创龙传》系列小说是田中的代表作之一。

4057　超右脑快速记忆法/
〔日〕七田真著；隋娟译．—天津：天津教育出版社；2006.08.—168 页；图；23cm. —（新经典智库．学习力丛书；79）
ISBN 7 – 5309 – 4625 – 0；25.00 元
本书通过各种训练方法开发右脑，提高记忆力，并提高学习和工作效率。

4058　超越第一，只做唯一：我的成功之路/
〔日〕中岛薰著；林青华译．—桂林：漓江出版社；2006.04.—198 页；23cm
ISBN 7 – 5407 – 3553 – 8；24.80 元
本书是世界顶级销售大师中岛薰的经典之作。他在书中坦陈自己 20 余年从事销售事业的成功经验与超凡智慧。

4059　超越满意
〔日〕高桥安弘编；韩立冬译．—北京：中国铁

道出版社；2006.01；24cm
ISBN 7-113-06851-0，20.00元
本书介绍了日本企业 NEC 从重视生产和效率的经营构造转变为顾客本位的企业构造的成功案例。

4060　车辆王国探秘/
〔日〕沟吕木阳著；鄂大辛，乐子译 .—北京：北京理工大学出版社；2006.05.—83 页；29cm.—（折纸天地）
ISBN 7-5640-0741-9；25.00元

4061　成功企业的 52 个细节/
〔日〕酒井英之著；易爱华译 .—北京：机械工业出版社；2006.01.—186 页；23cm
ISBN 7-111-17607-3；22.00元
本书介绍了许多日本企业内部业务流程中非常细微的环节。

4062　成吉思汗忽必烈汗：蒙古文
〔日〕腾藤猛，〔日〕爱宕松男著；德力格尔朝克图等译 .—2 版 .—呼和浩特：内蒙古教育出版社；2006.12；21cm
ISBN 7-5311-0153-X，21.60元
本书分为两个部分，第一部分介绍了成吉思汗统一蒙古部落及其他历史活动；第二部分介绍了忽必烈汗的历史活动。

4063　城市绿化技术集/
〔日〕近藤三雄主编；谭琦译 .—北京：中国建筑工业出版社；2006.06.—154 页；照片；26cm
ISBN 7-112-08119-X；32.00元
本书介绍了日本城市绿化的最新技术。

4064　池田知久简帛研究论集/
〔日〕池田知久著；曹峰译 .—北京：中华书局，2006.02.—409 页；21cm.—（世界汉学论丛）
ISBN 7-101-04862-5；29.00元
本书由"郭店楚简《五行》研究"、"郭店楚简《穷达以时》研究"、"《周易》与谦让之德"等12 篇论文组成。

4065　充满情趣的折纸饰品/
〔日〕学研社编；杨晓红译 .—杭州：浙江人民美术出版社；2006.10.—60 页；彩图；26cm+花色折纸 24 张 .—（亲子同乐造型折纸；3）
ISBN 7-5340-2190-1；12.00元
本书以折纸游戏为主要内容，让儿童自己动手进行折叠。

4066　宠物小精灵对战图鉴.1/
碧日译 .—南昌：二十一世纪出版社；2006.03.—54 页；29cm
ISBN 7-5391-3307-4；18.00元

4067　宠物小精灵对战图鉴.2/
碧日译 .—南昌：二十一世纪出版社；2006.03.—44 页；29cm
ISBN 7-5391-3308-2；18.00元

4068　出版大冒险/
〔日〕长冈义幸著；甄西译 .—北京：国际文化出版公司，2006.06.—258 页；26cm
ISBN 7-80173-114-X；35.00元
本书介绍出版社的基础、重点介绍其中十三家出版社的生存战略。

4069　初级日语语法精解/
〔日〕松冈弘主编；〔日〕庵功雄等著；巴玺维等译 .—北京：外语教学与研究出版社；2006.03.—507 页；21cm.—（新日本语言基础译丛）
ISBN 7-5600-4864-1；25.90元

4070　初学者开口说日语/
〔日〕中间多惠编著 .—上海：上海世界图书出版公司，2006.01.—213 页；图；21cm+光盘 1张 .—（世图日语直通车）
ISBN 7-5062-7648-8；28.00元

4071　触摸科学：亲身体验科学实验/
〔日〕檀上慎二，〔日〕Onsen 著；田林，李恩显译 .—北京：科学出版社；2006.11.—154 页；图；21cm.—（体验新科学系列）
ISBN 7-03-015273-5；16.00元
本书让我们把数学公式统统丢到一边，按照简单的说明去亲手完成一个又一个的趣味实验。

4072　穿鞋与健康/
〔日〕石冢忠雄著；张宝旭，张莘译 .—北京：科学出版社；2006.11.—162 页；20cm.—（健康新时代系列）
ISBN 7-03-015275-1；16.00元
本书从正常脚的构造和功能、鞋的构造和功能，以及鞋对脚和全身健康可能产生的各种影响等方面进行了简单扼要的解说。

4073　传感器应用技巧 141 例/
〔日〕松井邦彦著；梁瑞林译 .—北京：科学出版社；2006.01.—210 页；24cm.—（图解实用电子技术丛书）

ISBN 7 – 03 – 016511 – X；27.00 元

本书主要介绍了使用传感器的 141 个窍门。

4074 创新的本质/

〔日〕野中郁次郎，〔日〕胜见明著；林忠鹏，谢群译 . —北京：知识产权出版社；2006.06. —246 页；23cm. —（汉译知识管理丛书）

ISBN 7 – 80198/504 – 4；29.80 元

本书为知识管理案例集，主要谈产品研发过程中知识创造，以揭示创新的本质。

4075 创新激情：1980 年以后的日本电影/

〔日〕四方田犬彦著；王众一，汪晓志译 . —北京：中国电影出版社；2006.12. —401 页；照片；24cm

ISBN 7 – 106 – 02623 – 9；52.00 元

本书系统介绍了自 1980 年以后活跃在日本影坛的 17 名重要导演。

4076 创业者之道

〔日〕大前研一等著；郭明辉译 . —北京：中信出版社；2006.05；24cm. —（大前研一管理实践系列；1）

ISBN 7 – 5086 – 0623 – X，36.00 元

4077 创造知识的企业：日美企业持续创新的动力/

〔日〕野中郁次郎，〔日〕竹内弘高著；李萌，高飞译 . —北京：知识产权出版社；2006.04. —305 页；23cm. —（智慧树经管书系 . 汉译知识管理丛书）

ISBN 7 – 80198 – 367 – X；35.80 元

本书是一本企业知识管理方面的名著。

4078 从江户到平成：解密日本经济发展之路

〔日〕大野健一著；臧馨，臧新远译 . —北京：中信出版社；2006.05；照片；25cm. —（CIDEG 文库/青木昌彦，吴敬琏主编）

ISBN 7 – 5086 – 0612 – 4，30.00 元

本书介绍了日本作为发展中国家的发展历程。

4079 从商情怀/

〔日〕伊藤雅俊著；潘墾红译 . —北京：经济科学出版社；2006.08. —219 页；21cm

ISBN 7 – 5058 – 5683 – 9；21.00 元

本书是日本伊藤洋华堂企业系列创始人伊藤雅俊先生的自述，还包括他与友人的交往及他的经商秘诀。

4080 存储器 IC 的应用技巧/

〔日〕桑野雅彦著；王庆译 . —北京：科学出版社；2006.01. —202 页；24cm. —（图解实用电子技术丛书）

ISBN 7 – 03 – 016518 – 7；27.00 元

本书主要介绍了各种半导体存储器的结构与使用方法。

4081 大雄的日本诞生/

〔日〕藤子 · F · 不二雄编绘；碧日译 . —南昌：二十一世纪出版社；2006.01. —250 页；19cm

ISBN 7 – 5391 – 3197 – 7；15.00 元

4082 大雄的宇宙小战争/

〔日〕藤子 · F · 不二雄编绘；碧日译 . —南昌：二十一世纪出版社；2006.01. —250 页；19cm

ISBN 7 – 5391 – 3198 – 5；15.00 元

4083 大雄演义西游记/

〔日〕藤子 · F · 不二雄编绘；石晓明译 . —南昌：二十一世纪出版社；2006.01. —250 页；19cm

ISBN 7 – 5391 – 3201 – 9；15.00 元

4084 大雄与龙之骑士/

〔日〕藤子 · F · 不二雄编绘；碧日译 . —南昌：二十一世纪出版社；2006.01. —250 页；19cm

ISBN 7 – 5391 – 3199 – 3；15.00 元

4085 大雄与铁人兵团/

〔日〕藤子 · F · 不二雄编绘；碧日译 . —南昌：二十一世纪出版社；2006.01. —250 页；19cm

ISBN 7 – 5391 – 3200 – 0；15.00 元

4086 大学日语写作教程/

〔日〕蛎原正子，苑崇利编著 . —北京：外语教学与研究出版社；2006.02. —190 页；26cm

ISBN 7 – 5600 – 5235 – 5；17.00 元

4087 导盲犬娇娜/

〔日〕石黑谦吾著；钱海澎译 . —西安：陕西师范大学出版社；2006.01. —141 页；60 幅；19cm

ISBN 7 – 5613 – 2808 – 7（精装）；25.00 元

4088 导游云南：日汉对照/

范广融，〔日〕浅川秀二编著 . —昆明：云南大学出版社；2006.04. —167 页；24cm

ISBN 7 – 81112 – 109 – 3；23.00 元

本书为云南日语导游的教材。

4089 德国：06′ ~ 07′/

〔日〕大宝石出版社著；孟琳译 . —北京：中国旅

游出版社；2006.06.—602 页；彩图；20cm. —
（走遍全球）
ISBN 7 - 5032 - 2909 - 8；83.00 元
本书为走遍全球系列图书之德国分册，内容翔
实，信息全面，实用性强。

4090 德国老啤酒主义／
〔日〕大岛慎子著；赵有为译 .—2 版 .—上海：上
海远东出版社；2006.04.—154 页；20cm. —（海外
饮食文化书系）
ISBN 7 - 80706 - 212 - 6；25.00 元
理性的德国人在美食面前却充满了激情，香肠
有几十种，啤酒更是多达几百种，其境界简直类
似信奉一种主义。

4091 迪迦奥特曼故事版 . 1／
〔日〕圆谷制作株式会社著；艾娃，比比编 .—上
海：少年儿童出版社；2006.04. —44 页；21 ×
18cm
ISBN 7 - 5324 - 6864 - X；8.00 元

4092 迪迦奥特曼故事版 . 2／
〔日〕圆谷制作株式会社著；夏安编 .—上海：
少年儿童出版社；2006.04. —44 页；21 ×18cm
ISBN 7 - 5324 - 6865 - 8；8.00 元

4093 迪迦奥特曼故事版 . 3／
〔日〕圆谷制作株式会社著；夏安编 .—上海：
少年儿童出版社；2006.04. —40 页；21 ×18cm
ISBN 7 - 5324 - 6866 - 6；8.00 元

4094 迪迦奥特曼故事版 . 4／
〔日〕圆谷制作株式会社著；比比编 .—上海：
少年儿童出版社；2006.04. —40 页；21 ×18cm
ISBN 7 - 5324 - 6867 - 4；8.00 元

4095 迪迦奥特曼故事版 . 5／
〔日〕圆谷制作株式会社著；比比编 .—上海：
少年儿童出版社；2006.04. —40 页；21 ×18cm
ISBN 7 - 5324 - 6868 - 2；8.00 元

4096 迪迦奥特曼怪兽秘密绝招 . 1／
〔日〕圆谷制作株式会社原著；上海雏鹰出版图
书发行部制作 .—南昌：二十一世纪出版社；
2006.09；彩图；28cm. —（52 集科幻电视剧系
列丛书）
ISBN 7 - 5391 - 3533 - 6，9.80 元

4097 迪迦奥特曼怪兽秘密绝招 . 2／
〔日〕圆谷制作株式会社原著；上海雏鹰出版图

书发行部制作 .—南昌：二十一世纪出版社；
2006.09；彩图；28cm. —（52 集科幻电视剧系
列丛书）
ISBN 7 - 5391 - 3533 - 6，9.80 元

4098 迪迦奥特曼怪兽秘密绝招 . 3／
〔日〕圆谷制作株式会社原著；上海雏鹰出版图
书发行部制作 .—南昌：二十一世纪出版社；
2006.09：彩图；28cm. —（52 集科幻电视剧系
列丛书）
ISBN 7 - 5391 - 3533 - 6，9.80 元

4099 迪迦奥特曼怪兽秘密绝招 . 4／
〔日〕圆谷制作株式会社原著；上海雏鹰出版图
书发行部制作 .—南昌：二十一世纪出版社；
2006.09：彩图；28cm. —（52 集科幻电视剧系
列丛书）
ISBN 7 - 5391 - 3533 - 6，9.80 元

4100 迪迦奥特曼怪兽秘密绝招 . 5／
〔日〕圆谷制作株式会社原著；上海雏鹰出版图
书发行部制作 .—南昌：二十一世纪出版社；
2006.09：彩图；28cm. —（52 集科幻电视剧系
列丛书）
ISBN 7 - 5391 - 3533 - 6，9.80 元

4101 迪迦奥特曼立体纸工 . 1／
〔日〕圆谷制作株式会社著；上海邹鹰出版图书
发行部制作 .—南昌：二十一世纪出版社；
2006.09.—1 册；29cm + 游戏剪刀 1 把 .—（52
集科幻电视剧系列丛书）
ISBN 7 - 5391 - 3532 - 8；12.80 元

4102 迪迦奥特曼立体纸工 . 2／
〔日〕圆谷制作株式会社著；上海邹鹰出版图书
发行部制作 .—南昌：二十一世纪出版社；
2006.09.—1 册；29cm + 游戏剪刀 1 把 .—（52
集科幻电视剧系列丛书）
ISBN 7 - 5391 - 3532 - 8；12.80 元

4103 迪迦奥特曼立体纸工 . 3／
〔日〕圆谷制作株式会社著；上海邹鹰出版图书
发行部制作 .—南昌：二十一世纪出版社；
2006.09.—1 册；29cm + 游戏剪刀 1 把 .—（52
集科幻电视剧系列丛书）
ISBN 7 - 5391 - 3532 - 8；12.80 元

4104 迪迦奥特曼立体纸工 . 4／
〔日〕圆谷制作株式会社著；上海邹鹰出版图书
发行部制作 .—南昌：二十一世纪出版社；

2006.09. —1 册；29cm + 游戏剪刀 1 把 . —（52 集科幻电视剧系列丛书）
ISBN 7 - 5391 - 3532 - 8；12.80 元

4105 迪迦奥特曼贴纸百科：红版/
〔日〕圆谷制作株式会社著；徐临未制作 . —上海：少年儿童出版社；2006.08. —1 册；26cm
ISBN 7 - 5324 - 6911 - 5；8.00 元

4106 迪迦奥特曼贴纸百科：蓝版/
〔日〕圆谷制作株式会社著；徐临未制作 . —上海：少年儿童出版社；2006.08. —1 册；26cm
ISBN 7 - 5324 - 6912 - 3；8.00 元

4107 迪迦奥特曼贴纸游戏/
〔日〕圆谷制作株式会社著 . —南昌：二十一世纪出版社；2006.03. —41 页；26cm
ISBN 7 - 5391 - 3148 - 9；18.00 元

4108 地球可持续技术/
〔日〕小宫山宏著；李大寅译 . —北京：中国环境科学出版社；2006.02. —145 页；23cm
ISBN 7 - 80209 - 272 - 8；28.00 元
本书从科学和技术的角度，提出了一个可以实现人类和地球可持续发展的具体方案。

4109 第四个神话
〔日〕筱田节子著；祝子平译 . —上海：上海译文出版社；2006.11；20cm. —（日本女作家都市小说系列）
ISBN 7 - 5327 - 4085 - 4，18.00 元
本书是一部类似《蝴蝶梦》的小说。

4110 电磁悬念：关于电和磁的推理故事/
〔日〕福岛肇著；王旭译 . —北京：科学出版社；2006.11. —183 页；20cm. —（体验新科学系列）
ISBN 7 - 03 - 015269 - 7；18.00 元
本书将带领读者通过分析各种各样的电磁现象，如读推理小说般地探求电磁场的本性，对电场和磁场进行一番透彻的探究。

4111 电动机技术实用手册/
〔日〕海老原大树主编；王益全等译 . —北京：科学出版社；2006.03. —1020 页；20cm
ISBN 7 - 03 - 016515 - 2；78.00 元

4112 电弧炉炼钢法：向高效率、低能耗、高质量的挑战/
〔日〕森井廉著；朱果灵译 . —北京：冶金工业出版社；2006.01. —280 页；20cm. —（钢铁技术发展趋势丛书）
ISBN 7 - 5024 - 3821 - 1；30.00 元

4113 电子元器件的选择与应用：电阻器与电容器的种类、结构与性能/
〔日〕三宅和司著；张秀琴译 . —北京：科学出版社；2006.01. —174 页；24cm. —（图解实用电子技术丛书）
ISBN 7 - 03 - 016506 - 3；26.00 元
本书主要介绍电路中的最基本的元件即电阻器和电容器。

4114 电子元器件应用技术：基于 OP 放大器与晶体管的放大电路设计/
〔日〕黑田彻著；何中庸译 . —北京：科学出版社；2006.01. —221 页；24cm. —（图解实用电子技术丛书）
ISBN 7 - 03 - 016529 - 2；28.00 元
本书主要介绍运算放大器与晶体管的实际应用。

4115 电子制作基础与实战/
〔日〕丁田秀和著；彭军译 . —北京：科学出版社；2006.12. —236 页；图；24cm
ISBN 7 - 03 - 017985 - 4；32.00 元

4116 定价的力量：征服消费者的完美价格攻略/
〔日〕青木淳著；赵海东译 . —北京：中国铁道出版社；2006.04. —169 页；24cm
ISBN 7 - 113 - 06861 - 8；25.00 元
本书主要介绍了定价的重要性并详细介绍了企业掌握自身定价的实际情况。

4117 丢三落四的小豆豆/
〔日〕黑柳彻子著；赵玉皎译 . —海口：南海出版公司，2006.12. —305 页；22cm. —（巴学园）
ISBN 7 - 5442 - 3441 - X；22.00 元
本书是短篇小说集。

4118 东京昆虫物语：46 则与昆虫相遇的抒情纪事/
〔日〕泉麻人文；〔日〕安永一正图；黄瑾瑜译 . —上海：上海人民出版社；2006.01. —195 页；彩图；19cm
ISBN 7 - 208 - 05878 - 4；19.80 元
本书是作者以东京为背景所写的 46 则有关昆虫的短文，带有抒情的笔调描绘了螳螂、瓢虫和蜻蜓等动物。

4119 东京奇谭集/
〔日〕村上春树著；林少华译 . —上海：上海译

文出版社；2006.07. —148 页；21cm

ISBN 7 - 5327 - 4053 - 6；13.00 元

本书是村上春树最新作，5 个短篇小说，均为发生在东京的奇怪故事。

4120 东山再起：七十七岁开始的新航程/

〔日〕和田一夫著；徐静波，颜慧译. —上海：复旦大学出版社；2006.06. —180 页；19cm

ISBN 7 - 309 - 05017 - 7；15.00 元

本书作者讲述了自己在八佰伴破产后重新崛起的历程。

4121 东史郎日记 = The Diary of Azuma Shirō：英文/

〔日〕东史郎著；休斯译. —南京：江苏教育出版社；2006.08. —626 页；23cm

ISBN 7 - 5343 - 7655 - 6；88.00 元

日记作者东史郎两次应召入伍，参加侵华战争。

4122 东亚的复兴：以 500 年、150 年和 50 年为视角/

〔美〕阿里吉，〔日〕滨下武志，〔美〕塞尔登编；马援译. —北京：社会科学文献出版社；2006.04. —447 页；21cm. —（全球化译丛）

ISBN 7 - 80230 - 030 - 4；33.00 元

本书致力于探讨 16、17 世纪以后欧洲和亚洲在经济发展道路上为何会分道扬镳这个问题。

4123 动机/

〔日〕横山秀夫著；赵建勋译. —北京：群众出版社；2006.04. —242 页；21cm

ISBN 7 - 5014 - 3692 - 4；18.00 元

本书为短篇推理小说集，共收录了四篇小说。

4124 动漫人物电脑画法步骤详解/

〔日〕博奴著；杨依群译. —上海：上海人民美术出版社；2006.06. —155 页；彩图；24cm. —（创作你的偶像）

ISBN 7 - 5322 - 4744 - 9；42.00 元

本书以分步骤画一个美少女的具体案例，阐明了使用电脑画日本动漫形象的基本要领。

4125 读懂生命密码：新生物学的惊喜发现/

〔日〕野田春彦等著；戴显声译. —北京：科学出版社；2006.11. —200 页；20cm. —（体验新科学系列）

ISBN 7 - 03 - 015270 - 0；19.00 元

随着分子生物学的进展，生物基因工程的新产品以及基因诊断和治疗等新技术已经闯入我们的生活。

4126 短发与中长发/

〔日〕主妇之友社编；吴晓维等译. —杭州：浙江科学技术出版社；2006.09. —79 页；29cm. —（美发最前沿）

ISBN 7 - 5341 - 2286 - 4；28.00 元

书中通过大量实例，介绍了如何根据自己的特点选择发型、长短、发色，跟上时代的潮流。

4127 哆啦 A 梦爆笑全集.1，活力十足的暑假/

〔日〕藤子·F·不二雄著；吉林美术出版社译. —长春：吉林美术出版社，2006.02. —178 页；18cm

ISBN 7 - 5386 - 1977 - 1；6.00 元

4128 哆啦 A 梦爆笑全集.2，危机一发/

〔日〕藤子·F·不二雄著；吉林美术出版社译. —长春：吉林美术出版社，2006.02. —175 页；18cm

ISBN 7 - 5386 - 1977 - 1；6.00 元

4129 哆啦 A 梦爆笑全集.3，爱的喜怒哀乐/

〔日〕藤子·F·不二雄著；吉林美术出版社译. —长春：吉林美术出版社，2006.02. —179 页；18cm

ISBN 7 - 5386 - 1977 - 1；6.00 元

4130 哆啦 A 梦爆笑全集.4，天空，充满梦想/

〔日〕藤子·F·不二雄著；吉林美术出版社译. —长春：吉林美术出版社，2006.02. —182 页；18cm

ISBN 7 - 5386 - 1977 - 1；6.00 元

4131 哆啦 A 梦爆笑全集.5，大雄哭了/

〔日〕藤子·F·不二雄著；吉林美术出版社译. —长春：吉林美术出版社，2006.02. —173 页；18cm

ISBN 7 - 5386 - 1977 - 1；6.00 元

4132 哆啦 A 梦爆笑全集.6，最喜欢你了，哆啦 A 梦/

〔日〕藤子·F·不二雄著；吉林美术出版社译. —长春：吉林美术出版社，2006.02. —177 页；18cm

ISBN 7 - 5386 - 1977 - 1；6.00 元

4133 哆啦 A 梦彩色作品集.6，完美终结编

〔日〕藤子·F·不二雄著；石晓明译. —南昌：二十一世纪出版社；2006.12；18cm

ISBN 7 - 5391 - 3561 - 1，12.80 元

本书是藤子·F·不二雄这部优秀作品的完美终结编，随着它的问世，哆啦 A 梦彩色作品的结集出版也就告一段落了。

4134 哆啦 A 梦爆笑全集.7，胖虎那个家伙/

〔日〕藤子·F·不二雄著；吉林美术出版社译. —长春：吉林美术出版社，2006.02. —182 页；18cm

ISBN 7 – 5386 – 1978 – X；6.00 元

4135 哆啦 A 梦爆笑全集.8，爆笑暑假/
〔日〕藤子·F·不二雄著；吉林美术出版社译.—长春：吉林美术出版社，2006.02.—187 页；18cm
ISBN 7 – 5386 – 1978 – X；6.00 元

4136 哆啦 A 梦爆笑全集.9，爸爸，加油/
〔日〕藤子·F·不二雄著；吉林美术出版社译.—长春：吉林美术出版社，2006.02.—182 页；18cm
ISBN 7 – 5386 – 1978 – X；6.00 元

4137 哆啦 A 梦爆笑全集.10，大雄也有努力的时候/
〔日〕藤子·F·不二雄著；吉林美术出版社译.—长春：吉林美术出版社；2006.02.—185 页；18cm
ISBN 7 – 5386 – 1978 – X；6.00 元

4138 哆啦 A 梦爆笑全集.11，大失败/
〔日〕藤子·F·不二雄著；吉林美术出版社译.—长春：吉林美术出版社；2006.02.—177 页；18cm
ISBN 7 – 5386 – 1978 – X；6.00 元

4139 哆啦 A 梦爆笑全集.12，春天来了/
〔日〕藤子·F·不二雄著；吉林美术出版社译.—长春：吉林美术出版社；2006.02.—177 页；18cm
ISBN 7 – 5386 – 1978 – X；6.00 元

4140 哆啦 A 梦彩色收藏版/
〔日〕藤子·F·不二雄著；吉林美术出版社译.—长春：吉林美术出版社；2006.01.—6 册；26cm
ISBN 7 – 5386 – 1942 – 9；50.00 元

4141 哆啦 A 梦彩色作品集：口袋本/
〔日〕藤子·F·不二雄著；石晓明译.—南昌：二十一世纪出版社；2006.04.—5 册；14cm
ISBN 7 – 5391 – 3323 – 6；34.00 元
本书所收集的是藤子·F·不二雄亲自着色的珍贵的彩色作品。

4142 哆啦 A 梦超级棒球传.1/
〔日〕麦原伸太郎著；吉林美术出版社译.—长春：吉林美术出版社；2006.03.—186 页；18cm
ISBN 7 – 5386 – 2011 – 7；6.50 元

4143 哆啦 A 梦超级棒球传.2/
〔日〕麦原伸太郎著；吉林美术出版社译.—长春：吉林美术出版社；2006.03.—184 页；18cm
ISBN 7 – 5386 – 2011 – 7；6.50 元

4144 哆啦 A 梦超级棒球传.3/
〔日〕麦原伸太郎著；吉林美术出版社译.—长春：吉林美术出版社；2006.03.—186 页；18cm
ISBN 7 – 5386 – 2011 – 7；6.50 元

4145 哆啦 A 梦超级棒球传.4/
〔日〕麦原伸太郎著；吉林美术出版社译.—长春：吉林美术出版社；2006.03.—184 页；18cm
ISBN 7 – 5386 – 2011 – 7；6.50 元

4146 哆啦 A 梦超级棒球传.5/
〔日〕麦原伸太郎著；吉林美术出版社译.—长春：吉林美术出版社；2006.03.—183 页；18cm
ISBN 7 – 5386 – 2011 – 7；6.50 元

4147 哆啦 A 梦超级棒球传.6/
〔日〕麦原伸太郎著；吉林美术出版社译.—长春：吉林美术出版社；2006.03.—187 页；18cm
ISBN 7 – 5386 – 2011 – 7；6.50 元

4148 哆啦 A 梦超级棒球传.7/
〔日〕麦原伸太郎著；吉林美术出版社译.—长春：吉林美术出版社；2006.03.—186 页；18cm
ISBN 7 – 5386 – 2011 – 7；6.50 元

4149 哆啦 A 梦超级棒球传.8/
〔日〕麦原伸太郎著；吉林美术出版社译.—长春：吉林美术出版社；2006.03.—187 页；18cm
ISBN 7 – 5386 – 2011 – 7；6.50 元

4150 哆啦 A 梦的世界遗产.问题集/
〔日〕藤子·F·不二雄著；柯克雷译.—南昌：二十一世纪出版社；2006.08.—263 页；19cm
ISBN 7 – 5391 – 3422 – 4；12.80 元
本书通过哆啦 A 梦的形象向小读者介绍了世界各地的著名的世界遗产一百多处。

4151 哆啦 A 梦.2/
〔日〕藤子·F·不二雄著；吉林美术出版社译.—长春：吉林美术出版社；2006.04.—185 页；18cm
ISBN 7 – 5386 – 1807 – 4；6.50 元

4152 哆啦 A 梦.3/
〔日〕藤子·F·不二雄著；吉林美术出版社译.—长春：吉林美术出版社；2006.04.—187 页；18cm
ISBN 7 – 5386 – 1807 – 4；6.50 元

4153 哆啦 A 梦.4/
〔日〕藤子·F·不二雄著；吉林美术出版社译.—长春：吉林美术出版社；2006.04.—187 页；18cm

ISBN 7 - 5386 - 1807 - 4；6.50 元

4154　儿童易遭侵犯空间的分析及其对策/
〔日〕中村攻著；卡米力·肖开提，章俊华译.
—北京：中国建筑工业出版社；2006.07.—233
页；21cm
ISBN 7 - 112 - 08090 - 8；28.00 元

4155　耳鼻咽喉与头颈部手术图谱/
〔日〕犬山征夫等主编；姜学钧译.—西安：世界
图书出版西安公司，2006.02.—2 册；插图；29cm
ISBN 7 - 5062 - 7559 - 7（精装）；480.00 元
本书详细描述了头、颈、口咽、耳鼻疾病的手术
方法，诊断及手术后注意事项。

4156　发型与配饰/
〔日〕主妇之友社编；吴晓维等译.—杭州：浙
江科学技术出版社；2006.09.—79 页；29cm.—
（美发最前沿）
ISBN 7 - 5341 - 2267 - 8；28.00 元

4157　法兰西甜点地图/
〔日〕伊藤文著；赵有为译.—2 版.—上海：上
海远东出版社；2006.04.—123 页；20cm.—
（海外饮食文化书系）
ISBN 7 - 80706 - 213 - 4；25.00 元
本书选取了法国各个地区的特色甜点。

4158　凡·高的遗言：赝画中隐藏的自杀真相/
〔日〕小林英树著；刘涤昭，康平译.—桂林：广
西师范大学出版社；2006.08.—250 页；32 幅；
21cm
ISBN 7 - 5633 - 6135 - 9；22.00 元

4159　犯罪实行行为论
〔日〕西原春夫著；戴波，江溯译.—北京：北
京大学出版社；2006.08；23 cm.—（刑事法译
丛/陈兴良主编）
ISBN 7 - 301 - 11018 - 9（平装），31.00 元
本书作者西原春夫为日本著名刑法学家，早稻
田大学前校长，早稻田大学名誉教授，著述甚
丰。本书的译者为北京大学法学院博士生江溯。

4160　飞得更高：孙正义传/
〔日〕井上笃夫著；李颖秋译.—北京：中国铁
道出版社；2006.01.—188 页；24cm
ISBN 7 - 113 - 06853 - 7；25.00 元
本书呈现了一个改变了世界和日本信息界的巨
人孙正义的全貌。

4161　分子印迹学：从基础到应用/
〔日〕小宫山真等著；吴世康，汪鹏飞译.—北
京：科学出版社；2006.04.—102 页；24cm.—
（现代化学前沿译丛）
ISBN 7 - 03 - 016817 - 8；32.00 元

4162　丰田生产方式/
〔日〕大野耐一著；谢克俭，李颖秋译.—北京：
中国铁道出版社；2006.04.—145 页；24cm
ISBN 7 - 113 - 07010 - 8；25.00 元
丰田生产方式是世界经典的生产方式，该书的作
者大野耐一是"丰田生产方式"之父。

**4163　风·光·水·地·神的设计.世界风土中
寻睿智/**
〔日〕古市彻雄著；王淑珍译.—北京：中国建筑
工业出版社；2006.01.—246 页；19cm.—（Ar-
chitecture Dramatic 丛书）
ISBN 7 - 112 - 07818 - 0；25.00。

4164　风的旱冰鞋：山的童话/
〔日〕安房直子著；彭懿译；施晓颉绘.—南宁：
接力出版社；2006.01.—129 页；14 幅；20cm
ISBN 7 - 80679 - 994 - X；11.00 元
本书为童话集，分八个相对独立的小故事。

4165　风土/
〔日〕和辻哲郎著；陈力卫译.—北京：商务印书
馆，2006.09.—217 页；20cm.—（日本学术文
库）
ISBN 7 - 100 - 04830 - 3；13.00 元
本书作者通过对世界各个地域的气候考察，提出
了气候对民族性文化的影响。

**4166　服务接待小技巧：满足客人的 100 个秘
诀/**
〔日〕今井登茂子著；王雅楠译.—天津：天津
科学技术出版社；2006.01.—102 页；19cm
ISBN 7 - 5308 - 3993 - 4；12.00 元
本书通过插图等形式介绍了 100 个与客人交流的
小技巧。

4167　服装造型学.技术篇.Ⅲ.礼服篇/
〔日〕中屋典子，〔日〕三吉满智子主编；刘美
华，金鲜英，金玉顺译.—北京：中国纺织出版
社；2006.03.—266 页；26cm.—（日本文化女
子大学服装讲座）
ISBN 7 - 5064 - 3675 - 2；36.00 元
本书以图文并茂的形式讲解了日礼服、晚礼服等
各种礼服的特性、纸样、制作等。

4168 服装造型学．理论篇/
〔日〕三吉满智子主编；郑嵘，张浩，韩洁羽译．—北京：中国纺织出版社；2006.04.—340页；26cm.—（日本文化女子大学服装讲座）
ISBN 7 - 5064 - 3706 - 6；48.00 元
该书从人体结构及人体测量入手，详细地分析了人体各个部位与服装之间的空间关系与构成原理。

4169 改变公司的员工在哪里？：寻找公司发动机/
〔日〕川上真史著；李华译．—北京：中国铁道出版社；2006.01.—101页；图；23cm
ISBN 7 - 113 - 06850 - 2；20.00 元
本书介绍了企业如何建立培养"能够扩大并创造企业商业机会的人才"的环境。

4170 改变一生的 100 个小习惯/
〔日〕中谷彰宏著；晓榭译．—上海：上海世界图书出版公司，2006.02.—210页；20cm
ISBN 7 - 5062 - 7416 - 7；19.00 元
本书是一本可爱清新的励志读物。

4171 肝胆胰外科手术图谱：个案分析
〔日〕田代有三著；吕毅等主译．—西安：世界图书出版西安公司，2006.12.—图；30cm
ISBN 7 - 5062 - 7556 - 2（精装），128.00 元
本书分别选取了 33 例患者，从病史回顾、术前准备、术式选择至手术结局及术后病理与疗效观察，进行了深入、全面分析。

4172 高等教育的经济分析与政策
〔日〕矢野真和著；张晓鹏等译．—北京：北京大学出版社；2006.08；25cm.—（当代教育经济与法律丛书）
ISBN 7 - 301 - 10037 - X，35.00 元

4173 高等教育的日本模式/
〔日〕天野郁夫著；陈武元译．—北京：教育科学出版社；2006.02.—261页；24cm.—（世界高等教育研究名著译丛/邬大光主编）
ISBN 7 - 5041 - 3199 - 7；28.00 元
全书由作者不同时期发表的学术论文集合而成，共分八章，系统而深入地论述了日本高等教育大众化发展进程中的若干理论和实践问题。

4174 高低频电路设计与制作：从放大电路的设计到安装技巧/
〔日〕铃木雅臣著；邓学译．—北京：科学出版社；2006.08.—244页；24cm.—（图解实用电子技术丛书）
ISBN 7 - 03 - 011783 - 2；35.00 元

4175 高频电路设计与制作：开关、放大器、检波器、混频器、振荡器的技巧详解/
〔日〕市川裕一，〔日〕青木胜著；卓圣鹏译．—北京：科学出版社；2006.08.—278页；24cm.—（图解实用电子技术丛书）
ISBN 7 - 03 - 017369 - 4；39.00 元

4176 高速数字电路设计与安装技巧：准确传输高速信号的印制电路板设计与噪声解决方法/
〔日〕久保寺忠著；冯杰等译．—北京：科学出版社；2006.08.—258页；24cm.—（图解实用电子技术丛书）
ISBN 7 - 03 - 017499 - 2；37.00 元

4177 哥儿/
〔日〕夏目漱石著；胡毓文，董学昌译．—北京：人民文学出版社；2006.01.—279页；21cm.—（20世纪外国名家精品插图本）
ISBN 7 - 02 - 005410 - 2；17.00 元

4178 格斗的画法：运动竞技篇
〔日〕林晃著；张宏飞译．—沈阳：辽宁科学技术出版社；2006.12：图；26cm.—（卡通漫画绘画技法）
ISBN 7 - 5381 - 4856 - 6，29.80 元
本书介绍各种技击格斗的画法。

4179 蛤蟆的油/
〔日〕黑泽明著；李正伦译．—海口：南海出版公司，2006.11.—258页；24cm
ISBN 7 - 5442 - 3327 - 8；25.00 元
本书以素朴有力的笔触回首功成名就前的一幕幕往事，并坦率表达了内心的观点。

4180 隔震结构设计/
日本建筑学会著；刘文光译．—北京：地震出版社；2006.03.—415页；26cm
ISBN 7 - 5028 - 2783 - 8；92.00 元
本书以隔震建筑物为研究对象，包括设计指南和设计应用实例等。

4181 个性靓发/
〔日〕主妇之友社编；陈国平译．—杭州：浙江科学技术出版社；2006.09.—79页；29cm.—（美发最前沿）
ISBN 7 - 5341 - 2268 - 6；28.00 元
书中通过大量实例，介绍了如何根据自己的特点

选择发型、长短、发色，跟上时代的潮流。

4182 个性盘发 DIY/
〔日〕美丽出版社著；汇智天成译．—北京：中国画报出版社；2006.11.—129 页；617 幅；21cm
ISBN 7 – 80220 – 078 – 4；28.00 元
本书是介绍了短发至长发的各类盘发技巧的图书，属生活实用型。

4183 给讨厌数学的人：揭示数学奥秘的趣味读本/
〔日〕小室直树著；李毓昭译．—哈尔滨：哈尔滨出版社；2006.09.—175 页；24cm
ISBN 7 – 80639 – 882 – 1；21.80 元
本书作者把数学原理论述得通俗易懂，并深入浅出地把数学与历史、法律、哲学、社会学、经济学、文学结合起来。

4184 给血液排排毒/
〔日〕栗原毅著；刘鸫，胡国华译．—天津：天津科学技术出版社；2006.01.—183 页；21cm
ISBN 7 – 5308 – 3936 – 5；12.00 元
本书主要介绍了预防由不良生活习惯引发的血液黏稠，进而导致各种疾病的发生的知识。

4185 根据性格塑造孩子/
〔日〕松原达哉著；杨廷梓译．—北京：中国妇女出版社；2006.01.—213 页；20cm.—（家庭教育精华文丛）
ISBN 7 – 80203 – 232 – 6；15.80 元
本书旨在帮助年轻父母学会根据不同孩子的性格类型以及心理特点，将可能出现的问题或已经养成的坏习惯一一解决、纠正。

4186 工艺文化/
〔日〕柳宗悦著；徐艺乙译．—桂林：广西师范大学出版社；2006.01.—229 页；104 幅；21cm
ISBN 7 – 5633 – 5756 – 4；22.00 元
这是一本工艺美术理论著作。

4187 宫崎骏的暗号
〔日〕青井汎著；〔日〕宋跃莉译．—昆明：云南美术出版社；2006.12；20cm
ISBN 7 – 80695 – 479 – 1，20.00 元
本书通过解析宫崎骏动画片的文化构成，向广大宫崎骏迷展示了其动画片中蕴涵的深邃思想和寓意。

4188 共同的追求：中日韩建筑师作品集/
中国全国注册建筑师管理委员会，日本建筑士会联合会，大韩建筑士协会编著．—北京：中国建筑工业出版社；2006.10.—315 页；29cm
ISBN 7 – 112 – 08673 – 6；186.00 元
本书收录了中日韩三国 20 多位建筑师的建筑设计师作品，有很好的参考价值。

4189 关于莉莉周的一切
〔日〕岩井俊二著；张苓译．—天津：天津人民出版社；2006.12；21cm.—（新经典文库．岩井俊二作品；187）
ISBN 7 – 201 – 05369 – 8，28.00 元
本书是长篇小说，讲述青少年成长过程中经历的伤痛。

4190 光和色的环境设计/
〔日〕建筑学会编；刘南山，李铁楠译．—北京：机械工业出版社；2006.01.—160 页；26cm
ISBN 7 – 111 – 17459 – 3；76.00 元
本书论述了城市环境和建筑环境中光和色彩的设计问题。

4191 国际交流中的日本学研究：中日比较研究的新视点
〔日〕佐藤利行等主编．—北京：北京大学出版社；2006.06；21cm
ISBN 7 – 301 – 08413 – 7（平装），23.50 元
这本中日国际研讨会论文集，方向是中外语言文化对比研究。论文从各自的切入点，对中外文学、语言、文化等进行了深层次的研究。

4192 国际品牌设计．2
〔日〕G 社编辑部编著；贾霄鹏译．—北京：中国青年出版社；2006.11；彩图；28cm
ISBN 7 – 5006 – 7071 – 0，128.00 元
本书收纳了以日本为主的企业形象设计案例，从企业经营战略和市场战略角度入手，将实例分门别类进行介绍和展示。

4193 海猫/
〔日〕谷村志穗著；陈辛儿译．—昆明：云南人民出版社；2006.08.—493 页；21cm
ISBN 7 – 222 – 04788 – 3；30.00 元
本书为长篇小说。

4194 骇客/
〔日〕软银出版株式会社编著；丁莲等译．—北京：中国青年出版社；2006.03.—127 页；彩图；28cm.—（日本经典游戏·动画设定资料集）
ISBN 7 – 5006 – 6623 – 3；38.00 元
本书是日本著名游戏《骇客》的创意设定资料集。

4195 汉方药理学/
〔日〕木村正康编著；崔征译 . —北京：中国医药科技出版社；2006.08. —311 页；29cm
ISBN 7 – 5067 – 2299 – 2（精装）；45.00 元
本书分总论和各论两部分内容，着重阐述汉方药的药理作用。

4196 汉字书法审美范畴考释/
〔日〕河内利治著；承春先译 . —上海：上海社会科学院出版社；2006.05. —196 页；图；24cm
ISBN 7 – 80681 – 875 – 8；28.00 元
本书对汉字书法审美理论的来源进行了详细考释。

4197 好想踢你的背/
〔日〕绵矢丽莎著；周丹译 . —北京：世界知识出版社；2006.01. —100 页；20cm
ISBN 7 – 5012 – 2736 – 5；12.00 元
本书是日本一位年轻女作者的获奖中篇小说，讲述了中学里两位不太合群的学生的故事。

4198 河童杂记本
〔日〕妹尾河童著；陶振孝译 . —北京：生活·读书·新知三联书店，2006.12；21cm. — （妹尾河童作品）
ISBN 7 – 108 – 02575 – 2，17.00 元
本书既有作者旅行的切身感受，又有个人生活中的轶闻趣事，是作者长时间积累的杂学笔记。

4199 红玫瑰旅馆的客人/
〔日〕安房直子著；周龙梅，彭懿译；马冰峰绘 . —南宁：接力出版社；2006.06. —84 页；20cm
ISBN 7 – 80732 – 263 – 2；9.00 元
本书为童话。

4200 后基因组技术进展：第四届国际后基因组生命科学技术学术论坛/
周国华，陆祖宏，（日）竹三春子主编 . —南京：东南大学出版社；2006.09. —542 页；29cm
ISBN 7 – 5641 – 0565 – 8；180.00 元
本书收录"第四届国际后基因生命科学技术学术论坛"论文 140 余篇。

4201 花草茶养生图鉴/
〔日〕板仓弘重著；赵悦译 . —杭州：浙江科学技术出版社；2006.05. —171 页；20cm
ISBN 7 – 5341 – 2810 – 2；22.00 元
本书精选了 98 种有益身心健康的花草茶，具体介绍了对各种身体不适及一些疾病的疗效。

4202 花式咖啡独家配方/
〔日〕旭屋出版编；丁琳译 . —北京：中国轻工业出版社；2006.01. —95 页；23cm
ISBN 7 – 5019 – 5069 – 5；32.00 元
本书详细介绍了日本 14 位名店咖啡师的独门配方。

4203 化学世界趣味之旅：让你喜欢化学/
〔日〕米山正信著；赵晨阳译 . —北京：科学出版社；2006.11. —181 页；20cm. — （体验新科学系列）
ISBN 7 – 03 – 015274 – 3；18.00 元
本书从化学的趣味性出发，介绍了化学的基础知识和新发现。

4204 画画玩玩/
〔日〕多湖辉主编；杨晓红译 . —杭州：浙江人民美术出版社；2006.06. —48 页；彩图；21×28cm + 奖励贴纸 1 张. — （新头脑开发丛书）
ISBN 7 – 5340 – 2107 – 3；10.80 元
本书是为即将进入幼儿园的孩子精心准备的，目的是让他们在游戏中了解幼儿园的生活，初步掌握剪、贴、涂、写等基本技能。

4205 欢迎来参加头脑持久拉力赛/
〔日〕多湖辉著；陈辛儿译 . —北京：中国轻工业出版社；2006.07. —162 页；图；19cm. — （头脑体操；第 12 集）
ISBN 7 – 5019 – 5452 – 6；8.00 元

4206 环境的思想：环境保护与马克思主义的结合处
〔日〕岩佐茂著；韩立新等译 . —2 版（修订版）. —北京：中央编译出版社；2006.07；23cm
ISBN 978 – 7 – 80109 – 193 – 2，29.00 元

4207 环境激素与健康/
〔日〕筱羲人著；魏春燕译 . —北京：科学出版社；2006.11. —150 页；20cm. — （健康新时代系列）
ISBN 7 – 03 – 015264 – 6；16.00 元
本书介绍了环境激素的本质、作用及其对人类的影响。

4208 环境行为与空间设计/
〔日〕高桥鹰志编著；陶新中译 . —北京：中国建筑工业出版社；2006.09. —169 页；26cm
ISBN 7 – 112 – 08103 – 3；35.00 元

4209 荒漠的智慧/

〔美〕卢云，〔日〕野村汤史著；庄柔玉译．—南昌：江西人民出版社；2006.06.—146 页；图；20cm

ISBN 7 - 210 - 03371 - 8；20.00 元

本书针对现代都市人生活的太理性主义、太物质主义的现状而倡导回归自然、回归简朴。

4210 黄土飞龙

〔日〕田中芳树著；〔日〕天野喜孝绘；汪正球译．—南宁：接力出版社；2006.11；21cm．—（创龙传；7）

ISBN 7 - 80732 - 456 - 2，15.00 元

本书是日本著名作家田中芳树以中国神话为素材，现代日本为背景创作的一部浪漫传奇小说。

4211 活力瘦身瑜伽/

〔日〕绵本彰主编；东方环球启达翻译公司译．—北京：人民体育出版社；2006.01.—63 页；照片；26cm．—（魔力瑜伽系列）

ISBN 7 - 5009 - 2897 - 1；18.00 元

本书介绍了流行欧美的"活力瑜伽"，在古印度瑜伽的基础上，加入了肌肉力量练习要素。

4212 机械可靠性与故障分析

〔日〕额田启三著；王茂庆，柯发钦译．—北京：国防工业出版社；2006.04.—296 页；图；23cm

ISBN 7 - 118 - 04236 - 6；38.00 元

本书内容包括可靠性技术的本质、机械可靠性分析的基本知识等。

4213 机械设计制图手册；第 10 版/

〔日〕大西清著；洪荣哲，黄廷合译．—北京：科学出版社；2006.12.—824 页；21cm

ISBN 7 - 03 - 017199 - 3；58.00 元

4214 肌肤护理经典

〔日〕马野咏子著；肖潇译．—沈阳：辽宁科学技术出版社；2006.06；21cm

ISBN 7 - 5381 - 4741 - 1（平），22.00 元

本书将专业医疗知识与女人的感性相结合，帮助女性读者认识自己的皮肤状况，来采取必要的护理措施。

4215 肌肤理疗吧：肌肤美丽秘籍/

〔日〕马野咏子著；肖潇译．—北京：中国画报出版社；2006.09.—157 页；156 幅；22cm．—（阳光女性系列丛书）

ISBN 7 - 80220 - 032 - 6；26.00 元

本书向读者介绍可以调节身体、心情和肌肤状态的菜谱，以及谷物、芳香疗法和肌肤护理等知识。

4216 基础日语．上/

〔日〕水谷信子著；刁鹏鹏译．—大连：大连理工大学出版社；2006.06.—159 页；26cm + 磁带 2 盒

ISBN 7 - 5611 - 3169 - 0；39.80 元

本书从发音开始学起，围绕各场景会话展开，是一本基础日语教材。

4217 基础日语．下/

〔日〕水谷信子著；刁鹏鹏译．—大连：大连理工大学出版社；2006.06.—171 页；26cm + 磁带 2 盒

ISBN 7 - 5611 - 3156 - 9；39.80 元

本书从发音开始学起，围绕各场景会话展开，是一本基础日语教材。

4218 激荡的百年史：我们的果断措施和奇迹般的转变

〔日〕吉田茂著；李杜译．—西安：陕西师范大学出版社；2006.12；21cm．—（世界经典文化故事丛书．第 3 辑）

ISBN 7 - 5613 - 3741 - 8（平），260.00 元（全套 10 册）

本书讲述了从明治维新开始到二战后 20 年左右之间的一百年时间内，日本这个国家所走的历程。

4219 激活右脑：全面提升 6 种脑力的思维训练/

〔日〕儿玉光雄著；李菁菁译．—海口：南海出版公司，2006.01.—208 页；21cm．—（学习丛书；16）

ISBN 7 - 5442 - 2892 - 4；18.00 元

4220 即学即用旅游英语会话词典/

〔日〕巽一朗，〔日〕赫特著；李凌燕译．—北京：外语教学与研究出版社；2006.02.—492 页；15cm

ISBN 7 - 5600 - 5381 - 5；23.90 元

本书内容涵盖面广，基本上包括了旅游活动和行程的方方面面。

4221 即学即用日语会话词典．日汉篇

〔日〕吉村千绘，李凌燕编著．—北京：外语教

学与研究出版社；2006.09；15cm + 光盘 1 张

ISBN 7 - 5600 - 5988 - 0，35.90 元

本书属于即学即用会话词典系列丛书中的日语会话词典。共收录简洁实用、生动活泼的日常基本用语 2000 条，例句 5000 余句。

4222　技术营销/

〔日〕高桥透等著；杨铭译 . 一北京：科学出版社；2006.07. —248 页；24cm. — （市场营销新概念系列）

ISBN 7 - 03 - 017321 - X 29.80 元

本书讲述了如何将技术研发工作与市场紧密联系起来，使科学技术迅速转化为生产力。

4223　寄生前夜

〔日〕濑名秀明著；陈可冉，杨庆庆，姚佳译 . 一成都：四川科学技术出版社；2006.04. —378 页；20cm. — （世界科幻大师丛书）

ISBN 7 - 5364 - 5923 - 8；24.00 元

4224　加时赛

〔日〕北川悦吏子著；李建云译 . 一上海：上海译文出版社；2006.11；20cm. — （日本女作家都市小说系列）

ISBN 7 - 5327 - 4084 - 6，20.00 元

本书是日本当今最有人气的"日剧"作家根据其同名电视连续剧改变的一部青春小说。作品主要写美容师与女房东之弟、摄影师的情感纠葛。

4225　佳能细胞式生产方式：改变意识改变公司的生产法则/

〔日〕酒卷久著；杨洁译 . 一北京：东方出版社；2006.10. —217 页；24cm

ISBN 7 - 5060 - 2645 - 7；33.00 元

本书中传达的是：劳动者的意识改变了，整个公司的劳动方法改变了，公司才能无限地发展。

4226　家庭电影/

〔日〕柳美里著；于荣胜译 . 一北京：人民文学出版社；2006.09. —108 页；19cm. — （柳美里作品系列）

ISBN 7 - 02 - 005501 - X；9.00 元

本书包括三篇短篇小说。

4227　家庭食疗宝典/

〔日〕本多京子等主编；艾青译 . 一南京：江苏科学技术出版社；2006.01. —572 页；24cm

ISBN 7 - 5345 - 4529 - 3 （精装）；85.00 元

本书分 3 大部分：疾病篇，食品篇，健康补品篇。

4228　家庭收纳 1000 例/

〔日〕主妇之友社主编；刘丹云等译 . 一吉林：吉林科学技术出版社；2006.05. —191 页；21×20cm

ISBN 7 - 5384 - 3285 - X；29.80 元

4229　家永三郎自传：日本历史学者的思想轨迹/

〔日〕家永三郎著；石晓军，刘燕，田园译 . 一北京：新星出版社；2005.05. —248 页；20cm

ISBN 7 - 80148 - 779 - 6；18.00 元

4230　甲贺忍风帖/

〔日〕山田风太郎著；刘怡祥译 . 一太原：北岳文艺出版社；2006.04. —250 页；图；24cm

ISBN 7 - 5378 - 2848 - 2；23.00 元

本书是一部描写家族之争的长篇小说。

4231　犍陀罗美术寻踪/

〔日〕宫治昭著；李萍译 . 一北京：人民美术出版社；2006.01. —261 页；100 幅；21cm

ISBN 7 - 102 - 03430 - X；48.00 元

本书介绍了产生于印度的犍陀罗艺术，佛教艺术的起源泉，佛教雕塑等。

4232　减肥自我按摩图解/

葛书翰，〔日〕长尾良一主编 . 一北京：人民军医出版社；2006.03. —114 页；照片；20cm

ISBN 7 - 5091 - 0088 - 7；25.00 元

本书图文并茂，使您直观地学习和掌握减肥的自我按摩法。

4233　剪剪玩玩/

〔日〕多湖辉主编；杨晓红译 . 一杭州：浙江人民美术出版社；2006.06. —48 页；彩图；21×28cm + 奖励贴纸 1 张 . — （新头脑开发丛书）

ISBN 7 - 5340 - 2106 - 5；10.80 元

本书是为即将进入幼儿园的孩子精心准备的，目的是让他们在游戏中了解幼儿园的生活，初步掌握剪、贴、涂、写等基本技能。

4234　建筑防水与装修工程

〔日〕半泽正一著；牛清山，陈凤英译 . 一北京：中国建筑工业出版社；2006.12；21cm. — （建筑施工失败案例分析丛书）

ISBN 7 - 112 - 08238 - 2 （平），45.00 元

4235　建筑结构工程

〔日〕半泽正一著；〔日〕小山广，〔日〕小山友子译 . 一北京：中国建筑工业出版社；2006.12；21cm. — （建筑施工失败案例分析丛书）

ISBN 7 - 112 - 08237 - 4，45.00 元

本书公开了 163 个容易发生的建筑结构工程事故的案例，用具体的数据和照片进行归纳和分析，并通过模拟体验来强化施工人员的事故意识，以此预防事故的再发生。

4236　建筑设备工程
〔日〕半泽正一著；季小莲译．—北京：中国建筑工业出版社；2006.12；21cm. —（建筑施工失败案例分析丛书）
ISBN 7 – 112 – 08239 – 0（平），45.00 元
本书对以往发生的各种失败案例的现象、原因及对策，以照片及图片的形式进行详细说明。

4237　建筑设计的构思方法：拓展设计思路/
〔日〕宫宇地一彦著；马俊，里妍译．—北京：中国建筑工业出版社；2006.02. —220 页；19cm. —（Architecture Dramatic 丛书）
ISBN 7 – 112 – 07877 – 6；25.00 元

4238　建筑设计资料集成．福利·医疗篇/
日本建筑学会编；重庆大学建筑城市规划学院译．—天津：天津大学出版社；2006.04. —179 页；30cm
ISBN 7 – 5618 – 2263 – 4（精装）；68.00 元
本书集中介绍了世界各地各类福利与医疗机构，包含了他们的详细建筑资料。

4239　建筑设计资料集成．集会·市民服务篇/
日本建筑学会编；重庆大学建筑城市规划学院译．—天津：天津大学出版社；2006.04. —177 页；30cm
ISBN 7 – 5618 – 2265 – 0（精装）；68.00 元
本书主要介绍了世界各地集会与服务市民的设施。

4240　建筑设计资料集成．居住篇/
日本建筑学会编；重庆大学建筑城市规划学院译．—天津：天津大学出版社；2006.04. —193 页；30cm
ISBN 7 – 5618 – 2262 – 6（精装）；75.00 元
本书主要介绍了世界各地从古至今的各类住宅建筑。

4241　建筑设计资料集成．休闲·住宿篇/
日本建筑学会编；重庆大学建筑城市规划学院译．—天津：天津大学出版社；2006.04. —154 页；30cm
ISBN 7 – 5618 – 2264 – 2（精装）；60.00 元
本书主要介绍了世界各地各类休闲住宿设施。

4242　建筑设计资料集成．综合篇/
日本建筑学会编；重庆大学建筑城市规划学院译．—天津：天津大学出版社；2006.06. —669 页；30cm
ISBN 7 – 5618 – 2261 – 8（精装）；220.00 元
本书详细介绍了世界各类住宅，医疗设施、学校、交通设施等建筑。

4243　建筑声学：声源、声场与听众之融合/
〔日〕安藤四一著；吴硕贤，赵越喆译．—天津：天津大学出版社；2006.04. —203 页；24cm. —（现代声学与信号处理丛书）
ISBN 7 – 5618 – 2279 – 0；78.00 元

4244　建筑意匠十二讲/
〔日〕香山寿夫著；宁晶译．—北京：中国建筑工业出版社；2006.10. —252 页；370 幅；26cm
ISBN 7 – 112 – 08436 – 9；50.00 元
本书是以香山寿夫教授在东京大学大学院（即研究生院）所做的讲座为基础编纂而成。

4245　建筑与城市空间绿化规划/
日本建筑学会编；蔡于胜译．—北京：机械工业出版社；2006.01. —238 页；24cm
ISBN 7 – 111 – 17809 – 2；33.00 元
本书主要介绍了建筑与城市空间绿化的环境工程学问题与绿化相关的管理方法等。

4246　健康排毒．综合篇/
〔日〕主妇之友社著；汇智天成译．—北京：中国画报出版社；2006.11. —79 页；26cm
ISBN 7 – 80220 – 059 – 8；26.00 元
本书是一本排毒生活的完全手册，通过饮食、淋巴按摩、生活小技巧 3 个方面的排毒方法，提高身体本来的自然治愈能力的健康法。

4247　江户日本/
〔日〕茂吕美耶著．—桂林：广西师范大学出版社；2006.08. —294 页；21cm
ISBN 7 – 5633 – 6153 – 7；28.00 元
本书介绍了江户时代江户城中人们的生活方式和种种习俗趣闻。

4248　教学研究：国际视野中的政策与实践：英文/
〔日〕的场正美，〔英〕克劳福德，〔伊朗〕阿拉尼编．—北京：教育科学出版社；2006.07. —256 页；25cm
ISBN 7 – 5041 – 3314 – 0；49.00 元

本书汇集了全球各参与"授业研究"的国家和地区的经验。

4249　街道的美学

〔日〕芦原义信著；尹培桐译.—天津：百花文艺出版社；2006.06；20cm

ISBN 7-5306-4476-9，20.00元

本书为日本建筑大师芦原义信的代表作，对城市规划和建筑外部空间设计提出了独到的见解，寓深刻的观点与丰富的知识于平易近人的文字之中。

4250　今日就读百万英语/

〔日〕古川昭夫，〔日〕河手真理子著；李穆等译.—北京：科学普及出版社；2006.06.—241页；20cm

ISBN 7-110-06423-9；28.00元

本书介绍了一种新的学习英语的方法——多读法。

4251　今夜离家出走/

〔日〕山中恒著；叶荣鼎译.—上海：少年儿童出版社；2006.09.—153页；20cm.—（日本校园风靡小说）

ISBN 7-5324-6998-0；11.00元

4252　金融工具·资产减值·外币交易：日本会计实务指南/

〔日〕公认会计士协会会计制度审议会编；李玉环译.—北京：中国财政经济出版社；2006.09.—777页；20cm.—（会计准则丛书）

ISBN 7-5005-9154-3；46.00元

本书是日本会计准则金融工具、资产减值、外币交易等的实务指南翻译稿。

4253　金田一少年事件簿.21

〔日〕天树征丸，〔日〕金成阳三郎著；林俊宏译；〔日〕佐藤文也绘.—海口：南方出版社；2006.05；17cm

ISBN 7-80701-460-1，6.90元

《金田一少年事件簿》主要记述了一位IQ达到180的天才少年金田一在一桩桩离奇杀人案件中的机智勇敢的行为。

4254　金田一少年事件簿.22

〔日〕天树征丸，〔日〕金成阳三郎著；林俊宏译；〔日〕佐藤文也绘.—海口：南方出版社；2006.05；17cm

ISBN 7-80701-461-X，6.90元

《金田一少年事件簿》主要记述了一位IQ达到180的天才少年金田一在一桩桩离奇杀人案件中的机智勇敢的行为。

4255　金田一少年事件簿.23

〔日〕天树征丸，〔日〕金成阳三郎著；林俊宏译；〔日〕佐藤文也绘.—海口：南方出版社；2006.05；17cm

ISBN 7-80701-462-8，6.90元

《金田一少年事件簿》主要记述了一位IQ达到180的天才少年金田一在一桩桩离奇杀人案件中的机智勇敢的行为。

4256　金田一少年事件簿.24

〔日〕天树征丸，〔日〕金成阳三郎著；林俊宏译；〔日〕佐藤文也绘.—海口：南方出版社；2006.05；17cm

ISBN 7-80701-463-6，6.90元

《金田一少年事件簿》主要记述了一位IQ达到180的天才少年金田一在一桩桩离奇杀人案件中的机智勇敢的行为。

4257　金田一少年事件簿.25

〔日〕天树征丸，〔日〕金成阳三郎著；林俊宏译；〔日〕佐藤文也绘.—海口：南方出版社；2006.05；17cm

ISBN 7-80701-464-4，6.90元

《金田一少年事件簿》主要记述了一位IQ达到180的天才少年金田一在一桩桩离奇杀人案件中的机智勇敢的行为。

4258　金田一少年事件簿.26

〔日〕天树征丸，〔日〕金成阳三郎著；林俊宏译；〔日〕佐藤文也绘.—海口：南方出版社；2006.05；17cm

ISBN 7-80701-465-2，6.90元

《金田一少年事件簿》主要记述了一位IQ达到180的天才少年金田一在一桩桩离奇杀人案件中的机智勇敢的行为。

4259　金田一少年事件簿.27

〔日〕天树征丸，〔日〕金成阳三郎著；林俊宏译；〔日〕佐藤文也绘.—海口：南方出版社；2006.05；17cm

ISBN 7-80701-466-0，6.90元

《金田一少年事件簿》主要记述了一位IQ达到180的天才少年金田一在一桩桩离奇杀人案件中的机智勇敢的行为。

4260　金田一少年事件簿.28

〔日〕天树征丸，〔日〕金成阳三郎著；林俊宏译；〔日〕佐藤文也绘.—海口：南方出版社；

2006.05；17cm
ISBN 7 - 80701 - 000 - 2，6.90 元
《金田一少年事件簿》主要记述了一位 IQ 达到
180 的天才少年金田一在一桩桩离奇杀人案件中
的机智勇敢的行为。

4261　金田一少年事件簿 . 29
〔日〕天树征丸，〔日〕金成阳三郎著；林俊宏
译；〔日〕佐藤文也绘 . —海口：南方出版社；
2006.05；17cm
ISBN 7 - 80701 - 001 - 0，6.90 元
《金田一少年事件簿》主要记述了一位 IQ 达到
180 的天才少年金田一在一桩桩离奇杀人案件中
的机智勇敢的行为。

4262　金田一少年事件簿 . 30
〔日〕天树征丸著；林俊宏译；〔日〕佐藤文也
绘 . —海口：南方出版社；2006.05；17cm
ISBN 7 - 80701 - + + -2，6.90 元
《金田一少年事件簿》主要记述了一位 IQ 达到
180 的天才少年金田一在一桩桩离奇杀人案件中
的机智勇敢的行为。

4263　金田一少年事件簿 . 31
〔日〕天树征丸著；林俊宏译；〔日〕佐藤文也
绘 . —海口：南方出版社；2006.05；17cm
ISBN 7 - 80701 - + + -2，6.90 元
《金田一少年事件簿》主要记述了一位 IQ 达到
180 的天才少年金田一在一桩桩离奇杀人案件中
的机智勇敢的行为。

4264　金田一少年事件簿 . 32
〔日〕天树征丸著；林俊宏译；〔日〕佐藤文也
绘 . —海口：南方出版社；2006.05；17cm
ISBN 7 - 80701 - + + -2，6.90 元
《金田一少年事件簿》主要记述了一位 IQ 达到
180 的天才少年金田一在一桩桩离奇杀人案件中
的机智勇敢的行为。

4265　金田一少年事件簿 . 33
〔日〕天树征丸著；刘姿君译；〔日〕佐藤文也
绘 . —海口：南方出版社；2006.05；17cm
ISBN 7 - 80701 - + + -2，6.90 元
《金田一少年事件簿》主要记述了一位 IQ 达到
180 的天才少年金田一在一桩桩离奇杀人案件中
的机智勇敢的行为。

4266　金田一少年事件簿 . 34
〔日〕天树征丸著；刘姿君译；〔日〕佐藤文也
绘 . —海口：南方出版社；2006.05；17cm

ISBN 7 - 80701 - + + -2，6.90 元
《金田一少年事件簿》主要记述了一位 IQ 达到
180 的天才少年金田一在一桩桩离奇杀人案件中
的机智勇敢的行为。

4267　金田一少年事件簿 . 35
〔日〕天树征丸著；刘姿君译；〔日〕佐藤文也
绘 . —海口：南方出版社；2006.05；17cm
ISBN 7 - 80701 - + + -2，6.90 元
《金田一少年事件簿》主要记述了一位 IQ 达到
180 的天才少年金田一在一桩桩离奇杀人案件中
的机智勇敢的行为。

4268　金田一少年事件簿 . 36
〔日〕天树征丸著；张益丰译；〔日〕佐藤文也
绘 . —海口：南方出版社；2006.05；17cm
ISBN 7 - 80701 - + + -2，6.90 元
《金田一少年事件簿》主要记述了一位 IQ 达到
180 的天才少年金田一在一桩桩离奇杀人案件中
的机智勇敢的行为。

4269　金田一少年事件簿 . 37
〔日〕天树征丸著；张益丰译；〔日〕佐藤文也
绘 . —海口：南方出版社；2006.05；17cm
ISBN 7 - 80701 - + + -2，6.90 元
《金田一少年事件簿》主要记述了一位 IQ 达到
180 的天才少年金田一在一桩桩离奇杀人案件中
的机智勇敢的行为。

4270　近代之挫折：东亚社会与西方文明的碰撞
〔日〕高坂史朗著；吴光辉译 . —石家庄：河北
人民出版社；2006.12；23cm. —（文明对话丛
书/李甦平，彭国翔主编）
ISBN 7 - 202 - 04306 - 8，32.00 元
本书探讨了近代以来面对西方文明的强势冲击，
东亚社会包括中国、日本、韩国各自在近代化过
程中由于东西文明的碰撞所产生的问题与因应
之道，为目前与将来东西方文明对话、沟通提供
了借鉴。

4271　近代中国的知识分子与文明/
〔日〕佐藤慎一著；刘岳兵译 . —南京：江苏人
民出版社；2006.05. —280 页；23cm. —（海外
中国研究丛书/刘东主编）
ISBN 7 - 214 - 03901 - X；20.00 元
本书以从 19 世纪后半期到 20 世纪初约半个多世
纪的中国为主要舞台，以这一时期知识分子的思
想轨迹和精神世界为主要课题。

4272　经典咖啡手册/
〔日〕小池康隆原著；顾方曙译 . —南京：江苏科

学技术出版社；2006.01.—175 页；彩图；20cm
ISBN 7 - 5345 - 4750 - 4；29.00 元
本书介绍了有关咖啡的知识，同时详细介绍了世界上几款经典咖啡的冲泡方法。

4273　晶体管电路设计与制作：单管、双管电路以及各种晶体应用电路/
〔日〕黑田彻著；周南生译.—北京：科学出版社；2006.08.—263 页；图；24cm.—（图解实用电子技术丛书）
ISBN 7 - 03 - 017497 - 6；37.00 元

4274　竞争力：日本企业间竞争的启示/
〔日〕宇田川旺等著；锁箭译.—北京：经济管理出版社；2006.03.—248 页；26cm
ISBN 7 - 80207 - 243 - 3；36.00 元
本书介绍了日本企业间的竞争，并进行了理论探讨。

4275　居住环境：评价方法与理论/
〔日〕浅见泰司编著；高晓路等译.—北京：清华大学出版社；2006.05.—383 页；21cm
ISBN 7 - 302 - 12059 - 5；39.80 元
本书系统地介绍了关于居住环境评价的最新理论研究成果和实例，提出了需要探索的课题和解决的思路。

4276　局部减肥 7 天见效/
〔日〕萱沼文子著；赵哲译.—郑州：河南科学技术出版社；2006.01.—107 页；21cm
ISBN 7 - 5349 - 3390 - 0；16.00 元
本书介绍了在 7 天之内进行不同部位的局部减肥的方法、步骤等。

4277　卡非的故事/
〔日〕世嘉玩具有限公司著；咖啡豆编文.—上海：少年儿童出版社；2006.01.—1 册；彩图；14cm.—（茶犬 story）
ISBN 7 - 5324 - 6783 - X（精装）；8.00 元

4278　卡通角色设计/
〔日〕冢本博义编著；张静秋等译.—北京：中国青年出版社；2006.04.—171 页；图；26cm
ISBN 7 - 5006 - 6787 - 6；48.00 元
本书介绍了漫画中常用的人物、动物、机械、怪物的创意造型的方法。

4279　卡通漫画绘画技法．动物的画法/
〔日〕林晃著；张宏飞译.—沈阳：辽宁科学技术出版社；2006.01.—132 页；26cm

ISBN 7 - 5381 - 4633 - 4；29.80 元
本书以图解的形式介绍了动物漫画的画法。

4280　卡通漫画绘画技法．格斗的画法/
〔日〕林晃著；陈庆译.—沈阳：辽宁科学技术出版社；2006.01.—132 页；26cm
ISBN 7 - 5381 - 4674 - 1；29.80 元
本书主要讲解了格斗的画法。

4281　卡通漫画绘画技法．漫画技法提升版
〔日〕川西平生著；陈庆译.—沈阳：辽宁科学技术出版社；2006.06：图；26cm
ISBN 7 - 5381 - 4725 - X，29.80 元
本书主要讲述漫画的技巧与技法并列举了大量的漫画实例。

4282　卡通漫画绘画技法．少女漫画的画法/
〔日〕少女漫画技法研究会著；陈庆译.—沈阳：辽宁科学技术出版社；2006.01.—132 页；26cm
ISBN 7 - 5381 - 4634 - 2；29.80 元
本书以漫画的形式介绍了少女漫画的画法。

4283　卡通漫画绘画技法．神怪的画法/
〔日〕林晃著；陈庆译.—沈阳：辽宁科学技术出版社；2006.01.—132 页；26cm
ISBN 7 - 5381 - 4675 - X；29.80 元
本书主要讲解了神怪的画法。

4284　开关稳压电源的设计与应用：开关稳压电源的基本原理与设计方法及应用/
〔日〕长谷川彰著；何希才译.—北京：科学出版社；2006.08.—257 页；24cm.—（图解实用电子技术丛书）
ISBN 7 - 03 - 017496 - 8；37.00 元

4285　看图学打高尔夫/
〔日〕横田真一著；胡志伟译.—北京：人民体育出版社；2006.07.—113 页；照片；25cm
ISBN 7 - 5009 - 2922 - 6；28.00 元
本书以大量连续的动作图片和精辟的文字说明，展现了高尔夫的各种击球和挥杆方法。

4286　可乐小子．1/
〔日〕樫本学著.—长春：吉林美术出版社；2006.06.—185 页；18cm
ISBN 7 - 5386 - 2036 - 2；6.00 元

4287　可乐小子．2/
〔日〕樫本学著.—长春：吉林美术出版社；2006.06.—186 页；18cm

ISBN 7 - 5386 - 2036 - 2；6.00 元

4288　可乐小子.3/
〔日〕樫本学著.—长春：吉林美术出版社；2006.
06.—182 页；18cm
ISBN 7 - 5386 - 2036 - 2；6.00 元

4289　可乐小子.4/
〔日〕樫本学著.—长春：吉林美术出版社；2006.
06.—185 页；18cm
ISBN 7 - 5386 - 2036 - 2；6.00 元

4290　可乐小子.5/
〔日〕樫本学著.—长春：吉林美术出版社；2006.
06.—187 页；18cm
ISBN 7 - 5386 - 2036 - 2；6.00 元

4291　可乐小子.6/
〔日〕樫本学著.—长春：吉林美术出版社；2006.
06.—186 页；18cm
ISBN 7 - 5386 - 2036 - 2；6.00 元

4292　可以入眠的温暖场所
〔日〕本多孝好著；傅珉译.—上海：学林出版
社；2006.12；21cm
ISBN 7 - 80730 - 054 - X，18.00 元
本书由四部中篇小说构成。作者构建的一个个
跨越时空的爱情故事，将读者带到了一个清新
的艺术世界。

4293　可以玩的折纸/
〔日〕学研社编；杨晓红译.—杭州：浙江人民美
术出版社；2006.10.—60 页；彩图；26 + 花色折
纸 24 张.—（亲子同乐造型折纸；1）
ISBN 7 - 5340 - 2191 - X；12.00 元
本书以折纸游戏为主要内容，让儿童自己动手
进行折叠。

**4294　空间结构的发展与展望：空间结构设计的
过去、现在、未来/**
〔日〕斋藤公男著；季小莲，徐华译.—北京：中
国建筑工业出版社；2006.01.—266 页；26cm
ISBN 7 - 112 - 07724 - 9；98.00 元
本书讲述了"空间与结构的交汇点"处的各式
各样传奇故事。

4295　口碑营销/
〔日〕中岛正之等著；陈刚，张倩译.—北京：科
学出版社；2006.07.—220 页；24cm.—（市场营
销新概念系列）

ISBN 7 - 03 - 017322 - 8；29.80 元
口碑营销是一种最传统的，同时也是一种非常有
效的营销手段。

4296　口袋里的牛奶糖
〔日〕福井康代著；〔日〕富士原辉惠绘；〔日〕
猿渡静子译.—海口：南海出版公司，2006.11；
17cm.—（新经典文库.我喜欢你系列；203）
ISBN 7 - 5442 - 3438 - X（精装），25.00 元
本书是一本图文书，没有具体的情节，经细腻温
柔的文字，配合清淡可爱的插图，叙说生活中的
种种细节，整本书生动传神地表达出初恋少女内
心对爱情的想象和憧憬。

4297　苦荞产业经济国际论坛论文集/
林汝法，〔日〕池田清和主编.—北京：中国农
业科学技术出版社；2006.09.—210 页；26cm
ISBN 7 - 80233 - 041 - 6；50.00 元
本书为苦荞产业经济国际论坛论文集。

4298　快速提升销售业绩的 120 张表单
〔日〕北龙贤著；李成慧，刘蕊译.—北京：北
京大学出版社；2006.06；24cm
ISBN 7 - 301 - 10701 - 3（平装），36.00 元
本书是作者从事销售员教育指导工作三十余年
经验的总结与提炼，主要介绍了 120 张旨在提升
销售业绩、加强组织性的顶尖销售员必备的工作
表单。

4299　蓝，另一种蓝/
〔日〕山本文绪著；张苓译.—海口：南海出版
公司，2006.03.—217 页；彩图；21cm.—（新
经典文库.山本文绪作品；140）
ISBN 7 - 5442 - 3258 - 1；20.00 元
本书是作者最具代表性的作品。

4300　劳动市场法的改革/
〔日〕马渡淳一郎著；甲思路译.—北京：清华大
学出版社；2006.03.—193 页；23cm.—（法律与
社会丛书）
ISBN 7 - 302 - 12537 - 6；22.00 元
本书对日本的职业安定法、劳动者派遣法、职业
介绍法等进行了深入的研究。

4301　老师的提包/
〔日〕川上弘美著；施小炜，张乐风译.—海口：
南海出版公司，2006.11.—242 页；22cm
ISBN 7 - 5442 - 3331 - 6；20.00 元
本书为日本实力派作家川上弘美的小说。

4302 勒·柯布西耶建筑创作中的九个原型/
〔日〕越后岛研一著；徐苏宁，吕飞译．—北京：中国建筑工业出版社；2006.01.—206 页；照片；19cm.—（Architecture Dramatic 丛书）
ISBN 7-112-07897-0；25.00 元
本书着重讲述了勒·柯布西耶在建筑创作中的九个原型的特征、发生和演变过程，以及对当代建筑理论和设计的深远影响。

4303 恋火/
〔日〕松久淳，〔日〕田中涉著；豫阳译．—青岛：青岛出版社；2006.01.—154 页；20cm
ISBN 7-5436-3503-8；15.00 元
本书说的是钢琴师与焰火师的爱情故事。

4304 凉山彝语词类研究
〔日〕小门典夫著．—成都：四川民族出版社；2006.12；20cm
ISBN 978-7-5409-3386-9（平装），16.00 元
本书是小门典夫研究凉山彝语词类的劳动著作，内容包括动词、助动词、名词、叹词、象声词等19 章，是一部适合研究彝族语言的学者和专科以上学生阅读的图书。

4305 零售业的繁荣是和平的象征
〔日〕冈田卓也著；彭晋璋译．—北京：中国发展出版社；2006.05；图；21cm
ISBN 7-80087-848-1，20.00 元
本书是日本最著名的零售商冈田卓也著的关于中日之间零售业发展的前景和走向，对中日零售业的合作，共同发展有积极的推动作用。

4306 留给孩子的永恒纪念：我的孕产日记
〔日〕加藤季子编著；周逸之，翟志敏译．—合肥：安徽科学技术出版社；2006.05；21cm.—（欢乐孕育系列）
ISBN 7-5337-3479-3（平装），18.00 元
生育对于广大中国女性来说一生只有一次，是女性具有重要意义的人生经历，本书通过妊娠、分娩期间的时间划分分别对每一阶段的生活进行简要的指导。

4307 柳生忍法帖．Ⅰ/
〔日〕山田风太郎著；韩锐译．—太原：北岳文艺出版社；2006.04.—275 页；24cm
ISBN 7-5378-2849-0；23.00 元
本书是一部描写家族之争的长篇小说。

4308 柳生忍法帖．Ⅱ/
〔日〕山田风太郎著；韩锐译．—太原：北岳文艺出版社；2006.07.—280 页；24cm
ISBN 7-5378-2881-4；23.00 元
本书是一部描写家族之争的长篇小说。

4309 龙狼传外传．1/
〔日〕并木敏著；金良快译．—太原：北岳文艺出版社；2006.04.—211 页；23cm
ISBN 7-5378-2846-6；20.00 元
本书为从另一个角度再现三国的长篇小说。

4310 龙狼传外传．Ⅲ，终结篇：龙子之使命/
〔日〕并木敏著；袁乐怡译．—太原：北岳文艺出版社；2006.07.—211 页；23cm
ISBN 7-5378-2882-2；20.00 元
本书是从另一个角度再现三国的长篇小说。

4311 履行障碍法研究/
韩世远，〔日〕下森定主编．—北京：法律出版社；2006.03.—448 页；23cm.—（新青年法学文丛）
ISBN 7-5036-6029-5；53.00 元
本书以履行障碍与合同救济为中心，提出"履行障碍法"的概念，并围绕这一概念揭示了中国履行障碍法的体系构成。

4312 罗生门/
〔日〕芥川龙之介著；楼适夷等译．—杭州：浙江文艺出版社；2006.08.—290 页；图；21cm.—（巨擘书库）
ISBN 7-5339-2157-7；22.00 元
本书收录了芥川的 23 个中短篇小说，并配上百余幅有价值的图片，是国内唯一以图文形式出版的芥川小说集。

4313 罗生门：名家名译．彩色插图本/
〔日〕芥川龙之介著；高慧勤，文洁若译．—北京：国际文化出版公司：中国书籍出版社；2006.03.—268 页；图；21cm.—（世纪文学名著经典文库/季羡林主编）
ISBN 7-80173-502-1；10.00 元

4314 漫画的创作：故事情节篇
〔日〕菅本顺一著；陈庆译．—沈阳：辽宁科学技术出版社；2006.12；图；26cm.—（卡通漫画绘画技法）
ISBN 7-5381-4855-8，29.80 元
本书介绍了漫画的创作技巧。

4315 美丽搭配 SHOW/
〔日〕主妇之友社供稿；北京《瑞丽》杂志社编

译．—北京：中国轻工业出版社；2006.08. —159
页；彩照；23cm. —（瑞丽 BOOK）
ISBN 7 - 5019 - 5570 - 0；30.00 元
本书通过故事情节的发展，展示了全年 12 个月
的服装搭配技巧，涵盖了日常生活的各个片断。

4316　美丽瘦腰法：一天 5 分钟简单练习/
〔日〕美丽出版社著；汇智天成译．—北京：中国
画报出版社；2006.11. —118 页；200 幅；21cm
ISBN 7 - 80220 - 071 - 7；28.00 元
本书通过介绍一天 5 分钟的简单练习，轻松实现
美丽瘦腰。

4317　美人食材/
〔日〕中泽琉美著；王文博，彭宇浩译．—北京：
国际文化出版公司，2006.12. —107 页；22cm
ISBN 7 - 80173 - 600 - 1；25.00 元
本书作者是日本美食美容专家，作者以切身的
体会总结出美容、健康的饮食。

4318　美容美体美味药膳/
〔日〕中村清美著；灵思泉译．—北京：中国画
报出版社；2006.11. —94 页；120 幅；26cm
ISBN 7 - 80220 - 056 - 3；28.00 元
本书介绍了分别适合春、夏、秋、冬四季食用的
多种美容、美体（减肥）药膳，帮助读者由内
而外使容貌和身体变得更美丽。

4319　魅力发型 255/
〔日〕株式会社双叶社编；于艳春译．—郑州：
河南科学技术出版社；2006.08. —94 页；26cm
ISBN 7 - 5349 - 3392 - 7；28.00 元
本书介绍了春季发型、短发型、中短发型、中长
发和长发型、情侣发型等 255 种。

4320　蒙古帝国与西洋：蒙古文
〔日〕佐口透著；博彦德勒格尔译．—呼伦贝尔：
内蒙古文化出版社；2006.06：图；20cm
ISBN 7 - 80675 - 308 - 7（平装），36.00 元
本书是研究蒙古帝国与欧洲各国关系史的学术
专著。

4321　梦幻般的超级棒球智力题/
〔日〕多湖辉著；陈辛儿译．—北京：中国轻工业
出版社；2006.06. —172 页；图；19cm. —（头脑
体操；第 11 集）
ISBN 7 - 5019 - 5426 - 7；8.00 元
本书以智力题的形式让大家能够充分体会到作
为运动项目代表的棒球运动的乐趣。

4322　梦想和冒险的梦幻智力题/
〔日〕多湖辉著；陈辛儿译．—北京：中国轻工
业出版社；2006.05. —170 页；图；18cm. —
（头脑体操；第 8 集）
ISBN 7 - 5019 - 5362 - 7；8.00 元
本书智力题目中的每道题都具有故事性。

4323　迷宫岛/
〔日〕川北亮司著；〔日〕大井知美绘；王建新，
肖志译．—武汉：湖北少年儿童出版社；2006.01.
—129 页；18×12. —（玛利亚侦探社系列）
ISBN 7 - 5353 - 3350 - 8；6.80 元
本书为儿童文学侦探小说。

4324　民法讲义．Ⅱ，物权法
〔日〕近江幸治著；王茵译．—北京：北京大学
出版社；2006.09；23cm. —（法学精品教科书
译丛）
ISBN 7 - 301 - 11067 - 7（平装），24.50 元
本书以物权法总论、占有权和所有权、用意物权
为主线，系统论述了物权法的基本理论。

4325　明季党社考/
〔日〕小野和子著；李庆，张荣湄译．—上海：
上海古籍出版社；2006.01. —409 页；23cm. —
（域外汉学名著译丛）
ISBN 7 - 5325 - 4142 - 8；58.00 元
这部著作虽说名为"党社考"，但并非单纯的
"考证"，而是夹述夹议，可谓是一部从党争角
度描述的中国晚明历史。

4326　明治宫女/
〔日〕林真理子著；林少华译．—桂林：漓江出
版社；2006.03. —209 页；21cm
ISBN 7 - 5407 - 3417 - 5；19.80 元
本书为日本著名女作家林真理子的长篇小说。

4327　模拟技术应用技巧 101 例/
〔日〕稻叶保著；关静，胡圣尧译．—北京：科
学出版社；2006.01. —244 页；24cm. —（图解
实用电子技术丛书）
ISBN 7 - 03 - 016530 - 6；30.00 元

4328　摩天楼的四兄弟/
〔日〕田中芳树著；〔日〕天野喜孝绘；汪正球译．
—南宁：接力出版社；2006.02. —222 页；20cm. —
（创龙传；2）
ISBN 7 - 80732 - 196 - 2；15.00 元
《创龙传》系列小说是田中芳树的代表作之一。

4329 魔法复位减肥/
〔日〕筱冢兰美以著；汇智天成译．—北京：中国画报出版社；2006.09.—93 页；21cm
ISBN 7-80220-060-1；26.00 元
本书介绍复位减肥这种不需要计算卡路里、不用做辛苦的运动，就可轻松排出体内的碳水化合物、糖分、油质的减肥方法。

4330 魔界：萨杰与魔法大战/
〔日〕伊藤英彦著；于长敏译．—长春：吉林出版集团有限责任公司，2006.01.—355 页；24cm
ISBN 7-80720-379-X；38.00 元
本书为长篇小说。

4331 魔界转生.2
〔日〕山田风太郎著；刘康敏，傅然译．—太原：北岳文艺出版社；2006.11；24cm
ISBN 7-5378-2943-8，23.00 元
本书是以忍者为题材的奇幻武侠小说。

4332 内藤湖南的世界：亚非再生的思想/
〔日〕内藤湖南研究会编著；马彪等译．—西安：三秦出版社；2005.11.—380 页；20cm
ISBN 7-80736-022-4；35.00 元
该书是日本学者研究 20 世纪初著名汉学家内藤湖南学术生平，学术思想的论文集。

4333 脑的老化与健康/
〔日〕小川纪雄著；修文复译．—北京：科学出版社；2006.11.—165 页；图；21cm. —（健康新时代系列）
ISBN 7-03-015266-2；18.00 元

4334 脑锻炼：每天 5 分钟的练脑瑜伽
〔日〕川岛隆太著；欧阳遥鹏译．—海口：南海出版公司，2006.11；25 幅；21cm
ISBN 7-5442-3602-1，18.00 元
本书为针对成年人的"练脑书"，通过为期 60 天、每天只需 5 分钟的简单快速计算和单词记忆，即可获得锻炼大脑的良好效果。

4335 能说会道日语口语/
吴小瑾，〔日〕横田隆志编著．—大连：大连理工大学出版社；2005.08.—239 页；20cm. （吴老师教你说日语）
ISBN 7-5611-2947-5；14.80 元
本书以社会文化为背景，力求使初学者掌握地道日语的不同表达方式。

4336 你好，社会学：社会学是文化学习/
〔日〕伊藤公雄，〔日〕桥本满编；郁贝红等译．—北京：社会科学文献出版社；2006.08.—285 页；21cm
ISBN 7-80230-286-2；23.00 元
本书是一本简洁有趣的社会学入门书。

4337 凝视着爱与死/
〔日〕大岛道子，〔日〕河野实著；庄焰译．—桂林：漓江出版社；2006.01.—305 页；21cm
ISBN 7-5407-3534-1；20.00 元
本书是大岛道子与河野实的纯爱书信集。

4338 欧洲：06′~07′/
〔日〕大宝石出版社著；刘思媛译．—北京：中国旅游出版社；2006.03.—698 页；彩图；20cm. —（走遍全球；29）
ISBN 7-5032-2749-4；82.00 元
本书介绍了整个欧洲各国的风貌人情，内容丰富翔实，对现实旅行具有极强的指导作用。

4339 培养部下的 100 条铁则/
〔日〕畠山芳雄著；涂珊译．—北京：东方出版社；2006.10.—216 页；24cm
ISBN 7-5060-2658-9；32.00 元

4340 配色宝典
〔日〕早坂优子编著；刘彤扬译．—北京：中国青年出版社；2006.10；20cm
ISBN 7-5006-7069-9，35.00 元
本书是一本集配色理论知识和配色实例为一体的实用性很强的书籍。

4341 配色全攻略：最能激发创意的配色技法
〔日〕笹本未央主编；〔日〕CR&LF 研究所编著；陈丽佳等译．—北京：中国青年出版社；2006.09；23cm
ISBN 7-5006-7052-4，55.00 元
本书以传授配色技巧为目的，对看似平常的色彩其背后所包含的意义与性质等信息进行全面阐释。

4342 品牌市场营销/
〔日〕博报堂品牌咨询公司著；陈刚，靳淑敏译．—北京：科学出版社；2006 07.—210 页；24cm. —（市场营销新概念系列）
ISBN 7-03-017320-1；28.00 元
品牌市场营销是依靠顾客的认同和支持带来高附加价值的市场营销手段。

4343 七彩神仙鱼养殖指南：60 厘米水族箱七彩神仙鱼的饲养与鉴赏
〔日〕木下坚一郎主编；〔日〕江良达雄著；李

殿元译 . —长沙：湖南科学技术出版社；2006.
08；20cm

ISBN 7 - 5357 - 4666 - 7（平装），42.00 元

随着养鱼设备的发展、饲料的改进和养殖技术的成熟，即使用 60 厘米的普通鱼缸也能饲养七彩神仙鱼了。

4344 奇怪的公寓/

〔日〕川北亮司著；〔日〕大井知美绘；王建新，肖志译 . —武汉：湖北少年儿童出版社；2006.01. —124 页；18×12cm. —（玛利亚侦探社系列）

ISBN 7 - 5353 - 3349 - 4；6.80 元

本书讲述了玛利亚侦探社的同学们又在调查一起奇怪的的公寓闹鬼事件。

4345 企业卓越的 7 项法则：理念带来独创性/

〔日〕宫田矢八郎著；尤文虎译 . —北京：中国铁道出版社；2006.06. —162 页；24cm

ISBN 7 - 113 - 07174 - 0；25.00 元

本书帮助企业经营者提升自己企业赢利能力的经营智慧，提出了成就卓越企业的 7 条法则。

4346 汽车化与城市生活：21 世纪的城市与交通发展战略/

〔日〕北村隆一编著；吴戈，石京译 . —北京：人民交通出版社；2006.03. —212 页；21cm

ISBN 7 - 114 - 05877 - 2；28.00 元

本书尽可能准确地把握了汽车化的意义以及它所带来的问题，并展望了 21 世纪的交通。

4347 恰伊和阿尔的故事/

〔日〕世嘉玩具有限公司著；比比编文 . —上海：少年儿童出版社；2006.01. —1 册；彩图；14cm. —（茶犬 story）

ISBN 7 - 5324 - 6781 - 3（精装）；8.00 元

本书为日本图画故事。

4348 千只鹤：彩色插图本/

〔日〕川端康成著；叶渭渠，唐月梅译 . —北京：国际文化出版公司，2006.06. —462 页；图；21cm. —（世界文学名著经典文库/季羡林主编）

ISBN 7 - 80173 - 494 - 7；16.00 元

本书讲述了富家子弟不经意间与父亲生前的情人发生了肉体关系，因女方惭愧而在无法控制的爱情中自杀。

4349 嵌入式单片机技术/

沈永林，〔日〕松崎敏道编著 . —北京：清华大学出版社；2006.04. —311 页；26cm. —（清华大学计算机基础教育课程系列教材）

ISBN 7 - 302 - 12621 - 6；26.00 元

本书以 MN101C 系列单片机为例，系统地介绍了嵌入式单片机的结构原理等内容。

4350 枪墓 . 上/

〔日〕内藤泰弘编著；贾霄鹏等译 . —北京：中国青年出版社；2006.03. —135 页；彩图；28cm. —（日本经典游戏·动画设定资料集）

ISBN 7 - 5006 - 6623 - 3；38.00 元

本书是日本著名游戏《枪墓》的设定资料集。

4351 枪墓 . 下/

〔日〕内藤泰弘编著；黄文娟等译 . —北京：中国青年出版社；2006.03. —111 页；彩图；28cm. —（日本经典游戏·动画设定资料集）

ISBN 7 - 5006 - 6623 - 3；38.00 元

本书是日本著名游戏《枪墓》的续作《枪墓 O.D》的设定资料集

4352 巧克力战争/

〔日〕大石真著；〔日〕北田卓史绘；草莓山坡译 . —南宁：接力出版社；2006.01. —147 页；图；18cm

ISBN 7 - 80732 - 165 - 2；10.00 元

4353 巧手制作小手袋/

〔日〕大濑裕美，〔日〕濑端靖子著；丁芹译 . —南京：江苏科学技术出版社；2006.01. —95 页；23cm

ISBN 7 - 5345 - 4745 - 8；20.00 元

全书介绍了大量的用手工方法制作的精美手袋。

4354 亲子共读百万英语/

〔日〕古川昭夫，〔日〕伊藤晶子著；曹泰和等译 . —北京：科学普及出版社；2006.06. —212 页；20cm

ISBN 7 - 110 - 06422 - 0；28.00 元

本书介绍了一种新的学习英语的方法——多读法。

4355 青春岁月读书感悟/

〔日〕池田大作著；刘晓芳译 . —北京：作家出版社；2006.04. —2 册；20cm

ISBN 7 - 5063 - 3576 - X；99.00 元

本书是读书笔记。

4356 青春之路：我的年轻岁月纪录/

〔日〕池田博正著；创价学会译 . —北京：作家出版社；2006.08. —162 页；图；20cm

ISBN 7 – 5063 – 3708 – 8；58.00 元
本书为随笔集。

4357　轻松·家庭一点按穴/
〔日〕主妇之友社著；肖潇译 . —北京：中国画
报出版社；2006.08. —155 页；300 页；21cm. —
（阳光女性系列丛书）
ISBN 7 – 80220 – 029 – 6；29.80 元
本书介绍了只通过一处穴位的按压，就可以随
时地进行保健按穴，以达到消除疲劳、酸痛、僵
硬等身体不适的保健效果。

4358　轻松减肥一点通/
〔日〕尾关纪辉著；汇智天成译 . —北京：中国
画报出版社；2006.11. —119 页；图；21cm
ISBN 7 – 80220 – 073 – 3；28.00 元
本书通过介绍锻炼肌肉，提高基础代谢，使体内
脂肪更容易燃烧，以此使减肥更容易，并让您的
身体不会反弹。

4359　轻松降血糖 70 法/
〔日〕浅野次义编著；陈国平等译 . —杭州：浙
江科学技术出版社；2006.07. —198 页；20cm
ISBN 7 – 5341 – 2353 – 4；15.00 元
本书除了介绍关于血糖的相关知识外，还分食
品编、茶编、运动篇、营养成分篇等介绍了 75
种降血糖的方法。

4360　轻松降血压 50 法/
〔日〕横山泉编著；陈国平译 . —杭州：浙江科
学技术出版社；2006.07. —205 页；20cm
ISBN 7 – 5341 – 2352 – 6；15.00 元
本书除了介绍有关高血压的相关知识点外，还
分食品篇、健康茶篇、营养成分篇、日常生活篇
等介绍了 50 种降血压的方法。

4361　轻松学弓道/
〔日〕内藤敬著 . —北京：人民体育出版社；2006.
08. —69 页；19cm
ISBN 7 – 5009 – 3034 – 8；8.00 元
本书介绍了日本弓道的基本知识及习练方法。

4362　清肠排毒养生法/
〔日〕后藤利夫著；顾方曙，沈卫平译 . —南京：
江苏科学技术出版社；2006.01. —204 页；21cm
ISBN 7 – 5345 – 4818 – 7；15.00 元
本书主要介绍了人体清肠排毒养生的知识和方
法等。

4363　清朝全史/
〔日〕稻叶君山著；但焘译 . —上海：上海社会
科学院出版社；2006.03. —2 册；照片；21cm
ISBN 7 – 80681 – 846 – 4（精装）；120.00 元
本书是一部对清代历史进行比较全面研究的学
术著作。

4364　清末小说研究集稿/
〔日〕樽本照雄著；陈薇译 . —济南：齐鲁书社，
2006.08. —240 页；21cm
ISBN 7 – 53331653 – 3；25.00 元
本书是一位日本学者研究中国清末小说的论
文集。

4365　清俗纪闻/
〔日〕中川忠英编著；方克，孙玄龄译 . —北京：
中华书局，2006.09. —568 页；580 幅；26cm
ISBN 7 – 101 – 05119 – 7；72.00 元
《清俗纪闻》是日本宽正 17 年（1799）刊印的
记述清朝乾隆时代中国福建、浙江、江苏一带民
间风俗、传统习惯、社会习尚等的一本调查
纪录。

4366　情人们/
〔日〕江国香织等著；钱贺之译 . —上海：学林
出版社；2006.06. —172 页；21cm
ISBN 7 – 80730 – 055 – 8；15.00 元
本书共有九个短篇小说，是 9 个日本著名女作家
编写的九个动人的爱情故事。

4367　全球化与中国的经济政策/
陈建，〔日〕岩田胜雄主编 . —北京：中国人民
大学出版社；2006.10. —265 页；21cm
ISBN 7 – 300 – 07482 – 0；19.00 元
本书从宏观层面探讨了当代中国经济政策及经
济运行情况，并提出了具体的对策与建议。

**4368　全是忠告：对希望靠投资生活的人的 100
个忠告/**
〔日〕矢口新著；智维平等译 . —北京：科学普
及出版社；2006.03. —252 页；20cm
ISBN 7 – 110 – 06361 – 5；25.00 元
本书通过价格本质、资金性质、介入时机、赚钱
谋略四大方面共 100 个问题告诫证券投资者应当
注意的问题。

4369　染血之梦
〔日〕田中芳树著；〔日〕天野喜孝；简洁译 .
—南宁：接力出版社；2006.11；20cm. —（创
龙传；6）
ISBN 7 – 80732 – 455 – 4，15.00 元
本书是日本著名作家田中芳树以中国神话为素

材、现代日本为背景创作的一部浪漫传奇小说。

4370　"人"与"鬼"的纠葛：鲁迅小说论析/
〔日〕丸尾常喜著；秦弓译. —北京：人民文学出版社；2006.06. —382 页；21cm. —（猫头鹰学术文丛）
ISBN 7 – 02 – 005536 – 2；24.00 元
本书细密地考察了鲁迅与中国传统文化的关系，探究鲁迅文学世界里"鬼"的文化原型。

4371　人类 80 年后将会灭亡吗/
〔日〕西泽润一，〔日〕上墅勋黄著；刘文静译. —石家庄：河北教育出版社；2006.08. —357 页；19cm
ISBN 7 – 5434 – 6037 – 8；25.00 元

4372　人类学生态环境史研究/
尹绍亭，〔日〕秋道智弥主编. —北京：中国社会科学出版社；2006.03. —588 页；21cm
ISBN 7 – 5004 – 5488 – 0；45.00 元
本书为论文集，以云南地区为研究基地，对"刀耕火种"等完全是对环境的破坏这一论题进行合理的解释。

4373　日本 25 位设计大师的对话/
〔日〕佐山一朗著；何积惠等译. —上海：上海人民美术出版社；2006.01. —310 页；17×20cm
ISBN 7 – 5322 – 4601 – 9（精装）；78.00 元
本书为日本 25 位室内设计、时装设计、平面设计、工业设计大师的访谈录。

4374　日本畅销小说选/
〔日〕朱川凑人等著；祝子平译. —上海：上海文艺出版社；2006.01. —302 页；22cm
ISBN 7 – 5321 – 2947 – 0；22.00 元
本书精选三部日本畅销中篇小说。

4375　日本畅销小说选. Ⅱ/
〔日〕丝山秋子等著；祝子平译. —上海：上海文艺出版社；2006.08. —208 页；22cm
ISBN 7 – 5321 – 3049 – 5；19.00 元
本书所选 6 篇小说的作者都是日本当代文学名家。

4376　日本的赤壁会和寿苏会/
〔日〕池泽滋子编著. —上海：上海人民出版社；2006.01. —247 页；20cm. —（人文社科新著丛书）
ISBN 7 – 208 – 06018 – 5；28.00 元
本书汇集了"赤壁会"与"寿苏会"的重要资料，并进行了综合的研究。

4377　日本动漫人物动态结构教程. 多角度篇/
〔日〕尾泽直志著；谢时新译. —上海：上海人民美术出版社；2006.01. —175 页；图；28cm
ISBN 7 – 5322 – 4617 – 5；30.00 元
本书是日本动漫人物动态结构绘画技法。

4378　日本动漫人物造型基础教程. 服装篇/
〔日〕尾泽直志著；谢时新，杨雁群译. —上海：上海人民美术出版社；2006.01. —191 页；图；28cm
ISBN 7 – 5322 – 4618 – 3；30.00 元
本书是日本动漫人物造型的绘画技法。

4379　日本法与日本社会
〔日〕六本佳平著；刘银良译. —北京：中国政法大学出版社；2006.06；21cm. —（法律文化研究文丛）
ISBN 7 – 5620 – 2924 – 5，29.00 元
本书对日本的法律制度、法律体系、法律方法、形态进行了论述，以及法与社会的关系，法对社会发展所产生的作用等进行了研究与分析。

4380　日本高校色彩基础训练教程/
〔日〕南云治嘉著；姚瑛等译. —上海：上海人民美术出版社；2006.01. —130 页；20cm
ISBN 7 – 5322 – 4579 – 9；38.00 元
本书是色彩训练的基础指南。

4381　日本古代汉文学与中国文学/
〔日〕后藤昭雄著；高兵兵译. —北京：中华书局，2006.02. —211 页；21cm. —（日本中国学文萃/王晓平主编）
ISBN 7 – 101 – 04911 – 7；16.00 元
本书主要是对平安时代（古代后期）日本人创作的汉诗汉文进行了考证和研究。

4382　日本固定分区剪发技术/
〔日〕金井丰著；张英译. —沈阳：辽宁科学技术出版社；2006.06. —91 页；图；29cm
ISBN 7 – 5381 – 4707 – 1；29.80 元
本书从空间视觉、实际操作及语言文字等多个角度，详细介绍了不连接剪法的操作步骤及各步的作用。

4383　日本会计
〔日〕千代田邦夫著；李文忠译. —上海：上海财经大学出版社；2006.04；20cm. —（经济学术译丛）

ISBN 7 - 81098 - 600 - 7，25.00 元

本书由 5 章组成，主要介绍了日本的会计制度、日本会计原则和基准、日本企业所得税法的概况、日本的审计制度、日本的财务报表。

4384 日本留学面试全攻略：增补版

〔日〕目黑真实著；姚莉萍译 . —2 版 . —北京：外语教学与研究出版社；2006.09；20cm

ISBN 7 - 5600 - 3807 - 7，25.90 元

本书作者总结了多年指导留日学生升学的经验，选编了作者的学生及近年来留日学生的优秀之作成册，旨在为留学日本的学生的升学面试指点迷津。

4385 日本留学写作全攻略

〔日〕目黑真实著 . —北京：外语教学与研究出版社；2006.07；20cm

ISBN 7 - 5600 - 5158 - 8，25.90 元

本书以参加日本留学考试的学生为主要对象，介绍了日本留学考试的写作试题、小论文的特色及其写作方法。

4386 日本魅影/

〔日〕小泉八云著；邵文实译 . —厦门：鹭江出版社；2006.01. —298 页；23cm. — （经典游记译丛/马永波，李湘玲主编）

ISBN 7 - 80671 - 541 - X；26.00 元

本书是作者对社会风情和人文景观的敏锐的观察。

4387 日本民事诉讼法论纲

〔日〕畠木丰三著；陈与年译 . —北京：中国政法大学出版社；2006.05；21cm. — （中国近代法学译丛/何勤华主编）

ISBN 7 - 5620 - 2891 - 5 （精装），42.00 元

本书是百年前关于民事诉讼法影响较大的法学著作之一，介绍了日本民事诉讼法的基本理论。

4388 日本平面创意设计年鉴.2005/

〔日〕Works 社编辑部编著 . —北京：中国青年出版社；2006.03. —285 页；29cm

ISBN 7 - 5006 - 6420 - 6；86.00 元

本书汇集了 2004—2005 年度，日本最新商业平面设计的经典案例。

4389 日本铺装技术答疑

〔日〕森永教夫主编；深圳海川工程科技有限公司译 . —北京：人民交通出版社；2006.08；24cm

ISBN 7 - 114 - 06170 - 6 （精装），60.00 元

本书主要内容有：围绕日本现有各种路面铺装技术，以答疑对话方式探讨路面结构、设计等相关技术问题。

4390 日本人的心理结构/

〔日〕土居健郎著；阎小妹译 . —北京：商务印书馆，2006.09. —140 页；20cm. — （日本学术文库）

ISBN 7 - 100 - 04832 - X；10.00 元

4391 日本人眼里的中国/

〔日〕天儿慧著；范力译 . —北京：社会科学文献出版社；2006.10. —266 页；21cm

ISBN 7 - 80230264 - 1；23.00 元

天儿慧教授认为："日中间的最大问题是相互误解"，他的书通篇主题就是如何减少这种误解。

4392 日本商务：现代日本企业是如何经营的？日文/

〔日〕三和元主编 . —天津：南开大学出版社；2006.10. —284 页；21cm. — （高等院校商贸日语系列教材）

ISBN 7 - 310 - 02611 - X；16.00 元

本书介绍了日本企业的最新情况及法制环境。

4393 日本社会论：家与社会的社会学/

〔日〕鸟越皓之著；王颉译 . —北京：社会科学文献出版社；2006.07. —224 页；20cm

ISBN 7 - 80230 - 174 - 2；20.00 元

本书较为详尽地介绍了 20 世纪 50 年代以来日本农村社会学发展的全过程，这一时期涌现出来的主要流派的代表及其代表作。

4394 日本手工艺

〔日〕柳宗悦著；张鲁译 . —桂林：广西师范大学出版社；2006.11：图；21cm. — （工艺文化译丛）

ISBN 7 - 5633 - 6285 - 1，20.00 元

本书记载了 1940 年前后日本手工艺的状况。书中简述了日本作为一个"手工艺之国"的自然、历史条件以及固有传统。

4395 日本庭院景致设计/

〔日〕高野好造著；邹学群译 . —福州：福建科学技术出版社；2006.01. —136 页；26cm

ISBN 7 - 5335 - 2713 - 5；68.00 元

本书以众多日本园林设计师的设计作品为例，介绍了当代的日本庭园设计。

4396 日本学人中国访书记/

〔日〕内藤湖南，长泽规矩也等著；钱婉约，宋

炎辑译 . —北京：中华书局，2006.01. —297 页；
照片；23cm
ISBN 7 - 101 - 04904 - 4；32.00 元

4397　日本学研究：日文，中文 . 16
徐一平，〔日〕白水纪子主编 . —北京：学苑出
版社；2006.12；26cm
ISBN 7 - 5077 - 2792 - 0，50.00 元
本书为研究日本语言、文化、教育等方面的理论
专著。

4398　日本语初级语法/
刘文照，〔日〕海老原博编著 . —上海：华东理
工大学出版社；2006.07. —547 页；20cm
ISBN 7 - 5628 - 1883 - 5；25.00 元
本书针对日语学习入门者而编写。

4399　日本语能力考试 4 级模拟试题/
刘文照，〔日〕海老原博编著 . —上海：华东理工
大学出版社；2006.07. —339 页；23 + 光盘 1 张
ISBN 7 - 5628 - 1934 - 3；35.00 元
本书按日语能力考试 4 级要求编写，全书共十套
模拟试题。

4400　日本语能力考试 4 级文字·词汇/
刘文照，〔日〕海老原博编著 . —上海：华东理
工大学出版社；2006.07. —281 页；23cm
ISBN 7 - 5628 - 1913 - 0；25.00 元
本书依据最新日本能力考试大纲编写。全书涵
盖了 4 级考试的文字词汇。

4401　日本语能力考试出题倾向与对策 1 级读解/
刘文照，〔日〕海老原博编著 . —上海：华东理
工大学出版社；2006.10. —368 页；26cm
ISBN 7 - 5628 - 1959 - 9；35.00 元
本书分析了历年日语能力考试 1 级读解出题的方
式、文章难度、题目类型等，并针对各类题目提
出了解题技巧。

4402　日本语能力考试出题倾向与对策 1 级文字/
刘文照，〔日〕海老原博编著 . —上海：华东理
工大学出版社；2006.09. —477 页；26cm
ISBN 7 - 5628 - 1958 - 0；39.00 元

4403　日本语能力考试出题倾向与对策 . 2 级读解/
刘文照，〔日〕海老原博编著 . —上海：华东理
工大学出版社；2006.11. —365 页；26cm
ISBN 7 - 5628 - 1968 - 8；35.00 元
本书对历年 2 级考试的读解真题做了深入的分
析，归纳了各类题目解题技巧。

4404　日本语能力考试模拟试题集 . 3 级/
〔日〕坂本正主编；日本南山日本语教育研究会
编著 . —北京：高等教育出版社；2006.04. —176
页；26cm + 光盘 1 张 . —（日本语能力考试全攻
略系列）
ISBN 7 - 04 - 019111 - 3；22.60 元
本书是从大新书局引进的关于日本语能力考试
的模拟试题集。

4405　日本语能力考试模拟试题集 . 4 级/
〔日〕坂本正主编；日本南山日本语教育研究会
编著 . —北京：高等教育出版社；2006.04. —154
页；26cm + 光盘 1 张 . —（日本语能力考试全攻
略系列）
ISBN 7 - 04 - 019112 - 1；20.60 元
本书是从大新书局引进的关于日本语能力考试
的模拟试题集。

4406　日本语能力考试真题 . 2003 年 . 1、2 级/
〔日〕财团法人日本国际教育支援协会，〔日〕
独立行政法人国际交流基金编著 . —北京：高等
教育出版社；2006.07. —140 页；26cm + 光盘 1
张 . —（日本语能力考试全攻略系列）
ISBN 7 - 04 - 020126 - 7；15.80 元

4407　日本语能力考试真题 . 2003 年 . 3、4 级/
〔日〕财团法人日本国际教育支援协会，〔日〕独
立行政法人国际交流基金编 . —北京：高等教育
出版社；2006.07. —105 页；26cm + 光盘 1 张 . —
（日本语能力考试全攻略系列 . 历年真题系列）
ISBN 7 - 04 - 019248 - 9；13.50 元

4408　日本语能力考试真题 . 2004 年 . 3、4 级/
〔日〕财团法人日本国际教育支援协会，〔日〕
独立行政法人国际交流基金编著 . —北京：高等
教育出版社；2006.07. —102 页；26cm + 光盘 1
张 . —（日本语能力考试全攻略系列）
ISBN 7 - 04 - 020127 - 5；13.80 元

4409　日本语能力考试真题 . 2004 年 . 1、2 级/
〔日〕财团法人日本国际教育支援协会，〔日〕
独立行政法人国际交流基金编著 . —北京：高等
教育出版社；2006.07. —135 页；26cm + 光盘 1
张 . —（日本语能力考试全攻略系列）
ISBN 7 - 04 - 019249 - 7；15.80 元

4410　日本语中级语法/
刘文照，〔日〕海老原博编著 . —上海：华东理
工大学出版社；2006.06. —500 页；20cm
ISBN 7 - 5628 - 1890 - 8；24.00 元

本书是针对有一定日语基础的学习者，如大学二年级日语专业或学完日语初级的读者。

4411 日常交际礼仪．职场篇/
〔日〕古谷治子著；刘霞译．—北京：电子工业出版社；2006.09．—197 页；23cm
ISBN 7 – 121 – 03075 – 6；25.00 元
本书集作者担任人才培育顾问 15 年之经验，浓缩成不可或缺的职场礼仪精华。

4412 日英汉会话．海外旅游篇/
〔日〕宍户真著；曹星译．—北京：外语教学与研究出版社；2006.04．—151 页；19cm
ISBN 7 – 5600 – 5198 – 7；23.90 元
本书为系列丛书《日英汉会话》的《海外旅游篇》，共收录 196 个旅游情景会话。

4413 日英汉会话．日常生活篇/
〔日〕草野进著；曹星译．—北京：外语教学与研究出版社；2006.04．—134 页；19cm
ISBN 7 – 5600 – 5197 – 9；22.90 元
本书为系列丛书《日英汉会话》中的《日常生活篇》，共收录 177 段常用会话文。

4414 日语北京导游
徐跃，〔日〕小池晴子编著．—北京：中国旅游出版社；2006.10；23cm
ISBN 7 – 5032 – 2982 – 9（平装），32.00 元
本书用日语对北京各大景点介绍，介绍其文化、文物、历史、自然景观等。

4415 日语基础语法新讲：描写语法导论
〔日〕森山卓郎著；贾黎黎，雷桂林译．—北京：外语教学与研究出版社；2006.09；20cm．—（新日本语学基础译丛）
ISBN 7 – 5600 – 5219 – 3，16.90 元
本书主要介绍了日语语言学研究时所涉及的一些语言学方面的分类，如词法、格与态的关系、时、体关系、语气、复句、篇章、待遇表现等内容。

4416 日语捷路通．口语
〔日〕远藤义孝等编．—天津：南开大学出版社，天津电子出版社；2006.12；21 cm + 光盘 1 张．—（日语导航系列丛书）
ISBN 7 – 310 – 02557 – 1，20.50 元
本书主要是对初学日语者在口语方面的练习及讲解。

4417 日语捷路通．听力
〔日〕文化外国语专门学校编．—天津：南开大

学出版社，天津北洋音像出版社；2006.12；21cm + 光盘 4 张．—（日语导航系列丛书）
ISBN 7 – 310 – 02558 – X，23.50 元
本书主要对初学日语者在听力方面的练习和容易出错的地方进行详细的讲解与练习。

4418 日语敬语：初、中、高级/
〔日〕三吉礼子，〔日〕矢岛清美著；陈崇君译．—北京：北京大学出版社；2006.01．—174 页；21cm．—（实践日本语丛书；18）
ISBN 7 – 301 – 09785 – 9；12.00 元
本书是从形容词的六个方面。

4419 日语能力测试高分文法．一级/
〔日〕落合太郎，〔日〕原直美著．—天津：南开大学出版社；2006.08．—109 页；26cm
ISBN 7 – 310 – 02470 – 2；14.00 元
本书是由日本人编写的以日语能力考试为要求进行的各种题型的练习。

4420 日语能力测验考试出题解密．1 级语法
〔日〕今井干夫编．—天津：南开大学出版社，天津电子出版社；2006.12；26cm．—（日语导航系列丛书）
ISBN 7 – 310 – 02563 – 6，12.00 元
本书针对外国人在日语学习、能力考试中所遇到的重点、难点和容易出错的地方进行详细的讲解与练习。

4421 日语能力测验考试出题解密．2 级语法
〔日〕今井干夫编．—天津：南开大学出版社；2006.12；26cm．—（日语导航系列丛书）
ISBN 7 – 310 – 02564 – 4，17.00 元
本书针对外国人在学习日语及能力考试中遇到的重点、难点和容易出错的语法进行详解及练习。

4422 日语能力考试 1 级、2 级试题集．2005 年/
〔日〕日本国际教育支援协会，〔日〕日本国际交流基金会著；〔日〕西藤洋一，〔日〕慧子编．—上海：学林出版社；2006.06．—167 页；26cm + 光盘 1 张
ISBN 7 – 80730 – 141 – 4；28.00 元
本书是日语学习用书，包括 2005 年日语能力考试 1、2 级试题集。

4423 日语能力考试 3 级、4 级试题集．2005 年/
〔日〕日本国际教育支援协会，〔日〕日本国际交流基金会著；〔日〕西藤洋一，〔日〕慧子编．—上海：学林出版社；2006.05．—112 页；26cm +

光盘 1 张

ISBN 7 - 80730 - 169 - 4；22.00 元

本书是日语学习用书，2005 年日语能力考试 3、4 级试题集。

4424　日语能力考试综合习题集.1 级模拟篇

〔日〕目黑真实著.—北京：外语教学与研究出版社；2006.06；20cm + 光盘 1 张.—（新出题基准）

ISBN 7 - 5600 - 5269 - X，17.90 元

4425　日语能力考试综合习题集.2 级模拟篇

〔日〕目黑真实著.—北京：外语教学与研究出版社；2006.06；20cm + 光盘 1 张.—（新出题基准）

ISBN 7 - 5600 - 5468 - 4，16.90 元

本书为《新出题基准日语能力考试综合习题集》系列中的一册，是专门为参加 2 级日语能力考试的考生编写的模拟试题。

4426　日语能力考试综合习题集.3 级模拟篇

〔日〕目黑真实著；张俏岩译.—北京：外语教学与研究出版社；2006.06；20 cm + 光盘 1 张.—（新出题基准）

ISBN 7 - 5600 - 5431 - 5，15.90 元

本书是日语能力考试综合习题集系列的 3 级模拟篇，共有两套题，分别包括文字词汇、读解、听解语法各部分，并附有答案和详细解说。

4427　日语能力考试综合习题集.4 级模拟篇

〔日〕目黑真实著；王晓静译.—北京：外语教学与研究出版社；2006.06；21 cm + 光盘 1 张.—（新出题基准）

ISBN 7 - 5600 - 5432 - 3，14.90 元

本书为《新出题基准日语能力考试综合习题集》系列中的一册，是专门为参加 4 级日语能力考试的考生编写的模拟试题。

4428　日语商务礼仪：图解：日汉对照

〔日〕安田贺计著；曹建南等译.—上海：学林出版社；2006.11；26cm.—（现代日本语系列丛书）

ISBN 7 - 5641 - 0602 - 6，21.00 元

本书根据日语三、四级要求，以基础日语教材为蓝本，设置了多种课堂活动中的对话等模块，帮助学生提高口语表达能力。

4429　日语听说入门.1/

〔日〕坂木彻等主编.—上海：复旦大学出版社；2006.08.—194 页；23cm + 光盘 2 张

ISBN 7 - 309 - 05117 - 3；18.00 元

本书有 12 个单元。

4430　日语新干线.40

〔日〕ALC 著；黄文明译.—北京：外语教学与研究出版社；2006.09；彩照，26cm + 录音带 3 盘 cm.—（日语新干线丛书）

ISBN 7 - 5600 - 5697 - 0，44.90 元

本书内容主要包括日语语言知识和日本社会文化知识两部分。

4431　日语形容词.高级/

〔日〕绿川音也，〔日〕渡部孝子著；张作义译.—北京：北京大学出版社；2006.01.—252 页；20cm.—（实践日本语丛书；17）

ISBN 7 - 301 - 09784 - 0；18.00 元

本书是从形容词的六个方面分别阐述了形容词的感情色彩和属性色彩。

4432　日语应用文大全：日汉对照

〔日〕安田贺计著；曹建南等译.—上海：学林出版社；2006.11；26cm.—（现代日本语系列丛书）

4433　日中青年友好五十年/

〔日〕辻一彦著；沈德福译.—北京：中国青年出版社；2006.09.—202 页；21cm

ISBN 7 - 5006 - 6888 - 0；20.00 元

本书作者在书中系统回顾了五十年来他为促进日中两国的青年友好交往、经济文化交流所经历的点点滴滴。

4434　如果@爱.对不起/

〔日〕森田米雄著；〔日〕猿渡静子译.—天津：天津人民出版社；2006.01.—1 册；13cm.—（新经典生活馆.悠悠生活丛书）

ISBN 7 - 201 - 051326（精装）；48.00 元（全套 4 册）

本书为图文集，表情各异的狗狗的照片传达不同的含义。

4435　如果@爱.喜欢你/

〔日〕森田米雄著；〔日〕猿渡静子译.—天津：天津人民出版社；2006.01.—1 册；13cm.—（新经典生活馆.悠悠生活丛书）

ISBN 7 - 201 - 051326（精装）；48.00 元（全套 4 册）

本书是图文集，表情各异的狗狗的照片传达不同的含义。

4436 如果@爱．谢谢你/
〔日〕森田米雄著；〔日〕猿渡静子译．—天津：
天津人民出版社；2006.01.—1册；13cm．—（新
经典生活馆．悠悠生活丛书）
ISBN 7－201－051326（精装）；48.00元（全套
4册）
本书是图文集，表情各异的狗狗的照片传达不
同的含义。

4437 如果@爱．祝福你/
〔日〕森田米雄著；〔日〕猿渡静子译．—天津：
天津人民出版社；2006.01.—1册；13cm．—（新
经典生活馆．悠悠生活丛书）
ISBN 7－201－051326（精装）；48.00元（全套
4册）
本书是图文集，表情各异的狗狗的照片传达不
同的含义。

4438 瑞萨 M16C/62P 单片机原理和应用/
〔日〕矢野敏之等编著．—北京：清华大学出版
社；2006.07.—341页；26cm＋光盘1张．—
（瑞萨科技系列单片机原理和应用丛书）
ISBN 7－302－13209－7；46.00元
本书介绍了瑞萨科技股份有限公司最近推出的16
位 M16C/62P 单片机的工作原理、性能特点和应
用方法。

4439 三十岁的女人/
〔日〕林真理子著；周龙梅译．—青岛：青岛出
版社；2006.01.—296页；20cm
ISBN 7－5436－3537－2；19.80元
本书描写的焦点是小资一族白领女性的情感
世界。

4440 色彩搭配 SHOW/
〔日〕武藤美和著；北京《瑞丽》杂志社编
译．—北京：中国轻工业出版社；2006.08.—128
页；彩照；23cm＋精美配色卡1册．—（瑞丽
BOOK）
ISBN 7－5019－5569－7；30.00元
本书将色彩分为更容易感知的8种类型。

4441 色彩营销/
〔日〕下川美知琉著；陈刚，屠一凡译．—北京：
科学出版社；2006.07.—232页；图；24cm．—（市
场营销新概念系列）
ISBN 7－03－017323－6；29.80元

4442 色彩战略：色彩设计的商业应用/
〔日〕南云治嘉著；黄文娟译．—北京：中国青

年出版社；2006.07.—211页；29cm
ISBN 7－5006－6995－X；88.00元
本书汇集了世界著名公司品牌的色彩方案，内容
涵盖餐饮业、媒体等各种行业的色彩设计。

4443 森田疗法入门：人生的学问/
〔日〕田代信维著；路英智译．—北京：人民卫
生出版社；2006.08.—149页；20cm
ISBN 7－117－07721－2（精装）；22.00元
本书系统介绍了作者用森田疗法治疗神经症的
过程，并对其治疗机理从理论上做一彻底探讨。

4444 森田疗法入门：人生的学问/
〔日〕田代信维著；路英智译．—北京：人民卫
生出版社；2006.08.—149页；20cm
ISBN 7－117－07834－0；15.00元
本书是国际森田疗法学会理事长田代信维教授
对其多年来利用森田疗法治疗众多患者的过程
和经验的总结。

4445 沙门空海之大唐鬼宴．1，入唐/
〔日〕梦枕貘著；林皎碧译．—上海：百家出版
社；2006.01.—313页；21cm
ISBN 7－80703－439－4；21.80元

4446 沙门空海之大唐鬼宴．2，咒俑/
〔日〕梦枕貘著；徐秀娥译．—上海：百家出版
社；2006.03.—346页；21cm
ISBN 7－80703－457－2；25.80元
本书描写了有关空海解开大唐皇帝死亡秘密的
故事。

4447 沙门空海之大唐鬼宴．3，胡术/
〔日〕梦枕貘著；徐秀娥译．—上海：百家出版
社；2006.04.—330页；21cm
ISBN 7－80703－464－5；24.80元
本书描写了日本史上著名的和尚——"弘法大
师"空海804年渡唐两年间所发生的故事。

4448 沙门空海之大唐鬼宴．4，不空/
〔日〕梦枕貘著；徐秀娥译．—上海：百家出版
社；2006.05.—346页；21cm
ISBN 7－80703－465－3；25.80元
本书描写了日本史上著名的和尚——"弘海大
师"空海804年渡唐两年间所发生的故事。

4449 商务日语会话修养：日汉对照
〔日〕安田贺计著；叶庆译．—上海：学林出版
社；2006.11；26cm．—（现代日本语系列丛书）

4450　商务谈判日语

〔日〕米田隆介等著 . —北京：外语教学与研究出版社；2006.09；26cm＋光盘 1 张

ISBN 7 - 5600 - 5467 - 6，27.90 元

为了满足越来越多的日语学习者渴望学到在商战中极具实用性的日语，编者们特针对中级日语水平的学习者编写了这本掌握商务日语会话规律及原则的教程。

4451　商业推广设计教程 . 传单设计

〔日〕内田广由纪著；暴风明译 . —北京：中国青年出版社；2006.12；彩图；26cm

ISBN 7 - 5006 - 7053 - 2，108.00 元（全套 2 册）

本书分"商品目录设计"和"传单设计"两个分册，详细介绍了商业推广设计的发展历程、创意方法、设计实务和制作流程。

4452　商业推广设计教程 . 商品目录设计

〔日〕内田广由纪著；暴风明译 . —北京：中国青年出版社；2006.12：彩图；26cm

ISBN 7 - 5006 - 7053 - 2，108.00 元（全套 2 册）

本书分"商品目录设计"和"和传单设计"两个分册，详细介绍了商业推广设计的发展历程、创意方法、设计实务和制作流程。

4453　商业推广设计手册：DM 设计

〔日〕南云治嘉编著；武湛译 . —北京：中国青年出版社；2006.11；26cm

ISBN 7 - 5006 - 7086 - 9，210.00 元（全套 5 册）

本书由日本资深的学者南云治嘉精心策划、编著，共有宣传手册篇、传单篇、传单版式篇、DM 篇以及色彩篇五部分内容。

4454　商业推广设计手册：传单版式设计

〔日〕南云治嘉编著；袁琳译 . —北京：中国青年出版社；2006.11；26cm

ISBN 7 - 5006 - 7086 - 9，210.00 元（全套 5 册）

本书由日本资深的学者南云治嘉精心策划、编著，共有宣传手册篇、传单篇、传单版式篇、DM 篇以及色彩篇五部分内容。

4455　商业推广设计手册：传单设计

〔日〕南云治嘉编著；俞喆译 . —北京：中国青年出版社；2006.11；26cm

ISBN 7 - 5006 - 7086 - 9，210.00 元（全套 5 册）

本书由日本资深的学者南云治嘉精心策划、编著，共有宣传手册篇、传单篇、传单版式篇、DM 篇以及色彩篇五部分内容。

4456　商业推广设计手册：色彩设计

〔日〕南云治嘉编著；刘丹扬译 . —北京：中国青年出版社；2006.11；26cm

ISBN 7 - 5006 - 7086 - 9，210.00 元（全套 5 册）

本书由日本资深的学者南云治嘉精心策划、编著，共有宣传手册篇、传单篇、传单版式篇、DM 篇以及色彩篇五部分内容。

4457　商业推广设计手册：宣传手册设计

〔日〕南云治嘉编著；张静秋译 . —北京：中国青年出版社；2006.11；26cm

ISBN 7 - 5006 - 7086 - 9，210.00 元（全套 5 册）

本书由日本资深的学者南云治嘉精心策划、编著，比较全面地剖析了商业推广设计的各种方式和技巧。

4458　设计中的设计/

〔日〕原研哉著；朱锷译 . —济南：山东人民出版社；2006.11. —212 页；80 幅；23cm

ISBN 7 - 209 - 04106 - 0；48.00 元

在本书中，设计师原研哉为我们阐述了设计的深层内涵。

4459　社会科的使命与魅力：日本社会科教育文选

〔日〕市川博主编；沈晓敏等译 . —北京：教育科学出版社；2006.04. —462 页；24cm. —（世界课程与教学新理论文库/钟启泉，张华主编）

ISBN 7 - 5041 - 3103 - 2；48.00 元

本书分为理论篇、实践篇、反思与展望三部分。

4460　神奇宝贝：彩色电视珍藏版 . 第 1 辑 . 1

〔日〕田尻智著；碧日译 . —南昌：二十一世纪出版社；2006.09：彩图；15cm

ISBN 7 - 5391 - 3508 - 5，7.50 元

本套书由日本引进，是风靡世界的卡通书。

4461　神奇宝贝：彩色电视珍藏版 . 第 1 辑 . 2

〔日〕田尻智著；碧日译 . —南昌：二十一世纪出版社；2006.09：彩图；15cm

ISBN 7 - 5391 - 3508 - 5，7.50 元

本套书由日本引进，是风靡世界的卡通书。

4462　神奇宝贝：彩色电视珍藏版 . 第 1 辑 . 3

〔日〕田尻智著；碧日译 . —南昌：二十一世纪出版社；2006.09：彩图；15cm

ISBN 7 - 5391 - 3508 - 5，7.50 元

本套书由日本引进，是风靡世界的卡通书。

4463　神奇宝贝：彩色电视珍藏版 . 第 1 辑 . 4

〔日〕田尻智著；碧日译 . —南昌：二十一世纪出版社；2006.09：彩图；15cm

ISBN 7 - 5391 - 3508 - 5，7.50 元

本套书由日本引进，是风靡世界的卡通书。

4464 神奇宝贝：彩色电视珍藏版．第 1 辑．5
〔日〕田尻智著；碧日译 . 一南昌：二十一世纪
出版社；2006.09：彩图；15cm
ISBN 7 - 5391 - 3508 - 5，7.50 元

本套书由日本引进，是风靡世界的卡通书。

4465 神奇宝贝：彩色电视珍藏版．第 2 辑．1/
〔日〕田尻智著；碧日译 . 一南昌：二十一世纪
出版社；2006.01. —173 页；18cm
ISBN 7 - 5391 - 3170 - 5；10.00 元

本书以神奇宝贝作为贯穿全书的主角，讲述了
神奇宝贝训练师小智精彩而离奇的探险经历。

4466 神奇宝贝：彩色电视珍藏版．第 2 辑．1
〔日〕田尻智著；碧日译 . 一南昌：二十一世纪
出版社；2006.10：彩图；15cm
ISBN 7 - 5391 - 3509 - 3，7.50 元

本书由日本引进，是风靡世界的卡通书。

4467 神奇宝贝：彩色电视珍藏版．第 2 辑．2/
〔日〕田尻智著；碧日译 . 一南昌：二十一世纪
出版社；2006.01. —174 页；18cm
ISBN 7 - 5391 - 3170 - 5；10.00 元

本书以神奇宝贝作为贯穿全书的主角，讲述了
神奇宝贝训练师小智精彩而离奇的探险经历。

4468 神奇宝贝：彩色电视珍藏版．第 2 辑．2
〔日〕田尻智著；碧日译 . 一南昌：二十一世纪
出版社；2006.10：彩图；15cm
ISBN 7 - 5391 - 3509 - 3，7.50 元

本书由日本引进，是风靡世界的卡通书。

4469 神奇宝贝：彩色电视珍藏版．第 2 辑．3/
〔日〕田尻智著；碧日译 . 一南昌：二十一世纪
出版社；2006.01. —173 页；18cm
ISBN 7 - 5391 - 3170 - 5；10.00 元

本书以神奇宝贝作为贯穿全书的主角，讲述了
神奇宝贝训练师小智精彩而离奇的探险经历。

4470 神奇宝贝：彩色电视珍藏版．第 2 辑．3
〔日〕田尻智著；碧日译 . 一南昌：二十一世纪
出版社；2006.10：彩图；15cm
ISBN 7 - 5391 - 3509 - 3，7.50 元

本书由日本引进，是风靡世界的卡通书。

4471 神奇宝贝：彩色电视珍藏版．第 2 辑．4/
〔日〕田尻智著；碧日译 . 一南昌：二十一世纪

出版社；2006.01. —174 页；18cm
ISBN 7 - 5391 - 3170 - 5；10.00 元

本书以神奇宝贝作为贯穿全书的主角，讲述了神
奇宝贝训练师小智精彩而离奇的探险经历。

4472 神奇宝贝：彩色电视珍藏版．第 2 辑．4
〔日〕田尻智著；碧日译 . 一南昌：二十一世纪
出版社；2006.10：彩图；15cm
ISBN 7 - 5391 - 3509 - 3，7.50 元

本书由日本引进，是风靡世界的卡通书。

4473 神奇宝贝：彩色电视珍藏版．第 2 辑．5
〔日〕田尻智著；碧日译 . 一南昌：二十一世纪
出版社；2006.10：彩图；15cm
ISBN 7 - 5391 - 3509 - 3，7.50 元

本书由日本引进，是风靡世界的卡通书。

4474 神奇宝贝：彩色电视珍藏版．第 3 辑．1
〔日〕田尻智著；碧日译 . 一南昌：二十一世纪
出版社；2006.12：彩图；15cm
ISBN 7 - 5391 - 3558 - 1，7.50 元

本套书由日本引进，是风靡世界的卡通书。

4475 神奇宝贝：彩色电视珍藏版．第 3 辑．2
〔日〕田尻智著；碧日译 . 一南昌：二十一世纪
出版社；2006.12：彩图；15cm
ISBN 7 - 5391 - 3558 - 1，7.50 元

本套书由日本引进，是风靡世界的卡通书。

4476 神奇宝贝：彩色电视珍藏版．第 3 辑．3
〔日〕田尻智著；碧日译 . 一南昌：二十一世纪
出版社；2006.12：彩图；15cm
ISBN 7 - 5391 - 3558 - 1，7.50 元

本套书由日本引进，是风靡世界的卡通书。

4477 神奇宝贝：彩色电视珍藏版．第 3 辑．4
〔日〕田尻智著；碧日译 . 一南昌：二十一世纪
出版社；2006.12：彩图；15cm
ISBN 7 - 5391 - 3558 - 1，7.50 元

本套书由日本引进，是风靡世界的卡通书。

4478 神奇宝贝：彩色电视珍藏版．第 3 辑．5
〔日〕田尻智著；碧日译 . 一南昌：二十一世纪
出版社；2006.12：彩图；15cm
ISBN 7 - 5391 - 3558 - 1，7.50 元

本套书由日本引进，是风靡世界的卡通书。

4479 神奇宝贝：彩色电视珍藏版．第 4 辑．1
〔日〕田尻智著；碧日译 . 一南昌：二十一世纪
出版社；2007.01：彩图；15cm

ISBN 978 - 7 - 5391 - 3643 - 1，7.50 元
本套书由日本引进，是风靡世界的卡通书。

4480　神奇宝贝：彩色电视珍藏版．第 4 辑．2
〔日〕田尻智著；碧日译．—南昌：二十一世纪
出版社；2007.01：彩图；15cm
ISBN 978 - 7 - 5391 - 3643 - 1，7.50 元
本套书由日本引进，是风靡世界的卡通书。

4481　神奇宝贝：彩色电视珍藏版．第 4 辑．3
〔日〕田尻智著；碧日译．—南昌：二十一世纪
出版社；2007.01：彩图；15cm
ISBN 978 - 7 - 5391 - 3643 - 1，7.50 元
本套书由日本引进，是风靡世界的卡通书。

4482　神奇宝贝：彩色电视珍藏版．第 4 辑．4
〔日〕田尻智著；碧日译．—南昌：二十一世纪
出版社；2007.01：彩图；15cm
ISBN 978 - 7 - 5391 - 3643 - 1，7.50 元
本套书由日本引进，是风靡世界的卡通书。

4483　神奇宝贝：彩色电视珍藏版．第 4 辑．5
〔日〕田尻智著；碧日译．—南昌：二十一世纪
出版社；2007.01：彩图；15cm
ISBN 978 - 7 - 5391 - 3643 - 1，7.50 元
本套书由日本引进，是风靡世界的卡通书。

4484　神奇宝贝金·银．金色少年/
〔日〕齐藤宗南著；吉林美术出版社译．—长春：
吉林美术出版社；2006.01．—3 册；18cm
ISBN 7 - 5386 - 1899 - 6；19.50 元

4485　神奇宝贝．红宝石·蓝宝石篇/
〔日〕穴久保幸作著．—长春：吉林美术出版社；
2006.01．—4 册；18cm
ISBN 7 - 5386 - 1886 - 4；26.00 元

4486　神奇的地球大冒险/
〔日〕多湖辉著；王丽娜译．—北京：中国轻工业
出版社；2006.05．—181 页；图；18cm．—（头脑
体操；第 9 集）
ISBN 7 - 5019 - 5363 - 5；8.00 元
本书提出了很多新颖有趣而又富有挑战的问题，
使读者把他们被固有观念弄得硬邦邦的头脑变
得如同魔芋一般柔软起来。

4487　蜃景都市
〔日〕田中芳树著；〔日〕天野喜孝绘；简洁译．
—南宁：接力出版社；2006.11；20cm．—（创
龙传；5）

ISBN 7 - 80732 - 454 - 6，15.00 元
本书是日本著名作家田中芳树以中国神话为素
材，现代日本为背景的一部浪漫传奇小说。

4488　生活中的趣味科学
〔日〕照井俊著；马丽译．—北京：中国民族摄
影艺术出版社；2006.02；20cm
ISBN 7 - 80069 - 699 - 5（平装），18.00 元
本书是一本从内容上深入浅出的科普读物，它讲
述的是人们在日常生活中常见的各种知识。

4489　生日快乐/
〔日〕青木和雄，〔日〕吉富多美著；彭懿，周
龙梅译．—南宁：接力出版社；2006.06．—228
页；21cm
ISBN 7 - 80732 - 377 - 9；18.00 元
本书为长篇小说。

4490　生态人类学的视野/
〔日〕秋道智弥，〔日〕市川光雄，〔日〕大冢柳
太郎编著；范广融，尹绍亭译．—昆明：云南大
学出版社；2006.03cm．—188 页；照片；24cm．—
（21 世纪人类学文库/尹绍亭等主编）
ISBN 7 - 81112 - 038 - 0；26.00 元
本书共两部分，分为生态人类学的理论和方法、
生态人类学的现代展开。由 12 位日本人类学者
的田野考察研究报告组成。

4491　生物反应工程：第 3 版/
〔日〕山根恒夫著；邢新会译．—北京：化学工
业出版社；2006.04．—228 页；26cm．—（国外
名校名著）
ISBN 7 - 5025 - 8200 - 2；29.80 元
本书内容为生物工程绪论、酶反应工程和微生物
反应过程。

**4492　生物活性物质化学：学习有机合成的思考
方法/**
〔日〕森谦治著；李作轩，沈向群，代红艳译．—
北京：化学工业出版社；2006.06．—203 页；20cm
ISBN 7 - 5025 - 8545 - 1（精装）；25.00 元
本书介绍了生物活性天然物的发现、分离纯化、
结构测定、合成方法及应用。

4493　生意兴隆的 48 条法则/
〔日〕氏家秀太著；王璐译．—北京：中国宇航
出版社；2006.04．—157 页；19 × 21cm．—（旺
铺丛书）
ISBN 7 - 80218 - 106 - 2；20.00 元
提出的如何实现将亏损店做成盈利店的 48 个
方案。

4494 胜算：用智慧击垮竞争对手/
〔日〕盖伊·川崎著；张力译．—北京：京华出版社；2006.02.—210 页；24cm
ISBN 7-80724-165-9；26.00 元
本书从完全正面的角度阐述了商界竞争的真谛，对商界人士很有启迪。

4495 时尚发型 169/
〔日〕双叶社编；王先进，郭威译．—郑州：河南科学技术出版社；2006.08.—82 页；26cm
ISBN 7-5349-3400-1；24.00 元

4496 时装设计表现技法
〔日〕高村是州著；张静秋等译．—北京：中国青年出版社；2006.06；27cm
ISBN 7-5006-6992-5（平），59.80 元
本书由日本资深服装设计培训专家编写，从服装设计绘图的角度入手，根据人体、服饰、着色、电脑绘图等不同内容和步骤，详细讲解了时装画的绘制方法。

4497 实用电源电路设计：从整流电路到开关稳压器/
〔日〕户川治朗著；高玉苹，唐伯雁，李大寨译．—北京：科学出版社；2006.01.—367 页；24cm
ISBN 7-03-016512-8；42.00 元
本书将用途广泛的各种电源装置的设计方法，利用很多电路实例进行一一介绍。

4498 实用色彩设计手册/
〔日〕古贺惠子著；袁玥译．—北京：电子工业出版社；2006.11.—182 页；彩图；26＋光盘 1 张．—（飞思艺术设计院）
ISBN 7-121-03149-3；45.00 元
本书介绍了实用配色技巧，并设置了大量可供读者实际操作的配色练习。

4499 世界热饮名品/
〔日〕秀宏出版社著；王伦译．—北京：中国画报出版社；2006.08.—159 页；107 幅；21cm
ISBN 7-80220-026-1；28.00 元
本书详细介绍了世界 85 种热饮的调制方法，并配以精彩的世界各国义化背景故事。

4500 世界史纲/
〔日〕上田茂树著；柳岛生译．—上海：上海文艺出版社；2006.07.—129 页；23cm
ISBN 7-5321-2975-6；15.00 元
本书为普及性读物，简要叙述了世界历史的发展概况。

4501 世界中的日本宗教/
〔日〕梅原猛著；卞立强，李力译．—成都：四川人民出版社；2006.07.—234 页；20cm．—（宗教与世界丛书/何光沪主编）
ISBN 7-220-07196-5；15.00 元
本书论述了日本的原始信仰、日本佛教及神道教的基本特点及历史流变，论述了宗教对日本文化、思想及习俗的影响。

4502 世界最古老的神话：美索不达米亚和埃及的神话/
〔日〕矢岛文夫著；张朝柯编译．—北京：东方出版社；2006.08.—307 页；20cm
ISBN 7-5060-2498-5；23.00 元
书中重点介绍的是世界最古老的神话中的名篇，包括苏美尔、阿卡德、赫梯和埃及最具代表性的神话。

4503 市场调研/
〔日〕石井荣造著；陈晶晶译．—北京：科学出版社；2006.07.—200 页；24cm．—（市场营销新概念系列）
ISBN 7-03-017324-4；27.00 元
而市场调研则是市场存在的基础，是开发市场与检验市场的一种重要手段。

4504 室内设计效果图手绘技法．快速表现篇
〔日〕长谷川矩祥编著；武湛译．—北京：中国青年出版社；2006.12；26cm
ISBN 7-5006-7087-7（平装），112.00 元（全套 2 册）
本书通过对大量的家装设计案例进行分析和设计表现，主要阐明了对家居的设计理念、空间的处理技巧、装饰元素的运用，并重点展现了手绘效果图的表现手法。

4505 室内设计效果图手绘技法．色彩表现篇
〔日〕长谷川矩祥编著；武湛译．—北京：中国青年出版社；2006.12；26cm
ISBN 7-5006-7087-7（平装），112.00 元（全套 2 册）
本书通过对大量的家装设计案例进行分析和设计表现，主要阐明了对家居的设计理念、空间的处理技巧、装饰元素的运用，并重点展现了手绘效果图的表现手法。

4506 是什么?：汉英对照/
〔日〕后藤徹著；〔日〕后藤静子绘；思铭译．—北京：中国电力出版社；2006.05.—1 册；图；17cm．—（翻翻转 猜猜看；2）

ISBN 7 - 5083 - 42666（精装）；18.00 元

本书要告诉你："观看东西的方法不止一种"，每幅画颠倒过来都是一个新的世界。

4507　适度运动与健康/

〔日〕池上晴夫著；曲焕云，任锋译．—北京：科学出版社；2006.11.—156 页；20cm．—（健康新时代系列）

ISBN 7 - 03 - 015267 - 0；16.00 元

4508　手工入门.2 岁/

〔日〕多湖辉主编；杨晓红译．—杭州：浙江人民美术出版社；2006.06.—79 页；80 幅；29cm + 附贴纸．—（多湖辉新头脑开发丛书）

ISBN 7 - 5340 - 2110 - 3；13.80 元

本书教给儿童用剪刀和胶水进行手工制作，能使孩子的双手变得更加灵巧，智力得到进一步的开发。

4509　手绢上的花田/

〔日〕安房直子著；彭懿译；〔日〕岩渊庆造绘．—南宁：接力出版社；2006.01.—126 页；43幅；20cm

ISBN 7 - 80679 - 995 - 8；11.00 元

本书为童话。

4510　数的训练.2 岁/

〔日〕多湖辉主编；杨晓红译．—杭州：浙江人民美术出版社；2006.10.—1 册；29cm．—（多湖辉新头脑开发丛书）

ISBN 7 - 5340 - 2194 - 4；13.80 元

本书以 2 岁孩子的理解程度，培养他们正确理解数数概念的训练。

4511　数的训练.3 岁/

〔日〕多湖辉主编；杨晓红译．—杭州：浙江人民美术出版社；2006.10.—1 册；29cm．—（多湖辉新头脑开发丛书）

ISBN 7 - 5340 - 2195 - 2；13.80 元

本书以 3 岁孩子的理解程度，培养他们正确理解数数概念的训练。

4512　数的训练.4 岁/

〔日〕多湖辉主编；杨晓红译．—杭州：浙江人民美术出版社；2006.10.—1 册；64 幅；29cm．—（多湖辉新头脑开发丛书）

ISBN 7 - 5340 - 2196 - 0；13.80 元

本书以 4 岁孩子的理解程度，强化他们认数和数概念的训练。

4513　数的训练.5 岁/

〔日〕多湖辉主编；杨晓红译．—杭州：浙江人民美术出版社；2006.10.—1 册；64 幅；29cm．—（多湖辉新头脑开发丛书）

ISBN 7 - 5340 - 2197 - 9；13.80 元

本书以 5 岁孩子的理解程度，巩固他们认数和数概念的训练。

4514　数的训练.6 岁/

〔日〕多湖辉主编；杨晓红译．—杭州：浙江人民美术出版社；2006.10.—1 册；29cm．—（多湖辉新头脑开发丛书）

ISBN 7 - 5340 - 2198 - 7；13.80 元

本书以 6 岁孩子的理解程度，巩固他们认数和数概念的训练。

4515　数独 SU DOKU.1/

〔日〕Nikoli 公司编；静子译．—天津：天津教育出版社；2006.01.—123 页；18cm

ISBN 7 - 5309 - 4489 - 4；18.00 元（全套 2 册）

本书是数字游戏的书。

4516　数独 SU DOKU.2/

〔日〕Nikoli 公司编；静子译．—天津：天津教育出版社；2006.01.—123 页；18cm

ISBN 7 - 5309 - 4489 - 4；18.00 元（全套 2 册）

本书是数字游戏的书。

4517　数独风暴.第 1 部/

〔日〕蜂鸟著；张宏飞译．—北京：中国画报出版社；2006.04.—3 册；18cm

ISBN 7 - 80220 - 015 - 6；26.40 元

本书有 300 道数独题，对数独的游戏规则和解题技巧进行了讲解。

4518　数独风暴.第 2 部/

〔日〕蜂鸟著；张宏飞译．—北京：中国画报出版社；2006.05.—3 册；18cm

ISBN 7 - 80220 - 022 - 9；26.40 元

本书有 300 道数独题，对数独的游戏规则和解题技巧进行了讲解。

4519　数独.3/

〔日〕Nikoli 公司编；静子译．—天津：天津教育出版社；2006.01.—123 页；18cm

ISBN 7 - 5309 - 4490 - 8；18.00 元（全套 2 册）

本书是一本数字游戏的书。

4520　数独.4/

〔日〕Nikoli 公司编；静子译．—天津：天津教育

出版社；2006.01.—123 页；18cm
ISBN 7 – 5309 – 4623 – 4；18.00 元（全套 2 册）
本书是一本数字游戏的书。

4521 数独.5/
〔日〕Nikoli 公司编；静子译.—天津：天津教育
出版社；2006.01.—123 页；18cm
ISBN 7 – 5309 – 4624 – 2；18.00 元（全套 2 册）
本书是一本数字游戏的书。

4522 数独.6/
〔日〕Nikoli 公司编；静子译.—天津：天津教育
出版社；2006.01.—123 页；18cm
ISBN 7 – 5309 – 4624 – 2；18.00 元（全套 2 册）
本书是一本数字游戏的书。

4523 数学谜题/
〔日〕逢泽明著；甄晓仁译.—北京：北京理工
大学出版社；2006.01.—202 页；20cm.—（头
脑训练丛书）
ISBN 7 – 5640 – 0651 – X；15.00 元

4524 数字电路设计/
〔日〕汤山俊夫著；关静，胡圣尧译.—北京：
科学出版社；2006.08.—243 页；24cm.—（图
解实用电子技术丛书）
ISBN 7 – 03 – 017494 – 1；35.00 元

4525 数字化商业模式/
〔日〕大前研一等著；王小燕译.—北京：中信
出版社；2006.04.—254 页；24cm.—（大前研
一管理实践系列；2）
ISBN 7 – 5086 – 0594 – 2；32.00 元
本书不仅收录了十几位互联网精英的成功案例，
还针对数字时代创业的商业机遇和特点，提供
了几则创业者案例的分析和研究。

4526 帅哥本是胆小鬼/
〔日〕山中恒著；叶荣鼎译.—上海：少年儿童
出版社；2006.09.—189 页；20cm.—（日本校
园风靡小说）
ISBN 7 – 5324 – 6996 – 4；12.00 元

4527 水边的摇篮/
〔日〕柳美里著；竺家荣译.—北京：人民文学
出版社；2006.09.—149 页；20cm.—（柳美里
作品系列）
ISBN 7 – 02 – 005502 – 8；11.00 元
本书为中篇小说，描写了一个问题少年的杀父
故事。

4528 水果篮子.第 1 卷/
〔日〕高屋奈月编；梁晓岩译.—北京：中国少年
儿童出版社；2006.08.—1 册；18cm.—（花与
梦）
ISBN 7 – 5007 – 8246 – 2；7.20 元

4529 水果篮子.第 2 卷/
〔日〕高屋奈月编；梁晓岩译.—北京：中国少年
儿童出版社；2006.08.—1 册；18cm.—（花与
梦）
ISBN 7 – 5007 – 8247 – 0；7.20 元

4530 水果篮子.第 3 卷/
〔日〕高屋奈月编；梁晓岩译.—北京：中国少年
儿童出版社；2006.08.—1 册；18cm.—（花与
梦）
ISBN 7 – 5007 – 8248 – 9；7.20 元

4531 水果篮子.第 4 卷/
〔日〕高屋奈月编；梁晓岩译.—北京：中国少年
儿童出版社；2006.08.—1 册；18cm.—（花与
梦）
ISBN 7 – 5007 – 8249 – 7；7.20 元

4532 水果篮子.第 5 卷/
〔日〕高屋奈月编；梁晓岩译.—北京：中国少
年儿童出版社；2006.08.—1 册；18cm.—（花
与梦）
ISBN 7 – 5007 – 8250 – 0；7.20 元

4533 水果篮子.第 6 卷
〔日〕高屋奈月编；梁晓岩译.—北京：中国少年
儿童出版社；2006.08.—1 册；18cm.—（花与
梦）
ISBN 7 – 5007 – 8251 – 9；7.20 元

4534 水果篮子.第 7 卷/
〔日〕高屋奈月编；梁晓岩译.—北京：中国少
年儿童出版社；2006.09.—189 页；18cm.—（花
与梦）
ISBN 7 – 5007 – 6762 – 5；7.20 元

4535 水果篮子.第 8 卷/
〔日〕高屋奈月编；梁晓岩译.—北京：中国少年
儿童出版社；2006.09.—195 页；18cm.—（花
与梦）
ISBN 7 – 5007 – 6763 – 3；7.20 元

4536 水果篮子.第 9 卷/
〔日〕高屋奈月编；梁晓岩译.—北京：中国少年

儿童出版社；2006.09.—195 页；18cm.—（花与梦）

ISBN 7－5007－6787－0；7.20 元

4537　水果篮子．第 10 卷/

〔日〕高屋奈月编；梁晓岩译．—北京：中国少年儿童出版社；2006.09.—195 页；18cm.—（花与梦）

ISBN 7－5007－6788－9；7.20 元

4538　水果篮子．第 11 卷/

〔日〕高屋奈月编；梁晓岩译．—北京：中国少年儿童出版社；2006.09.—195 页；18cm.—（花与梦）

ISBN 7－5007－6789－7；7.20 元

4539　水果篮子．第 12 卷/

〔日〕高屋奈月编；梁晓岩译．—北京：中国少年儿童出版社；2006.09.—195 页；18cm.—（花与梦）

ISBN 7－5007－6790－0；7.20 元

4540　水果篮子．第 14 卷

〔日〕高屋奈月编；梁晓岩译．—北京：中国少年儿童出版社；2006.10；18cm.—（花与梦）

ISBN 7－5007－8322－1，7.20 元

4541　水果篮子．第 15 卷

〔日〕高屋奈月编；梁晓岩译．—北京：中国少年儿童出版社；2006.10；18cm.—（花与梦）

ISBN 7－5007－8323－X，7.20 元

4542　水果篮子．第 16 卷

〔日〕高屋奈月编；梁晓岩译．—北京：中国少年儿童出版社；2006.10；18cm.—（花与梦）

ISBN 7－5007－8324－8，7.20 元

4543　水果篮子．第 17 卷

〔日〕高屋奈月编；梁晓岩译．—北京：中国少年儿童出版社；2006.10；18cm.—（花与梦）

ISBN 7－5007－8325－6，7.20 元

4544　水果篮子．第 18 卷

〔日〕高屋奈月编；梁晓岩译．—北京：中国少年儿童出版社；2006.10；18cm.—（花与梦）

ISBN 7－5007－8326－4，7.20 元

4545　水果篮子．第 19 卷

〔日〕高屋奈月编；梁晓岩译．—北京：中国少年儿童出版社；2006.10；18cm.—（花与梦）

ISBN 7－5007－8327－2，7.20 元

4546　水果篮子．第 20 卷

〔日〕高屋奈月编；梁晓岩译．—北京：中国少年儿童出版社；2006.10；18cm.—（花与梦）

ISBN 7－5007－8328－0，7.20 元

4547　丝巾、披肩、围巾的系法/

〔日〕和田洋美著；杜娜译．—北京：中国画报出版社；2006.01.—143 页；150 幅；21cm.—（阳光女性系列）

ISBN 7－80024－977－8；32.00 元

本书分门别类地介绍了丝巾、披肩及围巾的结系方法，以及与之相配的衣领与其他小配饰，方便实用。

4548　丝巾、披肩、围巾的系法．2/

〔日〕和田洋美著；詹拂柳译．—北京：中国画报出版社；2006.08.—125 页；500 幅；21cm.—（阳光女性系列丛书）

ISBN 7－80220－027－X；29.80 元

本书根据不同的衣领为您介绍不同的丝巾、披肩、围巾的系法。

4549　丝巾·披肩·围巾的系法：口袋版

〔日〕和田洋美著；张宏飞译．—沈阳：辽宁科学技术出版社；2006.10；彩图；18cm

ISBN 7－5381－4820－5（平），18.00 元

本书介绍了丝巾的基本特征和不同尺寸丝巾的基本打结法。

4550　私人在法实现中的作用/

〔日〕田中英夫，〔日〕竹内昭夫著；李薇译．—北京：法律出版社；2006.05.—220 页；21cm.—（法学学术经典之民商法译丛）

ISBN 7－5036－6202－6；19.00 元

本书是从英美法和比较法的角度对日本和美国的法律制度进行比较研究的重要成果。

4551　私语词典/

〔日〕柳美里著；于荣胜译．—北京：人民文学出版社；2006.09.—133 页；20cm.—（柳美里作品系列）

ISBN 7－02－005503－6；10.00 元

本书是随笔集。

4552　思考型管理/

〔日〕大前研一等著；裴立杰译．—北京：中信出版社；2006.04.—282 页；24cm.—（大前研一管理实践系列；3）

ISBN 7－5086－0592－6；35.00 元

本书主要是从事业构想、市场营销、数字意识等角度讲述企业家需要具备何种素质和技能。

4553 四季折纸/

〔日〕学研社编；杨晓红译．—杭州：浙江人民美术出版社；2006.10．—60 页；彩图；26cm + 花色折纸 24 张．—（亲子同乐造型折纸；4）

ISBN 7 - 5340 - 2192 - 8；12.00 元

本书以折纸游戏为主要内容，让儿童自己动手进行折叠。

4554 四兄弟的觉醒/

〔日〕田中芳树著；简洁译；〔日〕天野喜孝绘．—南宁：接力出版社；2006.02．—213 页；彩图；21cm．—（创龙传；4）

ISBN 7 - 80732 - 198 - 9；15.00 元

《创龙传》系列小说是田中的代表作之一。

4555 塑身球操/

〔日〕饭岛庸一，〔日〕柿谷朱实，〔日〕松原贵弘著；肖潇译．—北京：中国画报出版社；2006.01．—127 页；彩图；21cm．—（阳光女性系列）

ISBN 7 - 80024 - 995 - 6；29.80 元

本书介绍了利用健身球进行有效练习的方法，在家中即可进行锻炼。

4556 算术．5～6 岁/

〔日〕多湖辉主编；杨晓红译．—杭州：浙江人民美术出版社；2006.01．—64 页；64 幅；29cm．—（多湖辉新头脑开发丛书）

ISBN 7 - 5340 - 2066 - 2；13.80 元

本书收录的内容为一年级算术中的加法、减法以及时间的学习。

4557 隋唐佛教文化史/

〔日〕砺渡护著；韩昇编；韩昇，刘建英译．—上海：上海古籍出版社；2004.11．—208 页；23cm．—（觉群佛学译丛/觉醒主编）

ISBN 7 - 5325 - 3923 - 7；28.00 元

本书主要考察佛教在东亚世界的传播，及传播过程中同中国儒道两家的矛盾冲突与朝廷在不同背景下新采取的不同政策。

4558 所有的男人都是消耗品/

〔日〕村上龙著；李重民译．—上海：上海译文出版社；2006.01．—167 页；20cm

ISBN 7 - 5327 - 3863 - 9；13.00 元

4559 锁国与开国/

〔日〕山口启二著；呼斯勒等译．—呼和浩特：内蒙古人民出版社；2004.12．—270 页；20cm

ISBN 7 - 20407765 - 2；30.00 元

本书介绍 16～19 世纪中叶日本的政治、经济、社会等历史。

4560 锁相环（PLL）电路设计与应用/

〔日〕远坂俊昭著；何希才译．—北京：科学出版社；2006.01．—281 页；24cm．—（图解实用电子技术丛书）

ISBN 7 - 03 - 016528 - 4；33.00 元

4561 太空牛仔/

〔日〕川元利浩编著；甘卉等译．—北京：中国青年出版社；2006.03．—142 页；彩图；28．—（日本经典游戏·动画设定资料集）

ISBN 7 - 5006 - 6623 - 3；38.00 元

本书是日本经典动画《太空牛仔》的角色设定资料集。

4562 太阳能光伏发电系统设计与施工/

〔日〕太阳光发电协会编；刘树民，宏伟译．—北京：科学出版社；2006.04．—239 页；图；26．—（可再生能源开发应用技术丛书）

ISBN 7 - 03 - 017088 - 1；39.00 元

本书对太阳能光伏发电系统从工程角度对设计到施工都以实例详细的论述。

4563 炭材料科学与工程：从基础到应用/

〔日〕稻垣道夫，康飞宇著．—北京：清华大学出版社；2006.07．—610 页；26cm

ISBN 7 - 302 - 13301 - 8（精装）；168.00 元

本书系统介绍了炭材料的科学理论知识和工程应用实例。

4564 探案故事．4，点与线/

〔日〕松本清张，〔日〕西村寿行著；梦梦，夏燕改编．—3 版．—北京：中国社会出版社；2006.09．—265 页；21cm．—（世界经典名著）

ISBN 7 - 50871512 - 8；13.00 元

本书写的是探案故事。

4565 探案故事．5，野性的证明、月亮宝石/

〔日〕森村诚一，〔英〕柯林斯基著；春华，徐清扬改编．—3 版．—北京：中国社会出版社；2006.09．—270 页；20cm．—（世界经典名著）

ISBN 7 - 5087 - 1513 - 6；13.00 元

本书写的是探案故事。

4566 唐宋时代金银之研究：以金银之货币机能为中心

〔日〕加藤繁著．—北京：中华书局，2006.12；

21cm

ISBN 7 - 101 - 04948 - 6，40.00 元

加藤繁（1880～1946）是日本学界中国经济史研究的开拓者，主要著作有《中国经济史考证》、《中国社会经济史概说》、《唐宋时代金银之研究》等。

4567　淘金热/

〔日〕柳美里著；林青华译 . —北京：人民文学出版社；2006.10. —276 页；21cm

ISBN 7 - 02 - 005500 - 1；17.00 元

这部小说描写了一个问题少年的杀父故事。

4568　讨人喜欢的 10 个习惯/

〔日〕桦旦纯著；萧云菁译 . —北京：中国友谊出版公司，2006.06. —237 页；21cm

ISBN 7 - 5057 - 2109 - 7；20.00 元

本书介绍的 10 个习惯，在人际交往中是非常重要的。

4569　天城少年之夏

〔日〕佐藤三武朗著；吴川译 . —北京：中国社会出版社；2006.12；彩照；21cm

ISBN 7 - 5087 - 1603 - 5，14.00 元

本书是一本日本小说，通过介绍小说主人公亲人的去世，揭示了人性的丑陋。

4570　天使之刃

〔日〕药丸岳著；肖烁译 . —太原：北岳文艺出版社；2006.10；23cm. —（江户川乱步奖丛书）

ISBN 7 - 5378 - 2935 - 7，21.00 元

本书是一部描写侦破一起凶杀案的推理小说。

4571　挑战日本语教师用书 . 初级 . 2

日本语教育教材开发委员会编著 . —北京：北京大学出版社；2006.12；26cm. —（日语考级丛书）

ISBN 7 - 301 - 11348 - X（平装），20.00 元

本册为挑战日本语丛书初级二的教师用书。书中内容是根据教材二十课而编写的教授法与指导法，既提高教师的授课水平，又提高学习者的驾驭语言能力和考级水平。

4572　挑战日本语练习册 . 初级 . 2

日本语教育教材开发委员会编著 . —北京：北京大学出版社；2006.12；26cm. —（日语考级丛书）

ISBN 7 - 301 - 11394 - 3，15.00 元

本册为挑战日本语丛书初级二的练习册。书中按教材构成的二十课内容的顺序编排了句型和例句，活用了每课所学内容，对提高学习者的二级考级能力颇有裨益。

4573　挑战日本语学生用书 . 初级 . 2

日本语教育教材开发委员会编著；许文英译 . —北京：北京大学出版社；2006.08；26cm. —（日语考级丛书）

ISBN 7 - 301 - 10972 - 5，12.00 元

本书为挑战日本语丛书初级二的学生用书。日语学习者可以根据书中每课出现的句型、语法提示，进行学习和翻译，便可理解、掌握教材中所学的内容。

4574　挑战日本语 . 初级 . 1

日本语教育教材开发委员会编著 . —北京：北京大学出版社；2006.01；26cm. —（日语考级丛书）

ISBN 7 - 301 - 09404 - 3（平装），32.00 元

本书是日本语基本的语音、语法，学习者学习后可以达到日语四级水平。

4575　贴贴玩玩/

〔日〕多湖辉主编；杨晓红译 . —杭州：浙江人民美术出版社；2006.06. —47 页；彩图；21 × 28cm + 奖励贴纸 1 张 . —（新头脑开发丛书）

ISBN 7 - 5340 - 2105 - 7；10.80 元

本书是为即将进入幼儿园的孩子精心准备的。

4576　头文字 D. 11/

〔日〕重野秀一著；简洁译 . —南宁：接力出版社；2006.01. —221 页；19cm

ISBN 7 - 80732 - 166 - 0；7.90 元

本书是一部极有名气的日本漫画。

4577　头文字 D. 12/

〔日〕重野秀一著；徐修颖译 . —南宁：接力出版社；2006.01. —207 页；19cm

ISBN 7 - 80732 - 167 - 9；7.90 元

《头文字 D》是一部极有名气的日本漫画。

4578　头文字 D. 13/

〔日〕重野秀一著；简洁译 . —南宁：接力出版社；2006.01. —223 页；19cm

ISBN 7 - 80732 - 168 - 7；7.90 元

《头文字 D》是一部极有名气的日本漫画。

4579　头文字 D. 14/

〔日〕重野秀一著；徐修颖译 . —南宁：接力出版社；2006.01. —220 页；19cm

ISBN 7 - 80732 - 169 - 5；7.90 元

《头文字 D》是一部极有名气的日本漫画。

4580　头文字 D. 15/
〔日〕重野秀一著；徐修颖译．—南宁：接力出版社；2006.01．—211 页；19cm
ISBN 7 - 80732 - 170 - 9；7.90 元
《头文字 D》是一部极有名气的日本漫画。

4581　头文字 D. 16/
〔日〕重野秀一著；李建云译．—南宁：接力出版社；2006.01．—219 页；19cm
ISBN 7 - 80732 - 171 - 7；7.90 元
《头文字 D》是一部极有名气的日本漫画。

4582　头文字 D. 17/
〔日〕重野秀一著；杨蔚译．—南宁：接力出版社；2006.01．—209 页；19cm
ISBN 7 - 80732 - 172 - 5；7.90 元
本书是一部极有名气的日本漫画。

4583　头文字 D. 19/
〔日〕重野秀一著；杨蔚译．—南宁：接力出版社；2006.01．—217 页；19cm
ISBN 7 - 80732 - 174 - 1；7.90 元
《头文字 D》是一部极有名气的日本漫画。

4584　头文字 D. 20/
〔日〕重野秀一著；杨蔚译．—南宁：接力出版社；2006.01．—225 页；19cm
ISBN 7 - 80732 - 175 - X；7.90 元
《头文字 D》是一部极有名气的日本漫画。

4585　头文字 D. 21/
〔日〕重野秀一著；简洁译．—南宁：接力出版社；2006.04．—210 页；19cm
ISBN 7 - 80732 - 237 - 3；7.90 元
《头文字 D》是一部极有名气的日本漫画。

4586　头文字 D. 22/
〔日〕重野秀一著；简洁译．—南宁：接力出版社；2006.04．—221 页；19cm
ISBN 7 - 80732 - 238 - 1；7.90 元
《头文字 D》是一部极有名气的日本漫画。

4587　头文字 D. 23/
〔日〕重野秀一著；简洁译．—南宁：接力出版社；2006.04．—201 页；19cm
ISBN 7 - 80732 - 239 - X；7.90 元
《头文字 D》是一部极有名气的日本漫画。

4588　头文字 D. 24/
〔日〕重野秀一著；杨蔚译．—南宁：接力出版社；2006.01．—214 页；19cm
ISBN 7 - 80732 - 240 - 3；7.90 元
《头文字 D》是一部极有名气的日本漫画。

4589　头文字 D. 25/
〔日〕重野秀一著；杨蔚译．—南宁：接力出版社；2006.04．—214 页；19cm
ISBN 7 - 80732 - 241 - 1；7.90 元
《头文字 D》是一部极有名气的日本漫画。

4590　头文字 D. 26/
〔日〕重野秀一著；杨蔚译．—南宁：接力出版社；2006.05．—213 页；18cm
ISBN 7 - 80732 - 252 - 7；7.90 元
《头文字 D》是一部极有名气的日本漫画。

4591　头文字 D. 27/
〔日〕重野秀一著；杨蔚译．—南宁：接力出版社；2006.05．—200 页；18cm
ISBN 7 - 80732 - 253 - 5；7.90 元
《头文字 D》是一部极有名气的日本漫画。

4592　头文字 D. 28/
〔日〕重野秀一著；杨蔚译．—南宁：接力出版社；2006.05．—210 页；18cm
ISBN 7 - 80732 - 254 - 3；7.90 元
《头文字 D》是一部极有名气的日本漫画。

4593　头文字 D. 29/
〔日〕重野秀一著；杨蔚译．—南宁：接力出版社；2006.05．—191 页；19cm
ISBN 7 - 80732 - 255 - 1；7.90 元
《头文字 D》是一部极有名气的日本漫画。

4594　头文字 D. 30/
〔日〕重野秀一著；杨蔚译．—南宁：接力出版社；2006.05．—190 页；19cm
ISBN 7 - 80732 - 256 - X；7.90 元
《头文字 D》是一部极有名气的日本漫画。

4595　图解初级秘书基础问答/
〔日〕特人的漫画广告有限公司著；徐云飞译．—北京：科学出版社；2006.01．—205 页；21cm．—（职场实战图解）
ISBN 7 - 03 - 015956 - X；22.00 元
本书精选了目前市场上对秘书从业人员的一些最新要求，旨在以一种全新的方式诠释秘书这一行业。

4596 图解初级秘书实战问题/

〔日〕特人的漫画广告有限公司著；徐云飞译.—北京：科学出版社；2006.01.—137 页；21cm.—（职场实战图解）

ISBN 7-03-015559-9；18.00 元

本书精选了目前市场上对秘书从业人员的一些最新要求，旨在以一种全新的方式诠释秘书这一行业。

4597 图解电工学实用手册/

〔日〕电工学手册编辑委员会编；马杰等译.—北京：科学出版社；2006.01.—913 页；21cm.—（图解实用手册系列）

ISBN 7-03-015420-7；62.00 元

本书主要内容涉及电工数学、电工基础、电机电器、电子技术、计算机等基本知识。

4598 图解电子学入门：电子学基础·专业基础/

〔日〕新电气编辑部编；卢伯英，葛弢译.—北京：科学出版社；2006.02.—236 页；21cm.—（OHM 电子电气入门丛书.电子电气读本系列；3）

ISBN 7-03-016505-5；22.50 元

本书共分电子学基础知识和电子学专业英语两部分。

4599 图解毒性病理学

〔日〕今井清等主编；〔日〕食品农医药品安全性评价中心，中国科学院上海药物研究所药物安全评价研究中心编著.—昆明：云南科技出版社；2006.10；29cm

ISBN 7-5416-2434-9（精装），266.00 元

本书重点介绍病毒引发的 328 种病例及电镜图片，为中国国内尚缺乏的珍贵病理研究资料。全书包括总论、各论、实验技术等三部分，系日中科学专家协作编著的重要著作。

4600 图解丰田生产方式：图例解说生产实务

〔日〕佃律志著；滕永红译.—北京：东方出版社；2006.12；24cm

ISBN 7-5060-2653-8，33.00 元

本书从第 1 章到第 3 章将以关于丰田生产方式的介绍为中心。

4601 图解家庭医学百科/

〔日〕关根今生，〔日〕牛山允主编；黄宇雁，沈银珍译.—杭州：浙江科学技术出版社；2006.07.—284 页；23cm

ISBN 7-5341-2431-X；38.00 元

本书从症状角度出发，告诉读者如何自我准确判断病情，然后以现代医学最新知识编就的正确处理方法解决实际问题。

4602 图解家庭医学小百科：了解我们的身体，预防常见疾病/

〔日〕关根今生著；万婷译.—南京：江苏科学技术出版社；2006.08.—227 页；24cm

ISBN 7-5345-4817-9；31.00 元

本书从医学基础知识出发，介绍有关常见疾病的防治知识。

4603 图解中级秘书基础问题/

〔日〕特人的漫画广告有限公司著；吴晓兰，李雪译.—北京：科学出版社；2006.01.—220 页；21cm.—（职场实战图解）

ISBN 7-03-016336-2；22.00 元

旨在以一种全新的方式诠释秘书这一行业。

4604 图解中级秘书实战问题/

〔日〕特人的漫画广告有限公司著；徐云飞译.—北京：科学出版社；2006.01.—155 页；21cm.—（职场实战图解）

ISBN 7-03-016337-0；18.00 元

旨在以一种全新的方式诠释秘书这一行业。

4605 图说动画规律：给角色赋予生命力/

〔日〕尾泽直志著；陈丽佳等译.—北京：中国青年出版社；2006.07.—223 页；26cm

ISBN 7-5006-6996-8；49.00 元

本书从最基本的动画制作技法讲起，将 2D 动画的制作技法与当今最先进的 3D 电脑动画制作技术相结合进行讲解。

4606 图形谜题/

〔日〕逢泽明著；甄晓仁译.—北京：北京理工大学出版社；2006.01.—202 页；20cm.—（头脑训练丛书）

ISBN 7-5640-0654-4；15.00 元

4607 涂色训练.3 岁/

〔日〕多湖辉主编；杨晓红译.—杭州：浙江人民美术出版社；2006.06.—79 页；29cm + 附贴纸.—（多湖辉新头脑开发丛书）

ISBN 7-5340-2112-X；13.80 元

本书通过涂色让幼儿记住颜色的名称，灵巧双手，提高注意力和色感，培养运笔能力，在涂色过程中增加词汇量。

4608 涂涂玩玩/

〔日〕多湖辉主编；杨晓红译.—杭州：浙江人

民美术出版社；2006.06.—48 页；彩图；21 ×
28 + 奖励贴纸 1 张. —（新头脑开发丛书）
ISBN 7 - 5340 - 2108 - 1；10.80 元
本书是为即将进入幼儿园的孩子精心准备的。

4609　兔子屋的秘密/
〔日〕安房直子著；周龙梅，彭懿译；马冰峰
绘.—南宁：接力出版社；2006.06.—70 页；20cm
ISBN 7 - 80732 - 264 - 0；9.00 元
《兔子屋的秘密》共收集了四个短篇童话。

4610　推理谜题/
〔日〕逢泽明著；甄晓仁译.—北京：北京理工
大学出版社；2006.01.—178 页；20cm. —（头
脑训练丛书）
ISBN 7 - 5640 - 0653 - 6；15.00 元

4611　王立日本语读解
〔日〕高坂明仁，〔日〕高坂明贤编.—天津：南
开大学出版社，北洋音像出版社；2006.12；
26cm + 光盘 6 张附听解·听读解 180 问
ISBN 7 - 310 - 02570 - 9，53.50 元
本书是帮助有一定日语基础的学习者进一步提
高日语阅读理解能力而编写的读解教材，含 34
课，每课除阅读短文外，还有相关语法解释及练
习，选题广泛，易于理解。

4612　王立日本语句型
〔日〕高坂明仁，〔日〕高坂明贤编.—天津：南
开大学出版社，天津北洋音像出版社；2006.12；
26cm + 光盘 6 张
ISBN 7 - 310 - 02568 - 7，57.80 元
本书对日语中的形式名词、补助动词、助动词等
修辞句型进行了较为详细的分析和讲解，有较
强的实用性。

4613　王立日本语语法
〔日〕高坂明仁，〔日〕高坂明贤编.—天津：南
开大学出版社，天津北洋音像出版社；2006.
12；26cm + 光盘 3 张
ISBN 7 - 310 - 02569 - 5，51.00 元
本书主要对日语中的名词、动词、形容词、形容
动词、助动词等实用词作了详解及例句练习。

4614　网球双打 55 种制胜技巧/
〔日〕杉山贵子著；李鸿江，孙守正，刘占捷译.
—北京：人民体育出版社；2006.07.—139 页；55
幅；20cm
ISBN 7 - 5009 - 2938 - 2；10.00 元
本书讲述了在网球双打时如何进行默契的配合、

如何与强于自己、与自己水平相当或弱于自己的
对手对阵时合理运用技术。

4615　网球双打超实战技术/
〔日〕杉山贵子著；李鸿江，孙守正，刘占捷译.
—北京：人民体育出版社；2006.07.—136 页；70
幅；20cm
ISBN 7 - 5009 - 2939 - 0；10.00 元
本书讲述了在网球双打比赛时，如何采取具体有
效的进攻和防守方法、怎样处理好意外球以帮助
你得分。

4616　网球王子.第 29 卷，全国大赛开幕/
〔日〕许斐刚编绘；王先科译.—北京：连环画
出版社；2006.05.—181 页；1000 幅；18cm
ISBN 7 - 5056 - 0761 - 8；6.90 元
本书描绘了以青春学园为代表的一群网球天才
少年冲击全国大赛的奋斗历程。

4617　网球王子.第 30 卷，讨厌苦瓜/
〔日〕许斐刚编绘；王先科译.—北京：连环画
出版社；2006.05.—181 页；1000 幅；18cm
ISBN 7 - 5056 - 0762 - 6；6.90 元
本书描绘了以青春学园为代表的一群网球天才
少年冲击全国大赛的奋斗历程。

4618　旺文社国语辞典：第 9 版
〔日〕松村明等编.—北京：外语教学与研究出
版社；2006.05；20cm
ISBN 7 - 5600 - 5590 - 7（精装），109.00 元
年轻人对传统的语言的用法以及老年人对新的
词语的理解上，都存在着不能正确使用、理解的
问题。日本旺文社针对此现象，对词典不断进行
修订。

4619　微观组织的热力学/
〔日〕西泽泰二著；郝士明译.—北京：化学工
业出版社；2006.09.—296 页；24cm
ISBN 7 - 5025 - 8628 - 8（精装）；45.00 元
本书介绍了纯物质、溶体等单相以及多相的平衡
态热力学基本问题，对组织控制的核心问题进行
了热力学解析。

4620　温情的狮子/
〔日〕柳濑嵩编绘；小鱼儿译.—北京：中国电
力出版社；2006.05.—1 册；26cm
ISBN 7 - 5083 - 4268 - 2；15.80 元
本书是一个温馨、又略带悲伤的动人故事。

4621　文镜秘府论汇校汇考/
〔日〕遍照金刚撰；卢盛江校考.—北京：中华

书局，2006.04.—4 册（2128 页）；20cm
本书附：文笔眼心抄校注
ISBN 7 - 101 - 03244 - 3；158.00 元

4622 我的漂亮独创. 缤纷串珠. 个性佩饰/
〔日〕主妇之友社编；边冬梅译.—郑州：河南科
学技术出版社；2006.12.—82 页；26cm
ISBN 7 - 5349 - 3422 - 2；26.00 元
本书主要介绍了用各种各样的珠子，编制出有时
尚韵味、古典韵味等的项链、手链、耳钉、发卡。

4623 我的漂亮独创. 缤纷串珠. 时尚佩饰/
〔日〕主妇之友社编；韩新红译.—郑州：河南
科学技术出版社；2006.12.—80 页；26cm
ISBN 7 - 5349 - 3423 - 0；26.00 元
本书是一本手工制作书。

4624 我的漂亮独创. 缤纷串珠. 绚丽彩饰/
〔日〕主妇之友社编；王耀平等译.—郑州：河
南科学技术出版社；2006.12.—82 页；26cm
ISBN 7 - 5349 - 3421 - 4；26.00 元
本书集中展示了用晶莹剔透、色彩缤纷的串珠
巧妙搭配的各种"花朵"造型串制的不同色彩
的项链、手链、戒指、耳环等。

4625 我的世界交友录. 第 1 卷/
〔日〕池田大作著；卞立强译.—长沙：湖南师
范大学出版社；2006.09.—232 页；23cm
ISBN 7 - 810815776（精装）；28.00 元
本书记录了池田大作回忆与世界各国政治家、
名人的交往过程。

4626 我是她，她是我/
〔日〕山中恒著；叶荣鼎译.—上海：少年儿童
出版社；2006.09.—185 页；20cm.—（日本校
园风靡小说）
ISBN 7 - 5324 - 6995 - 6；12.00 元

4627 我是谁？/
〔日〕后藤徹著；〔日〕后藤静子绘；思铭译.—
北京：中国电力出版社；2006.05.—1 册；图；
17.—（翻翻转 猜猜看；1）
ISBN 7 - 5083 - 4265 - 8（精装）；18.00 元
本书要告诉你："观看东西的方法不止一种"，
每幅画颠倒过来都是一个新的世界。

4628 我是这样当上总裁的/
〔日〕樋口泰行著；李颖秋译.—北京：中国铁
道出版社；2006.06.—144 页；24cm
ISBN 7 - 113 - 07128 - 7；25.00 元

本书记述了作者从毕业到日本惠普总裁的过程
中所遇到的各种问题、人生感悟及其总结的宝贵
经验。

4629 我要做姿势美人/
〔日〕KIMIKO 著；王炜译.—北京：中国轻工业
出版社；2006.07.—119 页；彩照；21cm.—（悠
生活时尚书系）
ISBN 7 - 5019 - 5389 - 9；25.00 元
本书发现不美观的身姿是由不良的生活习惯以
及不正确的姿势造成的。

4630 我在中国的生活：童年回忆/
〔日〕南条修著.—北京：中国画报出版社；2006.
11.—279 页；200 幅；21cm
ISBN 7 - 80220 - 035 - 0；35.00 元
本书是一位日本友人的速写绘画作品集，内容为
作者童年时在中国太原老区的生活回忆。

4631 无线电收音机及无线电路的设计与制作/
〔日〕铃木宪次著；王庆，刘涓涓译.—北京：科
学出版社；2006.08.—210 页；24cm.—（图解实用
电子技术丛书）
ISBN 7 - 03 - 017500 - X；35.00 元

4632 吴越钱氏文人群体研究/
〔日〕池泽滋子著.—上海：上海人民出版社；
2006.01.—261 页；20cm.—（人文社科新著丛书）
ISBN 7 - 208 - 06019 - 3；20.00 元
本书对五代末至宋太宗时期割据东南的吴越王
钱家族的文人群体的形成、他们的文学活动、文
学成就。

4633 武士道/
〔日〕新渡户稻造著；宗建新译.—济南：山东
画报出版社；2006.06.—149 页；23cm
ISBN 7 - 80713 - 277 - 9；20.00 元
向世界剖析日本的民族精神与文化内涵，描绘出
日本文化的真正面貌。

4634 武士道：日本民族精神的哲学阐释/
〔日〕新渡户稻造著；陈高华译.—北京：群言出
版社；2006.05.—197 页；24cm.—（思想馆；1）
ISBN 7 - 8008 - 0523 - 9；25.00 元
本书主要介绍了武士道的起源与发展，从而进一
步阐释大和民族精神的哲学内涵。

4635 武艺二书
〔日〕宫本武藏，〔日〕柳生宗矩著；何峻译.
—海口：海南出版社；2006.12；23cm

ISBN 7 - 80700 - 091 - 0（平），28.00 元

本书为日本经典的兵法书，地位等同于中国的《孙子兵法》，分为《五轮书》及《兵法家传书》。前者全面介绍了临战所应具备的素质，后者则注重个人的修养，有极高的参考价值。

4636　物语日本/

〔日〕茂吕美耶著. —桂林：广西师范大学出版社；2006.08. —246 页；21cm

ISBN 7 - 5633 - 6154 - 5；26.00 元

本书收入的是谈拉面速食面、说澡堂"泡汤"、讲忍者剑客、扯发财猫、荒城岁月、竹取物语、岁时纪事的寻常小景。

4637　西红柿汤 7 日轻松减肥/

〔日〕河合知则著；刘洋译. —北京：中国画报出版社；2006.08. —71 页；250 幅；26cm

ISBN 7 - 80220 - 030 - X；26.00 元

本书介绍了用西红柿汤以 7 天为一个周期的减肥方法。

4638　惜别/

〔日〕太宰治著；于小植译. —北京：新星出版社；2006.01. —228 页；照片；21cm. —（新星·鲁迅书系）

ISBN 7 - 80148 - 996 - 9；24.00 元

本书是外国文学中唯一的一部以鲁迅为主人公的长篇小说。

4639　仙境之龙

〔日〕田中芳树著；〔日〕天野喜孝，丁玉龙译. —南宁：接力出版社；2006.11；20cm. —（创龙传；8）

ISBN 7 - 80732 - 457 - 0，15.00 元

本书是日本著名作家田中芳树以中国神话为素材现代日本为背景创作的一部浪漫传奇小说。

4640　现场改善入门

〔日〕柿内幸夫著；杨剑译. —北京：机械工业出版社；2006.06；82 幅；21cm. —（精益思想丛书）

ISBN 7 - 111 - 19172 - 2，22.00 元

本书从如何在资源短缺、企业管理规范化、经营管理理念更新、科技进步飞速的形势之下，使企业在国际竞争中立于不败之地的问题，提出了企业现场改善的重要性。

4641　现代高层钢筋混凝土结构设计/

〔日〕青山博之著；张川译. —重庆：重庆大学出版社；2006.05. —261 页；26cm. —（建筑土

木译丛）

ISBN 7 - 5624 - 3567 - 7；48.00 元

4642　现代金融导论

〔日〕斋藤精一郎著；王仲涛译. —北京：商务印书馆，2006.12；21cm

ISBN 7 - 100 - 04960 - 1，37.00 元

本书在总结了各国经济、金融理论的基础上，对金融领域里的新概念及具体的操作予以解释，并提出了自己的看法。本书涉及了金融所有的方方面面，深入浅出，通俗易懂。

4643　现代控制工程：第 4 版/

〔日〕绪方胜彦著. —北京：清华大学出版社；2006.02. —964 页；24cm. —（国际知名大学原版教材. 信息技术学科与电气工程学科系列）

ISBN 7 - 302 - 12343 - 8；79.00 元

本书是控制领域国际知名的一本经典教材，系统地论述了连续控制系统的分析和研究方法。

4644　现代木结构住宅的节点及细部：基础与应用

〔日〕武基雄主编；〔日〕井场重雄等著；王英健译. —北京：机械工业出版社；2006.05：图；29cm

ISBN 7 - 111 - 17174 - 8（平装），28.00 元

本书是木结构的住宅的节点及细部设计的工具书。

4645　现代日本的社会保障/

〔日〕坂胁昭吉，〔日〕中原弘二著；杨河清等译. —北京：中国劳动社会保障出版社；2006.01. —214 页；23cm. —（社会保障译丛）

ISBN 7 - 50455243 - 7；29.00 元

本书介绍日本现代的社会保障的诸多方面。

4646　现代日语概论/

〔日〕渡边实著；战庆胜译. —大连：大连理工大学出版社；2006.09. —294 页；20cm

ISBN 7 - 5611 - 3276 - X；22.00 元

本书介绍日本语作为语言所具有的特性。

4647　现代英语语法例解手册/

〔日〕绵贯阳等著；申勇译. —修订本. —北京：科学出版社；2006.02. —812 页；21cm

ISBN 7 - 03 - 015679 - X；48.00 元

本书突出的特点是语法现象全面覆盖、透彻例解，便于亚洲人学习英语。

4648　宪法：第 3 版

〔日〕芦部信喜著；林来梵，凌维慈，龙绚丽译.

—北京：北京大学出版社；2006.02；23cm.—（宪政经典）

ISBN 7-301-10384-0，39.00元

本书为日本著名宪法学家芦部信喜教授的代表作，后在芦部先生去世后，又由高桥和之教授在原书基础上进行了增订。

4649 宪法．上，总论篇、统治机构篇

〔日〕阿部照哉等编著；周宗宪译．—北京：中国政法大学出版社；2006.04；21cm

ISBN 7-5620-2808-7，36.00元

本书论述了日本宪法的基本体系与基本理论。

4650 香峰子抄

〔日〕池田香峰子著；刘晓芳译．—北京：作家出版社；2006.07.—130页；20cm

ISBN 7-5063-3709-6；59.00元

4651 香港·澳门

〔日〕大宝石出版社编著；孟琳译．—北京：中国旅游出版社；2006.01.—495页；20cm.—（走遍全球）

ISBN 7-5032-2748-6；71.00元

本书详细介绍了香港和澳门的观光景点和餐饮购物等，实用功能极强。

4652 香薰伊人

〔日〕宫川明子著；朱美娜译．—北京：中国画报出版社；2006.06.—222页；340幅；20cm.—（品味生活系列）

ISBN 7-80220-024-5；36.00元

4653 向钱学习：我的金钱哲学

〔日〕中岛薰著；林青华译．—桂林：漓江出版社；2006.04.—190页；23cm

ISBN 7-5407-3552-X；24.80元

本书是一个个人修养及经济管理于一体的励志类图书。

4654 项羽与刘邦

〔日〕司马辽太郎著；赵德远译．—海口：南海出版公司，2006.09.—2册；23cm

ISBN 7-5442-3482-7；49.80元

本书将有关项羽和刘邦以及楚汉战争的各种因素渐次引出，分析其中缘由、利害关系，讲述其中错综复杂而微妙变幻的关系。

4655 像外行一样思考，像专家一样实践：科研成功之道

〔日〕金出武雄著；马金成，王国强译．—北京：

电子工业出版社；2006.08.—206页；24cm

ISBN 7-121-02939-1；25.00元

本书是由作者对其日常研究、生活和学习的经验进行收集整理而成的一本小册子。

4656 像犹太人一样开会

〔日〕大桥禅太郎著；林晨译．—桂林：漓江出版社；2006.09.—48，104页；23cm

ISBN 7-5407-3719-0；20.00元

4657 小豆豆与我

〔日〕黑柳朝著；张晓玲译．—海口：南海出版公司，2006.04.—188页；21cm

ISBN 7-5442-3355-3；18.00元

从这本书中，我们可以看到黑柳女士独特的教育观。

4658 小儿疾病百科

〔日〕主妇之友社编；雷婷婷，方强译．—福州：福建科学技术出版社；2006.03.—265页；21cm.—（孕产育宝典）

ISBN 7-5335-2694-5；25.00元

本书以图文形式介绍了约150种0~5岁儿童常见疾病的症状、预防和治疗，以及儿童预防接种和服药的相关知识。

4659 小花的故事

〔日〕世嘉玩具有限公司原著；咖啡豆编文．—上海：少年儿童出版社；2006.01.—1册；彩图；14cm.—（茶犬 story）

ISBN 7-5324-6785-6（精装）；8.00元

本书为日本图画故事。

4660 小龙的故事

〔日〕世嘉玩具有限公司著；咖啡豆编文．—上海：少年儿童出版社；2006.01.—1册；彩图；14cm.—（茶犬 story）

ISBN 7-5324-6784-8（精装）；8.00元

本书为日本图画故事。

4661 小绿的故事

〔日〕世嘉玩具有限公司著；比比编文．—上海：少年儿童出版社；2006.01.—1册；彩图；14cm.—（茶犬 story）

ISBN 7-5324-6780-5（精装）；8.00元

本书主要讲述了绿茶犬——小绿的心情故事。

4662 小姆的故事

〔日〕世嘉玩具有限公司原著；比比编文．—上海：少年儿童出版社；2006.01.—1册；彩图；14cm.

—（茶犬 story）

ISBN 7 - 5324 - 6782 - 1（精装）；8.00 元

4663 小智与皮卡丘/
〔日〕手代木孝志著．—长春：吉林美术出版社；
2006.01. —5 册；18cm
ISBN 7 - 5386 - 1900 - 3；32.50 元

4664 写给独生女的书/
〔日〕多湖辉著；侯丽颖译．—北京：科学出版
社；2006.12. —174 页；21cm. —（科龙图解．
多湖辉教育心理畅销书系列）
ISBN 7 - 03 - 018006 - 2；24.00 元

4665 写给独生女父母的书/
〔日〕多湖辉著；赵儒彬，万泉河译．—北京：
科学出版社；2006.12. —210 页；图；21cm. —
（科龙图解．多湖辉教育心理畅销书系列）
ISBN 7 - 03 - 018008 - 9；24.00 元

4666 写给独生子的书/
〔日〕多湖辉著；高丕娟译．—北京：科学出版
社；2006.12. —182 页；图；21cm. —（科龙图
解．多湖辉教育心理畅销书系列）
ISBN 7 - 03 - 018007 - 0；24.00 元

4667 写给独生子父母的书/
〔日〕多湖辉著；韩彩文译．—北京：科学出版
社；2006.12. —186 页；图；21cm. —（科龙图
解．多湖辉教育心理畅销书系列）
ISBN 7 - 03 - 018009 - 7；24.00 元

4668 写数入门．2 岁/
〔日〕多湖辉主编；杨晓红译．—杭州：浙江人民
美术出版社；2006.06. —79 页；80 幅；29cm. —
（多湖辉新头脑开发丛书）
ISBN 7 - 5340 - 2109 - X；13.80 元
本书的目的在于让孩子通过反复的愉快的练习
熟悉铅笔的使用方法，从而掌握数字的基本写
法和读法。

4669 谢谢你，塔莎
〔日〕奥特萨卡著；〔日〕猿渡静子译．—海口：
南海出版公司，2006.12；20×23cm
ISBN 7 - 5442 - 3570 - X（精装），20.00 元
本书是给孩子看的图画故事。

4670 心灵简史：珍藏插图版/
〔英〕汉弗瑞，〔日〕齐木深著；刘颖译．—北

京：中国友谊出版公司，2006.02. —245
页；24cm
ISBN 7 - 5057 - 2147 - X；28.00 元
本书以讲故事的形式阐述了深刻的心理学知识
及其发展历史。

4671 心律失常诊治技巧与误区/
〔日〕小川聪主编；贾大林译．—沈阳：辽宁科
学技术出版社；2006.07. —277 页；图；29cm
ISBN 7 - 5381 - 4713 - 6；40.00 元
本书介绍心律失常的确定诊断、治疗方法及临床
遇到的问题等。

4672 新版简明无障碍建筑设计资料集成/
日本建筑学会编；杨一帆等译．—北京：中国建
筑工业出版社；2006.08. —154 页；图；29cm
ISBN 7 - 112 - 07731 - 1；38.00 元

4673 新编日语泛读．第 1 册/
王秀文，李庆祥，〔日〕山鹿晴美编著．—北京：
外语教学与研究出版社；2006.01. —324 页；21cm
ISBN 7 - 5600 - 5329 - 7；15.90 元

4674 新编日语泛读．第 2 册/
王秀文，李庆祥，〔日〕山鹿晴美编著．—北京：
外语教学与研究出版社；2006.04. —351 页；21cm
ISBN 7 - 5600 - 4873 - 0；17.90 元

4675 新编日语泛读．第 3 册/
王秀文，李庆祥，〔日〕山鹿晴美编著．—北京：
外语教学与研究出版社；2006.05. —386 页；20cm
ISBN 7 - 5600 - 5592 - 3；19.90 元

4676 新编日语泛读．第 4 册/
王秀文，李庆祥，〔日〕山鹿晴美编著．—北京：外
语教学与研究出版社；2006.05. —459 页；20cm
ISBN 7 - 5600 - 5593 - 1；22.90 元

4677 新编日语教程．1/
〔日〕丸尾达主编．—上海：华东理工大学出版
社；2006.05. —235 页；26cm + 光盘 1 张
ISBN 7 - 5628 - 1887 - 8；35.00 元
本书为日语学习零起点教材。

4678 新编日语教程．2/
〔日〕丸尾达主编．—上海：华东理工大学出版
社；2006.05. —304 页；26cm + 光盘 1 张
ISBN 7 - 5628 - 1893 - 2；39.00 元
本书是《新编日语教程》中的第二册。

4679 新编日语教程.3/

〔日〕丸尾达主编；张海柱等编写.—上海：华东理工大学出版社；2006.08.—307页；26cm

ISBN 7-5628-1919-X；39.00元

每课由正文、生词、基础文法、会话等组成，每个单元都有单元练习。

4680 新编日语教程.4/

〔日〕丸尾达主编；叶辰晨等编写.—上海：华东理工大学出版社；2006.08.—323页；26cm

ISBN 7-5628-1920-3；39.50元

每个课文由正文、会话、单词、文法、练习等内容组成。

4681 新出题基准日语能力考试综合习题集.4级对策篇

〔日〕目黑真实著；田秀娟译.—北京：外语教学与研究出版社；2006.07：图；26cm+光盘1张

ISBN 7-5600-5433-1，19.90元

本书依据最新修订的日语能力考试的出题基准，针对应试者最难把握的文字、词汇和语法部分编写而成。

4682 新概念交际日本语/

〔日〕吉冈正毅，李若柏主编.—长春：东北师范大学出版社；2006.01.—502页；26cm+光盘3张

ISBN 7-5602-4367-3；39.00元

本教材为日本东京千他驮谷日本教育研究所集20年经验编写的日语初中级教材。

4683 新概念交际日本语应用分册/

〔日〕吉冈正毅，李若柏主编.—长春：东北师范大学出版社；2006.01.—278页；26cm

ISBN 7-5602-4368-1；19.00元

本书为日本东京千他驮谷日本教育研究所集20年经验编写的日语初中级教材。

4684 新企业战略/

〔日〕大前研一等著；卿学民译.—北京：中信出版社；2006.04.—305页；24cm.—（大前研一管理实践系列；5）

ISBN 7-5086-0590-X；38.00元

本书除了成功案例的介绍之外，还详细介绍了企业精英们在想象力、事业规划、市场营销、数字管理、资本管理等五大方面的经验和知识。

4685 新生产管理模式：创新生产管理是当今制造业复活的关键

〔日〕加藤治彦著；郑新超译.—北京：东方出版社；2006.12；24cm

ISBN 7-5060-2696-1，28.00元

本书是1996年发行的《生产管理的企划方案—实务入门系列》一书的改订版。

4686 新世纪卡通漫画技法.1，光影篇/

〔日〕冢本博义著；俞喆等译.—北京：中国青年出版社；2006.02.—160页；26cm

ISBN 7-5006-6624-1；29.00元

是一套比较权威的，全面介绍现在最流行的卡通漫画技法的书。

4687 新世纪卡通漫画技法.2，构图篇/

〔日〕田中道信著；黄文娟等译.—北京：中国青年出版社；2006.02.—164页；26cm

ISBN 7-5006-6624-1；29.00元

本书由日本知名漫画家联合撰写，是一套比较权威的、全面介绍现在最流行的卡通漫画技法的书。

4688 新世纪卡通漫画技法.3，角色篇/

〔日〕冢本博义，〔日〕真山明久著；甘卉等译.—北京：中国青年出版社；2006.04.—216页；26cm

ISBN 7-5006-6786-8；34.00元

本系列图书由日本知名漫画家撰写，是一套比较权威的、全面介绍现在最流行的卡通漫画技法的丛书。

4689 新世纪卡通漫画技法.4，色彩篇

〔日〕荻野仁著；贾霄鹏等译.—北京：中国青年出版社；2006.09；26cm

ISBN 7-5006-7055-9，49.00元

本书主要介绍了彩色漫画作品的创作技法，同时也对黑白漫画技法进行了详细的说明。

4690 新文化日本语初级（1）学习辅导用书

〔日〕文化外国语专门学校著.—北京：外语教学与研究出版社；2006.06；20cm+光盘1张

ISBN 7-5600-4863-3（精装），18.90元

本书是《新文化日本语初级1》的辅导用书。

4691 新文化日本语初级（2）学习指导书

〔日〕文化外国语专门学校著.—北京：外语教学与研究出版社；2006.06；20cm+光盘1张

ISBN 7-5600-4984-2（精装），18.90元

本书是《新文化日本语初级2》的配套学习指导用书，收录了相关的语法解释，课文的中文翻译，联系问题的答案等。

4692　信托法判例研究

〔日〕中野正俊著；张军健译．—北京：中国方正出版社；2006.09；21cm

ISBN 7－80216－146－0（平装），30.00 元

本书在内容选材上囊括了日本信托业代表性的信托品种，并结合图示的方法，按照日本信托法条文的顺序，将信托法理深入浅出地加以阐述。

4693　行政学/

〔日〕西尾胜著；毛桂荣等译．—北京：中国人民大学出版社；2006.09.—371 页；23cm.—（公共行政与公共管理经典译丛）

ISBN 7－300－07621－1；35.00 元

本书阐述了日本行政学的发展，理论成果与实践运作的程序。

4694　修身搭配 SHOW/

〔日〕主妇之友社供稿；北京《瑞丽》杂志社编译．—北京：中国轻工业出版社；2006.08.—159 页；彩照；23cm.—（瑞丽 BOOK）

ISBN 7－5019－5572－7；30.00 元

本书总结了通过服装搭配修饰身材的各种方法。对所有人适用。

4695　穴位按摩全真图解/

〔日〕星虎男编著；高进译．—福州：福建科学技术出版社；2006.06.—231 页；14cm

ISBN 7－5335－2799－2；12.00 元

本书以全真的人体模特照片解说穴位按摩从基础到应用的各种知识。

4696　学学画画．动物．4～5 岁/

〔日〕多湖辉主编；杨晓红译．—杭州：浙江人民美术出版社；2006.01.—64 页；64 幅；29cm.—（多湖辉新头脑开发丛书）

ISBN 7－5340－2065－4；13.80 元

本书能让孩子们在学习使用各种绘画手法，享受绘画乐趣的同时提高绘画水平。

4697　血管外科要点与盲点：技巧与误区/

〔日〕宫田哲郎著；段志泉译．—沈阳：辽宁科学技术出版社；2006.07.—211 页；26cm

ISBN 7－5381－4427－7（精装）；125.00 元

本书介绍了手术技巧，疾病的治疗背景及思路，手术相关知识及相关领域最新的内容等。

4698　寻找报复神/

〔日〕山中恒著；叶荣鼎译．—上海：少年儿童出版社；2006.09.—201 页；20cm.—（日本校园风靡小说）

ISBN 7－5324－6997－2；12.00 元

本书为儿童文学长篇小说。

4699　亚洲的大学：历史与未来/

〔美〕阿特巴赫，〔日〕马越彻主编；邓红风主译．—青岛：中国海洋大学出版社；2006.05.—267 页；23cm.—（国际高等教育译丛/别敦荣，宋文红，蒋凯主编）

ISBN 7－81067－762－4；38.00 元

本书全面介绍了亚洲一些国家的高等教育历史和现状。

4700　岩崎峰子：真正的艺伎回忆录/

〔日〕岩崎峰子著；姚雯，陈子慕译．—北京：金城出版社；2006.02.—246 页；彩照；23cm

ISBN 7－80084－759－4；24.80 元

电影《艺伎回忆录》主人公小百合的原型。这是她写的自传。

4701　燕尾蝶/

〔日〕岩井俊二著；张苓译．—天津：天津人民出版社；2005.06.—240 页；21cm.—（新经典文库．岩井俊二作品；124）

ISBN 7－201－05056－7；18.00 元

本书长篇小说。讲述一个日本孤儿在社会底层挣扎生存最终见到光明的故事。

4702　阳光小天使快乐孕产百科

〔日〕小川博康主编；周逸之，翟志敏译．—合肥：安徽科学技术出版社；2006.09；21cm.（欢乐孕育系列）

ISBN 7－5337－3451－3（平装），24.00 元

本书内容包括：妊娠十月间的孕妇各种生活保健、就医知识，分娩及产后的注意事项。内容丰富、实用，为现代孕产妇女及其家属必备生活指导用书。

4703　阳光小天使幸福育儿百科

〔日〕宫野孝一，〔日〕池下育子监修；周逸之，翟志敏译．—合肥：安徽科学技术出版社；2006.09；21cm.—（欢乐孕育系列）

ISBN 7－5337－3329－0（平装），24.00 元

本书配合产妇初为人母的喜悦心情，通过巧妙构思和版式设计让读者在充满幸福感的阅读中了解育儿知识。

4704　洋兰初养 12 个月/

〔日〕奥田胜著；苏宝玲译．—沈阳：辽宁科学技术出版社；2006.04.—198 页；20cm

ISBN 7－5381－4579－6；32.00 元

4705　野猪大改造：一段丑男变身万人迷的狂想曲/

〔日〕白岩玄著；伏怡琳译 . —北京：人民文学出版社；2006.10. —184 页；21cm

ISBN 7 - 02 - 005874 - 4；16.00 元

本书为小说。

4706　液态金属的物理性能/

〔日〕饭田孝道，〔加〕格斯里著；冼爱平，王连文译 . —北京：科学出版社；2006.01. —282 页；19cm

ISBN 7 - 03 - 015152 - 6；20.00 元

本书对世界关注的"液态金属研究"进行了详细的阐明和论述，并提供了大量制备方法和实验数据。

4707　一不小心就会用错的日语/

〔日〕蒲谷宏主编；庞志春译 . —上海：上海译文出版社；2006.01. —310 页；19cm. —（日语学习文库）

ISBN 7 - 5327 - 3918 - X；18.00 元

4708　一个人住第 5 年/

〔日〕高木直子绘编；洪俞君译 . —西安：陕西师范大学出版社；2006.07. —159 页；18cm. —（人气绘本天后丛书；2）

ISBN 7 - 5613 - 3497 - 4；20.00 元

本书是日本图文书天后高木直子创作的生活绘本畅销系列书。

4709　一公升眼泪：一个顽强少女的生命日记

〔日〕木藤亚也著；李夺译 . —长春：吉林文史出版社；2006.09：彩照；21cm

ISBN 7 - 80702 - 483 - 6，19.80 元

本书描写了十四岁的亚也身患绝症，她在与病魔抗争的同时，一直坚持用日记来记录自己的决心、恒心和对生命的反省和感谢。

4710　一起玩折纸/

〔日〕水野政雄著；陈秀渊译 . —杭州：浙江科学技术出版社；2006.05. —48 页；17 × 19cm. —（我＋手工＝心灵手巧）

ISBN 7 - 5341 - 2845 - 5；12.00 元

本书是一本折纸书，以动物类折纸品种为主。

4711　一眼看出他的心：从细节了解你在乎的人/

〔日〕涩谷昌三著；游晴译 . —天津：天津教育出版社；2006.01. —200 页；21cm

ISBN 7 - 5309 - 4646 - 3；22.00 元

本书从心理学的角度，从无意间的言行举止、着装打扮等生活中的细节，洞悉他人的个性，理解对方的心情。

4712　一直赢利：股票常赢者们的赚钱谋略/

〔日〕中村光夫著；赵秉东译 . —北京：科学普及出版社；2006.01. —192 页；20cm

ISBN 7 - 110 - 06360 - 7；20.00 元

本书介绍了十个不同职业的股票投资者，十种不同的投资理念和方法以及他们赢利的故事。

4713　伊豆的舞女：彩色插图本/

〔日〕川端康成著；叶渭渠，唐月梅译 . —北京：国际文化出版公司，2006.06. —490 页；图；21cm. —（世界文学名著经典文库/季羡林主编）

ISBN 7 - 80173 - 487 - 4；16.00 元

本书描写了一名青年学生在伊豆旅游邂逅了一位年少舞女，在这里发生了纯净的爱慕之情。

4714　伊犁纪行/

〔日〕日野强著；华立译 . —哈尔滨：黑龙江出版社；2006.01. —488 页；20cm. —（边疆史地丛书）

ISBN 7 - 5316 - 4483 - 5；64.50 元

本书以日记的形式记述伊犁当时的政治、经济、风土人情等。

4715　衣服的画法 . 学校制服少女篇

〔日〕小山云鹤著；吴梅，王玲译 . —沈阳：辽宁科学技术出版社；2006.11：图；26cm. —（卡通漫画绘画技法）

ISBN 7 - 5381 - 4760 - 8，29.80 元

本书主要讲解了学校制服，特别是少女制服漫画技巧的理论，并通过对职业漫画作家的作品介绍、技法评析进行漫画技巧的讲解。

4716　医疗法律学/

〔日〕植木哲著；冷罗生等译 . —北京：法律出版社；2006.08. —371 页；21cm

ISBN 7 - 5036 - 6508 - 4；29.00 元

对当今各国德国、日本、美国等出现的各种医疗问题进行认真的调查和研究。

4717　移植医疗与健康/

〔日〕坪田一男著；铁晨光译 . —北京：科学出版社；2006.11. —129 页；图；21cm. —（健康新时代系列）

ISBN 7 - 03 - 015268 - 9；15.00 元

4718　以笑容提高免疫力/

〔日〕高户贝拉著；胡备，赵莹译 . —天津：天

津科学技术出版社；2006.04.—167页；19cm。
ISBN 7－5308－4038－X；10.00元
本书以图文并茂的形式向紧张工作、生活在都市的大众群体介绍了如何通过笑容（微笑）来缓解压力，提高免疫力。

4719　异域之眼：兴膳宏中国古典论集/
〔日〕兴膳宏著；戴燕选译．—上海：复旦大学出版社；2006.09.—395页；21cm
ISBN 7－309－05063－0；28.00元
本书收录了来自日本的中国学著名学者兴膳宏的十八篇论文。

4720　意大利饕餮之旅/
〔日〕花园理惠著；赵有为译．—2版．—上海：上海远东出版社；2006.04.—128页；20cm．—（海外饮食文化书系）
ISBN 7－80706－211－8；25.00元
意大利饮食文化已经更为活化地体现了意大利人的艺术。

4721　阴阳师．晴明取瘤
〔日〕梦枕貘著；〔日〕村上丰绘；汪正球译．—海口：南海出版公司，2006.12；17cm．—（新经典文库．阴阳师系列；106）
ISBN 7－5442－3587－4，20.00元
本书为当代中篇小说，"阴阳师"系列的第七部。

4722　音乐厅·剧场·电影院/
〔日〕服部纪和著；张三明，宋姗姗译．—北京：中国建筑工业出版社；2006.03.—133页；照片；30cm．—（建筑规划·设计译丛）
ISBN 7－112－07837－7；30.00元

4723　音乐学科教学法概论/
〔日〕高萩保治著；缪裴言，林能杰，缪力译．—北京：人民音乐出版社；2006.05.—263页；照片；22cm．—（20世纪学校音乐教育理论与实践丛书）
ISBN 7－103－03126－6；20.00元
本书是作者在音乐教学中的体验和研究心得。

4724　殷墟卜辞研究
〔日〕岛邦男著；濮茅左，顾伟良译．—上海：上海古籍出版社；2006.08；30cm
ISBN 7－5325－4470－2（精装），360.00元
日本学者岛邦男先生是当代最著名的甲骨学者之一，在日本第一个以甲骨文论著获得博士学位。

4725　银河冒险之旅/
〔日〕多湖辉著；王丽娜译．—北京：中国轻工业出版社；2006.06.—174页；图；19cm．—（头脑体操；第10集）
ISBN 7－5019－5425－9；8.00元
本书尝试将创造性思维发展到宇宙的规模，比人类历史更早一步，飞向太阳系去。

4726　银河铁道之夜：宫泽贤治童话
〔日〕宫泽贤治著；周龙梅译．—青岛：青岛出版社；2006.06.—251页；21cm．—（当代畅销文库＝经典文库）
ISBN 7－5436－3717－0；19.80元
本书精选了银河铁道之夜、风又三郎、水仙月四日、夜鹰等多部宫泽的经典童话。

4727　银河英雄传说．VOL.3，雌伏篇/
〔日〕田中芳树著；蔡美娟译；〔日〕道原克已绘．—北京：北京十月文艺出版社；2006.11.—247页；24cm．—（新经典文库；157）
ISBN 7－5302－0866－7；24.80元

4728　印度：06′~07′/
〔日〕大宝石出版社著；赵婧然译．—北京：中国旅游出版社；2006.06.—558页；彩图；20cm．—（走遍全球；30）
ISBN 7－5032－2734－6；80.00元
本书全方位地介绍了印度的吃穿行住等，实用功能非比寻常。

4729　英汉双语精华本哆啦A梦．1
〔日〕藤子·F·不二雄著．—南昌：二十一世纪出版社；2006.12；图；18cm
ISBN 7－5391－3525－5，8.00元
本书所有篇目均精选自作者原创作品中影响最广的全四十五卷本的"哆啦A梦"黑白漫画。

4730　英汉双语精华本哆啦A梦．2
〔日〕藤子·F·不二雄著．—南昌：二十一世纪出版社；2006.12；图；18cm
ISBN 7－5391－3526－3，8.00元
本书所有篇目均精选自作者原创作品中影响最广的全四十五卷本的"哆啦A梦"黑白漫画。

4731　英汉双语精华本哆啦A梦．3
〔日〕藤子·F·不二雄著．—南昌：二十一世纪出版社；2006.12；图；18cm
ISBN 7－5391－3527－1，8.00元
本书所有篇目均精选自作者原创作品中影响最广的全四十五卷本的"哆啦A梦"黑白漫画。

4732 英汉双语精华本哆啦 A 梦 . 4

〔日〕藤子·F·不二雄著 . —南昌：二十一世纪出版社；2006.12：图；18cm

ISBN 7 – 5391 – 3528 – X，8.00 元

本书所有篇目均精选自作者原创作品中影响最广的全四十五卷本的"哆啦 A 梦"黑白漫画。

4733 英汉双语精华本哆啦 A 梦 . 5

〔日〕藤子·F·不二雄著 . —南昌：二十一世纪出版社；2006.12：图；18cm

ISBN 7 – 5391 – 3529 – 8，8.00 元

本书所有篇目均精选自作者原创作品中影响最广的全四十五卷本的"哆啦 A 梦"黑白漫画。

4734 婴儿眼里的世界：语言前的儿童心理探索/

〔日〕无藤隆著；黄志道等译 . —杭州：浙江教育出版社；2006.01. —204 页；20cm. —（现代教育与儿童社会性发展丛书）

ISBN 7 – 5338 – 6212 – 0；13.00 元

4735 赢销心经

〔日〕高城幸司著；李成惠，刘蕊译 . —北京：北京大学出版社；2006.05；23cm. —（时代光华培训大系）

ISBN 7 – 301 – 10540 – 1（平装），25.00 元

本书从管理理论、管理技术和管理工具三个方面分别进行阐述，揭示了服务业经理人制胜营销的方法。

4736 优雅着装术/

〔日〕桐原三惠子著；孙斐，王丹译 . —北京：中国水利水电出版社；2006.01. —158 页；图；21cm. —（时尚女性完全读本丛书）

ISBN 7 – 5084 – 3235 – 5；28.00 元

教导青年女性优雅着装的技巧，进而赢得恋爱和事业的成功。

4737 忧郁的葡萄/

〔日〕林真理子著；王建康，石观海主编；施小炜，张乐风译 . —桂林：漓江出版社；2006.05. —185 页；图；21cm

ISBN 7 – 5407 – 3418 – 3；19.80 元

本书是日本著名女作家林真理子的长篇小说。

4738 游泳池/

〔日〕松久淳，〔日〕田中涉著；豫阳译 . —青岛：青岛出版社；2006.01. —127 页；20cm. —（当代畅销文库）

ISBN 7 – 5436 – 3538 – 0；12.00 元

本书为长篇小说。

4739 有毒物质与健康/

〔日〕大木幸介著；阎树新，沈力铖译 . —北京：科学出版社；2006.11. —188 页；21cm. —（健康新时代系列）

ISBN 7 – 03 – 015265 – 4；18.00 元

本书是面向广大民众的科普性读物。

4740 幼儿园美术设计图库/

〔日〕佐久间千贺子著；陈丽佳，王津津译 . —北京：中国青年出版社；2006.06. —215 页；26cm. + 光盘 1 张

ISBN 7 – 5006 – 6991 – 7；45.00 元

本书是一本针对幼儿园教师编写的参考用书。

4741 迂回的幸福之路/

〔日〕玄侑宗久著；陈建，沈英莉译 . —天津：天津人民出版社；2006.06. —178 页；21cm

ISBN 7 – 201 – 05353 – 1；20.00 元

本书是心理励志类图书。

4742 愉快度过更年期：维吾尔文

〔日〕后山尚久编著；谢米西卡麦尔·阿布都热合曼，玛依拉·色力木译 . —乌鲁木齐：新疆科学技术出版社；2006.12；20cm

ISBN 7 – 80727 – 441 – 7（平装），7.50 元

本书以更年期综合征常见的身体及心理的不适症状为纲，详细地介绍了生活中对付这些症状的技巧。

4743 雨天的海豚们/

〔日〕片山恭一著；林少华译 . —青岛：青岛出版社；2006.01. —169 页；20cm. —（当代畅销文库）

ISBN 7 – 5436 – 3504 – 6；18.00 元

本书由四个既独立又有关联的故事组成。

4744 元素新发现：关于 111 种元素的新知识/

〔日〕樱井弘编；修文复译 . —北京：科学出版社；2006.11. —433 页；20cm. —（体验新科学系列）

ISBN 7 – 03 – 015272 – 7；28.00 元

4745 缘起与空：如来藏思想批判/

〔日〕松本史朗著；肖平，杨金萍译 . —北京：中国人民大学出版社；2006.09. —257 页；23cm. —（宗教学译丛）

ISBN 7 – 300 – 07573 – 8；25.00 元

本书是批判佛教思想的标志性著作。

4746 越活越年轻

〔美〕陈益明；〔日〕出村博著；杨荣强译．—北京：中信出版社；2006.12；25cm

ISBN 7 – 5086 – 0750 – 3，35.00 元

4747 越南政治、经济制度研究/

〔日〕白石昌也编；毕世鸿译．—昆明：云南大学出版社；2006.01．—283 页；20cm

ISBN 7 – 81112081 – X；23.00 元

本书由研究越南问题的日本的专家小组撰写。

4748 越重越好减：利用自身体重减肥/

〔日〕坂诘真二主编；旅炜，戴元成译．—北京：中国纺织出版社；2006.06．—63 页；24cm．—（美丽私房书）

ISBN 7 – 5064 – 3848 – 8；18.80 元

本书介绍的自重减肥法是利用自身体重瘦身的减肥法。

4749 云南少数民族（澜沧江流域）的文化与森林保护/

〔日〕大崎正治，郑晓云，〔日〕杉浦孝昌主编．—北京：中国书籍出版社；2006.07．—398页；彩照；20cm．—（云南省社会科学院研究文库．2006/纳麒主编）

ISBN 7 – 5068 – 0845 – 5；38.00 元

本书汇集了中日学者对云南少数民族文化及森林保护的研究成果。

4750 再见了，艾玛奶奶/

〔日〕Atsuko Otsuka 摄影/文字；〔日〕猿渡静子译．—海口：南海出版公司，2006.07．—59 页；20cm．—（新经典文库）

ISBN 7 – 5442 – 3199 – 2（精装）；28.00 元

本书为纪实文学作品。

4751 在逆境中崛起：花王帝国传奇/

〔日〕平林千春，〔日〕广川州伸著．—北京：电子工业出版社；2006.01．—223 页；20cm

ISBN 7 – 121 – 02088 – 2；15.00 元

4752 在天堂遇见/

〔日〕饭岛夏树著；马文香译．—桂林：漓江出版社；2006.02．—177 页；21cm

ISBN 7 – 5407 – 3489 – 2；16.80 元

本书为日本青春小说，讲述一个医生通过替癌症患者写信对他们进行心理治疗的感人故事。

4753 在头脑的原始森林里冒险/

〔日〕多湖辉著；陈辛儿译．—北京：中国轻工

业出版社；2006.03．—156 页；19cm．—（头脑体操；7）

ISBN 7 – 5019 – 5317 – 1；8.00 元

本书提出很多新颖有趣而又富有挑战的问题。

4754 怎样排除体内毒素/

〔日〕西冈一编著；叶美莉译．—北京：世界图书出版西安公司，2006.04．—163 页；图；20cm

ISBN 7 – 5062 – 7832 – 4；15.00 元

本书教你如何重塑身体，轻松排除体内毒素。

4755 战略实践笔记/

〔日〕野村综合研究所咨询部著；魏俊霞译．—北京：中国铁道出版社；2006.06．—166 页；24cm

ISBN 7 – 113 – 06862 – 6；29.80 元

本书主要介绍了今后 10 年中在企业管理实战中也许能够应用的解决方案。

4756 战胜抑郁症/

〔日〕井出雅弘著；顾方曙译．—南京：江苏科学技术出版社；2006.08．—183 页；20cm

ISBN 7 – 5345 – 4883 – 7；15.00 元

本书介绍了抑郁症的常见症状和表现，及自我检查和预防方法。

4757 栈云峡雨稿

〔日〕竹添井井著；冯岁平点校．—西安：三秦出版社；2006.11；25cm

ISBN 7 – 80736 – 132 – 8（平），56.00 元

4758 章学诚的知识论：以考证学批判为中心

〔日〕山口久和著；王标译．—上海：上海古籍出版社；2006.12；21cm

ISBN 7 – 5325 – 4542 – 3，28.00 元

本书以章学诚的经学思想为中心，详细探讨了章的思想与浙东学派、朱陆学之间的关系以及"六经皆史"说的渊源。

4759 折纸变变变/

〔日〕BOUTIQUE 社编；吴明淑译．—杭州：浙江科学技术出版社；2006.05．—48 页；17×19cm．—（我＋手工＝心灵手巧）

ISBN 7 – 5341 – 2843 – 9；12.00 元

本书是"我＋手工＝心灵手巧"丛书中的一本折纸书，以介绍简单易做的折纸为主。

4760 折纸动物园/

〔日〕学研社编；杨晓红译．—杭州：浙江人民美术出版社；2006.10．—60 页；彩图；26＋花色折纸 24 张．—（亲子同乐造型折纸；2）

ISBN 7 – 5340 – 2193 – 6；12.00 元

本书以折纸游戏为主要内容，让儿童自己动手进行折叠。

4761　折纸趣味多/

〔日〕BOUTIQUE 社编；吴明淑译．—杭州：浙江科学技术出版社；2006.05. —48 页；17×19cm. —（我＋手工＝心灵手巧）

ISBN 7 – 5341 – 2844 – 7；12.00 元

本书是"我＋手工＝心灵手巧"丛书中的一本折纸书，介绍折纸变化的乐趣。

4762　真诰校注

〔日〕吉川忠夫，〔日〕麦谷邦夫编；朱越利译．—北京：中国社会科学出版社；2006.12；21cm. —（海外道教学译丛/朱越利主编）

ISBN 7 – 5004 – 4842 – 2，45.00 元

本书是对神仙们说的话的注释，由日本著名学者光田忠夫等完成。

4763　知道点儿簿记常识/

〔日〕山田真哉著；陈刚，屠一凡译．—北京：科学出版社；2006.02. —183 页；21cm. —（超级图解）

ISBN 7 – 03 – 016509 – 8；18.00 元

4764　知道点儿会计常识/

〔日〕山田真哉著；陈刚，于海洋译．—北京：科学出版社；2006.02. —251 页；21cm. —（超级图解）

ISBN 7 – 03 – 016508 – X；20.00 元

4765　知识创新的螺旋：知识管理理论与案例研究/

〔日〕竹内弘高，〔日〕野中郁次郎著；李萌译．—北京：知识产权出版社；2006.01. —350 页；23cm. —（智慧树经管书系．汉译知识管理丛书）

ISBN 7 – 80198 – 352 – 1；38.80 元

本书是日本一桥大学教授关于知识管理的案例研究。

4766　直到花豆煮熟：小夜的故事/

〔日〕安房直子著；彭懿译；〔日〕味户庆湖绘．—南宁：接力出版社；2006.01. —96 页；20幅；20cm

ISBN 7 – 80679 – 997 – 4；9.00 元

本书为童话，写的是小女孩小夜的六个故事。

4767　直流电动机实际应用技巧/

〔日〕谷腰欣司著；王益全译．—北京：科学出版社；2006.08. —227 页；图；24cm. —（图解实用电子技术丛书）

ISBN 7 – 03 – 017498 – 4；35.00 元

4768　职场搭配 SHOW/

〔日〕主妇之友社供稿；北京《瑞丽》杂志社编译．—北京：中国轻工业出版社；2006.08. —159页；彩照；23cm. —（瑞丽 BOOK）

ISBN 7 – 5019 – 5571 – 9；30.00 元

本书通过职场服装基本款的描述，再根据不同工作状态，分别讲述了搭配原则和搭配要点。

4769　质量管理统计方法

〔日〕铁健司著；韩福荣等译．—北京：机械工业出版社；2006.04；20cm

ISBN 7 – 111 – 18659 – 1，20.00 元

本书包括质量管理与统计方法，数据及其整理方法等。

4770　智慧七巧板．2 岁/

〔日〕多湖辉主编；杨晓红译．—杭州：浙江人民美术出版社；2006.01. —72 页；72 幅；29cm. —（多湖辉新头脑开发丛书）

ISBN 7 – 5340 – 2060 – 3；13.80 元

本书是为了培养幼儿在游戏以及生活中的智力而编写的。

4771　智慧七巧板．3 岁/

〔日〕多湖辉主编；杨晓红译．—杭州：浙江人民美术出版社；2006.01. —72 页；72 幅；29cm. —（多湖辉新头脑开发丛书）

ISBN 7 – 5340 – 2061 – 1；13.80 元

本书是为了培养幼儿在游戏以及生活中的智力而编写的。

4772　智慧七巧板．4 岁/

〔日〕多湖辉主编；杨晓红译．—杭州：浙江人民美术出版社；2006.01. —72 页；72 幅；29cm. —（多湖辉新头脑开发丛书）

ISBN 7 – 5340 – 2062 – X；13.80 元

本书是为了培养幼儿在游戏以及生活中的智力而编写的。

4773　智慧七巧板．5 岁/

〔日〕多湖辉主编；杨晓红译．—杭州：浙江人民美术出版社；2006.01. —68 页；68 幅；29cm. —（多湖辉新头脑开发丛书）

ISBN 7 – 5340 – 2063 – 8；13.80 元

本书是为了培养幼儿在游戏以及生活中的智力而编写的。

4774 智慧七巧板.6 岁/
〔日〕多湖辉主编；杨晓红译.—杭州：浙江人民美术出版社；2006.01.—68 页；68 幅；29cm.—（多湖辉新头脑开发丛书）
ISBN 7 – 5340 – 2064 – 6；13.80 元
本书是为了培养幼儿在游戏以及生活中的智力而编写的。

4775 中长发与长发/
〔日〕主妇之友社编；林芳译.—杭州：浙江科学技术出版社；2006.09.—79 页；29cm.—（美发最前沿）
ISBN 7 – 5341 – 2347 – X；28.00 元
书中通过大量实例，介绍了如何根据自己的特点选择发型、长短、发色，跟上时代的潮流。

4776 中高级日本语读解教程/
〔日〕目黑真实著；张磊译.—大连：大连理工大学出版社；2006.06.—254 页；26cm
ISBN 7 – 5611 – 3162 – 3；29.80 元
本书是以初中级日语学习者为对象。

4777 中高级日本语语法/
〔日〕目黑真实著；刘培荣，姜明译.—大连：大连理工大学出版社；2006.09.—902 页；19cm
ISBN 7 – 5611 – 3177 – 1（精装）；58.00 元
本书是日语语法学习用书。

4778 中国的神话传说与古小说
〔日〕小南一朗著；孙昌武译.—2 版.—北京：中华书局，2006,11；21cm.—（世界汉学论丛）
ISBN 7 – 101 – 00814 – 3，30.00 元
本书是日本"中国学"研究领域具有代表性的著作。

4779 中国的思维世界/
〔日〕沟口雄三，〔日〕小岛毅主编；孙歌等译.—南京：江苏人民出版社；2006.08.—644 页；23cm.—（海外中国研究丛书/刘东主编）
ISBN 7 – 214 – 04377 – 7；44.00 元
本书是由日本知名汉学家沟口雄三、小岛毅主编的日本重要汉学家关于中国近代以前思想、文化的论集。

4780 中国共产党成立史/
〔日〕石川祯浩著；袁广泉译.—北京：中国社会科学出版社；2006.02.—417 页；23cm
ISBN 7 – 5004 – 5240 – 3；35.00 元
本书是日本学者关于中国共产党党史研究专著。

4781 中国古建筑装饰/
〔日〕伊东忠太著；刘云俊等译.—北京：中国建筑工业出版社；2006.10.—3 册（1208 页）；29cm
ISBN 7 – 112 – 08388 – 5（精装）；280.00 元
本书是作者在全面整理 20 世纪 20 年代末至 30 年代初对中国建筑进行全面调查后获得的原始材料的基础上形成的。

4782 中国海洋渔业经济可持续发展的经济组织制度
高健，〔日〕长谷川健二著.—上海：上海科学普及出版社；2006.08；21cm.—（中国渔业经济与管理研究论丛）
ISBN 7 – 5427 – 2109 – 7，138.00 元（全套 4 册）
本书为中国渔业经济发展研究的博士论文集。

4783 中国崛起：日本该做些什么？/
〔日〕津上俊哉著；李琳译.—北京：社会科学文献出版社；2006.12.—241 页；21cm
ISBN 7 – 80230 – 380 – X；23.00 元
本书描述了日本人眼中的中国经济状况。

4784 中国能否赶超日本？：日本人眼中的中日差距/
〔日〕唐津一著；徐朝龙译.—北京：中国社会科学出版社；2006.02.—207 页；20cm
ISBN 7 – 5004 – 5359 – 0；18.00 元
本书作者以一个日本人的眼光，从民族特长，经济数据等方面，指出了中日的国力差距。

4785 中国人三书/
〔美〕阿瑟·史密斯，〔日〕桑原骘藏，辜鸿铭著.—哈尔滨：北方文艺出版社；2006.08.—323 页；24cm.—（中国人；01）
ISBN 7 – 5317 – 2013 – 2；28.00 元

4786 中国台湾 东南亚/
〔日〕大宝石出版社著；杨探华译.—北京：中国旅游出版社；2006.06.—416 页；彩图；20cm.—（走遍全球）
ISBN 7 – 5032 – 2735 – 4；64.00 元
本书用丰富的图片和翔实的文字介绍了宝岛台湾以及充满热带风情的东南亚。

4787 中国万花筒/
〔日〕松本盛雄著；田建国，董燕译.—北京：五洲传播出版社；2006.07.—196 页；60 幅；23cm
ISBN 7 – 5085 – 0953 – 6；28.00 元
本书作者以前驻华外交官的视角，记录了作者遇到的中国领导人、现在中国的政治与社会等等。

4788　中国万花筒：日文/
〔日〕松本盛雄著 . —北京：五洲传播出版社；
2006.08. —214 页；23cm
ISBN 7 - 5085 - 0952 - 8；60.00 元
本书以前驻华外交官的视角，记录了作者遇到
的中国领导人、现在中国的政治与社会等等。

4789　中国学研究 . 第 9 辑/
吴兆路，〔日〕甲斐胜二，〔韩〕林俊相主编 . —
济南：济南出版社；2006.08. —436 页；21cm
ISBN 7 - 80710 - 251 - 9；25.00 元
本书收录了有关中国学的最新研究成果，内容
涉及中国文学、语言学、历史学、哲学、艺术
学等。

4790　中国游记/
〔日〕芥川龙之介著；陈生保，张青平译 . —北京：
北京十月文艺出版社；2006.01. —202 页；图；
20cm. — （大家小书·洋经典 . 第 2 辑）
ISBN 7 - 5302 - 0824 - 1；14.00 元
本书是日本作家芥川龙之介二十年代到中国来
时写下的游记。

4791　中欧/
〔日〕大宝石出版社编；孟琳译 . —北京：中国
旅游出版社；2006.01. —585 页；20cm. — （走
遍全球）
ISBN 7 - 5032 - 2750 - 8；79.00 元
本书为《走遍全球》系列丛书中的一本。

**4792　中英日电脑用语辞典：日经版·原著修订
版/**
日经电脑主编；日经 BP 社译 . —北京：化学工
业出版社；2006.06. —473 页；19cm
ISBN 7 - 5025 - 8869 - 8 （精装）；49.00 元
除电脑专业词汇外，还收录了数码相机、手机、
数字影像产品等相关词汇 4000 条。

4793　猪的歌
〔日〕高仓辉著；奚国钧改编；丁斌曾绘 . —上
海：上海人民美术出版社；2006.05；13×18cm
ISBN 7 - 5322 - 4721 - X （精装），23.00 元

4794　竹内实文集 . 7，中国改革开放进程追踪/
〔日〕竹内实著；程麻译 . —北京：中国文联出
版社；2006.10. —378 页；20cm
ISBN 7 - 5059 - 5413 - X；24.00 元
作者以其特殊的角度，对中国的改革开放进程
做了分析和论述。

4795　竹内实文集 . 8，比较文学与文化研究/
〔日〕竹内实著；程麻译 . —北京：中国文联出
版社；2006.10. —386 页；20cm
ISBN 7 - 5059 - 5314 - 2；23.00 元
本书是一本比较文学与文化研究图书。

4796　竹内实文集 . 9，中国历史与社会评论/
〔日〕竹内实著；程麻译 . —北京：中国文联出
版社；2006.10. —357 页；20cm
ISBN 7 - 5059 - 5323 - 0；22.00 元
本书是一本文学随笔。

4797　竹内实文集 . 10，中国文化传统探究/
〔日〕竹内实著；程麻译 . —北京：中国文联出
版社；2006.10. —416 页；20cm
ISBN 7 - 5059 - 4884 - 9；25.00 元
本书是一本关于传统文化研究的书籍。

4798　专家指点表扬的技巧/
〔日〕铃木义幸著；陈刚，靳淑敏译 . —北京：科
学出版社；2006.01. —138 页；21cm. — （职场实
战图解——技能提高系列）
ISBN 7 - 03 - 016338 - 9；18.00 元
本书为专家指点丛书之一。

4799　专家指点回答的技巧/
〔日〕内山辰美，〔日〕樱井弘著；江洋译 . —北
京：科学出版社；2006.01. —148 页；21cm. —
（职场实战图解——技能提高系列）
ISBN 7 - 03 - 016339 - 7；18.00 元
本书为专家指点丛书之一。

4800　专家指点提问的技巧/
〔日〕内山辰美，〔日〕樱井弘编著；陈诚译 . —
北京：科学出版社；2006.01. —145 页；21cm. —
（职场实战图解——技能提高系列）
ISBN 7 - 03 - 016245 - 5；18.00 元
本书为专家指点丛书之一。

4801　专家指点图解的技巧/
〔日〕永山嘉昭著；陈刚译 . —北京：科学出版
社；2006.01. —210 页；21cm. — （职场实战图
解——技能提高系列）
ISBN 7 - 03 - 016141 - 6；22.00 元
本书是专家指点丛书之一。

4802　自白的心理学/
〔日〕滨田寿美男著；片成男译 . —北京：中国
轻工业出版社；2006.03. —169 页；20cm. —
（司法心理学系列）

ISBN 7 – 5019 – 5272 – 8；12.00 元

本书从心理学的角度分析了冤案中的虚假自供，并探讨了其心理过程。

4803　纵谈十二生肖/

〔日〕南方熊楠著；栾殿武译 . —北京：中华书局，2006.01. —703 页；21cm. — （日本中国学文萃/王晓平主编）

ISBN 7 – 101 – 04863 – 3；42.00 元

本书以传统生肖动物为对象，通篇围绕其进行阐述，典故传说信手拈来。

4804　走遍全球——巴西·委内瑞拉/

〔日〕大宝石出版社编；王路漫译 . —北京：中国旅游出版社；2006.01. —470 页；20cm

ISBN 7 – 5032 – 2747 – 8；66.00 元

本书为《走遍全球》系列丛书中的一本。

4805　走向中国：汉语中级口语教程

石慧敏，〔日〕金子真也编著 . —北京：北京大学出版社；2006.01；26cm. — （实用汉语教程系列）北大版新一代对外汉语教材

ISBN 7 – 301 – 07965 – 6，38.00 元

本书是一本汉语口语教材，它适用于在日本大学学过一段时间汉语、具有 300 个以上词汇量的学生使用。

4806　诅咒的电子邮件/

〔日〕川北亮司著；〔日〕大井知美绘；王建新，肖志译 . —武汉：湖北少年儿童出版社；2006.01. —114 页；18×12cm. — （玛利亚侦探社系列）

ISBN 7 – 5353 – 3352 – 4；6.80 元

本书为儿童文学侦探小说。

4807　钻石之谜/

〔日〕川北亮司著；〔日〕大井知美绘；彭吉译 . —武汉：湖北少年儿童出版社；2006.01. —114 页；18×12cm. — （玛利亚侦探社系列）

ISBN 7 – 5353 – 3351 – 6；6.80 元

本书讲述玛利亚侦探社的同学们又开始调查一起奇怪的钻石案。

4808　最得力员工培养 6 法则/

〔日〕酒井英之著；陈游芳译 . —北京：机械工业出版社；2006.01. —184 页；23cm

ISBN 7 – 111 – 17526 – 2；19.80 元

本书介绍了如何培养员工。

4809　最后开的花/

〔日〕片山恭一著；林少华译 . —青岛：青岛出版社；2006.08. —256 页；21cm. — （日本当代畅销文库）

ISBN 7 – 5436 – 3812 – 6；19.80 元

本书为恋爱长篇小说。

4810　最适合你的发型/

〔日〕主妇之友社编；黄克侬译 . —杭州：浙江科学技术出版社；2006.09. —79 页；29cm. — （美发最前沿）

ISBN 7 – 5341 – 2269 – 5；28.00 元

书中通过大量实例，介绍了如何根据自己的特点选择发型、长短、发色，跟上时代的潮流。

4811　最新哆啦 A 梦秘密百科/

〔日〕藤子·F·不二雄著；三谷幸広著；吉林美术出版社译 . —长春：吉林美术出版社；2006.05. —307 页；21cm

ISBN 7 – 5386 – 2019 – 2；15.00 元

4812　佐竹靖彦史学论集/

〔日〕佐竹靖彦著 . —北京：中华书局，2006.02. —318 页；20cm. — （世界汉学论丛）

ISBN 7 – 101 – 04489 – 1；24.00 元

具有较高的学术价值和启发性，可为相关研究者提供借鉴。

4813　做什么？/

〔日〕后藤徹著；〔日〕后藤静子绘；思铭译 . —北京：中国电力出版社；2006.05. —1 册；图；17cm. — （翻翻转 猜猜看；3）

ISBN 7 – 5083 – 4267 – 4 （精装）；18.00 元

本书为中英文对照，"翻翻转，猜猜看"要告诉你："观看东西的方法不止一种"。

附　录

书名索引

著译者索引